JUSTIÇA PLURAL

COMENTÁRIOS CRÍTICOS À CONSTITUIÇÃO DA REPÚBLICA FEDERATIVA DO BRASIL

ORGANIZAÇÃO:

BRENNO TARDELLI
GABRIELA BARRETTO DE SÁ
MAÍRA ZAPATER
SALAH H. KHALED JR.
SILVIO LUIZ DE ALMEIDA

jandaíra

APRESENTAÇÃO AOS COMENTÁRIOS CRÍTICOS À CONSTITUIÇÃO

RAFAEL VALIM

Doutor em Direito Administrativo pela PUC-SP.

Professor visitante na Universidade de Manchester (Inglaterra).

A desmedida generosidade do ilustre Brenno Tardelli – um ser humano admirável e dotado de um juízo inquieto e cortante – me proporciona a feliz oportunidade de escrever algumas breves linhas de apresentação a esta monumental obra intitulada *Comentários críticos à Constituição da República Federativa do Brasil*.

Como temos afirmado, atualmente a comunidade jurídica brasileira está dividida em certos grupos: os que integram o sistema de Justiça e estão, às expensas do povo, cometendo arbitrariedades inomináveis; os que tentam se aproveitar das circunstâncias para obter vantagens; os que, embora compreendam o grave estado de coisas atual, preferem se calar; os que, por um grave déficit cognitivo ou por uma cegueira ideológica incurável, julgam que está tudo em ordem e que o Brasil logo extirpará o "lamaçal da corrupção"; e, finalmente, os que, apesar do macarthismo implacável, não abdicaram do compromisso histórico de enfrentar o arbítrio, ainda que togado.

A maioria, portanto, sabe que o Direito foi sepultado no Brasil, mas apenas uma minoria se dispõe a denunciar a gravíssima situação em que estamos inseridos. É exatamente esta valorosa e ruidosa minoria que está reunida neste livro que a cara leitora e o caro leitor têm em mãos.

Uma minoria, aliás, que não é composta exclusivamente de senhores brancos engravatados. A pluralidade na escolha das autoras e dos autores é um dos traços mais marcantes destes comentários e, em um país tão atrasado em termos culturais como o Brasil, deve ser realçado e merecer todos os nossos elogios.

Já a perspectiva crítica adotada nesta obra a torna rigorosamente única, na medida em que destoa de todos os demais livros de comentários à Constituição já publicados no Brasil, os quais, lamentavelmente, limitam-se à descrição do texto legal, sem a necessária denúncia dos desvios na aplicação normativa, tampouco a indispensável proposição de estratégias de remoção dos obstáculos que impedem a plena realização da Constituição.

O que vemos aqui materializado, pois, é o papel crítico e projetual da Ciência do Direito propugnado por Luigi Ferrajoli, do qual resulta um conhecimento jurídico descolonizado e emancipatório.

Para não cansar as caras leitoras e os caros leitores, resta-me ansiar que este trabalho seja amplamente acolhido pela comunidade jurídica brasileira e parabenizar, nas pessoas dos organizadores Brenno Tardelli, Gabriela Barretto de Sá, Maíra Zapater, Salah H. Khaled Jr. e Silvio Luiz de Almeida, todas as autoras e todos os autores pelas extraordinárias contribuições pela edição de obra tão relevante.

BRENNO TARDELLI

Jornalista especializado no meio jurídico e advogado. Foi fundador do *Justificando* e atualmente é editor na *CartaCapital*.

É organizador da obra *Comentários críticos à Constituição da República Federativa do Brasil*.

Senhores e senhoras,

A ideia da presente obra surgiu como uma grande comemoração dos anos de trabalho de uma iniciativa que marcou o debate jurídico pós-2014: o *Justificando*, portal criado por mim e por dois colegas – André Zanardo e Igor Leone – e no qual permaneci como diretor de redação do início até meados de 2018. Possibilitar uma Constituição comentada por juristas de perspectivas críticas a preço acessível e em obra grandiosa me pareceu uma despedida apropriada para coroar o trabalho duro de disputa de narrativa em anos decisivos no cenário jurídico. Desde sua criação, construímos diariamente textos e vídeos sobre Lava Jato, relativização da presunção de inocência, reforma trabalhista e da previdência, entre tantos outros infelizes retrocessos que temos vivido diariamente no país. Para além de reconhecimento internacional, o portal foi uma fonte importante de estudos e de formação crítica.

O resultado do que lerão aqui é bem representativo do que foram esses anos de redação: excelência na crítica, pessoas das mais variadas origens sociais e trabalho muito suado para conseguir isso pronto. Tive um grande prazer nesta obra em valer-me do pilão e sentar à mesa tantas pessoas para confraternizarem movidas por um mundo mais justo. Nela, contribuíram juristas e intelectuais de outras áreas de renome no país, de diferentes matizes ideológicos críticos e regiões geográficas, uma tradição do site, e foi com o propósito de honrá-la que as coordenações foram pensadas. Elas foram responsáveis pela escolha dos autores e autoras e pelo trabalho desenvolvido em conjunto com eles. Foram quatro, cada qual com sua história e coerência dentro da organização do site.

Em ordem alfabética, Gabriela Barretto de Sá, feminista negra, professora da Universidade do Estado da Bahia e pesquisadora e doutoranda em Constituição e Democracia pela Universidade de Brasília, é a figura mais nova em termos de relação com meu período na redação: fomos apresentados exatamente para esta obra e creio que isso retrata uma face representativa no sentido de construções independentes, articulações novas e imprevisíveis. O novo é a cara desta iniciativa ousada e desafiadora. Gabriela coroa tanto o legado do feminismo negro, fundamental na construção da identidade política do trabalho realizado, como também traz à roda intelectual os pensamentos pulsantes da Região Norte e, sobretudo, Nordeste, afastando-a do eixo Rio-São Paulo e do domínio colonial da produção epistemológica.

Em seguida, a coordenação assinada por Maíra Zapater, doutora em Direitos Humanos pela Universidade de São Paulo, feminista e pesquisadora em Direito Constitucional, coroa o trabalho comprometido e a produção intensa de material de pesquisa, uma vez que Maíra esteve como colunista do portal durante, praticamente, toda a minha estada como diretor de redação, contribuindo às sextas-feiras sobre os mais variados temas e despertando debates fundamentais para a compreensão teórica de fatos que ocorreram, bem como contribuindo decisivamente como comentarista jurídica do cotidiano caótico jurídico. Em seu nome, agradeço a todas as pessoas que acreditaram e investiram no projeto, dividindo conquistas e somando em batalhas.

No DNA do trabalho realizado, a veia antipunitiva e o meio jurídico criminal foi, sem sombra de dúvidas, o carro-chefe que moveu desde o início a amplitude do trabalho realizado na redação do *Justificando*. Como alguém que gosta de preparar um banquete e grande festa, enxergo bem quem assim também faz e Salah H. Khaled Jr., professor doutor de Processo Penal da Universidade Federal do Rio Grande (FURG), que comentou matérias e assinou diversas colunas no portal, é uma pessoa de máximo respeito na área, daquelas poucas que, por conta da confiança que inspira em outras pessoas, é capaz reunir um time tão estrelado e competente para comentar na presente obra.

São pessoas que contam com meu carinho e admiração. O *Justificando* foi também uma rede de afeto para pessoas críticas no meio jurídico, sobretudo aquelas que recebiam nada além de hostilidade de outros espaços, como é o caso de muitos promotores e juízes de direito progressistas. Nessa rede de afetos, amizades foram construídas. Cumprimento meu querido amigo e coordenador Silvio Almeida, brilhante filósofo marxista negro, doutor pela Universidade de São Paulo e, assim como eu, filho do amado Pai Rodney de Oxóssi, por toda a cooperação com o trabalho desenvolvido durante anos no portal e por topar mais esta empreitada.

A partir da iniciativa dos quatro coordenadores, que assinam também a organização da obra – Gabriela Barretto de Sá, Maíra Zapater, Salah H. Khaled Jr. e Silvio Almeida –, fomos à praça reunir comentários de pessoas que comungavam do incômodo atual, bem como da necessidade de uma releitura emancipatória e crítica da Constituição Federal, tão aviltada e ignorada. Nesta primeira edição, concretizada com muito suor, fomos às regiões do país construir uma obra necessária, porém ausente, nas Faculdades de Direito, a fim de auxiliar na pesquisa daqueles e daquelas que estão nos bancos da graduação, da pós-graduação, mas muitas vezes se deparam com uma massificação de escritos que visam tão somente a aprovação em provas e concursos e não análise crítica da realidade.

Da concepção à publicação da obra, mais de dois anos se passaram; não faço mais parte do Justificando e, atualmente, sou editor de justiça na *CartaCapital*, que tão generosamente me acolhe e à qual cumprimento na pessoa de Manuela Carta. O tempo decorreu de muito trabalho, persistência - afinal, não é fácil colocar no mercado um livro crítico dessa magnitude por uma iniciativa independente –, mas também de *timing* perfeito para construção de mais uma ferramenta de informação. Trata-se de um instrumento teórico contra a reforma da previdência, um assombro aprovado pelo presidente Jair Bolsonaro (são tempos em que o inacreditável é verídico) e sua fiel equipe de implantação neoliberal no Executivo, no Congresso e no Judiciário.

Nesse sentido, Júlia Lenzi, doutora em Direito do Trabalho pela USP e advogada especializada em Direito Previdenciário, faz uma análise minuciosa das inconstitucionalidades da "reforma" em diversos artigos. Com isso, *Comentários críticos à Constituição da República Federativa do Brasil* é a primeira obra a ir a público com a dissecação técnica da principal agenda do governo deste difícil ano de 2020. Esperamos que seja uma oportunidade para muitos se debruçarem sobre o tema e disputarem direito por direito, linha por linha, nos ambientes acadêmicos e de trabalho o restabelecimento de conquistas históricas da Constituição de 1988.

O *timing* perfeito para a potência desta ferramenta também anuncia a estreia do selo de publicação de livros Justiça Plural, na Editora Jandaíra, grande editora engajada na publicação de conteúdos transformadores no mercado editorial brasileiro. Nau brava capitaneada pela comandante Lizandra Magon, a quem estendo todos os agradecimentos e homenagens, concedeu-me a honra de fazer parte da empreitada, permitindo que, como coordenador do selo, possa apontar os canhões e disparar livros jurídicos e críticos sociais escritos por pessoas comprometidas para que explodam estruturas coloniais, contribuindo para o já bombardeio de um movimento de epistemologias de grupos oprimidos que veio para ficar no país.

No momento em que é publicada, estamos em meio a um governo que ofende a todos e todas que valorizam o Brasil com "s". Nessa quadra histórica muitos podem achar que a Constituição não vale mais nada. Diante do sono eterno do guardião, que permitiu as maiores atrocidades à Carta que jurou proteger, está em curso a marcha fascista. Mas cabe a nós, que estamos há anos resistindo para manter os valores constitucionais e democráticos, reafirmarmos o valor e a força do mais refinado documento jurídico em vigor nesse país. Essa afirmação atravessa os tempos, os governos e a pandemia, que veio para ser professora de quem havia esquecido da importância da luta pelos direitos das pessoas e pela efetivação de políticas públicas de emancipação de grupos sociais vulnerabilizados.

Vale dizer, a título de agradecimento, que a presente obra somente é possível pelo apoio de pessoas engajadas na transformação pela leitura, pelo estudo e pela crítica, a começar pelos próprios autores e autoras. Agradeço de coração pela confiança de estarem neste projeto e cumprimentar pela gana em participar da iniciativa que visa a um ensino jurídico mais qualificado no país. Agradeço a Rafael Valim e Gustavo Marinho, ambos professores doutores da Pontifícia Universidade Católica de São Paulo (PUC-SP), por serem um porto seguro de nossas aflições, sujeitos cuja ética e prestatividade tornaram possível este livro desafiador. Agradeço a Eduardo Surian Matias, José Eymard e Nilo Beiro, assim como a todos os companheiros e companheiras da combativa Rede Lado, por apostarem nesta obra. Sem vocês, não seria possível.

Agradeço especialmente à minha companheira Djamila Ribeiro, amor de minha vida, por ser a parceira de todas as horas e uma inspiração em tudo o que me movimenta.

Com esta publicação, cremos estar fazendo um trabalho, dentro de nossas capacidades, de contraponto ao estudo engessado e estacionado no tempo dos dispositivos constitucionais. Trata-se de uma obra rigorosa intelectualmente e corajosa nos tempos de crise.

novembro de 2020,

Brenno Tardelli

GABRIELA BARRETTO DE SÁ

Professora de Direito da Universidade do Estado da Bahia (UNEB).

Doutoranda em Direito, área de concentração Constituição e Democracia, pela Universidade de Brasília (UnB), com doutorado sanduíche (Programa Abdias Nascimento – CAPES) realizado na University of Pennsylvania. Pesquisadora do Maré – Núcleo de Estudos em Cultura Jurídica e Atlântico Negro (UnB). Pesquisadora do RHECADOS – Hierarquizações étnico-raciais, Comunicação e Direitos Humanos (UNEB). Mestra em Direito, área de concentração Teoria, Filosofia e História do Direito, pela Universidade Federal de Santa Catarina (UFSC).

"Nós temos a lei e eu sei ter vontade."

Luiz Gama

No marco do aniversário de 30 anos da Constituição Federal de 1988 "é preciso eternizar as palavras da liberdade ainda e agora" (Conceição Evaristo). Por sua vez, o momento político atual nos convoca a não esquecer que, uma vez que temos as leis, nos resta ter vontade. A Constituição Comentada que aqui apresentamos nasce do desejo comprometido de fazer memória sobre o longo processo de lutas sociais e enfrentamentos jurídicos que marcam a história constitucional brasileira na busca pela concretização da democracia.

Foi com muita alegria que aceitei o convite de Brenno Tardelli para integrar, ao lado de Maíra Zapater, Silvio Almeida e Salah Khaled Jr., a equipe de coordenação temática da obra. Inspirada por bell hooks, feminista negra estadunidense, acredito que uma das premissas fundamentais para uma prática educativa comprometida com as demandas sociais é a formação de comunidades pedagógicas, forjadas como espaços de interação dialógica capazes de promover práticas que possibilitem descentralizar a autoridade que legitima o uso da palavra no processo de construção do conhecimento. Nesse sentido, ao assumir a coordenação referente aos direitos trabalhistas, direito urbanístico e outros direitos sociais, me empenhei no desafio da elaboração de uma Constituição Comentada que de fato se concebesse enquanto uma comunidade pedagógica, formada pela potência da união de vozes múltiplas e afinadas com a defesa e a proteção das conquistas constitucionais.

A partir do meu lugar de fala, de intelectual negra e nordestina, destaco ainda a constante necessidade de denunciar e buscar romper com o epistemicídio que invisibiliza a produção acadêmica de sujeitos historicamente marginalizados e se constitui como uma das marcas da epistemologia hegemônica conservadora – classista, racista e machista – que orienta as publicações jurídicas no Brasil. Assim, em reconhecimento aos distintos lugares discursivos possíveis e necessários para a construção crítica do Direito, o convite para autoria dos comentários aos artigos considerou a importância de descentralizar o eixo Sul-Sudeste, que predomina nas publicações mais facilmente disponíveis ao grande público, além de privilegiar uma fecunda polifonia que apresenta juristas negras e negros; juristas feministas; bem como valoriza importantes trajetórias de coerência entre teoria e prática na defesa da democracia.

Cumprida a tarefa, celebro o belo trabalho coletivo realizado e manifesto gratidão sincera pela confiança, seriedade e carinho com que o projeto foi abraçado pela competente equipe de comentadoras e comentadores do eixo temático por mim coordenado: Andreia Marreiro, Renata Dutra, Maria Sueli Rodrigues, Ana Claudia Farranha, Murilo Bataglia, Menelick Carvalho, Guilherme Scotti, Marcia Misi, José Geraldo de Sousa Junior, Isabela Fadul, Paula Freitas, Milena Pinheiro, Sayonara Grillo,

Felipe Estrela, Raquel Santana, Cristiano Paixão, Gladstone Leonel Junior, Antonio Escrivão Filho, Maria Pia Guerra, Adriana Lima, Carlos Marés, Paulo Torres, Sara Côrtes, Cloves Araújo, Ludmila Correia, Katya Isaguirre, Fernando Dantas, Adenevaldo Teles Junior, Juliana Adono e Roberta Caiado. Agradeço ainda pelo potente texto elaborado por Thula Pires para esta obra.

Por fim, desejo boa leitura e registro aqui a exigência-esperança de que a luta por justiça e em defesa dos direitos e garantias constitucionais, duramente conquistados, não mais implique trajetórias de vida criminosamente interrompidas. Justiça para Marielle Franco e Anderson Gomes!

MAÍRA ZAPATER

Professora de Direito da Universidade Federal de São Paulo (Unifesp). Doutora em Direitos Humanos pela Faculdade de Direito da USP, com pesquisa de pós-doutorado no Núcleo de Estudos sobre o Crime e a Pena da FGV-Direito.

"Essa coisa de Constituição é um luxo pra tempos de paz."

Ouvi essa afirmação de um interlocutor numa conversa da vida privada – ou melhor, em uma das muitas conversas que eu (como muitos de nós, creio) tive desde o início da derrocada institucional brasileira nos últimos anos. Entre uma operação e outra da Polícia Federal intervalada por eleições presidenciais, a panela de pressão da política ia fervendo para se tornar o novo futebol, para o bem ou para o mal: se de um lado podia ser visto como algo positivo que a política se tornasse assunto de interesse geral – "o gigante despertou", dissemos –, de outro, dividiu torcidas, e cada uma jurava estar defendendo "o gigante certo".

Meu marco pessoal é junho de 2013: se em um primeiro momento as instituições democráticas não souberam (ou não quiseram) responder aos gritos polissêmicos das ruas, no momento seguinte o pouco que se havia conseguido de verniz democrático nos últimos 30 anos saía de cena para deixar apenas as instituições.

"As instituições estão funcionando normalmente", insistiram. Já a democracia...

Fato é que a política tomou o lugar dos campeonatos de futebol nas conversas de domingo, nas redes sociais e nas viagens de táxi. Em um dos intermináveis embates em que se discutia se "foi *impeachment*" ou se "foi golpe", estava eu a recitar os preceitos constitucionais pelos quais eu defendia minha posição. Alegava que havia sido um processo penoso chegar a uma Constituição que tentava ser um início de país marcado por tantas ditaduras, que o nosso equilíbrio democrático era algo precário, que mal havíamos atingido uma democracia formal – e que materialmente passávamos longe de ser minimamente democráticos. Tudo isso para sustentar que, embora estivesse insatisfeita com a atuação do governo na Presidência da República, era importante respeitar o voto. Que o preço da democracia era arcar com as consequências de uma escolha equivocada – mas era um preço justo a pagar, pois o custo de se abrir mão da democracia e dos valores constitucionais seria infinitamente mais danoso.

Foi nesse contexto que me responderam que aquele era um momento de pragmatismo, e a democracia não era pragmática. Que o Brasil não estava pronto para ser democrático. Às favas com os escrúpulos – e com eles, as eleições e qualquer outra ideia que dependa do respeito aos valores constitucionais. Era preciso "mudar tudo isso que está aí".

Pois bem: uma vez "contornado" o princípio mais basilar da democracia representativa – respeitar a escolha da maioria, ainda que se discorde dela – por que respeitar outras regras? De 2016 para cá, o "Gigante Desperto" parece impávido colosso diante da flexibilização (e estou sendo generosa na escolha do substantivo) de toda sorte de direitos: desde os sempre disputados direitos econômicos e sociais até os direitos mais elementares e consagrados nas Revoluções Liberais do século 18, como o direito de somente ser preso após encerrado o processo criminal.

Regras constitucionais existem para dar um mínimo norte de estabilidade em tempos de crise: vivemos um tempo em que ser revolucionário é pedir – ao menos – a aplicação das normas pelas quais pactuamos nos constituir politicamente.

É essa a importância desta obra: muitas e muitos de nós estamos refletindo a respeito do que ocorre e da necessidade premente de se respeitar o mínimo de direitos fundamentais para prosseguir. Talvez o maior mérito de um projeto que se propõe a comentar uma Constituição em um cenário no qual seu texto é recorrentemente atacado é o de reunir um grupo de pessoas cujas ideias podem ganhar força pelo conjunto da obra: Bruno Pegorari, Carla Carvalho, Eloísa Machado, Flávia Rahal, Geraldo Alencar, Josilene Ortolan, Louise Araújo, Luciana Ribas, Matheus de Barros, Michele Alves, Michele Asato, Renan Quinalha, Ruth Sgrignolli e todos os demais autores e autoras que contribuíram com suas reflexões, mostrando que não estamos sós.

Que no 40º aniversário desta Constituição possamos contar com dias melhores para comentar seu texto – e que eles comecem aqui.

SALAH H. KHALED JR.

Professor de Direito Penal e Criminologia e do Programa de Pós-Graduação em Direito e Justiça Social da Universidade Federal do Rio Grande (FURG). É doutor em Ciências Criminais (PUC-RS) e presidente do Instituto Brasileiro de Criminologia Cultural.

Acredito na Constituição. Foi por acreditar nela que aceitei coordenar a parte relativa ao Direito Penal e Processual Penal deste projeto. Eu havia coordenado obras coletivas antes e tinha plena ciência do quanto o percurso até a eventual publicação é desgastante. Certamente, não seria diferente com um livro tão ambicioso.

Felizmente, eu soube perceber que este era um projeto incomum e necessário. Quando a vida nos oferece uma chance assim, não podemos deixar o trem passar. Como Alice, não me restou escolha: fechei os olhos e mergulhei decidido toca do coelho adentro. É em momentos assim que descobrimos do que somos feitos. Afinal, essa é uma decisão que tomamos a cada dia: ou sucumbimos diante do autoritarismo ou reagimos com as armas que nos são dadas.

Em circunstâncias normais de temperatura e pressão – poderia se dizer, em circunstâncias normais de legalidade democrática, talvez – certamente que uma Constituição não necessitaria de alguém que a defendesse, muito menos de uma legião dos melhores juristas do Brasil, como você encontrará nestas páginas, mas, infelizmente, há quem não acredite na Constituição Cidadã, ou seja, no "documento da liberdade, da democracia e da justiça social do Brasil", como disse Ulysses Guimarães, no dia 5 de outubro de 1988, quando ela foi promulgada.

Naquele momento fundamos a República e, com ela, a promessa de construção de uma sociedade livre, justa e solidária, comprometida com o desenvolvimento nacional, a erradicação da pobreza e da marginalização e a redução da desigualdade social. A República então nascia, visaria ao bem de todos, sem preconceitos de origem, raça, sexo, cor, idade e quaisquer outras formas de discriminação (art. 3º CF/1988).

Trinta anos se passaram e os objetivos para os quais a República foi fundada ainda parecem sonhos distantes ou, talvez, possibilidades abortadas e sentidos perdidos. O ódio parece ter triunfado sobre a solidariedade em quase todos os recantos do país. Quem de qualquer modo atua no campo das Ciências Criminais e tem a Constituição como norte bem sabe que a realidade concreta das práticas punitivas raramente guarda algum nível de conformidade constitucional. Não sem razão, você verá que as contribuições são muitas vezes escritas em tom de denúncia, como manifestos contra a arbitrariedade reinante. Sem dúvida esta não é "mais uma" Constituição comentada. Quem conhece o que eu escrevo sabe que eu não teria o menor interesse em coordenar ou sequer participar de um livro assim.

Há muito a descobrir nesta obra e não cabe a mim fazer uma síntese dessa cognição em tão apertadas linhas. Creio que consegui reunir uma boa amostragem do que de melhor a academia brasileira produziu nas últimas décadas em termos de constitucionalistas, processualistas penais, penalistas e criminologistas: Lenio Streck, Jacinto Nelson de Miranda Coutinho, Juarez Tavares, Aury Lopes Jr., Alexandre Morais da Rosa, Rubens Casara, Elmir Duclerc, Rômulo Moreira, Fauzi Hassan Choukr, Luciano Góes, Tomás Grings Machado, Francisco Monteiro Rocha Jr.,

Vanessa Chiari, Guilherme Moreira Pires, Luís Carlos Valois, Fernanda Martins, Flaviane de Magalhães Barros, Ricardo Gloeckner, Leonardo Costa de Paula, Ana Cláudia Pinho, Antonio Pedro Melchior, André Nicolitt, Thiago Minagé, Camilin Poli, Gabriel Divan, Gustavo Pereira e Leonardo Marcondes Machado. É uma lista representativa em todos os sentidos possíveis e imagináveis, com exceção de horizontes compreensivos antidemocráticos, que nesta obra foram barrados sem cerimônia.

Na atual quadra histórica, defender a Constituição chega a soar como algo revolucionário, particularmente em círculos nos quais predomina, de modo irrefreável, uma subjetividade autoritária e comprometida com a devastação de direitos humanos fundamentais e sociais. Se essa é a revolução que nos é dada nessa quadra histórica, que assim o seja e que você se sinta inspirado a atender ao chamado da resistência, em defesa da Constituição.

NÃO PASSARÃO!

SILVIO LUIZ DE ALMEIDA

Doutor em Direito pelo Departamento de Filosofia e Teoria Geral do Direito da Universidade de São Paulo. Mestre em Direito Político e Econômico e Bacharel em Direito pela Faculdade de Direito da Universidade Presbiteriana Mackenzie. Graduado em Filosofia pela Faculdade de Filosofia, Letras e Ciências Humanas da Universidade de São Paulo. Concluiu o pós-doutoramento pela Faculdade de Direito da Universidade de São Paulo. Professor de graduação e docente permanente do Programa de Pós-Graduação *stricto sensu* em Direito Político e Econômico da Faculdade de Direito da Universidade Presbiteriana Mackenzie. Professor da Escola de Administração de Empresas de São Paulo da Fundação Getulio Vargas (FGV-EAESP). Foi Mellon Visiting Professor do Center for Latin American and Caribbean Studies da Universidade de Duke (EUA). Diretor do Instituto Luiz Gama. Advogado.

No momento em que escrevo esta nota, o Brasil passa por um dos seus períodos mais conturbados da história. Estamos sob a égide de uma crise social que aceleradamente mina as bases da economia e esfacela o tecido social, abrindo espaço para o ódio e as práticas de violência que muitos consideravam superadas pelo pretenso avanço civilizatório que, acreditava-se, o país vivenciara nas últimas décadas.

Um dos símbolos maiores desse avanço é trintenária Constituição de 1988, que, em seus anos de vigência, estabeleceu as bases jurídicas para importantes transformações sociais. E são justamente os pontos mais inovadores dessa Constituição, a saber: os direitos e as garantias fundamentais e o direcionamento da ordem social e econômica à promoção do bem-estar social, que estão sendo erodidos pela crise econômica e pela ação de grupos que historicamente se beneficiam da desigualdade.

A grande questão que fica no ar diante da gravidade do momento é sobre a relevância de um projeto que visa a comentar uma Constituição que alguns consideram ultrapassada, "prolixa" ou "cara demais" (obviamente, quando se referem aos direitos sociais).

A importância deste livro está em demonstrar que é possível resistir. Resistir aqui não se resume a opor-se à amputação do texto constitucional, mas ao projeto de destruição e morte que está por trás das tais "reformas" realizadas, aliás, por obra e graça dos três poderes da República. Assim, resistir é, antes de tudo, não aceitar a barbárie; resistir é não se vergar a nenhuma forma de indignidade; resistir é bradar contra a naturalização da desigualdade e levantar-se contra os discursos e os arranjos jurídicos que tratam a miséria e a dependência como fatos consumados; resistir é indignar-se contra o racismo e o sexismo presentes nas estruturas sociais; resistir é lutar contra aqueles que nos querem mortos e, para isso, não titubeiam em obstar à ressignificação de nossa humanidade; resistir é dizer um sonoro "não!" aos que sabotam o nosso futuro, fazendo-nos acreditar que "não há alternativas" a não ser a pobreza e a submissão que aparecem sob o eufemismo de "austeridade".

Nesse sentido, a perspectiva aqui assumida é de um projeto coletivo, que tem o condão de demonstrar que é possível estabelecer diferentes formas de pensar e agir, não conformadas ao vazio intelectual e à impotência política que caracterizam o nosso tempo, especialmente o espaço social dos que trabalham com o direito. Por isso, juristas das mais diferentes formações, origens e identidades mostram neste livro que é possível e necessário olhar para a nossa Constituição de forma crítica e tecnicamente rigorosa. E todo pensamento crítico tem por característica ultrapassar o propósito de mera resistência ao se nos apresentar um novo mundo possível.

Foi a partir do convite de Brenno Tardelli que essa ideia teve início. Em volta da energia, da liderança e do brilhantismo de Brenno que Gabriela Barretto, Maíra Zapater, Salah Khaled Jr. e eu reunimos juristas de grande gabarito e enorme compromisso com a transformação social para que oferecessem comentários acerca da Constituição, sem descurar dos problemas intrínsecos ao próprio texto constitucional e, especialmente, dos efeitos da crise sobre a ordem constitucional em seus 30 anos de existência.

Quero, portanto, agradecer a Brenno Tardelli, Gabriela Barretto, Maíra Zapater e Salah H. Khaled Jr. pelo companheirismo e pela seriedade. Foi e continuará sendo uma imensa honra, pois acredito que este é apenas o início de uma longa e linda caminhada. E fica meu agradecimento especial às autoras e aos autores dos comentários, que cederam seu tempo e sua inteligência para que este ambicioso projeto pudesse ganhar forma.

Mais do que servir como ponto de reflexão sobre as vicissitudes da ordem constitucional brasileira, que este livro possa inspirar a todas e todos que ousam acreditar que uma nova sociedade realmente livre e igualitária pode florescer.

SUMÁRIO

TÍTULO I: DOS PRINCÍPIOS FUNDAMENTAIS

TÍTULO II: DOS DIREITOS E GARANTIAS FUNDAMENTAIS

TÍTULO I
DOS PRINCÍPIOS FUNDAMENTAIS

TÍTULO I

DOS PRINCÍPIOS FUNDAMENTAIS

CAMILO ONODA CALDAS

Mestre em Direito Político e Econômico (Universidade Presbiteriana Mackenzie). Doutor em Filosofia e Teoria Geral do Direito pela Universidade de São Paulo (USP). Pós-doutor em Democracia e Direitos Humanos (Universidade de Coimbra, Portugal). Docente, em São Paulo, da Faculdade de Direito da Universidade São Judas Tadeu e do Programa de Mestrado da Escola Paulista de Direito (EPD). Pesquisador da Faculdade 28 de Agosto. Diretor executivo do Instituto Luiz Gama.

ART. 1º – A REPÚBLICA FEDERATIVA DO BRASIL, FORMADA PELA UNIÃO INDISSOLÚVEL DOS ESTADOS E MUNICÍPIOS E DO DISTRITO FEDERAL, CONSTITUI-SE EM ESTADO DEMOCRÁTICO DE DIREITO E TEM COMO FUNDAMENTOS:

I – A SOBERANIA;

II – A CIDADANIA;

III – A DIGNIDADE DA PESSOA HUMANA;

IV – OS VALORES SOCIAIS DO TRABALHO E DA LIVRE INICIATIVA;

V – O PLURALISMO POLÍTICO.

PARÁGRAFO ÚNICO. TODO O PODER EMANA DO POVO, QUE O EXERCE POR MEIO DE REPRESENTANTES ELEITOS OU DIRETAMENTE, NOS TERMOS DESTA CONSTITUIÇÃO.

Antes de expormos nossa análise a respeito do art. 1º da Constituição Federal da República Federativa do Brasil, doravante mencionada simplesmente como Constituição Federal (CF), é preciso apontar brevemente a metodologia[1] utilizada para análise do texto constitucional e quais os procedimentos adotados em nossa exposição.

As diversas teorias sobre Estado e do Direito, inclusive as constitucionais, sempre estão relacionadas com determinadas perspectivas epistemológicas e filosóficas. Para descrever as diferentes linhas teóricas existentes, adotaremos a distinção proposta por Alysson Leandro Mascaro[2], que refere três caminhos do pensamento jurídico contemporâneo: teorias juspositivistas (ecléticas, *e.g.* Miguel Reale; estritas, *e.g.* Kelsen e Hart; éticas, Rawls, Dworkin e Habermas); teorias não juspositivistas (existencial, *e.g.* Gadamer e Heidegger; decisionista, Schmitt; microfísico do poder, *e.g.* Foucault); teorias marxistas[3] (tradicional, *e.g.* Engels, Marx e Kaustsky; ocidental, *e.g.* Lukács e Gramsci; nova leitura, *e.g.* Pachukanis, Althusser e Teoria da Derivação[4]). Portanto, em nossa exposição, do ponto de vista metodológico, via de regra faremos uma análise do ponto de vista da dogmática jurídica, contudo, algumas considerações apresentadas estarão inseridas em outras perspectivas teóricas e nessas ocasiões vamos destacar qual o referencial de análise adotado, destacando desde o início que no campo da Teoria do Estado adotamos as premissas da filosofia mascariana delineadas em *Estado e Forma Política*[5].

Quanto à forma de exposição, vamos recorrer aos seguintes procedimentos. Cada capítulo corresponde a uma parte do texto constitucional ora analisado (Título I, *caput* do artigo 1º, cinco incisos e parágrafo único). Em relação ao *caput* e ao parágrafo único do art. 1º, adotaremos o procedimento analítico de decomposição: faremos transcrições sucessivas do dispositivo, destacando graficamente um trecho que constituirá o objeto de análise naquele momento. No caso dos (cinco) incisos, vamos dividir a exposição com três movimentos: o primeiro, apontando o sentido da palavra; o segundo, relacionando o inciso com outros campos do conhecimento: teoria geral do Estado, economia, ciência política, história, filosofia, sociologia etc.; o terceiro, indicando como tal inciso tem ensejado debates

---

1 Sobre a metodologia do Direito, vide ALMEIDA, Silvio Luiz de; BARBOSA JR., Silvio Moreira; CALDAS, Camilo Onoda; MERINO, Lucyla Tellez. *Manual de metodologia do direito*: estudo e pesquisa. São Paulo: Quartier Latin, 2010.

2 MASCARO, Alysson Leandro. *Filosofia do Direito*. 5. ed. São Paulo: Atlas, 2016, p. 310 et. seq.

3 ELBE, Ingo. *Marx im Westen*: Die neue Marx-Lektüre in der Bundesrepublik seit 1965. 2. ed. Berlim: Akademie, 2010, p. 29.

4 CALDAS, Camilo Onoda. *A teoria da derivação do Estado e do Direito*. São Paulo: Outras Expressões/Dobra Universitário, 2015.

5 MASCARO, Alysson Leandro. *Estado e forma política*. São Paulo: Boitempo, 2013.

e decisões jurídicas no âmbito do Supremo Tribunal Federal (STF). Procedendo assim, faremos uma exposição que conjuga considerações do campo da dogmática e da zetética jurídica[6], bem como mostraremos como os dispositivos analisados são utilizados na prática jurídica. Finalmente, destacamos que todas as menções a dispositivos legais nesses comentários referem-se à Constituição Federal de 1988, exceto nos casos em que indicamos que se trata de outro diploma legal.

1. Dos princípios fundamentais

O art. 1º da Constituição Federal encontra-se inserido no Título I, que trata de seus "Princípios Fundamentais". Nos termos da Teoria Geral do Direito, regras e princípios são duas espécies normativas. Canotilho aponta que cinco critérios podem ser utilizados para distinguir princípios de regras[7]: (i) grau de *abstração* (maior no caso dos princípios e menor no caso das regras); (ii) grau de *determinabilidade* (princípios são mais indeterminados, por serem mais vagos dependem mais de mediações – legislativas ou jurisrudicionais – para se concretizar); (iii) caráter de *fundamentabilidade* no sistema das fontes do direito: são normas de natureza ou com função fundamental na constituição do ordenamento jurídico, dado seu papel estruturante no sistema jurídico ou sua posição hierárquica privilegiada no sistema de fontes do direito; (iv) "proximidade" da ideia de direito: "os princípios são 'standards' juridicamente vinculantes radicados nas exigências de 'justiça' (Dworkin) ou na 'ideia de Direito' (Larenz); as regras podem ser normas vinculativas com um conteúdo meramente funcional"[8]; (v) natureza monogenética: as regras são fundamentadas nos princípios, que, portanto, constituem sua base ou razão de ser.

Considerando a distinção acima apresentada, podemos fazer dois comentários.

Primeiramente, do ponto de vista da Teoria Geral do Direito e da hermenêutica constitucional. Os quatro primeiros artigos da Constituição Federal são princípios – não simplesmente regras – e, mais precisamente, são princípios fundamentais do Estado brasileiro. Canotilho distingue normas e princípios para mostrar que ambas são regras de conduta (dimensão normativa), portanto, não têm apenas uma função retórica/argumentativa (dimensão hermenêutica do princípio). Contudo, isso não significa que jurista português descarte a função hermenêutica dos princípios constitucionais. Portanto, podemos concluir que *todos os demais dispositivos constitucionais devem ser interpretados pelo método sistemático e teleológico*[9], levando em consideração os quatro primeiros artigos da Constituição Federal. Noutras palavras, a interpretação do texto constitucional deve encontrar harmonia com o conteúdo e as finalidades presentes no preâmbulo e no título I da Constituição Federal.

Em segundo lugar, deve ser destacada a contribuição do pensamento da jusfilosofia não juspositivista (vide capítulo 1) e marxista para se compreender o fenômeno concreto da hermenêutica constitucional. Justamente pelos princípios terem como característica um maior grau de indeterminabilidade e abstração, existe uma margem mais ampla para que diferentes interpretações possam ser socialmente aceitas ou toleradas (o decisionismo, inclusive, vai além, quebra com a ilusão de parte dos juspositivistas, que acreditam ingenuamente que as regras mais claras não seriam passíveis de múltiplas interpretações). Assim, o processo de interpretação nunca é estritamente neutro, conforme explica Alysson Mascaro: "[...] a hermenêutica se dá justamente a partir do plano da ideologia, que lhe dá os horizontes inclusive de possibilidades. O intérprete somente se concebe e concebe o mundo a partir de referências que lhe são constituintes, e estas são a ideologia. [...] A ideologia penetra nos fatos e se pulveriza no ocasional do quotidiano, mas sua sede é o estrutural, o que não se percebe, o inconsciente pois. Assim, o direito é dinâmico, adaptável, moldável, mas tudo isso que se maneja como o ocasional do direito e da sua hermenêutica é sempre levantado a partir de alguns eixos que nunca são acessórios"[10].

2. Brasil: Estado democrático de direito organizado sob a forma de República Federativa

O *caput* do artigo 1º possui sete partes fundamentais: denominação do Estado brasileiro, sua forma de governo, sua forma de

6 Sobre a distinção, vide FERRAZ JR., Tercio Sampaio. *Introdução ao estudo de direito:* técnica, decisão e dominação. 10. ed. São Paulo: Atlas, 2018.

7 Cf. CANOTILHO, J. J. Gomes. *Direito Constitucional e Teoria da Constituição.* 7. ed. Coimbra: Almedina, 2006, p. 1.160-1.161.

8 Idem, Ibidem.

9 MASCARO, Alysson Leandro. *Introdução ao Estudo do Direito*. 5. ed. São Paulo: Atlas, 2015, p. 172 et. seq

10 Idem, Ibidem, p. 169.

Estado, a indissolubidade do vínculo entre seus entes, o regime de governo, o domínio da legalidade. Além disso, o *caput* confere sentido aos seus incisos, afirmando que se tratam dos fundamentos do Estado brasileiro. Vejamos cada uma dessas partes separadamente:

a. Denominação:

ART. 1º A REPÚBLICA FEDERATIVA DO BRASIL, FORMADA PELA UNIÃO INDISSOLÚVEL DOS ESTADOS E MUNICÍPIOS E DO DISTRITO FEDERAL, CONSTITUI-SE EM ESTADO DEMOCRÁTICO DE DIREITO [...].

No trecho acima destacado, observa-se que o *caput* do artigo indica o nome do país – Brasil – e do Estado: "República Federativa do Brasil". Anteriormente foram adotadas outras denominações: "Império do Brasil" (1824), "Estados Unidos do Brasil" (de 1889 até 1967, ano em que se instituiu o atual nome). Na denominação do Estado brasileiro encontram-se duas características do modelo político adotado: (i) a forma de governo (república); (ii) a forma de Estado (federação).

b. Forma de governo:

República é uma *forma de governo*, conforme a classificação estabelecida pela Teoria Geral do Estado[11]. É comum buscar a origem do pensamento republicano na Roma Antiga, contudo, tal aproximação entre a concepção pretérita e passada somente pode ser realizada se considerarmos que em Roma havia relações econômico-sociais distintas (escravagismo), situação que fundamenta argumentação de inexistência de uma forma jurídica e da forma estatal na antiguidade[12]. Modernamente, a forma republicana se contrapõe à monárquica. Trata-se de formas de governo distintas, porque há uma diferença em relação ao modo como os governantes conquistam o poder político e se relacionam com os cidadãos. São características do regime republicano o exercício de cargo político com: temporalidade, eletividade e responsabilidade política. A condição de monarca, pelo contrário, tem características opostas: vitaliciedade, hereditariedade e a irresponsabilidade política[13]. Isso significa que na monarquia um dos agentes políticos (o monarca) adquire e mantém seu poder (ainda que bastante limitado na atualidade) de modo diferente dos demais agentes políticos. No caso das monarquias, é preciso destacar que os Estados adotam na atualidade o sistema de governo parlamentarista (que também pode ser adotado pelos Estados republicanos), de modo que o primeiro-ministro é quem exerce a função de chefe de governo e com relação a ele existem condições semelhantes àquelas que descrevemos anteriormente (temporalidade, eletividade e responsabilidade). No caso das repúblicas, o sistema de governo pode ser presidencialista (caso do Brasil), semipresidencialista ou parlamentarista.

Com base no princípio republicano de alternância de governantes, O STF manifestou entendimento contrário à figura do prefeito "itinerante", aquele que busca ser reeleito sucessivamente para cargos de Prefeito Municipal em municípios da mesma região (RE 637647 - DJe, 10 ago. 2012). Entendimento semelhante foi manifestado pelos norte-americanos em 1947, que, por meio da 22ª emenda à Constituição, limitaram as reeleições presidenciais a dois mandatos, após o presidente Franklin Delano Roosevelt manter-se na presidência de 1933 a 1945, conquistado quatro mandatos sucessivos (o último interrompido precocemente por sua morte).

c. Forma de Estado:

O Brasil adota a forma de Estado *federativa*. Do ponto de vista de sua forma, os Estados podem ser classificados como: (i) Estados simples e, nesse caso, subclassificados como Unitários ou como Federativos (entre os dois extremos podem existir formas intermediárias, denominadas, por exemplo, de Estado Regional ou Estado Autonômico[14]); (ii) Estados compostos e, nesse caso, subclassificados como Estado Confederado ou como União política e econômica de Estados (*e.g.* União Europeia). Entre outras formas de Estado, aparecem os termos *União pessoal* e *União real*, contudo, tais denominações perderam relevância no contexto or-

11 DALLARI, Dalmo de Abreu. *Elementos de Teoria Geral do Estado*. 24. ed. São Paulo: Saraiva, 2003.

12 Vide NAVES, Márcio. *A questão do direito em Marx*. São Paulo: Outras Expressões/Dobra Editorial, 2014.

13 CALDAS, Camilo Onoda. *Teoria Geral do Estado*. São Paulo: Ideias & Letras, 2018, p. 67-68.

14 SILVA, José Afonso da. *Comentário textual à Constituição*. 7. ed. São Paulo: Malheiros, 2010, p. 35

ganizacional atual. A principal característica do Estado federativo uma descentralização do poder político, resultando em entes com autonomia administrativa, política e financeira. Em uma federação existem, no mínimo, dois entes federativos: a União Federal e os estados membros. Nesse caso, há o Poder Executivo, Legislativo e Judiciário Federal e o mesmo na esfera Estadual. Os estados membros da federação estão unidos pela Constituição Federal e cada um possui uma Constituição Estadual.

No Brasil, o Título III da CF ("Organização do Estado"- Art. 18 ao 43) contém os dispositivos que determinam a distribuição de competência entre seus entes (Art. 21 a 25 e 30), havendo maior concentração de poder na esfera federal (diferente de outros estados federativos, caso dos Estados Unidos da América – EUA, no qual os estados membros e suas respectivas Constituições e legislação têm relevância política e jurídica muito maior). O modelo federativo não exclui hipóteses excepcionais de intervenção federal (Art. 34), voltada, por exemplo, para preservar a "forma republicana, sistema representativo e regime democrático" (Art. 34, inc. VI, alínea "a").

Sobre a aplicação de princípios e o pacto federativo destacamos o seguinte julgado do STF: "Não há falar em quebra do pacto federativo e do princípio da interdependência e harmonia entre os Poderes em razão da aplicação de princípios jurídicos ditos 'federais' na interpretação de textos normativos estaduais. Princípios são normas jurídicas de um determinado direito, no caso, do direito brasileiro. Não há princípios jurídicos aplicáveis no território de um, mas não de outro ente federativo, sendo descabida a classificação dos princípios em 'federais' e 'estaduais'" (ADI 246 – DJ. 29 abr. 2005).

d. Indissolubilidade do vínculo entre os entes:

Conforme mencionamos, no Estado Federativo há conjunto de unidades federativas. Assim, no Brasil especificamente, os componentes do Estado são: a União (art. 20-21), os estados (art. 25), os municípios (art. 29) e o Distrito Federal (art. 32), todos autônomos. Os 26 estados membros e o Distrito Federal (Brasília) possuem Poder Judiciário próprio (Tribunais de Justiça) e cada um deles é representado no Congresso Nacional por três senadores. Os municípios não possuem Poder Judiciário, tampouco são representados por senadores. A indicação de ***indissolubilidade*** dos vínculos entre os componentes do Estado brasileiro é característica do Estado federativo. Via de regra, a federação de Estados não prevê direito de secessão (separação de seus membros), diferente da confederação de Estados, cuja característica é justamente prever tal prerrogativa. Por consequência, movimentos separatistas no Brasil, encampados por grupos de determinados estados ou regiões do país, são considerados inconstitucionais e suas ações podem ser tipificadas como crime (Art. 11 da Lei nº 7.170, de 14 de dezembro de 1983)[15]. Na história do Brasil, o êxito de eventuais movimentos separatistas, como a Campanha Cisplatina, que deu origem ao Uruguai, decorreu de conflito armado (1825-1828), que contou com interferência britânica que tinha interesses econômicos na região.

e. Democracia:

A Constituição Federal prevê expressamente a democracia como regime de governo do Estado brasileiro. Na Teoria Geral do Estado, costuma-se classificar os regimes em ***democráticos*** e ***totalitários/ditatoriais***. Nesse sentido, a democracia dependeria da existência de no mínimo três requisitos jurídicos (tripartição de poderes; direitos individuais; igualdade jurídica) e três requisitos políticos (eleições diretas, alternância de governantes e sufrágio universal). Os regimes totalitários ou ditatoriais, por consequência, seriam aqueles nos quais as características acima estão ausentes, conduzindo a uma concentração acentuada e permanente do poder político em torno de uma pessoa ou grupo (anteriormente, tais governos eram descritos como despóticos, tirânicos ou absolutistas). Um dos problemas nessa classificação decorre da dificuldade de aplicá-la a determinadas situações concretas. É comum observamos na atualidade que a mera antipatia política (especialmente a determinados governos da América Latina) leva

15 "Art. 11 - Tentar desmembrar parte do território nacional para constituir país independente. Pena: reclusão, de 4 a 12 anos."

determinados países a serem taxados de "ditaduras", mesmo estando presentes todos os requisitos acimas.

Em função da ditadura militar instaurada no Brasil após o golpe de 1964, o constituinte brasileiro destaca que o Brasil não se constitui simplesmente como Estado de Direito, mas como Estado *Democrático* de Direito. O parágrafo único do art. 1º complementa o ideal democrático ao afirmar que "Todo o poder emana do povo, que o exerce por meio de representantes eleitos ou diretamente". Um dos debates mais importantes das últimas décadas diz respeito à efetividade do regime democrático. A existência dos requisitos acima tem se mostrado insuficiente para que os interesses gerais da população não sucumbam diante de oligarquias tradicionais e grupos, nacionais e internacionais, dotados de grande poder econômico.

O STF expressou essa preocupação em torno da captura da democracia pela força do poder econômico ao julgar a ADI 4.650: "Doação por pessoas jurídicas. Inconstitucionalidade dos limites previstos na legislação (2% do faturamento bruto do ano anterior à eleição). [...] Captura do processo político pelo poder econômico. 'Plutocratização' do prélio eleitoral. Limites de doação por naturais e uso de recursos próprios pelos candidatos. Compatibilidade material com os cânones democrático, republicano e da igualdade política. [...] Ação direta de inconstitucionalidade julgada parcialmente procedente para assentar apenas e tão somente a inconstitucionalidade parcial sem redução de texto do art. 31 da Lei nº 9.096/1995, na parte em que autoriza, a *contrario sensu*, a realização de doações por pessoas jurídicas a partidos políticos, e pela declaração de inconstitucionalidade das expressões 'ou pessoa jurídica', constante no art. 38, III; e 'e jurídicas', inserta no art. 39, *caput*, e § 5º, todos os preceitos da Lei nº 9.096/1995" (DJe, 24 fev. 2016).

f. Domínio da legalidade:

O texto constitucional menciona que o Brasil se constitui como *Estado de Direito*. Isso significa que o princípio da legalidade organiza a esfera privada e a esfera pública. O domínio da legalidade em ambas as esferas encontra-se em diversos momentos do texto constitucional. Nesse sentido, destaca-se: (i) o inciso II do Art. 5º: "ninguém será obrigado a fazer ou deixar de fazer alguma coisa senão em virtude de lei", voltado para coibir ações de agentes públicos ou privados que possam violar a liberdade individual; (ii) o *caput* do Art. 37: "A administração pública direta e indireta de qualquer dos Poderes da União, dos Estados, do Distrito Federal e dos Municípios obedecerá aos princípios de, [...]" (destaques nossos), que circunscreve os poderes da administração pública àquilo que está *autorizado pela lei* e estabelece a *proibição* de dar tratamento desigual, voltado a favorecer determinada pessoa, de modo a fazer prevalecer interesse particular em detrimento do público[16].

Importante ressalvar que a igualdade jurídica, contudo, não significa a impossibilidade de discriminações positivas, ou seja, tratamento jurídico diferenciado a determinados grupos que estão em situação ou posição socialmente desfavorável. Tal questão foi julgada exaustivamente pelo STF, ao manifestar-se, por exemplo, sobre a constitucionalidade da reserva de vagas com base em critério étnico-racial (cotas) em concursos públicos[17] e na seleção para ingresso em instituição pública de ensino superior[18], temas esses abordados – do ponto de vista filosófico, sociológico e jurídico – na obra *O que é racismo estrutural?*, de Silvio Luiz de Almeida[19].

Concomitantemente à existência da igualdade jurídica, a preservação do Estado de Direito depende de um arranjo institucional voltado para preservar o princípio da legalidade na esfera pública e privada. Nesse sentido, a Tripartição dos Poderes do Estado é um dos principais mecanismos e, não por acaso, encontra-se estabelecida logo no art. 2º da CF – "São Poderes da União, independentes e harmônicos entre si, o Legislativo, o Executivo e o Judiciário" –, que será objeto de maiores considerações pelo professor Lucas Balconi.

O constituinte originário, intencionalmente, não desatrelou o termo "democrático" do "de direito", enfatizando que as leis sejam criadas por meio de representantes eleitos, um dos princípios dos regimes democrático. Portanto, a atuação do Estado,

16 O princípio da impessoalidade comporta diversos outros aspectos, aqui destacamos apenas um deles. Para mais detalhes, recomendamos a leitura de CARVALHO NETO, Tarcísio Vieira de. *O princípio da impessoalidade nas decisões administrativas*. Brasília, DF: Gazeta Jurídica, 2015.

17 BRASIL. Supremo Tribunal Federal (STF). ADC 41 – DJE 17 ago. 2017 e ADPF 186 – DJE 20 out. 2014.

18 BRASIL. Supremo Tribunal Federal (STF). ADPF 186 – DJE 20 out. 2014, RE 597.285 – DJE 18 mar. 2014 e ADC 41 – DJE 17 ago. 2017.

19 ALMEIDA, Silvio Luiz de. *O que é racismo estrutural?* Belo Horizonte: Letramento, 2018.

fora dos limites da legalidade, é entendida como afronta ao Estado Democrático de Direito, entendimento esse manifestado pelo STF ao repudiar persecuções criminais arbitrárias (no caso, originada por iniciativa de juiz de Direito): "Controle jurisdicional da atividade persecutória do Estado: uma exigência inerente ao Estado Democrático de Direito. O Estado não tem o direito de exercer, sem base jurídica idônea e suporte fático adequado, o poder persecutório de que se acha investido, pois lhe é vedado, ética e juridicamente, agir de modo arbitrário, seja fazendo instaurar investigações policiais infundadas, seja promovendo acusações formais temerárias, notadamente naqueles casos em que os fatos subjacentes à *persecutio criminis* revelam-se destituídos de tipicidade penal" (HC 98.237 – DJe, 6 ago. 2010).

Compreender as causas que contribuíram para o surgimento do Estado do Direito é a questão mais fundamental para se compreender a natureza, função e finalidade do Estado e do Direito. Nenhuma teoria sobre Estado, Direito e Constituição pode ser completa se ignorar o processo histórico de constituição de uma forma estatal e da forma jurídica, marcado por conflitos e contradições sociais. Nesse sentido, o denominado "novo marxismo", anteriormente citado, tem contribuído decisivamente para mostrar a relação entre o desenvolvimento do capitalismo e o surgimento do Estado de Direito, explicando a relação entre *forma mercadoria*, no sentido marxiano, e a forma jurídica. Dada a impossibilidade de resumir os argumentos utilizados nesse sentido, recomendamos a leitura de *Estado e forma política*, de Alysson Mascaro[20], e da obra *Teoria da derivação do Estado e do Direito*[21].

g. Princípios fundamentais:

O trecho final do *caput* do artigo 1º encerra-se indicando que, a partir das delimitações acima descritas, o Estado brasileiro possui seis fundamentos descritos em cinco incisos que são comentados a seguir. Tais incisos revelam um desdobramento daquilo que está contido no *caput* (soberania, cidadania e pluralismo político) e, ao mesmo tempo, indicam preferências axiológicas (respeito à dignidade da pessoa humana e aos valores sociais do trabalho e da livre-iniciativa). Conforme ensina José Afonso da Silva, faltando um desses fundamentos, "a República Federativa não se caracterizará como Estado Democrático de Direito"[22].

3. A soberania

O inciso I da Constituição Federal destaca a ***soberania*** como um dos fundamentos do Estado brasileiro. Na realidade, a soberania é um elemento constitutivo de qualquer organização estatal[23], portanto, mesmo que não enunciado, ele seria um dos fundamentos do Estado brasileiro. A soberania estatal tem duas dimensões, uma jurídica e outra política, ambas relacionadas entre si. No primeiro caso, soberania expressa a qualidade do Estado para determinar o Direito vigente em seu território, ou seja, o Estado, sendo soberano, estabelece a condição de validade das normas jurídicas, sejam elas criadas pelos próprios órgãos estatais ou pelos particulares). Sob seu aspecto fático, a soberania estatal consiste no poder concreto de se sobrepor ao de quaisquer outros grupos ou indivíduos, ou seja, o Estado é soberano porque é capaz fazer valer suas decisões, de modo que mantém sua autonomia em relação às determinações vindas do exterior e mantém a ordem interna. A manifestação da soberania, enquanto fenômeno social e político, é denominada *poder constituinte* e deste se origina a Constituição[24].

Atualmente, estamos dentro um contexto no qual os Estados sentem uma diminuição de sua autonomia, seja pelas pressões do mercado financeiro internacional, seja pelo avanço de uma ordem jurídica internacional. Nos países como os da periferia do capitalismo, como o Brasil, tais pressões são sentidas com maior intensidade, tanto no campo da economia quanto no campo da intervenção direta, feita por nações estrangeiras, com ou sem o aval dos organismos internacionais. Discute-se, assim, contemporaneamente a diminuição da soberania estatal. Historicamente, o início da idealização de uma ordem jurídica internacional coincide, não por acaso, com a expansão do capitalismo em nível global. As transformações das últimas décadas, por sua vez, correspondem às transições de um regime de acumula-

20 MASCARO, Alysson Leandro. *Estado e forma política*. São Paulo: Boitempo, 2013.

21 CALDAS, Camilo Onoda. *A teoria da derivação do Estado e do Direito*. São Paulo: Outras Expressões/Dobra Universitário, 2015.

22 SILVA, José Afonso da, *op. cit.*, p. 37.

23 CALDAS, Camilo Onoda. *Teoria geral do Estado*. São Paulo: Ideias & Letras, 2018, p. 41-42.

24 BERCOVICI, Gilberto. *Soberania e Constituição*: para uma crítica do constitucionalismo. 2. ed. São Paulo: Quartier Latin, 2013.

ção fordista para um pós-fordista, o que resulta no aumento da pressão para que Estados diminuam direitos sociais e realizem políticas de austeridade fiscal (corte em investimentos sociais). Trata-se de um tema inevitável que tem sido objeto de interesse crescente pelos estudiosos do Direito e do Estado[25].

No Brasil, a preservação da soberania nacional tem sido um dos elementos centrais no debate sobre a demarcação de algumas terras indígenas, especialmente as fronteiriças (tema que envolveu diversos aspectos e argumentos[26]). O STF decidiu favoravelmente à homologação da Terra Indígena Raposa/Serra do Sol (TIRSS), condicionando-a a 19 salvaguardas, algumas delas relacionadas diretamente com a soberania do Estado brasileiro: "As 'terras indígenas' versadas pela CF de 1988 fazem parte de um território estatal-brasileiro sobre o qual incide, com exclusividade, o direito nacional. E, como tudo o mais que faz parte do domínio de qualquer das pessoas federadas brasileiras, são terras que se submetem unicamente ao primeiro dos princípios regentes das relações internacionais da República Federativa do Brasil: a soberania ou 'independência nacional' (inciso I do art. 1º da CF). [...] Há compatibilidade entre o usufruto de terras indígenas e faixa de fronteira. Longe de se pôr como um ponto de fragilidade estrutural das faixas de fronteira, a permanente alocação indígena nesses estratégicos espaços em muito facilita e até obriga que as instituições de Estado (Forças Armadas e Polícia Federal, principalmente) se façam também presentes com seus postos de vigilância, equipamentos, batalhões, companhias e agentes. Sem precisar de licença de quem quer que seja para fazê-lo. Mecanismos esses a serem aproveitados como oportunidade ímpar para conscientizar ainda mais os nossos indígenas, instruí-los (a partir dos conscritos), alertá-los contra a influência eventualmente malsã de certas organizações não governamentais estrangeiras, mobilizá-los em defesa da soberania nacional e reforçar neles o inato sentimento de brasilidade. Missão favorecida pelo fato de serem os nossos índios as primeiras pessoas a revelar devoção pelo nosso país (eles, os índios, que em toda nossa história contribuíram decisivamente para a defesa e integridade do território nacional) e até hoje dar mostras de conhecerem o seu interior e as suas bordas mais que ninguém. Pet 3.388, rel. min. Ayres Britto, j. 19-3-2009, P, DJE de 1º-7-2010"[27].

4. A cidadania

> *"Ninguém é obrigado a cumprir ordem ilegal, ou a ela se submeter, ainda que emanada de autoridade judicial. Mais: é dever de cidadania opor-se à ordem ilegal; caso contrário, nega-se o Estado de Direito" (HC 73.454 – DJe 7 jun. 1996. Relator Ministro Maurício Corrêa)*[28].

O inciso II da Constituição Federal destaca a *cidadania* como um dos fundamentos do Estado brasileiro. A cidadania implica vínculo permanente entre um indivíduo e um determinado Estado. Dois aspectos podem ser destacados em relação à cidadania: o político e o social.

Originalmente, a vinculação estabelecida pela cidadania é pensada do ponto de vista estritamente *político*: cidadão é aquele que tem permissão jurídica para influenciar a formação e transformação do Estado, bem como deve se submeter à autoridade estatal, dentro dos limites do Direito, mesmo se não estiver em seu território (evidentemente, nesse caso, o Estado pode ter dificuldades para exercer tal controle). O pensamento filosófico iluminista consagrou a ideia de universalização da cidadania, estabelecendo-a como condição comum os membros do povo. Tais ideias se contrapunham ao pensamento atrelado à filosofia medieval, que concebia um modelo estamental, no qual o poder político estava restrito aos nobres e era transmitido hereditariamente, portanto, inacessível para os súditos. É equivocado, contudo, identificar o pensamento liberal original com a defesa da universalização da

25 Sobre o tema, recomendamos a leitura de OSÓRIO, Luiz Felipe. *Imperialismo, Estado e relações internacionais*. São Paulo: Ideias e Letras, 2017.

26 Vide YAMADA, Erica Magami; VILLARES, Luiz Fernando. Julgamento da Terra Indígena Raposa Serra do Sol: todo dia era dia de índio. *Revista Direito GV*, São Paulo, v. 6, n. 1, p. 145-157, jun. 2010 . Disponível em: http://www.scielo.br/scielo.php?script=sci_arttext&pid=S1808-24322010000100008&lng=en&nrm=iso. Acesso em: 2 ago. 2018. E também SILVA, Cristhian Teófilo da. A homologação da terra indígena Raposa/Serra do sol e seus efeitos: uma análise performativa das 19 condicionantes do STF. *Rev. bras. Ci. Soc.*, São Paulo , v. 33, n. 98, e339803, 2018 . Disponível em: https://www.scielo.br/scielo.php?script=sci_arttext&pid=S0102-69092018000300510&lng=en&nrm=iso&tlng=pt. Acesso em: 2 set. 2018.

27 Brasil. Supremo Tribunal Federal (STF). A Constituição e o Supremo. 5. ed. atual. até a EC 90/2015. Brasília: STF, Secretaria de Documentação, 2016, p. 16. Disponível em: http://www.stf.jus.br/arquivo/cms/publicacaoLegislacaoAnotada/anexo/a_constituicao_e_o_supremo_5a_edicao.pdf. Acesso em: 1 ago. 2018.

28 Idem, ibidem, p. 16.

cidadania *ativa* e da democracia[29], ou seja, o ideário liberal tradicionalmente não propugnava o sufrágio universal e a expansão dos direitos políticos para todos, independentemente de seu gênero, sua raça ou sua condição social. Em sua origem, a expansão do voto para mulheres e negros e o fim do voto censitário (determinado pela renda do cidadão) encontrou forte resistência entre pensadores liberais. Dentro da lógica liberal, o Estado instituía a universalização da *cidadania passiva*, que apenas conferia a autorização normativa para esses se tornarem *cidadãos ativos* (sujeitos plenos em seu direito de votar e serem votados), ou seja, no caso dos trabalhadores, esses poderiam conquistar a cidadania ativa se fossem capazes de se tornar independentes do ponto de vista econômico, o que na prática significava restringir os direitos políticos às classes mais abastadas[30]. A luta popular de gerações pela expansão dos direitos políticos (reprimida violentamente pelo Estado) é que conseguiu alterar esse panorama.

A dimensão *social* da cidadania se desenvolve ao longo do século 20, por meio da luta pela efetivação da democracia e criação de um Estado de Bem-estar social, cujas consequências foram a ampliação de espaços institucionais de participação política e a positivação de direitos sociais. Trata-se do que José Afonso denomina de *nova dimensão da cidadania*, "que decorre da ideia de *Constituição dirigente*, que não é apenas um depositório de programas vagos a serem cumpridos, mas constitui um sistema de previsão de direitos sociais, mais ou menos eficazes, em torno dos quais é que se vem construindo a nova ideia de cidadania"[31]. Portanto, nesse sentido, ser cidadão significa mais do que ser mero titular de direitos políticos. Conforme assevera Fábio Konder Comparato, a nova cidadania (dimensão social da cidadania) deve se instaurar em cinco níveis: "a) na distribuição dos bens, materiais e imateriais, indispensáveis a uma existência socialmente digna;

b) na proteção dos interesses difusos ou transindividuais;

c) no controle do poder político;

d) na administração da coisa pública;

e) na proteção dos interesses transnacionais"[32]. Conforme se verá a seguir, a nova dimensão da cidadania relaciona-se com o fundamento seguinte do Estado brasileiro: a proteção da dignidade humana.

O STF incorporou em seus julgados a dimensão social da cidadania. Primeiramente, temos como exemplo a ADI 2.649 (DJe, 17 ago. 2008): Associação Brasileira das Empresas de Transporte Terrestre de Passageiros (ABRATI) pretendia a declaração de inconstitucionalidade do art. 1º da 8.899/1994 que concedia "passe livre às pessoas portadoras de deficiência, comprovadamente carentes, no sistema de transporte coletivo interestadual". Na ocasião, o STF concluiu que "A Lei 8.899/1994 é parte das políticas públicas para inserir os portadores de necessidades especiais na sociedade e objetiva a igualdade de oportunidades e a humanização das relações sociais, em cumprimento aos fundamentos da República de cidadania e dignidade da pessoa humana, o que se concretiza pela definição de meios para que eles sejam alcançados". Outro julgado do STF no mesmo sentido advém da ADI 4.424 (DJe, 1º ago. 2014), que ao julgar a ação penal relativa a lesão corporal resultante de violência doméstica contra a mulher é pública incondicionada, manifestou o seguinte entendimento sobre a Lei Maria da Penha afirmando que não feria o princípio da isonomia: "Não se pode olvidar, na atualidade, uma consciência constitucional sobre a diferença e sobre a especificação dos sujeitos de direito, o que traz legitimação às discriminações positivas voltadas a atender as peculiaridades de grupos menos favorecidos e a compensar desigualdades de fato, decorrentes da cristalização cultural do preconceito"[33].

5. A dignidade da pessoa humana

O inciso III da Constituição Federal destaca a *dignidade da pessoa humana* como um dos fundamentos do Estado brasileiro. A inserção desse fundamento segue a tendência pioneira da Constituição

29 "Estamos hoje tão acostumados a usar a expressão liberal democracia que esquecemos que os liberais puros, desde o início do século, sempre consideraram a democracia (e, note-se, a simples democracia formal) como o caminho aberto para a perda da liberdade, para a revolta das massas contra as elites, como a vitória homem-ovelha sobre os pastores do povo [...]". BOBBIO, Norberto. Existe uma doutrina marxista de Estado? In: ARAÚJO, Braz José; FIGUEIREDO, Eurico de Lima (org.). *O marxismo e o Estado*. Tradução Federica L. Boccardo e Rennée Levie. Rio de Janeiro: Graal, 1979, p. 43 (Coleção Biblioteca de Ciências Sociais, v. 8).

30 KANT, Immanuel. *A metafísica dos costumes*. São Paulo: Edipro, 2003.

31 SILVA, José Afonso da, *op. cit.*, p. 38.

32 COMPARATO, Fábio Konder. A nova cidadania. *Lua Nova*, São Paulo, n. 28-29, p. 85-106, abr. 1993 . Disponível em: https://www.scielo.br/scielo.php?script=sci_arttext&pid=S0102-64451993000100005. Acesso em: 15 ago. 2018.

33 BRASIL. Supremo Tribunal Federal (STF), *op. cit.*, p. 18.

da *República Federativa Alemã*[34], que constitucionalizou esse fundamento em seu artigo 1º, afirmando que "a dignidade da pessoa humana é inviolável" ("Die Würde des Menschen ist unantastbar"[35]) e que todos os poderes estatais têm obrigação de respeitá-la e protegê-la. No direito internacional encontra-se o mesmo preceito: "Todos os seres humanos nascem livres e iguais em dignidade e direitos. São dotados de razão e consciência e devem agir em relação uns aos outros com espírito de fraternidade" (Art. I da Declaração Universal dos Direitos Humanos)[36].

As razões históricas que conduziram a positivação da proteção da dignidade humana no direito internacional sãs as mesmas: as atrocidades e os genocídios cometidos durante a Segunda Guerra Mundial, em especial as perpetradas pela Alemanha Nazista sob o governo de Adolf Hitler. No século 20, contudo, a ideia de "dignidade humana", presente no pensamento jusnaturalista moderno, não é pensada como um direito natural. O juspositivismo ético, mencionado anteriormente, insere-se nesse mesmo contexto histórico e defende que o Direito se oriente por uma ética universal, capaz de garantir um ambiente democrático, de respeito à diversidade e à dignidade humana. As correntes marxistas criticam as limitações do juspositivismo ético e afirmam que somente a superação das contradições econômicas engendradas pela sociabilidade capitalista podem conduzir a um efetivo respeito à dignidade humana. É o que Mascaro destaca ao explicar o filósofo Ernst Bloch e sua obra *Direito natural e dignidade humana*: "No contexto geral da máquina capitalista, que exaspera e explora multidões, a utopia de uma sociedade melhor é o norte do socialismo, como luta emancipatória e libertadora. Em face da miséria, abre-se a perspectiva da felicidade. Mas, além do largo campo da utopia social, há também uma específica utopia jurídica. No que tange ao direito, ao lado da miséria – como manifestação social geral –, há um problema particular, o da humilhação. Em seu combate, abre-se a perspectiva utópica da dignidade. Assim, Bloch aponta o socialismo como luta pela felicidade e, especificamente no que tange às questões jurídicas, como luta pela dignidade humana. [...] só se consegue transformando radicalmente a miséria e a humilhação da estrutura social capitalista em uma sociedade fraterna e socialista. [...] Bloch, exasperado pelo nazismo e pela 2ª Guerra Mundial, fará a grande crítica do direito natural, apontando para a imperiosidade de sua superação. O apontar da dignidade não é uma mera intelecção ou preceito moral, é uma luta social radical"[37].

No STF, a *dignidade humana* tem sido conceito largamente utilizado, especialmente em situações que tal fundamento é utilizado para defesa de determinados direitos que se encontram em antinomia real ou aparente com outros princípios e normas. Por exemplo, nos seguintes temas:

a. Direito à saúde: "A controvérsia objeto destes autos – possibilidade, ou não, de o Poder Judiciário determinar ao Poder Executivo a adoção de providências administrativas visando à melhoria da qualidade da prestação do serviço de saúde por hospital da rede pública – foi submetida à apreciação do Pleno do STF [...] Naquele julgamento, esta Corte, ponderando os princípios do 'mínimo existencial' e da 'reserva do possível', decidiu que, em se tratando de direito à saúde, a intervenção judicial é possível em hipóteses como a dos autos, nas quais o Poder Judiciário não está inovando na ordem jurídica, mas apenas determinando que o Poder Executivo cumpra políticas públicas previamente estabelecidas. RE 642.536 AgR, rel. min. Luiz Fux, j. 5-2-2013, 1ª T, DJE de 27-2-2013"[38].

b. Pesquisas com células-tronco: "A pesquisa científica com células-tronco embrionárias, autorizada pela Lei 11.105/2005, objetiva o enfrentamento e cura de patologias e traumatismos que severamente limitam, atormentam, infelicitam, desesperam e não raras vezes degradam a vida de expressivo contingente populacional [...] Inexistência de ofensas ao direito à vida e da dignidade da pessoa humana, pois a pesquisa com células-tronco embrionárias (inviáveis biologicamente ou para os fins a que se destinam) significa a celebração solidária da vida e alento aos que se acham à margem do exercício concreto e inalienável dos direitos à felicidade e do viver

34 SILVA, José Afonso da, *op. cit.*, p. 39.

35 A íntegra do texto pode ser encontrada em: https://www.bundestag.de/grundgesetz. Acesso em: 15 jan. 2021.

36 Íntegra do texto em português em: http://www.onu.org.br/img/2014/09/DUDH.pdf.

37 MASCARO, Alysson. ***Filosofia do Direito***. 5. ed. São Paulo: Atlas, 2016, p. 583.

38 BRASIL. Supremo Tribunal Federal (STF), *op. cit.*, p. 29.

com dignidade (ministro Celso de Mello) [ADI 3.510, rel. min. Ayres Britto, j. 29-5-2008, P, DJE de 28-5-2010]"[39].

c. União homoafetiva: "Reconhecimento e qualificação da união homoafetiva como entidade familiar. O STF – apoiando-se em valiosa hermenêutica construtiva e invocando princípios essenciais (como os da dignidade da pessoa humana, da liberdade, da autodeterminação, da igualdade, do pluralismo, da intimidade, da não discriminação e da busca da felicidade) – reconhece assistir, a qualquer pessoa, o direito fundamental à orientação sexual, havendo proclamado, por isso mesmo, a plena legitimidade ético-jurídica da união homoafetiva como entidade familiar, atribuindo-lhe, em consequência, verdadeiro estatuto de cidadania, em ordem a permitir que se extraiam, em favor de parceiros homossexuais, relevantes consequências no plano do direito, notadamente no campo previdenciário, e, também, na esfera das relações sociais e familiares. [RE 477.554 AgR, rel. min. Celso de Mello, j. 16-8-2011, 2ª T, DJE de 26-8-2011. Vide ADI 4.277 e ADPF 132, rel. min. Ayres Britto, j. 5-5-2011, P, DJE de 14-10-2011]"[40].

d. Uso de algemas: "Só é lícito o uso de algemas em casos de resistência e de fundado receio de fuga ou de perigo à integridade física própria ou alheia, por parte do preso ou de terceiros, justificada a excepcionalidade por escrito, sob pena de responsabilidade disciplinar, civil e penal do agente ou da autoridade e de nulidade da prisão ou do ato processual a que se refere, sem prejuízo da responsabilidade civil do Estado. [Súmula Vinculante 11. DJe nº 157 de 22/08/2008, p. 1. DOU de 22/08/2008, p. 1]"[41].

e. Regime prisional do apenado: "A falta de estabelecimento penal adequado não autoriza a manutenção do condenado em regime prisional mais gravoso, devendo-se observar, nessa hipótese, os parâmetros fixados no RE 641.320/RS [Súmula Vinculante 56]. DJe nº 165 de 08/08/2016, p. 1. DOU de 08/08/2016, p. 1".

Com relação a estes dois últimos casos, é preciso destacar as contribuições da filosofia do direito não juspositivista, mencionada anteriormente, em particular os estudos de Foucault sobre a microfísica do poder e as instituições ligadas ao sistema prisional. Tal teoria é fundamental para compreender como as súmulas acima, mesmo vinculantes, não encontram nenhuma materialidade em determinados contextos, especialmente os que envolvem grupos sociais mais marginalizados. Para Foucault, é no exame da periferia, não do centro do poder, que encontramos qual a realidade do direito, portanto, "em vez de tentar saber onde e como o direito de punir se fundamenta na soberania tal como esta é apresentada pela teoria do direito monárquico ou do direito democrático, procurei examinar como a punição e o poder de punir materializavam-se em instituições locais, regionais e materiais, quer se trate do suplício ou do encarceramento, no âmbito ao mesmo tempo institucional, físico, regulamentar e violento dos aparelhos de punição. Em outras palavras, captar o poder na extremidade cada vez menos jurídica de seu exercício"[42].

6. Os valores sociais do trabalho e da livre-iniciativa

O inciso IV da Constituição Federal destaca os *valores sociais do trabalho e da livre-iniciativa* como um dos fundamentos do Estado brasileiro. Valor social do trabalho e livre iniciativa aparecem no artigo 170 da CF como fundamentos da ordem econômica, cuja finalidade é "assegurar a todos existência digna, conforme os ditames da justiça social". A livre-iniciativa é um dos pressupostos da economia capitalista e na CF encontra-se relacionada com a liberdade (art. 5º, *caput*), propriedade privada (Art. 5º, XXII, e Art. 170, II), à livre concorrência (Art. 170, IV), de modo que o parágrafo único do art. 170 assegura "a todos o livre exercício de qualquer atividade econômica, independentemente de autorização de órgãos públicos, salvo nos casos previstos em lei". O valor social do trabalho, por sua vez, encontra-se relacionado com a liberdade para o exercício de "qualquer trabalho, ofício ou profissão, atendidas as qualificações profissionais que a lei estabelecer" (Art. 5º, XIII), função social da propriedade (Art. 5º, XXIII), desapropriação por interesse social (Art. 5º, inciso XXIV), busca do pleno emprego (Art. 170, VIII) e, principalmente, com as normas instituidoras de direitos dos trabalhadores urbanos e rurais (Art. 7º e seus incisos).

39 BRASIL. Supremo Tribunal Federal (STF), *op. cit.*, p. 22.

40 BRASIL. Supremo Tribunal Federal (STF), *op. cit.*, p. 19.

41 MASCARO, Alysson. *Filosofia do Direito*. 5. ed. São Paulo: Atlas, 2016, p. 433 et seq.

42 FOUCAULT, Michel. *Microfísica do poder*. Rio de Janeiro: Graal, 1996, p. 181.

Não por acaso trabalho e livre-iniciativa aparecem juntos no mesmo dispositivo legal, o constituinte originário traz aqui a tentativa de harmonizar dois elementos intrínsecos do capitalismo: o trabalho, enquanto relação social criadora de valor; a livre-iniciativa, entendida não apenas como a liberdade genérica de celebrar contratos e de empreender, mas a possibilidade dos detentores de capital não serem impedidos de realizar a operação as trocas mercantis (dinheiro por mercadoria ou vice-versa) como meio de acumular mais capital. É preciso afastar-se da ideia pueril de que o capitalista opera *apesar* do Estado. O modo de produção capitalista depende, desde sua origem, da existência do Estado. Mais ainda, as intervenções do Estado na economia e os direitos sociais, ainda que beneficiem concretamente os trabalhadores, são mecanismos que colaboram – ideológica, econômica e politicamente – para a reprodução do capitalismo. Para se compreender melhor tais ideias, recomenda-se a leitura de autores do referido novo marxismo[43], quanto em pensadores não marxistas da filosofia do direito não juspositivista[44]. No presente momento, o regime de acumulação do capitalismo vai se tornando pós-fordista e ocorre a ascensão de movimentos neoliberais e neoconservadores com viés fascista, a resposta para as crises do capitalismo formam dois grupos: (i) menor intervenção do Estado na economia e diminuição dos direitos e investimentos sociais; (ii) crescimento de discurso de ódio, críticas aos direitos humanos, defesa de políticas de segregação e encarceramento em massa ou até mesmo o extermínio de grupos sociais considerados indesejáveis.

O constituinte originário estabeleceu a livre-iniciativa como fundamento da ordem econômica condicionada por determinados princípios e regras (Vide especialmente o Capítulo I – *Dos princípios gerais da atividade econômica* – do Título VII – *Da Ordem Econômica e Financeira*). Dentro desse contexto e do conjunto normativo constitucional, o STF manifestou-se em diversas ocasiões para avaliar se o princípio da livre-iniciativa estava sendo violado: "O princípio da livre-iniciativa não pode ser invocado para afastar regras de regulamentação do mercado e de defesa do consumidor" (RE 349.686 – DJ 5 ago. 2005); "A fixação de horário de funcionamento de estabelecimento comercial é matéria de competência municipal, considerando improcedentes as alegações de ofensa aos princípios constitucionais da isonomia, da livre-iniciativa, da livre concorrência, da liberdade de trabalho, da busca do pleno emprego e da proteção ao consumidor" (AI 481.886 – DJ 1º abr. 2005); [Constitucionalidade da lei que garante aos estudantes o direito de pagar "meia-entrada"] "É certo que a ordem econômica na Constituição de 1988 define opção por um sistema no qual joga um papel primordial a livre-iniciativa. Essa circunstância não legitima, no entanto, a assertiva de que o Estado somente intervirá na economia em situações excepcionais. Mais do que simples instrumento de governo, a nossa Constituição enuncia diretrizes, programas e fins a serem realizados pelo Estado e pela sociedade. Postula um plano de ação global normativo para o Estado e para a sociedade, informado pelos preceitos veiculados pelos seus arts. 1º, 3º e 170. A livre-iniciativa é expressão de liberdade titulada não apenas pela empresa, mas também pelo trabalho. Por isso a Constituição, ao contemplá-la, cogita também da "iniciativa do Estado"; não a privilegia, portanto, como bem pertinente apenas à empresa. Se de um lado a Constituição assegura a livre-iniciativa, de outro determina ao Estado a adoção de todas as providências tendentes a garantir o efetivo exercício do direito à educação, à cultura e ao desporto (arts. 23, V; 205; 208; 215; e 217, § 3º, da Constituição). Na composição entre esses princípios e regras, há de ser preservado o interesse da coletividade, interesse público primário. O direito ao acesso à cultura, ao esporte e ao lazer são meios de complementar a formação dos estudantes" (ADI 1.950 – DJ 2 jun. 2006)[45].

7. O pluralismo político

O inciso V da Constituição Federal destaca o *pluralismo político* como um dos fundamentos do Estado brasileiro. O preâmbulo da constituição Federal destaca os valores de uma *sociedade pluralista*. A ideia de pluralismo político se opõe à de monismo, portanto, a Constituição Federal estabelece a pluralidade como uma garantia da democracia, repelindo assim a *plutocracia* (restrição do poder

43 HIRSCH, Joachim. *Teoria materialista do Estado*. São Paulo: Revan, 2010.

44 FOUCAULT, Michel. *A verdade e as formas jurídicas*. Rio de Janeiro: Nau Editora, 2003, p. 111-113.

45 BRASIL. Supremo Tribunal Federal (STF), *op. cit.*, p. 25.

político aos mais ricos) e a *autocracia* (restrição do poder político a um único partido, líder ou grupo – a expressão *aristocracia*, por sua vez, traduz, na literalidade, a concentração do poder político naqueles que são supostamente melhores do que a maioria). O pluralismo político é garantido por:

(i) direitos individuais (Art. 5º) de expressão (incisos IV e IX), de consciência (inciso VI e VIII), de locomoção (inciso XV), de reunião (inciso XVI) e de associação (incisos XVII ao XXI), dentre outros; (ii) direitos políticos (Art. 15 e 16).

(iii) estrutura de diversidade e liberdade partidária (art. 17); (iv) princípios educacionais de pluralismo (Art. 206, inciso III).

O constituinte originário de 1988, portanto, não apenas procurou repelir a experiência traumática da ditadura militar, como também rejeitou o modelo bipartidário, muitas vezes instituído no Brasil, especialmente em períodos de crise social e política, como forma de reprimir institucionalmente determinadas forças, partidos e organizações políticas diretamente ligadas à defesa dos interesses populares e das classes trabalhadoras. No século 21, no qual o reconhecimento dos direitos das minorias se fortaleceu, observamos uma contraofensiva conservadora voltada a reprimir e até criminalizar esses e outros movimentos sociais, o que não se coaduna com o princípio constitucional do pluralismo político.

Sobre o pluralismo jurídico, o STF (ADI 1.355 – DJ 23 fev. 1996) registra julgado no qual analisava se legislação federal (Lei nº 9.100, de 1995) era inconstitucional por estabelecer em seu artigo 11 que "cada partido ou coligação poderá registrar candidatos para a Câmara Municipal até 120% do número de lugares a preencher", podendo "acrescer, ao total estabelecido no *caput*, candidatos em proporção que corresponda ao número de seus Deputados Federais", conforme fórmula estabelecida em seus incisos. Na ocasião foi manifestado o seguinte entendimento: "Normas que condicionaram o número de candidatos às câmaras municipais ao número de representantes do respectivo partido na Câmara Federal. Alegada afronta ao princípio da isonomia. Plausibilidade da tese, relativamente aos parágrafos do art. 11, por instituírem critério caprichoso que não guarda coerência lógica com a disparidade de tratamento neles estabelecida. Afronta à igualdade caracterizadora do pluralismo político consagrado pela Carta de 1988"[46].

8. O poder do Estado

O parágrafo único do art. 1º da Constituição Federal é o desdobramento necessário de seu *caput*, que enuncia o Brasil como Estado *Democrático* de Direito. Seu texto pode ser decomposto em quatro partes: (i) o poder como fonte do poder estatal; (ii) a representação política do povo; (iii) a manifestação direta do poder popular; (iv) a regulação constitucional do poder popular.

a. Povo como fonte do poder do Estado:

PARÁGRAFO ÚNICO. TODO O PODER EMANA DO POVO, QUE O EXERCE POR MEIO DE REPRESENTANTES ELEITOS OU DIRETAMENTE, NOS TERMOS DESTA CONSTITUIÇÃO.

O trecho inicial remete à ideia de soberania popular, termo que aparece no art. 14 da CF: "A soberania popular será exercida pelo sufrágio universal e pelo voto direto e secreto, com valor igual para todos". Tal dispositivo encontra-se em harmonia com o artigo XXI da Declaração Universal dos Direitos humanos, o qual estabelece que: "I - Todo o homem tem o direito de tomar parte no governo de seu país diretamente ou por intermédio de representantes livremente escolhidos" e "A vontade do povo será a base da autoridade do governo; essa vontade será expressa em eleições periódicas e legítimas, por sufrágio universal, por voto secreto ou processo equivalente que assegure a liberdade de voto"[47]. O texto constitucional adota uma posição na qual o povo é entendido como conjunto de cidadãos, *status* que somente é adquirido por meio da condição de ser brasileiro nato ou naturalizado. Portanto, ao contrário de outros países do mundo e da Europa, o Brasil não reconhece aos estrangeiros (nem de forma limitada) direitos políticos de votar e ser votado, que são intrínsecos aos cidadãos (mas dependem da observância de certos requisitos descritos nos arts. 14 e 15).

46 BRASIL. Supremo Tribunal Federal (STF), *op. cit.*, p. 26.

47 Íntegra do texto em português em: http://www.onu.org.br/img/2014/09/DUDH.pdf.

A ideia de democracia contemporânea está associada a governo de povo, um regime que reconhece o povo como fonte do Poder do Estado. Na modernidade, o filósofo iluminista Jean-Jacques Rousseau (1712-1778) tornou-se o maior representante das ideias de soberania popular, defendendo que o poder dos governantes é decorrência do poder político original do povo, que dele nunca pode ser despojado[48]. As concepções iluministas, portanto, elaboram uma teoria com viés antropológico, se opondo à teologia política oriunda da escolástica medieval, que defendia Deus como fonte do poder político do governante e defendia que esse se transmitia hereditariamente aos descendentes do monarca.

O justapositivismo ético destaca a importância dos direitos humanos, pluralismo político e de instituições políticas funcionais como meios para garantir preservar a soberania popular: "A almejada coesão interna entre direitos humanos e soberania popular consiste, assim, em que a exigência de institucionalização de uma prática cidadã do uso público das liberdades comunicativas seja cumprida justamente por meio dos direitos humanos. Direitos humanos que possibilitam o exercício da soberania popular não se podem impingir de fora, como uma restrição"[49].

O marxismo, por sua vez, contribui para o debate apontando os limites estruturais da democracia no capitalismo[50], defendendo que esse modo de produção estabelece uma limitação intransponível para que o poder possa emanar do povo e organizar as relações sociais, sobretudo no âmbito da esfera econômica, na qual o poder particular dos detentores de capital, até certo ponto, predomina. Esse limite estrutural ocorre não obstante o Estado ser soberano, pois seu poder nunca é a supressão do poder do capital na esfera econômica. É partir dessas contribuições que Boaventura de Sousa Santos escreve: "Se, num exercício de imaginação, compararmos as relações sociais ao longo dos tempos, é no campo das relações políticas, as relações da esfera pública, que as sociedades capitalistas mais inequivocamente representam o progresso civilizacional. Pela primeira vez na história, o Estado tornou-se verdadeiramente público, isto é, deixou de ser propriedade privada de qualquer grupo específico. A concessão de direitos cívicos e políticos e a consequente universalização da cidadania transformaram o Estado na consubstanciação teórica do ideal democrático na participação igualitária no domínio social. Se, pelo contrário, considerarmos as relações de produção nas sociedades capitalistas, sobretudo no período do capitalismo liberal, a imagem será quase o negativo do anterior"[51].

b. A democracia representativa:

O trecho destacado trata dos modos de exercício do poder pelo povo. A primeira parte do parágrafo único descreve a *democracia representativa*, forma institucional de organizar o poder político do povo e modelo adotado por todos os Estados Democráticos na atualidade. A ideia de democracia representativa se opõe à ideia de democracia direta, exercida diretamente pelos cidadãos, cujo principal ícone na história é Atenas em meados do século 5 a.C. Na democracia representativa os governantes são eleitos pelo povo e exercem um mandato, que é sempre temporário, mas nem sempre têm um prazo preestabelecido (como é o caso do mandato de primeiro-ministro no parlamentarismo).

No caso do Brasil, os representantes políticos federais são: presidente da República (Poder Executivo); deputados federais e senadores (Poder Legislativo), que unidos formam o Congresso Nacional. Os representantes políticos estaduais e do Distrito Federal (Brasília) são: governadores do Estado e do Distrito Federal (Poder Executivo); deputados estaduais e distritais (Poder Legislativo). Os representantes políticos municipais são: prefeitos municipais (Poder Executivo); vereadores (Poder Legislativo).

Após a redemocratização (1985 em diante), o Brasil enfrenta um processo crescente de desgaste da democracia representativa que vem conduzindo a uma crise de legitimidade do Estado. Trata-se de um fenômeno que ocorre em escala mundial, cuja consequência é o desinteresse pelas eleições e a descrença na política em geral. Enquanto as vertentes do juspositivismo ético enfatizam as reformas legais como mecanismo para solução do problema, os pensadores do marxismo apontam que o desgaste da democracia representa-

48 ROUSSEAU, Jean-Jacques. *O contrato social:* princípios do direito político. São Paulo: Martins Fontes, 2006.

49 HABERMAS, Jürgen. *A inclusão do outro:* estudos de teoria política. Tradução: George Sperber e Paulo Astor Soethe. São Paulo: Loyola, 2002.

50 WOOD, Ellen Meiksin. *Democracia contra o capitalismo*. Tradução: Paulo Cezar Castanheira. São Paulo: Boitempo, 2003.

51 SANTOS, Boaventura de Sousa. *Pela mão de Alice*: o social e o político na pós-modernidade. São Paulo: Cortez, 2000, p. 122.

tiva é produto da captura da soberania do Estado pelo poder direto e indireto do capital: os governantes têm cada vez menos autonomia para enfrentar as determinações de grupos ligados ao capital financeiro e internacional, de modo que as iniciativas do Estado precisam – antes de tudo – submeter-se às exigências de tais grupos para somente então, dentro de um reduzido espaço político e de finanças públicas, atuar em prol dos demais interesses[52].

c. A democracia direta:

Conforme dissemos, o trecho destacado trata dos modos de exercício do poder pelo povo. A segunda parte do parágrafo único descreve que o cidadão pode exercer seu poder diretamente, ou seja, sem que haja a intermediação de representantes.

O sentido de exercício direto do poder é duplo. Em ambos os casos, trata-se de enfatizar a participação política do cidadão. Numa primeira hipótese, o cidadão exerce o poder político diretamente quando ele é o representante político eleito. Numa segunda hipótese, os cidadãos interferem de modo semidireto nas esferas da administração pública (por meio do orçamento participativo, conselhos da administração pública, consultas e audiências públicas etc.) e do poder Legislativo (por meio de referendos, plebiscitos e projetos de iniciativa popular, conforme art. 14 da CF). A Constituição Federal ainda prevê diversos institutos relacionados à participação e fiscalização popular (art. 10, 11, 31, §3º, 74, §2º, 194, VII, 206, VI, e 216, §1º). Nesses casos, a Teoria Geral do Estado utiliza o termo *democracia semidireta*[53] porque em todos esses casos os representantes políticos e servidores públicos sempre fazem uma intermediação e exercem controle parcial sobre os processos decisórios, portanto, a vontade e decisão popular não prevalecem, de modo absoluto e irrestrito, elas apenas interferem e atuam, em maior ou menor medida, nas instituições do Estado e no resultado político.

d. A regulação constitucional do poder popular:

As palavras finais do texto constitucional não são menos importantes, pois estabelecem que a própria constituição define regras e princípios fundamentais que norteiam o exercício dos direitos políticos e o funcionamento do regime democrático. Nesse sentido, os artigos mais significativos estão presentes no: (i) Título II (Dos Direitos e Garantias Fundamentais), mais especificamente o Capítulo I (Dos direitos e deveres individuais e coletivos – art. 5º), no Capítulo II (Da nacionalidade – arts. 12 e 13), no Capítulo III (Dos direitos políticos – arts. 14 a 16), no Capítulo V (Dos Partidos Políticos – art. 17); (ii) Título IV (Da organização dos Poderes), mais especificamente o Capítulo I (Poder Legislativo) e II (Poder Executivo) e Seção VI do Capítulo III (Dos Tribunais e Juízes Eleitorais – arts. 118 a 121); (ii) no Título V (Da Defesa do Estado e das Instituições Democráticas).

REFERÊNCIAS BIBLIOGRÁFICAS

ALMEIDA, Silvio Luiz de; BARBOSA JR., Silvio Moreira; CALDAS, Camilo Onoda; MERINO, Lucyla Tellez. *Manual de metodologia do Direito:* estudo e pesquisa. São Paulo: Quartier Latin, 2010.

ALMEIDA, Silvio Luiz de. *O que é racismo estrutural?* Belo Horizonte: Letramento, 2018.

BERCOVICI, Gilberto. *Soberania e Constituição:* para uma crítica do constitucionalismo. 2. ed. São Paulo: Quartier Latin, 2013.

BOBBIO, Norberto. Existe uma doutrina marxista de Estado? In: ARAÚJO, Braz José; FIGUEIREDO, Eurico de Lima (org.). *O marxismo e o Estado.* Tradução: Federica L. Boccardo e Rennée Levie. Rio de Janeiro: Graal, 1979. (Coleção Biblioteca de Ciências Sociais, v. 8).

BRASIL. Supremo Tribunal Federal (STF). *A Constituição e o Supremo.* 5. ed. atual. até a EC 90/2015. Brasília: STF, Secretaria de Documentação, 2016. Disponível em: https://www.stf.jus.br/arquivo/cms/publicacaoLegislacaoAnotada/anexo/a_constituicao_e_o_supremo_5a_edicao.pdf. Acesso em: 1 ago. 2018.

CALDAS, Camilo Onoda. *A teoria da derivação do Estado e do Direito.* São Paulo: Outras Expressões/Dobra Universitário, 2015.

_______. *Teoria geral do Estado.* São Paulo: Ideias & Letras, 2018.

CARVALHO NETO, Tarcísio Vieira de. *O princípio da impessoalidade nas decisões administrativas.* Brasília, DF: Gazeta Jurídica, 2015.

CANOTILHO, J. J. Gomes. *Direito Constitucional e Teoria da Constituição.* 7. ed. Coimbra: Almedina, 2006.

52 Vide DOWBOR, Ladislau. *A era do capital improdutivo*: Por que oito famílias têm mais riqueza do que a metade da população do mundo? São Paulo: Autonomia Literária, 2017.

53 CALDAS, Camilo Onoda. *Teoria Geral do Estado*. São Paulo: Ideias & Letras, 2018, p. 127 et. seq.

COMPARATO, Fábio Konder. A nova cidadania. *Lua Nova,* São Paulo, n. 28-29, p. 85-106, Apr. 1993 . Disponível em: http://www.scielo.br/scielo.php?script=sci_arttext&pid=S0102-64451993000100005&lng=en&nrm=iso. Acesso em: 15 ago. 2018.

DALLARI, Dalmo de Abreu. *Elementos de Teoria Geral do Estado*. 24. ed. São Paulo: Saraiva, 2003.

DOWBOR, Ladislau. *A era do capital improdutivo*: Por que oito famílias têm mais riqueza do que a metade da população do mundo? São Paulo: Autonomia Literária, 2017.

ELBE, Ingo. *Marx im Westen*: Die neue Marx-Lektüre in der Bundesrepublik seit 1965. 2. ed. Berlim: Akademie, 2010.

FERRAZ JR., Tercio Sampaio. *Introdução ao estudo de direito*: técnica, decisão e dominação. 10.ed. São Paulo: Atlas, 2018.

FOUCAULT, Michel. *A verdade e as formas jurídicas*. Rio de Janeiro: Nau Editora, 2003.

HABERMAS, Jürgen. *A Inclusão do Outro*: estudos de teoria política. Tradução: George Sperber e Paulo Astor Soethe. São Paulo: Loyola, 2002.

HIRSCH, Joachim. *Teoria materialista do Estado*. São Paulo:Revan, 2010.

KANT, Immanuel. *A metafísica dos costumes*. São Paulo: Edipro, 2003.

MASCARO, Alysson Leandro. *Estado e forma política*. São Paulo: Boitempo, 2013.

__________. *Filosofia do Direito*. 5. ed. São Paulo: Atlas, 2016.

__________. *Introdução ao estudo do Direito*. 5. ed. São Paulo: Atlas, 2015.

OSÓRIO, Luiz Felipe. *Imperialismo, Estado e relações internacionais*. São Paulo: Ideias e Letras, 2017.

ROUSSEAU, Jean-Jacques. *O contrato social*: princípios do direito político. São Paulo: Martins Fontes, 2006.

SANTOS, Boaventura de Sousa. *Pela mão de Alice*: o social e o político na pós-modernidade. São Paulo: Cortez, 2000.

SILVA, Cristhian Teófilo da. A homologação da terra indígena Raposa/ Serra do Sol e seus efeitos: uma análise performativa das 19 condicionantes do STF. *Rev. bras. Ci. Soc.*, São Paulo, v. 33, n. 98, e339803, 2018. Disponível em: https://www.scielo.br/scielo.php?pid=S0102-69092018000300510&script=sci_abstract&tlng=pt. Acesso em: 2 set. 2018.

WOOD, Ellen Meiksin. *Democracia contra o capitalismo*. Tradução: Paulo Cezar Castanheira. São Paulo: Boitempo, 2003.

YAMADA, Erica Magami; VILLARES, Luiz Fernando. Julgamento da Terra Indígena Raposa Serra do Sol: todo dia era dia de índio. *Rev. direito GV*, São Paulo , v. 6, n. 1, p. 145-157, jun. 2010 . Disponível em: http://www.scielo.br/scielo.php?script=sci_arttext&pid=S1808-24322010000100008&lng=en&nrm=iso. Acesso em: 2 ago. 2018.

LUCAS RUÍZ BALCONI

Doutorando em Filosofia e Teoria Geral do Direito pela Faculdade de Direito da Universidade de São Paulo (Largo São Francisco). Mestre em Direito Político e Econômico pela Universidade Presbiteriana Mackenzie (UPM – São Paulo). Bacharel em Direito.
Professor universitário. Pesquisador do Grupo de Pesquisa em Filosofia do Direito: crítica da subjetividade jurídica (FDUSP). Advogado e sócio do escritório Balconi Moreti Advocacia.

TÍTULO I
DOS PRINCÍPIOS FUNDAMENTAIS

ART. 2º - SÃO PODERES DA UNIÃO, INDEPENDENTES E HARMÔNICOS ENTRE SI, O LEGISLATIVO, O EXECUTIVO E O JUDICIÁRIO.

A fundamentação do poder político, a justificativa de suas instituições nascentes e o exame dos limites das instituições já consolidadas são pontos essenciais do pensamento político. Pode-se afirmar, inclusive, que o problema do poder e da obediência (ou desobediência) constitui o ponto nodal da teoria política, em especial da teoria constitucionalista. Ora, dado que o Estado é pressuposto pela Constituição, essa tem a função de organizar as instituições estatais, regulamentar seus órgãos e delimitar sua esfera e forma de atuação, o que, por conseguinte, vai assegurar a liberdade do indivíduo-cidadão e garantir a forma social estabelecida. Tem-se, assim, que a Constituição é o instrumento jurídico-político de governo, pois legitima e limita procedimentalmente o poder[54].

Já em Platão[55] e Aristóteles[56], ainda que de um modo rudimentar, pode-se observar a distribuição de funções distintas e autônomas a cada membro da *Polis*, para evitar um possível rompimento com a

54 Importa aqui uma consideração. Constituição é um instrumento jurídico que, em resumo, legitima o poder estatal e, desse modo, é um objeto de estudo da Teoria do Direito. De outro modo, Constitucionalismo é um conjunto de fundamentos teóricos voltados à análise do poder e à sua natureza ou fundamentação, à sua legitimação e, também, aos seus limites, fazendo parte, dessa forma, de objeto de estudo da teoria política. Afirmo, assim, que Teoria Constitucional (ou Constitucionalismo) é diferente de Teoria da Constituição.

ordem social estabelecida, no caso a democracia grega. Em outro momento histórico, as discussões sobre o limite e a separação do poder foram conferidas aos teólogos – dos conciliaristas católicos aos protestantes reformistas – que, em resumo, buscaram fundamentar (i) a separação necessária entre sociedade civil (secular) e sociedade eclesiástica e, por conseguinte, a limitação da influência religiosa nas decisões da sociedade civil; (ii) a limitação do poder papal e sua subordinação; e, por fim, (iii) o direito de resistência ao poder autoritário[57].

Contra a consolidação de Estados absolutistas, os teóricos da modernidade levantam o problema da limitação do poder político. Será na Idade Moderna que boa parte das visões sobre o Estado e a política se desvincula dos pressupostos teológicos, fundando sua compreensão na noção de legitimidade e limitação racional do poder, em favor do interesse da burguesia crescente como, por exemplo, no caso das teorias do contrato social (MASCARO, 2013, p. 7).

O pensamento moderno antiabsolutista se baseará justamente na necessidade da separação de poderes para a formação de um Estado que assegure a liberdade dos indivíduos. Como assevera José Afonso da Silva (2014, p. 76), "o constitucionalismo era o princípio fundamental dessa teoria, e realizar-se-ia por uma constituição escrita, em que se consubstanciasse o liberalismo, assegurado por uma declaração constitucional dos direitos do homem, e um mecanismo de divisão de poderes". Ideias como as de Montesquieu, em *O espírito das leis*, traçam de um modo mais complexo o modelo de separação dos poderes, descentralizando o poder político em três funções: Legislativo, Executivo e Judiciário[58]. Na base de tais pensamentos estavam a criação de mecanismos de equilíbrio e recíproco controle dos entes estatais[59]. Nesse passo, o poder estatal estaria intimamente interconectado a três complexos institucionais distintos, autônomos e independentes entre si, o que garantiria ou, ao menos, minimizaria os riscos de arbitrariedades do poder estatal. Assim, o princípio da separação de poderes representa não apenas a organização da forma de governo, mas também aquilo que é basilar para o Estado liberal e para o constitucionalismo: a defesa intransigente dos direitos fundamentais de liberdade por meio da limitação bem definida do poder estatal. Como enfatiza Bonavides (2005, p. 142): "Todo prestígio que o princípio da separação de poderes auferiu na doutrina constitucional do liberalismo decorre da crença no seu emprego como garantia das liberdades individuais [...]".

De outra forma, com a consagração das Revoluções Liberais e o desenvolvimento do Estado de direito, a teoria política e jurídica contemporânea não tem mais apenas a tarefa de justificar a legitimidade do Estado (ou do poder político), mas também a de examinar os limites de instituições já consolidadas. Com isso, abre-se o campo das discussões acerca das funções, competências[60], independência e harmonia[61] dos poderes estatais.

Contemporaneamente, leituras avançadas sobre a materialidade da forma política estatal, como as de Joachim Hirsch[62] e Alysson Leandro Mascaro[63], debatendo a derivação do Estado das próprias rela-

55 Cf. PLATÃO. *A República*. Livros VIII e IX (Diálogos: Glaucon, Polemarco e Adimento). Disponível em: http://www.dominiopublico.gov.br/pesquisa/PesquisaObraForm.do?select_action&co_autor=173. Acesso em: 2 ago. 2018.

56 Cf. ARISTÓTELES. *A Política*. São Paulo: Martins Fontes, 2001.

57 Cf. SKINNER, Quentin. *As fundações do pensamento político moderno*. São Paulo: Companhia das Letras, 1996. Capítulo 5. p. 393 a 461. Cf. NUNES, Silvio G. Serrano. As origens do Constitucionalismo Calvinista e o Direito da Resistência: a legalidade da bíblica do profeta John Knox e o contratualismo secular de Théodore de Béze. Tese (Doutorado em em Filosofia) – Faculdade de Filosofia, Letras e Ciências Humanas da Universidade de São Paulo, São Paulo, 2016.

58 Ressalta-se que o poder é uno. Ocorre que há, na teoria constitucionalista, a descentralização deste poder em três funções. Conforme expõe José Afonso da Silva (2014, p. 109): "Disso decorrem as três características fundamentais do poder político: unidade, indivisibilidade e indelegabilidade, de onde parecer impróprio falar-se em divisão e delegação de poderes".

59 "[...] Eis, assim, a constituição fundamental do governo de que falamos. O corpo legislativo, sendo composto de duas partes, uma paralisará a outra por mútua faculdade de impedir. Todas as duas serão paralisadas pelo poder Executivo, que o será, por sua vez, pelo poder Legislativo. Esses três poderes deveriam formar uma pausa ou uma inação. Mas como, pelo movimento necessário das coisas, eles são obrigados a caminhar, serão forçados a caminhar de acordo" (MONTESQUIEU, 1995, p. 123).

60 "[...] Embora se defenda a inexistência de uma separação absoluta de funções, dizendo-se simplesmente que a uma função corresponde um titular principal, sempre se coloca o problema de saber se haverá um núcleo essencial caracterizador do princípio da separação de poderes e absolutamente protegido pela Constituição. Em geral, afirma-se que a nenhum órgão podem ser atribuídas funções das quais resulte o esvaziamento das funções materiais especialmente atribuídas a outro. Quer dizer: o princípio da separação exige, a título principal, a correspondência entre órgão e função e só admite excepções quando não for sacrificado o seu núcleo essencial. O alcance do princípio é visível quando com ele se quer traduzir a proibição do 'monismo de poder', como o que resultaria, por ex., da concentração de 'plenos poderes' no Presidente da República, da concentração de poderes legislativos no executivo ou da transformação do legislativo em órgão soberano executivo e legiferante" (CANOTILHO, 2001, p. 545).

61 "A independência dos poderes significa: (a) que a investidura e a permanência das pessoas num dos órgãos do governo não dependem da confiança nem da vontade dos outros; (b) que, no exercício das atribuições que lhes sejam próprias, não precisam os titulares consultar os outros nem necessitam de sua autorização;

ções sociais capitalistas, como apontado por Camilo Onoda Caldas[64], desnudam a inexorável constituição de tal forma política específica do capitalismo e de suas funções na acumulação, na administração das crises e como ideologia política central da sociabilidade presente.

LUIZ FELIPE BRANDÃO OSÓRIO
É autor do livro *Imperialismo, Estado e relações internacionais*, publicado pela Editora Ideias e Letras.
Pós-doutor em Direito Político e Econômico e doutor em Economia Política Internacional.
Professor de Direito e Relações Internacionais da UFRRJ.

TÍTULO I
DOS PRINCÍPIOS FUNDAMENTAIS

ART. 3º – CONSTITUEM OBJETIVOS FUNDAMENTAIS DA REPÚBLICA FEDERATIVA DO BRASIL:

I – CONSTRUIR UMA SOCIEDADE LIVRE, JUSTA E SOLIDÁRIA;

II – GARANTIR O DESENVOLVIMENTO NACIONAL;

III – ERRADICAR A POBREZA E A MARGINALIZAÇÃO E REDUZIR AS DESIGUALDADES SOCIAIS E REGIONAIS;

IV – PROMOVER O BEM DE TODOS, SEM PRECONCEITOS DE ORIGEM, RAÇA, SEXO, COR, IDADE E QUAISQUER OUTRAS FORMAS DE DISCRIMINAÇÃO.

ART. 4º – A REPÚBLICA FEDERATIVA DO BRASIL REGE-SE NAS SUAS RELAÇÕES INTERNACIONAIS PELOS SEGUINTES PRINCÍPIOS:

I – INDEPENDÊNCIA NACIONAL;

II – PREVALÊNCIA DOS DIREITOS HUMANOS;

III – AUTODETERMINAÇÃO DOS POVOS;

IV – NÃO INTERVENÇÃO;

V – IGUALDADE ENTRE OS ESTADOS;

VI – DEFESA DA PAZ;

VII – SOLUÇÃO PACÍFICA DOS CONFLITOS;

VIII – REPÚDIO AO TERRORISMO E AO RACISMO;

IX – COOPERAÇÃO ENTRE OS POVOS PARA O PROGRESSO DA HUMANIDADE;

X – CONCESSÃO DE ASILO POLÍTICO.

PARÁGRAFO ÚNICO. A REPÚBLICA FEDERATIVA DO BRASIL BUSCARÁ A INTEGRAÇÃO ECONÔMICA, POLÍTICA, SOCIAL E CULTURAL DOS POVOS DA AMÉRICA LATINA, VISANDO À FORMAÇÃO DE UMA COMUNIDADE LATINO-AMERICANA DE NAÇÕES.

A Constituição Cidadã também esteve atenta às tendências mundiais. Em um momento de intensificação da internacionalização das relações de produção, o cenário externo passa a desempenhar papel cada vez mais relevante na economia (e no contexto) nacional. Não fortuitamente as relações internacionais receberam, portanto, tratamento inédito e diferenciado no tocante às cartas constitucionais anteriores. Se outrora estavam esparsos nas competências da União (no exercício da personalidade jurídica internacional[65]) e do Poder Executivo (condutor da política externa[66]), os princípios das relações internacionais ganharam um artigo próprio (artigo 4º), dentro do Título I (Dos Princípios Fundamentais), compondo, ao lado dos fundamentos, da separação de poderes e dos objetivos, a base principiológica do ordenamento jurídico pátrio. Vejamos.

A República Federativa do Brasil rege-se nas suas relações internacionais pelos seguintes princípios:

Como princípios são mandados de otimização de conduta, ou seja, guias ou balizas para a execução da política externa e da atuação internacional da República Federativa do Brasil, eles não têm um conteúdo estático, imutável, mas irradiam valores abstratos e dinâmicos que são concretizados ao sabor das interpretações, que variam conforme ocontexto político-econômico e a orientação do governo do momento[67]. Cabe elencá-los e comentá-los.

62 (c) que, na organização dos respectivos serviços, cada um é livre, observadas apenas as disposições constitucionais e legais". Ademais, expõe o autor que "A harmonia entre os poderes verifica-se primeiramente pelas normas de cortesia no trato recíproco e no respeito às prerrogativas e faculdades a que mutuamente todos têm direito. Cabe também assinalar que nem a divisão de funções entre os órgãos do poder em sua independência são absolutas. Há interferências, que visam "ao estabelecimento de um sistema de freios e contrapesos, à busca do equilíbrio necessário à realização do bem da coletividade e indispensável para evitar o arbítrio e o desmando de um em detrimento do outro e especialmente dos governados (SILVA, 2014, p .112).

63 HIRSCH, Joachim. *Teoria materialista do Estado*. Rio de Janeiro: Revan, 2010.

64 MASCARO, Alysson L. B. *Estado e forma política*. São Paulo: Boitempo, 2013.

65 CALDAS, Camilo Onoda. *A teoria da derivação do Estado e do direito*. São Paulo: Outras Expressões, 2015.

66 Conforme o artigo 21 inciso I da Carta Magna compete à União manter relações com Estados estrangeiros e participar de organizações internacionais.

I – independência nacional[68];

Valor que se vincula estreitamente com a soberania nacional em dois âmbitos, o de governo e o de Estado. O primeiro, como condução governamental independente ou autônoma que é, para a sistemática do direito internacional[69], um dos elementos constitutivos, ao lado de povo e território, para o reconhecimento de Estado. O segundo prisma toca, uma vez reconhecido como Estado, a unidade política adquirente de soberania nas relações internacionais, a qual corresponde à subjetividade jurídica (personalidade) no direito internacional. Aliás, governos que adotam uma política externa voltada ao realismo periférico ou ao desenvolvimento associado (como nos governos Cardoso e Temer) flertam com a violação desse princípio.

II – prevalência dos direitos humanos;

Permitiu que os diversos tratados internacionais sobre direitos humanos já assinados (ou que estavam por ser assinados) fossem finalmente ratificados e incorporados ao ordenamento nacional. Na toada de todo o corpo constitucional, que consagra a dignidade da pessoa humana como postulado e a ampla positivação de direitos e garantias do indivíduo, os direitos humanos ganham uma posição inédita nas relações internacionais. A ponto de serem cunhados como a religião de um mundo agnóstico ou a ideologia por detrás do fim das ideologias[70], os direitos humanos estão nos holofotes e tornam-se as balizas normativas das relações internacionais. Em função do conteúdo indeterminado, podem atender a interesses tanto da direita quanto da esquerda[71]. Os valores humanísticos, a partir do pós-Guerra Fria, passam a embasar as intervenções militares (ditas humanitárias) e as atuais missões de paz da ONU (*peace-building*, cujo caráter é menos humanitário e mais intervencionista)[72].

III – autodeterminação dos povos;

Princípio que emerge após o fim da Primera Guerra Mundial, em consonância com a ordem internacional liberal proposta pelos 14 Pontos de Wilson, para justificar a fragmentação territorial e a independência política desses territórios oriundos dos escombros dos grandes impérios no Leste europeu. Seu conteúdo hodiernamente tangencia o reconhecimento de autonomia e proteção a minorias populacionais em direitos, o que não significa necessariamente o reconhecimento da condição de Estado ao território, mesmo que o caso reúna todos os requisitos necessários, como ocorre em vários exemplos, como o da Palestina (povo, território e governo independente).

IV – não intervenção;

Em consonância com os princípios e os objetivos expressos na Carta da ONU, significa o rechaço à interferência estrangeira em assuntos de alçada exclusivamente doméstica, sendo uma decorrência da estrutura jurídica do direito internacional[73]. Se os Estados soberanos são iguais (formalmente) e livres (em meio à anarquia), na ausência de um órgão superior dotado do monopólio de coerção, um Estado não pode intervir em assuntos estritamente nacionais de outro. O princípio é utilizado para justificar a maior parte das abstenções brasileiras em foros internacionais.

V – igualdade entre os Estados;

É decorrente direto da soberania enquanto manifestação da subjetividade jurídica internacional. A igualdade formal entre os Estados nos foros internacionais é uma demanda própria do crepúsculo do limiar entre os séculos 19 e 20, que ganhou nas palavras e nos atos do liberal brasileiro Rui Barbosa a reivindicação mais militante. Concretizada, tornou-se a regra das normas e das ins-

67 A condução da política externa compete privativamente (podendo e sendo delegada ao Ministro das Relações Exteriores) ao presidente da República, de acordo com o artigo 84, especificamente nos incisos VII e VIII.

68 Uma conceituação e um detalhamento da base jusnaturalista dos princípios podem ser vistas com maiores aprofundamentos em Caldas (2018).

69 O princípio não fica adstrito ao âmbito internacional; ele integra também o compromisso de posse assumido pelo Poder Executivo perante o Poder Legislativo (art. 78 da CF).

70 Como previsto na Convenção sobre Direitos e Deveres do Estado, celebrada em Montevidéu, em 1933, que elenca entre os requisitos para o reconhecimento do Estado como sujeito de direito internacional o governo independente. A doutrina (DINH *et al.*, 2003; CALDAS, 2018) corrobora os requisitos básicos.

71 Para mais ver Douzinas (2009).

72 Os direitos humanos serviram de pretexto para a única crítica mais razoável sobre a política externa independente e universalista do governo Lula.

73 O princípio foi utilizado pela chancelaria brasileira para justificar o comando militar brasileiro na Missão da ONU para a Estabilização do Haiti (MINUSTAH), que se caracteriza como uma missão *peace-building*. Para saber mais: Osorio (2014).

tituições internacionais (há, contudo, importantes exceções[74]). Em verdade, a igualdade formal que esconde uma profunda desigualdade material, em um sistema de Estados com capacidades materiais tão díspares[75].

VI – defesa da paz;

O valor, autoexplicativo, está em plena concordância com os objetivos (art. 1º) e princípios (art. 2º) da Carta da ONU.

VII – solução pacífica dos conflitos;

Desde 1945, com a entrada em vigor da Carta da ONU, a guerra foi proscrita amplamente enquanto meio de solução de controvérsias[76]. A partir de então, são cabíveis, em regra (com exceção do direito à guerra[77]), os meios pacíficos, como os diplomáticos (inquérito; negociações diretas; bons ofícios; mediação; e conciliação), os políticos (como em órgãos ou em organizações internacionais) e os jurídicos (arbitragem e tribunais *ad hoc* e permanentes)[78].

VIII – repúdio ao terrorismo e ao racismo;

O combate a ambos os temas ganhou concretude interna pela normativização, que estipulou a definição e a punição. No tocante ao racismo, o artigo 5º, inciso XLII (crime inafiançável e imprescritível, sujeito à pena de reclusão); a lei nº 7.716/1989; a lei nº 12.288/2010 (Estatuto da Igualdade Racial). Internacionalmente, o Brasil também demonstrou certo engajamento ao participar das Conferências Internacionais organizadas pela UNESCO desde a década de 1960, passando por 1970 e 1980, culminado em 2001, em Durban, na África do Sul, com Conferência Internacional contra o Racismo, Discriminação Racial, Xenofobia e formas conexas de intolerância e sua revisão em 2009. Quanto ao terrorismo, internamente veio a lei nº 13.260/2016 (Antiterrorismo); e, externamente, a Convenção Interamericana contra o Terrorismo, de 2002, além do comprometimento em outras manifestações contrárias ao tema. Infelizmente, o tratamento de ambas as questões reside apenas no plano normativo, o que não é suficiente para extirpar essas formas de violência da realidade cotidiana.

IX – cooperação entre os povos para o progresso da humanidade;

Quanto a isso não cabe nenhuma ilusão: o progresso da humanidade é voltado para o desenvolvimento econômico (e especialmente tecnológico), no sentido de impulsionar os limites do capitalismo. Uma postura solidária e de ajuda mútua não existe no plano do concreto.

X – concessão de asilo político;

O asilo político, questão sensível e tradicional das relações internacionais, coloca-se no ordenamento jurídico como um princípio de Estado, diferenciando-se do refúgio, por exemplo, que constitui um direito subjetivo do indivíduo[79]. Desde a Declaração Universal dos Direitos Humanos de 1948 (art. 14) já consta no rol de garantias humanísticas da nova ordem mundial norte-americana. Quanto ao asilo, não há um tratado geral e abrangente como a Convenção de Genebra de 1951 sobre o Direito dos Refugiados; o que há de mais específico é a Convenção Interamericana sobre Asilo Territorial, de Caracas, 1954 (que em seu artigo 1º traz a definição do instituto), vinculando apenas os países americanos.

A República Federativa do Brasil buscará a integração econômica, política, social e cultural dos povos da América Latina, visando à formação de uma comunidade latino-americana de nações.

A norma programática desse dispositivo, escrito em 1988, está atinente à trajetória da integração regional até aquele momento. Segue as dinâmicas prévias da ALALC (Associação Latino-Americana de Livre Comércio) e da ALADI (Associação Latino-Americana de Integração), inseridas ainda no regionalismo fechado. Logo, o espaço geográfico planejado é o da América Latina. As propostas de estreitamento dos laços de cooperação até se concretizaram,

74 Cf. Miéville (2006).

75 A igualdade formal não é aplicável a todos os órgãos. Basta lembrar que a dinâmica formal do Conselho de Segurança da ONU (um dos órgãos mais relevantes do cenário internacional) é formalmente desigual, com o poder de veto atribuído aos países com assento permanente.

76 Cf. Mascaro (2013).

77 Antes da Carta de São Francisco, o que se tinha de instrumento legal proibitivo à guerra era o Pacto de Paris ou Briand-Kellog, de 1928, que era um tratado pioneiro no tema, inicialmente bilateral, entre França e Estados Unidos, que foi ganhando a gradativa adesão de outras nações. Ficou longe de ter a abrangência geral que obteve a Carta da ONU.

78 Exceções admitidas pelo direito internacional voltam-se para a guerra enquanto meio de legítima defesa e a autorização para o uso da força pelo Conselho de Segurança da ONU. Para mais, ver Dinh et al. (2003).

79 Para saber mais, ver: Dinh et al. (2003).

porém, em um âmbito mais restrito, sul-americano. Com a criação do MERCOSUL (Mercado Comum do Sul) e do NAFTA (Tratado Norte-Americano de Livre Comércio) no início da década de 1990, duas mudanças foram notórias: o México abandona o histórico de integração com a América Latina para aliar-se aos dois países anglo-saxões do norte e o regionalismo passa a ser aberto, no esteio das inclinações mundiais ao novo padrão de desenvolvimento: o pós-fordismo[80]. A integração não se limitou somente ao aspecto comercial, mas a UNASUL (União das Nações Sul-Americanas), de 2008, é um exemplo de cooperação política. Ademais, iniciativas de maior amplitude geográfica e de resistências ao cunho econômico liberal também foram encetadas, mas não se tornaram predominantes[81].

Em suma, 30 anos depois da positivação dos princípios das relações internacionais na Constituição Federal, o que se percebe é que o estabelecimento de horizontes é condição importante, mas não suficiente para acarretar grandes mudanças. O direito não se realiza por ou em si, mas precisa ser compreendido como forma social, constituída por práticas materiais, concretas, alicerçadas em um terreno histórico-social específico, o do modo de produção capitalista, o qual não se limita a um território específico, mas se espraia e encontra sua plenitude nas relações internacionais, em um sistema capitalista de Estados. Logo, a trajetória dos direitos consagrados nesse artigo não se desdobra autonomamente, mas é carreada pelas transformações concretas do capitalismo, que se impõem e são moldadas nas franjas pelas particularidades de cada espaço nacional, como no caso brasileiro.

REFERÊNCIAS BIBLIOGRÁFICAS

BRASIL. Legislação de Direito Internacional. Organizado por Aziz Tuffi Saliba. 13. ed. São Paulo: Rideel, 2018.

CALDAS, Camilo Onoda. *Teoria geral do Estado*. São Paulo: Editora Ideias e Letras, 2018.

DINH, Nguyen Quoc; PELLET, Alain; e DAILLIER, Patrick. *Direito Internacional Público* 2. ed. Lisboa: Calouste Gulbenkian, 2003.

DOUZINAS, Costas. *O fim dos direitos humanos*. São Leopoldo: Unisinos, 2009.

HIRSCH, Joachim. *Teoria materialista do Estado*: processos de transformação do sistema capitalista de Estados. Rio de Janeiro: Revan, 2010.

MASCARO, Alysson Leandro. *Estado e forma política*. São Paulo: Boitempo Editorial, 2013.

MIÉVILLE, China. *Between equal rights*: a Marxist theory of international law. Leiden, Boston: Brill, 2006.

OSORIO, Luiz Felipe Brandão. A Estrutura da Organização das Nações Unidas e seus desafios contemporâneos: reforma institucional e proteção de direitos humanos. IN: BERNER, Vanessa Oliveira Batista; e BOITEUX, Luciana (org.). *A ONU e as questões internacionais contemporâneas*. Rio de Janeiro: Editora Freitas Bastos/FAPERJ, 2014. p. 104-130.

OSORIO, Luiz Felipe Brandão; BATISTA, Vanessa Oliveira. A proteção jurídica internacional ao migrante sua inserção no sistema internacional vestefaliano. IN: SOUZA, José Fernando Vidal; FREITAS, Riva Sobrado de. (org.). *Direito constitucional, direitos humanos e direito internacional*. Barcelona: Ediciones Laborum, 2015. v. 2, p. 155-176.

OSORIO, Luiz Felipe Brandão. *Imperialismo, Estado e relações internacionais*. São Paulo: Ideias e Letras, 2018.

80 As distinções normativas trazem relevantes diferenças no tocante às consequências jurídicas dos dois institutos no direito brasileiro. O asilo político é uma concessão do Poder Executivo que constitui a partir do ato (discricionário) o direito ao perseguido ou em iminência de perseguição por opiniões políticas em outro país. O indivíduo que preencha os requisitos para o asilo tem mera expectativa de direito, pois não necessariamente seu pleito será atendido pelo Estado requerido. No refúgio, ao contrário, há direito e não mera expectativa, ou seja, se os requisitos mínimos forem preenchidos, previstos na lei nº 9.474/1997, o refúgio será obrigatoriamente declarado ou reconhecido. Para saber mais, ver: Osorio; Batista (2015).

81 Para saber mais, ver: Hirsch (2010); Osorio (2018).

82 Exemplos como a CELAC (Comunidade de Estados Latino-Americanos e Caribenhos), de 2011, de escopo de integração política latino-americana, e a ALBA (Aliança Bolivariana para os Povos da Nossa América), de 2004, voltada à integração social, política e econômica da América Latina e rechaço ao regionalismo aberto.

TÍTULO II
DOS DIREITOS E GARANTIAS FUNDAMENTAIS

TÍTULO II

DOS DIREITOS E GARANTIAS FUNDAMENTAIS

GABRIELA BARRETTO DE SÁ

Professora de Direito da Universidade do Estado da Bahia (UNEB). Doutoranda em Direito, área de concentração Constituição e Democracia, pela Universidade de Brasília (UnB), com doutorado sanduíche (Programa Abdias Nascimento – CAPES) realizado na University of Pennsylvania. Pesquisadora do Maré – Núcleo de Estudos em Cultura Jurídica e Atlântico Negro (UnB). Pesquisadora do RHECADOS – Hierarquizações étnico-raciais, Comunicação e Direitos Humanos (UNEB). Mestra em Direito, área de concentração Teoria, Filosofia e História do Direito, pela Universidade Federal de Santa Catarina (UFSC).

CAPÍTULO I

DOS DIREITOS E DEVERES INDIVIDUAIS E COLETIVOS

ART. 5º *CAPUT* - TODOS SÃO IGUAIS PERANTE A LEI, SEM DISTINÇÃO DE QUALQUER NATUREZA, GARANTINDO-SE AOS BRASILEIROS E AOS ESTRANGEIROS RESIDENTES NO PAÍS A INVIOLABILIDADE DO DIREITO À VIDA, À LIBERDADE, À IGUALDADE, À SEGURANÇA E À PROPRIEDADE, NOS TERMOS SEGUINTES:

O artigo 5º da Constituição Federal de 1988, ao longo dos incisos e parágrafos, elenca as garantias e direitos fundamentais individuais e coletivos, consagrando o princípio da isonomia como basilar ao sistema jurídico nacional. Cabe ressaltar que o desafio de assegurar a igualdade formal e material se reflete nas legislações elaboradas ao longo da história constitucional brasileira.

A primeira Constituição do Brasil, de 1824, trouxe em seu bojo a opção inaugural do Estado em manter tacitamente a escravidão ao proteger o direito de propriedade em toda sua plenitude sem qualquer previsão acerca da possibilidade de emancipação gradual da parcela escravizada da população. Nesse sentido, Vera Andrade (2003, p. 42) destaca que o discurso jurídico de cidadania no Brasil, já a partir daquele texto, atende à lógica discursiva do liberalismo e busca a manutenção do *status quo* caracterizado pela desigualdade social que separa os indivíduos a partir de uma conjugação de cultura jurídica positivista e matriz liberal importada da Europa, "cujas bases paradigmáticas determinam as condições de possibilidade do discurso jurídico dominante sobre a cidadania" (ANDRADE, 1993, p. 34).

Assim, em meio à sociedade patriarcal sustentada pela escravidão, a tarefa atribuída aos constituintes de elaborar o projeto da primeira Constituição nacional suscitou diversos debates referentes a definir como se daria a inclusão dos negros e negras escravizados no texto da nova carta de direitos. Arno Wehling (2008), ao analisar os Anais da Assembleia Constituinte de 1823, salienta que os debates foram especialmente mais acalorados quando da discussão do artigo 5º do projeto constitucional que disciplinava o reconhecimento da cidadania aos "escravos que obtiverem carta de alforria". Não obstante, a defesa de posicionamentos favoráveis à concessão de cidadania aos que se encontravam submetidos à escravidão, o artigo 6º, inciso I, da Constituição de 1824, atesta a divisão entre os habitantes do país, já consolidada na prática das relações sociais, atribuindo-lhes o *status* de cidadãos e não cidadãos, estando os negros e negras escravizados inseridos nesta segunda categoria (SÁ, 2019). Consolida-se assim "o medo da cidadania dos negros na gênese do constitucionalismo brasileiro" (QUEIROZ, 2017) e o racismo estrutural que, a despeito da vedação de distinção expressa no *caput* do artigo 5º da Constituição Federal de 1988, ainda hoje impede a concretização da igualdade formal em função da cidadania subalterna experimentada na prática pela população negra.

Do breve resgate histórico aqui realizado, resultam evidentes as tensões em torno da concretização da previsão constitucional dos direitos à vida, à liberdade, à igualdade, à segurança e propriedade. Especialmente para a população negra que ainda hoje, 132 anos após a extinção formal da escravidão, ainda suporta de forma desproporcional a carga das violações de direitos e garantias fundamentais decorrentes do racismo estrutural da sociedade brasileira.

Nesse sentido, o Atlas da Violência 2018 informa que "em um período de uma década, entre 2006 e 2016, a taxa de homicídios de negros cresceu 23,1%. No mesmo período, a taxa entre os não negros teve uma redução de 6,8%. O documento indica ainda que a taxa de homicídios de mulheres negras foi 71% superior à de mulheres não negras" (CERQUEIRA, 2018, p. 40) e conclui pela necessidade de políticas públicas voltadas para garantia do efetivo direito à vida e segurança da população negra.

Considerando a necessidade de superar tal realidade e efetivar o princípio da igualdade material, cumpre destacar o acórdão do julgamento da Arguição de Descumprimento de Preceito Fundamental (ADPF) 186, sobre a política de instituição de cotas raciais pela Universidade de Brasília. No julgamento realizado em 26 de abril de 2012, o STF fixa importante precedente no sentido de reconhecer a constitucionalidade das cotas raciais para ingresso em instituição pública de ensino superior, uma vez que a referida política prestigia o princípio da igualdade material previsto no *caput* do artigo 5º, de modo a permitir a superação de desigualdades decorrentes da realidade histórica brasileira.

Por sua importância, o julgamento da decisão da ADPF 186 voltou a ser invocado pelo STF no dia 8 de junho de 2017, por ocasião do julgamento da Ação Declaratória de Constitucionalidade (ADC) 41, que reconheceu a validade da Lei Federal nº 12.990, de 9 de junho 2014, a qual reserva 20% das vagas oferecidas em concursos públicos para provimento de cargos efetivos e empregos públicos no âmbito da administração pública federal direta e indireta (FERREIRA, 2017).

Assim, a despeito das dificuldades históricas aqui apresentadas, as lutas dos movimentos sociais vêm buscando transformar o abismo civilizatório da desigualdade social brasileira, ao obrigar a adoção de políticas que efetivem a todos, sem distinção, os direitos e garantias previstos no artigo 5º da Constituição Cidadã.

REFERÊNCIAS BIBLIOGRÁFICAS

ANDRADE, Vera Regina Pereira de. *Cidadania:* do direito aos direitos humanos. São Paulo: Acadêmica, 1993.

BRASIL. *Constituição Política do Império do Brazil.* 1824. Disponível em: http://www.planalto.gov.br/ccivil_03/Constituicao/Constituicao24.htm. Acesso em: 23 maio 2018.

BRASIL. Supremo Tribunal Federal. Arguição de Descumprimento de Preceito Fundamental nº 186. Recurso Extraordinário nº 597.285. 2012. Relator Ministro Ricardo.

LEWANDOWSKI, Ministro Ricardo. Julgado em 26.04.2014, DJe 20.10.2014 - ata nº 153/2014. DJE nº 205, divulgado em 17.10.2014. Disponível em: http://stf.jus.br/portal/processo/verProcessoAndamento.asp?incidente=2691269. Acesso em: 11 jun. 2018.

CERQUEIRA, Daniel et al. *Atlas da Violência 2018.* Brasília: IPEA, 2018. Disponível em: https://www.forumseguranca.org.br/wp-content/uploads/2018/06/FBSP_Atlas_da_Violencia_2018_Relatorio.pdf. Acesso em em: 20 ago. 2018.

FERREIRA, Gianmarco Loures. *A Lei de Cotas no serviço público federal no Brasil.* Rio de Janeiro: Lumen Juris, 2017.

QUEIROZ, Marcos Vinicius Lustosa. *Constitucionalismo Brasileiro e o Atlântico Negro:* a experiência constituinte de 1823 diante da Revolução Haitiana. Rio de Janeiro: Lumen Juris, 2017.

SÁ, Gabriela Barretto de. *A negação da liberdade:* direito e escravização ilegal no Brasil oitocentista. Belo Horizonte: Letramento, 2019.

WEHLING, Arno. O escravo ante a lei civil e a lei penal no império (1822-1871). In: WOLKMER, Antonio Carlos (org.). *Fundamentos de História do Direito.* Belo Horizonte: Del Rey, 2008. p. 388-407.

ANDREIA MARREIRO BARBOSA
Professora do Curso de Direito da Universidade Estadual do Piauí. Coordenadora da Pós-graduação em Direitos Humanos Esperança Garcia, na Faculdade Adelmar Rosado (FAR).
Mestra e doutoranda em Direitos Humanos e Cidadania pela Universidade de Brasília.

A previsão constitucional de que homens e mulheres são iguais em direitos e obrigações não foi algo dado, mas fruto de um processo histórico de lutas sociais e institucionais protagonizadas por mulheres em busca de igualdade e vida digna (HERRERA FLORES, 2009). Conhecer essa história é fundamental para entender que a conquista legislativa não encerra as reivindicações. Pelo contrário, a interpretação adequada a esse texto constitucional está assentada na concepção aristotélica de isonomia que orienta a Constituição Federal de 1988 e implica reconhecer que não basta a igualdade formal, mas que cabem ações afirmativas para garantia de uma igualdade material.

Em 1770, Esperança Garcia, escravizada no interior do Piauí, foi protagonista na luta por direitos, quando escreveu uma petição denunciando as violências que ela, seus filhos e suas companheiras sofriam, e reivindicando providências ao governador da capitania (MOTT, 2010). Reconhecida como a primeira advogada piauiense pela OAB/ PI, em 2017, a requerimento da Comissão da Verdade da Escravidão Negra, seção Piauí, a narrativa de Esperança é expressão da resistência de mulheres negras na luta por dignidade por meio do direito (SOUSA, 2017).

Vale destacar que, anos depois, em 1789, no contexto da Revolução Francesa, marco da história oficial dos Direitos Humanos, com a Declaração dos Direitos do Homem e do Cidadão, a igualdade proclamada para todos não contemplava as mulheres. A ativista Olympe de Gouges ousou insurgir-se contra essa ordem, escreveu a Declaração dos Direitos da Mulher e da Cidadã e, por isso, foi guilhotinada em praça pública, tendo sua memória também invisibilizada (HUNT, 2006).

Na década de 1980, diante desse contexto marcado pela desigualdade de gênero, expressa no silenciamento da história das mulheres na luta por direitos e ao mesmo tempo nas violências múltiplas que as mulheres permaneciam vivendo, os movimentos feministas lançaram a campanha mundial "Sem as Mulheres os Direitos não são Humanos", chamando a atenção para a incongruência da história dos direitos humanos que não atentava para a vida das mulheres (TELES, 2017).

Na Constituinte, a articulação das mulheres em torno do Conselho Nacional dos Direitos da Mulher resultou na construção da Carta das Mulheres Brasileiras aos Constituintes. Lançada em novembro de 1985, a campanha "Mulher e Constituinte" tinha como lema "Constituinte pra valer tem que ter palavra de mulher". A movimentação mais conhecida como "Lobby do batom", inspirada nas discussões sobre gênero encampadas pelos movimentos feministas no contexto internacional, reivindicava o direito à representação, à voz e vez na vida pública, mas ao mesmo tempo a dignidade na vida cotidiana (MACHADO, 2006; CARTA DAS MULHERES, 1987).

Foi na esteira dessas reivindicações que conquistamos a igualdade de direitos no texto constitucional brasileiro, assim como as Convenções Internacionais: Convenção sobre a Eliminação de Todas as Formas de Violência contra a Mulher e Convenção Interamericana para Prevenir, Punir e Erradicar a Violência contra a Mulher – a Convenção de Belém do Pará. Esses documentos foram importantes para a intensa mobilização internacional que resultou na recomendação da Comissão Interamericana de Direitos Humanos para que o Brasil criasse uma lei específica para proteger a vida das mulheres, a Lei Maria da Penha - LMP.

Importante lembrar que ao ser promulgada, em 2006, a LMP sofreu uma série de críticas, as quais argumentavam que uma lei específica para as mulheres se tratava de privilégio. Ecoando a luta das mulheres, o STF, em 2012, ao julgar ADI 4.424, reconheceu a necessidade de intervenção estatal em casos de violência doméstica mesmo em crimes de lesão corporal de caráter leve, por verificar a assimetria entre os gêneros e por se tratar de medida afirmativa necessária para alcance da igualdade material (STF, 2012).

Entretanto, as leis não bastam, os lírios não nascem das leis (ANDRADE, 2001). Em 2015, o Mapa da Violência apontou aumento de 54,2% dos assassinatos de mulheres negras em detrimento da diminuição de 9,8% dos assassinatos de mulheres brancas, entre 2003 – 2013 (WAISELFISZ, 2015). Esse abismo entre os dados nos provoca a pensar por que as mulheres negras são maiores vítimas de violência e por que o estado brasileiro protege mais mulheres brancas do que mulheres negras. Ana Luiza Flauzina (2015, p. 122) é categórica: "A violência de gênero atinge todas as mulheres. Entretanto, o impacto do racismo acaba por articular um tipo de vitimização específica sobre as mulheres negras".

Assim, quando falamos sobre igualdade entre homens e mulheres, é preciso refletir "de que mulheres estamos falando?" Sueli Carneiro (2003) nos chama a atenção para a narrativa do feminismo branco, que não incluía mulheres negras em suas descrições do mito da fragilidade, da rainha do lar e das que têm "boa aparência" (CARNEIRO, 2003). A autora nos chama para enegrecer o feminismo como tarefa fundamental para contemplar a diversidade das formas de sermos mulheres no mundo, possibilitando-nos alargar e interseccionalizar o olhar para enxergar as discriminações que se cruzam entre gênero e raça (CRENSHAW, 2004).

"Ponha os olhos em mim": a voz de Esperança Garcia, em 1770, é reivindicação de reconhecimento de humanidades negadas pelo racismo e pelo machismo; é chamado para o tempo presente que nos aponta para a urgência da escuta das vozes de mulheres negras, propositalmente invisibilizadas por um projeto de saber/poder, para reconhecer e nomear os desafios estruturais de gênero, raça, classe e sexualidade e pensar ações, a partir das especificidades, para a implementação da garantia constitucional no tempo presente.

REFERÊNCIAS BIBLIOGRÁFICAS

AÇÃO direta de Inconstitucionalidade (ADI), 4424, Supremo Tribunal Federal, Acordão Inteiro Teor, 2012, Disponível em: http://redir.stf.jus.br/paginadorpub/paginador.jsp?docTP=TP&-docID=6393143. Acesso em: 2 set. 2018.

ANDRADE, Carlos Drummond de. *A rosa do povo*. Rio de Janeiro: Record, 2006.

CARNEIRO, Sueli. Enegrecer o feminismo: a situação da mulher negra na América Latina a partir de uma perspectiva de gênero. In: *Racismos contemporâneos*. Rio de Janeiro: Takano Editores, 2003.

CARTA DAS MULHERES. Disponível em: https://www2.camara.leg.br/atividade-legislativa/legislacao/Constituicoes_Brasileiras/constituicao-cidada/a-constituinte-e-as-mulheres/arquivos/Constituinte%201987-1988-Carta%20das%20Mulheres%20aos%20Constituintes.pdf. Acesso em: 2 set. 2018.

CRENSHAW, Kimberle. A interseccionalidade na discriminação de raça e gênero. In: *VV.AA Cruzamento*: raça e gênero. Brasília: Unifem, 2004.

FLAUZINA, A. L. P. Lei Maria da Penha: Entre os anseios da resistência e as posturas da militância. In: FLAUZINA, A. L. P; FREITAS, F., et al. *Discursos negros:* legislação penal, política criminal e racismo. Brasília: Brado Negro, 2015.

HERRERA FLORES, Joaquín. *A (re)invenção dos direitos humanos*. Trad. Carlos Roberto Diogo Garcia; Antônio Henrique Graciano Suxberger; Jefferson Aparecido Dias. Florianópolis: Fundação Boiteux, 2009.

HUNT, Lynn. *A invenção dos direitos humanos*: uma história. Trad. Rosaura Eichenberg. São Paulo: Companhia das Letras, 2009.

MACHADO, Lia Zanotta. Feminismo Brasileiro: revolução de ideias e políticas públicas. In: SOUSA JUNIOR, José Geraldo de; APOSTOLOVA, Bistra Stefanova; FONSECA, Lívia Gimenes Dias da. (org.). *O direito achado na rua:* introdução crítica ao direito das mulheres. 2. ed. Brasília, DF: Fundação Universidade de Brasília FUB, 2015.

MOTT, Luiz. *Piauí colonial*: população, economia e sociedade. 2. ed. Teresina: APL; FUNDAC; DETRAN, 2010.

SOUSA, Maria Sueli Rodrigues de. (org.). *Dossiê Esperança Garcia: símbolo de resistência na luta pelo direito*. Teresina: EDUFPI, 2017.

TELES, Maria Amélia de Almeida. *O que são direitos humanos das mulheres.* São Paulo: Editora e livraria Brasiliense, 2017. (Coleção Primeiros Passos)

WAISELFISZ, Julio Jacobo. *Mapa da Violência 2015:* homicídio de mulheres no Brasil. Brasília: Flacso Brasil, 2015.

ELMIR DUCLERC

Promotor de justiça criminal e assessor especial da PGJ; doutor em Direito; professor de Processo Penal da Universidade Federal da Bahia; membro-fundador e ex-presidente do Instituto Baiano do Direito Processual Penal.

CAPÍTULO I

ART. 5º TODOS SÃO IGUAIS PERANTE A LEI, SEM DISTINÇÃO DE QUALQUER NATUREZA, GARANTINDO-SE AOS BRASILEIROS E AOS ESTRANGEIROS RESIDENTES NO PAÍS A INVIOLABILIDADE DO DIREITO À VIDA, À LIBERDADE, À IGUALDADE, À SEGURANÇA E À PROPRIEDADE, NOS TERMOS SEGUINTES:

I – HOMENS E MULHERES SÃO IGUAIS EM DIREITOS E OBRIGAÇÕES, NOS TERMOS DESTA CONSTITUIÇÃO;

II – NINGUÉM SERÁ OBRIGADO A FAZER OU DEIXAR DE FAZER ALGUMA COISA SENÃO EM VIRTUDE DE LEI;

Diz o art. 5º, II, da CR, que "ninguém será obrigado a fazer ou deixar de fazer alguma coisa senão em virtude de lei".

O desafio a que me proponho, nas próximas linhas, consiste em traduzir o sentido desse dispositivo constitucional para o âmbito do processo penal, primeiro, por ser o meu ambiente específico de estudo e, depois, em face do momento especialmente grave que vivemos, em que o processo criminal tem servido de palco privilegiado de renhidos embates políticos, em um cenário de horizonte ainda bastante nebuloso e indefinido (no momento em que escrevo), em que pairar no ar o risco sério de imensos retrocessos para a própria noção de Estado de Direito, tal como a conhecemos.

Resgatando, em síntese quase telegráfica, o que se recolhe da literatura especializada sobre o tema[1], tem-se que:

1. O dispositivo constitucional em questão consagra o chamado *princípio da legalidade* e tem seu antecedente mais remoto, no Direito Brasileiro, na Carta de 1824, embora tenha sido reproduzido em todas as subsequentes, salvo na de 1937.
2. Coube a Benjamin Constant fazer a sua *leitura* para o Brasil, a partir do postulado liberal do Império da Lei, produto do caldo de cultura iluminista da Revolução Francesa e consagrado, inclusive, na Carta de Direitos de 1789.
3. No seu "DNA" encontramos sobretudo Rousseau e Locke, o primeiro com a noção de *generalidade* de origem e de objetivos da lei e o segundo com a ideia de lei como *instrumento de proteção* dos direitos do cidadão.
4. Assim, a noção de *legalidade* incorporada pela cultura constitucional brasileira está indissociavelmente ligada ao conceito de *liberdade*, de forma que a primeira atua como limite, mas não como *fonte normativa* da segunda, que seria inafastável da própria condição humana.
5. Nesse sentido, o princípio expressa uma determinada concepção de estado (Estado de Direito, ou *Rechtsstaat*), em que todo poder e autoridade estão submetidos ao *Império da Lei*, e que se opõe, de um lado, ao Estado absoluto (*Machtstaat*) e, de outro, ao Estado de Polícia (*Polizeistaat*).
6. Por fim, essa noção de *legalidade* deve incluir, também e acima de tudo, a ideia de *constitucionalidade*, de forma que o Império da Lei reclama e exige *força normativa da Constituição*.

Não é necessário muito esforço para perceber, portanto, como essa herança iluminista e verdadeira conquista civilizatória está seriamente ameaçada, e de forma exponencialmente clara no âmbito do processo penal (talvez pelo vínculo originário entre *legalidade* e *liberdade*), que incorpora a ideia de Império da Lei em um dos seus princípios fundantes, o do devido processo *legal*.

Essa crise se inicia ainda no julgamento da Ação Penal 470, pelo STF, mas se intensifica muito fortemente desde os primeiros momentos da chamada Operação Lava Jato, com as suas conduções coercitivas ofuscantemente ilegais, acordos de delação que ignoram solenemente normas vigentes sobre o regime jurídico das penas criminais, interceptações telefônicas ilegais da presidenta da República, divulgação ilegal e potencialmente delituosa

1 CANOTILHO, J. J. Gomes; MENDES, Gilmar F.; SARLET, Ingo W.; STRECK, Lenio L. (Coords.). *Comentários à Constituição do Brasil*. São Paulo: Saraiva/Almedina, 2013. 2.830 p.

do conteúdo das conversas gravadas (*rol* meramente exemplificativo), até o ponto de inflexão, aquele "Rubicão" onde se manda às favas qualquer escrúpulo, quando deciciu o TRF-4, ao rejeitar uma representação disciplinar contra um juiz, que *situações extraordinárias* reclamam *medidas extraordinárias.*

A crise de legalidade acaba atingindo, ainda, outros princípios e mesmo aquele tido como o mais caro ao processo penal, o do *estado de inocência*, totalmente esvaziado no seu sentido e alcance, a partir de uma interpretação grotesca do STF, que viola com todas as letras o texto constitucional para permitir o início da execução da pena, ainda que não tenha transitado em julgado, sob o argumento singelo de uma nunca explicada "mutação constitucional" e, o que é muito mais grave, supostamente amparada pelo "sentimento da sociedade".

Dessa forma, o Estado de Direito vai sendo solapado e engolido rapidamente pelo Estado de Polícia, de um lado, e pelo Estado Absoluto de outro, e o que resta ao jurista, nesta época triste da história do Brasil, é deixar esse registro da forma mais explícita possível, para que seja possível compreender, futuramente, que o *vírus* fascista que o matou em 1937, retirando da Constituição o dispositivo que o consagrava, pode estar voltando, *adaptado,* para mantê-lo vivo, mas em estado vegetativo, pelo completo e despudorado esvaziamento do seu sentido.

REFERÊNCIAS BIBLIOGRÁFICAS

CANOTILHO, J.J. Gomes; MENDES, Gilmar F.; SARLET, Ingo W.; STRECK, Lenio L. (Coords.). *Comentários à Constituição do Brasil.* São Paulo: Saraiva/Almedina, 2013. 2.830 p.

CANOTILHO, J.J. Gomes. *Direito Constitucional e teoria da Constituição.* Coimbra: Almedina, 1998. 1.352 p.

LUCIANO GÓES

Mestre em Direito pela Universidade Federal de Santa Catarina - UFSC (2015). Professor/bolsista do Programa Pesquisa Produtividade do Centro Universitário Estácio de Santa Catarina. Coordenador-geral e responsável pelo núcleo jurídico do Projeto de Extensão Vicente do Espírito Santo - S.O.S. Racismo. Professor de Direitos Humanos e Direito Penal do curso Pós-graduação *lato sensu* em Direito Penal e Processual Penal do Centro Universitário Católica de Santa Catarina.

CAPÍTULO I

ART. 5º TODOS SÃO IGUAIS PERANTE A LEI, SEM DISTINÇÃO DE QUALQUER NATUREZA, GARANTINDO-SE AOS BRASILEIROS E AOS ESTRANGEIROS RESIDENTES NO PAÍS A INVIOLABILIDADE DO DIREITO À VIDA, À LIBERDADE, À IGUALDADE, À SEGURANÇA E À PROPRIEDADE, NOS TERMOS SEGUINTES:

...

III – NINGUÉM SERÁ SUBMETIDO A TORTURA NEM A TRATAMENTO DESUMANO OU DEGRADANTE;

O presente trabalho assenta-se a partir da falsidade discursiva que traz consigo a "crise embrionária" (ZAFFARONI, 1991, p. 75) da pretensa tutela constitucional em comento, que se encontra exatamente na radicalidade do caráter "desumano" que legitima tantas outras violações, pois a "desumanização" é fator basilar do racismo, pedra fundamental do Brasil e de sua arquitetura, que demanda um sistema de controle racial/social caracterizado pela objetificação como condição existencial.

A relação simbiótica entre inumanização e ideologia racista resultou na política que consolidou o colonialismo e o ocidente: a necropolítica, a soberania como poder, direito e gestão da morte, se (re)legitimando e se reforçando no discurso da criação de urgências (potencializadas pela manipulação do medo e necessidade sempre crescente de segurança), construção de outros como inimigos e criação de exceções (MBEMBE, 2011).

As margens (latina e africana) se consolidaram como campos de extermínio pela naturalização da violência, inscrita sobre o corpo negro, condição primária para manutenção da ordem e disciplina, alcançadas pela inculcação do sonho senhorial de cada colonizado tornado a "quintessência do mal" (FANON, 1968, p. 39), que, transmutado em sinhô, invoca o "poder natural" sobre o objeto: sua vida, morte ou morte em vida, é um ato que prescinde de qualquer justificativa.

O direito penal, com fundamentação criminológica do paradigma racista-etiológico lombrosiano, transformou a prisão da escravidão em escravidão da prisão (DAVIS, 2009), legitimando e assegurando a transição de uma monarquia escravagista para república racista, sem qualquer fissura nos pilares da ordem racial, inaugurando o encarceramento da massa negra que substituiu as senzalas, e com ele o *apartheid* brasileiro – formalizado na prática por nosso sistema punitivista de viés doméstico (BATISTA, 2002), o qual tem a tortura como imprescindível –, que se transvestiu de "democrático", sob o qual escamoteia as características desumanizantes do modelo de disciplinamento brasileiro: a inscrição da violência sobre o corpo coisificado de uma "quase gente", cujo único "direito" é (ainda) ser violentada.

Nosso sistema de controle refletiu os objetivos e as necessidades de uma sociedade racista: manutenção da branquidade e da branquitude (SCHUCMAN, 2014) por meio do genocídio como política de Estado. Contexto que impôs uma cisão em nosso Direito penal: ao lado do Direito penal declarado para os cidadãos, alicerçado no Direito Penal do fato, o Direito penal paralelo para os "subcidadãos", legitimado no Direito Penal do autor, um sistema outrora identificado por Lola Aniyar de Castro (2005, p. 96) como "subterrâneo" que aqui jamais se ocultou de fato.

O resultado positivo da programação racista de nosso sistema de controle racial/social é demonstrado, no Direito penal declarado, pela "clientela" da terceira maior população em situação de cárcere do mundo, e no Direito Penal Paralelo 23 vezes por minuto, apenas uma faceta do genocídio negro brasileiro (NASCIMENTO, 1978), para quem a lógica exterminante de uma guerra mentirosa contra as drogas, com viés (in)constitucional, é limitada a territórios favelizados, construídos como o primeiro lugar do negro (SANTOS, 2010), exterminando o inimigo encontrado em toda e qualquer esquina marginal, onde é facilmente "confundido" com o traficante.

É no interior de uma política racista e eugênica, que inclui sentenças (i)legais de execuções (extra)judiciais, chacinas e massacres (intra e extramuros) que expõem a morte anunciada e carnificina dos indesejados, que a desumanização, tortura e manifestações degradantes, manipuladas por todas as agências de controle racial/social, devem ser alocadas, pois tais práticas são as regras de um Estado de exceção permanente, fantasiado pelo conto infantil "Brasil: o país das maravilhas raciais", que faz do derramamento de sangue sua essência vital, cumprindo diariamente sua maldição draculesca.

Tal dimensão não pode ser compelida pelos Direitos Humanos, que resta repelido pela animalidade extraída da periculosidade que exala dos corpos negros, imiscuída em sua construção e sinônimo de insegurança à civilidade, eis que: "o direito é [...] uma maneira de fundar juridicamente uma certa ideia de Humanidade enquanto estiver dividida entre uma raça de conquistadores e uma raça de servos. Somente a raça de conquistadores é legítima para ter a qualidade humana" (MBEMBE, 2014, p. 111).

A racionalidade objetificante do sistema punitivo brasileiro é legitimada e legalizada com objetivos de (re)afirmação da humanidade branca. Assim, a desumanização não é apenas característica inafastável, mas sua própria razão de existir.

REFERÊNCIAS BIBLIOGRÁFICAS

BATISTA, Nilo. *Matrizes ibéricas do sistema penal brasileiro*. 2. ed. Rio de Janeiro: Revan, ICC, 2002. v. I.

CASTRO, Lola Aniyar de. *Criminologia da libertação*. Tradução de Sylvia Moretzsohn. Rio de Janeiro: Revan, 2005.

DAVIS, Angela Y. *A democracia da abolição*: para além do império, das prisões e da tortura. Rio de Janeiro: DIFEL, 2009.

FANON, Frantz. *Os condenados da terra*. Tradução de José Laurênio de Melo. Rio de Janeiro: Civilização Brasileira, 1968. (Coleção Perspectivas do Homem, v. 42)

GÓES, Luciano. *A "tradução" de Lombroso na obra de Nina Rodrigues*: o racismo como base estruturante da Criminologia Brasileira. Rio de Janeiro: Revan, 2016.

MBEMBE, Achille. *Crítica da razão negra*. Tradução de Marta Lança. Lisboa: Antígona, 2014.

_________. *Necropolitica seguido de* Sobre El Governo Privado Indirecto. Santa Cruz de Tenerife: Melusina, 2011.

SANTOS, Joel Rufino. A metamorfose do negro. In: COSTA, Haroldo; LOPES, Nei; SANTOS, Joel Rufino (org.). *Nação Quilombo*. Rio de Janeiro: ND Comunicação, 2010.

SCHUCMAN, Lia Vainer. *Entre o encardido, o branco e o branquíssimo*: branquitude, hierarquia e poder na cidade de São Paulo. São Paulo: Annablume, 2014.

ZAFFARONI, Eugênio Raúl. *Em busca das penas perdidas*. Rio de Janeiro: Revan, 1991.

MATHEUS DE BARROS

Mestrando em Filosofia e Teoria Geral do Direito na Faculdade de Direito da Universidade de São Paulo (USP). Bacharel pela Faculdade de Direito de São Bernardo do Campo (FDSBC). Pesquisador do Núcleo de Estudos sobre o Crime e a Pena da Escola de Direito de São Paulo da Fundação Getulio Vargas (FGV Direito SP).

CAPÍTULO I

ART. 5º TODOS SÃO IGUAIS PERANTE A LEI, SEM DISTINÇÃO DE QUALQUER NATUREZA, GARANTINDO-SE AOS BRASILEIROS E AOS ESTRANGEIROS RESIDENTES NO PAÍS A INVIOLABILIDADE DO DIREITO À VIDA, À LIBERDADE, À IGUALDADE, À SEGURANÇA E À PROPRIEDADE, NOS TERMOS SEGUINTES:

...

IV – É LIVRE A MANIFESTAÇÃO DO PENSAMENTO, SENDO VEDADO O ANONIMATO;

A liberdade de expressão do pensamento está prevista no artigo 5º, inciso IV[2], da Contituição Federal, que, em 2018, completa 30 anos, período no qual diversos debates sobre os alcances de tal direito foram apresentados ao Judiciário. José Afonso da Silva, ao abordar o tema, trata da liberdade de comunicação, que possibilita "a coordenação desembaraçada da criação, expressão e difusão do pensamento e da informação" (SILVA, 2013, p. 245). O autor, ao tratar da liberdade de opinião, ressalta que a ordem constitucional protege a liberdade de consciência e crença, no artigo 5º, inciso VI, bem como a liberdade na opção por crença religiosa, filosófica ou política (SILVA, 2013, p. 244).

Em contrapartida, é comum ouvirmos que a liberdade de uma pessoa encontra limites na liberdade alheia, como se andássemos envoltos por uma bolha protetora de um direito intrínseco a todos os seres humanos acobertados por certo ordenamento. Algumas vezes as bolhas de liberdade podem se chocar, gerando conflitos e confusão sobre quem está certo. Quando isso acontece, é possível descobrir qual o significado da liberdade? Afinal, não temos um modelo de liberdade de expressão cristalizado na realidade bruta do universo, ao qual podemos recorrer sempre que tivermos dúvidas sobre a (in)ocorrência de lesão ao direito em questão.

Para conseguirmos uma orientação sobre os *significados* da liberdade de expressão em situações controversas, é necessário nos voltarmos aos oráculos do Judiciário: o que dizem os juízes, as juízas e os tribunais[3]?

Pensemos, por exemplo, no julgamento do HC 82.424/RS, pelo plenário do Supremo Tribunal Federal (STF), em 2003, caso no qual se definiu que a liberdade de expressão não permitia a publicação de livros que negassem os horrores do Holocausto, devido ao seu caráter antissemita[4]. A liberdade de expressão de pensamento, naquele caso, foi delimitada pela corte, que entendeu não haver proteção constitucional aos discursos que propagassem o racismo e o ódio. Note-se que não há uma definição positiva da liberdade de expressão, mas somente a indicação de condutas incompatíveis com o direito em questão. Por isso, caberá ao Judiciário, em casos futuros, definir se há

---

2 Art. 5º Todos são iguais perante a lei, sem distinção de qualquer natureza, garantindo-se aos brasileiros e estrangeiros residentes no país a inviolabilidade do direito à vida, à liberdade, à igualdade, à segurança e a propriedade, nos termos seguintes:

[...]

IV – é livre a manifestação do pensamento, sendo vedado o anonimato.

3 Nesse sentido, a liberdade de expressão é caracterizada por aquilo que Herbert Hart (2011, p. 148-149) denominou textura aberta do direito. Assim, seu significado em casos controversos está condicionado à discricionariedade judicial (HART, 2011, p. 335-339).

4 HC 82.424/RS. Relator: Ministro Moreira Alves. Relator para Acórdão: Min. Maurício Corrêa. Tribunal Pleno. Julgado em 17/09/2003.

ou não há discurso racista a ser coibido, por ser incompatível com a nossa ordem constitucional.

As decisões judiciais são hábeis a nos indicar o direito vigente sobre determinado tema (ROSS, 1997, p. 61-62), como ocorreu no caso Ellwanger. No entanto, não são somente as cortes superiores que delimitam, em casos concretos, a liberdade de expressão. Juízes e juízas podem fazer o mesmo, como ocorreu em 2017, no Município de Jundiaí, onde o magistrado Luiz Antônio de Campos Júnior não permitiu a exibição de uma peça teatral em que Jesus Cristo surge como uma travesti.

O julgador mencionou a liberdade prevista no inciso IV do art. 5º da Constituição: "Não se olvida a liberdade de expressão, em referência no caso específico, a arte, mas o que não pode ser tolerado é o desrespeito a uma crença, a uma religião, enfim, a uma figura venerada no mundo inteiro"[5]. Seguindo em sua argumentação, o magistrado salientou que a liberdade de expressão não pode ser utilizada para permitir a exibição de peça "de baixíssimo nível intelectual" que ofende "o senso comum". Nesse caso em particular, a liberdade de expressão foi delimitada de modo a excluir a possibilidade de exibição artística. Tal foi o direito vigente configurado naquela oportunidade.

Esses apontamentos, ao contrário do que pode parecer, não têm como objetivo levar sempre ao conformismo. Ao diagnosticarmos o que o direito efetivamente é em um caso concreto, podemos nos insurgir contra o que foi decidido judicialmente, para que uma nova norma dê os contornos daquilo que se entende ser o melhor significado da Constituição, como ocorreu no Tribunal de Justiça paulista, que derrubou, em decisão de relatoria do Desembargador Mônaco da Silva, a liminar do magistrado de Jundiaí e permitiu a exibição da peça[6]. As controvérsias sobre a liberdade de expressão, portanto, encontram suas resoluções em debates perante autoridades, que, em uma democracia, devem atentar à garantia da diversidade de manifestações de pensamentos.

REFERÊNCIAS BIBLIOGRÁFICAS

HART, Herbert L. A. *O conceito de direito*. 6. ed. Tradução de Armindo Ribeiro Mendes. Lisboa: Calouste Gulbenkian, 2011.

ROSS, Alf. *Sobre el derecho y la justicia*. 2. ed. Buenos Aires: Editorial Universitaria de Buenos Aires, 1997.

SILVA, José Afonso da. *Curso de direito constitucional positivo*. 36. ed. São Paulo: Malheiros, 2013.

RUTH CAROLINA R. SGRIGNOLLI

Graduada em Direito pela Universidade Presbiteriana Mackenzie (2001), com especialização em Direito Empresarial (2004). Mestra em Direito Político e Econômico pela Universidade Presbiteriana Mackenzie (2012) e doutoranda em Direito Político e Econômico pela Universidade Presbiteriana Mackenzie. É membro efetivo da Comissão de Ciência e Tecnologia e da Comissão para Liberdade de Imprensa, ambas da OAB-SP.

CAPÍTULO I

ART. 5º TODOS SÃO IGUAIS PERANTE A LEI, SEM DISTINÇÃO DE QUALQUER NATUREZA, GARANTINDO-SE AOS BRASILEIROS E AOS ESTRANGEIROS RESIDENTES NO PAÍS A INVIOLABILIDADE DO DIREITO À VIDA, À LIBERDADE, À IGUALDADE, À SEGURANÇA E À PROPRIEDADE, NOS TERMOS SEGUINTES:

...

V – É ASSEGURADO O DIREITO DE RESPOSTA, PROPORCIONAL AO AGRAVO, ALÉM DA INDENIZAÇÃO POR DANO MATERIAL, MORAL OU À IMAGEM;

A liberdade de expressão e de comunicação são pressupostos garantidores de uma democracia forte. Depois de 30 anos de ditadura, a promulgação da Constituição Federal alçou essa liberdade como garantia fundamental, prevista dentre o rol das cláusulas pétreas, atendendo à diretriz da Declaração Universal dos Direito Humanos (artigo 19)[7]. É de tal forma importante essa garantia

---

5 A decisão pode ser consultada em: https://www.jota.info/wp-content/uploads/2018/02/juiz-proibe-peca-representa-jesus-1.pdf. Acesso em: 21 maio 2018.

6 Disponível em: https://www.conjur.com.br/2018-fev-20/censura-proibir-peca-jesus-transgenero-afirma-tj-sp. Acesso em: 21 maio 2018.

7 Pacto de San José da Costa Rica, que previu a liberdade de expressão em seu artigo 13 e detalhou no artigo 14 o direito de retificação ou resposta.

constitucional que os casos em que sua restrição é permitida estão também previstos nessa Carta.

O direito de reposta não é um limite à liberdade em si, mas um pêndulo que deve garantir um ajuste de forças. Esse direito caracteriza-se por ser uma norma de eficácia plena e aplicação imediata, uma resposta à violação de um direito dentro do espaço permitido pela liberdade de expressão, na forma de réplica ou como correção de um fato. A distorção na veiculação da informação (falsa ou imprecisa), além de gerar o direito de resposta, proporcional ao agravo, pode resultar ainda no dever de indenizar.

Até 2009, as regras para concretização do direito de resposta estavam previstas na Lei de Imprensa, nº 5.250/1967. Em 30/4/2009 o Supremo Tribunal Federal, ao julgar a ADPF 130[8] por maioria, declarou que a Lei de Imprensa era incompatível com a atual ordem constitucional, o que resultou na posterior promulgação da Lei nº 13.188 (de 11/11/2015), que regulou as regras relativas ao direito de resposta.

Ao discutir a constitucionalidade dos artigos 20 e 21 do Código Civil, na Adin 4.815[9], a Ministra Relatora Carmen Lúcia bem definiu a que se preza o direito de reposta: "Erros corrigem-se segundo o direito, não se coartando liberdades conquistadas. A reparação de danos e o direito de resposta devem ser exercidos nos termos da lei".

Os mecanismos de defesa contra a palavra incerta ou inverídica devem se dar sempre *a posteriori*, na forma de retratação, retificação, direito de resposta, indenização[10], e até a responsabilização penal.

O direito de resposta cumpre uma função pública muito importante, na medida em que leva a conhecimento público a correção de dados ou fatos de interesse geral. Nesse tocante, a Justiça Eleitoral é uma seara bastante rica, uma vez que garante o amplo debate, sem, contudo, permitir seu desvirtuamento com teses inverídicas[11] sobre candidatos.

A Lei Eleitoral[12], em seu artigo 58, previu o direito de resposta a candidato, partido ou coligação atingidos, fixando regras específicas. Sem prescindir do direito de resposta, no entanto, o Ministro Ayres Britto, na Adin 4.451[13], entendeu favorável as críticas políticas dos meios de comunicação, especialmente as críticas dos programas humorísticos, ressalvados os abusos.

Nos últimos 30 anos o STF tem se pronunciado de maneira bastante criteriosa, privilegiando a liberdade de expressão em relação às suas limitações e indicando o direito de resposta como defesa aos eventuais abusos.

No entanto, a maior dificuldade enfrentada pelos postuladores ao direito de resposta está no risco de que a reparação à ofensa seja postergada e perca o efeito imediato de informar ao público a correção do fato[14].

De outro modo, o direito de resposta e a indenização proporcional ao agravo podem não bastar para reparar o dano causado.

Em tempos de faturamento econômico com "Notícias Falsas", nunca foi tão importante dar concretude ao direito de resposta, de forma imediata e chamativa, para corrigir um erro ou sanar uma impropriedade. Para isso, o cidadão tem um papel ativo como usuário do serviço de comunicação, por meio da checagem dos fatos e da parcimônia em passar adiante a informação.

---

8 ADPF 130 – Distrito Federal. Arguição de descumprimento de preceito fundamental. Relator Ministro Ayres Britto julgado em 30/04/2009 pelo Tribunal Pleno, e publicado em 6/11/2009. Ação proposta pelo Partido Democrático Trabalhista (PDT).

9 ADI 4815 – Distrito Federal Ação Direta De Inconstitucionalidade, Relatora Ministra Carmen Lúcia, julgada em 10/06/2015 pelo Tribunal Pleno, Publicada em 1/2/2016. Ação proposta pela Associação Nacional Dos Editores De Livros – ANEL.

10 Conforme citado voto do Relator Ministro Ayres Britto, na ADPF 130, "a excessividade indenizatória é, em si mesma, poderoso fator de inibição da liberdade de imprensa, em violação ao princípio constitucional da proporcionalidade".

11 Nos termos do Acórdão TSE, de 2.10.2014, na Rp nº 139.448 e, de 23.9.2014, na Rp nº 120.133, o fato sabidamente inverídico é aquele que não demanda investigação, sendo perceptível de plano.

12 Lei nº 9.504/1997.

13 Adi 4451 – Distrito Federal. Referendo na medida cautelar na ação direta de inconstitucionalidade em que foi Relator o Ministro Ayres Britto, julgado pelo Pleno em 2/9/2010 e publicado em 1/7/2011. Ação proposta pela Associação Brasileira de Emissoras de Rádio e Televisão – ABERT.

14 A exemplo, o MC 3933 / SP, Relator Ministro FELIX FISCHER, 5ª Turma, julgado em 15/10/2002 e publicado em 18/11/2002.

SALAH H. KHALED JR.
Professor de Direito Penal e Criminologia e do Programa de Pós-Graduação em Direito e Justiça Social da Universidade Federal do Rio Grande – FURG. É doutor em Ciências Criminais (PUC-RS) e presidente do Instituto Brasileiro de Criminologia Cultural.

ART. 5º TODOS SÃO IGUAIS PERANTE A LEI, SEM DISTINÇÃO DE QUALQUER NATUREZA, GARANTINDO-SE AOS BRASILEIROS E AOS ESTRANGEIROS RESIDENTES NO PAÍS A INVIOLABILIDADE DO DIREITO À VIDA, À LIBERDADE, À IGUALDADE, À SEGURANÇA E À PROPRIEDADE, NOS TERMOS SEGUINTES:

...

IX – É LIVRE A EXPRESSÃO DA ATIVIDADE INTELECTUAL, ARTÍSTICA, CIENTÍFICA E DE COMUNICAÇÃO, INDEPENDENTEMENTE DE CENSURA OU LICENÇA;

O Estado Democrático de Direito não dá margem para censura ou exige licença como requisito para expressões intelectuais, artísticas, científicas e de comunicação. Em suma, elas são essencialmente *livres* na República Federativa do Brasil e, logo, não estão sujeitas a qualquer espécie de restrição. Tais expressões não podem ser objeto de juízos morais alheios que lhes imponham requisitos para o exercício, ou pior, que efetivamente visem à sua censura, seja ela imposta em âmbito judicial, fruto da atuação de alguma agência executiva, seja no campo de campanhas em defesa de uma moralidade hegemônica, supostamente ameaçada por determinadas formas de expressão que soam perigosamente imorais ou amorais.

A consolidação da liberdade de expressão no Art. 5º como direito fundamental não foi produto do acaso. Os brasileiros conviveram com alguma forma de censura durante os 21 anos de ditadura civil-militar, na qual não só a imprensa, mas também a expressão artística, científica e intelectual foram brutalmente coibidas. Professores "subversivos" eram delatados por alunos infiltrados, jornais eram censurados e publicavam receitas de bolo como protesto, enquanto filmes como *Laranja mecânica* sofreram cortes significativos durante os Anos de Chumbo. Surpreendentemente, a redemocratização não foi capaz de expurgar o espírito do censor: já na Nova República, o filme *Cobra*, estrelado por Sylvester Stallone, sofreu vários cortes e acabou sendo removido do circuito pela distribuidora Warner. Situação semelhante ocorreu com *Je vous salue, Marie*, de Jean-Luc Godard, ao qual os brasileiros não puderam assistir. O então presidente José Sarney vetou o filme "para assegurar o direito de respeito à fé da maioria da população brasileira".

Com o advento da Carta Cidadã, esse triste estado de coisas deveria ter sido sepultado em definitivo. Mas, infelizmente, esse não tem sido o caso. Expressões culturais que não se conformam aos padrões de "normalidade" permaneceram sendo objeto de cruzadas moralistas movidas por "homens de bem", submetidas a processos de criminalização cultural e servindo de fundamento para a disseminação de pânicos morais. Segundo Thompson, é amplamente reconhecido que essa é a era do pânico moral. O autor aponta que jornais constantemente alertam para a existência de novos perigos decorrentes da frouxidão moral, enquanto programas de televisão ecoam o assunto em documentários sensacionalistas. De certo modo, pânicos morais não são bem uma novidade. Por mais de um século tem persistido o pânico sobre o crime; o comportamento da juventude, em particular, costuma ser apresentado como potencialmente imoral e ameaçador para a sociedade (THOMPSON, 1998, p. 1).

É comum que expressões artísticas que não se conformam aos padrões morais de reacionários culturais sejam objeto de cruzadas. Histórias em quadrinhos, rock 'n' roll, heavy metal, rap e games já foram objeto de campanhas análogas. É no âmbito de guerras culturais que empreendedores morais visam reafirmar sua moral, que é considerada a expressão de tudo que é bom e correto, enquanto o que a coloca em questão é implacavelmente satanizado como se fosse o mal encarnado (BECKER, 2009).

Muitas vezes tais campanhas resultam no que já foi chamado de "criminalização cultural": criadores, produtos culturais e público consumidor são conjuntamente criminalizados e apontados como degenerados. Os produtos culturais são acusados de terem efeitos criminógenos: supostamente gerariam incontáveis violências (FERRELL, 1999, p. 404-405).

Os pânicos são intensos quando o discurso dos empreendedores morais consegue reivindicar uma conexão especialmente forte, como a segurança de crianças, por exemplo. Eles prosperam quando já existe uma preocupação fortemente estabelecida em um dado grupo social, que se sente ameaçado quando sua moral hegemônica é colocada em questão. Tais condições oferecem terreno fértil para que o pânico seja orquestrado por indivíduos que enxergam em determinados grupos sociais, religiosos, étnicos, políticos ou de gênero uma ameaça para as suas pretensões (COHEN, 2010, p. 1). Quando bem-sucedidos, os empreendimentos de criminalização cultural geram fortes sensações de indignação moral, fazendo com que os grupos demonizados sejam percebidos como inimigos da sociedade.

As campanhas morais estabelecem o que é normal e o que é anormal, indicando que é preciso eliminar a suposta anomalia para restabelecer a paz social. O confronto sempre é colocado em termos binários: uma sociedade supostamente homogênea identifica um câncer que deve ser extirpado a qualquer preço e de forma urgente.

Na década de 1990 e na primeira década do milênio, juízes baniram videogames como *Carmageddon*, *Duke Nukem 3D*, *Doom*, *Postal*, *Requiem*, *Mortal Kombat*, *Blood*, *Counter-Strike*, *EverQuest*, *Bully* e *The Crims*. Com base em seus próprios critérios morais, os magistrados proibiram jogos desenvolvidos para o público adulto, alegando a intenção de proteger crianças e adolescentes (KHALED JR, 2018a). Videogames como *Assassin's Creed* também foram criminalizados culturalmente, e, mais recentemente, cruzadas morais foram movidas contra a Exposição *Queer* no Santander Cultural (KHALED JR, 2018b), a Justiça de Jundiaí proibiu a peça *O Evangelho Segundo Jesus*, *Rainha do Céu* e a Polícia Civil apreendeu o quadro *Pedofilia*, em Campo Grande, sob alegação de supostos efeitos criminógenos. De modo semelhante, uma performance no Museu de Arte Moderna (MAM), em São Paulo, provocou acusações de pedofilia devido ao fato de uma criança ter interagido com um artista, o que motivou um levante contra a instituição, a qual de modo algum contribuiu ou sequer permitiu que a interação em questão ocorresse. Tudo indica que a noção nazista de "arte degenerada" parece estar sendo ressuscitada, o que vale também para as intenções de controle sobre disciplinas e cursos de extensão oferecidos por instituições de ensino superior públicas e privadas.

O único limite que a liberdade de expressão artística pode conhecer é o discurso de ódio. Fora desse limite, estamos diante de tentativas de imposição da moral de um grupo ou pessoa aos demais. Há precedentes históricos. Já queimamos bruxas, livros e histórias em quadrinhos. Talvez não tenhamos avançado tanto quanto se supunha.

Podemos assumir a onda de indignação como algo legítimo e simplesmente considerar que o nosso ponto de vista é absolutamente inquestionável. Em tempos de pós-verdade, ganha quem grita mais alto. Não é mais necessário fundamentar os argumentos. Mas para quem não sucumbe tão facilmente ao pensamento autoritário e ao fascínio pelas próprias razões, não é tão simples assim. O espírito do censor levanta infinitas questões.

Quem será o juiz da humanidade? Quem decidirá quais livros, quadros, esculturas, poesias, retratos, filmes, histórias em quadrinhos, videogames, cursos, disciplinas e outras expressões culturais, científicas e intelectuais são moralmente aceitáveis e culturalmente edificantes e quais não são? Eu? Você? A Constituição diz que não. Fico com ela. Fico com a liberdade. Fico com a normatividade. O direito deve triunfar sobre a moral, ou nos tornaremos eternamente reféns de moralismos de ocasião.

REFERÊNCIAS BIBLIOGRÁFICAS:

BECKER, Howard S. *Outsiders*: estudos de sociologia do desvio. Rio de Janeiro: Zahar, 2009.

COHEN, Stanley. *Folk Mevils and Moral Panics*: The Creation of the Mods and Rockers. Nova York: Routledge, 2010.

FERRELL, Jeff. Cultural criminology. *Annual Review of Sociology*, Palo Alto, v. 25, p. 404-405, 1999.

KHALED JR, Salah H. *Videogame e violência*: cruzadas morais contra os jogos eletrônicos no Brasil e no mundo. Rio de Janeiro: Civilização Brasileira, 2018a.

KHALED JR, Salah H. *Crime e castigo*: ensaios de resistência, controle social e criminologia cultural. Belo Horizonte: Letramento, 2018b.

THOMPSON, Kenneth. *Moral Panics*. Londres: Routledge, 1998.

LUCIANA MARIN RIBAS

Doutoranda em Direitos Humanos na Faculdade de Direito da Universidade de São Paulo (USP), mestra em Direito Constitucional pela Pontifícia Universidade Católica de São Paulo (PUC-SP), onde também se graduou em Direito. Pesquisadora da Clínica Luiz Gama de Direitos Humanos (USP), advogada e consultora jurídica na área de Direito Público e Direitos Humanos. Trabalha, atualmente, na coordenação acadêmica do Programa da Pós-graduação *lato sensu* da FGV Direito SP.

MICHELE MARIA BATISTA ALVES

Graduada em Direito pela Pontifícia Universidade Católica de São Paulo (PUC-SP). Advogada atuante na área de Direito Público, com ênfase em Direito Administrativo e Regulatório na área da saúde.

CAPÍTULO I

ART. 5º TODOS SÃO IGUAIS PERANTE A LEI, SEM DISTINÇÃO DE QUALQUER NATUREZA, GARANTINDO-SE AOS BRASILEIROS E AOS ESTRANGEIROS RESIDENTES NO PAÍS A INVIOLABILIDADE DO DIREITO À VIDA, À LIBERDADE, À IGUALDADE, À SEGURANÇA E À PROPRIEDADE, NOS TERMOS SEGUINTES:

...

X – SÃO INVIOLÁVEIS A INTIMIDADE, A VIDA PRIVADA, A HONRA E A IMAGEM DAS PESSOAS, ASSEGURADO O DIREITO A INDENIZAÇÃO PELO DANO MATERIAL OU MORAL DECORRENTE DE SUA VIOLAÇÃO;

A dignidade da pessoa humana (art. 1º, III), o repúdio a toda forma de discriminação (art. 3º, IV) e a prevalência dos direitos humanos (art. 4º, II) são fundamentos, objetivos e princípios expressos do texto constitucional e serão por meio deles que interpretaremos a previsão contida no artigo 5º, inciso X.

Ao enunciar que são invioláveis os direitos à intimidade, vida privada, honra e imagem, o constituinte buscou preservar os direitos individuais de todos os cidadãos brasileiros e estrangeiros.

A intimidade é "a esfera secreta da vida do indivíduo na qual esse tem o poder legal de evitar os demais" (DOTTI, 1980, p. 69) e abrange a inviolabilidade do domicílio, o sigilo da correspondência e o segredo profissional. Ao acompanharmos as redes sociais e a mídia tradicional, podemos notar o quanto esses direitos são diariamente relativizados. A exemplo disso, cita-se a realização de buscas e apreensões, sem a devida ordem judicial, nas casas das comunidades mais pobres[15], e os reiterados casos de violação do direito à intimidade dessas pessoas por parte de policiais, sob o fraco e falso argumento de manutenção da ordem social. São também comuns as violações ao segredo profissional nas apreensões de documentos em escritórios de advocacia[16] que prestam serviços a pessoas sob investigação policial, ou até mesmo o compartilhamento de dados fiscais entre Receita Federal e Ministério Público sem a devida autorização judicial necessária (Repercussão Geral no RE 1.055.941-SP). Não se trata aqui de defender uma posição política ou ideológica, mas tão somente de se respeitar o devido processo legal e as liberdades profissionais protegidas pela Constituição. Defender o contrário é retornar aos períodos inquisitoriais e ditatoriais nos quais a mera alegação de ameaça à segurança constituia-se em fundamento relevante à relativização das liberdades individuais.

A vida privada, muito próxima à intimidade, é igualmente tutelada pelo constituinte (RESP 1.445.240-SP) e integra a esfera íntima da pessoa, sobre sua família, seus amigos e todas as informações que a rodeia (KAYSER, 1984, p. 11). Assim como a intimidade, o uso de dados pessoais por empresas de forma personalizada e a falta de mecanismos que garantam segurança em ambientes virtuais são ameaças a esses direitos. Esse tema é pauta de discussão global, haja vista a amplitude e importância de empresas com atuação virtual em escala mundial como Facebook e Google, bem como a prática comercial de venda de dados

15 Exemplo de grave violação à intimidade e vida privada é o Decreto nº 9.288/2018, que decreta intervenção federal no estado do Rio de Janeiro com o objetivo de pôr termo ao grave comprometimento da ordem pública.

16 São tantos os casos que estão ocorrendo, que tramita um projeto de lei (PL 8347/2017) no Congresso Nacional para alterar o Estatuto da Advocacia e tipificar penalmente a violação de direitos ou prerrogativas do advogado.

personalizados. O Brasil já possui uma lei de proteção de dados, Lei nº 13.709, promulgada em 14 de agosto deste ano. Na Europa, em contrapartida, o tema já foi amplamente discutido, motivo pelo qual, reafirmando o direito à proteção dos dados pessoais como direito fundamental dos indivíduos e após dois anos de adaptação, entra em vigor no dia 25 de maio de 2018 o Regulamento Geral sobre a Proteção de Dados ("RGPD") (UE) 2016/679, de 27 de abril de 2016, editado pelo Parlamento Europeu e Conselho da União Europeia ("EU"), unificando o conjunto pan-europeu de normas sobre proteção de dados.

No tocante ao direito à honra, vale dizer que se refere às características e qualidades da dignidade da pessoa. Significa que toda forma de injúria, difamação ou qualquer inverdade que se refira a alguém é passível de indenização (RESP nº 1.594.865-RJ). No mesmo sentido, a proteção constitucional recai sobre a imagem. O uso indevido da imagem, ou seja, sem a devida ciência e autorização de seu titular, também é passível de indenização. Assim como a vida privada e intimidade, honra e imagem estão cada vez mais relativizadas, principalmente quando relacionadas a pessoas em maior grau de vulnerabilidade social. Um interessante documentário de 2002, chamado "À margem da imagem", denuncia a forma como a mídia, a sociedade civil e o Estado abusam do uso da imagem das pessoas em situação de rua, pois as veiculam sem qualquer consulta e anuência prévia por parte delas.

REFERÊNCIAS BIBLIOGRÁFICAS

DOTTI, René Ariel. *Proteção da vida privada e liberdade de informação*. São Paulo: Revista dos Tribunais, 1980.

ENTENDA o escândalo de uso político de dados que derrubou valor do Facebook e o colocou na mida de autoridades. *BBC News Brasil*, 20 mar. 2018. Disponível em: http://www.bbc.com/portuguese/internacional-43461751. Acesso em: 27 ago. 2020.

KAYSER, Pierre. *La protection de la vie privée*: protection du secret de la vie privée. Marseille: Presses Universitarires d´Aux-Marseille, 1984.

MOCARZEL, Evaldo. *À margem da imagem*. Documentário, 2002. Disponível em: https://www.youtube.com/watch?v=Dhg7UYd998c. Acesso em: 27 ago. 2020.

RÔMULO DE ANDRADE MOREIRA

É procurador de justiça do Ministério Público do Estado da Bahia. Professor de Direito Processual Penal da UNIFACS, na graduação e na pós-graduação (Especialização em Direito Processual Penal e Penal e Direito Público). Pós-graduado, *lato sensu*, pela Universidade de Salamanca/Espanha (Direito Processual Penal). Especialista em Processo pela UNIFACS.

CAPÍTULO I

ART. 5º TODOS SÃO IGUAIS PERANTE A LEI, SEM DISTINÇÃO DE QUALQUER NATUREZA, GARANTINDO-SE AOS BRASILEIROS E AOS ESTRANGEIROS RESIDENTES NO PAÍS A INVIOLABILIDADE DO DIREITO À VIDA, À LIBERDADE, À IGUALDADE, À SEGURANÇA E À PROPRIEDADE, NOS TERMOS SEGUINTES:

...

XI – A CASA É ASILO INVIOLÁVEL DO INDIVÍDUO, NINGUÉM NELA PODENDO PENETRAR SEM CONSENTIMENTO DO MORADOR, SALVO EM CASO DE FLAGRANTE DELITO OU DESASTRE, OU PARA PRESTAR SOCORRO, OU, DURANTE O DIA, POR DETERMINAÇÃO JUDICIAL; *(VIDE LEI Nº 13.105, DE 2015) (VIGÊNCIA)*

Dispõe o inciso XI do art. 5º da Constituição Federal que "a casa é asilo inviolável do indivíduo, ninguém nela podendo penetrar sem consentimento do morador, salvo em caso de flagrante delito ou desastre, ou para prestar socorro, ou, durante o dia, por determinação judicial".

Um comando dessa natureza sempre esteve presente nas Constituições brasileiras, desde a Constituição Política do Império, de 1891, que, no artigo 179, VII, estabelecia textualmente que "todo Cidadão tem em sua casa um asylo inviolavel. De noite não se poderá entrar nella, senão por seu consentimento, ou para o defender de incêndio, ou inundação; e de dia só será franqueada a sua entrada nos casos, e pela maneira, que, a Lei determinar".

Também a Constituição da República dos Estados Unidos do Brazil, do ano de 1891, no artigo 72, § 11º, declarava que "a casa é o asylo inviolável do individuo; ninguem póde ahi penetrar, de noite, sem consentimento do morador, sinão para acudir a victimas de crimes, ou desastres, nem de dia sinão nos casos e pela fórma prescriptos na lei".

Em seguida, em 1934, a Constituição da República dos Estados Unidos do Brasil o artigo 113, nº 16, prescrevia que "a casa é o asylo inviolável do individuo; nella ninguem poderá penetrar, de noite, sem consentimento do morador, senão para acudir a victimas de crimes ou desastres, nem de dia, senão nos casos e pela fórma prescriptos na lei".

Mesmo a Constituição de 1937, imposta por Getúlio Vargas durante o Estado Novo, com matriz nitidamente autoritária, não deixou de declarar a inviolabilidade da casa, senão vejamos: "A Constituição assegura aos brasileiros e estrangeiros residentes no país o direito à liberdade, à segurança individual e à propriedade, nos termos seguintes: [...] A inviolabilidade do domicílio e de correspondência, salvas as exceções expressas em lei." (art. 122, nº 6).

De volta ao período democrático, promulgou-se em 1946 uma nova Constituição, estabelecendo-se, no artigo 141, § 15º, que "a casa é o asilo inviolâvel do indivíduo. Ninguém poderá nela penetrar à noite, sem consentimento do morador, a não ser para acudir a vítimas de crime ou desastre, nem durante o dia, fora dos casos e pela forma que a lei estabelecer".

Logo após o golpe militar de 1964, promulgou-se a Constituição de 1967, cujo artigo 150, § 10º, também declarava que "a casa é o asilo inviolável do indivíduo. Ninguém pode penetrar nela, à noite, sem consentimento do morador, a não ser em caso de crime ou desastre, nem durante o dia, fora dos casos e na forma que a lei estabelecer". Essa mesma redação foi mantida com a Emenda Constitucional nº 1/69, renumerando-se apenas o respectivo dispositivo, que passou a ser o artigo 153, § 10.

Vê-se, portanto, com esse pequeno escorço histórico, que a inviolabilidade do domicílio, desde o Império e em toda a República - ainda que em períodos de exceção -, foi sempre uma preocupação erigida em nível constitucional, o que é por demais significativo. No Direito Comparado não ocorre diversamente, como veremos, exemplificadamente, a seguir.

Com efeito, na Alemanha, a Constituição Federal dispõe, no artigo 13, que "el domicilio es inviolable. Los registros pueden ser ordenados sólo por el juez o, si la demora implica re un peligro, por otras autoridades previstas por la ley, y puede realizarse sólo en la forma prescrita en la ley. Por lo demás, sólo pueden tomarse medidas que afecten a esta inviolabilidade o la restrinjan, ante un peligro común o a la vida humana o, en virtude de una ley, tomar esas medidas con el fin de prevenir peligros inminentes para la seguridade y el orden públicos, en particular para subsanar la escassez de vivenda, prevenir una epidemia o proteger a jóvenes en peligro".

Na Argentina, nos termos do artigo 18 da Constituição da Nação, "el domicilio es inviolable, como también la correspondência epistolar y los papeles privados; y una ley determinará en qué casos y con qué justificativos podrá proceder-se a su allanamiento y ocupación".

Em Cuba também a Constituição cuida da matéria, especificamente no artigo 56, onde se lê: "El domicilio es inviolable. Nadie puede penetrar en el ajeno contra la voluntad del morador, salvo en los casos previstos por la ley".

De igual modo a Constituição espanhola prevê: "El domicilio es inviolable. Ninguna entrada o registro podrá hacerse en él sin consentimento del titular o resolución judicial, salvo en caso de flagrante delito" (art. 18, 2).

Nos Estados Unidos da América a Emenda III, de 1791, declara também a inviolabilidade de toda casa, em tempo de paz, e, em tempo de guerra, apenas na forma prescrita em lei. Também a Emenda IV, do mesmo ano, resguarda a inviolabilidade do direito dos americanos à segurança pessoal, residência, documentos e pertences.

O art. 14 da Costituzione dela Repubblica Italiana, no artigo 14, igualmente afirma que "il domicilio è inviolabile. Non vi si possono eseguire ispezioni o perquisizioni o sequestri se non nei casi e modi stabiliti dalla legge secondo le garanzie prescritte per la tutela dela libertà personale. Gli accertamenti e le ispezioni per motivi di sanita e di incolumità pubblica o a fini economici e fiscale sono regolati da leggi speciali".

Em Portugal, a Constituição trata da matéria no artigo 34, segundo o qual o domicílio é inviolável, salvo, evidentemente, com a autorização do cidadão. Contra a sua vontade, a entrada "só pode ser ordenada pela autoridade judicial competente, nos casos e segundo as formas previstos em lei".

Ademais, "ninguém pode entrar durante a noite no domicílio de qualquer pessoa sem o seu consentimento, salvo em situação de flagrante delito ou mediante autorização judicial em casos de criminalidade especialmente violenta ou altamente organizada, incluindo o terrorismo e o tráfico de pessoas, de armas e de estupefacientes, nos termos previstos na lei".

Comentando esse dispositivo, Gomes Canotilho e Vital Moreira anotam que "o domicílio não é violado somente quando se entra na morada de alguém sem o seu consentimento. Os modernos meios técnicos possibilitam a invasão e devassa do domicílio mediante meios electrónicos que, além disso, permitem também a devassa das conversas e da vida privada dos moradores. A inviolabilidade do domicílio é seguramente incompatível com tais mecanismos"[17].

Também analisando o mesmo dispositivo constitucional, Jorge Miranda e Rui Medeiros asseveram que a inviolabilidade do domicílio "é uma das formas de tutela do direito à reserva da vida privada". Consequentemente, "a prova obtida com abusiva intromissão no domicílio ou nas comunicações privadas é proibida, não podendo ser utilizada, nos termos do disposto no nº 8 do artigo 32º"[18].

No Brasil, o Plenário do Supremo Tribunal Federal, no julgamento do Recurso Extraordinário nº 603.616/RO, com repercussão geral reconhecida, decidiu que "a entrada forçada em domicílio sem mandado judicial só é lícita, mesmo em período noturno, quando amparada em fundadas razões, devidamente justificadas *a posteriori*, que indiquem que dentro da casa ocorre situação de flagrante delito, sob pena de responsabilidade disciplinar, civil e penal do agente ou da autoridade e de nulidade dos atos praticados"[19].

Nesse julgado, a Suprema Corte entendeu que a entrada em domicílio sem mandado judicial e sem o consentimento do morador será lícita (independentemente da hora do dia), caso haja fundadas razões (nos termos do art. 240, § 1º, do Código de Processo Penal), devidamente comprovadas pelas circunstâncias, que indiquem a ocorrência, dentro da casa, de uma situação de flagrante delito.

Mais recentemente, a 6ª Turma do Superior Tribunal de Justiça, ao julgar o Habeas Corpus nº 404.124[20], concedeu, por maioria, a ordem, num caso em que "após o ingresso no interior da residência de determinado indivíduo, sem o seu consentimento válido e sem autorização judicial, logra encontrar e apreender drogas e arma de fogo com numeração suprimida – de sorte a configurar a prática dos crimes de tráfico de entorpecente e de posse ilegal de arma de fogo de uso restrito –, cujo caráter permanente autorizaria o ingresso domiciliar". Antes desse julgamento, ao analisar o Recurso Especial nº 1.574.681/RS[21], o relator propôs "que o entendimento jurisprudencial fosse aperfeiçoado dentro, obviamente, dos limites definidos pela Carta Magna e pelo Supremo Tribunal Federal, para que se pudesse perquirir em qual medida a entrada forçada em domicílio é tolerável".

Em outro julgamento, na sessão do dia 22 de agosto de 2017, a mesma 6ª Turma, ao julgar o Recurso Especial nº 1.558.004/RS (publicada em 31 de agosto), "considerou, à unanimidade, serem nulas as provas obtidas mediante invasão de domicílio, em hipótese na qual havia somente vagas suspeitas sobre eventual tráfico de drogas perpetrado pela ré, em razão, única e exclusivamente, de informações de que haveria traficância na rua de sua residência – que, aliás, poderia muito bem estar sendo praticada inclusive por outro vizinho ou qualquer outro morador".

Saliente-se que não cabe a justificativa de ter o delito de tráfico de drogas natureza permanente, porquanto não desautoriza a autoridade de obter o devido mandado de busca e apreensão para ingressar no domicílio alheio, inclusive por não estar anteriormente visível as circunstâncias do flagrante.

É preciso que decisões como essas reverberem nos tribunais locais e nos tribunais regionais federais, pois, como se sabe, o Processo Penal funciona em um Estado Democrático de Direito como um meio

17 *Constituição da República Portuguesa Anotada*. São Paulo: Coimbra Editora e Editora Revista dos Tribunais, 2007. v. 1, p. 540-542.

18 *Constituição Portuguesa Anotada*. Tomo I, Introdução Geral, Preâmbulo, Artigos 1º. a 79º. Coimbra: Coimbra Editora, 2005. p. 372-373.

19 Relator Ministro Gilmar Mendes, DJe 8/10/2010.

20 Relator Ministro Rogerio Schietti Cruz, j. 10.10.2017.

21 Relator Ministro Rogerio Schietti Cruz, DJe 30/5/2017.

necessário e inafastável de garantia dos direitos do acusado. Não é um mero instrumento de efetivação do Direito Penal, mas, verdadeiramente, um instrumento de satisfação de direitos humanos fundamentais e, sobretudo, uma garantia contra o arbítrio do Estado.

Aliás, sobre processo, já afirmou o mestre Calmon de Passos não ser "algo que opera como simples meio, instrumento, sim um elemento que integra o próprio ser do Direito. A relação entre o chamado direito material e o processo não é uma relação meio/fim, instrumental, como se tem proclamado com tanta ênfase, ultimamente, por força do prestígio de seus arautos, sim uma relação integrativa, orgânica, substancial"[22]. Nessa mesma obra, o eminente processualista adverte que o "devido processo constitucional jurisdicional (como ele prefere designar), para evitar sofismas e distorções maliciosas, não é sinônimo de formalismo, nem culto da forma pela forma, do rito pelo rito, sim um complexo de garantias mínimas contra o subjetivismo e o arbítrio dos que têm poder de decidir"[23].

Certamente sem um processo penal efetivamente garantidor, não podemos imaginar vivermos em uma verdadeira democracia[24]. Um texto processual penal deve trazer ínsita a certeza de que ao acusado, apesar do crime supostamente praticado, deve ser garantida a fruição de seus direitos previstos especialmente na Constituição do Estado Democrático de Direito.

LENIO LUIZ STRECK

Pós-doutor em Direito Constitucional (Universidade de Lisboa/Portugal). Doutor e mestre em Direto do Estado (UFSC). Professor titular dos Programas de Pós-Graduação em Direito da UNISINOS/RS e da UNESA/RJ. Professor visitante em diversas universidades estrangeiras. Membro catedrático da Academia Brasileira de Direito Constitucional. Procurador de justiça aposentado (MP/RS).

CAPÍTULO I

ART. 5º TODOS SÃO IGUAIS PERANTE A LEI, SEM DISTINÇÃO DE QUALQUER NATUREZA, GARANTINDO-SE AOS BRASILEIROS E AOS ESTRANGEIROS RESIDENTES NO PAÍS A INVIOLABILIDADE DO DIREITO À VIDA, À LIBERDADE, À IGUALDADE, À SEGURANÇA E À PROPRIEDADE, NOS TERMOS SEGUINTES:

...

XII – É INVIOLÁVEL O SIGILO DA CORRESPONDÊNCIA E DAS COMUNICAÇÕES TELEGRÁFICAS, DE DADOS E DAS COMUNICAÇÕES TELEFÔNICAS, SALVO, NO ÚLTIMO CASO, POR ORDEM JUDICIAL, NAS HIPÓTESES E NA FORMA QUE A LEI ESTABELECER PARA FINS DE INVESTIGAÇÃO CRIMINAL OU INSTRUÇÃO PROCESSUAL PENAL; (VIDE LEI Nº 9.296, DE 1996)

O presente dispositivo trata de um dos maiores dilemas constitucionais verificados na atualidade no que diz respeito à tutela dos direitos e garantias fundamentais: de um lado, há a proteção ao sigilo da correspondência e das comunicações; de outro, tem-se a exceção constitucional que autoriza o Estado a invadir a esfera da privacidade e da intimidade dos cidadãos nos casos previstos pela legislação ordinária. Dito de outro modo, embora a Constituição assegure a inviolabilidade das correspondências e comunicações, ela também prevê, nitidamente, a possibilidade de limitação/restrição dessa garantia constitucional. A grande questão que se coloca, portanto, é saber em que medida o Estado, com todo o seu aparato, pode ingressar na esfera privada da vida dos cidadãos, em consonância com o regime inaugurado pelo constitucionalismo democrático. Segundo o disposto na Constituição de 1988, a inviolabilidade do sigilo da correspondência e das comunicações telegráficas, de dados e das comunicações telefônicas – salvo, no último caso, por ordem judicial, para fins de investigação criminal ou instrução processual penal, nas hipóteses estabelecidas por lei – constitui uma garantia fundamental dos cidadãos, que visa a preservar os direitos à privacidade e à intimidade. Contudo, essa proteção nem sempre se deu desse modo ao longo da história constitucional.

Estabeleceu o constituinte que, em determinadas circunstâncias, a serem previstas em lei, o sigilo das comunicações pode ser quebrado, adentrando-se, assim, na esfera da intimidade e da priva-

---

22 *Direito, Poder, Justiça e Processo*. Rio de Janeiro: Forense, 1999. p. 68.

23 Idem, p. 69.

24 Apesar de que, como ensina Norberto Bobbio, "[...] a Democracia perfeita até agora não foi realizada em nenhuma parte do mundo, sendo utópica, portanto." (*Dicionário de Política*. 10. ed. Brasília: Universidade de Brasília, 1997. p. 329).

cidade. Ocorre, entretanto, que a regulamentação do referido dispositivo constitucional se deu apenas com a promulgação da Lei nº 9.296/1996, o que resultou uma grande discussão, na medida em que a doutrina e os tribunais eram instados a se manifestar sobre a denominada "escuta telefônica" – ligada à produção (i) lícita de provas nos mais diversos ramos do direito – antes mesmo do advento da legislação ordinária. Em síntese, o que se verifica é que a possibilidade de restrição do direito fundamental do sigilo à correspondência e às comunicações telegráficas, de dados e telefônicas exsurge, inevitavelmente, como a questão principal. Aliás, o STF entendeu que o inciso XII do art. 5º era dispositivo de "eficácia limitada", julgando ineficazes todas as interceptações anteriores à Lei nº 9.296/1996, mesmo que precedidas de autorização judicial.

A doutrina, ao conceituar interceptação, tem estabelecido subdivisões: (a) interceptação em sentido estrito – captação da conversa por terceiro, sem a ciência dos interlocutores; (b) escuta telefônica – captação da conversa com o conhecimento de somente um dos interlocutores. Ambas estão abrangidas pelo inciso XII, submetendo-se, consequentemente, ao regramento da Lei nº 9.296/1996. Situação distinta ocorre quando o próprio interlocutor grava a conversa, hipótese em que o Supremo Tribunal Federal já entendeu como válida a prova daí decorrente, com o fundamento de que a garantia constitucional do sigilo refere-se à interceptação telefônica de conversa mantida por terceiros. Parte da doutrina, porém, entende que a Lei nº 9.296/1996 aplica-se às três espécies. Também não se pode confundir a hipótese do inciso XII com a possibilidade de quebra do sigilo dos dados telefônicos (registros de telefonemas já efetuados mantidos pelas empresas de telecomunicações). Veja-se que tais dados podem ser requisitados, inclusive, por Comissão Parlamentar de Inquérito – em face dos poderes investigatórios que lhe conferiu a própria Constituição –, desde que, obviamente, haja a devida fundamentação. Dito de outro modo: a quebra de sigilo telefônico, ao contrário da interceptação telefônica, não está sujeita à cláusula de reserva de jurisdição.

Por sua vez, a grande discussão gira em torno do sigilo das comunicações, tendo em vista, precisamente, a abertura da exceção prevista no texto constitucional. Com efeito, a possibilidade de quebra do sigilo das comunicações telefônicas institucionalizou a conhecida "escuta telefônica", na medida em que, com o advento da Lei nº 9.296/1996, ocorreu a regulamentação da parte final do artigo 5º, XII, CF, e, consequentemente, a revogação do artigo 57, II, e da Lei nº 4.117/1962 (Código Brasileiro de Telecomunicações). A lei que regulamentou a interceptação telefônica seguiu a linha daquilo que se denominou "sistema de prévia verificação", baseando-se, portanto, em três pontos:

(a) a autorização da interceptação – escrita e, devidamente, fundamentada – deve ser concedida somente pelo juiz (cláusula de reserva de jurisdição) que for competente para a apreciação da ação principal, o que significa dizer que, nos casos em que o investigado gozar de prerrogativa de foro, o seu deferimento está vinculado ao princípio do juiz natural; (b) a interceptação telefônica somente pode ser autorizada para constituir prova em investigação criminal ou em instrução processual penal; (c) o sigilo do procedimento da interceptação telefônica não viola o direito constitucional ao contraditório e à ampla defesa – garantidos, nesse caso, após a gravação e a transcrição, conforme entendimento do STF (por todos, HC 92.331) –, tendo em vista que qualquer notificação prévia ou vista à defesa impossibilitaria o cumprimento da diligência, considerando que, uma vez ciente da escuta, o investigado jamais iria efetuar qualquer comunicação comprometedora.

O STF discutiu as rotinas do procedimento de interceptação de comunicações telefônicas no julgamento da ADI 4.145/DF, que teve como objeto a Resolução 59/2008 do CNJ. Em seu art. 13, § 1º, a referida resolução preconizou que "não será admitido pedido de prorrogação de prazo de medida cautelar de interceptação de comunicação telefônica, telemática ou de informática durante o plantão judiciário, ressalvada a hipótese de risco iminente e grave à integridade ou à vida de terceiros, bem como durante o Plantão de Recesso previsto artigo 62 da Lei nº 5.010/66". O STF, por maioria (6 votos a 4), entendeu que o CNJ usurpou sua competência e legislou sobre questões processuais. Ficaram vencidos os ministros Roberto Barroso, Rosa Weber, Gilmar Mendes e o relator, ministro Edson Fachin. O ministro Alexandre de Moraes, Redator para acórdão, foi acompanhado pelos ministros Luiz Fux, Ricardo Lewandowski, Celso de Mello e Cármen Lúcia. O ministro Dias Toffoli estava impedido.

Convém ainda ressaltar o recente julgamento em que o STF autorizou, por maioria (6 votos a 5), membros do MP a grampear telefones e quebrar sigilo. Na ADI 4.263/DF, discutiu-se a constitucionalidade da Resolução 36/2009 do CNMP, que permite a prática nos procedimentos de interceptação conduzidos dentro do próprio MP, desde que o juízo seja regularmente informado sobre o passo a passo da medida. Segundo o ministro Roberto Barroso, relator do caso, as regras constantes na resolução não impõem uma limitação formal, mas apenas estabelecem diretrizes administrativas que vão nortear a conduta do agente político do MP. O ministro Alexandre Moraes, autor da divergência, entendeu que somente a Lei nº 92.96/1996 poderia determinar o procedimento da quebra do sigilo e, não, o CNMP. Acompanharam o relator os ministros Edson Fachin, Rosa Weber, Luiz Fux, Celso de Mello e Cármen Lúcia.

RENATA QUEIROZ DUTRA

Professora adjunta de Direito e Processo do Trabalho da Faculdade de Direito da Universidade de Brasília. Doutora (2017) e mestra (2014) em Direito, Estado e Constituição pela Universidade de Brasília. Graduada em Direito pela Universidade Federal da Bahia (2008). Integrante do Grupo de Pesquisa Trabalho, Constituição e Cidadania (Faculdade de Direito - UnB). Integrante do Grupo de Pesquisa Trabalho, Precarização e Resistências (Faculdade de Filosofia e Ciências Humanas - UFBA).

CAPÍTULO I

ART. 5º TODOS SÃO IGUAIS PERANTE A LEI, SEM DISTINÇÃO DE QUALQUER NATUREZA, GARANTINDO-SE AOS BRASILEIROS E AOS ESTRANGEIROS RESIDENTES NO PAÍS A INVIOLABILIDADE DO DIREITO À VIDA, À LIBERDADE, À IGUALDADE, À SEGURANÇA E À PROPRIEDADE, NOS TERMOS SEGUINTES:

...

XIII - É LIVRE O EXERCÍCIO DE QUALQUER TRABALHO, OFÍCIO OU PROFISSÃO, ATENDIDAS AS QUALIFICAÇÕES PROFISSIONAIS QUE A LEI ESTABELECER;

Qualificada pela doutrina como uma liberdade fundamental, a liberdade de opção profissional é tida como liberdade ampla, porém restringível pela lei, nas hipóteses em que a profissão pressuponha capacitação técnica ou científica regulamentada de modo compatível com os demais valores e fundamentos democráticos da Constituição. Nessa esteira, em 17/6/2009, o Plenário do STF decidiu, no bojo do RE 511.961, que é inconstitucional a exigência do diploma de jornalismo e registro profissional no Ministério do Trabalho como condição para o exercício da profissão de jornalista. A decisão amparou-se no fundamento de que o artigo 4º, inciso V, do Decreto-Lei nº 972/1969, instrumento legal da Ditadura Civil-Militar brasileira, não foi recepcionado pela Constituição de 1988, uma vez que as exigências nele contidas ferem a liberdade de imprensa (art. 5º, IX e XIV) e contrariam o direito à livre manifestação do pensamento prevista no artigo 13 do Pacto de San José da Costa Rica (Convenção Americana dos Direitos Humanos). Nessa senda, a decisão da Suprema Corte que, com respaldo em exegese constitucional e convencional, assevera a inconstitucionalidade de norma regulamentadora da profissão que se coloca de forma contrária aos demais preceitos democráticos da Constituição, reforça a liberdade de opção profissional.

FLÁVIO LEÃO DE BASTOS PEREIRA

Doutor e mestre em Direito Político e Econômico pela Universidade Presbiteriana Mackenzie. Coordenador adjunto da Faculdade de Direito da Universidade Presbiteriana Mackenzie. Professor de Direitos Humanos e de Direito Constitucional da Universidade Presbiteriana Mackenzie. Coordenador do Grupo de Estudos sobre Genocídio (GENOS) da Faculdade de Direito da Universidade Presbiteriana Mackenzie. Membro do Grupo de Pesquisa: Conflitos Armados, Massacres e Genocídios/ CNPq da Universidade Federal de São Paulo (Unifesp). Cofundador do Observatório Constitucional Latino-Americano – OCLA. Membro do rol de especialistas da Academia Internacional dos Princípios de Nuremberg/ Alemanha ("Roster of Experts of the International Nuremberg Principles Academy").

O comando constitucional constante do inciso XIII do artigo 5º da Constituição da República Federativa do Brasil consagra um direito fundamental de matiz individual, formal, consistente na liberdade conferida ao cidadão, brasileiro ou estrangeiro, que vive sob a República democrática brasileira, em escolher o ofício, a profissão ou a ocupação que desejar para sua manutenção e sustento. Referida garantia constitucional, entretanto, não deve ser confundida com um dos mais importantes direitos sociais vislumbrados pelo constituinte de 1988 e consagrado como direito humano de segunda dimensão, qual seja, o direito ao trabalho e todos os desdobramentos dele decorrentes, como o direito ao emprego; a proteção contra demissão injustificada; o direito ao descanso semanal remunerado, dentre outros direitos "sociais". Referidos direitos constituem normas fundamentais cuja eficácia dependem de ações estatais, sociais e econômicas (políticas públicas) que viabilizem sua projeção concreta, efetiva, na sociedade. O mandamento previsto neste inciso XIII, como enfatizado, estabelece a liberdade individual na escolha da atividade profissional pelos cidadãos.

Referido aspecto é de suma importância em razão das consequências que decorrem quando se toma por referência um direito humano fundamental individual, civil e político; ou, por sua vez, um direito humano fundamental econômico, social ou cultural. José Afonso da Silva bem detalhou a essência que caracteriza referido inciso, ao detalhar que[25]:

> *O teor do dispositivo, de si, já demonstra que estamos diante de simples direito individual, não daquilo que a doutrina chama "liberdade de conteúdo social", pois que ali não se garante o trabalho, não se assegura o conteúdo do trabalho, nem a possibilidade de trabalho, nem o emprego, nem tampouco as condições materiais para a investidura em um ofício ou para a aquisição de qualquer profissão. Isso, sim, seria direito social.*

Nota-se que o mandamento constitucional constante do inciso ora sob comento apresenta-se como reconhecimento *formal* da liberdade de que os cidadãos brasileiros e estrangeiros em território nacional são titulares e que lhes permite a escolha da carreira, da profissão, do ofício ou da ocupação que desejarem, cabendo a cada cidadão também a escolha dos caminhos e dos meios que entenda melhor para viabilizar seu projeto pessoal. Não cabe ao Estado, por força do inciso XIII do artigo 5º da Carta Republicana, tal responsabilidade; não decorre desse cânon fundamental tal obrigação ao Poder Público em viabilizar as condições materiais e operacionais para que o indivíduo, ao determinar seu destino profissional ou laboral, alcance seus objetivos. A decisão e as iniciativas pessoais para tanto são localizadas na esfera individual de decisão de cada cidadão.

A proteção que decorre do mandamento ora em destaque impõe balizas e limites a eventuais determinações impostas aos cidadãos sobre a profissão ou ofício a serem exercidos. Tal imposição, verificável ao longo da história sob regimes autoritários, ditatoriais ou totalitários, não se coaduna com a ordem constitucional brasileira inaugurada em 1988. A iniciativa do cidadão na escolha de sua profissão ou ofício deve ser respeitada e, até mesmo, incentivada. A liberdade de escolha é reconhecida no plano da norma magna e, a partir da decisão adotada pelo cidadão, cabe somente a ele a adoção dos esforços necessários a alcançar os objetivos traçados.

O comando constitucional consagrado no inciso XIII do artigo 5º, que consubstancia o rol de direitos fundamentais, civis e políticos na Carta de 1988, ao fixar a liberdade de escolha, pelos cidadãos, quanto ao seu trabalho, ofício ou profissão, estabeleceu o que, pelo clássico ensinamento de José Afonso da Silva, convencionou-se denominar como *norma constitucional de eficácia contida*, vale dizer, um regramento que confere um direito de natureza constitucional e a consequente liberdade de escolha ao respectivo destinatário do comando,

25 SILVA, José Afonso da. *Comentário Contextual à Constituição*. São Paulo: Malheiros, 2005. p. 108.

porém, com certa *contenção em relação à extensão do exercício do direito* consagrado, diante de certas condições estabelecidas por lei para o referido exercício, no caso, de trabalho, ofício ou profissão. Logo, o exercício de algumas profissões impõe a observância e o cumprimento de requisitos e condições previstas por lei, como na hipótese do exercício da advocacia, para cuja prática exige-se a aprovação no Exame de Ordem; e a investidura em cargo público, condicionada que é à prévia aprovação em concurso público de provas e títulos. Conforme ensina o preclaro constitucionalista, não se trata de norma cuja eficácia cessa diante de certas exigências legais, mas, isto sim, normas constitucionais com ampla eficácia e que são contidas pelas referidas exigências previstas em normas infraconstitucionais, em casos específicos[26]. Também nesse sentido o Agravo Regimental no Mandado de Injunção nº 6.113/DF, julgado pelo Supremo Tribunal Federal, estabeleceu que:

> *O art. 5º, inc. XIII, da Constituição da República é norma de aplicação imediata e eficácia contida que pode ser restringida pela legislação infraconstitucional. Inexistindo lei regulamentando o exercício da atividade profissional dos substituídos, é livre o seu exercício.*

Assim, a observância a tais requisitos é decorrência do referido comando constitucional. Ressalte-se que, em relação à eficácia das normas constitucionais, a já tradicional classificação de José Afonso da Silva, o primeiro jurista a escrever sobre o tema em sua obra de 1967 intitulada "Aplicabilidade das normas constitucionais", dentre outras classificações reconhecidas e propostas por outros juristas, inclusive adotada pelo Supremo Tribunal Federal no Mandado de Injunção nº 438-2/GO (Rel. Min. Néri da Silveira), vislumbra três espécies de normas:

- normas constitucionais de eficácia plena;
- normas constitucionais de eficácia limitada;
- normas constitucionais de eficácia contida.

Significa afirmar que as Constituições atualmente vigentes no mundo, com raras exceções, constituem resultado de processo evolutivo histórico-político-jurídico que parte da visão de normas magnas puramente enunciativas e programáticas, tendo o indivíduo como destinatário de garantias e direitos de natureza liberal e individual, para um cenário constitucional com previsões, sim, ainda com direitos civis e políticos, mas agora também com previsões de normas de teor programático, impositivas de deveres ao Estado em viabilizar e pavimentar as condições para efetivação dos chamados direitos econômicos, sociais e culturais. No caso da Constituição da República Federativa do Brasil de 5 de outubro de 1988, pode-se exemplificar com seu artigo 6º, que estabelece como direitos de tal categoria a educação, a saúde, a alimentação, o trabalho, a moradia, o transporte, o lazer, a segurança, a previdência social, a maternidade, a infância e a assistência aos desamparados, entre outros que são incluídos nesta categoria, como a cultura prevista nos artigos 215 a 216-A.

O enriquecimento e a ampliação do rol de prerrogativas, garantias e direitos de matiz constitucional, portanto, ocupando posição superior nas sociedades constitucionalizadas, dá azo a que se possa vislumbrar o fenômeno da geração de eficácia a partir de cada previsão dos textos constitucionais e que apresentarão características distintas conforme dita eficácia surja de imediato, a partir da enunciação e do reconhecimento do direito no texto magno; ou dependa, para gerar efeitos, de ações posteriores por parte do Estado tanto na seara das políticas públicas, quanto na seara legislativa. Aqui, vale a crítica: ao longo de toda a história republicana e especialmente em períodos mais recentes, referidas políticas públicas mostraram-se inexistentes ou, ainda, insuficientes ou ineficazes, com consequências funestas ao povo brasileiro, especialmente as camadas mais pobres da população. Outra consequência verificável e não desejável para regimes democráticos é o crescente protagonismo do Poder Judiciário e o tão debatido *ativismo judicial*, em parte causados pela ineficiência dos Poderes competentes para o estabelecimento das políticas públicas e normas protetivas dos direitos fundamentais: os Poderes Executivo e Legislativo.

Logo, enquanto o inciso XIII do artigo 5º, objeto da presente análise, tem o direito à livre escolha do trabalho, ofício ou profissão pelo cidadão como *norma constitucional de eficácia contida*, na me-

26 SILVA, José Afonso da. *Curso de direito constitucional positivo*. São Paulo: Malheiros, 2011. p. 258.

dida em que nas hipóteses pontuais a lei infraconstitucional estabelece condições que devem ser previamente observadas para o exercício de certas profissões e, assim, *contém a eficácia* própria da norma constitucional em certos casos, outros direitos de cunho social e de natureza coletivos, como o direito ao trabalho previsto pelo já apontado artigo 6º da Constituição da República de 1988, além de não se confundir com a liberdade prevista pelo inciso XIII do artigo 5º, revelam-se como norma constitucional de eficácia limitada, vale dizer, dependente de ações concretas dos poderes públicos para que gere benefícios concretos à sociedade brasileira e seus trabalhadores.

No que tange à competência para estabelecimento das condições necessárias ao exercício de algumas profissões deferida ao legislador infraconstitucional pelo constituinte de 1988, a jurisprudência do Supremo Tribunal Federal já a classificou como uma *reserva legal qualificada* a qual permite ao legislador poder para restringir a liberdade de escolha de um trabalho, ofício ou profissão, ao ponto de comprometer o próprio cerne que compõe tal garantia constitucional. Nesse sentido, julgado pelo Supremo Tribunal Federal em Recurso Extraordinário nº 511.961/ SP, relator ministro Gilmar Mendes, que dizia respeito ao exercício da profissão de jornalista:

> *ÂMBITO DE PROTEÇÃO DA LIBERDADE DE EXERCÍCIO PROFISSIONAL (ART. 5º, INCISO XIII, DA CONSTITUIÇÃO). IDENTIFICAÇÃO DAS RESTRIÇÕES E CONFORMAÇÕES LEGAIS CONSTITUCIONALMENTE PERMITIDAS. RESERVA LEGAL QUALIFICADA. PROPORCIONALIDADE. A Constituição de 1988, ao assegurar a liberdade profissional (art. 5º, XIII), segue um* modelo de reserva legal qualificada *presente nas Constituições anteriores, as quais prescreviam à lei a definição das* "condições de capacidade" como condicionantes para o exercício profissional. *No âmbito do modelo de reserva legal qualificada presente na formulação do art. 5º, XIII, da Constituição de 1988, paira uma imanente questão constitucional quanto à razoabilidade e proporcionalidade das leis restritivas, especificamente, das leis que disciplinam as qualificações profissionais como condicionantes do livre exercício das profissões. Jurisprudência do Supremo Tribunal Federal: Representação nº 930, Redator p/ o acórdão Ministro Rodrigues Alckmin, DJ, 2-9-1977.* A reserva legal estabelecida pelo art. 50, XIII, não confere ao legislador o poder de restringir o exercício da liberdade profissional a ponto de atingir o seu próprio núcleo essencial. *(Grifamos)*

Cabe, ainda, ressaltar a falta de eficiência da República, não apenas ao longo de toda sua história, mas também e principalmente sob a vigente Carta de 1988, para garantir as condições sociais e educacionais básicas e necessárias à viabilização para o exercício de tal garantia consagrada pelo inciso XIII do artigo 5º da Constituição Federal, consistente na livre escolha de sua profissão, trabalho ou ofício pelo cidadão. Ora, sem educação fundamental e média de alta qualidade, não terá o cidadão condições de graduar-se em universidade reconhecida e, por via de consequência, não terá liberdade para escolher a profissão que melhor atenda aos seus interesses; sem tal possibilidade, e diante das constantes crises sociais, políticas e econômicas que de tempos em tempos castigam a sociedade brasileira, larga parcela de sua população permanece sem empregos ou, ainda, subempregadas. Se considerados o racismo estrutural[27] e os preconceitos vigentes no Brasil, as populações negras, indígenas, LGBT e com limitações físicas permanecem alijadas do mercado de trabalho. Daí, constata-se a interrelacionariedade que caracteriza os direitos humanos: se o Estado não garante com eficiência as condições sociais para a educação de qualidade, não haverá trabalho ou empregos que, disponibilizados, permitam à população brasileira o exercício do direito previsto pelo inciso XIII do artigo 5º da Constituição Republicana de 5 de outubro de 1988.

JOSILENE HERNANDES ORTOLAN DI PIETRO
Professora adjunta na Universidade Federal de Mato Grosso do Sul (UFMS). Doutora em Direito Político e Econômico pela Universidade Presbiteriana Mackenzie (UPM). Líder do grupo de pesquisa Direito, Cidadania e Desenvolvimento Sustentável.

27 Sobre racismo estrutural, ver: ALMEIDA, Silvio Luiz de. *O que é racismo estrutural?* Belo Horizonte: Letramento, 2018.

CAPÍTULO I

ART. 5º TODOS SÃO IGUAIS PERANTE A LEI, SEM DISTINÇÃO DE QUALQUER NATUREZA, GARANTINDO-SE AOS BRASILEIROS E AOS ESTRANGEIROS RESIDENTES NO PAÍS A INVIOLABILIDADE DO DIREITO À VIDA, À LIBERDADE, À IGUALDADE, À SEGURANÇA E À PROPRIEDADE, NOS TERMOS SEGUINTES:

...

XIV – É ASSEGURADO A TODOS O ACESSO À INFORMAÇÃO E RESGUARDADO O SIGILO DA FONTE, QUANDO NECESSÁRIO AO EXERCÍCIO PROFISSIONAL;

O acesso à informação enunciado no inciso XIV do artigo 5º da CF/1988 refere-se ao direito de acessar informações, direito esse que não se confunde com o direito à informação tratado no inciso XXXIII do artigo 5º da CF/1988.

Trata-se da dimensão coletiva do direito à informação, que assegura esse direito a todos, contrapondo o interesse individual ao geral. Assegura-se a prerrogativa de se conhecer fatos da seara pública, sejam eles provenientes de particulares ou de órgãos públicos.

Esses fatos descrevem informações que não tenham relação com a vida íntima, com a honra ou estejam relacionados à privacidade dos indivíduos. São aqueles que narram outras atividades que não essas, sejam das pessoas ou do Estado.

Esse direito decorre de uma norma constitucional que impõe a outrem o cumprimento de uma prestação positiva para sua efetiva realização, isto é, o ente que detenha a informação desejada pelo cidadão, que pode ser o Estado ou um particular, deverá prestá-la.

A previsão constitucional do direito revela "avanço das concepções de uma democracia participativa, pois se o cidadão é sempre incitado a participar da vida pública, a ele devem ser conferidas as possibilidades de informar-se sobre a condição da *res pública*" (BATISTA, 2010, p. 75). Nesse sentido, a decisão do Supremo Tribunal Federal (STF):

A Constituição da República, tendo presente a necessidade de proteger um dos aspectos mais sensíveis em que se projetam as múltiplas liberdades do pensamento – precisamente aquele concernente ao direito de obtenção (e de divulgação) da informação –, prescreveu, em seu artigo 5º, inciso XIV, que "é assegurado a todos o acesso à informação e resguardado o sigilo da fonte, quando necessário ao exercício profissional" (Rcl 21504 AgR, Relator(a): Min. CELSO DE MELLO, Segunda Turma, julgado em 17/11/2015, PROCESSO ELETRÔNICO DJe-249 DIVULG 10-12-2015 PUBLIC 11-12-2015).

Assim, o direito de acesso à informação mostra-se como importante instrumento para concretizar a participação da coletividade nas decisões governamentais. Isso porque, de acordo com Rodrigues (2014, p. 4), acesso à informação dá aos cidadãos controle democrático sobre o trabalho das autoridades, facilitando a descoberta de diferentes formas de irregularidades, atos ilegais e corrupção. Ao mesmo tempo, confere aos cidadãos os recursos políticos suficientes para lhes permitir participar de maneira plena, como cidadãos iguais (com igual acesso aos dados e informes públicos), da tomada de decisões coletivas às quais estão obrigados.

Importante considerar que direito de acesso à informação, como direito fundamental que o é, sujeita-se a limites e restrições, como o sigilo do ente que prestou as informações, em caráter excepcional, apenas quando for imprescindível ao exercício profissional, ou ainda à segurança social ou estatal. Prescreve, assim, o direito ao resguardo do sigilo da fonte que prestou a informação, quando forçoso ao exercício profissional. Sobre o tema, já decidiu o Supremo Tribunal Federal (STF) em favor da prerrogativa do jornalista:

A prerrogativa do jornalista de preservar o sigilo da fonte (e de não sofrer qualquer sanção, direta ou indireta, em razão da prática legítima dessa franquia outorgada pela própria Constituição da República), oponível, por isso mesmo, a qualquer pessoa, inclusive aos agentes, autoridades e órgãos do Estado, qualifica-se como verdadeira garantia institucional destinada a assegurar o exercício do direito fundamental de livremente buscar e transmitir informações (Rcl 21504 AgR, Relator(a): Min. CELSO DE MELLO, Segunda Turma, julgado em 17/11/2015, PROCESSO ELETRÔNICO DJe-249 DIVULG 10-12-2015 PUBLIC 11-12-2015).

Ainda, referido inciso afirma que existe na CF/1988 o mandamento do dever constitucional de gestão transparente da informação (SARLET; MOLINARO, 2016).

E, com o mandamento constitucional de transparência, publicidade e de informação, o direito em comento assegura o controle social, necessário no Estado Democrático de Direito, além de permitir a tutela de outros direitos fundamentais e assegurar o gozo de outros direitos fundamentais, viabilizando o pleno exercício da cidadania.

REFERÊNCIAS BIBLIOGRÁFICAS

BATISTA, C. L. *Informação pública*: entre o acesso e a apropriação social. 2010. 202p. Dissertação (Mestrado em Ciência da Informação) – Escola de Comunicações e Artes, Universidade de São Paulo, São Paulo, 2010.

BRASIL. Supremo Tribunal Federal. Reclamação n. 21504 AgR, Relator(a): Min. CELSO DE MELLO, Segunda Turma, julgado em 17/11/2015, PROCESSO ELETRÔNICO DJe-249 DIVULG 10-12-2015 PUBLIC 11-12-2015). Disponível em: http://redir.stf.jus.br/paginadorpub/paginador.jsp?docTP=TP&docID=9975288. Acesso em: 21 maio 2018.

BONAVIDES, Paulo. *Curso de direito constitucional*. 20. ed. São Paulo: Malheiros, 2007.

RODRIGUES, João Gaspar. Publicidade, transparência e abertura na administração pública. *Revista de Direito Administrativo*, Rio de Janeiro, v. 266, p. 89-123, maio/ago. 2014.

SARLET, Ingo Wolfgang; MOLINARO, Carlos Alberto. O direito à informação na ordem constitucional brasileira: breves apontamentos, in: SARLET, Ingo Wolfgang; MONTILLA MARTOS, José Antonio; RUARO, Regina Linden (coord.). *Acesso à Informação como direito fundamental e dever estatal*. Porto Alegre: Livraria do Advogado, 2016.

SILVA, José Afonso da. *Curso de direito constitucional positivo*. 25. ed. São Paulo: Malheiros, 2005.

FLÁVIO LEÃO DE BASTOS PEREIRA

Doutor e mestre em Direito Político e Econômico pela Universidade Presbiteriana Mackenzie. Coordenador Adjunto da Faculdade de Direito da Universidade Presbiteriana Mackenzie. Professor de Direitos Humanos e de Direito Constitucional da Universidade Presbiteriana Mackenzie. Coordenador do Grupo de Estudos sobre Genocídio (GENOS) da Faculdade de Direito da Universidade Presbiteriana Mackenzie. Membro do Grupo de Pesquisa Conflitos Armados, Massacres e Genocídios/CNPq da Universidade Federal de São Paulo (Unifesp). Cofundador do Observatório Constitucional Latino-Americano - OCLA. Membro do rol de especialistas da Academia Internacional dos Princípios de Nuremberg/Alemanha ("Roster of Experts of the International Nuremberg Principles Academy").

É possível vislumbrar duas perspectivas quando se aborda o tema *acesso à informação*, bem como se conjugamos a tal garantia a questão do *sigilo* que deve, ou não, revestir o exercício deste direito: de um lado, consagrado é o (i) direito à obtenção da informação, especialmente das informações em posse do Estado e da Administração Pública que devem pautar suas decisões e condutas de modo a observar a transparência e a publicidade destas; de outro, (ii) o direito ao acesso à informação com *preservação do sigilo da fonte* da qual foi obtida a informação, desde que ditas circunstâncias sejam *imprescindíveis ao exercício profissional*, afinal, também reconhecido como direito fundamental pelo artigo 23, item 1 da Declaração Universal dos Direitos Humanos, além da consagração pelo inciso XIV do artigo 5º da Constituição da República Federativa do Brasil, ora sob comento. Porém, muito além do exercício de uma dada profissão, referido comando contém como fundamental objetivo garantir o liberdade de imprensa, atividade essencial aos regimes democráticos e de alto valor para o empoderamento da cidadania em todas as suas perspectivas. Não sem razão, a atividade do jornalismo, especialmente o denominado *jornalismo investigativo*, independentemente das amarras e dos interesses que marcam a atuação das grandes empresas de jornalismo, normalmente representativas de interesses e setores hegemônicos, constitui via de divulgação e circulação de informações de interesse dos cidadãos, tanto para viabilizar o acesso e o conhecimento aos mais importantes fatos e decisões adotadas pelas autoridades públicas e que impactam diretamente no seu dia a dia, como também para seu amadurecimento político e de sua visão crítica, pavimentando, pois, a via para melhores escolhas políticas no futuro. Não sem razão, a profissão do jornalista vem se tornando, a cada dia, uma das mais perigosas profissões atualmente exercidas no planeta, exatamente porque a circulação das mencionadas informações não converge com os interesses de governos apenas formalmente democráticos, mas, na prática, são movidos por visões autoritárias, ao que se deve somar, ainda, os governos e os Estados declaradamente ditatoriais ou mesmo totalitários. Segundo o Committee to Protect Journalists (CPJ), organização internacional que monitora a violência cometida contra jornalistas no mundo, apenas até agosto de 2018, 39 jornalistas foram assassinados em todo o globo. No Brasil, em 17 de janeiro de 2018, foi assassinado o jornalista Jefferson Pureza Lopes, no município de Edealina, Estado de Goiás, onde vivia e onde exercia na rádio local seu ofício diário no programa *Voz do Povo*, no qual costumava denunciar a corrupção dos políticos locais. Referido trabalho jornalístico contrariava os interesses de políticos locais, o que se mostraria fatal[28].

Referido contexto torna claro por qual razão o sigilo das fontes das quais são originadas informações essenciais ao exercício do jornalismo constitui comando constitucional de suma importância. Por *fonte* deve ser entendida a *origem onde obtida a informação*: uma testemunha de um fato; um profissional que tenha obtido a informação durante suas atividades diárias; um documento escrito ou em áudio etc. Assim, não importa qual o meio de obtenção da informação. Não é o jornalista obrigado a identificar e informar qual a fonte das informações veiculadas em dada notícia, como dito acima, garantia essencial não apenas ao exercício profissional, mas também para a transparência e a fiscalização popular que devem ser preservadas e incrementadas sob o regime democrático. Afinal, os representantes eleitos devem ter seus atos e opiniões submetidos ao crivo dos cidadãos, desde que relacionados à função pública para a qual foram eleitos.

No plano internacional, é bom que seja ressaltado, a Declaração de Chapultepec de 1994 sobre a liberdade de expressão e de imprensa estabelece no seu item 3 que "[...] Não se poderá obrigar a nenhum jornalista a revelar suas fontes de informação [...]".[29] Também o artigo 8º da Declaração de Princípios sobre Liberdade de Expressão consagra que "Todo comunicador social tem o direito de reserva de suas fontes de informação, apontamentos, arquivos pessoais e profissionais"[30]. O constituinte de 1988, comprometido com a visão que marcou o ambiente político quando de sua promulgação, com a sociedade brasileira que ansiava pelos ares da democracia, não ignorou a necessidade de ***garantia do sigilo da fonte quando necessário ao exercício profissional***, como decorrência lógica de outra prerrogativa essencial aos regimes democráticos e consubstanciada na sagrada prerrogativa da liberdade de pensamento e de expressão, fruto das conquistas liberais especialmente a partir do século 17 na Europa e atualmente componente da primeira dimensão de direitos humanos.

Assim, confirmando o traço de abertura que viria assinalar a Carta de 1988 e, portanto, permitiu o intenso diálogo e a inter-relacionariedade entre as normas internacionais e nacionais protetivas dos direitos humanos fundamentais; também em cumprimento à cláusula democrática já presente na abertura do texto magno (*caput* do artigo 1º), foi garantido o acesso à informação pelo profissional que dela depende para o exercício de seu ofício, bem como o respectivo sigilo da fonte da qual emanada a informação necessária ao exercício da liberdade de expressão e de circulação das notícias. Muito embora referida liberdade se mostre, em primeiro plano, essencial ao profissional respectivo, encontramos em sua titularização também a coletividade, na medida em que pertence à sociedade também o direito a ser informada, especialmente acerca das decisões e fatos relacionados à gestão dos interesses públicos. Nesse sentido, o interesse coletivo que marca tal direito faz ressaltar uma condição especial que permite excepcionar a regra da necessidade de identificação e transparência que norteia a interpretação e o exercício de outras prerrogativas constitucionais. O interesse público é evidente na circulação das notícias e informações veiculadas pelas matérias jornalísticas, como já destacado acima, especialmente do jornalismo investigativo. Na era da tecnologia, os variados canais disponibilizados às diversas mídias

28 Disponível em: https://cpj.org/data/people/jefferson-pureza-lopes/index.php. Acesso em: 5 fev. 2021.

29 Disponível em: http://www.oas.org/es/cidh/expresion/showarticle.asp?artID=537&lID=4. Acesso em: 5 fev. 2021.

30 Disponível em: http://www.oas.org/es/cidh/expresion/showarticle.asp?artID=26&lID=4. Acesso em: 5 fev. 2021.

permitem a obtenção da informação com extrema velocidade, o que faz denotar a necessidade de crescentes precauções com as origens da informação. Prova desse fato pode ser vislumbrada com a quantidade de notícias falsas (*fake news*) produzidas diariamente com objetivos políticos e econômicos, especialmente. Muito embora o comando constitucional conte com três décadas de vigência, suas balizas prosseguem absolutamente atuais e necessárias. De fato, determina uma exceção aos princípios da publicidade e da transparência, exatamente por conta dos interesses público e coletivo já aqui mencionados na circulação das informações. A checagem da fonte no que tange à sua confiabilidade e segurança, especialmente quanto à veracidade das informações recebidas, é responsabilidade e também prerrogativa do profissional do jornalismo. Nesse sentido já decidiu o Supremo Tribunal Federal que: "A publicidade e o direito à informação não podem ser restringidos com base em atos de natureza discricionária, salvo quando justificados, em casos excepcionais, para a defesa da honra, da imagem e da intimidade de terceiros ou quando a medida for essencial para a proteção do interesse público" (STF, RO em MS 23.036-1, RJ, *grifamos*).

A Constituição da República de 1988 vem sofrendo incessantes afrontas por parte especialmente de autoridades públicas, componentes dos três Poderes, com interpretações que se revelam flagrantemente inconsistentes do ponto de vista jurídico-constitucional, e até mesmo populistas do ponto de vista político. A inversão clara de paradigmas constitucionais e leituras inconciliáveis com as opções do constituinte de 1988 alcançam a seara dos direitos fundamentais de modo arriscado para o regime democrático. No que tange ao tema ora sob análise – o sigilo da fonte de onde emanada a informação utilizada pelo profissional –, alguns exemplos recentes demonstram as violações acima apontadas na interpretação do direito consagrado pelo inciso XIV da Carta Republicana. Como informa Taís Gasparin[31], em três casos recentes podem ser vislumbradas interpretações equivocadas e que desconsideram os objetivos do comando constitucional, verificadas no âmbito do Poder Judiciário.

No primeiro caso, o jornalista Allan de Abreu, do *Diário da Região*, veículo do interior do Estado de São Paulo, tornou-se investigado pela Polícia Federal exatamente por ter divulgado diálogos encetados por telefone relacionados a esquema de corrupção em delegacia do Ministério do Trabalho. Surpreendentemente, o magistrado que atou no caso determinou a quebra do sigilo telefônico do referido jornalista, bem como de todos os demais profissionais atuantes na respectiva redação, com o intuito de identificar a fonte de onde foram emanados os registros dos referidos diálogos, decisão posteriormente reformada pelo Supremo Tribunal Federal.

Também a conhecida revista *Época* foi atingida por decisão claramente violadora da Constituição Federal, quando profissional seu teve seu sigilo telefônico quebrado por ordem judicial que pretendia identificar as fontes de onde originavam as informações relacionadas a contas bancárias na Suíça, diante da recusa do profissional em fazê-lo. Caso mais recente, também informado por Taís Gasparin[32], refere-se à decisão judicial proferida em 2017 que determinou a quebra do sigilo telefônico, bem como busca e apreensão de documentos, mídias, computadores, *pen drives*, arquivos eletrônicos, agendas etc. no endereço de jornalista responsável pelo denominado *Blog da Cidadania*, com o escopo de identificar a fonte das informações entregues ao jornalista que davam conta de decisão que determinaria a quebra dos sigilos bancário e fiscal do ex-presidente Luiz Inácio Lula da Silva. Dita decisão foi reconsiderada pelo magistrado sob a fundamentação da tutela constitucional ao sigilo da fonte e proteção ao exercício do direito à liberdade de expressão.

É importante ressaltar que a ideia do sigilo, via de regra, não se compatibiliza com o espírito republicano, com os valores democráticos e com a transparência na gestão de dados e informações públicas aos quais o acesso deve ser garantido ao cidadão. Como é sabido que os direitos humanos fundamentais podem ser relativizados quando confrontados com outras garantias e prerrogativas que, por meio do processo de sopesamento diante do con-

31 Disponível em: http://dissenso.org/sigilo-da-fonte/. Acesso em: 5 fev. 2021.

32 Disponível em: http://dissenso.org/sigilo-da-fonte/. Acesso em: 5 fev. 2021.

fronto entre eles, são considerados mais importantes sob uma perspectiva de razoabilidade e proporcionalidade, a Constituição da República de 1988 confirma tal cenário quando o interesse social e coletivo exige o sigilo, *verbi gratia*, na hipótese da necessidade de resguardo do sigilo da fonte do profissional jornalista, essencial à liberdade de expressão e para a democracia; como, também, para o exercício do ofício desenvolvido pelos profissionais da segurança pública ao receberem denúncias sobre a prática de delitos, visando assim a garantir a integridade daqueles que apresentam referidas denúncias, posteriormente submetidas ao crivo das autoridades competentes.

LUCIANA MARIN RIBAS

Doutoranda em Direitos Humanos na Faculdade de Direito da Universidade de São Paulo (USP), mestra em Direito Constitucional pela Pontifícia Universidade Católica de São Paulo (PUC-SP), onde também se graduou em Direito. Pesquisadora da Clínica Luiz Gama de Direitos Humanos (USP), advogada e consultora jurídica na área de Direito Público e Direitos Humanos. Trabalha, atualmente, na coordenação acadêmica do Programa da Pós-graduação *Lato Sensu* da FGV Direito SP.

MICHELE MARIA BATISTA ALVES

Graduada em Direito pela Pontifícia Universidade Católica de São Paulo, (PUC-SP).
Advogada atuante na área de Direito Público, com ênfase em Direito Administrativo e Regulatório na área da saúde.

CAPÍTULO I

ART. 5º TODOS SÃO IGUAIS PERANTE A LEI, SEM DISTINÇÃO DE QUALQUER NATUREZA, GARANTINDO-SE AOS BRASILEIROS E AOS ESTRANGEIROS RESIDENTES NO PAÍS A INVIOLABILIDADE DO DIREITO À VIDA, À LIBERDADE, À IGUALDADE, À SEGURANÇA E À PROPRIEDADE, NOS TERMOS SEGUINTES:

...

XV – É LIVRE A LOCOMOÇÃO NO TERRITÓRIO NACIONAL EM TEMPO DE PAZ, PODENDO QUALQUER PESSOA, NOS TERMOS DA LEI, NELE ENTRAR, PERMANECER OU DELE SAIR COM SEUS BENS;

O positivismo jurídico apresenta o Direito como um sistema completo e acabado, cujas lacunas seriam apenas aparentes. No entanto, a diversificação das relações sociais acabam por expor lacunas reais no ordenamento jurídico, fazendo com que o papel do operador do direito ganhe cada vez mais destaque no seio da sociedade (BOBBIO, 2010, p. 271). Para garantir a integração das normas constitucionais, a hermenêutica se mostra como um importante instrumento para garantir que os objetivos do constituinte originário sejam alcançados. A interpretação das normas constitucionais deve, portanto, ter como objetivo central a observância da vontade da Constituição, explicitada em seus fundamentos, objetivos e princípios. Desse modo, os dispositivos constitucionais não devem ser analisados de forma fragmentada ou individual, devem, todavia, ser interpretados e aplicados de forma sistemática e axiológica (GRAU, 2009, p. 135). Cientes disso, defendemos que a interpretação concedida ao artigo 5º, inciso XV, deve partir do princípio constitucional da prevalência dos direitos humanos, fundamento da dignidade da pessoa humana.

Até o ano de 1888 a circulação nas cidades e o controle exercido sobre a população pobre e negra estava sustentado pelo instituto jurídico-econômico da escravidão, no qual a posse sobre o corpo dos escravizados permitia aos senhores e ao Estado punições violentas para qualquer tentativa de manifestação ou resistência aos trabalhos forçados. Após o fim da escravidão uma massa de ex-escravos, agora trabalhadores livres e mestiços sem local certo de moradia e ocupação laboral, é lançada nas ruas das cidades brasileiras (SOUZA, 2009). A liberdade de locomoção e circulação é também expressão constitucional de repúdio do nosso histórico de escravidão. Todos são livres e é garantido o direito de ir, vir e permanecer, levando consigo seus bens, em todo o território nacional. Notável que, ao lado do direito de livre circulação, a Constituição garante o direito de propriedade.

Importante regulamentação a respeito da entrada e saída do território nacional diz respeito à Lei nº 13.445/2017, que instituiu a Lei de Migração e revogou a Lei nº 6.815/1980, que se encontrava em desacordo com a nova ordem constitucional estabelecida em 1988. No entanto, em que pese ser objetivo expresso da nossa Constituição promover obem de todos sem qualquer forma de preconceito, a realidade se mostra um pouco distante desse preceito.

São reiterados os casos de pessoas negras barradas na entrada ou mesmo de permanecerem em alguns locais. Já há alguns anos a mídia vem apresentando de forma preconceituosa os chamados "rolezinhos" em diversos shopping centers de todo o país. Sob o argumento de que a presença de um considerável número de jovens nesses espaços representava ameaça à segurança e ordem local, foram várias as ações dos lojistas para impedir a presença desse público. Fato é que por detrás desse argumento reside a dura realidade do sistema de classes que resiste no Brasil, no qual pobres não são bem-vindos em espaços frequentados por ricos. O tema foi objeto de julgamento no STJ (HC nº 320.938-SP) e existem inúmeros julgados com pedidos de indenização pelo impedimento de ingresso em shoppings (TJSP, Ap. 1006937-20.2014.8.26.0066; TJSP, Ap. 0013635-05.2014.8.26.0084; TJSP, Ap. 1000339-33.2014.8.26.0007; TJSP, Ap. 1004951-74.2015.8.26.0590; TJRJ, HC nº 0003199-40.2014.8.19.0000)o que ora concedem a indenização, ora negam, a depender do caso concreto. A mesma violação ocorre em relação às pessoas em situação de rua. Na pesquisa nacional realizada em 2007/2008 pelo, à época, Ministério do Desenvolvimento Social e Combate à Fome, constatou-se que 29,8% é impedido de entrar em transporte público, 31,3% de entrar em shopping centers, 31,8% de entrar em qualquer outro estabelecimento comercial, 21,7% em órgãos públicos e 26,7% em bancos (BRASIL, 2009, p. 99). O que se verifica na prática, portanto, é a relativização do uso dos espaços a depender da sua cor ou de sua origem social. Trata-se de uma valorização do indivíduo a partir do espaço que ocupa e dos bens que pode consumir, quanto mais afastado desse sistema, mais relativizado será esse direito (SANTOS, 2007, p. 139).

REFERÊNCIAS BIBLIOGRÁFICAS

BOBBIO, Norberto. *Teoria geral do direito*. São Paulo: Martins Fontes, 2010.

BRASIL. Ministério do Desenvolvimento Social e Combate à Fome. *Rua*: aprendendo a contar: pesquisa nacional sobre a população em situação de rua. Brasília, DF: MDS, 2009.

GRAU, Eros Roberto. *Ensaio e discurso sobre a interpretação/aplicação do direito*. São Paulo: Malheiros, 2009.

SANTOS, Milton. *O espaço do cidadão*. São Paulo: Editora da Universidade de São Paulo, 2007.

SOUZA, Jesse. *A ralé brasileira*: quem é e como vive. Belo Horizonte: UFMG, 2016.

JOSÉ EYMARD LOGUERCIO

Advogado, sócio-fundador de LBS Advogados, integrante da Rede Lado, mestre em Direito pela Universidade de Brasília – UnB e presidente do Instituto Lavoro.

FERNANDA CALDAS GIORGI

Advogada, sócia de LBS Advogados, integrante da Rede Lado e membro do Instituto Lavoro.

ANTONIO FERNANDO MEGALE LOPES

Advogado, sócio de LBS Advogados, integrante da Rede Lado e membro do Instituto Lavoro.

ARTIGO 5º [...]

> XVI – TODOS PODEM REUNIR-SE PACIFICAMENTE, SEM ARMAS, EM LOCAIS ABERTOS AO PÚBLICO, INDEPENDENTEMENTE DE AUTORIZAÇÃO, DESDE QUE NÃO FRUSTREM OUTRA REUNIÃO ANTERIORMENTE CONVOCADA PARA O MESMO LOCAL, SENDO APENAS EXIGIDO PRÉVIO AVISO À AUTORIDADE COMPETENTE;

COMENTÁRIO: Trata-se de importantíssimo Direito Fundamental. A liberdade de reunião e manifestação em local público, independentemente de autorização, tem convivido, na prática, com restrições políticas explícitas (intervenções policiais) ou veladas (frustração por medidas executivas ou por critérios utilizados pelas Secretarias de Segurança Pública para inviabilizar a realização de determinados atos ou manifestações coletivas). Mais recentemente no Brasil, há utilização de procedimentos judiciais no sentido de "regular" a presença de manifestantes ou mesmo proibir as manifestações, o que vai diretamente contra o texto escrito da Constituição Federal.

Caso exemplar – Marcha da Maconha

Um caso que ficou bastante conhecido foi a chamada Marcha da Maconha. A passeata ocorria no Rio de Janeiro, desde 2002.

Em 4 de maio de 2008, quando se articulou maior organização, com criação de um site e tentativa de realizar a manifestação em doze capitais, houve forte repressão. Várias decisões judiciais proibiram a Marcha, com fundamentação na apologia ao uso de drogas e até em formação de quadrilha. A passeata acabou ocorrendo apenas em Recife, mesmo assim com confusão e prisões.

Em 2009 e 2010, o evento ocorreu pacificamente em várias cidades, como São Paulo, Rio de Janeiro e Belo Horizonte.

Em 2011, todavia, a Justiça voltou a proibir a Marcha em São Paulo, Curitiba e Belo Horizonte.

Apenas em 15 de junho de 2011, o Supremo Tribunal Federal, na ADPF nº 187, decidiu pela legitimidade da Marcha da Maconha, julgando que o evento não fazia apologia ao crime e a sua proibição encerrava ameaça à liberdade de expressão[33].

O tema no Poder Legislativo

Outro exemplo de tentativa de coibir manifestações e o direito de reunião, agora do Poder Legislativo, foi o Projeto de Lei Distrital nº 572[34], de 2011, de autoria do Deputado Distrital Cristiano Araújo, do PDT – Partido Democrático Trabalhista, que estabelecia critérios e horários para manifestações ao longo da denominada Via do Eixo Monumental, em Brasília.

O Projeto foi proposto na Câmara Legislativa do Distrito Federal em 29 de setembro de 2011, aprovado em 2º turno no dia 1º de julho de 2015 e encaminhado para a Comissão de Constituição e Justiça para elaboração da redação final em 6 de julho. Em setembro de 2015, o governador vetou a proposta, mantido pela Câmara em setembro de 2017.

O Projeto de Lei Distrital, em seu artigo 7º, estabelecia:

> **Art. 7º** *É vedada a realização de manifestações através de carreata, passeata, marchas e qualquer outra da mesma natureza, nas vias públicas de grande fluxo, nos horários de trânsito intenso.*
>
> **§ 1º** *Considera horário de trânsito intenso aquele compreendido entre às 7:00 às 9:00 e 17:30 às 19:30 horas.*
>
> **§ 2º** *O Poder Executivo definirá quais as vias públicas passíveis de aplicação da restrição imposta neste artigo.*

Ao estabelecer regras em relação ao local de concentração dos manifestantes e sobre como e em quais horários deveriam transitar, o PL inviabilizava por completo a livre expressão do pensamento nas reuniões. Se as reuniões devem ser, segundo a Constituição, comunicadas previamente, as autoridades competentes deverão organizar o fluxo de pessoas e veículos pelas vias públi-

33 Ementa ADPF 187: "Marcha da Maconha". Manifestação legítima, por cidadãos da República, de duas liberdades individuais revestidas de caráter fundamental: o direito de reunião (liberdade-meio) e o direito à livre expressão do pensamento (liberdade-fim). A liberdade de reunião como precondição necessária à ativa participação dos cidadãos no processo político e no de tomada de decisões no âmbito do aparelho de Estado. Consequente legitimidade, sob perspectiva estritamente constitucional, de assembleias, reuniões, marchas, passeatas ou encontros coletivos realizados em espaços públicos (ou privados) com o objetivo de obter apoio para oferecimento de projetos de lei, de iniciativa popular, de criticar modelos normativos em vigor, de exercer o direito de petição e de promover atos de proselitismo em favor das posições sustentadas pelos manifestantes e participantes de reunião. Estrutura constitucional do direito fundamental de reunião pacífica e oponibilidade de seu exercício ao poder público e aos seus agentes. Vinculação de caráter instrumental entre a liberdade de reunião e a liberdade de manifestação do pensamento. Dois importantes precedentes do STF sobre a íntima correlação entre referidas liberdades fundamentais: HC 4.781/BA, rel. min. Edmundo Lins, e ADI 1.969/DF, rel. min. Ricardo Lewandowski. A liberdade de expressão como um dos mais preciosos privilégios dos cidadãos em uma república fundada em bases democráticas. O direito à livre manifestação do pensamento: núcleo de que se irradiam os direitos de crítica, de protesto, de discordância e de livre circulação de ideias. Abolição penal (*abolitio criminis*) de determinadas condutas puníveis. Debate que não se confunde com incitação à prática de delito nem se identifica com apologia de fato criminoso. Discussão que deve ser realizada de forma racional, com respeito entre interlocutores e sem possibilidade legítima de repressão estatal, ainda que as ideias propostas possam ser consideradas, pela maioria, estranhas, insuportáveis, extravagantes, audaciosas ou inaceitáveis. O sentido de alteridade do direito à livre expressão e o respeito às ideias que conflitem com o pensamento e os valores dominantes no meio social. Caráter não absoluto de referida liberdade fundamental (CF, art. 5º, IV, V e X; Convenção Americana de Direitos Humanos, art. 13, § 5º) (ADPF 187, rel. min. Celso de Mello, j. 15-6-2011, P, DJE de 29-5-2014).

34 Disponível em: http://legislacao.cl.df.gov.br/Legislacao/consultaProposicao-1!572!2011!visualizar.action. Acesso em: 1 set. 2018.

cas, zelando pela segurança de todos: manifestantes, veículos e transeuntes. Os direitos não se opõem[35].

Supremo revisitará o tema

Mais recentemente, a questão da liberdade de reunião foi submetida ao STF por meio do Recurso Extraordinário (RE) nº 806.339, com repercussão geral reconhecida, em que se discute exigência de aviso prévio à autoridade competente como pressuposto para o legítimo exercício da liberdade de reunião.

No caso em questão, a União entrou com um pedido (interdito proibitório) para inviabilizar a prática de esbulho ou turbação sobre a área na rodovia BR-101, no Município de Propriá (SE). Isso porque várias entidades sindicais, sociais e partidárias realizaram manifestação no local.

A União conseguiu liminar, mas a manifestação ocorreu apesar da fixação de multa pelo descumprimento da ordem judicial.

As entidades recorreram e perderam em todas as instâncias, até a interposição de recurso extraordinário no STF, com repercussão geral reconhecida.

No dia 5 de abril de 2018, o Relator do processo, Ministro Marco Aurélio, proferiu seu voto pelo desprovimento do recurso das entidades, entendendo que o exercício do direito de reunião pacífica deve ser sim antecedido de aviso prévio à autoridade competente. Na data, o julgamento em Plenário foi suspenso pelo pedido de vistas do Ministro Alexandre de Moraes.

Novos fatos que colocam em xeque o direito constitucional

Ainda podemos citar outros exemplos, como os casos de choque com a polícia nas manifestações de junho de 2013[36], a repressão à greve dos professores no Paraná em 2015[37] e a recente proibição, em agosto de 2018, de manifestação do Movimento Lula Livre em shopping center em Salvador, Bahia, em evento organizado pela Associação dos Delegados da Polícia Federal, do qual participaram magistrados de diversos tribunais[38].

Como se vê, mesmo reconhecida na Constituição, a liberdade de manifestação, quando se dá em desfavor dos interesses políticos do governo de plantão, acaba frustrada com intervenção policial.

> XVII – É PLENA A LIBERDADE DE ASSOCIAÇÃO PARA FINS LÍCITOS, VEDADA A DE CARÁTER PARAMILITAR;
>
> XVIII – A CRIAÇÃO DE ASSOCIAÇÕES E, NA FORMA DA LEI, A DE COOPERATIVAS INDEPENDEM DE AUTORIZAÇÃO, SENDO VEDADA A INTERFERÊNCIA ESTATAL EM SEU FUNCIONAMENTO;

COMENTÁRIO: Essa é uma garantia importante para criação de associações sem fins lucrativos e é essencial para a formação da sociedade civil independente e sem interferência do poder público no seu funcionamento. Não há maiores controvérsias levadas ao STF sobre esse dispositivo da Constituição.

> XIX – AS ASSOCIAÇÕES SÓ PODERÃO SER COMPULSORIAMENTE DISSOLVIDAS OU TER SUAS ATIVIDADES SUSPENSAS POR DECISÃO JUDICIAL, EXIGINDO-SE, NO PRIMEIRO CASO, O TRÂNSITO EM JULGADO;

COMENTÁRIO: O STF, ao longo desses anos, deparou-se com poucos casos envolvendo o tema da liberdade de associação e tentativas de dissolução que não fossem judiciais.

A garantia inscrita na Constituição é muito importante para evitar que se promova a dissolução de entidade associativa sem o devido processo legal.

A Constituição usa a expressão "trânsito em julgado" no caso de dissolução, "flexibilizando" a exigência no caso de suspensão de atividades. Mesmo no caso de trânsito em julgado, como sabemos,

35 O STF julgou caso semelhante em 2007, ADI nº 1.969, cuja ementa se transcreve a seguir. "Decreto 20.098/1999 do Distrito Federal. Liberdade de reunião e de manifestação pública. Limitações. Ofensa ao artigo 5º, XVI, da CF. A liberdade de reunião e de associação para fins lícitos constitui uma das mais importantes conquistas da civilização, enquanto fundamento das modernas democracias políticas. A restrição ao direito de reunião estabelecida pelo Decreto distrital 20.098/1999, a toda evidência, mostra-se inadequada, desnecessária e desproporcional quando confrontada com a vontade da Constituição (Wille zur Verfassung)" (ADI 1.969, rel. min. Ricardo Lewandowski, j. 28-6-2007, P, DJ de 31-8-2007).

36 ANDRADE, Hanrrikson de; AFFONSO, Julia. Após confronto entre PM e manifestantes no Rio, Choque é acionado e 12 são presos. *Universo On-Line*, 11 jul. 2013. Disponível em: https://noticias.uol.com.br/cotidiano/ultimas-noticias/2013/07/11/centenas-de-manifestantes-se-reunem-no-centro-do-rio-de-janeiro.htm. Acesso em: 1 set. 2018. MARQUES, Camila; RIELLI, Mariana. A violência policial de junho de 2013, agora aprimorada. *El País*, 21 jun. 2016. Disponível em: https://brasil.elpais.com/brasil/2016/06/21/opinion/1466530548_709223.html. Acesso em: 1 set. 2018.

37 JUSTI, Adriana. Professores e polícia entram em confronto durante votação na Alep. Portal *G1*. Disponível em: http://g1.globo.com/pr/parana/noticia/2015/04/professores-entram-em-confronto-com-pm-durante-votacao-na-alep.html. Acesso em 1 set. 2018.

38 PITOMBO, João Pedro. Justiça proíbe protesto contra Moro em Salvador. *Folha de S.Paulo*, 22 ago. 2018. Disponível em: https://www1.folha.uol.com.br/poder/2018/08/justica-proibe-protesto-contra-moro-em-salvador.shtml. Acesso em: 1 set. 2018.

o STF tem feito leituras pouco recomendáveis sobre os seus efeitos, mesmo em matéria penal, contra o texto literal da Constituição.

> XX – NINGUÉM PODERÁ SER COMPELIDO A ASSOCIAR-SE OU A PERMANECER ASSOCIADO;

COMENTÁRIO: Esse é um direito ligado às liberdades clássicas e sobre o qual o STF também pouco se debruçou ao longo desse período.

No Tribunal, podemos citar o Recurso Extraordinário nº 820.823, com repercussão geral, em que se discute se é constitucional condicionar o desligamento de filiado a uma associação à quitação de débitos ou multas.

No recurso, a recorrente alega que decidiu se retirar da Associação dos Agendes da Polícia Civil do Distrito Federal por estar insatisfeita com alguns serviços, mas seu pedido de afastamento tem sido negado desde 2007, ficando condicionado à quitação de dívidas e multas. No STF, ela busca a reforma de acórdão do Tribunal de Justiça do Distrito Federal que entendeu ser legal o condicionamento da desfiliação do associado à quitação do débito referente a benefício obtido por intermédio da associação ou ao pagamento de multa, sem que isso represente afronta ao livre associativismo.

> XXI – AS ENTIDADES ASSOCIATIVAS, QUANDO EXPRESSAMENTE AUTORIZADAS, TÊM LEGITIMIDADE PARA REPRESENTAR SEUS FILIADOS JUDICIAL OU EXTRAJUDICIALMENTE;

COMENTÁRIO: O processo judicial, até a Constituição de 1988, era preferencialmente individual. Cada pessoa tinha que recorrer individualmente pelo seu direito, mesmo que muitos tivessem direitos iguais.

Essa visão individualista do processo, desde os anos 1970 ao redor do mundo, veio ganhando um contraponto nas sociedades de massa. Direito dos trabalhadores, por exemplo, começaram a ser exigidos em ações coletivas promovidas pelos sindicatos. Depois surgiram os direitos dos consumidores.

Esse movimento de acesso à Justiça foi caracterizado pelas chamadas "ondas do processo". Na prática, no entanto, houve muita resistência do Poder Judiciário, e ainda há, para reconhecer plenamente a substituição processual das entidades associativas em relação às chamadas macrolesões ou direitos individuais homogêneos ou coletivos.

Por exemplo, o STF passou a fazer exigências formais limitadoras ao ingresso de ações, com previsão de autorização em assembleias ou, quando da execução, limitando aos associados da entidade antes do ajuizamento da ação.

Essas limitações, muitas vezes, impedem que se dê maior efetividade ao que está previsto na Constituição. Vejamos:

Repercussão geral reconhecida com mérito julgado:

> *Beneficiários do título executivo, no caso de ação proposta por associação, são aqueles que, residentes na área compreendida na jurisdição do órgão julgador, detinham, antes do ajuizamento, a condição de filiados e constaram da lista apresentada com a peça inicial. (RE 612.043, rel. min. Marco Aurélio, j. 10-5-2017, P, DJE de 6-10-2017, Tema 499)*

> *[...] reafirma-se o entendimento da jurisprudência do STF, corroborada pelo parágrafo único do art. 2º-A da Lei 9.494/1997, de que a autorização a que se refere o art. 5º, XXI, deve ser expressa por ato individual do associado ou por assembleia da entidade, sendo insuficiente a mera autorização genérica prevista em cláusula estatutária. Todavia, no caso concreto, a demanda foi proposta com base em autorizações individuais (não havendo notícia alguma sobre deliberação assemblear), sendo esses associados os únicos beneficiados pela sentença de procedência e, consequentemente, apenas eles dispõem de título jurídico para promover a execução. (RE 573.232, rel. p/ o ac. min. Marco Aurélio, voto do min. Teori Zavascki, j. 14-5-2014, P, DJE de 19-9-2014, Tema 82)*

Julgados correlatos:

> *Esta Corte firmou o entendimento segundo o qual o sindicato tem legitimidade para atuar como substituto processual na defesa de direitos e interesses coletivos ou individuais*

homogêneos da categoria que representa. [...] Quanto à violação ao art. 5º, LXX e XXI, da Carta Magna, esta Corte firmou entendimento de que é desnecessária a expressa autorização dos sindicalizados para a substituição processual. (RE 555.720 AgR, voto do rel. min. Gilmar Mendes, j. 30-9-2008, 2ª T, DJE de 21-11-2008)

A legitimação das organizações sindicais, entidades de classe ou associações, para a segurança coletiva, é extraordinária, ocorrendo, em tal caso, substituição processual. CF, art. 5º, LXX. Não se exige, tratando-se de segurança coletiva, a autorização expressa aludida no inciso XXI do art. 5º da Constituição, que contempla hipótese de representação. O objeto do mandado de segurança coletivo será um direito dos associados, independentemente de guardar vínculo com os fins próprios da entidade impetrante do writ, exigindo-se, entretanto, que o direito esteja compreendido na titularidade dos associados e que exista ele em razão das atividades exercidas pelos associados, mas não se exigindo que o direito seja peculiar, próprio, da classe. (RE 193.382, rel. min. Carlos Velloso, j. 28-6-1996, P, DJ de 20-9-1996)

O inciso LXX do art. 5º da CF encerra o instituto da substituição processual, distanciando-se da hipótese do inciso XXI, no que surge no âmbito da representação. As entidades e pessoas jurídicas nele mencionadas atuam, em nome próprio, na defesa de interesses que se irradiam, encontrando-se no patrimônio de pessoas diversas. Descabe a exigência de demonstração do credenciamento. (RMS 21.514, rel. min. Marco Aurélio, j. 27-4-1993, 2ª T, DJ de 18-6-1993)

MARIA SUELI RODRIGUES DE SOUSA

Professora adjunta IV da Universidade Federal do Piauí – UFPI, Departamento de Ciências Jurídicas – DCJ, Programas de Pós-graduação em Sociologia e em Gestão Pública. Membro do ÌFARADÁ – Núcleo de pesquisa sobre negritude e africanidades.

CAPÍTULO I

ART. 5º TODOS SÃO IGUAIS PERANTE A LEI, SEM DISTINÇÃO DE QUALQUER NATUREZA, GARANTINDO-SE AOS BRASILEIROS E AOS ESTRANGEIROS RESIDENTES NO PAÍS A INVIOLABILIDADE DO DIREITO À VIDA, À LIBERDADE, À IGUALDADE, À SEGURANÇA E À PROPRIEDADE, NOS TERMOS SEGUINTES:

...

XXVI – A PEQUENA PROPRIEDADE RURAL, ASSIM DEFINIDA EM LEI, DESDE QUE TRABALHADA PELA FAMÍLIA, NÃO SERÁ OBJETO DE PENHORA PARA PAGAMENTO DE DÉBITOS DECORRENTES DE SUA ATIVIDADE PRODUTIVA, DISPONDO A LEI SOBRE OS MEIOS DE FINANCIAR O SEU DESENVOLVIMENTO;

O art. 5º, XXVI, determina que "a pequena propriedade rural, assim definida em lei, desde que trabalhada pela família, não será objeto de penhora para pagamento de débitos decorrentes de sua atividade produtiva, dispondo a lei sobre os meios de financiar o seu desenvolvimento". Trata-se o referido dispositivo de direito fundamental como parte das liberdades subjetivas do art. 5º, dentre essas o direito de propriedade.

O direito de propriedade como direito fundamental faz da pequena propriedade rural igualmente direito fundamental, ou seja, não é sua impenhorabilidade que a torna direito fundamental, mas a sua natureza de propriedade, portanto, encontra-se no ponto de partida do projeto de nação que se organiza democraticamente por meio de regras do direito como afirmado por Habermas (1997).

A aplicação da impenhorabilidade a partir da CF/1988 fez uso do instituto arrazoado no princípio da dignidade da pessoa humana, ou seja, é um direito fundamental que se ampara num fundamento da nação, ou o fundamento do princípio da dignidade da pessoa humana é a síntese das condições necessárias para o digno e livre exercício das liberdades subjetivas.

A seguir há a exposição sobre a aplicação da proteção à pequena propriedade rural nos tribunais estaduais e federais regionais e nos tribunais superiores para verificar como a garantia tem se materializado no cotidiano dos tribunais brasileiros.

O Jus Brasil numa busca sobre impenhorabilidade da pequena propriedade aponta 10.950 resultados. Consultei os cem primeiros resultados, os quais estão distribuídos da seguinte forma: 65 resultados do TJ-RS; 10 do TJ-PR; 6 do TJ-SP; 5 do TJ-MG; 1 do TJ-PE; 1 do TJ-SC; 1 do TJ-MS e 1 do TJ-ES. E 10 resultados de tribunais federais: 5 do TRF4; 2 do TRF5; 1 TRF3; 1 do TRT3 e 1 do TRT4.

O Estado com o maior número de casos é o Rio Grande do Sul, 65%, seguido pelo Paraná, com 10%, São Paulo com 6% e Minas Gerais com 5%. Mato Grosso do Sul, Santa Catarina, Espírito Santo e Pernambuco, cada um com 1%.

Os resultados referentes ao ano produzido foram 16% de 2018; 15% de 2017; 14% de 2013; 13% de 2014; 10% de 2015; 8% de 2011, 8% de 2012, 6% de 2016; 2% de 1996; 2% de 2004; 2% de 2008; 1% de 1994, 2002, 2005 e 2010.

Quanto aos resultados de reconhecer ou não a impenhorabilidade da pequena propriedade: 71% reconhecem a impenhorabilidade da pequena propriedade rural e 29% não reconhecem. Quanto aos argumentos utilizados para reconhecer, o mais utilizado foi o enquadramento na exigência legal: o tamanho inferior a 4 módulos fiscais, a definição de pequena propriedade e a família trabalhar na terra e dela tirar o sustento. O argumento foi usado 49%, em 1996, 2004, 2008, e de 2010 a 2018, porém, com maior uso do argumento em 2018, 11 vezes, mas teve uso elevado em 2013, 6 vezes, e 2015, 7 vezes.

Outro argumento utilizado no reconhecimento da impenhorabilidade foi de que a hipoteca não a anula. O argumento foi usado em 12% dos resultados de 2011 a 2018. Os demais argumentos aparecem de 3 vezes a 1 vez, como o bem de família, que foi usado em 1994, 2014 e 2017; norma de ordem pública, em 2014 e 2015; crédito prescrito, em 2016; crédito de atividade produtiva, em 2017. Também em 2017, aparece o argumento de que a pequena propriedade não precisa ser bem de família e, em 2018, é argumentado que não precisa morar no imóvel, basta ser pequena propriedade e ser de subsistência. Os últimos argumentos apresentam sintonia, bem como os dois primeiros, com decisão dos tribunais superiores, o que será discutido no próximo item.

Quanto aos argumentos que não reconhecem a impenhorabilidade da pequena propriedade rural: em 8% há o argumento de falta de provas: de ser trabalhada pela família em 4 casos; de subsistência, em 3 casos; do tamanho, em 2 casos; de ser único bem da família, produtividade, trabalho pela família, mora e trabalha, cada um com 1 caso. Em 2002, 2004 e 2013, há decisão que afirma que a hipoteca representa desistência da impenhorabilidade da pequena propriedade rural. Há também o argumento de que o tamanho excede em dois casos. Há também 4 casos que se referem à existência de decisão anterior: 2, decisões de 2013; 1, de 2016; e um acordo de 2017. Os demais argumentos aparecem somente uma vez: tamanho excede; tem mais de um imóvel; acordo anterior; pequena propriedade usada por empregador, débito trabalhista; grupo econômico com pequena propriedade.

A outra busca foi quanto a decisões dos tribunais superiores: Superior Tribunal de Justiça e Supremo Tribunal Federal. Do STJ, há o acórdão de 2017 com os seguintes argumentos: não precisa morar para garantir a impenhorabilidade; não precisa o débito ser da atividade produtiva; a proteção se deve à subsistência; pequena propriedade rural é diferente de bem de família; para ser impenhorável basta ser pequena e ser trabalhada pela família.

No voto, o ministro negou o argumento do juiz sentenciante de que a proteção é somente a dívida oriunda de atividade produtiva, alega como fundamento da proteção o princípio da dignidade da pessoa humana; mantém a diferença entre bem de família e pequena propriedade.

Já o Supremo Tribunal Federal tornou o caso de repercussão geral ao analisar o Recurso Especial em que o TJ-PR reconhece a impenhorabilidade quando o proprietário tinha mais de uma propriedade.

Conclui-se que os tribunais demoraram quase 30 anos para chegar ao entendimento da impenhorabilidade da pequena propriedade protegida como fundamento de nação na CF/1988. Chegaram a decidir como bem de família, não para favorecer, mas em regra para punir, demoraram a acertar o tamanho da pequena propriedade, afirmavam ser um módulo fiscal, depois é que viram a definição legal já existente sobre pequena propriedade de quatro módulos fiscais; trataram como direito renunciável tomando a hipoteca como renúncia ao direito. Até a ampliação da garantia para não penhorar a pequena propriedade por dívida relacionada com a atividade produtiva foi aplicada em prejuízo do pequeno proprietário: ao invés de interpretar nem isso pode, a interpretação foi somente esta: impede a penhora. E, diante da superação dos desafios para o entendimento de se tratar de um direito fundamental e irrenunciável, de ser diferente de bem de família, de não poder ser penhorada por nenhum tipo de débito, havendo a exigência constitucional de apenas ser pequena propriedade, o que é definido na Lei nº 8.629/1993, como a área compreendida entre 1 a 4 módulos fiscais, e que a família na mesma trabalhe, sem a exigência de moradia, nem de ser única, poderíamos dizer que finalmente a garantia constitucional se efetivará!

Não é o que mostram os argumentos para não reconhecer a impenhorabilidade! O drama da família agricultora da pequena propriedade rural será produzir provas: há pedido de prova de tamanho como se o sentenciante não soubesse que o registro de imóvel necessariamente traz o tamanho ou não soubesse o tamanho do módulo fiscal da região, o que tem definição legal; exige prova de que trabalha na terra, de que é de subsistência; decide que declarações, fotografias não são suficientes. Que tipo de prova será aceita de que você vive daquela terra? A inexistência de outras fontes de renda? Como provar a inexistência? Estar vivo não seria suficiente? Com certeza, a persecução patrimonial à impenhorabilidade da pequena propriedade rural não chegou ao fim, apesar de algumas batalhas ganhas!

REFERÊNCIAS BIBLIOGRÁFICAS

HABERMAS, Jürgen. *Direito e democracia*: entre facticidade e validade. Rio de Janeiro: Tempo Brasileiro, 1997.

CAMILA ALVES HESSEL REIMBERG

Advogada civilista, docente do curso de graduação em Direito da Faculdade Max Planck-SP, mestre em Direito Civil pela PUC-SP (2009), doutoranda em Filosofia e Teoria Geral do Direito pela USP.

CAPÍTULO I

ART. 5º TODOS SÃO IGUAIS PERANTE A LEI, SEM DISTINÇÃO DE QUALQUER NATUREZA, GARANTINDO-SE AOS BRASILEIROS E AOS ESTRANGEIROS RESIDENTES NO PAÍS A INVIOLABILIDADE DO DIREITO À VIDA, À LIBERDADE, À IGUALDADE, À SEGURANÇA E À PROPRIEDADE, NOS TERMOS SEGUINTES:

XXVII – AOS AUTORES PERTENCE O DIREITO EXCLUSIVO DE UTILIZAÇÃO, PUBLICAÇÃO OU REPRODUÇÃO DE SUAS OBRAS, TRANSMISSÍVEL AOS HERDEIROS PELO TEMPO QUE A LEI FIXAR;

XXVIII – SÃO ASSEGURADOS, NOS TERMOS DA LEI:

A) A PROTEÇÃO ÀS PARTICIPAÇÕES INDIVIDUAIS EM OBRAS COLETIVAS E À REPRODUÇÃO DA IMAGEM E VOZ HUMANAS, INCLUSIVE NAS ATIVIDADES DESPORTIVAS;

B) O DIREITO DE FISCALIZAÇÃO DO APROVEITAMENTO ECONÔMICO DAS OBRAS QUE CRIAREM OU DE QUE PARTICIPAREM AOS CRIADORES, AOS INTÉRPRETES E ÀS RESPECTIVAS REPRESENTAÇÕES SINDICAIS E ASSOCIATIVAS;

XXIX – A LEI ASSEGURARÁ AOS AUTORES DE INVENTOS INDUSTRIAIS PRIVILÉGIO TEMPORÁRIO PARA SUA UTILIZAÇÃO, BEM COMO PROTEÇÃO ÀS CRIAÇÕES INDUSTRIAIS, À PROPRIEDADE DAS MARCAS, AOS NOMES DE EMPRESAS E A OUTROS SIGNOS DISTINTIVOS, TENDO EM VISTA O INTERESSE SOCIAL E O DESENVOLVIMENTO TECNOLÓGICO E ECONÔMICO DO PAÍS;

XXX – É GARANTIDO O DIREITO DE HERANÇA;

A Carta Política, cuja promulgação completa 30 anos em outubro de 2018, garante o direito de propriedade (art. 5º, XXII) e o atrela indissociavelmente à função social (art. 5º, XXIII), descaracterizando-o como direito meramente individual ou como instituição exclusiva do Direito Privado.

A primeira Constituição brasileira a relacionar a propriedade ao interesse social data de 1946 e previa, no artigo 147, que o uso da propriedade seria condicionado ao bem-estar social.

Literalmente, a função social constou somente da Constituição de 1967, no artigo 157, inciso III. Já a Constituição atual fornece dados suficientes para caracterizar uma definição operacional da propriedade, concedendo um conjunto harmonioso e orgânico que tende a facilitar o trabalho do intérprete (LOTUFO, 2001).

No rol de garantias e direitos fundamentais, o direito à propriedade é também tutelado com especificidade nos incisos XXVII a XXIX, que tratam da propriedade autoral, de inventos e de marcas e patentes, garantindo-se a transmissão a sucessores legítimos ou testamentários no inciso XXX, pelo direito de herança. É desses quatro incisos do artigo 5º (XXVII, XXVIII, XXIX e XXX) que versa o texto.

1. Propriedade autoral

Os incisos XXVII e XXVIII asseguram o direito autoral, tido por um conjunto de prerrogativas conferidas por lei à pessoa física ou jurídica que cria alguma obra intelectual (ASCENSÃO, 1992), destacando-se o direito exclusivo à utilização, à publicação ou à reprodução de criações.

Defende-se que a exclusividade estimula a criação intelectual, porque garante ao autor auferir, por um período razoável, vantagem superior ao custo de produção da obra.

Sucede que a propriedade intelectual é margeada por peculiaridades que elevam os *custos de transação* (COASE, 1960), os quais comprometem o sistema de incentivos à sua produção, na medida em que reduzem o retorno esperado pelos criadores. Elevam-se os custos de produção porque a titularidade das obras é corriqueiramente compartilhada por diversos partícipes e porque é difícil monitorar sua utilização, sobretudo quando executadas publicamente.

O combate a tais entraves incitou a criação da gestão coletiva, mecanismo pelo qual titulares de direitos autorais conjugam forças para exercer e defender suas prerrogativas. Minoram-se tanto as dificuldades operacionais pela cotitularidade das obras quanto os custos com o monitoramento de sua utilização. A gestão coletiva tende, então, ao aperfeiçoamento social desse mercado. Em contrapartida, confere significativo poder aos seus titulares, viabilizando a afetação de preços e ofertas socialmente ineficazes.

Com exceção da Carta de 1937, todas as constituições do período republicano salvaguardaram explicitamente o direito do autor à exclusividade de suas obras (em 1891, no art. 72, § 6º; em 1934, no art. 113, § 20; em 1946, no art. 141, § 9º; em 1988, no art. 5º, XXVII). Diferenciando-se das demais, a Carta que vige há quase três décadas elevou a gestão coletiva ao plano constitucional, prevendo-a no inc. XXVIII.

Infraconstitucionalmente, a gestão coletiva é disciplinada desde 1973. De início, pela Lei nº 5.988. A partir de 1998, pela Lei nº 9.610, que deixou de submeter a gestão coletiva a um órgão regulador estatal (para o que fora criado o CNDA – Conselho Nacional de Direito Autoral) e a organizou: i) em associações de classe representativas de titulares de direitos de autor e conexos (art. 97); e ii) no ECAD, que congrega associações precedentes, responsabilizando-se, em regime de monopólio, pela arrecadação e distribuição de direitos autorais sobre a execução pública de obras intelectuais (art. 99).

Em 2013, questionado sobre o monopólio conferido ao ECAD, o Supremo Tribunal Federal rejeitou a ADI nº 2.054, sob a compreensão de que o sistema de gestão coletiva por essa entidade não ofenderia a liberdade de associação estatuída nos incisos XVII e XX do artigo 5º.

Exercida pelo ECAD em regime de monopólio e sem que houvesse um regulação setorial (antes exercida pelo CNDA), a gestão coletiva passou a representar uma ameaça na década de 1990, quando o Brasil adotou uma política antitruste, sequencialmente à intensificação da liberalização comercial e à abertura da economia.

De 1995 a 2011, o ECAD foi alvo de quatro CPIs – Comissões Parlamentares de Inquérito, as quais denunciaram graves irregularidades, dentre elas a prática de crimes de falsidade ideológica, sonegação fiscal, apropriação indébita, enriquecimento ilícito, formação de cartel e abuso de poder econômico.

Alertou-se, então, para a necessidade de revisão e aprimoramento da Lei nº 9.610/1998, com vistas à criação e à implementação de mecanismos de segurança e clareza que permitissem aos musicistas exercerem seu mister sem as ameaças e as restrições comuns à prática de cartéis e de abuso econômico.

Paralelamente, no âmbito do Conselho Administrativo de Defesa Econômica – CADE, a atuação do ECAD e das associações a ele vinculadas foi objeto do Processo Administrativo nº 0812.00374512010-83 que, sob a constatação da formação de cartel, resultou na aplicação de multa e penalidades não pecuniárias no ano de 2013.

Constatou-se que a falha do modelo brasileiro não seria a falta de competição entre as associações que compunham o ECAD, mas sim a ausência de regulação estatal sobre as atividades conduzidas pela entidade, incluindo a fixação de preços e condições de licenciamento.

Ao fim da CPI criada pelo Senado Federal para apurar denúncias de irregularidade acerca da gestão coletiva de direitos autorais, emergiu o PLS nº 129/2012 e desse projeto derivou a Lei nº 12.853/2013, visando a sanar a ineficiência estrutural do modelo regulatório até então vigente.

Em síntese, referida lei propôs aumentar a participação do Estado brasileiro, em especial do Ministério da Cultura, no setor, mediante a coibição de fraudes, imposição de regras de ampla transparência, implementação de preços competitivos para o licenciamento de direitos autorais e adoção de procedimento administrativo tendente a resolver disputas entre entidades arrecadadoras e usuários; tudo sob cinco vertentes: i) transparência, ii) eficiência, iii) modernização; iv) regulação; e v) fiscalização.

Depositários de vultosos recursos, o ECAD e as associações que o compunham deveriam se subordinar a essas diretrizes. Daí o intento de criar obrigações precisas de transparência para a gestão coletiva, relacionadas a direitos difusos e coletivos respectivamente atribuídos aos usuários e aos titulares das obras.

Sancionada em 14 de agosto de 2013 pela então presidenta Dilma Rousseff, a Lei nº 12.853 alterou, revogou e acrescentou dispositivos à Lei nº 9.610/1998, ensejando impugnações em duas Ações Declarações Declaratórias de Inconstitucionalidade: a ADI nº 5.062 e a ADI nº 5.065. A primeira, proposta pelo ECAD e por diversas associações, e a segunda pela UBC – União Brasileira dos Compositores.

Ambas foram julgadas improcedentes, sob a compreensão de que a Lei nº 12.853 retomara e aprimorara o modelo interventivo instituído pela Lei nº 5.988/1973 (revogado pela Lei nº 9.610/998), uma vez que era política, social e economicamente necessário.

Mencionando experiências internacionais que revelam a pluralidade de regimes na gestão coletiva de direitos autorias e sob a premissa de que garantias gerais (sobretudo a liberdade de iniciativa, a liberdade de associação e a propriedade privada) não são incompatíveis com a regulação estatual, o STF concluiu pela constitucionalidade da Lei nº 12.853/2013 em outubro de 2016 e ratificou a legitimidade do Ministério da Cultura para supervisionar, orientar e regular a gestão social de direitos autorais.

A decisão chancelou a intervenção estatal pelo Ministério da Cultura na propriedade intelectual, com a ressalva de que não há um modelo único e perfeito de atuação do Poder Público, mas um maior ou menor protagonismo do Estado, dependente sempre das escolhas políticas das maiorias eleitas.

Agora, com a aprovação da PEC 241 pela Emenda Constitucional nº 95/2016 (que estabeleceu um austero regime fiscal por 20 anos, pautado na redução de gastos públicos e no papel do Estado como indutor do crescimento econômico e promotor do bem-estar social), o prognóstico de uma perda de 90% no orçamento finalístico da cultura em cinco anos tende a reduzir, quiçá paralisar, as ações do Ministério da Cultura (BRANT, 2016).

Possível retornemos, então, a um contexto de abusos e de explorações que distancie o saber do ideal de um bem social inapropriável da humanidade. Como bem alertou Daniel Bensaïd (2017):

"Uma concepção ultrapassada de apropriação torna-se cada vez mais irracional e incompatível com o compartilhamento dos saberes, a ponto de ser um entrave para o desenvolvimento humano".

2. Propriedade de inventos, de marcas e de patentes

O inciso XXIX do artigo 5º, que é criticado por parte dos constitucionalistas por erigir a propriedade de inventos, de marcas e de patentes a um direito individual, quando deveria integrar as normas de ordem econômica (SILVA, 2000), é complementado pela Lei nº 9.279/96, que substituiu o Código de Propriedade Industrial de 1971, Lei nº 5.772.

Trata-se da criação de marcas, signos e objetos que propiciam resultados industriais vantajosos e do direito de patenteá-los para impedir, temporariamente, que terceiros se utilizem das criações.

E é sobre a temporariedade desse direito que recai uma das discussões mais acirradas no âmbito constitucional.

Desde 2013, tramita no STF a ação direta de inconstitucionalidade nº 5.061, proposta pela ABIFINA – Associação das Indústrias de Química Fina, Biotecnologia e suas especialidades, a qual questiona a prorrogação do prazo de vigência de patentes na hipótese de letargia para a apreciação do pedido de concessão perante o INPI – Instituto Nacional da Propriedade Intelectual.

Alcunhada de *backlog*, a demora no exame de processos administrativos constitui um entrave mundial no que se refere aos pedidos de patente e seria motivada pela complexidade do procedimento de avaliação.

O artigo 40 da Lei nº 9.2796/96 (Lei da Propriedade Industrial) prevê que as patentes de invenção e de modelo de utilidade vigorarão pelos respectivos prazos de 20 e 15 anos, contados do depósito. Já o parágrafo único, objeto de questionamento da ADI nº 5.061, prevê um prazo não inferior a 10 e a 7 anos para as mesmas e respectivas patentes, a partir da concessão.

Defende-se a inconstitucionalidade desse parágrafo perante o inciso XXIX do artigo 5º, pois o *backlog* indeterminaria o prazo de vigência e descumpriria a função social da propriedade industrial. Também, afrontaria a segurança jurídica (art. 5º, *caput*, da CF), a livre concorrência (art. 170, IV, CF) e os direitos do consumidor (arts. 5º, XXXII, e 170, V, CF), além de atentar contra a duração razoável do processo administrativo (arts. 5º, LXXVIII, e 37, § 6º) e violar os princípios da isonomia (uma vez que ensejaria prazos diferentes da duração da patente), bem assim da eficiência.

Em 2014, sopesando efeitos econômicos nocivos do *backlog* sobre a competitividade, a criatividade, a diversidade de produtos e a proteção dos consumidores, a Procuradoria Geral da República exarou parecer favorável à declaração pretendida.

Referido parecer, constante nos registros do STF acerca da ADI nº 5.061 (http://portal.stf.jus.br/processos/ detalhe.asp?incidente=4490434), concluiu ser *profunda a incompatibilidade do art. 40, parágrafo único, da Lei nº 9.279/1966, com a Constituição da República.*

Sob a atual relatoria do ministro Luiz Fux, a eventual procedência da ADI nº 5.061 (pendente de julgamento) minorará o poder monopolístico de pedidos – muitos dos quais não patenteáveis – e repercutirá favoravelmente à pretendida socialização de inventos, em mais um dos infindáveis embates entre o capital e os interesses genuinamente sociais, permeados por controvertida intervenção estatal.

Acerca desses embates, os quais são inerentes à propriedade e à proteção jurídica que se exige para preservá-la, Silvio de Almeida elucida: "Não se protege o proprietário, mas a propriedade; não é o capitalista que importa, mas a estrutura do capital. Aí está o motivo da permanente tensão entre a classe burguesa e o Estado: apesar de necessitar desse último, os burgueses são os maiores críticos da ingerência estatal, buscando a todo custo traçar limites jurídicos para sua atuação, em especial no que tange à economia" (ALMEIDA, 2016).

3. Direito de herança

O último dos incisos comentados, XXX, versa sobre o direito à herança, o qual fortalece a propriedade privada no sistema capitalista, sendo alvo de severas e antigas críticas por parte de socialistas, jusnaturalistas e escritores da escola de Montesquieu e de Rousseau (MONTEIRO, 1996). Isso porque, entre outras mazelas, incentivaria injustiças e desigualdades, viabilizando o acúmulo e a concentração de riquezas.

Os fundamentos jurídico-filosóficos contrários e favoráveis ao direito sucessório são variados, relevantes e demandariam extensa digressão para serem satisfatoriamente compreendidos. Por isso, embora o tenha anunciado, o texto explicitará outro conflito, de âmbito nacional e natureza constitucional, que, conquanto solucionado há cerca de um ano (em maio de 2017), preocupou doutrinadores e operadores do direito desde a vigência da CF/1988.

Sob o pressuposto de que a herança é garantida aos sucessores de quem falece, reservando-se o mínimo obrigatório de 50% aos ditos herdeiros necessários, o patrimônio amealhado em vida será necessariamente distribuído entre pessoas assim categorizadas pelo Código Civil (Lei nº 10.406/2002).

Ocorre que o rol de herdeiros necessários e a ordem de vocação hereditária, respectivamente previstos nos artigos 1.845 e 1.829 do CC/2002, excluíram os companheiros da legítima conferida aos cônjuges (que a eles são constitucionalmente equiparados), aos ascendentes e aos descendentes, dispensando tratamento discriminatório às uniões estáveis, inclusive as homoafetivas, no regime sucessório.

Por décadas, estudiosos e autores do Direito das Sucessões discutiram tal disparidade e propuseram diferentes soluções para solvê-las. Um dos maiores especialistas do país na área, Francisco José Cahali, compilou um quadro indicativo acerca do tema, com as posições de diversos doutrinadores (CAHALI, 2007).

Em maio de 2017, ao julgar os Recursos Extraordinários 646.721 e 878.694, ambos com reconhecida repercussão geral, o STF equiparou cônjuge e companheiro para fins de sucessão, inclusive em uniões homoafetivas, declarando inconstitucional o artigo 1.790 do CC/2002, que estabelece distinções entre a participação do cônjuge e do companheiro na transmissão de bens em razão do óbito.

Acertadamente, concluiu a Suprema Corte que inexiste razão para conferir tratamento desigual a cônjuges e a companheiros, estendendo-se a equiparação aos pares do mesmo sexo, ou seja, garantiu-se o direito à herança aos companheiros nas mesmas condições reservadas aos cônjuges, independentemente da orientação sexual.

Embora a vigência do Código Civil seja posterior à da CF/1988, seus textos haviam sido debatidos nas décadas de 1970 e 1980, antes que algumas das tormentosas questões do Direito de Família e Sucessões, a exemplo da igualdade na filiação para fins assistenciais e sucessórios, fossem constitucionalmente reconhecidas.

Nesse contexto, a inconstitucionalidade do artigo 1.790 do CC/2002, tardiamente reconhecida, constituiu um dos capítulos mais relevantes do Direito Civil Constitucional no que tange à garantia da herança, na medida em que a equiparação entres cônjuges e companheiros, independentemente da orientação sexual, ampliou as possibilidades de transmissão patrimonial após a morte.

Contudo, persistem os questionamentos jurídico-filosóficos inicialmente mencionados. Ainda convém avaliar e questionar se a herança, nas palavras de Carlos Maximiliano, citado por Maria Berenice Dias: "agrava a desigualdade social e facilita a nociva proliferação dos opulentos inúteis, corruptos e viciosos" (DIAS, 2015).

Como bem pontuou Bensaïd: "Diante do aprofundamento das desigualdades e do crescimento das exclusões, é uma urgência social que haja uma nova divisão das riquezas. Não se trata simplesmente de repartir essas riquezas de forma equitativa. Essa questão está ligada de maneira indissociável à questão da propriedade" (BENSAÏD, 2017).

Ademais, a família é hoje plural, se distanciou de rígidas hierarquizações e deve evoluir para um espaço de igualdade, liberdade, solidariedade e afeto, relegando questões patrimoniais ao segundo plano para que assim seja caracterizada.

REFERÊNCIAS BIBLIOGRÁFICAS

ALMEIDA, Silvio Luiz de. *Sartre: direito e política*: ontologia, liberdade e revolução. São Paulo: Boitempo, 2016. p. 206.

ASCENSÃO, José de Oliveira. *Direito do autor e direitos conexos*. Coimbra: Coimbra Editora, 1992.

BENSAÏD, Daniel. *Os despossuídos:* Karl Marx, os ladrões de madeira e o direito dos pobres. Trad. Mariana Echalar. São Paulo: Boitempo, 2017. p. 59.

BRANT, João. *PEC 241 pode tirar até 90% do orçamento finalístico da cultura em 5 anos.* Disponível em: http://brasildebate.com.br/pec-241-pode-tirar-ate-90-do-orcamento-finalistico-da-cultura-em-5-anos/. Acesso em: 27 jun. 2016.

CAHALI, Francisco José; HIRONAKA, Giselda Maria Fernandes Novaes. *Direito das Sucessões.* 3. ed. São Paulo: Revista dos Tribunais, 2007. p. 188-192.

COASE, Ronald. The problem of social cost. *Journal of Law and Economics,* Chicago, v. 3, p. 1-44, 1960. Disponível em: https://www.jstor.org/stable/724810?origin=JSTOR. Acesso em: 29 jun. 2018.

DIAS, Maria Berenice. *Manual das sucessões.* 4. ed. rev., atual. e ampl. São Paulo: Editora Revista dos Tribunais, 2015. p. 29-37.

GRAMSTRUP, Erik Frederico. Por uma definição dogmático-constitucional de função social da propriedade. In: LOTUFO, Renan (coord.). *Cadernos de direito civil constitucional*. Curitiba: Juruá, 2001.

MONTEIRO, Washington de Barros. *Curso de direito civil.* 11. ed. Rio de Janeiro: Forense, 1996. v. 6, p. 5.

SILVA, José Afonso da. *Curso de Direito Constitucional Positivo.* 17. ed. São Paulo: Malheiros, 2000. p. 280

BRUNO PEGORARI

Mestre em Direito Internacional pela USP, pesquisador associado ao Núcleo de Direito Global e Desenvolvimento da Escola de Direito da Fundação Getúlio Vargas (FGV Direito SP) e coordenador do Coletivo para o Acesso à Justiça Internacional (CAJIN).

CAPÍTULO I

ART. 5º TODOS SÃO IGUAIS PERANTE A LEI, SEM DISTINÇÃO DE QUALQUER NATUREZA, GARANTINDO-SE AOS BRASILEIROS E AOS ESTRANGEIROS RESIDENTES NO PAÍS A INVIOLABILIDADE DO DIREITO À VIDA, À LIBERDADE, À IGUALDADE, À SEGURANÇA E À PROPRIEDADE, NOS TERMOS SEGUINTES:

...

XXXI – A SUCESSÃO DE BENS DE ESTRANGEIROS SITUADOS NO PAÍS SERÁ REGULADA PELA LEI BRASILEIRA EM BENEFÍCIO DO CÔNJUGE OU DOS FILHOS BRASILEIROS, SEMPRE QUE NÃO LHES SEJA MAIS FAVORÁVEL A LEI PESSOAL DO "DE CUJUS";

O inciso XXXI do artigo 5º da Constituição define a lei brasileira como aquela que deve regular a sucessão de bens pertencentes a estrangeiros, nos casos em que esses bens estejam situados no Brasil, de modo a beneficiar os herdeiros (filhos e/ou cônjuges) nacionais. O dispositivo prevê, ainda, uma segunda hipótese: caso a lei pessoal[39] do estrangeiro falecido (*de cujus*) seja mais favorável aos herdeiros, essa deverá ser aplicada em detrimento da lei brasileira.

No inciso anterior (XXX) do mesmo artigo 5º, a Constituição reconhece o direito humano individual à herança, que consiste no direito de transmissão dos bens do falecido (ou ausente) para o(s) herdeiro(s) (necessários ou testamentários). Nesse sentido, o inciso XXXI não faz mais do que estabelecer um critério de preferência (*prélèvement*) aos titulares nacionais (brasileiros) do direito de herança, visando a dar-lhes tratamento jurídico diferenciado (CARVALHO RAMOS, 2018, p. 430). Trata-se, portanto, de um aspecto nacionalista do direito de herança, por meio do qual beneficia-se o sucessor brasileiro quando da hipótese de falecimento de estrangeiro com bens situados no Brasil.

Segundo Valladão (1977, p. 222), a origem desse tratamento no Brasil remonta ao período imperial, quando a Lei de 14 de julho de 1819 estabeleceu que os súditos do império que concorressem com herdeiros estrangeiros deveriam ser beneficiados pela apli-

39 O chamado estatuto pessoal consiste no "conjunto de atributos referentes à individualidade jurídica da pessoa física, que acarreta direitos e deveres jurídicos". Abarca a regulamentação da capacidade, filiação, pátrio poder, nome, temas de direito de família, dentre outros. No âmbito do direito internacional privado, o estatuto pessoal revela o vínculo jurídico de determinada pessoa com um ordenamento específico. Para reger o estatuto pessoal, os Estados devem adotar um critério remissivo, ou seja, um critério que aponte (método indireto) a norma material responsável por regular as questões relacionadas ao indivíduo. Este critério pode ser o da nacionalidade ou, mais atualmente o do domicílio, podendo, em alguns casos, ser o da residência habitual ou o princípio da proximidade (CARVALHO RAMOS, 2018, p. 351-ss.).

cação da lei pátria. Em 1934, o critério da utilização da lei mais favorável, independentemente se brasileira ou estrangeira, passa a compor o *prélèvement* que também ganha tratamento constitucional. Essa redação é mantida nas Constituições de 1946 (art. 165) e de 1967, considerando a emenda constitucional de 1969 (art. 153, § 33). Com pequenas adaptações, a mesma regra culminou na Constituição de 1988.

Remetendo a um debate mais amplo, no qual essa regra se insere, as sucessões transnacionais podem ter dois tipos diferentes de tratamentos: aquele baseado na regra do estatuto pessoal do falecido (nacionalidade ou domicílio) e, portanto, garantidor da aplicação de uma única norma para toda a sucessão (Regra da Unidade Sucessória); e aquele que se vale das diferentes normas relacionadas ao local de situação dos bens (Regra da Pluralidade Sucessória) (CARVALHO RAMOS, 2017, p. 197 e ss.). Se no Brasil o*caput* do artigo 10º da LINDB[40] estabelece a Regra da Unidade Sucessória enquanto regra geral, o inciso XXXI do artigo 5º da Constituição apresenta, como exceção, a Regra da Pluralidade Sucessória.

A principal justificativa para a criação e manutenção desse dispositivo no texto constitucional é a proteção da família brasileira, resguardando seu sustento e qualidade de vida (CARVALHO RAMOS, 2018, p. 430-431). Ocorre que, sendo o Brasil um país essencialmente receptor de migrantes, que, atualmente, convive no contexto de intensa mobilidade humana transnacional (no qual inclui-se a crise dos refugiados e a acentuação da migração econômica e ambiental), o favorecimento do herdeiro nacional em detrimento do herdeiro estrangeiro domiciliado no Brasil pode gerar situações de patente injustiça. Segundo a própria Constituição, o regime da proteção integral da criança estabelece que "é dever da família, da sociedade e do Estado assegurar à criança, [...] com absoluta prioridade, o direito à vida, à alimentação, à educação [...], além de colocá-los a salvo de toda forma de discriminação, [...]" (art. 227, CF, grifos meus). O mesmo dispositivo estabelece em seu §6º: "os filhos terão os mesmos direitos, [...] sendo proibida quaisquer designações discriminatórias" (grifos meus).

O inciso XXXI, ora analisado, deve ser interpretado sistematicamente, à luz dos dispositivos constitucionais do artigo 227. Sua aplicação deve ser cautelosa de modo a proteger os herdeiros brasileiros, quando em situação de vulnerabilidade na sucessão de bens no exterior sobre a mesma herança (CARVALHO RAMOS, 2018, p. 432), sem com isso desproteger o herdeiro estrangeiro, cuja condição de vulnerabilidade possa se assemelhar à do herdeiro nacional, sob pena de infundir tratamento assimétrico e discriminatório em contrassenso à própria constituição.

REFERÊNCIAS BIBLIOGRÁFICAS

CARVALHO RAMOS, André de; GRAMSTRUP, Erik F. *Comentários à Lei de Introdução às Normas de Direito Brasileiro – LINDB*. São Paulo: Saraiva, 2017.

CARVALHO RAMOS, André de. *Curso de direito internacional privado*. São Paulo: Saraiva, 2018.

VALLADÃO, Haroldo. *Direito internacional privado*. Rio de Janeiro: Livraria Freitas Bastos, 1977. v. 2.

MICHELLE ASATO JUNQUEIRA

Doutora e mestre em Direito Político e Econômico pela Universidade Presbiteriana Mackenzie. Especialista em Direito Constitucional com extensão em didática do ensino superior. Coordenadora de Pesquisa e TCC da Faculdade de Direito da UPM. Pesquisadora em diversos grupos de pesquisa. Professora dos cursos de graduação e pós-graduação da mesma universidade.

CAPÍTULO I

ART. 5º TODOS SÃO IGUAIS PERANTE A LEI, SEM DISTINÇÃO DE QUALQUER NATUREZA, GARANTINDO-SE AOS BRASILEIROS E AOS ESTRANGEIROS RESIDENTES NO PAÍS A INVIOLABILIDADE DO DIREITO À VIDA, À LIBERDADE, À IGUALDADE, À SEGURANÇA E À PROPRIEDADE, NOS TERMOS SEGUINTES:

...

40 Ver: Art. 10. A sucessão por morte ou por ausência obedece à lei do país em que domiciliado o defunto ou o desaparecido, qualquer que seja a natureza e a situação dos bens.

XXXII - O ESTADO PROMOVERÁ, NA FORMA DA LEI, A DEFESA DO CONSUMIDOR;

O inciso XXXII insculpido no artigo 5º do texto constitucional de 1988, em conjunto com o princípio expressamente disposto na ordem econômica, que consagra a existência digna e a justiça social (art. 170, V), bem como o artigo 48 do Ato das Disposições Constitucionais Transitórias – ADCT compõem a sustentação constitucional da defesa do consumidor, ou seja, "é a garantia institucional da existência e efetividade do direito do consumidor no Brasil" (BENJAMIN, 2016, p. 41).

O referido dispositivo (norma de eficácia limitada de princípio institutivo) determina a promoção, pelo Estado e por meio da lei, da defesa do consumidor que, conforme disposição do ADCT, deveria ocorrer no prazo de 120 dias. O Código de Defesa do Consumidor – CDC, todavia, nasceu apenas em 11 de setembro de 1990, com eficácia supralegal.

Configurado como direito fundamental de terceira dimensão (com fulcro na fraternidade), tem por finalidade a pacificação social, na tentativa de equilíbrio da relação entre fornecedores e consumidores (TARTUCE; NEVES, 2014, p. 9).

No ano de 2017, todavia, uma decisão merece destaque: o tema 210, examinado em sede de repercussão geral no Supremo Tribunal Federal (RE 636331, Relator(a): Min. GILMAR MENDES, Tribunal Pleno, julgado em 25/05/2017, Processo Eletrônico Repercussão Geral - Mérito DJe-257 DIVULG 10-11-2017 PUBLIC 13-11-2017), oportunidade em que, na aplicação do artigo 178 da Constituição Federal (alterado pela EC nº 07/95), que determina a aplicação dos acordos firmados pela União, atendido o princípio da reciprocidade, firmou a Corte que, especialmente as Convenções de Varsóvia e Montreal, têm prevalência em relação ao Código de Defesa do Consumidor.

Assim, prevaleceria o contexto das normas de direito internacional. Contudo, as consequências práticas residem: i) na fixação de limites de indenização por danos materiais em decorrência de atrasos, extravio ou danos de bagagem em voos internacionais. Saliente-se que no Código de Defesa do Consumidor prevalece o princípio da ampla reparação, cabendo ao consumidor fazer a prova do prejuízo; ii) na redução do prazo prescricional para a propositura da ação judicial, que na Convenção de Montreal é de dois anos a contar da chegada da aeronave, enquanto do CDC prevê um prazo genérico de cinco anos a partir do conhecimento do dano e de sua autoria. As duas medidas, portanto, são prejudiciais à proteção do consumidor.

Importante mencionar que a Corte já havia se manifestado anteriormente sobre o tema no julgamento do RE 351.750, Primeira Turma, DJ 24.9.2009, oportunidade em que, contrariamente, se acolheu a tese de que o princípio constitucional da defesa do consumidor e as consequentes disposições da Lei nº 8.078/1990 prevaleceria sobre a aplicação do Código Brasileiro de Aeronáutica e da Convenção de Varsóvia, sempre que esses se mostrassem menos favoráveis ao consumidor.

A interpretação que se questiona no tema 210, promovida pelo Supremo Tribunal Federal, representa um retrocesso à proteção pretendida pela Constituição Federal, na medida em que as Convenções acima citadas não compreendem tratados de direitos humanos, de forma que não ostentam natureza jurídica de emenda constitucional (a teor do art. 5º, §3º, da CF/1988), portanto, na colisão de normas de mesma hierarquia, não caberia o afastamento da norma consumerista, em atenção ao princípio da reparação integral dos danos, contido no artigo 6º, VI, do CDC.

Um desprestígio à proteção do consumidor e ao equilíbrio da ordem econômica.

REFERÊNCIAS BIBLIOGRÁFICAS

BENJAMIN, ANTONIO Herman V.; MARQUES, Claudia Lima; BESSA, Leonardo Roscoe. *Manual de direito do consumidor*. 7. ed. São Paulo: Revista dos Tribunais, 2016.

TARTUCE, Flávio; NEVES, Daniel Amorim Assumpção. *Manual de direito do consumidor*: direito material e processual. 3. ed. Rio de Janeiro; São Paulo: Forense; Método, 2014.

ANA CLAUDIA FARRANHA

Possui graduação em Direito pela Universidade Federal do Espírito Santo, mestrado em Ciência Política pela Universidade Estadual de Campinas e doutorado em Ciências Sociais pela Universidade Estadual de Campinas.
É professora adjunta da Faculdade de Direito - Universidade de Brasília - FD/UnB, desenvolvendo atividades na área de Direito e Gestão Pública. É coordenadora e professora do Programa de Pós-graduação em Direito da UnB - PPGD/ UnB. É pesquisadora do Centro de Estudos Avançados de Governo e Administração Pública - CEAG. Desenvolve a pesquisa Modulações Jurídicas em Inovação Tecnológica no Brasil, no Centro de Apoio ao Desenvolvimento Tecnológico da Universidade de Brasília - CDT/UnB.

MURILO BORSIO BATAGLIA

Mestre e doutorando em Direito, Estado e Constituição pela Universidade de Brasília (PPGD/UnB). Membro do GEOPP/UnB - Grupo de Estudos Observatório de Políticas Públicas/UnB. Especialista em Direito Eleitoral - PUC-MG. Graduado em Direito pela Universidade Estadual Paulista Júlio de Mesquita Filho - Unesp Franca. Integrou o Centro de Estudos e Pesquisas sobre Corrupção - Unesp Franca (CEPC). Pesquisa na área de Direito, Políticas Públicas, Transparência, Acesso à Informação, Corrupção e Internet.

CAPÍTULO I

ART. 5º TODOS SÃO IGUAIS PERANTE A LEI, SEM DISTINÇÃO DE QUALQUER NATUREZA, GARANTINDO-SE AOS BRASILEIROS E AOS ESTRANGEIROS RESIDENTES NO PAÍS A INVIOLABILIDADE DO DIREITO À VIDA, À LIBERDADE, À IGUALDADE, À SEGURANÇA E À PROPRIEDADE, NOS TERMOS SEGUINTES:

...

XXIII - TODOS TÊM DIREITO A RECEBER DOS ÓRGÃOS PÚBLICOS INFORMAÇÕES DE SEU INTERESSE PARTICULAR, OU DE INTERESSE COLETIVO OU GERAL, QUE SERÃO PRESTADAS NO PRAZO DA LEI, SOB PENA DE RESPONSABILIDADE, RESSALVADAS AQUELAS CUJO SIGILO SEJA IMPRESCINDÍVEL À SEGURANÇA DA SOCIEDADE E DO ESTADO;

O direito à informação é visto como direito humano fundamental. Isso se deve a: convenções internacionais que preveem a necessidade de ele estar presente nos ordenamentos dos países; às transições democráticas; aos avanços em tecnologias de informação; ao aumento da cobrança de responsividade dos líderes eleitos; à necessidade e demanda de participação em processos decisórios. Todos esses pontos contribuíram para o aumento da importância do direito à informação (MENDEL, 2009).

Em termos de convenções que podem ser referência para tal assunto, mencionam-se a Declaração Universal de Direitos Humanos da ONU, de 1948, em seu artigo 19; e a Convenção Interamericana de Direitos Humanos da OEA, em seu artigo 13, que relacionam justamente a liberdade de todo interessado receber, buscar e transmitir informação.

Tal fato se liga com sua importância para a democracia, ao possibilitar mecanismos de participação em decisões sobre políticas públicas, transparência e enfrentamento da corrupção, possibilitando a existência de cidadãos mais ativos, limitando excessos por parte de representantes e burocratas (MENDEL, 2009; FARRANHA; SANTOS, 2016).

Ainda nessa abordagem, Mendel destaca alguns princípios que devem nortear tanto sua positivação quanto à elaboração de políticas públicas: i) máxima divulgação; ii) obrigação de publicar as informações essenciais pelos órgãos do governo; iii) promoção de governo aberto; iv) exceções limitadas; v) facilitação ao acesso por procedimentos ágeis e justos; vi) não impedimento de acesso em função dos custos; vii) abertura das reuniões de órgãos públicos para os cidadãos; viii) verificação de precedência de leis que não estejam de acordo com a máxima divulgação; ix) proteção dos denunciantes de atos ilícitos (MENDEL, 2009).

Com base em tais elementos, a Constituição de 88 incorporou esse direito ao ordenamento. Tal previsão está disposta no artigo 5º, XXXIII. Esse direito foi regulamentado em 2011 pela Lei de Acesso à Informação Pública no Brasil (LAI - Lei nº 12.527/2011). A elaboração de tal legislação levou cerca de nove anos em tramitação no Congresso Nacional. Foram os seguintes Projetos de Lei que deram origem à LAI: PL nº 219/2003 (na Câmara) que originou o PL nº 41/2010 (no Senado), apresentado pelo então deputado federal Reginaldo Lopes. A ele foram apensados: o PL nº 1.019 do então deputado federal Celso Russomano; o PL nº 5.228/2009, de autoria do Poder Executivo;

iii) o PL nº 1.904/2007 do então deputado Chico Alencar (voltado para a gestão do sigilo); e iv) PL nº 4.611/2009 (CINTRA, 2016). Em 2010, após emendas e debates, o PL nº 219/2003 foi aprovado na Câmara e remetido ao Senado Federal (como PLC nº 41/2010). Da mesma forma, tal projeto recebeu considerações, até que em 18 de novembro de 2011 foi sancionado pela Presidência da República: Lei nº 12.5257/2011 (em vigor em 16 de maio de 2012).

Tendo sido regulamentado o mencionado artigo, a pergunta que segue é: como os tribunais passaram a aplicá-la? Especificamente sobre tribunais superiores (STF e STJ) tem-se que dos cinco julgados encontrados sobre o tema (em recorte temporal de 2012-2017), na maior parte deles configuraram-se como polos que requisitaram informação: pessoa jurídica, imprensa, sindicato e Ministério Público. Apenas um tratou-se de cidadão comum. Em suma, apesar de poucos julgados encontrados sobre o tema nos tribunais superiores, não é comum a negação de acesso à informação. Ao contrário: demonstram apoio e aplicação da norma, contribuindo para uma cultura de transparência (CORREIA; FARRANHA, 2017). Em linha semelhante, estudo desenvolvido pela organização não governamental Artigo 19 apontou que os julgamentos analisados envolvendo essa temática também reforçaram o caráter democrático da LAI como instrumento de transparência (A LEI, 2017b). Mas a pergunta que continua é: Como os cidadãos fazem uso desses direitos?

Outro aspecto que se pode afirmar em relação a esse direito é que, com a implementação da Lei de Acesso à Informação, o poder público ficou obrigado a conferir o acesso a todas as informações, transformando a realidade da Administração Publica no Brasil: houve plataformas tecnológicas desenvolvidas para tal finalidade, o aumento de pedidos de acesso, maior divulgação nos sites dos órgãos. Ainda assim, é preciso observar como a burocracia estatal responde aos pedidos. Para maior transparência, é necessário um amplo investimento no treinamento dos servidores, em melhoria das respostas oferecidas na clareza do fluxo processual dos pedidos, na importância que é dada aos órgãos que cuidam da implementação e do monitoramento desse direito (5 ANOS, 2017a).

Assim, podemos concluir que esse direito é instrumento democrático, que tem reconhecimento nos tribunais, e é concedido de modo procedente em julgados. Portanto, a questão crítica reside tanto no polo solicitante quanto no polo de quem deve fornecer a informação pública, pois é necessário que a Administração Pública amplie os mecanismos de divulgação da informação – ativa (feito voluntariamente pela Administração Pública) ou passivamente (quando a Administração Pública é provocada). Com essa devida conscientização, o incentivo governamental e a efetiva aplicação pela burocracia, efetiva-se cada vez mais o processo democrático.

REFERÊNCIAS BIBLIOGRÁFICAS

5 ANOS da Lei de Acesso à Informação. *Artigo 19*, 2017a. Disponível em: http://artigo19.org/blog/2017/05/16/5-anos-da-lei-de-acesso-a-informacao-no-brasil/. Acesso em: 29 abr. 2018.

A LEI de Acesso à Informação nos Tribunais Brasileiros. *Artigo 19*, 2017b. Disponível em: http://artigo19.org/wp-content/ blogs.dir/24/files/2017/09/Relatorio_LAi_TribunaisBrasileiros_v3_download.pdf. Acesso em: 29 abr. 2018.

BATAGLIA, Murilo Borsio; FARRANHA, A. C. Lei de acesso à informação e comissões de ética: como esses discursos se cruzam? In: III Encontro Internacional Participação Democracia e Políticas Públicas, 2017, Vitória. *Anais III Encontro Internacional Participação, Democracia e Políticas Públicas*, 2017. p. 28-53.

BRASIL. Lei nº 12.527, de 18 de novembro de 2011. Diário Oficial da União, 18 nov. 2011. Disponível em: http://www.planalto.gov.br/ccivil_03/_ato2011-2014/2011/lei/l12527.htm. Acesso em: 29 abr. 2018.

CINTRA, Maria Eduarda Ribeiro. *Lei de acesso à informação no Brasil*: sua implementação e seus desafios. 2016. 302f. Dissertação (Mestrado em Direito) – Faculdade de Direito, Universidade de Brasília, Brasília, 2016.

CORREIA, Vanessa Vogado; FARRANHA, Ana Claudia. *Análise das decisões do STF E STJ sobre o direito à informação e informação ambiental (LEI Nº 12.527/2011 E LEI Nº 10.650/2003)*. Relatório de iniciação científica - CNPq. Brasília: Universidade de Brasília/ UnB, 2017.

MENDEL, Toby. *Liberdade de Informação*: um estudo de direito comparado. 2. ed. Brasília: UNESCO, 2009. Disponível em: http://www.unesco.org/fileadmin/MULTIMEDIA/FIELD/Brasilia/pdf/liberdade_de_informacao_pt.pdf. Acesso em: 29 abr. 2018.

FARRANHA, Ana Claudia; SANTOS, Viviane Silva dos. Governo eletrônico, democracia online e direito à informação: análise do perfil em redes sociais da Secretaria de Políticas de Promoção da Igualdade Racial (Seppir/Brasil). In: *Democracia digital, comunicação política e redes*: Teoria e prática. Rio de Janeiro: Letra e Imagem, 2016.

GUILHERME SCOTTI

Professor de Teoria e Filosofia do Direito da UnB.
Doutor e mestre em Direito pela UnB.

MENELICK DE CARVALHO NETTO

Professor de Direito Constitucional da UnB.
Doutor em Direito pela UFMG.

CAPÍTULO I

ART. 5º TODOS SÃO IGUAIS PERANTE A LEI, SEM DISTINÇÃO DE QUALQUER NATUREZA, GARANTINDO-SE AOS BRASILEIROS E AOS ESTRANGEIROS RESIDENTES NO PAÍS A INVIOLABILIDADE DO DIREITO À VIDA, À LIBERDADE, À IGUALDADE, À SEGURANÇA E À PROPRIEDADE, NOS TERMOS SEGUINTES:

...

XXXV - A LEI NÃO EXCLUIRÁ DA APRECIAÇÃO DO PODER JUDICIÁRIO LESÃO OU AMEAÇA A DIREITO;

Trata-se de dispositivo que consagra o princípio da inafastabilidade da jurisdição. Ressalte-se, de início, que a referência à "lei" não deve ser compreendida como direcionada apenas à lei em sentido estrito. Lei, aqui, é sinônimo de Direito, de ordenamento jurídico, portanto, a Constituição veda que qualquer ato de autoridade do Estado dotado de força normativa que impeça ou obstrua o acesso à Justiça.

A redação desse dispositivo inova em alguns aspectos em relação à das constituições brasileiras anteriores, embora algumas delas trouxessem previsões textualmente semelhantes. Podemos assim perceber que há inovações explícitas, expressas no próprio texto, mas também inovações implícitas, em razão do contexto em que a Constituição de 1988 é promulgada e de como deve hoje ser interpretada.

As Cartas autoritárias de 1967/1969 e a Constituição de 1946 traziam a previsão de que "A lei não poderá excluir da apreciação do Poder Judiciário qualquer lesão de direito individual". No que se refere às diferenças explícitas, percebe-se que em 1988 amplia-se o escopo de proteção para todo e qualquer direito, não apenas individual, mas também social, coletivo etc. (veja-se, por exemplo, a atribuição constitucional de legitimidade às comunidades indígenas para ingressar em juízo em defesa de seus direitos e interesses - art. 232). Ademais, a Constituição fala em lesão ou ameaça a direito, garantindo, assim, que o risco de lesão a direitos também mereça proteção jurisdicional.

Para além da textualidade, contudo, tal dispositivo, assim como a Constituição como um todo, deve ser interpretado à luz do contexto histórico de redemocratização. As cartas autoritárias da ditadura militar, embora textualmente trouxessem dispositivo semelhante, acolhiam expedientes normativos de expressa exclusão do princípio da inafastabilidade da jurisdição. No próprio texto das Cartas de 1967 (art. 173) e 1969 (arts. 181 e 182) prevê-se que "Ficam aprovados e excluídos de apreciação judicial os atos praticados pelo Comando Supremo da Revolução de

31 de março de 1964", assim como os atos praticados com base nos Atos Institucionais, referendando a exclusão de acesso à justiça já expressa nos Atos Institucionais números 1, 2, 3 e 5 (o último suspendendo, inclusive, a garantia de *habeas corpus*).

O Supremo Tribunal Federal destaca, em sua página "A Constituição e o Supremo", na jurisprudência selecionada como referência a cada um dos dispositivos da Constituição, no que diz respeito ao inciso em comento, a seguinte ementa:

> *Controle judicial do* impeachment: *possibilidade, desde que se alegue lesão ou ameaça a direito. (MS 21.689, Rel. Min. Carlos Velloso, j. 16-12-1993, P, DJ de 7-4-1995)*

Observa-se, contudo, que o STF não tem, nesse caso, respeitado a própria jurisprudência. Pelo contrário, quanto ao *impeachment* da presidenta Dilma Rousseff, o Tribunal tem-se negado, reiteradamente, de forma expressa ou velada, a apreciar as alegações de lesão a direitos apresentadas pela defesa da ex-presidenta. Seja pela manifestação em decisões monocráticas em que ministros afirmaram não caber apreciação judicial da matéria, seja pelo fato de o plenário do Tribunal deixar de apreciar em tempo hábil os questionamentos levantados pela defesa, em especial nos Mandados de Segurança 34.441 e 34.371. A negativa de apreciação, ainda que tácita, mobilizada pelo poder de agenda, pode ser interpretada como uma violação prática do direito de acesso à jurisdição.

JACINTO NELSON MIRANDA COUTINHO

Professor titular de Direito Processual Penal da Universidade Federal do Paraná. Especialista em Filosofia do Direito (PUC-PR), mestre (UFPR) e doutor (Università degli Studi di Roma "La Sapienza"). Advogado. Membro da Comissão de Juristas do Senado Federal que elaborou o Anteprojeto de Reforma Global do CPP, hoje na Câmara dos Deputados (Projeto nº 8.045/2010).

CAPÍTULO I

ART. 5º TODOS SÃO IGUAIS PERANTE A LEI, SEM DISTINÇÃO DE QUALQUER NATUREZA, GARANTINDO-SE AOS BRASILEIROS E AOS ESTRANGEIROS RESIDENTES NO PAÍS A INVIOLABILIDADE DO DIREITO À VIDA, À LIBERDADE, À IGUALDADE, À SEGURANÇA E À PROPRIEDADE, NOS TERMOS SEGUINTES:

...

XXXVII - NÃO HAVERÁ JUÍZO OU TRIBUNAL DE EXCEÇÃO;

Cada caso penal deve ser apreciado e julgado por um único órgão jurisdicional[41], ainda que muitos possam, eventualmente, intervir no processo, em momentos diferenciados.

Faz-se, então, *uma relação absoluta entre ato processual e órgão jurisdicional*, de modo a que tão só um entre tantos seja o competente para o ato.

Trata-se, portanto, *de identificar o órgão jurisdicional competente*, matéria hoje com foro constitucional, conforme art. 5º, LIII[42]. O princípio do Juiz Natural, como se sabe, vem complementado pela regra do inciso XXXVII[43]. Tais incisos, historicamente, constavam (em maior ou menor extensão) nas Constituições anteriores (1824[44],1891[45],1934[46],1967[47] e 1969[48]), razão por que, tendo reda-

41 Embora muitos possam participar – e em face do duplo grau isso possa ocorrer sempre – há de se entender que cada um deve o fazer isoladamente, isto é, um de cada vez, em face do próprio princípio do juiz natural.

42 Conforme supracitado.

43 Conforme supracitado.

44 Art. 179. A inviolabilidade dos Direitos Civis, e Politicos dos Cidadãos Brazileiros, que tem por base a liberdade, a segurança individual, e a propriedade, é garantida pela Constituição do Imperio, pela maneira seguinte: XI. Ninguem será sentenciado, senão pela Autoridade competente, por virtude de Lei anterior, e na fórma por ella prescripta; XVII. A' excepção das Causas, que por sua natureza pertencem a Juizos particulares, na conformidade das Leis, não haverá Foro privilegiado, nem Commissões especiaes nas Causas civeis, ou crimes.

45 Art. 72 - A Constituição assegura a brasileiros e a estrangeiros residentes no País a inviolabilidade dos direitos concernentes à liberdade, à segurança individual e à propriedade, nos termos seguintes: § 15 - Ninguém será sentenciado senão pela autoridade competente, em virtude de lei anterior e na forma por ela regulada.

46 Art. 113 - A Constituição assegura a brasileiros e a estrangeiros residentes no País a inviolabilidade dos direitos concernentes à liberdade, à subsistência, à segurança individual e à propriedade, nos termos seguintes: § 25 - Não haverá foro privilegiado nem Tribunais de exceção; admitem-se, porém, Juízos especiais em razão da natureza das causas; § 26 - Ninguém será processado, nem sentenciado senão pela autoridade competente, em virtude de lei anterior ao fato, e na forma por ela prescrita.

47 Art. 150 - A Constituição assegura aos brasileiros e aos estrangeiros residentes no Pais a inviolabilidade dos direitos concernentes à vida, à liberdade, à segurança e à propriedade, nos termos seguintes: § 12 - Ninguém será preso senão em flagrante delito ou por ordem escrita de autoridade competente. A lei disporá sobre a prestação de fiança. A prisão ou detenção de qualquer pessoa será imediatamente comunicada ao Juiz competente, que a relaxará, se não for legal; § 15 - A lei assegurará aos acusados ampla defesa, com os recursos a ela inerentes. Não haverá foro privilegiado nem Tribunais de exceção.

48 Art. 153 - A Constituição assegura aos brasileiros e aos estrangeiros residentes no País a inviolabilidade dos direitos concernentes à vida, à liberdade, à segurança e à propriedade, nos têrmos seguintes: § 15. [...] Não haverá fôro privilegiado nem tribunais de exceção.

ção histórica, justificou a defesa que até a CF/1988 se fazia do princípio do juiz natural e, por óbvio, causou infindáveis problemas (que ainda persistem), porque, aos que fazem uma interpretação retrospectiva – e parcial e equivocada –, como estão fazendo, de modo geral, os órgãos jurisdicionais (começando pelo STF e STJ), não se consegue dar eficácia ao princípio, que segue como mera retórica e, assim, não se efetiva a CF. Por evidente, as regras se refletem, até pela sua topografia, na garantia fundamental do cidadão.

Segundo Figueiredo Dias (que trata da matéria de modo impecável), há de se analisar o tema em um tríplice significado: 1º) Plano da fonte: o juiz natural decorre sempre da lei; 2º) Plano temporal: o juiz natural decorre sempre de uma lei com vigência antes da prática do crime; 3º) Plano da competência: o juiz natural decorre sempre de uma lei com vigência antes da prática do crime, lei essa que, sendo processual, fixa a competência.

Assim, juiz competente (desde a fonte europeia pacificada), diante do quadro constitucional de 1988 é, sem sombra de dúvida, o juiz natural ou juiz legal, de modo a se poder dizer ser dele a competência exclusiva para os atos aos quais está preordenado, assim como excluir todos os demais.

Natural (como querem os franceses, entre outros) ou legal (como querem os alemães, entre outros) são adjetivos de um juiz já possuidor de jurisdição, ou seja, de poder decorrente de fonte constitucional, embora somente isso não baste para que, como princípio expresso no texto, ganhe efetividade, razão por que se faz necessário incluir nele a matéria da competência – veja-se – como se fez, em 1988, na Constituição da República.

Dessa forma, pode-se definir o princípio do juiz natural como expressão do *princípio da isonomia* e um pressuposto da *imparcialidade*, que, no campo processual, veio para submeter ("*sujeitar-se*"[49]) a todos, começando pelo Poder Judiciário e seus órgãos, dado, afinal, tratar-se do garante-mor dos cidadãos.

Parte da doutrina e da jurisprudência, porém, continua insistindo que a matéria referente à competência não tem aplicação no princípio em discussão, em que pese o princípio constitucional expresso. Isso é absurdo em face de o próprio texto constitucional ser colocado, entre outras coisas, justo para evitar tal posição, que tantos problemas causou e causa aos brasileiros.

A questão, então, há de ser discutida a partir do que vem a ser *juízo competente*. A competência (material, territorial ou funcional, na clássica divisão de Chiovenda) é sempre matéria de lei, a começar pela Constituição da República e até os últimos atos da hierarquia legal. Nesse sentido, o *juízo competente* vem delimitado na CF e em consonância com ela; mas também no CPP (a partir do art. 69) e outras leis e suas regras. Tal hierarquia leva a uma organização fixa dos tribunais (Figueiredo Dias), tudo de modo a, em face do princípio do juiz natural, atribuir-se a competência a um único órgão jurisdicional, evitando-se interpretações indevidas. Assim, antes da prática do crime, já se sabe quem é o juiz natural. Eis por que é uma garantia, a qual evita juízos *ad hoc* ou *post factum*, isto é, os conhecidos tribunais de exceção.

Por outro lado, é o princípio do juiz natural, como se sabe, que impede a aplicação plena do art. 2º[50] do CPP[51], justo porque ela, a competência, já está fixada *no local da consumação do crime ou, no caso de tentativa, no local do último ato de execução* (art. 70 do CPP). A regra do Código, como é primário, não prevalece sobre aquela da CF. As regras dele são, sem dúvida, a manifestação mais lídima do *princípio constitucional*; e mostram não somente a importância do princípio da legalidade (que se não pode desprezar, no sentido de se desrespeitar a lei, embora passível da interpretação), como realçar o fato de o princípio estar inserto no texto constitucional e, destarte, não permitir qualquer indevida afronta.

Para o STF, entretanto, "a discussão acerca de eventual violação do princípio do juiz natural reveste-se de índole infraconstitucional, de tal modo que, se afronta ocorresse, seria indireta, o que não atende à exigência do art. 102, III, a, da Lei Maior" (RE 1.080.522, Rel. Min. Edson Fachin, 15.12.2017; ARE 745.693, Rel. Min. Rosa Weber, 15.9.2014). Nada mais equivocado, ante a regra constitucional do art. 5º, LIII c.c XXXVIII. Tais preceitos,

49 Como se sabe, sujeito é proveniente do latim e, nele, *subjectu* significa: *posto debaixo*; *submetido* à.

50 Art. 2º A lei processual penal aplicar-se-á desde logo, sem prejuízo da validade dos atos realizados sob a vigência da lei anterior.

51 Como se sabe, em razão do princípio da imediatidade, quando a modificação diz respeito à competência as regras só têm incidência para o futuro e em outros casos. E assim é porque a regra constitucional de garantia, hierarquicamente superior, evita a aplicação do princípio de regência. Em suma, a lei nova entra em vigor, mas só para o futuro e, portanto, alcança os casos penais decorrentes dos crimes praticados sob a sua égide.

como já se disse, fundam o princípio do juiz natural e determinam que a *competência é exclusiva de quem a detém e excludente dos demais*, de modo a impedir que se escolha um juiz "mais interessante" para o julgamento de determinados casos penais, depois dos crimes terem acontecido, segundo critérios pessoais.

Por elementar, se se quisesse respeitar o Estado Democrático de Direito, o princípio do juiz natural não comportaria, depois de 1988, maiores discussões. Não é bem assim, porém. A cada dia, usando-se abusivamente o que se poderia chamar de direito indevido (para alguns "sagrado") à disposição do vazio hermenêutico (que criam onde não se deveria criar), arquitetam-se e executam-se novas diatribes contra o princípio, por infindáveis motivos, mormente a *comodidade* do Poder Judiciário.

Assim, segue-se manipulando, pela via da indevida interpretação, o conteúdo das regras constitucionais e infraconstitucionais, tudo de modo a, depois do crime, alterar-se a competência dos órgãos jurisdicionais. A garantia, como água, escapa entre os vãos dos dedos. Afinal, pode-se burlar o juiz natural tanto para beneficiar réus como para prejudicá-los quando, pelo princípio, o que se não quer – e não se pode admitir – é a burla.

Em suma: fixada a competência em face das regras do jogo, não mais se modifica, como se sabe da fonte histórica do princípio, voltado a garantir a isonomia para todos os acusados. Assim, ninguém deve deixar de saber, de antemão, quais os órgãos jurisdicionais que intervirão no processo como juiz natural.

REFERÊNCIAS BIBLIOGRÁFICAS

ARAÚJO, Luiz Alberto David de. *Curso de direito constitucional*. 21. ed. São Paulo: Verbatim, 2017.

BADARÓ, Gustavo Henrique. *Juiz natural no processo penal*. São Paulo: Editora Revista dos Tribunais, 2014.

BARROSO, Luís Roberto. *O direito constitucional e a efetividade de suas normas:* limites e possibilidades da Constituição brasileira. Rio de Janeiro: Renovar, 1993.

BELLAVISTA, Girolamo; TRANCHINA, Giovani. *Lezioni di diritto processuale penale*. 9. ed. Milano: Giuffrè, 1984.

CANOTILHO, José Joaquim Gomes. *Direito constitucional e teoria da Constituição*. 7. ed. Coimbra: Almedina, 2003.

CHIAVARIO, Mario. *La riforma del processo penale:* appunti sul nuovo codice. 2. ed. Torino: UTET, 1990.

CORDERO, Franco. *Guida alla procedura penale*. Torino: UTET, 1986.

______. *Procedura penale*. 5. ed. Milano: Giuffrè, 2000.

COUTINHO, Jacinto Nelson de Miranda. "Crime continuado e unidade processual". In: *Estudos criminais em homenagem a Evandro Lins e Silva*. São Paulo: Editora Método, 2001. p. 195-213.

______. Dogmática crítica e os limites linguísticos da lei. In: COUTINHO, Jacinto Nelson de Miranda; LIMA, Martonio Mont'Alverne Barreto (orgs.). *Diálogos constitucionais*: direito, neoliberalismo e desenvolvimento em países periféricos. Rio de Janeiro: Renovar, 2006. p. 225 e ss.

______. Introdução aos princípios gerais do processo penal brasileiro. *Revista da Faculdade de Direito da UFPR*, Curitiba, n. 30, p. 163-198, 1998.

DIAS, Jorge de Figueiredo. *Direito Processual Penal*. Coimbra: Coimbra Editora, 1974. v. I.

FERNANDES, Antônio Scarance. *Processo penal constitucional*. 7. ed. São Paulo: Editora Revista dos Tribunais, 2012.

FERRAJOLI, Luigi. *Diritto e ragione*. Bari: Laterza, 2000.

FRATE, Paolo Alvazzi del. Le Principe du 'Juge Naturel' et la Charte de 1814. Disponível em: https://pt.scribd.com/document/208097/Juge-Naturel-1814. Acesso em: 14 mar. 2018.

GRINOVER, Ada Pellegrini. O Princípio do Juiz Natural e sua Dupla Garantia. *Revista de Processo*, n. 29, p. 11-33, jan.mar. 1983.

HELIE, Faustin. *Traité de l'instruction criminelle ou théorie du code d'instruction criminelle.* Bruxelles: Bruylant-Christophe et Compagnie, 1865.

HENKEL, Joachim. *England – Rechtsstaat ohne gesetzlichen Richter*. Frankfurt-Berlim: Metzner, 1971.

KANT, Immanuel. *Crítica da razão pura*. Tradução de Manuela Pinto dos Santos e Alexandre Fradique Morujão. 2. ed. Lisboa: Fundação Calouste Gulbenkian, 1989.

KARAM, Maria Lúcia. *Competência no processo penal*. São Paulo: Editora Revista dos Tribunais, 1997.

LEONE, Giovanni. *Lineamenti di diritto processuale penale*. 2. ed. Napoli: Jovene, 1952.

LINS, Alberto Rego. A justiça de exceção perante a história. *Jornal do Comércio*, Rio de Janeiro, v. XVIII, p. 89-95.

LOPES JR, Aury. *Direito processual penal*. 13. ed. São Paulo: Saraiva, 2016.

MARCON, Adelino. *O princípio do juiz natural no processo penal*. Curitiba: Juruá Editora, 2004.

MARQUES, José Frederico. *Elementos de direito processual penal*. Campinas: Bookseller, 1997. v. I a IV.

MENDES, Gilmar. *Jurisdição constitucional*. 6. ed. São Paulo: Saraiva, 2014.

MÉNDEZ, Francisco Ramos. *El proceso penal: sexta lectura constitucional*. Barcelona: Bosch, 2000.

MERLE, Roger; VITU, André. *Traité de Droit Criminel*. Tomo II. 4. ed. Paris: Éditions Cujas, 1979.

NAVARRETE, Antonio Mª. Lorca. *Derecho Procesal Penal*. 2. ed. Madri: Tecnos, 1986.

NEVES, Antônio Castanheira. *Actual problema metodológico da interpretação jurídica*. Coimbra: Coimbra Editora, 2006. v. I.

______. *Sumários de processo criminal*. Coimbra: s/e, 1968.

NICOLITT, André. *Manual de processo penal*. 6. ed. São Paulo: Editora Revista dos Tribunais, 2016.

PACELLI, Eugênio. *Curso de processo penal*. 21. ed. São Paulo: Atlas, 2017.

PENALVA, Ernesto Pedraz. *Derecho procesal penal*: principios de derecho procesal penal. Tomo I. Madri: Editorial Colex, 2000.

PISANI, M; MOLARI, A; PERCHINUNNO, V; CORSO, P. *Manuale di procedura penale*. 5. ed. Bolonha: Monduzzi, 1996.

PISAPIA, Gian Domenico. *Compendio di procedura penale*. 4. ed. Padova: Cedam, 1985.

RANGEL, Paulo. *Direito processual penal*. 25. ed. São Paulo: Atlas, 2017.

ROXIN, Claus. *Derecho procesal penal*. Tradução de Júlio Maier. Buenos Aires: Editores Del Puerto, 2000.

SCHLUCHTER, Ellen. *Derecho procesal penal*. 2. ed. rev. Tradução de Iñaki Esparza Leibar e Andrea Planchadell Gargallo. Valência: Tirant lo Blanch, Thungersheim, Frankfurt (Main): EuWi-Verlag, 1999.

SILVA, Germano Marques da. *Curso de processo penal*. Lisboa: Editorial Verbo, 1993. v. I.

STEFANI, Gaston; LEVASSEUR, Georges; BOULOC, Bernard. *Procédure Pénale*. 14. ed. Paris: Dalloz, 1990 .

STRECK, Lenio Luiz. *Jurisdição constitucional e hermenêutica:* uma nova crítica do direito. Porto Alegre: Livraria do Advogado, 2002.

______. *Hermenêutica jurídica e(m) crise:* uma exploração hermenêutica da construção do direito. 4. ed. Porto Alegre: Livraria do Advogado, 2003.

TAORMINA, Carlo. *Giudice naturale e il processo penale*. Roma: [s.e.], 1972.

LENIO LUIZ STRECK

Pós-doutor em Direito Constitucional (Universidade de Lisboa/Portugal). Doutor e mestre em Direto do Estado (UFSC). Professor titular dos Programas de Pós-Graduação em Direito da UNISINOS/ RS e da UNESA/RJ. Professor visitante em diversas universidades estrangeiras. Membro catedrático da Academia Brasileira de Direito Constitucional. Procurador de justiça aposentado (MP/RS).

CAPÍTULO I

ART. 5º TODOS SÃO IGUAIS PERANTE A LEI, SEM DISTINÇÃO DE QUALQUER NATUREZA, GARANTINDO-SE AOS BRASILEIROS E AOS ESTRANGEIROS RESIDENTES NO PAÍS A INVIOLABILIDADE DO DIREITO À VIDA, À LIBERDADE, À IGUALDADE, À SEGURANÇA E À PROPRIEDADE, NOS TERMOS SEGUINTES:

...

XXXVIII – É RECONHECIDA A INSTITUIÇÃO DO JÚRI, COM A ORGANIZAÇÃO QUE LHE DER A LEI, ASSEGURADOS:

A) A PLENITUDE DE DEFESA;
B) O SIGILO DAS VOTAÇÕES;
C) A SOBERANIA DOS VEREDICTOS;
D) A COMPETÊNCIA PARA O JULGAMENTO DOS CRIMES DOLOSOS CONTRA A VIDA;

Não obstante as inúmeras discussões levadas a cabo ao longo da sua história, o constituinte de 1987-88 incluiu o tribunal do júri entre os direitos e garantias fundamentais, conferindo-lhe, portanto, grande importância no atual cenário do Estado Democrático de Direito. Isso significa dizer que o júri deve ser entendido como um importante mecanismo democrático, precisamente porque permite o resgate de uma dimensão tão cara ao direito e à realização da justiça: a participação popular. Aliás, não se pode olvidar que o direito frequentemente lida com questões cuja resolução encontra eco não na dogmática jurídica, mas sim na cultura de determinada época. É aí que o povo, no conselho de sentença, cumpre a função de oxigenar o Judiciário, prestigiando teses inovadoras como a inexigibilidade de conduta diversa (pense-se, por exemplo, no aborto) ou mesmo para novos contornos na legítima defesa, como o banimento da tese da legítima defesa da honra nos casos dos assim chamados "homicídios passionais".

Uma das garantias do Tribunal Popular é a plenitude de defesa. Assim, a garantia da plenitude de defesa permite que o acusado, por meio de seu advogado, utilize todos os argumentos necessários para apresentar sua defesa e, assim, buscar convencer os integrantes do conselho de sentença. Além disso, a plenitude de defesa encontra-se diretamente vinculada à assistência jurídica gratuita daqueles que comprovarem a insuficiência de recursos e à garantia de que o réu será julgado por representantes da comunidade, e não de uma só classe social, circunstância que remete à própria raiz da Instituição: seu perfil popular. Na mesma linha garantista e acatando sugestão da doutrina (já incorporada pela jurisprudência), a Lei nº 11.689, de 9 de junho de 2008, estabelece que o juiz não aplicará a chamada absolvição imprópria (aplicação de medida de segurança) quando existentes outras teses defensivas, as quais serão devidamente apreciadas pelo júri.

No que diz respeito ao sigilo das votações, a discussão perpassa, inevitavelmente, o problema relativo aos julgamentos por íntima convicção e a questão do sigilo das votações, confundida com a própria existência da sala secreta. Nesse sentido, impõe-se chamar a atenção da comunidade jurídica para aquilo que pode ser considerado o "calcanhar de aquiles" do tribunal do júri, em seu confronto com as garantias próprias do Estado Democrático de Direito. Trata-se, com efeito, do fato de o jurado decidir por íntima convicção, sem a necessidade de justificar seu voto. Ora, o modelo de Estado Democrático de Direito, garantista e secularizado, dificilmente poderá continuar a conviver com julgamentos nos quais não haja a devida justificação/fundamentação (veja-se que a fundamentação é considerada como um direito fundamental pelo Tribunal Europeu de Direitos Humanos, valendo citar, como paradigma, as sentenças TEDH 1994, 4; 1998, 3; 1999, 1). No entanto, esse é um problema de difícil solução, uma vez que a Constituição estabelece a garantia do "sigilo das votações", o que implica a impossibilidade imediata de qualquer tentativa de introduzir outros modelos de julgamento popular, como, por exemplo, o escabinato francês, espanhol e português, ou até mesmo uma adaptação das fórmulas tradicionais do júri americano ou inglês, nos quais os jurados discutem entre si, em busca de um consenso. De qualquer sorte, parece que algumas lições podem ser tiradas dos modelos de escabinato, cujo conselho de sentença é composto tanto por juízes togados como por juízes leigos. Note-se, por exemplo, que a soberania popular está bem mais presente no modelo francês, em que é o próprio júri que decide até mesmo a pena e a forma de seu cumprimento. Do mesmo modo, vale referir o valor cimeiro assumido pelo princípio acusatório no júri espanhol (*v.g.*, o pedido de absolvição feito pelo Ministério Público tem o condão de dar por fim ao julgamento, prescindindo da manifestação do júri e do próprio magistrado-presidente).

A possibilidade de qualquer alteração introduzindo mecanismos que obriguem a fundamentação das decisões no júri brasileiro depende, contudo, de emenda à Constituição, em face do obstáculo representado pela garantia do sigilo das votações, cuja modificação não significa, necessariamente, uma violação às cláusulas pétreas. Como se sabe, a Constituição estabelece a vedação de emendas tendentes a abolir garantias. Assim, o que não pode ser extinto é o tribunal do júri; tampouco pode ele perder soberania, tornando-se, por exemplo, facultativo ou não, mais competente para o julgamento dos crimes dolosos contra a vida. É nesse sentido que deve ser entendido o crucial problema do julgamento proferido por íntima convicção, ligado umbilicalmente ao sigilo das votações. Observe-se que em Portugal nada do que é discutido na sala secreta pode ser revelado. Há, portanto, a garantia do sigilo: a sala é secreta. Refira-se que o júri português é composto por três juízes, que constituem o tribunal coletivo, por quatro jurados efetivos e por quatro suplentes. O tribunal é presidido pelo presidente do tribunal coletivo, que decide sobre as questões da culpabilidade e da determinação da sanção. Quem defere a formação dos quesitos é o conselho de jurados. A deliberação dos jurados será em sala secreta, onde o juiz-presidente faz a leitura dos quesitos, explicando-os, sem fazer, no entanto, qualquer resumo dos debates ou das provas produzidas em plenário. Os votos são proferidos oralmente, em ordem crescente por idade, votando primeiro os jurados (leigos), para depois votarem os juízes togados, votando, por último, o presidente. A pena é fixada pelo tribunal coletivo. As decisões são tomadas por maioria simples. Cada juiz e cada jurado deve enunciar as razões da sua opinião, indicando, sempre que possível, os meios de prova que serviram para formar a sua convicção. Nem os juízes que constituem o Tribunal coletivo nem qualquer dos jurados poderão revelar o que se tenha passado durante a deliberação que se relacione com a causa, nem, tampouco, exprimir a sua opinião sobre o veredito do júri depois de proferido. Há, pois, uma preocupação com as razões pelas quais o voto é proferido. O júri em Portugal, entretanto, não constitui uma obrigação, mas uma faculdade: em determinados crimes, a defesa ou o Ministério Público podem requerê-lo, daí sua rara ocorrência.

Cumpre referir, ainda no que se refere ao sigilo das votações, que os julgamentos realizados pelo tribunal do júri, embora seja secreto o escrutínio, têm uma particularidade: quando os resultados eram unânimes – até o advento do novo art. 483, §§ 1º e 2º –, ficava rompido, materialmente, o sigilo do voto de cada jurado. Com a modificação, o julgamento ocorrerá sempre por maioria de votos, resguardando-se, assim, os jurados que, como cidadãos desprovidos de quaisquer garantias, devem voltar às suas múltiplas atividades após o término de cada julgamento popular. Essa matéria é de tamanha relevância que várias propostas nesse sentido foram apresentadas quando da revisão constitucional, em 1993.

A discussão sobre a soberania dos vereditos recebeu novo *input* com a decisão do Superior Tribunal de Justiça, no HC 313.251, assentando que, ainda que o artigo 483, inciso III, do Código de Processo Penal tenha introduzido a possibilidade de que os jurados absolvam o acusado mesmo após terem reconhecido a autoria e a materialidade delitivas, não ofende a soberania dos vereditos a anulação da decisão em segundo grau, após apelação interposta pelo Ministério Público, quando a sentença se mostrar diametralmente oposta à prova dos autos.

Essa discussão e esse aspecto polêmico do júri estão ligados à própria fragilidade da instituição. De um lado, tem-se que a soberania dos vereditos não é absoluta, questão já reconhecida pelo Supremo Tribunal Federal; de outro, a previsão de íntima convicção que ganhou um reforço a partir do quesito genérico previsto no inciso III do artigo 483, III, do CPP, isto é, a admissão pelo legislador de que, mesmo que se admita a autoria e a materialidade e, independentemente da tese anunciada pela defesa, os jurados podem entender, por íntima convicção, que o acusado deva ser absolvido (por exemplo, por clemência). E, ao que consta da lei, não se pergunta as razões dessa absolvição. Ou o Tribunal pode dizer que o júri não pode absolver alguém por clemência? Aliás, como não há justificativa nem quesitação jurídica propriamente dita, indaga-se apenas se o réu deve ser absolvido. Isso tem a ver com a prova dos autos? Como dizer que a absolvição é contraria à prova dos autos se o quesito apenas fala "se o réu deve ser absolvido"? Observe-se, pois, que o quesito genérico é feito, nitidamente, em favor do réu. Não se pergunta se o réu deve ser condenado. A pergunta que cabe é: o recurso previsto na letra "d" do inciso III, do artigo 593 é também um recurso que pode ser manejado pela acusação? Como aferir a contrariedade à prova dos autos se os jurados podem absolver o acusado sem necessidade de dizer por quê?

Ressalte-se que no âmbito do Superior Tribunal de Justiça existem três posições: a) não é permitida a absolvição por qualquer motivo fora da prova dos autos, o que torna possível o recurso do MP diante da absolvição que não tenha amparo no conjunto probatório (HC 288.054/SP - ministro Nefi Cordeiro); b) os jurados podem absolver por qualquer motivo, mesmo de forma desvinculada da prova dos autos, sendo incabível recurso do MP, tendo em vista a soberania das decisões do júri (HC 350.895/RJ - ministros Schietti Cruz e Saldanha Palheiro); c) o tribunal de apelação pode fazer o controle acerca do respaldo fático-probatório da decisão de clemência, para mandar o réu a novo júri quando a decisão absolutória for desprovida de elementos fáticos que a autorizem (HC 350.895/RJ - ministros Sebastião, Maria Thereza e Nefi).

Já o Supremo Tribunal Federal deverá decidir acerca dessa problemática no RHC 117.076/PR, ainda pendente de julgamento. De nada adiantará, entretanto, firmar posição no sentido de que a íntima convicção tem limites no conjunto probatório. Isso já está dito várias vezes. A questão é operacional: de que modo se afere isso?

Outro ponto importante diz respeito ao quesito genérico de absolvição (artigo 483, III, do CPP), que não pode ser tido como contraditório em relação ao reconhecimento da autoria e da materialidade do crime. E acrescento a essa posição do STJ: mesmo que a tese do réu seja a de negativa de autoria.

Isso mostra, mais uma vez, que o quesito genérico encontra limites apenas quando confrontado com uma contradição insuperável. Seria teratológico admitir que, negada a autoria pelo réu como tese única, os jurados reconheçam a autoria e logo depois absolvam.

O processo de redefinição das leis e o positivismo jurisprudencialista - muito comuns na doutrina e na prática jurisprudencial - acabam tendo efeito deletérios principalmente quando se trata de discutir garantias processuais. Nesse sentido, cabe referir a incorreção da tese (*sic*) número 4 do STJ, no sentido de que a leitura em plenário do júri dos antecedentes criminais do réu não se enquadra nos casos apresentados pelo artigo 478, incisos I e II, do Código de Processo Penal, inexistindo óbice à sua menção por quaisquer das partes. Ora, se a leitura da sentença de pronúncia em plenário e até mesmo a menção acerca da determinação do uso de algemas não podem ser referidas, parece lógico concluir que os antecedentes do réu também não podem ser utilizados contra ele. O artigo 478 não é exaustivo. Além disso, o direito penal é do fato e não do autor. Fosse do autor, estaríamos retornando à Escola de Kiel. Por isso, também o uso de antecedentes deve ser vedado em plenário.

Em suma, o júri somente pode sobreviver se tivermos coragem de enfrentar o seu calcanhar de Aquiles: a íntima convicção. Todo o restante é secundário, se não alterarmos esse *locus* do subjetivismo. Não é possível falar em devido processo legal e democracia se uma pessoa pode ser condenada pela vontade do jurado, que simplesmente dispõe da liberdade do réu dizendo "sim" ou "não".

JUAREZ TAVARES

Pós-doutor pela Universidade de Frankfurt am Main (Alemanha), doutor e mestre em Direito pela Universidade Federal do Rio de Janeiro e bacharel em Direito pela Universidade Federal do Paraná. É professor titular da Universidade do Estado do Rio de Janeiro, professor visitante nas Universidades Pablo de Olavide (Sevilha, Espanha) e Frankfurt am Main (Alemanha), professor honorário da Universidade de San Martin (Lima, Peru) e professor emérito da Escola da Magistratura do Estado do Rio de Janeiro. É também subprocurador-geral da República aposentado.

CAPÍTULO I

ART. 5º TODOS SÃO IGUAIS PERANTE A LEI, SEM DISTINÇÃO DE QUALQUER NATUREZA, GARANTINDO-SE AOS BRASILEIROS E AOS ESTRANGEIROS RESIDENTES NO PAÍS A INVIOLABILIDADE DO DIREITO À VIDA, À LIBERDADE, À IGUALDADE, À SEGURANÇA E À PROPRIEDADE, NOS TERMOS SEGUINTES:

...

XXXIX - NÃO HÁ CRIME SEM LEI ANTERIOR QUE O DEFINA, NEM PENA SEM PRÉVIA COMINAÇÃO LEGAL;

O princípio da legalidade constitui uma conquista da humanidade no sentido de conter o poder punitivo do Estado. Embora alguns autores queiram pontuar sua existência no direito romano ou na Magna Carta inglesa de 1215, na verdade, sua primeira formulação legislativa é fruto da Revolução Americana e está presente na Constituição dos Estados Unidos de 1787 (art. I, seção 9), que proíbe a edição de lei *post facto*. Mais explicitamente, a Declaração dos Direitos do Homem e do Cidadão de 1889, da Revolução Francesa, afirma em seu artigo 8º que "ninguém pode ser punido senão em virtude de uma lei estabelecida e promulgada antes do delito e legalmente aplicada".

Atualmente, o princípio da legalidade encontra-se previsto em todas as constituições democráticas. No Brasil, já estava contemplado na Constituição do Império (art. 179, XI), bem como na Constituição Republicana de 1891 (art. 72, § 15), na Constituição de 1934 (art. 113, inc. 26), na Constituição de 1937 (art. 122, inc. 13), na Constituição de 1946 (art. 141, § 27) e na Constituição de 1967 (art. 150, § 16). Constava também em todos os nossos códigos:

Código Criminal do Império de 1830 (art. 1º), Código Penal de 1890 (art. 1º) e Código Penal de 1940 (art. 1º). A Constituição de 1988 expressa-o como uma regra (art. 5º, XXXIX), igual àquela prevista no vigente Código Penal (art. 1º): "Não há crime sem lei anterior que o defina, nem pena sem prévia cominação legal". À medida que o princípio da legalidade se veja incorporado na legislação ordinária, como ocorre no artigo 1º do Código Penal, pode-se dizer que se trata de um postulado normativo. Como postulado normativo, é ele de atendimento obrigatório, não pode ser flexibilizado e deve servir de parâmetro para toda e qualquer interpretação das normas penais. São corolários do princípio da legalidade: o princípio da taxatividade, a reserva de lei escrita, a proibição da analogia para definir crimes e criar ou agravar penas, a proibição da retroatividade de lei mais rigorosa, a proibição de alteração dos regimes de execução das penas em prejuízo do condenado, a proibição de retroatividade de jurisprudência mais gravosa e a restrição da edição de normas penais em branco. Em conformidade com o corolário da taxatividade, as leis penais devem definir de modo claro e induvidoso a conduta proibida ou mandada, bem como a espécie e a quantidade das penas cominadas. Viola o princípio da legalidade a lei penal que não indique com precisão os elementos da infração, mediante uma estrita informação dos atos e dos objetos que a compõem. São, assim, incompatíveis com a Constituição as definições genéricas de conduta, sem indicação de como se produz a ofensa a determinado objeto jurídico, por exemplo, "gerir temerariamente", "realizar atos preparatórios de terrorismo", "impedir ou embaraçar investigação de infração penal", "obstar ou dificultar ação fiscalizadora do Poder Público", "deixar de cumprir obrigação de relevante interesse ambiental", "participar de grupo, associação ou escritório de que sabe que está dedicado à prática de crimes".

Corresponde ao postulado da legalidade a exigência de uma lei escrita, votada diretamente pelo Parlamento de acordo com sua competência originária e segundo o processo legislativo previsto na Constituição. A definição de crimes e a cominação de penas, como implicam restrição de direitos fundamentais, não podem ser, assim, originadas de Medida Provisória, nem de previsões contidas em Convenções ou Tratados Internacionais, ainda que mandados executar no Brasil. Os chamados crimes transnacionais para que possam ser tratados como infração penal no Brasil deverão ser definidos em lei própria. A doutrina penal tem acentuado que toda operação interpretativa da lei penal é produto de uma reflexão analógica, mas isso não implica, mediante analogia, poder criar crimes e cominar ou agravar penas (*analogia in malam partem*). A analogia – tanto a *analogia juris* quanto a *analogia legis* – somente é admitida no direito penal quando, de qualquer modo, beneficiar o acusado ou o condenado (*analogia in bonam partem*). Por efeito do postulado da legalidade, a própria Constituição proíbe a retroatividade de lei mais rigorosa (art. 5º, XL). Essa proibição estende-se tanto à definição de delito e à cominação de pena quanto aos regimes e incidentes de execução, bem como às causas de extinção ou exclusão de pena. Incluem-se na proibição, assim, a alteração, em prejuízo do acusado ou condenado, dos pressupostos de persecução, dos casos de suspensão ou interrupção da prescrição, de seus prazos e sua contagem, de sua forma de reconhecimento e de sua extensão. Por força disso, a imposição de restrição à progressão da execução da pena, por exemplo, de pagamento de multa ou de ressarcimento dos danos, é claramente violadora do postulado da legalidade, uma vez não prevista essa forma de restrição nos limites da pena cominada. A proibição de retroatividade de lei mais severa alcança também a alteração gravosa da jurisprudência, quando essa não implique uma simples modificação de concepção jurídica. Assim, a decisão do Supremo Tribunal em Ação Direta de Inconstitucionalidade ou de Constitucionalidade, que imponha condições mais gravosas ao acusado ou condenado, somente poderá valer para fatos futuros e não para os delitos já cometidos, independentemente da fase processual em que se encontre sua apuração. Atendendo a essa assertiva, o Tribunal Europeu de Direitos Humanos acentuou na Sentença de 21/10/2013 (Demanda 42.750/2009) que as decisões dos tribunais, quando produzem uma integração da norma penal, constituem verdadeira lei e não podem ter efeito retroativo. Incluem-se nessa proibição não apenas a definição de delito ou a cominação de pena, mas também todo e qualquer incidente que possa afetar as condições do acusado ou condenado. Finalmente, em face da exigência de reserva de lei escrita, votada pelo Parlamento em obediência à sua competência originária, devem ser eliminadas do direito penal, por inconstitucionalidade, as normas penais em branco cujo conteúdo de injusto seja cometido a autoridades administrativas. Nenhuma autoridade administrativa ou mesmo judicial pode substituir o Parlamento na definição do ato ilícito.

TOMÁS GRINGS MACHADO

Professor coordenador do Curso de Direito da UNISINOS, onde também atua como professor de Direito Penal e Processual Penal. É doutor e mestre em Ciências Criminais pela PUC-RS, especialista em Ciências Penais pela PUC-RS e advogado criminal.

CAPÍTULO I

ART. 5º TODOS SÃO IGUAIS PERANTE A LEI, SEM DISTINÇÃO DE QUALQUER NATUREZA, GARANTINDO-SE AOS BRASILEIROS E AOS ESTRANGEIROS RESIDENTES NO PAÍS A INVIOLABILIDADE DO DIREITO À VIDA, À LIBERDADE, À IGUALDADE, À SEGURANÇA E À PROPRIEDADE, NOS TERMOS SEGUINTES:

...

XL – A LEI PENAL NÃO RETROAGIRÁ, SALVO PARA BENEFICIAR O RÉU;

A leitura do inciso XL do art. 5º da CF reforça e complementa o disposto no inciso XXXIX, no exato sentido de que uma lei penal não poderá possuir eficácia retroativa. Tal restrição vale, especialmente, se estivermos diante de uma *lex gravior* (*novatio legis incriminadora* ou *novatio legis in pejus*). Além disso, temos muito claramente a noção de que a regra geral de irretroativade da lei penal, decorrente do inciso XXXIX, deve ser excepcionada nas hipóteses de edição de lei penal superveniente mais benéfica ao réu (*lex mitior*). A leitura aqui empreendida decorre do ideal de segurança jurídica que a própria dimensão do princípio da legalidade possui, em especial para o direito penal, precisamente pelos elementos de cognoscibilidade, confiabilidade e calculabilidade que a lei penal acaba por proporcionar (ÁVILA, 2011).

Diante disso, ressalta-se que esse tipo de excepcional eficácia retroativa da lei penal apenas poderá ocorrer para beneficiar aquele que se encontre sob ameaça de incidência de uma lei penal, ou mesmo que já se encontre recebendo os efeitos da incidência dessa lei, pouco importando o momento processual que o sujeito se encontre (HUNGRIA, 1977; FRAGOSO, 2003; GOMES; GARCÍA-PABLOS DE MOLINA, 2009). O efeito da lei penal mais benéfica deverá ser imediatamente aplicado a todos, irrestritamente, sem com isso determinar qualquer violação ao princípio da igualdade (ZAFFARONI, BATISTA, ALAGIA, SLOKAR, 2006; HUNGRIA, 1977; PACELLI; CALLEGARI, 2015). Além da conclusão que a literalidade do dispositivo nos apresenta, podemos também extrair que, nas hipóteses de revogação de uma lei penal mais severa por outra *lex mitior* (*abolitio criminis* e *novatio legis in mellius*), aquela lei revogada não poderá continuar a gerar efeitos, tendo em vista a ausência de eficácia ultrativa da lei que restou revogada. Daí porque se reforça a ideia de uma leitura conjunta realizada entre os incisos XXXIX e XL da CF, no sentido de vedar a eficácia ultrativa de uma lei penal mais severa e a obrigatoriedade de retroatividade de uma lei penal mais benéfica (ZAFFARONI, PIERANGELI, 2013; SOUZA; JAPIASSÚ, 2012; GOMES; GARCÍA-PABLOS DE MOLINA, 2009).

Note-se que a importância dessa diretriz constitucional é tamanha que encontramos a mesma ideia no plano infraconstitucional, constante na literalidade do art. 2º, parágrafo único, do CP. Nesse ponto é importante destacar que a literalidade do artigo preocupa-se em deixar claro que os efeitos retroativos da lei penal mais benéfica vão incidir mesmo sobre fatos que já tenham sido julgados de forma definitiva, sem com isso prejudicar a administração da justiça ou mesmo a ideia de segurança jurídica que envolve o tema da legalidade (FRAGOSO, 2003, HUNGRIA, 1977, MESTIERI, 1999; BRANDÃO, 2008; GOMES; GARCÍA-PABLOS DE MOLINA, 2009). Em suma, a obrigatoriedade de se determinar a retroatividade de uma lei penal mais benéfica, inclusive em relação aos fatos que já se encontrem com decisão definitiva, é decorrente da necessidade de otimização da esfera de liberdade individual procedida pelo Estado e não por qualquer tipo de benefício ao criminoso (ZAFFARONI, BATISTA, ALAGIA, SLOKAR, 2006; BUSATO, 2015). Isso porque, no momento em que temos a edição de uma lei penal mais benéfica, além da evidente força que o princípio da legalidade possui nesse ponto – não permitindo assim que alguém venha a ser punido por um fato que não possua uma lei anterior que o defina como crime –, tal fato deixou de ser considerado crime por uma recompreensão do sentido de Justiça ou mesmo de liberdade por parte do Estado (FRAGOSO, 2003).

Importante aqui inserir um problema especificamente presente no âmbito infraconstitucional relativo aos efeitos atribuídos a uma lei penal de caráter excepcional ou temporário, conforme previsto no art. 3º, CP. Nesse sentido, teria o CP capacidade de excepcionar a regra constitucional prevista no inciso XL, negando eficácia retroativa para a lei penal mais benéfica e assegurando assim a eficácia ultrativa de uma lei penal excepcional mais severa? Para significativa parte da doutrina nacional (MARQUES, 1964; NORONHA, 1985; HUNGRIA, 1977, BUSATO, 2015, MESTIERI, 1999, BITENCOURT, 2012; GARCIA, 1982; MIRABETE; FABBRINI, 2009; BARROS, 2014; FRAGOSO, 2003, ESTEFAN, 2010; PACELLI; CALLEGARI, 2015; BRANDÃO, 2008; DELMANTO, 2007; SOUZA; JAPIASSÚ, 2012; GOMES; GARCÍA-PABLOS DE MOLINA, 2009; GALVÃO, 2016) a natureza excepcional ou temporária das leis penais permitiria o reconhecimento da sua eficácia ultrativa, pois negá-la seria, em síntese, anular os efeitos de prevenção geral positiva que essas normas intrinsecamente possuem (FIGUEIREDO DIAS, 2007). De outra parte, um segmento mais crítico da doutrina nacional (NUCCI, 2015; ZAFFARONI, BATISTA, ALAGIA, SLOKAR, 2006; LUISI, 2003; COSTA JR., 2000; ZAFFARONI, PIERANGELI, 2013) contesta a aplicação dos efeitos atribuídos pelo art. 3º, CP precisamente por confrontarem ele com o inciso XL da CF. Esse grupo de autores reconhece que paira sobre o art. 3º, CP, sérias dúvidas a respeito da sua constitucionalidade, pois não seria possível negar eficácia retroativa de uma lei penal mais benéfica, mesmo diante de uma lei penal excepcional ou temporária, dada a clareza do texto constitucional.

Da nossa parte, acrescentamos ao debate a seguinte ponderação: faria diferença a espécie de lei penal excepcional para analisarmos os seus efeitos? Pensamos que analisar a especificidade de uma hipótese de *novatio legis in pejus* e de uma *novatio legis incriminadora* é determinante para a adequada compreensão e dimensionamento do problema. Em suma, se estivermos diante de uma *novatio legis incriminadora* decorrente de lei penal excepcional ou temporária, estaremos diante de uma necessidade de criminalização que é absolutamente transitória e passageira, motivo pelo qual consideramos que os seus efeitos apenas poderão ser aplicados durante o período de vigência da lei penal excepcional ou temporária, sem o reconhecimento de eficácia ultrativa. E isso por uma razão muito simples, a determinação da proibição ou determinação do comportamento apenas é transitória e gerada por motivos passageiros que não representam o interesse democraticamente fundado e sedimentado na sociedade que as normas penais devem assumir. De outra parte, em se tratando de *novatio legis in pejus* de caráter temporário ou excepcional, nessa hipótese, estaremos diante de um ilícito penal já presente e reconhecido socialmente como fundamento de uma norma penal incriminadora que, por circunstâncias passageiras ou temporárias, passam a reclamar maior severidade de tratamento. Note-se que nesse caso existe uma criminalização anterior que passa a receber maior reprovação pelas circunstâncias excepcionais ou temporárias. Nesses casos, entendemos que poderá ser atribuído eficácia ultrativa, excepcionando o texto constitucional e criando, assim, um caminho intermediário atendendo à inerente ideia de prevenção geral positiva presente nas leis penais excepcionais e temporárias, a natureza e *status* constitucional da retroatividade da lei penal mais benéfica e, acima de tudo, a necessidade de não punição de fatos que apenas emergencialmente passam a ser considerados crime.

REFERÊNCIAS BIBLIOGRÁFICAS

ÁVILA, Humberto. *Segurança jurídica*: entre permanência, mudança e realização no Direito Tributário. São Paulo: Malheiros, 2011.

BARROS, Francisco Dirceu. *Direito penal*: parte geral. Rio de Janeiro: Elsevier, 2014.

BITENCOURT, Cezar Roberto. *Tratado de direito penal*: parte geral 1. 17. ed. rev., ampl. e atual. São Paulo: Saraiva, 2012.

BRANDÃO, Cláudio. *Curso de direito penal*: parte geral. Rio de Janeiro: Forense, 2008.

BUSATO, Paulo César. *Direito penal*: parte geral. 2. ed. São Paulo: Atlas, 2015.

COSTA JR., Paulo José. *Direito penal*: curso completo. 8. ed. rev. e consolidada em um único volume. São Paulo: Saraiva, 2000.

DELMANTO, Celso. *Código Penal comentado*. 7. ed. rev., atual. e ampl. Rio de Janeiro: Renovar, 2007.

DIAS, Jorge de Figueiredo. *Direito penal*: parte geral, tomo I: questões fundamentais – a doutrina geral do crime. São Paulo: Editora Revista dos Tribunais, 2007.

ESTEFAN, André. *Direito penal*. São Paulo: Saraiva, 2010. v. 1.

FRAGOSO, Heleno Cláudio. *Lições de direito penal*: parte geral. 16. ed. Rio de Janeiro: Forense, 2003.

GALVÃO, Fernando. *Direito penal*: parte geral. 7. ed. rev., ampl. e atual. Belo Horizonte: D'Plácido, 2016.

GARCIA, Basileu. *Instituições de direito penal*. 6. ed. São Paulo: Max Limonad, 1982.

GOMES, Luiz Flávio; GARCÍA-PABLOS DE MOLINA, Antonio. *Direito penal*: parte geral. 2. ed. rev., atual. e ampl. São Paulo: Revista dos Tribunais, 2009.

HUNGRIA, Nelson; FRAGOSO, Heleno Cláudio. *Comentários ao Código Penal*. 5. ed., Rio de Janeiro: Forense, 1977. v. 1, t. 1 (arts. 1º a 10).

LUISI, Luiz. *Princípios Constitucionais penais. 2. ed.* Porto Alegre: Sergio Antonio Fabris Editor, 2003.

MARQUES, José Frederico. *Curso de direito penal.* São Paulo: Saraiva, 1964.

MESTIERI, João. *Manual de direito penal*: parte geral. Rio de Janeiro: Forense, 1999. v. 1.

MIRABETE, Julio Fabrini; FABBRINI, Renato N. *Manual de direito penal:* parte geral. São Paulo: Atlas, 2009. v. 1.

NUCCI, Guilherme de Souza. *Manual de direito penal*. 11. ed. rev. e ampl. Rio de Janeiro: Forense, 2015.

PACELLI, Eugênio; CALLEGARI, André. *Manual de direito penal*: parte geral. São Paulo: Editora Atlas, 2015.

SOUZA, Artur de Brito Gueiros; JAPIASSÚ, Carlos Eduardo Adriano. *Curso de direito penal*: parte geral. Rio de Janeiro: Elsevier, 2012.

ZAFFARONI, Eugenio Raúl; BATISTA, Nilo; ALAGIA, Alejandro; SLOKAR, Alejandro. *Direito penal brasileiro*. 3. ed. Rio de Janeiro: Revan, 2006. v. 1.

ZAFFARONI, Eugenio Raúl; PIERANGELI, José Henrique. *Manual de direito penal brasileiro*: parte geral. 10. ed. rev. e atual. São Paulo: Revista dos Tribunais, 2013.

FRANCISCO MONTEIRO ROCHA JR.

Doutor e mestre em Direito pela UFPR, coordenador nacional dos cursos de Pós-Graduação em Direito e Processo Penal da Academia Brasileira de Direito Constitucional (ABDConst), presidente do Instituto Brasileiro de Direito Penal Econômico (IBDPE) e advogado criminalista.

CAPÍTULO I

ART. 5º TODOS SÃO IGUAIS PERANTE A LEI, SEM DISTINÇÃO DE QUALQUER NATUREZA, GARANTINDO-SE AOS BRASILEIROS E AOS ESTRANGEIROS RESIDENTES NO PAÍS A INVIOLABILIDADE DO DIREITO À VIDA, À LIBERDADE, À IGUALDADE, À SEGURANÇA E À PROPRIEDADE, NOS TERMOS SEGUINTES:

...

XLIII – A LEI CONSIDERARÁ CRIMES INAFIANÇÁVEIS E INSUSCETÍVEIS DE GRAÇA OU ANISTIA A PRÁTICA DA TORTURA , O TRÁFICO ILÍCITO DE ENTORPECENTES E DROGAS AFINS, O TERRORISMO E OS DEFINIDOS COMO CRIMES HEDIONDOS, POR ELES RESPONDENDO OS MANDANTES, OS EXECUTORES E OS QUE, PODENDO EVITÁ-LOS, SE OMITIREM; (REGULAMENTO)

Usualmente entendemos a Constituição da República como um instrumento de limitação do poder punitivo, dentro do paradigma de que o direito penal propõe aos juízes um sistema orientador de decisões que contem e reduz o poder punitivo (ZAFFARONI, BATISTA, ALAGIA, SLOKAR, 2003). Nada obstante, depara-se com inúmeras normas da Carta Magna denominadas mandados de criminalização que, antes de limitar, dinamizam o poder punitivo, obrigando o legislador ordinário a criminalizar condutas que atentariam contra determinados bens jurídicos constitucionalmente eleitos (PASSOS, 2011). É o que ocorre com os crimes de tortura, tráfico ilícito de entorpecentes, terrorismo e o gênero dos crimes hediondos, cuja previsão legal foi constitucionalmente imposta pelo inciso XLIII do art. 5º do Texto Constitucional.

Não são poucas as vozes críticas ao referido instituto. Dimoulis (2005) afirma que se trata de castigar em nome dos Direitos Humanos, ou seja, responder à violência exercida contra eles com outra violência.

Para Karam (2009), servem apenas para encobrir aspirações punitivistas, sob a carapaça da manutenção dos compromissos com o Estado Democrático de Direito. Contudo, a esperança de que o direito penal pode cumprir alguma função na proteção dos direitos humanos mais fundamentais da nossa sociedade acaba encontrando maior eco. E, de tal sorte, entende-se e se efetivam os mandados de criminalização sob o argumento de que não se trata de vingança, mas de utilizar meios necessários para o respeito de relevantes bens jurídicos e diminuição dos abusos (PONTE, 2008; PIOVESAN, 2006).

Desde essa perspectiva preventiva de direito penal, tem o legislador ordinário regulamentado os temas abordados no inciso em comento através de leis federais. Cronologicamente, vê-se, antes mesmo do advento do Texto Constitucional, a criminalização do tráfico ilícito de entorpecentes, como se via na Lei nº 6.368, de 1976, posteriormente sucedida pela Lei nº 11.343, de 2006, que deu novo tratamento à temática.

Logo após a promulgação da Constituição Federal tem-se a Lei nº 8.072, de 1990, que, alterada inúmeras e inúmeras vezes, dispõe sobre os crimes hediondos, definindo os tipos penais que nela se enquadram, regime de cumprimento da pena, entre outras disposições.

A terceira regulamentação do inciso em comento é operada com a promulgação da Lei nº 9.455, de 1997, que define o crime de tortura. Por fim, depara-se ainda com a Lei nº 13.260, de 2016, que disciplinou o crime de terrorismo.

Ainda que a opção adotada pelo constituinte brasileiro, tal como ocorre em vários países como Alemanha, Espanha, Itália, França, tenha sido a de uma prévia definição de quais bens jurídicos deveriam, desde logo, ser especialmente tutelados, inexistindo em tais casos margem para a discricionariedade do legislador ordinário, não se pode deixar de analisar os efeitos práticos das referidas criminalizações. As normas que foram desenhadas para "proteger direitos humanos" por meio da criminalização de ataques que contra eles ocorram, tem servido, ao contrário, para uma política criminal racista, classista e seletivamente desigual.

Em abordagem que poderíamos utilizar para descortinar o fenômeno analisado, dados do Levantamento Nacional de Informações Penitenciárias – INFOPEN, publicados em 2017, relativos ao ano de 2016, referem-se ao fato de que contávamos àquela época com 229 pessoas presas pelo cometimento do crime de tortura e 176.691 pessoas presas por tráfico e associação para o tráfico de drogas, ao passo que ninguém estava preso pelo crime de terrorismo.

Tais constatações, e nos estreitos limites desse artigo, nos levam a algumas indagações, tais como a efetividade de políticas repressivas ante o crime de tortura. A indagação é pertinente, na medida em que diversos relatórios internacionais de direitos humanos que enfocam o Brasil colocam tal questão em destaque, como se verifica do Relatório da Anistia Internacional de 2017/2018, o qual explicita que o Brasil recebeu 246 recomendações da ONU, nas quais se criticou entre outros temas, os alarmantes números de homicídios cometidos por policiais; as torturas e as condições degradantes nas prisões; e a proteção aos defensores de direitos humanos. Não nos parece que as quase 200 prisões pelo referido crime em nosso país tenham surtido qualquer efeito no cenário internacionalmente reconhecido.

Num segundo momento é de se indagar qual o bem jurídico – relacionado aos direitos humanos – que se protege ao encarceramos quase 200 mil pessoas acusadas do crime de tráfico de drogas. Nunca é demais indagarmos: qual a distinção ontológica entre as drogas proibidas e as lícitas (CARVALHO, 2006)? Qual a razão para apenarmos uma lesão corporal grave (1 a 5 anos) de forma menos intensa do que a colocação em risco de um bem jurídico abstrato como a saúde pública (5 a 15 anos), como ocorre no crime de tráfico de drogas (GRECO, 2011)? Quantas mortes e tantos outros crimes ocorrem exclusivamente pelo fato de o tráfico de drogas ser crime? E, diante desse quadro, de que forma se poderia sustentar que essa perniciosa política contribui para o aperfeiçoamento dos direitos humanos em nosso país?

Como se tudo isso não bastasse, é de se indagar se essas seletivas políticas de criminalização podem fazer frente às quase 200 diferentes iniciativas normativas em trâmite em nosso país, que ameaçam seriamente os direitos humanos, como as propostas "que reduzem para menos de 18 anos a idade em que crianças podem ser julgadas como adultos; que alteram ou revogam o Estatuto do Desarmamento, facilitando o licenciamento e a compra de armas de fogo; restringem o direito de manifestação pacífica e criminaliza os protestos sociais; impõem a proibição absoluta do aborto, violando os direitos sexuais e reprodutivos de mulheres e meninas; mudam o processo de demarcação de terras e a exigência do consentimento livre, prévio e informado dos povos indígenas e das comunidades quilombolas; e diminuem a proteção aos direitos trabalhistas e ao acesso à previdência social", tudo conforme o citado relatório da Anistia Internacional. Essas são as indagações que ficam sem resposta, que podem apontar para a hipótese de que, quiçá, a criminalização de algumas condutas, tal como determinado pela Constituição, não se constitui na melhor forma de proteção dos direitos humanos.

REFERÊNCIAS BIBLIOGRÁFICAS

ANISTIA INTERNACIONAL. Informe 2017/18. Disponível em: https://anistia.org.br/wp-content/uploads/2018/02/informe2017-18-online1.pdf. Acesso em: 19 nov. 2018.

CARVALHO, Salo. *A política criminal de drogas no Brasil*: estudo criminológico e dogmático. 3. ed. Rio de Janeiro: Lumen Juris, 2006.

DIMOULIS, Dimitri. O art. 5º, § 4º da CF: dois retrocessos políticos e um fracasso normativo. In: TAVARES, André Ramos, et al. *Reforma do Judiciário*: Emenda Constitucional 45/2004, analisada e comentada. São Paulo: Método, 2005.

GRECO, Luís. *Modernização do direito penal, bem jurídicos coletivos e crimes de perigo abstrato*. Rio de Janeiro: Lumen Juris, 2011.

KARAM, Maria Lúcia. *Recuperar o desejo da liberdade e conter o poder punitivo*. Rio de Janeiro: Lumen Juris, 2009.

PASSOS, Jaceguara Dantas da Silva. *Mandados de criminalização decor de tratados de direitos humanos*. Dissertação (Mestrado em Direito) – PUC-SP, São Paulo, 2011.

PIOVESAN, Flávia. *Direitos humanos e o direito constitucional internacional*. 6. ed. São Paulo: Saraiva, 2006.

PONTE, Antonio Carlos da Ponte. *Crimes eleitorais*. São Paulo: Saraiva, 2008.

SANTOS, Thandara (org.). Levantamento nacional de informações penitenciárias. Brasília: Ministério da Justiça e Segurança Pública, 2017. Disponível em: http://antigo.depen.gov.br/DEPEN/noticias-1/noticias/infopen-levantamento-nacional-de-informacoes-penitenciarias-2016/relatorio_2016_22111.pdf. Acesso em: 19 nov. 2018.

ZAFFARONI, E. Raul; BATISTA, Nilo; ALAGIA, Alejandro; SLOKAR, Alejandro. *Direito penal brasileiro:* primeiro volume – Teoria geral do direito penal. Rio de Janeiro: Revan, 2003.

VANESSA CHIARI GONÇALVES

Doutora em Direito pela Universidade Federal do Paraná - UFPR (2011). Mestre em Ciências Criminais pela Pontifícia Universidade Católica do Rio Grande do Sul - PUC-RS (2004). Especialista em Política pela Universidade Federal de Pelotas - UFPel (2000). Graduada em Direito pela Universidade Federal do Rio Grande - FURG (1998). Professora adjunta de Direito Penal e Criminologia da Faculdade de Direito e do Programa de Pós-Graduação em Direito da Universidade Federal do Rio Grande do Sul (UFRGS).

CAPÍTULO I

ART. 5º TODOS SÃO IGUAIS PERANTE A LEI, SEM DISTINÇÃO DE QUALQUER NATUREZA, GARANTINDO-SE AOS BRASILEIROS E AOS ESTRANGEIROS RESIDENTES NO PAÍS A INVIOLABILIDADE DO DIREITO À VIDA, À LIBERDADE, À IGUALDADE, À SEGURANÇA E À PROPRIEDADE, NOS TERMOS SEGUINTES:

...

XLIV – CONSTITUI CRIME INAFIANÇÁVEL E IMPRESCRITÍVEL A AÇÃO DE GRUPOS ARMADOS, CIVIS OU MILITARES, CONTRA A ORDEM CONSTITUCIONAL E O ESTADO DEMOCRÁTICO;

O dispositivo constitucional em análise visa a impedir eventuais ações golpistas contra o Estado Democrático de Direito, dando ênfase ao impedimento da associação de grupos armados que atuem com esse objetivo. A referência constitucional ao fato de que o crime é inafiançável tem por objetivo evitar que os indivíduos, presos por ações contrárias ao regime democrático, possam obter a liberdade provisória mediante o pagamento de fiança. No entanto, sabe-se que, para a decretação de prisão cautelar, precisam estar presentes os requisitos legais previstos na legislação processual penal, sendo a fundamentação judicial indispensável. Já a declarada imprescritibilidade pretende impedir que eventuais ações armadas contrárias ao Estado Democrático de Direito fiquem impunes em virtude do transcorrer de determinado lapso temporal.

Ainda que se reconheça a importância dessa norma constitucional, é importante destacar que a preocupação do constitucionalismo brasileiro com a manutenção da ordem constitucional e do regime democrático de governo esteve presente em todas as Cartas Magnas do século 20. A Constituição Federal de 1946 já estabelecia o direito à livre associação sem armas para fins lícitos, dentre os direitos e as garantias individuais previstos no artigo 141. Vedava, no entanto, no parágrafo 13 do mesmo dispositivo, a "organização, o registro ou o funcionamento de qualquer partido político ou associação, cujo programa ou ação contrarie o regime democrático, baseado na pluralidade dos Partidos e na garantia dos direitos fundamentais do homem". Observa-se, então, que, para além da preocupação com a associação de indivíduos armados, proibia-se que uma associação tivesse como finalidade questionar ou defender a abolição do regime democrático.

Com o golpe civil-militar de 1964, que destituiu o presidente João Goulart (eleito democraticamente como vice-presidente e tendo assumido a Presidência da República após a renúncia de Jânio Quadros), instituiu-se no Brasil um estado de exceção. Para Giorgio Agamben, nesses contextos institucionais tudo acontece "como se o direito e o *logos* tivessem necessidade de uma zona anômica (ou alógica) de suspensão para poder fundar sua referência ao mundo da vida". Esse espaço vazio da anomia acaba sendo capturado pelo direito, inscrevendo-se a violência no contexto jurídico como pressuposto de existência do próprio direito. A essa zona, "onde se situa uma ação humana sem relação com a norma", o autor denomina de estado de exceção (AGAMBEN, 2005, p. 14-15). Mas é possível indagar: em que medida essa noção de estado de exceção se aplica à realidade jurídico-política brasileira?

O golpe civil-militar, de 1964, utilizou o argumento da defesa da ordem democrática para destituir um presidente legítimo e instituir um regime autoritário. Ditadura essa que surgia como uma reação à suposta inclinação socialista do presidente deposto. No entanto, formalmente, ficaram preservados os mesmos direitos e garantias individuais de livre associação, tanto no texto da Constituição outorgada de 1967 (artigo 150, parágrafos 27 e 28), como na Emenda Constitucional nº 1, de 1969 (artigo 153, parágrafos 27 e 28), que reproduz exatamente os mesmos dispositivos da Constituição de 1967.

O ato institucional nº 1, de 9 de abril de 1964, que dispôs sobre "a manutenção da Constituição Federal de 1946 e as Constituições Estaduais e respectivas Emendas, com as modificações introduzidas pelo Poder Constituinte originário da revolução Vitoriosa", esclarecia, em seu preâmbulo, que o movimento revolucionário atendia aos anseios da "quase totalidade da Nação", nominando-se representante do povo, verdadeiro titular do poder constituinte originário. Afirmava a missão de reconstruir o País econômica, financeira, política e moralmente, destituindo o governo que "se dispunha a bolchevizar" o Brasil. Assim, ao menos até a outorga da Constituição de 1967, foi mantida a Constituição de 1946, com as modificações indicadas nos atos institucionais que se seguiram. Os direitos e as garantias fundamentais do cidadão permaneciam praticamente intocáveis no plano formal.

Observa-se, assim, na história brasileira, uma série de golpes (revoluções) que instituem regimes autoritários com o argumento, essencialmente contraditório, de defesa do Estado Democrático de Direito e que se dispõem, apenas no plano formal como mecanismo de autolegitimação pelo discurso, a manter direitos e garantias fundamentais dos cidadãos. O povo fica, no entanto, impedido de eleger diretamente todos os seus representantes. A totalidade dos golpes aplicados no Brasil do século XX tiveram, portanto, essa característica: instauraram ditaduras conservadoras com o argumento de proteger o Estado Democrático de Direito da ameaça comunista. Mas esse cinismo discursivo tem uma origem que precisa ser compreendida.

Pode-se dizer que há uma evidente influência das diversas doutrinas de segurança nacional estadunidenses que foram surgindo nas primeiras décadas do século XX e se intensificaram como luta anticomunista a partir do fim da Segunda Guerra Mundial. Essa doutrina foi amplamente propagada em âmbito internacional e, sobretudo, no continente americano, sendo oficialmente introduzida no Brasil, em 1949, por meio da fundação da Escola Superior de Guerra (ESG), inspirada na Escola Nacional de Guerra dos Estados Unidos (REZNIK, 2004, p. 32-33). Tratava-se da Doutrina de Segurança Nacional de Contenção da expansão soviética. Essa introdução "deu-se por meio da transferência de métodos e práticas contrarrevolucionárias para a elite civil e militar que, mais tarde, levaria a cabo a sua institucionalização. Nesse sentido, é possível afirmar que no âmbito internacional, a ideologia da "bipolaridade influenciou os países a se alinharem ao ocidente capitalista (EUA) ou ao oriente comunista (URSS)", desconsiderando as peculiaridades nacionais e os contextos de desigualdade social e de instabilidade político-social do "Terceiro Mundo". Assim, a "institucionalização de uma doutrina de segurança nacional no Brasil contribuiu para a consolidação de uma cultura política antidemocrática e repressiva, que ainda permeia as instituições e a sociedade brasileira" (STEPHAN, 2015, p. 13-16).

Essa percepção se confirma quando são observadas as normas que tipificaram os crimes contra a Segurança Nacional durante o século passado. Desde a Lei nº 38, de 1935, no período do Estado Novo, passando pela Lei nº 1.802, de 1953, pelos Decretos-Leis nºs 314, de 1967, e 898, de 1969, pela Lei nº 6.620, de 1978, até a promulgação da Lei nº 7.170, de 1983, que permanece em vigor, encontram-se semelhanças que merecem destaque. O artigo 17, da Lei nº 7.170/1983, assim dispõe: "Tentar mudar, com emprego de violência ou grave ameaça, a ordem, o regime vigente ou o Estado de Direito", prevendo um pena de reclusão de 3 a 15 anos. Com maior ou menor amplitude nas condutas criminalizadas, observa-se que em todas as normas tipifica-se a associação de pessoas armadas com o fim de impedir o livre exercício dos Poderes da União e dos Estados, como também as ações que promovam a insurreição armada ou tentem alterar a Constituição ou o regime de governo por ela adotado. Assim, as condutas lesivas à ordem constitucional permaneceram tipificadas na legislação brasileira desde 1935. Dessa forma, os próprios grupos infratores da ordem constitucional estabelecida, que haviam praticado crimes contra a Segurança Nacional, autoproclamaram-se guardiões da ordem constitucional por eles violada.

Assim, conclui-se que, apesar das distorções interpretativas do que vem a ser uma infração à ordem constitucional e ao Estado Democrático de Direito, observadas no decorrer da história recente brasileira, e estimuladas pela importação da doutrina de Segurança Nacional estadunidense, o dispositivo do artigo 5º, XLIV, da Constituição da República, representa um grande avanço na tentativa de impedir golpes de Estado.

A questão que se apresenta, na contemporaneidade, é a de que os golpes de Estado também acompanharam a evolução social em termos de complexidade. Desse modo, não é mais necessária a associação de grupos armados contra a ordem constitucional para que um representante do povo, legitimamente eleito, seja deposto. Basta que o golpe envolva membros de outros Poderes da República e possa legitimar-se por uma construção discursiva. Foi exatamente isso que ocorreu no Brasil, após o *impeachment* da Presidente Dilma Rousseff, em 2016 (SOUZA, 2016, p. 105). Trata-se de uma nova modalidade de golpe civil-parlamentar, formalmente amparado pelo direito. E quanto a essa modalidade de golpe, o Brasil ainda não dispõe de mecanismos eficazes de proteção. Nesse caso, a noção de Giorgio Agamben sobre estado de exceção se encaixa perfeitamente. O caminho indicado pelo autor parece ser o da política verdadeira, aquela "ação que corta o nexo entre violência e direito" (AGAMBEN, 2005, p. 133). Esses, certamente, são os novos desafios que se apresentam para a defesa da democracia brasileira.

REFERÊNCIAS BIBLIOGRÁFICAS

AGAMBEN, Giorgio. *Estado de Exceção*. Tradução de Iraci D. Peleti. São Paulo: Boitempo, 2005. p. 133.

SOUZA, Jessé. *A radiografia do golpe*. Rio de Janeiro: Leya, 2016. p. 105.

STEPHAN, Cláudia. A ideologia da bipolaridade: a introdução da Doutrina de Segurança Nacional (DSN) e as implicações para a democracia no Brasil. In: *Seminário Internacional de Ciência Política*, 1, Porto Alegre, 2015. Disponível em: .ufrgs.br/sicp/wp-content/uploads/2015/09/STEPHAN-A-Ideologia-da-Bipolaridade_a-Introdu%C3%A7%C3%A3o-da-Doutrina-de-Seguran%C3%A7a-Nacional-DSN-e-as-Implica%C3%A7%C3%B5es-para-a-Democracia-no-Brasil.pdf. Acesso em: 20 abr. 2018.

REZNIK, Luís. *Democracia e segurança nacional:* a polícia política no pós-Guerra. Rio de Janeiro: FGV, 2004.

GUILHERME MOREIRA PIRES
Advogado, doutorando em Direito Penal (UBA), autor, cofundador do Instituto Capixaba de Criminologia e Estudos Penais.

CAPÍTULO I

ART. 5º TODOS SÃO IGUAIS PERANTE A LEI, SEM DISTINÇÃO DE QUALQUER NATUREZA, GARANTINDO-SE AOS BRASILEIROS E AOS ESTRANGEIROS RESIDENTES NO PAÍS A INVIOLABILIDADE DO DIREITO À VIDA, À LIBERDADE, À IGUALDADE, À SEGURANÇA E À PROPRIEDADE, NOS TERMOS SEGUINTES:

...

XLV – NENHUMA PENA PASSARÁ DA PESSOA DO CONDENADO, PODENDO A OBRIGAÇÃO DE REPARAR O DANO E A DECRETAÇÃO DO PERDIMENTO DE BENS SER, NOS TERMOS DA LEI, ESTENDIDAS AOS SUCESSORES E CONTRA ELES EXECUTADAS, ATÉ O LIMITE DO VALOR DO PATRIMÔNIO TRANSFERIDO;

Sobre a redação do inciso XLV do art. 5º da CF, importante destacar, criticamente, que no "sistema de justiça criminal", as penas fatalmente transcendem em muito a pessoa do condenado (CORDEIRO; PIRES, 2017), sendo a anunciada "intranscendência da pena" sistemicamente ilusória, e interpretada de forma pouco significativa e explícita nas práticas jurídicas e suas ressonâncias na realidade.

Seja em uma dimensão mais amplamente profunda, pelo fato de que, conectadas às pessoas cumprindo pena, há redes de outras pessoas sofrendo em conjunto (redes de violências), concretamente se dobrando juntamente às regras que orbitam a prisão (como as regras de visitação, revistas vexatórias em grande parte das regiões, entre inúmeras violências e humilhações) – e, nesse sentido, importante o reconhecimento sociopolítico de que existem presos *intra* muros e *extra* muros (FERNANDES; PIRES, 2017) – ou em razão de outros desdobramentos mais pontuais e diretos (derivados ou conectados ao primeiro), como presos enviados para localidades distantes da família, ou mesmo mulheres grávidas encarceradas.

Sobre essa última questão, mesmo com recente jurisprudência do STF (a Segunda Turma do STF concedeu na data 20/02/2018 prisão domiciliar para as mulheres presas preventivamente, grávidas ou mães de crianças de até 12 anos), juízes seguem negligenciando o conteúdo decidido, ignorando, de forma muito temerária, que estão encarcerando outros seres humanos de forma impressionantemente direta, violando frontalmente o inciso abordado (o que sequer remete a uma conclusão exclusiva do pensamento crítico, mas a uma conclusão da própria literalidade do dispositivo ignorado).

Sua menção, quando relembrada pelos atores do sistema, tende a incidir de forma extremamente limitada, relativizando inúmeras transcendências de violências, que, concretamente, ultrapassam em muito o corpo dos condenados (objetivamente e subjetivamente), direta (como nos casos das mulheres grávidas), ou mais indiretamente.

De todo modo, o certo é que os efeitos e sofrimentos infligidos por meio desse sistema e suas capturas ultrapassa exponencialmente os corpos dos condenados aprisionados, repercutindo em redes de pessoas que agonizam em conjunto, reféns dos funcionamentos reais que revestem a prisão, inclusive brutalmente longínquos das promessas dos discursos declarados, da "promessa constitucional".

Santana (2011), em sua versátil análise do RDD (Regime Disciplinar Diferenciado), abarcando razão de governo, gerenciamentos e controles instalados nas práticas punitivas, questiona, por exemplo, como é possível no século XXI, uma prática de segurança máxima com pretensão de isolamento absoluto (paralelamente aos fluxos de negociações que alimentam essa dinâmica).

Deslocando-se um pouco dos territórios discursivos tensionados pela autora, o que se pretende aqui sublinhar é que todas as dinâmicas que ativam sofrimentos e promovem restrições intransponíveis às famílias dos condenados, muitas vezes sem possibilidade sequer de comunicação, incluindo transferências prejudiciais a essas redes de pessoas, e procedimentos abusivos e notadamente constrangedores, deveriam ser interpretadas como ofensivas à literalidade do aludido inciso XLV do art. 5º da CF.

Esse inciso não deve, de forma extremamente achatada e violenta, significar o mínimo possível; senão que, ao contrário, deve visar ao máximo estancar os impactos do aprisionamento em terceiros, para que não sejam tragados e esmagados nas redes de violências da prisão, coletivamente absorvidos nessas capturas e massacres.

Dessa forma, sobre as violações mencionadas, se sublinha que a presente redação merece interpretações mais sérias e aprofundadas, de modo que os intérpretes compreendam que não podem ignorar as agigantadas redes de violências que ultrapassam a pessoa do condenado, constantemente ativadas e reafirmadas pelos atores desse sistema, que perpetuam dores e sofrimentos por meio de dinâmicas e mecânicas de funcionamentos terríveis.

REFERÊNCIAS BIBLIOGRÁFICAS

CORDEIRO, Patrícia; PIRES, Guilherme Moreira. *Abolicionismos e cultura libertária:* inflexões e reflexões sobre Estado, democracia, linguagem, delito, ideologia e poder. Florianópolis: Empório do Direito, 2017.

FERNANDES, Thayla; PIRES, Guilherme Moreira. Vidas marcadas por prisões. In: ANDRÉ, Lenir Rosa; FERREIRA, José Heleno; VIEIRA, Alessandra Kelly (org.). *Direito das crianças e dos adolescentes*. Programa Institucional de Extensão. Minas Gerais: Editora UEMG, 2017.

SANTANA, Aline Passos de Jesus. *A disciplina carcerária na sociedade de controle:* uma análise genealógica do Regime Disciplinar Diferenciado. Dissertação (Mestrado em Ciências Sociais) – PUC-SP, São Paulo, 2011.

XLVI – A LEI REGULARÁ A INDIVIDUALIZAÇÃO DA PENA E ADOTARÁ, ENTRE OUTRAS, AS SEGUINTES:

A) PRIVAÇÃO OU RESTRIÇÃO DA LIBERDADE;
B) PERDA DE BENS;
C) MULTA;
D) PRESTAÇÃO SOCIAL ALTERNATIVA;
E) SUSPENSÃO OU INTERDIÇÃO DE DIREITOS;

O aludido inciso (XLVI do art. 5º da CF), que versa sobre a prometida individualização da pena, assinalando a possibilidade de penas de privação ou restrição da liberdade, perda de bens, multa, prestação social alternativa e suspensão ou interdição de direitos, esbarra nos funcionamentos reais do sistema de justiça criminal brasileiro, sendo facilmente desmentido pelo cenário identificado, em que uma análise técnica e aprofundada dos casos concretos é estruturalmente permutada por uniformizações e universalidades, entre presunções gerais e fundamentos genéricos, além de preconceitos, presunções e inferências dos juízes do sistema de justiça criminal.

O que esses julgadores frequentemente confundem com análises do caso concreto são imagens gerais, estereótipos e preconceitos (inclusive de sujeitos perigosos), associados, depositados/incorporados no caso concreto, contaminando-o com esse conteúdo repleto de inferências e tautologias, como se, com isso, estivessem efetivamente analisando tecnicamente as nuances do caso; é dizer, a singularidade do caso concreto é sistemicamente permutada pelo universal, e por associações particulares (conectadas a centralidades) incidentes sobre os casos, o que, de forma totalmente fantasiosa, é retoricamente invocado para preencher a exigência da prometida individualização da pena.

Isso sem apartar-se do conteúdo mais raso do amplo caldo identificado como senso comum criminológico (CORDEIRO; PIRES, 2017; PIRES, 2018), abrangendo, no nível mais básico, a retórica de defesa da sociedade (inclusive ignorando que o condenado também "é" essa "sociedade"), o paradigma do inimigo e do risco, noções explícitas do Direito Penal do autor, entre invenções brutalmente prejudiciais aos réus, com "adivinhações pessoais" sem respaldo constitucional, por exemplo, conjecturando se o condenado "voltará a delinquir" no futuro.

Embora a individualização da pena em tese remeta à observação técnica de elementos concretos e individualizados, os juízes do sistema estruturalmente permutam esses elementos concretos por artificialidades retóricas, ficções, imagens e presunções gerais, que povoam e habitam suas imaginações (entre preconceitos e estereótipos), que se relacionam com o que NEVES (2016) apontou como uma "sensibilidade punitiva", e transvertem o que em teoria seria uma contenção do poder punitivo (evitando penas uniformizadas dissociadas da singularidade e complexidade do caso concreto), então redimensionado em novo dispositivo instrumentalizado, "apossado" e reconfigurado, pelas interpretações absurdas das autoridades, envoltas na resposta universal da linguagem criminal, sem compreensão do *singular* que consiga sequer respeitar a própria logicidade interna anunciada, não pelos abolicionistas, mas no cerne da própria dogmática jurídico-penal.

A realidade do sistema de justiça criminal brasileiro, na esteira da melancólica disputa entre os três países detentores do maior encarceramento planetário – e, diga-se de passagem, a cada dia mais perto do topo ocupado pelos Estados Unidos – aponta para a flagrante captura e integração de incisos como este, no mundo da retórica apontado por Augusto (2018), dissociado das ressonâncias concretas das regras e princípios anunciados.

"El discurso jurídico-penal se revela como falso en forma innegable [...] siempre se ha sabido que el discurso jurídico-penal latinoamericano es falso" (ZAFFARONI, 2013, p. 17-18). E na realidade brasileira, isso tudo é ainda mais escandalosamente evidente que na Argentina. Assim, trilhando além do argentino, a luta pela abolição total desse circuito é urgente (no presente). Não basta explicitar a mentira das falsas promessas; é também preciso cessar de orbitar a mentira em que se acastelam atores desse sistema, abolindo o que visualizam como inescapável (falsas imprescindibilidades), que não funcionam sequer como contenções, mas roupagem validadora da continuidade do poder punitivo.

REFERÊNCIAS BIBLIOGRÁFICAS

AUGUSTO, Acácio. Prefácio. Sobre idas e vindas de uma escrita: em busca da abolição possível. In: PIRES, Guilherme Moreira. *Abolicionismos e sociedades de controle:* entre aprisionamentos e monitoramentos. Florianópolis: Habitus, 2018.

CORDEIRO, Patrícia; PIRES, Guilherme Moreira. *Abolicionismos e cultura libertária:* inflexões e reflexões sobre Estado, democracia, linguagem, delito, ideologia e poder. Florianópolis: Empório do Direito, 2017.

NEVES, Fernando Henrique Cardoso. Sensibilidade punitiva e a formação jurídico-penal: uma análise empírica. *Confluências – Revista Interdisciplinar de Sociologia e Direito*, v. 17, n. 2, p. 117-134, 2016.

PIRES, Guilherme Moreira. *Abolicionismos e sociedades de controle*: entre aprisionamentos e monitoramentos. Florianópolis: Habitus, 2018.

ZAFFARONI, Eugenio Raúl. *En busca de las penas perdidas:* Deslegitimacion y dogmatica juridico-penal. Buenos Aires: Ediar, 2013.

LUÍS CARLOS VALOIS

Juiz de direito titular da Vara de Execuções do Amazonas. Mestre e doutor em Direito Penal e Criminologia pela Universidade de São Paulo - USP e pós-doutorando em Criminologia pela Universität Hamburg. É professor de Direito Penal e Execução Penal, presidente da Comissão de Política de Drogas do Instituto Brasileiro de Ciências Criminais - IBCCrim, membro da Associação de Juízes para Democracia - AJD e membro da Academia de Letras e Ciências Jurídicas do Amazonas. Também atua como porta-voz da Law Enforcement Against Prohibition (Agentes da Lei Contra a Proibição - LEAP - Brasil).

CAPÍTULO I

ART. 5º TODOS SÃO IGUAIS PERANTE A LEI, SEM DISTINÇÃO DE QUALQUER NATUREZA, GARANTINDO-SE AOS BRASILEIROS E AOS ESTRANGEIROS RESIDENTES NO PAÍS A INVIOLABILIDADE DO DIREITO À VIDA, À LIBERDADE, À IGUALDADE, À SEGURANÇA E À PROPRIEDADE, NOS TERMOS SEGUINTES:

...

XLVII – NÃO HAVERÁ PENAS:
A) DE MORTE, SALVO EM CASO DE GUERRA DECLARADA, NOS TERMOS DO ART. 84, XIX;
B) DE CARÁTER PERPÉTUO;
C) DE TRABALHOS FORÇADOS;
D) DE BANIMENTO;
E) CRUÉIS;

Partindo do pressuposto hermenêutico de que a lei não usa duas palavras para significar a mesma coisa, necessário perquirir o que seria a pena cruel vedada constitucionalmente, se tal pena não é a de morte, nem a de caráter perpétuo ou a de trabalhos forçados, como também não é a de banimento, vez que todas essas sanções estão vedadas expressa e individualmente no mesmo inciso do artigo 5º.

Poderíamos concluir que – com a análise do inciso constitucional em questão – o que se está vedando é a própria pena privativa de liberdade, cruel na sua essência, violadora de uma necessidade básica do ser humano, fracassados todos os dogmas históricos que a fundamentaram, mas esta, a pena de prisão, está prevista constitucionalmente (ex. incisos LVII a LXVI do art. 5º).

Impõem-se, portanto, uma concessão para com a crueldade, uma relativização do passado de violência e destruição de vidas que carrega a pena privativa de liberdade, em favor da coerência da norma constitucional.

O STF, ao julgar inconstitucional dispositivo da Lei de Crimes Hediondos que determinava dever ser a pena privativa de liberdade cumprida integralmente em regime fechado, entendeu que a pena cruel é justamente a pena de prisão que retire do apenado a esperança de um retorno ao convívio social antecipado, uma pena de prisão que abandone a ideia de ressocialização.

Não obstante, e principalmente em razão dessa decisão do STF, que se deu em 23/02/2006, no HC 82.959, em março de 2007, ou seja, um ano depois, o Congresso Nacional fez passar mais uma lei casuística e sem bases científicas alguma, agravando as penas dos delitos considerados hediondos, exigindo o cumprimento de dois quintos da pena ao apenado primário e três quintos ao reincidente, para fins de progressão de regime.

Fácil perceber que a nova lei veda ou, ao menos, obstaculiza na sua totalidade, o sistema progressivo de cumprimento da pena privativa de liberdade, vez que possuímos no sistema penal brasileiro três regimes, o fechado, o semiaberto e o aberto, sendo impossível que, passados dois quintos da pena no regime fechado, o apenado passe dois quintos da pena no regime semiaberto, pois a própria lei de crimes hediondos prevê o livramento condicional com dois terços da pena.

E, pior, sequer considera – a lei citada – a existência do regime aberto, posto que é matematicamente impossível se cumprir três frações de dois quintos da mesma pena. Isso sem se falar na absurda exigência do prazo de três quintos, o qual há muito já deveria ter sido igualmente considerado inconstitucional pelo STF, uma vez que equivale à antiga norma de cumprimento da pena integralmente em regime fechado.

Do que se fala aqui é da inconstitucionalidade em tese, pela crueldade, pela vedação velada da progressão de regime, mas a pena privativa de liberdade de fato considerada, independentemente do nome e da previsão constitucional, a pena privativa de liberdade que se cumpre efetivamente no Brasil, é absolutamente inconstitucional, não só pela crueldade, como pela total ilegalidade, vez que nossos estabelecimentos penais estão em desacordo com a própria lei que os prevê como locais de cumprimento de pena.

No ano de 2013 tivemos uma morte a cada dois dias no sistema penitenciário brasileiro[52], com presos morrendo de doenças pelas quais dificilmente morreriam em liberdade, como tuberculose, pneumonia e AIDS, além dos assassinatos que dificilmente são apurados e, pior, quando são é para apontar o culpado da ocasião, alguém mais fraco dentro da cela que assume a morte do outro.

Um verdadeiro caos de indiferença e descaso, com porões sujos, cheios de ratos e baratas, mas que a higiene jurídica consegue afastar dos livros, das decisões judiciais, da consciência dos envolvidos, responsáveis politicamente pelo encarceramento ilegal que se dá no Brasil.

As possibilidades dos textos, distantes da podridão prisional, são tão amplas, que inclusive o STF, reconhecendo o estado de coisas inconstitucional das prisões brasileiras, na ADPF 347 MC, que teve como relator o ministro Marco Aurélio, de setembro de 2015, não tomou qualquer medida direta e eficaz sequer para amenizar o superencarceramento reconhecidamente existente nos estabelecimentos de regime fechado.

Em outras palavras, o que o STF disse – e reafirma a cada habeas *corpus* indeferido – é que a prisão como se dá no Brasil é inconstitucional, é ilegal, mas pode-se continuar prendendo. Tudo em nome de uma segurança pública que é tudo menos segurança, posto que baseada na casuística do momento do que se pode ou não se pode relevar em termos de ilegalidade.

Para agravar a inconstitucionalidade da pena privativa de liberdade, o legislador inovou com a criação das penitenciárias federais, pois se já era uma espécie de banimento – vedado expressamente no inciso ora comentado – o encarceramento, principalmente quando se dá nas penitenciárias afastadas dos grandes centros, acarretando a punição não só do condenado como de sua família, as penitenciárias federais têm servido para deportar pessoas para outros Estados da Federação.

O envio de presos para as penitenciárias federais, como tem sido feito no Brasil, distantes da cidade e do estado de origem do condenado, do local onde reside sua família, que deveria ter o direito de comparecer sempre que possível para visitas (arts. 90 e 103 da LEP), é inconstitucional. Contudo, tem sido mais uma vez o critério segurança pública, expresso na própria lei que regulamenta o sistema penitenciário federal[53], o critério a nortear o legislador, o executivo e o judiciário, ficando a garantia constitucional relativizada indevidamente.

Por fim, o que se tem são relativizações, concessões para com a crueldade, para com a morte e para com o banimento, constituindo, a pena privativa de liberdade, no Brasil, tudo o que a Constituição Federal pretendeu vedar em termos de sanção.

> XLVIII – A PENA SERÁ CUMPRIDA EM ESTABELECIMENTOS DISTINTOS, DE ACORDO COM A NATUREZA DO DELITO, A IDADE E O SEXO DO APENADO;

Que a pena deve ser "cumprida em estabelecimentos distintos, de acordo com a natureza do delito, a idade e o sexo do apenado", é princípio descumprido desde a Constituição do Império, que dizia: "as Cadêas serão seguras, limpas, e bem arejadas, havendo

52 Isso em estatística em que os Estados da Bahia, Alagoas e Rondônia não forneceram dados, portanto, podendo ser uma média de mortes muito maior. In: *Folha de S.Paulo*, 9 jan. 2014. Disponível em: www1.folha.uol.com.br/cotidiano/2014/01/1395204-prisoes-brasileiras-registram-uma-morte-a-cada-dois-dias.shtml. Acesso em: 14 fev. 2014.

53 Art. 3º do regulamento aprovado pelo Decreto nº 6.049/2007: "Os estabelecimentos penais federais têm por finalidade promover a execução administrativa das medidas restritivas de liberdade dos presos, provisórios ou condenados, cuja inclusão se justifique no interesse da segurança pública ou do próprio preso".

diversas casas para separação dos Réos, conforme suas circunstancias, e natureza dos seus crimes" (Art. 179, XXI).

É regra que, acima de tudo, visa resguardar o direito de os presos terem tratamento isonômico dentro dos estabelecimentos penais, ou seja, que, pelo menos os que vivem sob o mesmo teto, que estejam encarcerados nos mesmos locais, não sejam tratados de formas diferentes.

Se no início da história penitenciária a preocupação era com doenças, separando-se os sãos dos doentes, também se efetivando a natural necessidade de separar as mulheres dos homens ou os jovens dos adultos, medidas que encontramos nas reivindicações do século XVIII de Howard (1929), hoje poderíamos exigir mais desse princípio.

Apenas poderíamos, porque sabemos que inúmeras prisões pelo Brasil afora sofrem ainda para manter mulheres em estabelecimentos penais diferentes, os sistemas penitenciários não têm hospitais para recolher os presos enfermos e presos de 18 anos estão recolhidos na mesma cela com outros de 30, 40 ou mais anos.

Não há que se esquecer que a nossa legislação reconhece a diferença entre os menores de 21 anos e os maiores (art. 65, I, do CPB), o que, portanto, deveria levar ao cumprimento de penas em estabelecimentos penais distintos.

Porém, mais do que efetivar essas separações básicas, a norma constitucional pede que haja estabelecimentos penais de acordo com a *natureza do delito*, querendo, com isso, que apenados por crimes diferentes, com penas diferentes, cumpram a sanção em estabelecimentos diversos.

Contudo, nem essa separação é novidade na história do sistema penitenciário, e Foucault (1998, p. 197) lembra as regras do *Motifs du Code d'instruction criminelle*: "como a lei inflige penas umas mais graves que outras, não pode permitir que o indivíduo condenado a penas leves se encontre preso no mesmo local que o criminoso condenado a penas mais graves".

Trata-se de princípio que vem reforçar o princípio maior de isonomia presente no *caput* do art. 5º sob a fórmula "todos são iguais perante a lei", que, se não pode ser garantido eficientemente no meio aberto, deveria exigir a igualdade para as pessoas sujeitas às regras de uma mesma instituição pública.

Por isso o Código Penal (art. 33) determina que presos do regime aberto cumpram a pena em casa do albergado, enquanto presos do semiaberto cumpram a pena em colônias agrícolas ou industriais, e presos do fechado em estabelecimentos de segurança máxima ou média. Isto é, pessoas submetidas a regime jurídicos diversos recolhidas em estabelecimentos penais diferentes.

Regra mais especificada na LEP, que também determina os estabelecimentos penais de cada regime, sendo para o fechado as penitenciárias (art. 87) e para os presos provisórios as cadeias públicas (art. 102), enquanto os submetidos a medidas de segurança, os inimputáveis e semi-imputáveis devem ficar em Hospitais de Custódia (art. 99).

O legislador traçou um padrão básico de separação, uma vez que as penas até 4 anos são normalmente de regime aberto, as penas até 8 anos de regime semiaberto e as penas acima de regime fechado (art. 33 do CP), ou seja, era regra que satisfazia o mandamento constitucional.

Todavia, o próprio legislador, na cegueira comum que o punitivismo tem proporcionado, conseguiu mais uma vez desvirtuar quase completamente a regra de separação pela gravidade da pena e, principalmente, pela natureza do delito, ao trazer ao mundo a Lei de Crimes Hediondos, a Lei nº 8.072/1990, sabendo da ausência material de condições para tornar mais rigorosas algumas penas.

Ora, se o legislador pretendeu dar uma natureza diferente a certos delitos, tendo-os como mais graves, no caso os denominados *crimes hediondos*, a penas desses crimes não poderiam ser cumpridas no mesmo estabelecimento penal dos demais, segundo a norma constitucional.

O pior é que a Lei nº 8.072/1990, além de dar natureza diferente aos crimes que ela relaciona, pretende que as penas desses crimes sejam mais graves, na redação atual, com o cumprimento de dois quintos e três quintos da pena, enquanto o crime comum tem como exigência para a progressão o cumprimento de um sexto da sanção (art. 112 da LEP).

Tal circunstância viola o princípio constitucional que chamamos de *isonomia penitenciária*, fazendo com que pessoas que cumprem pena privativa de liberdade sujeita à progressão com um sexto estejam na mesma cela que pessoas que terão o mesmo direito apenas com o cumprimento dois quintos da pena, situação que prejudica a própria administração prisional, quando tem que administrar a convivência de pessoas com tratamentos jurídicos diferentes.

No Brasil, hoje, é possível uma pessoa condenada a pena de 6 anos de reclusão passar mais tempo presa em regime fechado do que uma pessoa condenada a 10 anos de reclusão, bastando que a primeira tenha sido condenada por crime hediondo e a segunda, por crime comum, e as duas podem estar cumprindo pena na mesma cela.

O preso com a menor pena sente como injustiça ter que passar mais tempo na penitenciária do que o outro com uma pena consideravelmente maior, e esse fato, sendo constantemente repetido, prejudica a administração do estabelecimento penal, sendo causa de descontentamentos passíveis mesmo de levar a uma rebelião.

Não há estabelecimentos penais para cumprimento dessa sanção de dois quintos no regime fechado, portanto essa pena deveria também ser considerada inconstitucional ou, ao menos, deveria ser dado o direito aos presos sob o mesmo teto, que estivessem na mesma penitenciária de regime fechado, a cumprir a sanção de forma igual, todos permitidos progredir para o regime fechado na regra comum, com um sexto do cumprimento da pena (art. 112 da LEP).

Cumpre lembrar que os presos por tráfico de drogas, crime sem violência contra a pessoa, a maioria envolvido apenas em uma transação comercial voluntária, é o delito que mais enche as penitenciárias brasileiras[54] e seus autores estão misturados com os que cometeram homicídio, latrocínio, estupro etc. É preciso pouca imaginação para constatar o desserviço que o sistema penitenciário brasileiro está prestando à sociedade.

REFERÊNCIAS BIBLIOGRÁFICAS

FOUCAULT, Michel. *Vigiar e punir:* nascimento da prisão. 18. ed. Petrópolis: Vozes, 1998.

HOWARD, John. *The State of Prisions in England and Wale*. Nova York: J. M. Dent & Sons, 1929.

SALAH H. KHALED JR.
Professor de Direito Penal e Criminologia
e do Programa de Pós-Graduação em Direito
e Justiça Social da Universidade Federal do
Rio Grande – FURG. É doutor em Ciências Criminais
(PUC-RS) e presidente do Instituto Brasileiro de
Criminologia Cultural.

CAPÍTULO I

ART. 5º TODOS SÃO IGUAIS PERANTE A LEI, SEM DISTINÇÃO DE QUALQUER NATUREZA, GARANTINDO-SE AOS BRASILEIROS E AOS ESTRANGEIROS RESIDENTES NO PAÍS A INVIOLABILIDADE DO DIREITO À VIDA, À LIBERDADE, À IGUALDADE, À SEGURANÇA E À PROPRIEDADE, NOS TERMOS SEGUINTES:

...

XLIX – É ASSEGURADO AOS PRESOS O RESPEITO À INTEGRIDADE FÍSICA E MORAL;

Talvez nenhum outro inciso do artigo 5º seja violado rotineiramente de modo tão explícito quanto o XLIX. Se o sentido da pena privativa de liberdade consiste na imposição de uma dor que é o cerceamento da liberdade (CHRISTIE, 1993), a realidade demonstra que o sofrimento de quem se encontra recolhido ao aparato penitenciário brasileiro ultrapassa completamente as diretrizes normativas. Se cada fagulha de sofrimento que excede a dor normativamente imposta é por definição ilegal, estamos diante de

---

54 Segundo dados do Sistema Integrado de Informações Penitenciárias, o INFOPEN, de 2012, mais 25% dos internos do sistema estaria preso por envolvimento em crimes de tráfico de entorpecentes, cifra que deve ser bem maior se contabilizados apenas os presos do regime fechado, uma vez que nos demais regimes há mais condenados que ingressam por crimes considerados menos graves pela legislação. Disponível em: http://portal.mj.gov.br/. Acesso em: 17 fev. 2014.

uma ilegalidade cujas dimensões não é sequer possível mensurar. Nosso sistema penitenciário destrói completamente a dignidade das pessoas. Bestializa e coisifica, o que muitas vezes é "justificado" com artifícios retóricos altamente ardilosos, dos quais muitos penalistas de relevo não conseguem se desprender. Com isso, se dedicam à reprodução ideológica de um sistema feito para consolidar o ódio, particularmente o ódio por gente pobre em situação de vulnerabilidade social. Para essa tarefa, muito contribui um processo penal do inimigo (KHALED JR., 2016) movido por insaciável ambição de verdade (KHALED JR., 2018c).

O discurso de ódio sempre proliferou no Brasil e encontra no sistema penal um dos seus lugares de maior difusão (KHALED JR., 2018a). A carapaça jurídica que ele veste não altera em nada essa receptividade. Ainda que as causas do encarceramento massivo no país possam ser objeto de especulação, se a finalidade do sistema penal e em particular da pena é a produção de sofrimento e a imposição de dor (CHRISTIE, 1993), poucos discordariam da constatação de que no Brasil chegamos ao estado da arte dos suplícios contemporâneos. A questão penitenciária retrata um inominável cenário de barbárie que se aprofundou de forma cada vez mais aguda nas últimas décadas. Sem dúvida, se existe algo que se aproxima do título de holocausto penitenciário, é a estrutura punitiva brasileira.

É claro que o sentido da expressão holocausto no âmbito da pena privativa de liberdade requer delimitação. Christie esclarece que não acredita que as prisões contemporâneas vão se tornar cópias exatas dos campos de concentração: mesmo nas piores condições, nos sistemas carcerários modernos a maioria dos presos não será morta intencionalmente. Alguns condenados serão executados, mas a maioria será libertada ou morrerá por suicídio, violência carcerária ou causas naturais. No entanto, se considerarmos os níveis de mortalidade do sistema penitenciário brasileiro – seja em função de violência carcerária ou por doenças como a tuberculose – ou que a Polícia Militar do Rio de Janeiro e São Paulo mata mais do que países com pena de morte, fica claro que nossas práticas punitivas estão para muito além dos medos expressados pelo autor.

O que dizer da efetiva condição em que são executadas as penas privativas de liberdade? Confrontando a realidade brasileira com a norte-americana, por exemplo, não é possível estabelecer qualquer parâmetro de comparação entre as condições a que são expostas as respectivas populações carcerárias: os níveis de dor intencional submetidos aos apenados no Brasil são infinitamente mais elevados. Parece difícil escapar de uma conclusão: a indústria de controle do delito assumiu aqui ares de uma indústria de extermínio, o que é facilmente comprovado pela agonia experimentada por quem se encontra abandonado no depósito de gente que é o nosso sistema penitenciário.

A tragédia ocorrida em janeiro de 2014, no Complexo Penitenciário de Pedrinhas, em São Luís, no Maranhão, não é de modo algum uma exceção, pois representa exatamente a realização última de uma política criminal irresponsável que chancela o extermínio do outro, como se inimigo declarado fosse. Embora a crueldade das execuções tenha despertado atenção mundial para o drama penitenciário brasileiro, o episódio ocorrido em Pedrinhas não foi exatamente uma exceção. É um retrato perfeito e cristalizado do holocausto nosso de cada dia. Qualquer argumentação reducionista que tenha como eixo central a redução dos espaços catastróficos ao Maranhão só pode transitar nas trevas da insanidade. Por todos os recantos do país são cometidas violências e atrocidades inimagináveis para instituições que são (ou *deveriam ser*) administradas pelo Estado, demonstrando que o poder punitivo ainda impera de forma irrestrita, sem que a normatividade voltada para a redução de danos encontre qualquer condição de permeabilidade. *A Constituição simplesmente não vale na prisão.*

Sem aqui ter qualquer intenção de apologia aos discursos de justificação da pena (KHALED JR., 2018b), parece indiscutível que o espaço de indeterminação entre direito e realidade encontra na pena privativa de liberdade sua ferida mais visível, uma vez que tanto a ideologia de ressocialização da Lei de Execução Penal (bem como os modestos limites ao poder punitivo que ela estabelece) quanto direitos fundamentais são largamente ignorados em instituições que funcionam como verdadeiros matadouros de gente.

Os presídios brasileiros ainda não foram colonizados pelo direito, se é que um dia minimamente serão, pois, ao que tudo indica nem sequer existe essa intenção por parte das agências executivas (CARVALHO, 2010).

Todas as saídas legais foram tentadas para conter a apoteose do poder punitivo que representa o Presídio Central de Porto Alegre, restando aos que se insurgem contra a barbárie que lá impera o último recurso legal imaginável: representar contra o Brasil na Corte Interamericana de Direitos Humanos (CIDH), o que foi feito em janeiro de 2013. O Presídio Central é reconhecidamente o exemplo mais pronunciado da condição de degradação humana a que são expostos os detentos no Brasil: no final de 2013, havia 4,5 mil homens presos na instituição, cuja capacidade é de cerca de 1,6 mil. O termo superlotação parece tímido para descrever a situação dos presos. Por isso a provocação: holocausto nosso de cada dia, uma tragédia com a qual todos os governos do Rio Grande do Sul foram coniventes nas últimas décadas.

No final de 2013, a CIDH da Organização dos Estados Americanos (OEA), reconheceu a precariedade das condições do Presídio Central e concedeu liminar obrigando o Estado brasileiro a adotar medidas que ao menos amenizem a condição de flagrante violação de direitos humanos que caracteriza a referida instituição. Dentre elas estão: medidas necessárias para salvaguardar a vida e a integridade pessoal dos internos; garantia de condições de higiene e de tratamento médico adequado; implementação de medidas para recuperar o controle de segurança em todas as áreas [...] garantindo que os agentes do Estado sejam os encarregados das funções de segurança interna e assegurem que não sejam conferidas funções disciplinares, de controle ou de segurança aos internos; implementação de um plano de contingência e disponibilização de extintores de incêndio e outras ferramentas necessárias e, finalmente, ações imediatas para reduzir a superlotação (COSTA, 2014). Obviamente, todas elas medidas rigorosamente necessárias, ainda que tardias. Parece impensável que a instituição possa funcionar nas condições em que efetivamente funciona.

No entanto, como tristemente sabemos, não existem mecanismos coercitivos para propriamente impor o cumprimento das obrigações impostas, o que faz com que o déficit de efetividade dessas determinações restrinja quase que completamente seu alcance. Resta a desmoralização do Brasil perante a comunidade internacional, o que certamente não basta para que as reformas necessárias aconteçam. Não que o Presídio Central possa efetivamente ser recuperado. Deve ser destruído. As medidas indicadas pela CIDH são apenas paliativos para uma estrutura irremediavelmente comprometida em todos os sentidos, como ocorre em todo o país.

Ao que tudo indica, a catástrofe continuará a se aprofundar, sem qualquer esperança de reversão ou contenção. O sistema penitenciário brasileiro continuará a funcionar como um predador insaciável de direitos fundamentais. Alcançamos a terceira posição e marchamos convictos para, quem sabe, avançar ainda mais no ranking de população penitenciária mundial nas próximas décadas. O primeiro lugar no ranking de violação de direitos humanos já é do Brasil. Até quando perdurará o holocausto nosso de cada dia?

REFERÊNCIAS BIBLIOGRÁFICAS

CARVALHO, Salo de. Substitutivos penais na era do grande encarceramento. In: GAUER, Ruth Maria Chittó (org.). *Criminologia e sistemas jurídico-penais contemporâneos II*. Porto Alegre: Editora PUC-RS, 2010, pp. 162-163.

CHRISTIE, Nils. *La industria del control del delito*: la nueva forma del holocausto? Buenos Aires: Del Puerto, 1993.

COSTA, Letícia. Resolução de corte internacional solicita que governo adote medidas para resolver problemas no Presídio Central. *Zero Hora*, 2 jan. 2014. Disponível em: http://zerohora.clicrbs.com.br/rs/policia/noticia/2014/01/resolucao-de-corte-internacional-solicita-que-governo-adote-medidas-para-resolver-problemas-no-presidio-central-4379603.html. Acesso em: 2 fev. 2014.

KHALED JR., Salah H. *A busca da verdade no processo penal*: para além da ambição inquisitorial. 2. ed. Belo Horizonte: Letramento, 2016.

________. *Ambição de verdade no processo penal*: uma introdução. 2. ed. Rio de Janeiro: Lumen Juris, 2018a.

________. *Discurso de ódio e sistema penal.* Belo Horizonte: Letramento, 2018b.

________. *Justiça social e sistema penal.* 2. ed. rev. e reorganizada em volume único. Rio de Janeiro: Lumen Juris, 2018c.

FERNANDA MARTINS

Professora de Direito Penal, Processo Penal e Criminologia da Universidade do Vale do Itajaí. Mestre em Teoria, Filosofia e História do Direito pelo Programa de Pós-Graduação em Direito da Universidade Federal de Santa Catarina, bacharel e licenciada em História pela Universidade Federal de Santa Catarina, bacharel em Direito pela Universidade do Vale do Itajaí e doutoranda em Ciências Criminais pelo Programa de Pós-Graduação em Ciências Criminais da Pontifícia Universidade Católica do Rio Grande do Sul. Militante feminista e advogada criminalista.

CAPÍTULO I

ART. 5º TODOS SÃO IGUAIS PERANTE A LEI, SEM DISTINÇÃO DE QUALQUER NATUREZA, GARANTINDO-SE AOS BRASILEIROS E AOS ESTRANGEIROS RESIDENTES NO PAÍS A INVIOLABILIDADE DO DIREITO À VIDA, À LIBERDADE, À IGUALDADE, À SEGURANÇA E À PROPRIEDADE, NOS TERMOS SEGUINTES:

...

L – ÀS PRESIDIÁRIAS SERÃO ASSEGURADAS CONDIÇÕES PARA QUE POSSAM PERMANECER COM SEUS FILHOS DURANTE O PERÍODO DE AMAMENTAÇÃO;

O Estado democrático deve buscar e assegurar o fortalecimento de suas instituições por meio de políticas públicas que respeitem as normas constituicionais de tutela de direitos humanos, reconhecendo e viabilizando a multiplicidade de demandas e peculiaridades de seus cidadãos e cidadãs. Nesse sentido, a operacionalidade do Direito e o cumprimento da Constituição se põem como ponto central da rede de proteção jurídica e social que envolve sujeitos vulneráveis e/ou vulnerabilizados pelo próprio Estado. A partir dessa compreensão sobre a Carta Magna, que "celebra" – sem tanto a comemorar – seus 30 anos de *experiências* na ordem jurídica brasileira, toma-se o art. 5º, L, da Constituição Federal de 1988 como campo de leitura para enfrentar os rastros de desrespeito ao percurso democrático nacional.

A mais abrangente e mais recente pesquisa que aponta os indicativos nacionais da realidade prisional feminina no Brasil é o *INFOPEN Mulheres* (MINISTÉRIO DA JUSTIÇA, 2018), realizada pelo Ministério da Justiça, com o apoio do Departamento Penitenciário Nacional em 2016, publicada em maio de 2018, a qual apresenta alguns elementos indispensáveis para realizar a leitura do art. 5º, L, da CF. Entre algumas constatações reveladas pelo levantamento penitenciário está o reconhecimento de que, entre as 42.355 mulheres vivendo em situação de privação de liberdade em junho de 2016, 50% possuíam idade de até 29 anos, 62% delas eram solteiras, 62,5% eram negras, 50% possuíam escolaridade até o ensino fundamental incompleto e somente 15% finalizaram o ensino fundamental. Para além do espectro nacional, essas informações vinham sendo apontadas por meio de pesquisas locais (SIMÕES; BARTOLOMEU; SÁ, 2017; BOITEUX; FERNANDES, 2015; DINIZ, 2015; PIMENTEL, 2013), corroborando que a população carcerária feminina é não branca, com baixa escolaridade, baixa renda, jovem com filhos e responsável pela provisão do sustento familiar (BORGES, 2017).

A realidade de violência aberta às mulheres e a clara rejeição da diferença pelos poderes públicos no tocante às particularidades de gênero que atravessam o encarceramento de mulheres exigiram certa intensidade de novas ações por meio de respostas estatais operacionalizadas pelos poderes Executivo, Legislativo e Judiciário.

Nesse sentido, em de maio de 2009, com o advento da Lei nº 11.942, um importante passo foi dado ao assegurar condições mínimas para mães presas e seus filhos, concedendo um tempo mínimo de seis meses para a amamentação e fornecendo uma seção para gestantes e parturientes, bem como creche para crianças menores de sete anos desamparadas, cuja responsável estivesse presa (BRASIL, 2009). A lei não foi, no entanto, acompanhada de recursos para a sua execução. Apenas 16% dos estabelecimentos femininos têm cela ou dormitório adequado para gestantes. Quanto à presença de berçário ou centro de referência materno infantil, que compreendem os espaços destinados a bebês com até 2 anos de idade, somente 14% das unidades femininas ou mistas contam com essa estrutura e apenas 3% das unidades dispõem de creche (MINISTÉRIO DA JUSTIÇA, 2018).

Aponta-se também que "mais de um terço das mulheres presas grávidas relataram o uso de algemas na internação para o parto, 83% têm pelo menos um filho, 55% tiveram menos consultas de pré-natal que o recomendado, 32% não foram testadas para sífilis e 4,6% das crianças nasceram com sífilis congênita". Esses dados foram apresentados a partir da análise realizada em uma série de casos provenientes de um censo nacional em que "241 mães e 200 grávidas" foram ouvidas, diagnosticando que, entre elas, 45% têm menos de 25 anos, 57% eram de cor parda, 53% com menos de oito anos de estudo e 83% com mais de um filho (FIOCRUZ et al., 2016).

No caso de não haver vagas nos berçários e nas creches, a conduta é encaminhar as lactantes para berçáriosimprovisados nas cadeias, onde elas conseguem permanecer com seus bebês e alimentá-los. Contudo, esses espaços não só carecem de atenções médicas necessárias, assim como há completa ausência de informação e auxílio às mães no que tange ao aleitamento e demais cuidados com recém-nascidos (QUEIROZ, 2015, p. 76).

Ainda sobre as tentativas estatais de reversão das tragédias permanentes de mulheres encarceradas, em 2016, a Lei nº 13.257 trouxe nova redação ao artigo 318 do Código de Processo Penal, autorizando a substituição da prisão preventiva pela prisão domiciliar quando o agente for, entre outras hipóteses, gestante, mulheres com filho de até 12 anos de idade e, mesmo homem, caso seja o único responsável pelos cuidados do filho de até 12 anos de idade incompletos (BRASIL, 2016). Nesse sentido, a prisão preventiva de todas as mulheres gestantes deveria ser convertida em prisão domiciliar, isso quando não houver outras medidas que sejam mais favoráveis à acusada.

Todavia, diante da inércia do Judiciário e do Executivo em agir para concretizar a aplicação desses direitos, em fevereiro de 2018, o Supremo Tribunal Federal, por meio do *Habeas Corpus coletivo nº 143.641* impetrado em nome de todas as mulheres grávidas e mães de crianças com até 12 anos de idade presas cautelarmente, concedeu a substituição da prisão preventiva pela domiciliar a todas as mulheres nessas condições, estendendo ainda a decisão às adolescentes em situação semelhante do sistema socioeducativo e mulheres que tenham sob custódia pessoas com deficiência (STF, 2018). A decisão ainda determinou o prazo de 60 dias para que os tribunais cumprissem integralmente a decisão, prazo já excedido sem seu pleno cumprimento.

REFERÊNCIAS BIBLIOGRÁFICAS

BOITEUX, Luciana; FERNANDES, Maíra (Coord.). *Mulheres e crianças encarceradas:* um estudo jurídico-social sobre a experiência da maternidade no sistema prisional do Rio de Janeiro. Rio de Janeiro: FND/UFRJ, 2015. Disponível em: fileserver.idpc.net/library/M--es-encarceradas-UFRJ.pdf. Acesso em: 18 nov. 2018.

BORGES, Juliana. *O que é encarceramento em massa?* São Paulo: Letramento, 2017.

BRASIL. Lei nº 11.942, de 28 de maio de 2009. *Diário Oficial da União*, 29 maio 2009. Disponível em: http:// www.justica.gov.br/seus-direitos/politica-penal/politicas-2/mulheres-1/anexos-projeto-mulheres/lei-no-11-942-2009.pdf. Acesso em: 19 nov. 2018.

_______. Lei nº 13.257, de 8 de março de 2016. *Diário Oficial da União*, 9 mar. 2016. Disponível em: http://www.planalto.gov.br/ccivil_03/_Ato2015-2018/2016/Lei/L13257.htm. Acesso em: 19 nov. 2018.

DINIZ, Débora. *Cadeia:* relatos sobre mulheres. Rio de Janeiro: Civilização Brasileira, 2015.

FIOCRUZ. LEAL, Maria do Carmo; AYRES, Barbara Vasques da Silva; ESTEVES-PEREIRA, Ana Paula; SÁNCHEZ, Alexandra Roma; LAROUZÉ, Bernard. Nascer na prisão: gestação e parto atrás das grades no Brasil. *Ciência & Saúde Coletiva*, v. 21, n. 7, p. 2061-2070, 2016.

MINISTÉRIO DA JUSTIÇA. Departamento Penitenciário Nacional. *Levantamento nacional de informações penitenciárias – Infopen Mulheres*. 2. ed. Brasília, 2018.

MINISTÉRIO DA JUSTIÇA. Instituto de Pesquisa Econômica Aplicada – IPEA. *Dar à luz na sombra:* condições atuais e possibilidades futuras para o exercício da maternidade por mulheres em situação de prisão. Série Pensando o Direito, 51. Brasília: Ministério da Justiça, 2015.

PIMENTEL, Elaine. O lado oculto das prisões femininas: representações dos sentimentos em torno do crime e da pena. *Latitude*, v. 7, n. 2, p. 51-68, 2013.

POPULAÇÃO carcerária feminina. *Conselho Nacional de Justiça*, 5 nov. 2015. Disponível em: https://www.cnj.jus.br/populacao-carceraria-feminina-aumentou-567-em-15-anos-no-brasil/. Acesso em: 19 nov. 2018.

QUEIROZ, Nana. *Presos que menstruam*. 4. ed. Rio de Janeiro: Record, 2015.

SIMÕES, Heloisa Vieira; BARTOLOMEU, Priscilla Conti; SÁ, Priscilla Placha. Vale quanto pesa: o que leva(m) mulheres grávidas à prisão? *Revista de Estudos Empíricos em Direito*, v. 4, n. 3, p. 145-161, out. 2017.

SUPREMO TRIBUNAL FEDERAL. Habeas Corpus nº 143.641/SP, 2018.

LOUISE DE ARAUJO

Advogada, especialista em Direitos Humanos e Democracia pela Faculdade de Direito da Universidade de Coimbra (FDUC), mestre em Direito Internacional pela FDUC, pesquisadora do Grupo de Pesquisa sobre a Corte Interamericana de Direitos Humanos da Faculdade de Direito da Universidade de São Paulo (FDUSP) e membro da Comissão Permanente de Direitos Humanos da OAB São Paulo.

CAPÍTULO I

ART. 5º TODOS SÃO IGUAIS PERANTE A LEI, SEM DISTINÇÃO DE QUALQUER NATUREZA, GARANTINDO-SE AOS BRASILEIROS E AOS ESTRANGEIROS RESIDENTES NO PAÍS A INVIOLABILIDADE DO DIREITO À VIDA, À LIBERDADE, À IGUALDADE, À SEGURANÇA E À PROPRIEDADE, NOS TERMOS SEGUINTES:

...

LI - NENHUM BRASILEIRO SERÁ EXTRADITADO, SALVO O NATURALIZADO, EM CASO DE CRIME COMUM, PRATICADO ANTES DA NATURALIZAÇÃO, OU DE COMPROVADO ENVOLVIMENTO EM TRÁFICO ILÍCITO DE ENTORPECENTES E DROGAS AFINS, NA FORMA DA LEI.

A extradição é uma medida compulsória de retirada do estrangeiro do solo nacional por meio de cooperação jurídica internacional. Um Estado estrangeiro, Estado requerente, solicita ao Brasil, Estado requerido, que envie uma pessoa, extraditando, para que ela seja processada criminalmente ou para que ela cumpra a pena de uma condenação definitiva em outro território.

Denise Neves Abade (2013, p. 26) e André de Carvalho Ramos (2018, p. 774) compreendem a extradição como uma medida de cooperação jurídica em matéria penal. Nesse sentido, a Lei de Migração nº 13.445 de 2017 delineou balizas sobre a extradição e reafirmou o entendimento da doutrina.

Assim, o artigo 81 da Lei nº 13.445/2017 determinou a extradição como uma medida de cooperação internacional entre o Estado brasileiro e outro Estado pela qual se concede ou solicita entrega de pessoa sobre quem recaia condenação criminal definitiva ou para fins de instrução de processo penal em curso.

O inciso LI da Constituição Federal parece muito claro quanto a possibilidade de extradição de brasileiros. Em tese, o brasileiro nato, primário ou originário, aquele nascido em território nacional (*jus soli*) ou filho de pais brasileiros (*jus sanguinis*) não poderá ser extraditado. Isso quer dizer que o brasileiro nato não poderá ser entregue para outro Estado, conforme jurisprudência do STF:

> *O brasileiro nato, quaisquer que sejam as circunstâncias e a natureza do delito, não pode ser extraditado, pelo Brasil, a pedido de governo estrangeiro, pois a Constituição da República, em cláusula que não comporta exceção, impede, em caráter absoluto, a efetivação da entrega extradicional daquele que é titular, seja pelo critério do jus soli, seja pelo critério do jus sanguinis, de nacionalidade brasileira primária ou originária. Esse privilégio constitucional, que beneficia, sem exceção, o brasileiro nato (CF, art. 5º, LI), não se descaracteriza pelo fato de o Estado estrangeiro, por lei própria, haver-lhe reconhecido a condição de titular de nacionalidade originária pertinente a esse mesmo Estado (CF, art. 12, § 4º, II, a). Se a extradição não puder ser concedida, por inadmis-*

> *sível, em face de a pessoa reclamada ostentar a condição de brasileira nata, legitimar-se-á a possibilidade de o Estado brasileiro, mediante aplicação extraterritorial de sua própria lei penal [...] – e considerando, ainda, o que dispõe o Tratado de Extradição Brasil-Portugal [...] –, fazer instaurar, perante órgão judiciário nacional competente [...], a concernente* persecutio criminis, *em ordem a impedir, por razões de caráter ético-jurídico, que práticas delituosas, supostamente cometidas, no exterior, por brasileiros (natos ou naturalizados), fiquem impunes.* (HC 83.113 QO, rel. min. Celso de Mello, j. 26-6-2003, P, DJ de 29-8-2003 = Ext 916, rel. min. Ayres Britto, j. 19-5-2005, P, DJ de 21-10-2005)

No entanto, vale mencionar que o artigo 12, parágrafo 4º, inciso II, permite a perda da nacionalidade do brasileiro que tiver adquirido outra nacionalidade. O STF já definiu em duas hipóteses que o brasileiro, ao optar voluntariamente por outra nacionalidade, a qual não se acomoda nas hipóteses de exceções constitucionais, e renunciar a nacionalidade brasileira originária poderá ser extraditado[55]. O Tribunal sustentou que houve perda da nacionalidade antes do deferimento da extradição. Assim, verifica-se que a regra constitucional de vedação à possibilidade de extradição de brasileiro nato continua seguindo a mesma lógica. Ou seja, se o brasileiro mantém a nacionalidade originária não será extraditado.

Enquanto isso, o brasileiro naturalizado, o estrangeiro que obteve a nacionalidade brasileira, poderá ser extraditado em duas hipóteses:

1. Quando praticou qualquer crime antes da sua naturalização.
2. Quando praticou crime de tráfico ilícito de entorpecentes em qualquer termo e depois da naturalização.

No mesmo sentido, a jurisprudência do STF é muito clara:

> *Extradição passiva de caráter executório. Tratado de extradição entre o Brasil e o Equador. Extraditando condenado pela prática de crime comum (estupro) no Estado requerente. Brasileiro naturalizado antes do cometimento do delito. Proteção constitucional (CF, art. 5º, LI). Pedido de extradição indeferido. [...] O brasileiro naturalizado, em tema de extradição passiva, dispõe de proteção constitucional mais intensa que aquela outorgada aos súditos estrangeiros em geral, pois somente pode ser extraditado pelo governo do Brasil em duas hipóteses excepcionais: crimes comuns cometidos antes da naturalização e tráfico ilícito de entorpecentes e drogas afins praticado em qualquer momento, antes ou depois de obtida a naturalização.* (Ext 1.223, rel. min. Celso de Mello, j. 22-11-2011, 2ª T, DJE de 28-2-2014)

> *Extradição instrutória. Nacionalidade do extraditando. Registros civis brasileiro e paraguaio atestando seu nascimento, na mesma data, em ambos os países. Impossibilidade lógica de sua coexistência. Pretendida suspensão do processo extradicional até o julgamento definitivo de ação anulatória do registro civil brasileiro. Descabimento. Presunção de veracidade do registro brasileiro não infirmada pela prova dos autos. Assento de nascimento brasileiro lavrado cinco meses após o nascimento. Registro congênere alienígena lavrado somente oito anos após o suposto nascimento em solo paraguaio. Proximidade temporal entre a data da lavratura do assento brasileiro e a data do nascimento no Brasil que milita em favor da presunção de veracidade desse ato registrário. Dilatadíssimo lapso temporal entre o registro estrangeiro e o suposto nascimento em solo paraguaio que milita em desfavor da presunção de sua veracidade. Antecipação dos efeitos da tutela jurisdicional, na Justiça comum estadual, cancelando o registro civil brasileiro. Posterior prolação de sentença anulando o mesmo assento de nascimento. Irrelevância. Decisão que, além de não haver transitado em julgado, apresenta, em tese, vícios que poderiam conduzir a sua nulidade. Impossibilidade de essa decisão suplantar o acervo probatório e assumir contornos de definitividade a respeito da nacionalidade do agente para fins extradicionais. Ausência de prova segura de que o extraditando não seja brasileiro nato. Incidência de vedação constitucional expressa à extradição (art. 5º, LI, CF).* (Ext 1.446, rel. min. Dias Toffoli, j. 7-11-2017, 2ª T, DJE de 7-12-2017)

55 STF. Ext 1462/DF, rel. min. Roberto Barroso, 28.3.2017.

Ou seja, o tráfico ilícito de entorpecentes é o único crime passível de extradição após a naturalização. Portanto, verifica-se que houve uma preocupação do legislador constituinte em possibilitar a extradição por envolvimento com a traficância de entorpecentes, mesmo diante da possibilidade da prática de outros crimes mais graves. Provavelmente, isso advém do crescimento da cooperação internacional durante as décadas de 1980 e 90 na repressão das drogas ilícitas. Não obstante, em razão de mudanças legislativas e da própria convergência mundial sobre o tema, vale uma reflexão mais aprofundada sobre a prática da segunda parte desse inciso.

Em relação ao pedido de extradição para o Brasil, o Estado requerente deverá encaminhar o pedido por meio diplomático ou por autoridade central do Poder Executivo. No caso da existência de um tratado internacional bilateral sobre extradição, deve-se respeitar os requisitos contidos no tratado, critério da especialidade. Inicialmente, para a concessão da extradição deve-se respeitar os seguintes requisitos:

1. O crime cometido no Estado requerente também precisa ser considerado crime (grave) pela lei brasileira (art. 83, inciso I, da Lei nº 13.445/2017).
2. Quando o extraditando responder por um processo penal, o Estado requerente deverá respeitar o devido processo legal e não submeter o indivíduo a juízo de exceção (art. 83, inciso II, da Lei nº 13.445/2017).
3. Considerar a reciprocidade do Estado estrangeiro (art. 84, §2º da Lei nº 13.445/2017).
4. Sendo o extraditando condenado, o Estado requerente deverá apresentar a certidão de trânsito em julgado, conforme legislação brasileira.
5. A pena do crime deverá ser privativa de liberdade, sem tratamento cruel e degradante. Caso haja previsão de pena de morte ou prisão perpétua, o Estado deverá comutar a pena em privativa de liberdade, sendo no máximo de 30 anos (art. 96, inciso III, da Lei nº 13.445/2017).
6. Não fundamentar o pedido em fatos que o extraditando está respondendo processo no Brasil ou por fatos que já foi condenado ou absolvido no Brasil.
7. Quando o pedido não decorrer de crime político e de opinião (art. 5º, inciso LII da CF/1988).

O pedido de extradição deverá ser avaliado pelo Supremo Tribunal Federal (art. 102, I, g, CF/1988), o qual deverá avaliar o cumprimento dos requisitos para deliberar sobre a extradição. O STF não deve analisar a culpa do extraditando, mas sim a legalidade, que deverá ser sustentada pela defesa a partir da ausência dos requisitos para extradição, conforme descreve o artigo 91, § 10, da Lei de Migração.

Importante salientar que na hipótese de mais de um Estado solicitar a extradição pelo mesmo caso, o território onde a infração foi cometida terá preferência no pedido de extradição, conforme artigo 85 da Lei nº 13.445/2017.

Diferentemente de outros países que consideram a moradia e a relação familiar constituída no país como um pré-requisito para manter um estrangeiro (ainda que preso) no país, o STF tem considerado que a relação familiar do extraditando com brasileiro nato não tem relevância jurídica na avaliação do pedido de extradição.

> *A existência de relações familiares, a comprovação de vínculo conjugal e/ou a convivência* more uxorio *do extraditando com pessoa de nacionalidade brasileira constituem fatos destituídos de relevância jurídica para efeitos extradicionais, não impedindo, em consequência, a efetivação da extradição. [...] Não obsta a extradição o fato de o súdito estrangeiro ser casado ou viver em união estável com pessoa de nacionalidade brasileira, ainda que, com esta, possua filho brasileiro. A Súmula 421/STF revela-se compatível com a vigente Constituição da República, pois, em tema de cooperação internacional na repressão a atos de criminalidade comum, a existência de vínculos conjugais e/ou familiares com pessoas de nacionalidade brasileira não se qualifica como causa obstativa da extradição.* (Ext 1.201, rel. min. Celso de Mello,

j. 17-2-2011, P, DJE de 15-3-2011 = Ext 1.196, rel. min. Dias Toffoli, j. 16-6-2011, P, DJE de 26-9-2011)

Nessa continuidade, a súmula 421 do STF: "Não impede a extradição a circunstância de ser o extraditando casado com brasileira ou ter filho brasileiro".

A depender da situação, a extradição é uma situação bastante delicada do ponto de vista da proteção da família e da criança, dado que a retirada de um pai ou uma mãe de um ambiente familiar solidificado pode causar diversas consequências.

Após o juízo de autorização do STF, inicia-se a fase administrativa, por meio da qual o Poder Executivo (Art. 92 da Lei nº 13.445/2017) poderá, mediante fundamentação em tratado, não autorizar a extradição. Ao final, a decisão sobre a entrega do estrangeiro é meramente política.

Por sua vez, caso o Presidente decida negar a extradição, ele assume o risco de entrar em um impasse internacional com o Estado requerente. Uma situação pela qual o Brasil já passou com a Itália.

Em 2010, após ter a extradição autorizada pelo STF, o Presidente Luiz Inácio Lula da Silva negou a entrega de Cesare Battisti para o governo Italiano. Na época, o Ministro Relator Cezar Peluso (Ext. 1085 - nov. 2009) firmou a ideia de que o Presidente da República deve respeitar a decisão do STF, visto que "não existe no ordenamento jurídico brasileiro norma que dê ao chefe do poder Executivo o poder discricionário de decidir sobre extradições deferidas pelo STF".

O apontamento do Ministro foi pertinente, visto que a Constituição estipula a competência do STF para o julgamento e processamento da extradição, enquanto não dispõe sobre o poder do chefe do Executivo para tanto. Todavia, no Art. 92 da Lei de Migração, dispõe o papel do Executivo como órgão competente para autorizar a entrega.

A situação perdurou até o então Presidente, Michel Temer, modificar a decisão e assinar um Decreto autorizando a extradição de Battisti no último mês do seu mandato, no dia 14 de dezembro de 2018. Em janeiro de 2019, Battisti foi preso na Bolívia e extraditado para Itália, onde cumpre prisão perpétua.

LII – NÃO SERÁ CONCEDIDA EXTRADIÇÃO DE ESTRANGEIRO POR CRIME POLÍTICO OU DE OPINIÃO;

A Constituição visa proteger aquele que possa ser perseguido politicamente ou pelo simples exercício da liberdade de expressão e manifestação.

Embora a Constituição não tenha definido o que seria crime político, o STF tem adotado a teoria mista para definir a prática de um crime político, de um lado elege um elemento subjetivo, motivação e objetivos políticos, e do outro um elemento objetivo, a lesão real a valores fundamentais (RAMOS, 2018, p. 776).

> *Não havendo a Constituição definido o crime político, ao Supremo cabe, em face da conceituação da legislação ordinária vigente, dizer se os delitos pelos quais se pede a extradição, constituem infração de natureza política ou não, tendo em vista o sistema da principalidade ou da preponderância.* (Ext 615, rel. min. Paulo Brossard, julgamento em 19-10-1994, Plenário, DJ de 5-12-1994.)
>
> *Não configura crime político, para fim de obstar o acolhimento de pedido de extradição, homicídio praticado por membro de organização revolucionária clandestina, em plena normalidade institucional de Estado Democrático de Direito, sem nenhum propósito político imediato ou conotação de reação legítima a regime opressivo. [...] Não caracteriza a hipótese legal de concessão de refúgio, consistente em fundado receio de perseguição política, o pedido de extradição para regular execução de sentenças definitivas de condenação por crimes comuns, proferidas com observância do devido processo legal, quando não há prova de nenhum fato capaz de justificar receio atual de desrespeito às garantias constitucionais do condenado.* (Ext 1.085, rel. min. Cezar Peluso, j. 16-12-2009, P, DJE de 16-4-2010)

> *Extraditando acusado de transmitir ao Iraque segredo de Estado do Governo requerente (República Federal da Alemanha), utilizável em projeto de desenvolvimento de armamento nuclear. Crime político puro, cujo conceito compreende não só o cometido contra a segurança interna, como o praticado contra a segurança externa do Estado, a caracterizarem, ambas as hipóteses, a excludente de concessão de extradição [...].* (Ext 700, rel. min. Octavio Gallotti, j. 4-3-1998, P, DJ de 5-11-1999)

Da mesma forma, firmou-se o entendimento de que crime político ou opinião não se estende aos crimes de natureza terrorista:

> *A cláusula de proteção constante do art. 5º, LII, da CR – que veda a extradição de estrangeiros por crime político ou de opinião – não se estende, por tal razão, ao autor de atos delituosos de natureza terrorista, considerado o frontal repúdio que a ordem constitucional brasileira dispensa ao terrorismo e ao terrorista. [...] A extradição – enquanto meio legítimo de cooperação internacional na repressão às práticas de criminalidade comum – representa instrumento de significativa importância no combate eficaz ao terrorismo, que constitui "uma grave ameaça para os valores democráticos e para a paz e a segurança internacionais [...]" (Convenção Interamericana Contra o Terrorismo, art. 11), justificando-se, por isso mesmo, para efeitos extradicionais, a sua descaracterização como delito de natureza política.* (Ext 855, rel. min. Celso de Mello, julgamento em 26-8-2004, Plenário, DJ de 1º-7-2005)

É acertado considerar que o terrorismo não pode se beneficiar da proteção constitucional. Contudo, é preciso analisar com cautela determinadas situações, pois em tempos intolerância política e criminalização de movimentos sociais, terrorismo pode virar uma palavra banal para determinadas frentes políticas.

REFERÊNCIAS BIBLIOGRÁFICAS

ABADE, Denise Neves. *Direitos fundamentais e cooperação jurídica internacional*: extradição, assistência jurídica, execução da pena e transferência de presos. São Paulo: Saraiva, 2013.

BRASIL. Lei da Migração n. 13.445, de 24 de maio de 2017. *Diário Oficial da União*, 25 maio 2017. Disponível em: http://www.planalto.gov.br/ccivil_03/_ato2015-2018/2017/lei/L13445.htm. Acesso em: 20 maio 2018.

RAMOS, André de Carvalho. *Curso de Direitos Humanos*. 5. ed. São Paulo: Saraiva, 2018.

STF. Extradição 615. Disponível em: http://www.stf.jus.br/portal/jurisprudencia/pesquisarJurisprudencia.asp. Acesso em: 20 maio 2018.

_______. Extradição 700. Disponível em: http://www.stf.jus.br/portal/jurisprudencia/pesquisarJurisprudencia.asp. Acesso em: 20 maio 2018.

_______. Extradição 855. Disponível em: http://www.stf.jus.br/portal/jurisprudencia/pesquisarJurisprudencia.asp. Acesso em: 20 maio 2018.

_______. Extradição 916. Disponível em: http://www.stf.jus.br/portal/jurisprudencia/pesquisarJurisprudencia.asp. Acesso em: 20 maio 2018.

_______. Extradição 1085. Disponível em: http://www.stf.jus.br/portal/jurisprudencia/pesquisarJurisprudencia.asp. Acesso em: 20 maio 2018.

_______. Extradição 1196. Disponível em: http://www.stf.jus.br/portal/jurisprudencia/pesquisarJurisprudencia.asp. Acesso em: 20 maio 2018.

_______. Extradição 1201. Disponível em: http://www.stf.jus.br/portal/jurisprudencia/pesquisarJurisprudencia.asp. Acesso em: 20 maio 2018.

_______. Extradição 1223. Disponível em: http://www.stf.jus.br/portal/jurisprudencia/pesquisarJurisprudencia.asp. Acesso em: 20 maio 2018.

_______. Extradição 1446. Disponível em: http://www.stf.jus.br/portal/jurisprudencia/pesquisarJurisprudencia.asp. Acesso em: 20 maio 2018.

_______. Extradição 1462. Disponível em: http://www.stf.jus.br/portal/jurisprudencia/pesquisarJurisprudencia.asp. Acesso em: 20 maio 2018.

RUBENS CASARA
Doutor em Direito, mestre em Ciências Penais,
juiz de Direito do TJ/RJ.

CAPÍTULO I

ART. 5º TODOS SÃO IGUAIS PERANTE A LEI, SEM DISTINÇÃO DE QUALQUER NATUREZA, GARANTINDO-SE AOS BRASILEIROS E AOS ESTRANGEIROS RESIDENTES NO PAÍS A INVIOLABILIDADE DO DIREITO À VIDA, À LIBERDADE, À IGUALDADE, À SEGURANÇA E À PROPRIEDADE, NOS TERMOS SEGUINTES:

...

LIII – NINGUÉM SERÁ PROCESSADO NEM SENTENCIADO SENÃO PELA AUTORIDADE COMPETENTE;

LIV – NINGUÉM SERÁ PRIVADO DA LIBERDADE OU DE SEUS BENS SEM O DEVIDO PROCESSO LEGAL;

O inciso consagra um dos pilares do Estado Democrático de Direito, tipo ideal de Estado que se caracteriza pela existência de limites rígidos ao exercício do poder, de qualquer poder. O devido processo legal é uma das principais garantias do cidadão previstas na Constituição da República, na medida em que assegura tanto o acesso ao Poder Judiciário quanto o desenvolvimento adequado do processo, de acordo com a normatividade aplicável, bem como a proporcionalidade dos atos das Agências Estatais e outras garantias processuais e substanciais. É também conhecido como princípio do processo justo.

Ao que parece, a ideia de devido processo legal materializa-se pela primeira vez em 15.06.1215, na Carta Magna do rei inglês João "Sem Terra". Nesse momento histórico de contenção do poder real e, ao mesmo tempo, de redefinição tanto do poder político quanto da dominação econômica, gravou-se no artigo 39 da Carta as expressões *per legale judicium parium suorum e per legem terrae*, significantes que deram origem à teoria que cercou e se desenvolveu sob a cláusula (princípio) do devido processo legal.

Consoante Siqueira Castro, a *Magna Charta* foi, na verdade, um "estatuto de convivência política e econômica entre as elites dominantes naquela quadra medieval"[56]. Em que pese o verniz humanitário e jusnaturalista, a Carta do rei João "Sem Terra" foi "fruto de uma exigência dos barões ingleses, fortalecidos economicamente, no sentido de obter uma distinção jurídica, dada a sua posição privilegiada, ante um monarca interessado em manter os privilégios da coroa"[57]. Registre-se, ainda, que o documento foi escrito em latim, idioma que dificultava a compreensão desse acordo entre o rei e os barões pelos "de baixo", pelas classes subalternizadas.

Todavia, em que pese a origem elitista do *due process*, as normas que emanam dessa cláusula tinham potencial emancipatório indiscriminado e atingiram todas as classes sociais. Se é bem verdade que a redação da Constituição da República brasileira equipara os bens à liberdade, o certo é que o devido processo legal busca assegurar limites democráticos e impedir arbítrios.

Com a evolução da ideia, percebeu-se que o campo de destinatários dessa norma não poderia ser reduzido. Assim, "se a Magna Carta não nasceu inicialmente com o propósito de documento universal, ou de abrangência de uma declaração dos povos, foi possível a sua apropriação pelas gerações posteriores dados os próprios termos utilizados e a sua proposital, acidental, ou mesmo impensada colocação de termos"[58].

No início, a expressão "lei da terra" foi tida como mera exigência de atenção à legalidade. Contudo, a vagueza dos termos empregados na lei permitiu uma interpretação que conferisse um sentido mais amplo à expressão. Assim, "lei da terra" passou, aos poucos, a se identificar com "lei justa" dentro de um contexto histórico-social. Foi Edward III que introduziu a cláusula (e a expressão) devido processo legal no seu Estatuto de 1354. A expressão inglesa *due process of law* aparece também numa emenda à Constituição estadunidense, em 1789. Dela originou-se a Quinta Emenda consagrada nos seguintes termos: *no person shall be... deprived of life, liberty or property, without due process of law*. A garantia do devido processo legal também encontrou guarida nos artigos 8º e 10º da Declaração Universal dos Direitos do Homem (1948).

56 CASTRO, Carlos Roberto de Siqueira. *O devido processo legal e a razoabilidade das leis na nova Constituição do Brasil*. Rio de Janeiro: Forense, 1989. p. 8.

57 MEDEIROS, Osmar Fernando de. *Devido processo legal e indevido processo penal*. Curitiba: Juruá, 2001. p. 112.

58 Idem, ibidem, p. 117.

No Brasil, além do inciso LIV do artigo 5º, que o explicita, diversos outros comandos constitucionais complementam o sentido dessa garantia, dentre os quais destacam-se os incisos XXXIV (direito de petição), XXXV (acesso à justiça), XXXVII (juiz natural) e LV (contraditório e ampla defesa) do mesmo artigo 5º.

Sem dúvida, com Tucci e Tucci, pode-se falar em elementos constitutivos do devido processo legal: a) elaboração regular e correta da lei, bem como de sua razoabilidade, senso de justiça e enquadramento nas preceituações (*substantive due process of law*, segundo o desdobramento da concepção norte-americana); b) aplicação judicial da lei por meio de instrumento hábil à sua interpretação e realização, que é o processo (*judicial process*); e c) assecuração, neste, da paridade de armas entre as partes, visando à igualdade substancial[59].

O *devido processo legal* surge como uma perspectiva instrumental, como garantia do cidadão a um processo ordenado, como garantia contra o arbítrio do órgão julgador. Hoje, o devido processo legal incide também na concretização de interesses de natureza substancial, sempre no sentido de, por um lado, ampliar e concretizar os direitos e as garantias fundamentais e, por outro, limitar a atividade do órgão estatal encarregado da produção legislativa.

Como explica Portanova, o "*due process of law* não é um instrumento mecânico. Não é um padrão. É um processo"[60]. E esse processo, enriquecido pela caminhada histórica de ampliar direitos e reduzir os riscos de arbítrios e abusos estatais, permite identificar uma dimensão material e outra processual.

Por *devido processo legal substancial* entende-se a necessidade de racionalidade e proporcionalidade na elaboração das leis e no exercício da atividade administrativa. O *subtantive due process* refere-se à limitação do exercício do poder. Essa manifestação substancial do devido processo legal, sempre direcionada à garantia do indivíduo frente ao Estado, permite à Agência Judicial corrigir no caso penal, diante do caso concreto, as inobservâncias/inadequações que acarretam prejuízos à parte mais fragilizada da relação processual. Por meio do *devido processo legal substancial*, a Agência Judicial está obrigada a questionar a razoabilidade/proporcionalidade das leis e a justiça das decisões estatais, independentemente da esfera em que foram proferidas. Habermas, porém, adverte que a resistência que se opõe ao controle de constitucionalidade sobre os atos legislativos e administrativos utiliza-se do argumento (ao que parece, meramente retórico) da separação/distribuição de poderes[61].

Por *devido processo legal em sentido processual* (*procedural due process*) entende-se a necessidade de um processo justo, paritário e legitimado por uma legislação preestabelecida. No processo penal, assegura ao acusado, parte fragilizada, o acesso à justiça e também às garantias da paridade de armas, da ampla defesa, do contraditório, do juiz imparcial e independente, da acusação pública e racional, da assistência judiciária, da vedação de provas ilícitas, da presunção de inocência, tudo de modo a tornar efetivo *his day in court*. Dentro dessa perspectiva, o *due process* está "vinculado diretamente à depuração do sistema acusatório"[62].

O devido processo legal, em seus dois sentidos, proporciona o devido processo penal, ou seja: o conjunto de garantias que condiciona a validade da relação processual que tem por objeto um caso penal. A opção política pela necessidade do devido processo legal à verificação da existência de um crime (autoria, materialidade e culpabilidade), bem como à definição da resposta estatal ao desvio declarado/acertado por meio do processo judicial (*nullum crimen sine processu legali*), acaba por revelar que a lei é a fonte direta e principal do processo penal. A garantia do devido processo legal gera a necessidade de normas jurídicas processuais adequadas ao projeto constitucional. A existência de um verdadeiro devido processo penal justifica a existência de leis processuais penais que limitam o poder punitivo. A Constituição Federal, como lei fundamental e condicionante, é a principal fonte do direito processual penal. Várias são as normas da Constituição Federal que dizem respeito, direta ou indiretamente, ao processo penal, à liberdade e à prisão. Basta lembrar dos diversos preceitos constitucionais que tratam dos direitos, das garantias e das liberdades, e que são diretamente aplicáveis e vinculantes tanto para o Estado quanto para os particulares. Na lição de Figueiredo Dias, reconhece-se

59 TUCCI, Rogério Lauria; CRUZ E TUCCI, José Rogério. *Constituição e processo*: regramento e garantias constitucionais do processo. São Paulo: Saraiva, 1989. p. 17.

60 PORTANOVA, Rui. *Princípios do processo civil*. Porto Alegre: Livraria do Advogado, 1999. p. 147.

61 HABERMAS, Jürgen. *Between facts and norms*. Cambridge: Massachusetts Institute of Technology, 1988. p. 238.

62 JARDIM, Afrânio Silva. Em torno do devido processo legal. In: *Direito Processual Penal*. Rio de Janeiro: Forense, 2002. p. 318.

que o direito processual penal é "verdadeiro direito constitucional aplicado"[63]. Com Germano Marques, aduz-se que, na verdade, "enquanto a Constituição estabelece o quadro de valores superiores da Ordem Jurídica, ao processo penal cabe a tutela desses valores"[64].

Registre-se que o devido processo legal e o correlato princípio da proporcionalidade, como todos os direitos e garantias fundamentais previstos no artigo 5º da Constituição da República, não podem ser utilizados em desfavor do indivíduo ou para ampliar o poder do Estado. Em que pese ser possível constatar na jurisprudência brasileira uma tendência autoritária à inversão ideológica dos direitos fundamentais, não se mostra adequado ao Estado Democrático de Direito evocar o devido processo legal substancial (mais precisamente, o princípio da proporcionalidade) para afastar direitos fundamentais. Impossível, pois, ponderar interesses de densidade diversa, como, por exemplo, o direito concreto à liberdade de uma pessoa com o interesse abstrato à segurança da sociedade.

FLAVIANE DE MAGALHÃES BARROS

Mestre e doutora em Direito Processual pela PUC-Minas,
com estágio pós-doutoral pela Università degli studi di Roma Tre.
É professora do PPGD da PUC-Minas e do PPGD da UFOP.
Também é advogada, consultora jurídica e pesquisadora
de produtividade do CNPq.

CAPÍTULO I

ART. 5º TODOS SÃO IGUAIS PERANTE A LEI, SEM DISTINÇÃO DE QUALQUER NATUREZA, GARANTINDO-SE AOS BRASILEIROS E AOS ESTRANGEIROS RESIDENTES NO PAÍS A INVIOLABILIDADE DO DIREITO À VIDA, À LIBERDADE, À IGUALDADE, À SEGURANÇA E À PROPRIEDADE, NOS TERMOS SEGUINTES:

...

LV – AOS LITIGANTES, EM PROCESSO JUDICIAL OU ADMINISTRATIVO, E AOS ACUSADOS EM GERAL SÃO ASSEGURADOS O CONTRADITÓRIO E AMPLA DEFESA, COM OS MEIOS E RECURSOS A ELA INERENTES;

O inciso LV da Constituição é claro e singelo, garante o contraditório e a ampla defesa. Mas ele é ainda um dos grandes desafios para sua concretização nesses trinta anos de texto constitucional. O inciso escora dois importantes princípios processuais: o contraditório e a ampla defesa, e define um espectro para sua realização: todo e qualquer processo jurisdicional e administrativo.

Contraditório é para muitos a pedra de toque de teorias processuais, em especial, quando se pretende uma feição democrática para o princípio. Ou seja, contraditório é uma garantia processual! O princípio possui várias acepções como ***audiatur et altera pars***, reconhecida desde o direito romano estudado nas ***pandectas***, passando pela compreensão de ação e reação (DINAMARCO, 1996). Mas é no movimento de constitucionalização do direito do Segundo Pós-guerra que se consolida o seu caráter democrático. Da simétrica paridade, entendida como construção participada da decisão (FAZZALARI, 1992; GONÇALVES, 1992) até a noção de contraditório como influência e não surpresa (NUNES, 2008) tem-se um percurso teórico e constitucional importante. Nessa toada, compreende-se o princípio como as iguais possibilidades de as partes influenciarem a formação da decisão e a garantia de que não sejam as partes surpreendidas por uma decisão sobre a qual não lhe foi permitido um espaço processual prévio para apresentar seus elementos para eregir a decisão (BARROS; MARQUES, 2017). Dito de forma repisada: contraditório é o espaço procedimentalizado para construção participada de decisão, garantindo-se a influência e a não surpresa daqueles que serão afetados pela decisão. Tal acepção do contraditório é essencial para concretização de uma jurisdição que tenha alguma preocupação verdadeira com a imparcialidade daquele que decide. Pois, o contraditório como influência, não surpresa e desenvolvimento compartilhado (THEODORO JR., NUNES et al., 2016) permite que se crie um ambiente processual tecnicamente mais propício para que o juiz não se deixe influenciar pelas suas convicções pessoais, antecipando-se mentalmente o direcionamento de sua decisão, em virtude dos vieses cognitivos (SCHÜNEMANN, 2013).

---

63 DIAS, Jorge de Figueiredo. *Direito processual penal*. Coimbra: Coimbra Editores, 1974. v. I, p. 74.

64 SILVA, Germano Marques. *Curso de processo penal*. Lisboa: Editorial Verbo, 2000. v. I, p. 94.

A nossa Constituição republicana no inciso estudado conjuga duas garantias processuais, o contraditório e a ampla defesa. A ampla defesa não é um mero apêndice da primeira, mas uma importante garantia das partes, mais evidenciada certamente no âmbito da defesa, que garante a elas a ampla possibilidade de argumentação pela oferta de elementos jurídicos para a formação da decisão. A ampla defesa como ampla argumentação (BARROS, MARQUES, 2017) se concretiza pela garantia da produção de provas, pelo direito ao recurso e ao uso de todos os meios processuais legítimos para impedir o proferimento de uma decisão gravosa à sua esfera de direitos. No âmbito da convencionalidade, a noção de direito ao recurso cunhada pela CIDH reconhece se tratar de direito à confirmação da decisão gravosa em dois níveis jurisdicionais, confecção mais adequada ao processo penal, em especial, quando ocorre modificação da decisão de primeiro grau, como no caso de absolvição no juízo primevo e condenação no segundo grau recursal (GIACOMOLLI; EILBERG, 2018).

A Constituição busca ainda garantir que tais garantias sejam efetivadas tanto em processos jurisdicionais como em processos administrativos. Assim, procedimentos administrativos devem garantir aos afetados o direito de participar e apresentar argumentos para viabilizar o exercício de direitos na esfera administrativa. O entendimento jurisprudencial garante o contraditório e ampla defesa como partes necessárias ao devido processo administrativo, sempre que o mérito do ato administrativo afetar direitos individuais. Tal entendimento teve sua repercussão geral reconhecida em 2008, no âmbito do julgamento do RE 594-296MG.

Um novo e importante marco para o princípio do contraditório é o atual Código de Processo Civil (CPC), discutido e aprovado após o atual texto constitucional em uma reforma macroestrutural (BARROS; NUNES, 2010), com vigência iniciada em 2016, que reconhece essa nova dinâmica para o contraditório, no sentido de garantir a influência das partes e coibir decisões surpresas (art. 10, Lei nº 13.105/2015). O referido dispositivo é um marco principiológico para todo o sistema de garantias brasileiro, gerando necessárias ressonâncias no sistema processual penal e administrativo. A concepção do contraditório como influência e não surpresa já está consolidada inclusive na jurisprudência dos tribunais superiores. Nesse sentido, merece destaque a decisão no REsp nº 1.676.027/PR, da relatoria do Ministro Herman Benjamin, que ressalta que o uso da terceira via, com a adoção de uma tese que não foi discutida com as partes, gerando um novo conteúdo decisional, contraria o contraditório como não surpresa e o modelo cooperativo proposto pelo NCPC, que garante a participação ativa e prévia das partes para influenciar a decisão apresentando seus argumentos e provas.

Deve-se ressaltar, ainda, decisão monocrática do ministro do STF, Edson Fachin, em despacho nos autos da Operação Lava Jato (PET 7003 - Investigação Penal), ressaltando que o disposto no art. 10 do NCPC é norma de acento constitucional, que se erigiu a partir do art. 5º, LIV, que também viabiliza a garantia da fundamentação da decisão, prevista no art. 93, IX, da Constituição. Não custa repisar que na situação acima analisada o processo penal está na fase de investigação, e deve-se garantir o direito à ampla defesa e ao contraditório, especialmente para permitir acesso a elementos de provas e participação na construção de decisões interlocutórias ou cautelares prévias que afetam direitos fundamentais do investigado. Portanto, importante reconhecer que o contraditório e ampla defesa não podem ser objeto de proteção não somente em processos judiciais, mas em processos administrativos, como já era entendimento do STF, no MS nº 24.268/MG, da relatoria do Ministro Gilmar Mendes.

Um importante ponto de reflexão é que se nossos tribunais superiores ainda precisam repisar a garantia do contraditório e ampla defesa em seus julgados é porque tais garantias ainda não são realidade em todos os processos jurisdicionais e administrativos. O que se almeja é que a aplicação de tais dispositivos que têm base constitucional reconhecida se torne habitual a ponto do uso dos recursos para efetivar tais garantias seja desnecessário.

REFERÊNCIAS BIBLIOGRÁFICAS

BARROS, Flaviane de Magalhães; MARQUES, Leonardo Augusto Marinho. A atuação do juiz no contraditório dinâmico: uma análise comparativa entre o sistema processual penal adversarial chileno e o modelo constitucional de processo brasileiro. In: *Desafiando a inquisição:* ideias e propostas para a Reforma Processual Penal no Brasil. Chile: CEJA, 2017.

BARROS, Flaviane de Magalhães; NUNES, Dierle. As reformas macroestruturais brasileiras. In: *Reformas do processo civil:* perspectivas constitucionais. Belo Horizonte: Fórum, 2010. p. 17-28.

DINAMARCO, Cândido Rangel. *A instrumentalidade do processo.* São Paulo: Malheiros, 1996.

FAZZALARI, Elio. *Istituzioni di diritto processuale.* Padova: Cedam, 1992.

GIACOMOLLI, Nereu José; EILBERG, Daniela Dora. Possíveis diálogos à proteção de garantias criminais: paralelo entre a jurisprudência doméstica brasileira e os estandartes fixados pela CIDH sobre o direito ao recurso. In: BARROS, Flaviane de Magalhães. *Convencionalidade e sistema de justiça.* Florianópolis: EMais, 2018.

GONÇALVES, Aroldo Plínio. *Técnica processual e teoria do processo.* Rio de Janeiro: AIDE, 1992.

NUNES, Dierle José Coelho. *Processo Jurisdicional democrático.* Curitiba: Juruá, 2008.

SCHÜNEMANN, Bernd. *Estudos de direito penal, direito processual penal e filosofia do direito.* São Paulo: Marcial Pons, 2013.

THEODORO JR., Humberto; NUNES, Dierle et al. *Novo CPC:* fundamentos e sistematização. 3. ed. São Paulo: GEN Forense, 2016.

RICARDO JACOBSEN GLOECKNER

Pós-doutor em Direito pela Università degli Studi di Napoli Federico II. Doutor em Direito pela UFPR. Professor do Programa de Pós-Graduação em Ciências Criminais da PUC-RS.

CAPÍTULO I

ART. 5º TODOS SÃO IGUAIS PERANTE A LEI, SEM DISTINÇÃO DE QUALQUER NATUREZA, GARANTINDO-SE AOS BRASILEIROS E AOS ESTRANGEIROS RESIDENTES NO PAÍS A INVIOLABILIDADE DO DIREITO À VIDA, À LIBERDADE, À IGUALDADE, À SEGURANÇA E À PROPRIEDADE, NOS TERMOS SEGUINTES:

...

LVI – SÃO INADMISSÍVEIS, NO PROCESSO, AS PROVAS OBTIDAS POR MEIOS ILÍCITOS;

A Constituição da República traz, neste artigo, uma norma de caráter proibitivo, consolidando uma vedação à atividade probatória. Se por um lado o Estado deve introduzir no processo elementos capazes de derrubar a presunção (de inocência) que opera em favor do acusado, por outro, deverá fazê-lo em consonância com as múltiplas garantias do investigado/suspeito protegidas pela Constituição da República, abstendo-se de violar direitos fundamentais para colher elementos de convicção.

A prova ilícita pode ser entendida como uma modalidade de vedação à atividade probatória do Estado, acabando por afastar o denominado "princípio da liberdade da prova" que instrumentalizava o Código de Processo Penal brasileiro a partir da tradição autoritária italiana (Código Rocco). Cuida-se de uma norma que, no processo penal, é unidirecional: somente se aplica à acusação. Essa proibição não se aplica ao acusado, que pode se valer de uma prova ilícita para convencer a autoridade judiciária de sua inocência, a partir da caracterização de um estado de necessidade processual. Afirma-se que as provas ilícitas são herança do direito americano (*exclusionary rules*), atualmente se expandindo para um considerável número de países ocidentais.

A discussão em torno da prova ilícita reúne não apenas aspectos essencialmente jurídicos, mas se estende para questões éticas: poderia o Estado punir um criminoso a partir da prática de atos ilegais? A prova ilícita também guarda com a nulidade uma relação apertada. A prova ilícita é uma espécie do gênero nulidade, que se regerá por critérios jurídicos próprios. A Constituição veda o ingresso da prova ilícita no processo, de forma que todos os atos processuais que mantêm uma relação de proximidade poderão restar contaminados (prova ilícita por derivação). Tecnicamente, sendo vedado o ingresso da prova ilícita no processo, a própria decisão que admite a introdução da prova será antijurídica, devendo ser refeita após o desentranhamento da prova considerada ilícita. Na Itália, assim como no Brasil, se fala em inadmissibilidade (*inamissibilità*) trazendo efeitos semelhantes àqueles encontrados no direito brasileiro.

A ilegalidade *lato sensu* da produção probatória pode se dar pela ofensa direta à norma de caráter constitucional, ou, ainda, quando a prova viole direitos infraconstitucionais. Como exemplo do primeiro caso, uma busca e apreensão realizada sem mandado judicial (violação ao domicílio). No segundo, dá-se como exemplo a utilização de testemunho de pessoa proibida de depor, sem que esta pessoa tenha sido avisada pela autoridade judiciária e liberada pela parte interessada para prestar o depoimento. Independentemente da norma violada, a consequência deve ser o desentranhamento da prova, além da renovação do ato, quando praticado em juízo.

Se uma prova é ilícita em um determinado processo, ela não pode ser simplesmente transportada para outro (*silver platter doctrine*). A ilicitude de uma prova não adere a procedimento ou competência. A vedação é absoluta. Ademais, por se tratar de norma proibitiva, os casos de prova ilícita não precisam estar previamente regulados em lei. Como exemplos de prova ilícita não regulados na legislação processual podemos citar: a) o caso da "testemunha de ouvir dizer" ou testemunho indireto (*hearsay evidence*), por absoluta violação ao direito ao confronto (MALAN, 2008); b) a colheita de material genético sem o consentimento do acusado/suspeito (por ofensa ao *nemo tenetur se detegere*, isto é, ao direito de não produzir prova contra si mesmo); c) a prova ilícita decorrente da quebra da cadeia de custódia (*chain of custody*) (PRADO, 2014).

Importante questão surge da expansão destas teorias norte-americanas e especialmente dos standards que limitam o uso das regras de exclusão (chamados *limitations*). O código de processo penal brasileiro tratou de introduzir, na regulação da prova ilícita, pelo menos uma exceção, denominada de fonte independente (*independent source*). A sua péssima redação, contudo, autorizou algum setor doutrinário e jurisprudencial, a sustentar a aplicabilidade de uma destas limitações (não expressa textualmente), denominada descoberta inevitável, oriunda do caso *Nix vs Williams* (julgado pela Suprema Corte Americana em 1984). O Supremo Tribunal Federal, de maneira criticável, afastou a prova ilícita por derivação ao reconhecer tal teoria, como no caso do HC 91.867PA, de relatoria do ministro Gilmar Mendes. Ali se reconheceu que "o curso normal das investigações conduziria a elementos informativos que vinculariam os pacientes com o fato investigado". Além da manifesta incompreensão do *leading case* americano, neste ponto o STF acabou por admitir o afastamento de uma norma proibitiva e coercitiva, que tutela direitos fundamentais, sem que haja qualquer espécie de permissivo jurídico, transformando o art. 5º, LVI numa espécie de norma constitucional de "eficácia contida".

De acordo com a Constituição, não há exceções que autorizem a admissão da prova ilícita, de modo que a criação de exceções, garantindo a recepção de elemento antijurídico no processo é manifestamente inconstitucional.

REFERÊNCIAS BIBLIOGRÁFICAS

GLOECKNER, Ricardo Jacobsen. *Nulidades no Processo Penal*. 3. ed. São Paulo: Saraiva, 2017.

MALAN, Diogo Rudge. *Direito ao confronto no Processo Penal*. Rio de Janeiro: Lumen Juris, 2008.

PRADO, Geraldo. *Prova penal e sistema de controles epistêmicos*: a quebra da cadeia de custódia das provas obtidas por métodos ocultos. São Paulo: Marcial Pons, 2014.

AURY LOPES JR.

Doutor em Direito Processual Penal, professor titular
de Direito Processual Penal da PUC-RS e professor titular
no Programa de Pós-Graduação em Ciências Criminais,
Mestrado e Doutorado da PUC-RS.

VITOR PACZEK
Advogado e mestre em Ciências Criminais pela PUC-RS.

CAPÍTULO I

ART. 5º TODOS SÃO IGUAIS PERANTE A LEI, SEM DISTINÇÃO DE QUALQUER NATUREZA, GARANTINDO-SE AOS BRASILEIROS E AOS ESTRANGEIROS RESIDENTES NO PAÍS A INVIOLABILIDADE DO DIREITO À VIDA, À LIBERDADE, À IGUALDADE, À SEGURANÇA E À PROPRIEDADE, NOS TERMOS SEGUINTES:

...

LVII - NINGUÉM SERÁ CONSIDERADO CULPADO ATÉ O TRÂNSITO EM JULGADO DE SENTENÇA PENAL CONDENATÓRIA;

A presunção de inocência é mais do que uma norma de juízo ou dever de tratamento; ela é o ponto central para prognose dos níveis de democraticidade[65] no modelo de Estado de direito e até mesmo o nível de evolução civilizatória de um povo. É a partir dela que se paga o preço democrático (e civilizatório) de não prender alguns culpados, protegendo inocentes de prisões equivocadas, nos permitindo assumir a falta[66] no campo penal.

Essa prognose sistemática nos coloca numa posição delicada no Brasil de hoje, devido aos influxos de ampliação antiliberais do poder punitivo, próprios de segmentos autoritários com estrita semelhança aos discursos fascistas italianos[67] para quem a presunção de inocência era ilógica, um parodoxo ou, ainda, uma ficção porque a ordem normal das coisas é presumir a verdade da imputação[68]. Sintoma disso é o julgamento do HC nº 126.292/SP, onde o Supremo Tribunal Federal (STF) - por apertada maioria - recuperou o (equivocado) entendimento em vigor até 2009 sobre a possibilidade da execução antecipada da pena criminal, esgotados os recursos nas instâncias ordinárias.

Nesse julgamento (e posteriores sobre o mesmo tema), a argumentação para permitir a execução antecipada foram os seguintes: que as discussões de fato e de direito acabam no âmbito dos Tribunais de segunda instância sendo a revisão efetuada pelos tribunais superiores estrita e pontual, de modo que a efetividade da justiça criminal demandaria o imediato cumprimento da pena pela culpa firmada provisoriamente, pois a grande quantidade de recursos inibe-a. Também não haveria efeito suspensivo aos recursos de natureza extraordinária e a presunção de inocência à brasileira não teria correspondência em lugar algum no mundo, de modo que a confirmação em segunda instância rompe com a presunção. Por fim, haveria baixo êxito de recursos extraordinários criminais, o que esvazia a necessidade de se aguardar o fim do processo.

Contudo, todos esses argumentos estão comprometidos pela garantia da presunção de inocência brasileira, que condiciona a execução da pena ao trânsito em julgado.

O primeiro argumento que busca restringir a presunção de inocência pela limitação cognitiva (impossibilidade de reexame de provas) dos recursos de natureza extraordinária é falacioso, primeiro porque desconsidera que a distinção entre "questões de fato" e "questões de direito" é uma manipulação discursiva que só encontra amparo no "decisionismo" (Lenio Streck) reinante. A distinção, conveniente para a jurisprudência defensiva criada, é ilusória e cartesiana. Nasce no positivismo clássico para distinguir juízos de fato e juízos de valor. Mas não é necessária maior verticalização para constatar que não há possibilidade de cisão, pois elas se entrelaçam como um todo, na medida em que o direito não pode prescindir do fato e o fato não pode prescindir do direito no processo. O fato é tomado pelo direito e o direito passa a existir na medida em que é o direito aplicado ao fato[69]. Lenio Streck[70] faz o questionamento: "é possível cindir questão de fato de questão de direito? Autores como Castanheira Neves ('toda questão de fato é sempre uma questão de direito e vice-versa, pois o direito é parte integrante do próprio caso; *quando o jurista pensa o fato, pensa-o como matéria do direito,*

65 CUNHA MARTINS, Rui. O mapeamento processual da "verdade". In: PRADO, Geraldo Luiz Mascarenhas; CUNHA MARTINS, Rui; CARVALHO, Luis Gustavo Grandinetti Castanho de. *Decisão judicial:* a cultura jurídica brasileira na transição para a democracia. Madri: Marcial Pons, 2012. p. 79 e ss.

66 Para mais detalhes, ver a explicação de Marques Neto, que introduz o conceito de sujeito desejante (Freud) e conecta-o à falta (Lacan), explicando sua implicação no processo decisório jurídico (MARQUES NETO, Agostinho Ramalho. O Poder Judiciário na perspectiva da sociedade democrática: o Juiz-cidadão. *Revista ANAMATRA*, Brasília, ano VI, nº 21, p. 43 e ss, out.-dez. 1994.

67 MANZINI, Vicenzo. *Tratado de derecho procesal penal*. Buenos Aires: EJEA, 1951. Tomo I, p. 252-256.

68 LEONE, Giovanni. *Tratado de derecho procesal penal*: doctrinas generales. Buenos Aires: EJEA, 1963. v. I, p. 464.

69 Para uma consulta rápida, são esclarecedores os artigos de Lenio Streck e Julio Cesar Rossi, disponível em: https://www.conjur.com.br/2018-mar-24/diario-classe-questao-fato-direito-estamos-presos-paradigma e https://www.conjur.com.br/2018-mar-22/senso-incomum-segundo-grau-esgota-questao-fato-butao-assim. Acesso em: 19 nov. 2018.

70 Disponível em: https://www.conjur.com.br/2018-mar-22/senso-incomum-segundo-grau-esgota-questao-fato-butao-assim. Acesso em: 19 nov. 2018.

quando pensa o direito, pensa-o como forma destinada ao fato'),[1] Perelman, Sergi Guasch ('o problema dos fatos e o problema do direito é o resultado de um verdadeiro paralogismo processual que tem ocasionado *desvios patológicos de ordem teórica*'), Ovídio Baptista e uma infinidade de juristas já trataram dessa falsa dicotomia e a desmi(s)tificaram. Disseram um sonoro não".

Portanto, o argumento é fragil. Também peca por desconsiderar que as questões de tipicidade penal (tipo em sentido estrito), dosimetria da pena, regime de cumprimento e as de estrito caráter processual (nulidades e provas ilícitas) podem ser discutidas pelos recursos de natureza extraordinária com muita viabilidade e significativos índices de reversibilidade das decisões de segundo grau.

Essa possibilidade recursal tem potência modificadora da condenação e reflete a noção de culpabilidade normativa, vinculada à valoração da conduta fática delimitada e a sua correspondência com o ordenamento jurídico[71], pretendendo garantir que seja feita a escolha da "norma jurídica mais apropriada à situação concreta"[72]. Essa premissa precisa ser assumida e, assim o fazendo, inverte-se a forma de compreender os recursos de natureza extraordinária e até mesmo o sentido da efetividade da justiça criminal. Parece-nos que a efetividade da justiça criminal é exatamente o controle ao exercício do poder penal pela impugnação sobre a validade de todo o processo de atribuição de responsabilidade penal, o que inclui a discussão nos tribunais superiores; nada vinculada à punição, que se ergue como legitimidade e não função. O sistema recursal é amplo, mas está vinculado a requisitos de admissibilidade, de modo que se for identificado o abuso de recorrer, a correção tem que ser pontual, não podendo ser aceita a inversão da ideia sistemática de proteção do mais débil.

O segundo argumento sobre a falta de efeito suspensivo também é falacioso, porque não estamos tratando sobre irregularidades contratuais, mas sobre a liberdade de cada um de nós que, uma vez perdida, não pode ser revertida. Deve-se lembrar a pontual observação de Carnelutti[73] quando vai explicar que a diferença entre o direito penal e o civil está na perspectiva de que no primeiro lidamos com o "ser" e no segundo com o "ter", e uma vez subtraída a liberdade pelo poder punitivo, não se pode devolvê-la. Desconsidera-se essa reversibilidade como requisito processual de execuções provisórias, expondo mais um ponto sintomático da inadequada importação das categorias do processo civil para o penal. Existir efeito suspensivo ou não é irrelevante para o conceito de trânsito em julgado.

Essas considerações implicam a conclusão de que, gostemos ou não, no Brasil o exercício do poder punitivo está subordinado ao conceito jurídico-processual de trânsito em julgado. Embora o STF seja o guardião da CF ele não é o dono dela e de seus significados e não pode alterar o conceito processual de trânsito em julgado que tem um lugar historicamente concebido e limites semânticos indisponíveis (não se pode produzir a norma descolada dos limites do texto)[74], sendo a execução antecipada uma atitude jurisdicional antidemocrática, especialmente porque atenta à separação dos poderes pelo ativismo que prejudica garantia fundamental individual, inalterável até mesmo por emenda constitucional por se tratar de cláusula pétrea.

O terceiro argumento para defender a execução antecipada seria de que haveria baixo êxito de recursos de natureza extraordinária, o que autorizaria a execução antecipada. Esse argumento não é novo mas requentado pelo discurso autoritário que, desde Manzini na Itália fascista de 1930, sustentava-se na lógica de que o processo penal se presumia a verdade das imputações e a presunção de inocência é um disparate.[75] Contudo, a legitimação dos recursos de natureza extraordinária não é quantitativa, embora bastasse um caso de provimento para se reafirmar a invalidade da execução antecipada.

Para demostrar a falácia argumentativa, basta levar o argumento aos demais graus de jurisdição, considerando que a maioria das apelações criminais sejam improvidas. E considerando esses dados, é possível defender a presunção de inocência até a sentença condenatória? Não há que se responder a tal retórica, defendendo-se a inaplicabilidade da garantia constitucional. Por sua vez, se

71 PRADO, Geraldo. O trânsito em julgado da decisão penal condenatória. *Boletim do IBCCrim*, nº 277, dez. 2015, p. 10-12. Ver também: GOLDSCHMIDT, James. *La concepción normativa de la culpabilidad*. Tradução Margarethe de Goldschmid y Ricardo C. Núnez. Buenos Aires: Julio César Faira, 2002 (Maestros del derecho penal, 7). p. 13 e ss.

72 MORAES, Maurício Zanóide de. *Presunção de inocência no processo penal brasileiro:* análise de sua estrutura normativa para a elaboração legislativa e para a decisão judicial. Rio de Janeiro: Lumen Juris, 2010. p. 452.

73 CARNELUTTI, Francesco. *Cuestiones sobre el proceso penal*. Tradução Santiago Sentís Melendo. Buenos Aires: Libreria El Foro, 1950. p. 19.

74 STRECK, Lenio Luiz. *O que é isto – decido conforme minha consciência?* Porto Alegre: Livraria do Advogado Editora, 2010. p. 11 e ss.

75 MANZINI, Vicenzo. *Tratado de derecho procesal penal*. Buenos Aires: EJEA, 1951. tomo I, p. 252-256.

existirem estatísticas demonstrando que no processo penal brasileiro existe um número maior de sentenças condenatórias do que absolutórias, a regra passará a ser todos os acusados responderem presos ao processo? Claro que não! Inobstante, os índices de reversibilidade são muito maiores do que os apontados (especialmente pelo Min. Barroso), na medida em que existe uma falha metodológica na base da pesquisa indicada: não considerou, no campo de busca, os argumentos "redução da pena", "mudança de regime", "nulidade do processo", "prova ilícita", enfim, várias situações de acolhimento de recurso especial, com significativa alteração da situação jurídica do réu. Também errou ao não pesquisar os "agravos em recurso especial", "agravos regimentais" (contra decisões monocráticas) e, principalmente, a quantidade de *habeas corpus* substitutivo de recurso especial (na medida em que a jurisprudência defensiva barra a imensa maioria dos recursos) que foram admitidos. Aqui existe uma parcela bastante significativa de reversibilidade das decisões de segunda instância. Tudo isso foi desprezado pelo reducionismo punitivista.

Ademais, não fossem os diversos dispositivos legais que condicionam a execução da pena pela imutabilidade da decisão condenatória e, respectivamente, formação da culpa (art. 283 do CPP, 147 da LEP etc.), é um paradoxo reconhecer o "estado de coisas inconstitucional" do sistema carcerário (ADPF nº 347/MC, Rel. Min. Marco Aurélio, julgado em 9-9-2015) e admitir a execução antecipada.

Como conclusão, devemos assumir que a prisão pela culpa não é para os amigos ou inimigos do sistema; não é destinada para os empresários ricos ou aos miseráveis deste país; ela é para aqueles definitivamente culpados. Com isso, aceita-se a falta jurídico-penal e se compreende que o risco de impunidade e da prisão ilegal sempre vai existir; mas é melhor risco com garantias do que com autoritarismo. Deve-se, portanto, respeito ao conceito de trânsito em julgado, unívoco e historicamente situado, porque esse é o preço da democracia brasileira.

REFERÊNCIAS BIBLIOGRÁFICAS

CARNELUTTI, Francesco. *Cuestiones sobre el proceso penal*. Tradução Santiago Sentís Melendo. Buenos Aires: Libreria El Foro, 1950.

CUNHA MARTINS, Rui. O mapeamento processual da "verdade". In: PRADO, Geraldo Luiz Mascarenhas; CUNHA MARTINS, Rui; CARVALHO, Luis Gustavo Grandinetti Castanho de. *Decisão judicial*: a cultura jurídica brasileira na transição para a democracia. Madri: Marcial Pons, 2012.

GOLDSCHMIDT, James. *La concepción normativa de la culpabilidad*. Tradução Margarethe de Goldschmid y Ricardo C. Núnez. Buenos Aires: Julio César Faira, 2002 (Maestros del derecho penal, 7).

LEONE, Giovanni. *Tratado de derecho procesal penal*. Doctrinas Generales. Buenos Aires: EJEA, 1963. v. I.

MARQUES NETO, Agostinho Ramalho. O Poder Judiciário na perspectiva da sociedade democrática: o Juiz-cidadão. *Revista ANAMATRA*, Brasília, ano VI, n. 21, out.-dez. 1994.

MANZINI, Vicenzo. *Tratado de derecho procesal penal*. Buenos Aires: EJEA, 1951. tomo I.

MORAES, Maurício Zanóide de. *Presunção de inocência no processo penal brasileiro:* análise de sua estrutura normativa para a elaboração legislativa e para a decisão judicial. Rio de Janeiro: Lumen Juris, 2010.

STRECK, Lenio Luiz. *O que é isto – decido conforme minha consciência?* Porto Alegre: Livraria do Advogado, 2010.

LEONARDO COSTA DE PAULA

Doutor em Direito do Estado pela UFPR.
Mestre em Direito Público pela UNESA.
Vice-presidente do Observatório da Mentalidade Inquisitória. Advogado.

CAPÍTULO I

ART. 5º TODOS SÃO IGUAIS PERANTE A LEI, SEM DISTINÇÃO DE QUALQUER NATUREZA, GARANTINDO-SE AOS BRASILEIROS E AOS ESTRANGEIROS RESIDENTES NO PAÍS A INVIOLABILIDADE DO DIREITO À VIDA, À LIBERDADE, À IGUALDADE, À SEGURANÇA E À PROPRIEDADE, NOS TERMOS SEGUINTES:

...

LVIII – O CIVILMENTE IDENTIFICADO NÃO SERÁ SUBMETIDO A IDENTIFICAÇÃO CRIMINAL, SALVO NAS HIPÓTESES PREVISTAS EM LEI;

Em dois textos publicados pouco após a promulgação da Constituição de 1988, observando as relações entre identificação criminal e práticas autoritárias de nosso sistema penal Batista (1990, p. 116-122)[76] já traçava os caminhos históricos que levaram a Constituinte a incluir a previsão do art. 5º, LVIII, no texto constitucional.

Uma das raízes dessa história ainda está à mostra no art. 6º, VIII, do CPP no qual, na redação original, a prisão era regra para diversos casos, como se pode verificar em sua exposição de motivos, e não é por outra razão que a liberdade foi tratada como provisória. De fato, aqueles que respondiam a processo, nessas condições, perdiam o poder sobre seus corpos, a começar pela mancha nos dedos (pejorativamente tratado como tocar piano ou sujar os dedos na investigação), decorrente da submissão à identificação datiloscópica.

Nas atas das discussões da Assembleia, a identificação datiloscópica foi tratada como vexatória (VIDAL, 1987, p. 135), incorporando-se no texto a crítica de décadas anteriores (inclusive à jurisprudência do STF), para tornar a obrigatoriedade inconstitucional.

Em contrapartida, como "não existe lei que imponha ao cidadão o dever de andar sempre acompanhado de documentos que atestem a sua identidade" (BATISTA, 1990, p. 116), o artigo impede a aplicação indistinta do artigo 68 da Lei de Contravenções Penais e restringe as hipóteses de exigência de identificação às situações de fundada suspeita da prática de delito.

Assim, a submissão do cidadão comum a se identificar sem qualquer motivo é inconstitucional. A única identificação obrigatória admitida sem qualquer razão é, portanto, aquela imposta aos agentes estatais, previsão comum em constituições estaduais.

O art. 5º, LVIII, da Constituição indica que não se pode exigir a identificação de qualquer do povo, salvo se houver fundadas e oficiais razões para tanto. A Lei nº 12.037/2009 regulamenta atualmente o dispositivo.

Também se extrai do texto que quem já for identificado civilmente não pode ser submetido à humilhação da identificação criminal.

Por fim, se não houver qualquer dúvida sobre a identidade do indiciado ou preso, é proibido submeter-lhe à identificação criminal.

O dispositivo repercute em outras searas. Por exemplo, a exigência da identificação biométrica para a validação de título eleitoral parece vedada pelo art. 5º por uma razão simples: se não se pode submeter o civilmente identificado à identificação biométrica (a partir da datiloscopia) não se poderá exigir do cidadão que suas digitais sejam usadas para quaisquer outros fins, quanto mais como pressuposto para o exercício dos direitos políticos, embora o TSE esteja exigindo o cadastro biométrico dos eleitores.

Para finalizar, a base de dados biométricos do TSE não poderá servir para comparação de vestígios deixados por possíveis crimes. Isso incidirá em tratamento inconstitucional tornando ilícita a prova assim obtida, conforme o inciso LVI do art. 5º. Caso a base de dados de cadastro biométrico já efetivado, para uso da justiça eleitoral, seja fonte de comparação datiloscópica, importará em tratamento dissonante com as aludidas previsões constitucionais.

REFERÊNCIAS BIBLIOGRÁFICAS

BATISTA, Nilo. Sem documentos? Teje preso! e Pequeno ritual de degradação. In: *Punidos e mal pagos*. Revan: Rio de Janeiro, 1990. p. 116-122.

VIDAL, Ciro. ASSEMBLEIA NACIONAL CONSTITUINTE. *Atas de comissões* – Comissão da soberania e dos direitos e garantias do homem e da mulher. Manifestação de Ciro Vidal, arquivo <1c, 1987, p. 135. Disponível em: https://www.senado.leg.br/publicacoes/anais/constituinte/audienciap.zip. Acesso em: 30 abr. 2018.

76 BATISTA, Nilo. Sem documentos? Teje preso! e Pequeno ritual de degradação. In: *Punidos e mal pagos*. Revan: Rio de Janeiro, 1990. p. 116-122.

ANA CLAUDIA PINHO

Doutora em Direito (UFPA), mestre em Direito (UFPA) e professora de Direito Penal da UFPA (graduação e PPGD). Também atua como promotora de justiça no estado do Pará.

CAPÍTULO I

ART. 5º TODOS SÃO IGUAIS PERANTE A LEI, SEM DISTINÇÃO DE QUALQUER NATUREZA, GARANTINDO-SE AOS BRASILEIROS E AOS ESTRANGEIROS RESIDENTES NO PAÍS A INVIOLABILIDADE DO DIREITO À VIDA, À LIBERDADE, À IGUALDADE, À SEGURANÇA E À PROPRIEDADE, NOS TERMOS SEGUINTES:

...

LIX – SERÁ ADMITIDA AÇÃO PRIVADA NOS CRIMES DE AÇÃO PÚBLICA, SE ESTA NÃO FOR INTENTADA NO PRAZO LEGAL;

No que tange à previsão do artigo 5º, LIX, da Constituição da República de 1988, cumpre advertir que se trata de hipótese de cabimento de ação penal exercida pelo ofendido ou, ainda, pelos legitimados previstos no artigo 31, do Código de Processo Penal, diante da inércia do órgão constitucionalmente incumbido de exercer a ação penal pública e é marcada pela característica da *excepcionalidade*.

Em verdade, o que há é a permanência de uma ação de iniciativa pública, *extraordinariamente* exercitada pelos referidos legitimados. Há pois, em consequência, um processo por crime de ação pública, iniciado por queixa.

De início, é fundamental registrar que o modelo de processo penal forjado pelo Constituinte de 1988 é acusatório e público. As hipóteses de intervenção da parte vítima (ofendido), bem como as possibilidades de uma "justiça criminal negocial" (a exemplo dos institutos próprios do Juizado Especial Criminal) são rigorosamente excepcionais e limitadas, mantendo-se a premissa central de que cabe, *privativamente*, ao Ministério Público a iniciativa da ação penal (CRFB, art. 129, I).

Fiquemos, pois, com a ideia clara da *excepcionalidade*.

Lopes Jr. (2016, p. 224), ao referir-se à *queixa substitutiva* (nomenclatura que melhor atende às características do instituto aqui analisado, em detrimento da expressão *ação penal privada subsidiária da pública*) esclarece que esta exige uma atenção maior, exatamente em função de corresponder a uma hipótese de *legitimação extraordinária*, nos estritos termos do artigo 5º, LIX e dos artigos 29, do Código de Processo Penal e 100, § 3º, do Código Penal.

Nesse contexto, torna-se, então, necessário explicitar em que circunstâncias é possível exercitar a mencionada ação e, diversamente, quais as condições que inviabilizam o seu respectivo manejo.

O Supremo Tribunal Federal (STF), há muito, vem delimitando os contornos do mencionado instituto. Se a jurisprudência daquela Corte já registrava precedentes no sentido de não admitir o manejo da queixa substitutiva, nas hipóteses de **denúncia no prazo legal, promoção do arquivamento, pelo Ministério Público** (HC nº 74.276, relator min. CELSO DE MELLO, Primeira Turma, julgado em 03/09/1996), ou ainda, quando este **requisita diligências externas** (HC nº 84.659, relator min. SEPÚLVEDA PERTENCE, Primeira Turma, julgado em 29/06/2005; Inq nº 1939, relator min. SEPÚLVEDA PERTENCE, Tribunal Pleno, julgado em 3-3-2004), passou a entender possível o exercício da queixa substitutiva, nos casos em que, diversamente daqueles já mencionados, o Ministério Público, embora proceda a diligências internas, deixa de exercer a ação penal pública no prazo legal.

Assim, no julgamento de Repercussão Geral no Recurso Extraordinário com Agravo nº 859.251, o relator, ministro Gilmar Mendes, considerou que é a ausência de movimentação externa ao Parquet, no prazo legal, que faz surgir o direito potestativo a propor ação penal privada.

Anote-se ainda que, segundo o Relator, a hipótese prevista no artigo 5º, LIX, corresponde a um direito da vítima e de sua família à aplicação da lei penal, elevado, segundo o voto proferido, à qualidade de direito fundamental.

Nesse ponto, é válido lembrar que, em uma perspectiva constitucional e acusatória, o exercício da ação penal – qualquer que seja a sua modalidade – corresponde a um "poder político de invocar e postular a satisfação de uma pretensão", de caráter acusatório, como defende Lopes Jr. (2016, p. 190).

Em sendo assim, em que pese as acertadas conclusões do voto quanto à necessidade de estabelecer contornos para o manejo da *queixa substitutiva*, necessária é a crítica quanto a esta se tratar de um "direito fundamental à aplicação da lei penal".

É que, sendo um direito potestativo, o que há é tão somente uma autorização extraordinária ao ofendido, para que exerça a possibilidade de formular a pretensão acusatória, veiculada por meio da ação penal, havendo grave risco de se preencher semanticamente a ideia de um *direito da vítima* à aplicação *da lei penal*, com um conteúdo punitivista, sobretudo em tempos em que o discurso de proteção dos interesses da vítima ameaça a formatação de um direito penal de garantias ao acusado.

REFERÊNCIAS BIBLIOGRÁFICAS

LOPES JR., Aury. *Direito processual penal*. 13. ed. São Paulo: Saraiva, 2016.

SALAH H. KHALED JR.

Professor de Direito Penal e Criminologia e do Programa de Pós-Graduação em Direito e Justiça Social da Universidade Federal do Rio Grande – FURG. É doutor em Ciências Criminais (PUC-RS) e presidente do Instituto Brasileiro de Criminologia Cultural.

CAPÍTULO I

ART. 5º TODOS SÃO IGUAIS PERANTE A LEI, SEM DISTINÇÃO DE QUALQUER NATUREZA, GARANTINDO-SE AOS BRASILEIROS E AOS ESTRANGEIROS RESIDENTES NO PAÍS A INVIOLABILIDADE DO DIREITO À VIDA, À LIBERDADE, À IGUALDADE, À SEGURANÇA E À PROPRIEDADE, NOS TERMOS SEGUINTES:

...

LX – A LEI SÓ PODERÁ RESTRINGIR A PUBLICIDADE DOS ATOS PROCESSUAIS QUANDO A DEFESA DA INTIMIDADE OU O INTERESSE SOCIAL O EXIGIREM;

A publicidade é historicamente indissociável do sistema acusatório. Seja no clássico modelo ateniense ou em um sistema contemporâneo, como o chileno, é da arquitetura acusatória a publicidade e oralidade dos atos processuais (KHALED JR., 2016). Diferentemente, o algoritmo inquisitória privilegia a forma escrita e o segredo. Não por acaso, já foi dito que pode produzir a verdade na ausência do acusado.

Os constituintes de 1988 sabiamente consolidaram a publicidade dos atos processuais como direito fundamental. Mas entre a publicidade de que fala a Constituição e a *publicidade* do processo penal do espetáculo há uma distância tremenda: enquanto a primeira visa tutelar direitos fundamentais, a segunda é destinada à sua aniquilação.

Para compreender o fenômeno, é preciso explorar a dimensão de *significado* no âmbito do processo e a própria *reconstrução mediada e/ou* a *exponenciação* de significado a que são submetidas as complexas *situações jurídicas* processuais, enquanto *discursos exportáveis* do processo para *consumo externo*. (GOLDSCHMIDT, 2010, p. 778). Nesse sentido, a relação entre processo penal e *expectativa* deve ser redimensionada. Que o processo penal não deve ser uma *maquinaria processual de confirmação de expectativas* é um truísmo que dificilmente pode ser negado: ele deve estabelecer um limite, uma fronteira que um regime de verdade da ordem da *evidência* não ultrapassa (CUNHA MARTINS, 2010, p. 37). Por mais que o confronto processual se dê no âmbito de distintas *representações narrativas* voltadas para a *captura psíquica* do juiz, convivem as noções de *carga* para a acusação e *risco* para a defesa: a *incerteza* das *situações jurídicas* processuais deve ser mitigada pela adoção de garantias que circunscrevam o jogo processual dentro dos limites do justo, preservando o acusado e fixando o juiz na posição receptiva que lhe é imposta pela epistemologia acusatória. Somente assim um regime de verdade, estruturado em torno do *análogo*, pode vir a prosperar, enquanto epistemologia que reconhece a *passeidade* e renúncia à ambição da verdade, reconhecendo os limites de um conhecimento que tem como base *rastros* do passado (KHALED JR., 2016).

Para isso é preciso instituir limites, tanto normativos quanto epistemológicos. Os normativos estão dados, mas são ignorados. Os epistemológicos normalmente não são sequer (re)conhecidos. Mas são eles que podem nos resguardar diante de derivas autoritárias e de contaminações explícitas, decorrentes de confusões entre os regimes de verdade da *prova* e da *evidência* e da *convicção* e da *crença*. *Alucinatório* é o processo no qual a condenação é fruto de ponderações solitárias do magistrado, que exterioriza narrativamente uma decisão eleita de antemão para depois partir em busca de esteio probatório. É o que ocorre quando o processo *dialógico* é morto em nome do *monólogo* que tem desapreço pelo contraditório e certifica qualquer meio para atingir a finalidade tão desejada. A ruptura autoritária não é da ordem da epistemologia ou da normatividade. É da ordem da *cultura*: da tradição inquisitória que permite a deriva, que dá margem para o golpe de cena que transforma o processo em monólogo autoritário, reinventado como discurso vociferado para o grande público na *sociedade do espetáculo* (DEBORD, 1997).

É da cultura inquisitória que a verdade seja produzida em segredo, enquanto o juiz manipula a prova. O processo inquisitório não tem predileção pela transparência, assim como despreza o contraditório. Mas, na atual quadra histórica, ele abandona o fetiche pelo oculto para se transformar em um mecanismo de *assujeitamento* e *violência simbólica*, que simultaneamente satisfaz e cria expectativas no público que é seu consumidor, em uma verdadeira *dialética da arbitrariedade*.

É o que ocorre quando o hiato processual não tem mais função contramajoritária de resistência, optando, contrariamente, por funcionar como mecanismo que *fomenta desejos e cria expectativas*, satisfazendo os anseios de um público que consome processo penal como se fosse mercadoria, ainda que no plano simbólico. O processo deixa de ter como objeto o caso penal ou a pretensão acusatória, ou até a ambição de verdade: passa a estar movido por uma intenção de (re)definição da percepção pública sobre a pessoa do acusado, sendo essa a sua finalidade última. Com isso, fica claro que é muitas vezes uma prática punitiva tendencialmente voltada para a destruição de reputações e vidas do que propriamente um ritual interessado em um dado fato do passado, que funciona como pretexto para que um alvo específico seja eventualmente enjaulado.

Já foi dito que o processo penal em si mesmo é uma pena: ele arruína o convívio social do acusado, talvez definitivamente. Mas isso sempre foi percebido como uma espécie de efeito colateral, que decorria do quanto era estigmatizante em si mesma a persecução penal: não como um fim abertamente almejado como parte de uma *guerra cultural*, que coloca o processo penal não apenas no centro da política, mas no centro da própria cultura. Seu propósito passa a ser dado pelo ódio dirigido ao grupo definido como inimigo e nisso o processo muito tem contribuído para a instalação da *racionalidade binária*. Em outras palavras, ele deixa de estabelecer uma fronteira processual como obstáculo ao ódio, para auxiliar na demarcação de uma fronteira subjetiva que consolida o ódio: liquida com seus próprios limites normativos para fomentar o desprezo por limites civilizatórios.

Transformada em *capital simbólico*, a expectativa autorizará a assunção de um papel de vingador social pela magistratura, que desse modo corresponderá ao que a "sociedade" espera dela: a primazia de "seus" direitos diante dos direitos "deles", os "outros". Tanto em nível micro quanto em nível macro será assim: o discurso reverbera na subjetividade do juiz singular e é proferido com ares salvacionistas por ministros do Supremo Tribunal Federal. Hoje é impossível compreender o processo sem levar em conta essa dimensão, sob risco de o estudo se dar somente no plano da abstração, enquanto deve contemplar outras dimensões de construção de significado como a criminalização da advocacia e os mecanismos subjetivos típicos da economia moral de ilegalidades da qual participam os agentes de um complexo jurídico-midiático como a Operação Lava Jato (KHALED JR., 2018). O encadeamento narrativo entre as duas dimensões da Operação demoniza e dramatiza, construindo no imaginário público um relato que poderia ser definido de modo provocativo como ficção: vale não só aquilo que supostamente se fez, mas o potencial que uma dada conduta ou pessoa tem para enriquecer a macronarrativa da corrupção.

A narrativa em questão já foi comodificada nos sentidos mais óbvios: em torno dela circula uma indústria que fatura com biografias escritas por *ghost writers* e películas cinematográficas, enquanto as estrelas propriamente ditas se valem das funções institucionalmente estabelecidas para cobrar verdadeiras fortunas em palestras: o processo penal do espetáculo torna-se assim parte essencial da vida cotidiana, acompanhado com frequência por espectadores como um misto de *reality show* e seriado, cujas temporadas são aparentemente inesgotáveis: afinal, já foi dito que a Lava Jato deve durar para sempre, frase que evoca um *não tempo* típico de contos de fadas e que é condizente com uma Operação cujos limites são indiscerníveis, sejam eles espaciais ou temporais, como a supercompetência de Sérgio Moro facilmente demonstra.

O processo penal assim (re)nasce como espetáculo veiculado pela mídia, fonte de entretenimento, consumo e (des)informação. Sua serventia para certo tipo de controle social mostra-se, assim, sem igual, operando como elemento essencial dentro da lógica do capitalismo global e atuando de modo semelhante a outras instâncias, transformando pessoas em consumidores e emoções em produtos (FERRELL, HAYWARD, 2012). A ideologia assim difundida e amplificada por meio da grande mídia é um fator decisivo para a massificação do fenômeno conhecido como empobrecimento da subjetividade (CASARA, 2017).

REFERÊNCIAS BIBLIOGRÁFICAS

CUNHA MARTINS, Rui. *O ponto cego do direito:* the brazilian lessons. Rio de Janeiro: Lumen Juris, 2010.

DEBORD, GUY. *A sociedade do espetáculo*. Rio de Janeiro: Contraponto, 1997.

FERRELL, Jeff; HAYWARD, Keith. Possibilidades insurgentes: As políticas da criminologia cultural. *Sistema Penal & Violência.* Porto Alegre, v. 4, n. 2, p. 206-218, jul.-dez. 2012.

GOLDSCHMIDT, James. Problemas jurídicos y políticos del proceso penal. In: GOLDSCHMIDT, James. *Derecho, derecho penal y proceso I:* problemas fundamentales del derecho. Madri: Marcial Pons, 2010.

KHALED JR, Salah H. *A busca da verdade no processo penal: para além da ambição inquisitorial.* 2. ed. Belo Horizonte: Letramento/Casa do Direito, 2016.

________. *Discurso de ódio e sistema penal.* 2. ed. Belo Horizonte: Letramento/Casa do Direito, 2018.

ANTONIO PEDRO MELCHIOR
Doutorando em Direito pela UFRJ
e advogado criminalista.

CAPÍTULO I

ART. 5º TODOS SÃO IGUAIS PERANTE A LEI, SEM DISTINÇÃO DE QUALQUER NATUREZA, GARANTINDO-SE AOS BRASILEIROS E AOS ESTRANGEIROS RESIDENTES NO PAÍS A INVIOLABILIDADE DO DIREITO À VIDA, À LIBERDADE, À IGUALDADE, À SEGURANÇA E À PROPRIEDADE, NOS TERMOS SEGUINTES:

...

LXI – NINGUÉM SERÁ PRESO SENÃO EM FLAGRANTE DELITO OU POR ORDEM ESCRITA E FUNDAMENTADA DE AUTORIDADE JUDICIÁRIA COMPETENTE, SALVO NOS CASOS DE TRANSGRESSÃO MILITAR OU CRIME PROPRIAMENTE MILITAR, DEFINIDOS EM LEI;

A compreensão dos dispositivos constitucionais, responsáveis por instituir direitos e garantias fundamentais em matéria criminal, deve partir de duas premissas: em primeiro lugar, eles representam desdobramentos diretos das lutas travadas contra o autoritarismo no Brasil e, portanto, incorporam a memória coletiva dos sofrimentos que o exercício do poder penal gerou no país (e ainda gera). Isso leva ao segundo ponto de partida: o procedimento de busca de sentido das normas constitucionais, especialmente as que consagram liberdades públicas em face da competência punitiva do Estado brasileiro não pode ser aleatório ou irracional. A construção de um saber sobre a justiça criminal e, consequentemente, sobre as normas jurídico-constitucionais relacionadas ao exercício da violência estatal, está submetida a uma série de orientações políticas que, além de guiar a interpretação e a aplicação, obrigam todos aqueles que pretendam produzir um conhecimento legítimo sobre elas. Essas orientações, em síntese, impõem uma visão restritiva do poder repressivo e, ao mesmo tempo, uma interpretação extensiva e progressiva de todas as garantias concebidas como ferramentas de proteção das liberdades.

É dentro desse marco que o inciso LXI, do art. 5º, da Constituição da República deve ser concebido. Esse dispositivo, assim como os que lhe seguem na estrutura da Carta e que também tratam diretamente da prisão (inciso LXII, LXIII, LXIV, LXV e LXVII), possuem o mesmo objetivo político: proteger a liberdade individual das detenções arbitrárias. Essas normas constituem imposições de limites ao poder estatal, visam disciplinar a atuação dos aparelhos repressivos, do Poder Judiciário, impedindo que a política criminal do Estado se converta, definitivamente, em arbítrio.

O exercício concreto da justiça criminal, entretanto, está longe de seguir os imperativos do texto constitucional. A determinação prevista no inciso LXI, do art. 5º, da CR deve(ria) extirpar três práticas que, em maior ou menor grau, ainda se verificam: a) prisão para averiguação, conhecido expediente da ditadura civil e militar no Brasil; b) prisão "obrigatória e automática", instituto típico do modelo autoritário de processo penal; c) ausência de fundamentação ou fundamentação inidônea para justificar a prisão, prática judicial incompatível com a democracia constitucional e, consequentemente, com o dever de controle do poder e da racionalidade das decisões judiciais.

O inciso LXI, do art. 5º da CR, indica que "ninguém será preso senão em flagrante *ou* por ordem escrita e fundamentada de autoridade judiciária [...]", dando-se a falsa impressão de que, na primeira hipótese, não seria necessário qualquer tipo de fundamentação. Não é assim que deve ocorrer. Verificada uma situação flagrancial notadamente por um agente público, a pessoa capturada deve ser verbalmente comunicada das razões da detenção e de seus direitos constitucionais, dentre os quais o de não produzir prova contra si mesmo (inciso LXIII, do art. 5º, CR). Conduzida à autoridade policial, esta deverá fundamentar a lavratura ou não do auto de prisão em flagrante. Lavrando-se, a situação jurídica do preso em flagrante deverá ser objeto de controle judicial (art. 310, CPP), em até 24 horas, na audiência de custódia. Portanto, mesmo a prisão em flagrante exige, para a manutenção da pessoa em cárcere, uma ordem escrita e fundamentada da autoridade judiciária competente, que a converta em prisão preventiva. Antes disso, deve ser precedida de manifestação escrita e fundamentada da autoridade policial, sob pena de abuso de autoridade (ex. art. 4º, "a", da Lei nº 4.898/1965.)

Quanto aos problemas citados e que devemos enfrentar para a efetividade do inciso LXI, do art. 5º, da CR, trinta anos após a promulgação da Constituição da República, devemos observar o seguinte: a *detenção,* seguida de condução coercitiva à delegacia de polícia *para averiguação* de eventuais registros criminais, sem que a pessoa esteja em situação flagrancial, ainda é uma prática comum nas localidades mais pobres das cidades brasileiras, onde uma quantidade indiscriminada de pessoas é tratada como suspeita. No jargão policial, denomina-se "sarquear" (averiguar o nome no sistema interno da polícia). A prática ofende uma série de dispositivos constitucionais e também o dispositivo em comento.

A chamada "prisão obrigatória", ou seja, aquela que decorre de um mero "evento processual" e prescinde de fundamentação, também é uma prática conhecida no Brasil e que a Constituição da República (CR) pretendia romper. Não por outro motivo se instituiu a presunção de inocência até o trânsito em julgado da sentença penal condenatória (LVII, art. 5º, CR), exigindo-se que, antes disso, só se determinasse a prisão de uma pessoa em flagrante delito ou "por ordem escrita e fundamentada da autoridade judiciária competente". Recentemente, entretanto, o Supremo Tribunal Federal, passou a admitir a execução antecipada da pena (HC nº 126.292, Rel. Min. Edson Fachin), embora a discussão pareça em aberto diante da resistência democrática de alguns ministros. A alteração no entendimento do STF implica uma retomada do pensamento político presente na redação original do Código de Processo Penal de 1941, em que se previa, por exemplo, como regra: o recolhimento à prisão como efeito da sentença penal condenatória (art. 393, do CPP/41), condição para apelar (arts. 594 e 595, do CPP/41) e, consequentemente, inexistência de efeito suspensivo ao recurso extraordinário (art. 637, do CPP). Em todas essas hipóteses, o recolhimento ao cárcere ocorre sem que haja ordem fundamentada na demonstração de necessidade cautelar. Em suma: a prática judicial de executar antecipadamente a pena de prisão, como firmou a maioria dos ministros do Supremo Tribunal Federal nos autos citados, automaticamente após o acórdão condenatório, afeta a presunção de inocência e, ao mesmo tempo, a exigência prevista no art. 5º, LXI, da CR.

Há outras questões importantes que decorrem da referência à necessidade de fundamentação da ordem de prisão e que, sem dúvida, serão tratados em outros comentários nesta obra. Acrescenta-se, apenas para fins de um último registro, que não basta qualquer fundamentação. A legitimidade do ato de poder consistente em determinar a prisão de alguém, antes do trânsito em julgado, depende da demonstração concreta, apoiada em dados empíricos, de que a liberdade coloca em risco o processo como instrumento da jurisdição. Esse foi o preço exigido pelos constituintes originários para impedir prisões arbitrárias.

O inciso LXI do art. 5º da CR é uma das prerrogativas jurídicas da liberdade que, em matéria criminal, decorrem da opção constitucional pela democracia e pelo Estado de Direito. Essas prerrogativas são conquistas civilizatórias do povo brasileiro e não estão sujeitas às interpretações, doutrinárias ou jurisprudenciais, que deixem de reconhecer o seu vínculo com a superação do pensamento autoritário no Brasil.

ANDRÉ NICOLITT

Doutor em Direito pela Universidade Católica Portuguesa - Lisboa, 2011. Mestre em Direito pela Universidade do Estado do Rio de Janeiro - UERJ, 2003. Professor do PPGD - Faculdade Guanambi - BA. Professor adjunto da Faculdade de Direito da Universidade Federal Fluminense - UFF. Membro do Instituto Brasileiro de Ciências Criminais - Ibccrim. Membro do Instituto Carioca de Criminologia - ICC.
Juiz de Direito Titular do Juizado de Violência Doméstica - São Gonçalo - RJ.

CAPÍTULO I

ART. 5º TODOS SÃO IGUAIS PERANTE A LEI, SEM DISTINÇÃO DE QUALQUER NATUREZA, GARANTINDO-SE AOS BRASILEIROS E AOS ESTRANGEIROS RESIDENTES NO PAÍS A INVIOLABILIDADE DO DIREITO À VIDA, À LIBERDADE, À IGUALDADE, À SEGURANÇA E À PROPRIEDADE, NOS TERMOS SEGUINTES:

...

LXII - A PRISÃO DE QUALQUER PESSOA E O LOCAL ONDE SE ENCONTRE SERÃO COMUNICADOS IMEDIATAMENTE AO JUIZ COMPETENTE E À FAMÍLIA DO PRESO OU À PESSOA POR ELE INDICADA;

Trata-se de um direito fundamental fundado na necessidade de o juiz averiguar a legalidade da prisão, visto que se esta for ilegal deverá ser relaxada imediatamente (BASTOS; MARTINS, 1989, p. 293). Ademais, acomunicação à família do preso é uma ferramenta que possibilita oexercício de sua defesa, a fim de que seus familiares ou a pessoa por ele indicada possam fornecer assistência (CANOTILHO, 1984, p. 204).

Temos assim duas normas a serem observadas para a validade da prisão: 1) a imediata comunicação ao juiz; 2) a comunicação à família do preso ou a pessoa por ele indicada.

Da comunicação ao juiz

No âmbito das cortes internacionais de direitos humanos não há decisões acerca da referida garantia prevista na nossa Constituição. Isso porque a CF/1988, nesse aspecto, foi tímida, vez que a normativa internacional assegurou mais do que a comunicação da prisão: a apresentação do preso, sem demora, perante à autoridade judiciária (Pacto Internacional sobre Direitos Civis e Políticos, art. 9, nº 3. Pacto de São José da Costa Rica, art. 7º, 5. Convenção Europeia de Direitos Humanos, art. 5º, 3).

Com efeito, no plano internacional o direito fundamental relativo ao controle jurisdicional da prisão é discutido sob o título de audiência de apresentação do preso, que entre nós ficou conhecida como audiência de custódia.

Na verdade o Brasil possui dois instrumentos de controle da legalidade das prisões, a comunicação e a exigência de audiência de custódia.

No plano interno, precisamente sobre a exigência constitucional da comunicação de prisão, a jurisprudência é pobre. O STF praticamente não decidiu o tema após a Constituição de 1988 e antes dela seus poucos julgados são lamentáveis.

Das sete Constituições do Brasil, a exigência de comunicação da prisão ao juiz só não existiu em duas (1891 e 1937). A de 1824, embora não tivesse a previsão expressa, a exigência de nota de culpa em tempo razoável, assinada por juiz, revelava a estrutura de controle jurisdicional da prisão, contemplando implicitamente a garantia em comento. Sob a égide da Constituição de 1946, o STF decidiu em 1954 (RHC nº 32.837) que "a falta de comunicação da prisão não importa o relaxamento desta". No voto do relator Nelson Hungria constava o seguinte: "É verdade que um outro comentador da nossa Lei Magna entende que o descumprimento do art. 141, § 22, torna ilegal a prisão, ainda que legalmente efetuada, o que é na minha opinião, um completo desconchavo".

A restruturação democrática de 1946, após o Estado Novo (1937), não foi suficiente para fazer com que o STF da época efetivasse a garantia fundamental da comunicação da prisão que retornava à ordem jurídica.

Atualmente, o enfrentamento do tema encontra mais lastro no STJ, onde lamentavelmente faz-se da garantia um elemento retórico, *verbis*:

> *I – Na linha de precedentes desta Corte, não há que se falar em vício formal na lavratura do auto de prisão em flagrante se sua comunicação, mesmo tendo ocorrido a destempo da regra prevista no art. 306, § 1º, do Código de Processo Penal, foi realizada em lapso temporal que está dentro dos limites da razoabilidade (precedentes).* (HC nº 149875/SP Ministro FELIX FISCHER, 4-5-2010)

No caso acima, além de não se ter comunicado a prisão no prazo do CPP, a remessa do interrogatório em sede policial foi feita posteriormente e tudo isso foi considerado "mera irregularidade" e não se demonstrou "prejuízo".

De nossa parte, entendemos que o auto de prisão em flagrante é um ato administrativo solene que deve observar estritamente as disposições legais. Não pode o agente estatal deixar de obedecer à lei durante a formalização da prisão (NICOLITT, 2016, p. 766), mormente quando o comando decorre da Constituição. A falta de comunicação da prisão ou a comunicação intempestiva importa relaxamento.

Para Bastos (1989, p. 294), a falta de comunicação ao juiz implica também o agente público nas sanções previstas no art. 4º, *c*, da Lei nº 4.898/1965.

Da comunicação à família do preso ou à pessoa por ele indicada

Trata-se de novidade no constitucionalismo brasileiro, trazida com a CF/1988 e está em harmonia com o inciso LXIII, que prevê a assistência à família (SILVA, 2010, p. 162).

Em 1991, o STF decidiu sobre a falta de comunicação à família em tese que sustentava o "trancamento da ação", ou seja, não se discutia o problema do relaxamento da prisão. Na ocasião ficou evidenciada a possibilidade de se apurar a responsabilidade do agente que deixou de fazer a comunicação[77], sem admitir o "trancamento da ação".

Já o STJ demonstra uma capacidade incrível de superar omissões e irregularidades na prisão:

> *1. A identificação errônea do condutor e da 1ª testemunha na notas de culpa e a ausência de informação do local e da prisão do recorrente à sua família e ao consulado da Romênia, ainda que tivessem ocorrido, não seriam suficientes, por si sós, para viciar o auto de prisão em flagrante, tendo em vista a ausência de demonstração de*

77 STF, HC nº 68.503, DJ 29/5/1992.

prejuízo efetivo à Defesa. (RHC nº 27.067, Ministro JORGE MUSSI, DJe 12-4-2010)

Não constitui irregularidade apta a anular o auto de prisão a comunicação tardia feita à família do paciente quando de sua prisão em flagrante. É descabido o reconhecimento da nulidade referente à nomeação de um policial como curador, se inexistente a demonstração de prejuízo para adefesa. (RHC 10220/SP - Ministro GILSON DIPP -13-3-2001)

O STJ, no tema relaxamento de prisão, vem criando uma tradição de menosprezo não só à Constituição como também aos tratados internacionais ao reafirmar que a falta da audiência de custódia não implica relaxamento de prisão[78].

A comunicação à família está ligada também ao direito de defesa, pois por meio dela ou de pessoa indicada pelo preso, este poderá ter assistência de advogado. Assim, a lesão ao direito de defesa dispensa demonstração de prejuízo, este é presumido.

Nesse sentido, não apenas é possível notar reflexos sobre a prisão em flagrante e a imposição de relaxamento, como também se pode ver reflexos sobre a justa causa. Os elementos colhidos no inquérito sem que o indiciado tenha tido oportunidade de exercer a mínima participação – o que a CRF lhe conferiu nessa fase inquisitiva – perdem a validade necessária para constituir justa causa da ação.

O não cumprimento das regras de comunicação da prisão ao juiz e aos familiares traz a esta a marca da ilegalidade, impondo seu relaxamento. Já a ausência de comunicação à família, por ser aspecto do direito de defesa, pode provocar a contaminação da justa causa pela ilegalidade indicada, impedindo o curso da ação penal. De igual maneira, a falta de audiência de custódia importa relaxamento.

REFERÊNCIAS BIBLIOGRÁFICAS

BASTOS, Celso Ribeiro; MARTINS, Ives Grandra. *Comentários à Constituição do Brasil (Promulgada em 5 de outubro de 1988)*. São Paulo: Saraiva, 1989. v. 2.

CANOTILHO, J. J. Gomes. *Constituição da República Portuguesa anotada.* Coimbra: Coimbra Editora, 1984. v. 1.

NICOLITT, André. *Manual de processo penal.* São Paulo: Editora Revista dos Tribunais, 2016.

SILVA, José Afonso da. *Comentário contextual à Constituição.* São Paulo: Malheiros, 2010.

ALEXANDRE MORAIS DA ROSA

Doutor em Direito. Professor de Processo Penal da UFSC, UNIVALI e da ABDConst (Associação Brasileira de Direito Constitucional). Juiz de Direito no estado de Santa Catarina.

THIAGO M. MINAGÉ

Doutor em Direito. Professor de Processo Penal da UNESA/RJ, ABDConst (Associação Brasileira de Direito Constitucional). Diretor acadêmico da ABRACRIM-RJ. Advogado criminalista.

CAPÍTULO I

ART. 5º TODOS SÃO IGUAIS PERANTE A LEI, SEM DISTINÇÃO DE QUALQUER NATUREZA, GARANTINDO-SE AOS BRASILEIROS E AOS ESTRANGEIROS RESIDENTES NO PAÍS A INVIOLABILIDADE DO DIREITO À VIDA, À LIBERDADE, À IGUALDADE, À SEGURANÇA E À PROPRIEDADE, NOS TERMOS SEGUINTES:

...

LXIII – O PRESO SERÁ INFORMADO DE SEUS DIREITOS, ENTRE OS QUAIS O DE PERMANECER CALADO, SENDO-LHE ASSEGURADA A ASSISTÊNCIA DA FAMÍLIA E DE ADVOGADO;

LXIV – O PRESO TEM DIREITO À IDENTIFICAÇÃO DOS RESPONSÁVEIS POR SUA PRISÃO OU POR SEU INTERROGATÓRIO POLICIAL;

Comentário aos incisos LXIII e LXIV

O tema que nos fora proposto para comentar no presente trabalho se refere aos incisos LXIII e LXIV, do artigo 5º, da Constituição

---

78 STJ, RHC nº 76.100/AC, 5ª T., rel. Min. Felix Fischer, j. 8/11/2016, DJe de 2/12/2016; RHC nº 76.653/PR, 6ª T., rel. Min. Rogério Schietti Cruz, j. 22/11/2016, DJe de 7/12/2016.

Federal. As premissas a serem adotadas aqui poderiam partir de outros autores, diferentes leituras e consequentes teorias demarcatórias, outros compromissos poderiam ser denunciados, mas, no entanto, nossa arbitrariedade, talvez fruto de uma compreensão do direito, tal qual Warat[79] utilizava, nos levou às projeções a serem demonstradas.

As leis, enquanto categorias de inteligibilidade, repousam em conceito de causalidade escolhido de forma genérica, desprezando particularidades (individualidades), como se as pessoas fossem senhoras de si mesmas e agissem sempre da mesma forma[80]. Tal escolha não é aleatória, e, sim, um tipo de causa formal que privilegia *o como funciona*, em detrimento de qual *o fim das coisas*[81]. Um determinismo mecanicista que se presta a constituir e manter uma forma de conhecimento utilitária e funcional, que despreza a compreensão da realidade fática em prol de um método que possa dominar e transformar o que se entende sobre esse real[82]. De certa forma, tal perspectiva atende interesses econômicos dominantes, típico de um neoliberalismo[83] que desconsidera a intenção dos indivíduos para então permitir que a ciência consiga intervir, manipular e transformar aquilo que é dado como realidade, cuja premissa é a ordem e estabilidade do mundo, fundamentando seu rigor na verdade que afirma existir e insiste em encontrar[84].

O determinismo mecanicista é o horizonte certo de um tipo de conhecimento que se perfaz de forma utilitária e funcional, eis que pretende (como dito) dominar e manipular o que é dado como real com constantes inversões ideológicas[85]. O controle da massa se torna mais fácil e eficaz de acordo com os interesses defendidos pelos detentores do exercício do poder[86]. Por isso, insistentes perguntas e frequentes críticas às repostas são reproduzidas, sobre a privação da liberdade (principalmente a cautelar) e sua finalidade. A resposta certa seria: *não importa a finalidade e, sim, porque é assim que deve ser.*

Estabelecido o ponto de partida compreensivo, fincado na opção legislativa de causalidade que privilegia o funcionamento prático utilitarista de manipulação do que é dado como real, resta-nos agora apontar/denunciar a "cartada perfeita" de concretização do projeto neoliberal de domínio social que se perfaz por meio da denominada Teoria da Argumentação[87]. Dizemos isso, pois,

79 WARAT, Luis Alberto. *O direito e sua linguagem*. 2. ed. Porto Alegre: Sergio Antonio Fabres Editor, 1995. p. 17.

80 Sobre isso ver: JORGE, Marco Antonio Coutinho. *Fundamentos da psicanálise de Freud a Lacan. Vol. I: As bases conceituais*. 6. ed. Rio de Janeiro: Zahar, 2011. A psicanálise com origem em Freud e Lacan enfrenta como principal resistência compreensiva o fato de expor uma (di)visão constituinte, originária e reveladora de que as pessoas não são senhoras de si mesmas.

81 PAVARINI, Massimo. O encarceramento de massa. In: BATISTA, Vera Malaguti. ABRAMOVAY, Pedro Vieira (org.). *Depois do grande encarceramento*, Rio de Janeiro: Revan, 2010. p. 295. "Se toda a população mundial que teve uma experiência com o cárcere desse as mãos, formariam uma longa fila capaz de dar quase duas voltas ao mundo na altura da linha do Equador."

82 No dizer do próprio Lacan *"Cabe a vocês serem lacanianos. Quanto a mim, sou freudiano"*. Tal afirmativa deve-se ao fato de que Lacan propôs toda uma releitura da obra de Freud e ao tratar sobre o significado do que seria o real, o considerou como o elemento mais nuclear e limítrofe de conceituação. De forma resumida e reducionista poderíamos reproduzir que só se vai ao real por meio do simbólico que se eleva à categoria de real (CHAVES, Wilson Camilo. *Considerações a respeito do conceito de real em Lacan*. Psicologia em Estudo, Maringá, v. 14, n. 1, p. 41-46, jan.-mar. 2009).

83 MARCELINO JR., Júlio Cesar; DA ROSA, Alexandre Morais. *O processo eficiente na lógica econômica*. Florianópolis: Empório do Direito, 2015. p. 93. "Com a instauração do modelo neoliberal em nível planetário na segunda metade do século passado, ocorre mudança sem precedentes no vigente paradigma político, jurídico e social. O Estado perde sua centralidade e seu papel de *garante* das promessas modernas para ceder espaço à voracidade do mercado e oferecer os instrumentos que viabilizarão e legitimarão a prevalência da lógica economicista em sociedade".

84 Em um artigo intitulado para além do "Princípio de realidade", publicado em 1936 e atualmente publicado pela Editora Zahar, Lacan, ao apreender objetivamente o fenômeno psíquico por meio da experiência psicanalítica, critica a psicologia do associacionismo de uma maneira geral que trabalha a ideia de "uma garantia da verdade" (LACAN, Jacques. Para além do "Princípio de realidade". In: *Escritos*. Tradução R. Vera. Rio de Janeiro: Jorge Zahar, 1998). No fundo, a ideia que sustenta esses sistemas normativos é que um discurso torna-se falacioso e potencialmente manipulador na medida exata em que se torna retórico. E ele se torna retórico na medida em que trata os problemas em função da situação (de considerações periféricas).

85 BIZZOTTO, Alexandre. *Inversão ideológica do discurso garantista:* a subversão da finalidade das normas constitucionais de conteúdo limitativo para a ampliação do sistema penal. Rio de Janeiro: Lumen Juris, 2009. p. 205. "Também é o que ocorre na inversão ideológica do discurso garantista. Através da interpretação de institutos constitucionais, há a subversão das finalidades das normas constitucionais de conteúdo garantidos com a fática ampliação do sistema penal, permitindo-se a abertura de caminhos para facilitar a criminalização secundária. São utilizados fundamentos que deveriam servir para limitar o Estado Penal com o resultado de ampliação da atuação deste. Com a inversão ideológica, os postulados do Estado Democrático de Direito são manipulados para permitir, sob a proteção da formalidade do discurso garantista, a concretização de violações penais aos direitos fundamentais, sob a influência de conceitos gerados pela ideologia da defesa social."

86 FOUCAULT, Michel. *Em defesa da sociedade:* curso no Collège de France, São Paulo: Martins Fontes, 1999. p. 22-23. SANTOS, Bartira Macedo Miranda; RIBEIRO, Luis Gustavo Gonçalves; CASTRO, Matheus Felipe. *Direito penal e Constituição*. XXIV Congresso Nacional do COMPEDI. UFMG/FUMEC/Dom Helder Câmara, Florianópolis: CONPEDI, 2015. "Partindo dessa visão, a Criminologia Crítica procurou investigar quais seriam as razões para que tal rotulação ocorresse, passando a explicar tais fenômenos a partir da análise econômica das sociedades, apontando a seletividade do sistema penal como uma variável estrutural do empreendimento capitalista."

87 Sobre isso ver: ALEXY, Robert. *Teoria da argumentação jurídica:* a teoria do discurso racional como teoria da fundamentação jurídica. Tradução Zilda Hutcinson Schild Silva. 3. ed., Rio de Janeiro: Forense, 2011. ZANON JR., Orlando Luiz. *Curso de filosofia jurídica*. Florianópolis: Empório do Direito, 2016.

certos de que toda argumentação visa trabalhar a ideia de persuasão e convencimento, verdadeira retórica, na qual o objetivo do discurso argumentativo é obter o consenso, orientando uma escolha para justificar e fundamentar uma tomada de decisão[88].

Ambos os incisos (LXIII e LXIV), a nós submetidos para análise, possuem características que podem ser identificadas (facilmente) e analisadas (não facilmente) como significados (linguagem) ou significantes (psicanálise/semiologia do poder) a serem explorados. Ambos possuem em sua redação as seguintes similitudes: *LXIII - o preso será informado de seus direitos [...]* e o inciso *LXIV - o preso tem direito à [...]*. Feitas essas premissas, passamos ao problema, qual seja: **direitos do preso.**

A ideia trabalhada por Saussure exposta de forma impecável por Warat gravita em torno do sentido, diante do chamado triângulo semiótico[89]. Tal perspectiva buscou evidenciar como o significado se dá, e isso gera um grande problema que se refere à autorreferência, dado que a língua pode reportar-se a si, permitindo sempre se falar de algo como linguagem-uso ou como linguagem-objeto[90]. Afinal de contas, tudo depende do consenso social quanto ao uso das palavras, e usos existem vários tanto quanto há distintas comunidades de falantes, justificando, assim, a necessidade de uma busca pela verdade a ser dada como real, que se perfaz através da teoria da argumentação[91].

Ao comentar os presentes incisos, nos dispomos a falar todos em nome da Constituição, no entanto, muitos falam em seu nome, até mesmo fascistas falam em nome da Constituição; se, por um lado, a Constituição não é o que sobre ela falamos - nós, sujeitos, ela é, por certo, aquilo que sobre ela se fala, e, enquanto produto cultural, não há uma "verdade objetiva" (dada como algo real) sobre a Constituição, oponível a todos os sujeitos, e que independa de contexto e de intérpretes.

A expressão "permanecer calado" descrita no inciso LXIII remete-nos à presunção de inocência que é verdadeira condição para legitimação do procedimento jurisdicional[92]. Não seria exagero considerá-la pressuposto de todas as outras garantias do processo[93], uma vez que marca a posição do acusado como sujeito de direito no processo penal e não mais uma fonte detentora de toda verdade a ser extraída, para não se dizer extorquida, por exemplo, mediante tortura, para obtenção de uma confissão.

O acusado, presumido inocente, é um sujeito de direito a quem se assegura a ampla defesa, com o direito de produzir provas aptas a demonstrar a versão defensiva de um lado e assegurando-lhe, de outro, o direito ao silêncio, eliminando qualquer dever de colaborar com a [mal] dita descoberta da verdade. A prova da imputação cabe à acusação e, integralmente a ela, não há que se falar em distribuição de ônus da prova, justamente pela forma de tratamento a ser deferida ao acusado, qual seja: presumidamente inocente.

Necessário entender que a presunção de inocência representa a tutela da imunidade dos inocentes, mesmo que, para tanto, algum culpado acabe por se beneficiar. A expectativa de punição de culpados não pode permitir que inocentes, sem exceção, deixem de ser protegidos pelo próprio Estado que os pune. Isso nos leva a concluir que esse princípio, além de uma proteção da liberdade individual, também se posiciona como protetor da sociedade contra atos arbitrários de poder[94]. A presunção de inocência é uma norma decomponível em três expressões que lhe garantem eficácia: norma probatória, regra de julgamento e, por último, dever de tratamento[95].

No tocante à "assistência da família" e "assistência de advogado" nos impõe analisar o respectivo tópico, necessariamente, perfazendo a leitura de outros dispositivos inerentes ao tema, quais sejam: O art.

88 ABBAGNAMO, Nicola. *Dicionário de filosofia*. Tradução da 1ª edição brasileira coordenada e revista por Alfredo Bossi. Revisão da tradução dos novos textos Ivone Castilho Benedetti. 5. ed. São Paulo: Martins Fontes, 2007. p. 88-90.

89 Sobre isso ver: WARAT, Luis Alberto. *O direito e sua linguagem*. 2. ed. Porto Alegre: Sergio Antonio Fabres Editor, 1995.

90 Idem, Ibidem, p. 11/13-17/18-29-30. Ao dizer "2" estou me referindo ao "símbolo" 2 ou ao conteúdo do símbolo? João me reporta ao nome ou sujeito?

91 Além de se basear em fatos e "verdades", a argumentação também se perfaz partindo de presunções que normalmente são impostas com discurso hierárquico de autoridade frente àqueles que se pretende persuadir. Ou seja, as razões para aceitar ou rejeitar um discurso de uma tese podem ser as mais variadas possíveis, deixando claro que a veracidade ou falsidade do que se sustenta é apenas um dos motivos de aceitação ou não. A verdade impossibilita a apreensão do real.

92 FERRAJOLI, Luigi. *Direito e razão:* teoria do garantismo penal. Tradução Ana Paula Zomer Sica, Fauzi Hassan Choukr, Juarez Tavares e Luiz Flávio Gomes, São Paulo: Editora Revista dos Tribunais, 2002. p. 751; MORAIS DA ROSA, Alexandre. *Teoria dos jogos e processo penal:* a short introduction. Florianópolis: Emais, 2018.

93 LOPES JR., Aury; BADARÓ, Gustavo Henrique. Parecer. *Presunção de inocência:* do conceito de trânsito em julgado da sentença penal condenatória. Disponível em: http://emporiododireito.com.br/wpcontent/uploads/2016/06/Parecer_Presuncao_de_Inocencia_Do_concei.pdf. Acesso em: 12 fev. 2017.

94 FERRAJOLI, *op. cit.*, p. 411.

95 MORAES, Mauricio Zanoide de. *Presunção de inocência no processo penal brasileiro:* análise de sua estrutura normativa para a elaboração legislativa e para a decisão judicial. Rio de Janeiro: Lumen Juris, 2010. p. 424-476.

133 da CRFB prevê que "O advogado é indispensável à administração da justiça, sendo inviolável por seus atos e manifestações no exercício da profissão, nos limites da lei". O art. 261 do Código de Processo Penal dispõe que "Nenhum acusado, ainda que ausente ou foragido, será processado ou julgado sem defensor". A Lei nº 7.210/1984, relaciona entre os direitos do preso, em seu art. 41, inciso IX, "entrevista pessoal e reservada com o advogado". Na Convenção Americana de Direitos Humano - Pacto de San José da Costa Rica - em seu art. 8º, 6º inciso, ao situar entre as "garantias judiciais" o: "direito ao acusado de defender-se pessoalmente ou de ser assistido por um defensor de sua escolha e de comunicar-se, livremente e em particular, com seu defensor". O Estatuto da Advocacia, Lei nº 8.906/1994 garante que: "art. 2º O advogado é indispensável à administração da justiça. Art. 7º - São direitos do advogado: I - exercer, com liberdade, a profissão em todo o território nacional. II – a inviolabilidade de seu escritório ou local de trabalho, bem como de seus instrumentos de trabalho, de sua correspondência escrita, eletrônica, telefônica e telemática, desde que relativas ao exercício da advocacia. III - comunicar-se com seus clientes, pessoal e reservadamente, mesmo sem procuração, quando estes se acharem presos, detidos ou recolhidos em estabelecimentos civis ou militares, ainda que considerados incomunicáveis". Por fim, no que se trata a dispositivos legislativos, temos o disposto na Lei nº 4.898/1965, artigo 3º, alínea "j", que define como abuso de autoridade: qualquer atentado "aos direitos e garantias legais assegurados ao exercício profissional".

Identificação dos responsáveis por sua prisão e Identificação dos responsáveis pelo interrogatório policial:

Pelo art 5º, LXIV, o preso tem direito à identificação dos responsáveis por sua prisão ou por seu interrogatório policial. Trata-se de dispositivo com o propósito claro de facilitar ao preso meios para uma eventual responsabilização por abuso de poder dos responsáveis por sua prisão ou por seu interrogatório policial, inclusive na audiência de custódia.

A redação do texto admite duas modalidades. Uma consistiria no direito de requerer à autoridade superior a revelação dos nomes dos agentes responsáveis pelos atos referidos, mas muitas vezes o abuso não parte da autoridade superior. É evidente que a norma constitucional dirige-se a prevenir prisões arbitrárias, bem como interrogatórios com emprego de práticas ilícitas, como a tortura. Como o próprio preceito já estipula, ao falar em interrogatório policial, essa imposição deverá ser observada na confecção de um flagrante e/ou do próprio inquérito, fato quotidianamente empregado nas Delegacias de Polícia. Quem prende em nome do Estado deve mostrar sua face e credenciais, porque subtrai um direito fundamental: a liberdade.

CAMILIN MARCIE DE POLI

Doutoranda em Ciências Criminais pela Pontifícia Universidade Católica do Rio Grande do Sul, mestre em Direito pela Universidade Federal do Paraná e graduada em Direito e em História. É professora da FAE e advogada. Também é escritora, autora da obra *Sistemas processuais penais* e de diversos artigos na área jurídica.

CAPÍTULO I

ART. 5º TODOS SÃO IGUAIS PERANTE A LEI, SEM DISTINÇÃO DE QUALQUER NATUREZA, GARANTINDO-SE AOS BRASILEIROS E AOS ESTRANGEIROS RESIDENTES NO PAÍS A INVIOLABILIDADE DO DIREITO À VIDA, À LIBERDADE, À IGUALDADE, À SEGURANÇA E À PROPRIEDADE, NOS TERMOS SEGUINTES:

...

LXV – A PRISÃO ILEGAL SERÁ IMEDIATAMENTE RELAXADA PELA AUTORIDADE JUDICIÁRIA;

A limitação do Poder estatal, sobretudo no que se refere à possibilidade de intervenção na esfera individual, constitui um dos pilares do Estado Democrático de Direito. Por conseguinte, a liberdade individual se apresenta como um direito imprescindível para a realização da dignidade da pessoa humana, que é um dos princípios fundamentais da República Federativa do Brasil.

Desde essa perspectiva, pode-se afirmar que a liberdade é a regra no ordenamento jurídico pátrio, dela decorrendo inúmeros outros direitos e garantias fundamentais dos quais não se pode olvidar.

Assim, a restrição da liberdade pessoal é medida excepcional, cabível somente nos casos expressamente previstos em lei, devendo o cerceamento da liberdade do cidadão ser rigorosamente avaliado e controlado pela autoridade judicial, sob pena de se admitir grave afronta aos postulados constitucionais.

Com efeito, ao dispor que a prisão ilegal deverá ser imediatamente relaxada pela autoridade judiciária, o constituinte pretendeu tutelar a liberdade individual contra eventuais ilegalidades e abusos de poder por parte dos agentes estatais.

Dessa forma, sendo a prisão ilegal a privação de liberdade que decorre da não observância dos parâmetros legais, ela deve ser prontamente corrigida pela autoridade judicial, como imperativo de realização da Justiça.

Nesse sentido, o Supremo Tribunal Federal já se manifestou afirmando que:

> *A prerrogativa jurídica da liberdade – que possui extração constitucional (CF, art. 5º, LXI e LXV) – não pode ser ofendida por atos arbitrários do Poder Público, mesmo que se trate de pessoa acusada da suposta prática de crime hediondo, eis que, até que sobrevenha sentença condenatória irrecorrível (CF, art. 5º, LVII), não se revela possível presumir a culpabilidade do réu, qualquer que seja a natureza da infração penal que lhe tenha sido imputada. O clamor público não constitui fator de legitimação da privação cautelar da liberdade. [...] A natureza da infração penal não pode restringir a aplicabilidade e a força normativa da regra inscrita no art. 5º, LXV, da CF, que dispõe, em caráter imperativo, que a prisão ilegal "será imediatamente relaxada" pela autoridade judiciária*[96].

Contudo, o atual e malfadado posicionamento da Suprema Corte quanto à execução antecipada da pena foi em sentido oposto, mostrando-se flagrantemente inconstitucional pois, além de possibilitar uma prisão ilegal, foi contra previsão literal da Constituição, permitindo a relativização da presunção de inocência antes do trânsito em julgado da sentença penal condenatória, conforme se pode verificar na ementa a seguir:

> *CONSTITUCIONAL. HABEAS CORPUS. PRINCÍPIO CONSTITUCIONAL DA PRESUNÇÃO DE INOCÊNCIA (CF, ART. 5º, LVII). SENTENÇA PENAL CONDENATÓRIA CONFIRMADA POR TRIBUNAL DE SEGUNDO GRAU DE JURISDIÇÃO. EXECUÇÃO PROVISÓRIA.*
>
> *POSSIBILIDADE. 1. A execução provisória de acórdão penal condenatório proferido em grau de apelação, ainda que sujeito a recurso especial ou extraordinário, não compromete o princípio constitucional da presunção de inocência afirmado pelo artigo 5º, inciso LVII da Constituição Federal. 2. Habeas corpus denegado*[97].

São diversos os exemplos que podem ensejar uma prisão ilegal: *falta de formalidade essencial à lavratura do auto* (*v.g.* falta da entrega de nota de culpa); *inexistência da situação de flagrância* (*v.g.* prisão dias após a prática do crime, sem que tenha havido perseguição ininterrupta); *excesso de prazo da prisão em flagrante* (*v.g.* quando a autoridade policial demora para enviar o auto de prisão em flagrante para a autoridade judicial competente); *atipicidade da conduta* (*v.g.* o fato que ensejou a prisão não constitui crime); *ausência de indícios de autoria* (*v.g.* a autoria do crime é incerta); *flagrante provocado* (*v.g.* quando a preparação do flagrante pela polícia torna impossível a sua consumação); *flagrante forjado* (*v.g.* quando são criadas provas de um crime inexistente), *prisão decorrente da execução da pena antes do trânsito em julgado da sentença penal condenatória* etc.

Assim, qualquer prisão decorrente de alguma das hipóteses elencadas acima (inclusive aquela resultante do atual posicionamento do Supremo Tribunal Federal), deve ser imediatamente relaxada por força constitucional, uma vez que possibilita uma prisão que não obedece aos regramentos impostos pelo ordenamento jurídico vigente, em virtude de grave ilegalidade e/ou abuso de poder.

96 HC nº 80.379, rel. min. Celso de Mello, j. 18/12/2000, 2ª T, DJ de 25/05/2001; HC nº 96.577, rel. min. Celso de Mello, j. 10/02/2009, 2ª T, DJE de 19/03/2010; HC nº 103.399, rel. min. Ayres Britto, j. 22/6/2010, 1ª T, DJE de 20/8/2010.

97 HC nº 126.292, rel. min. Teori Zavascki, j. 17/2/2016, Plenário, DJE-100, divulgação 16/5/2016, publicação 17/5/2016.

GABRIEL ANTINOLFI DIVAN

Doutor em Ciências Criminais (PUC-RS). Professor do Programa de Pós-Graduação/ Mestrado em Direito da Universidade de Passo Fundo – RS. Advogado.

CAPÍTULO I

ART. 5º TODOS SÃO IGUAIS PERANTE A LEI, SEM DISTINÇÃO DE QUALQUER NATUREZA, GARANTINDO-SE AOS BRASILEIROS E AOS ESTRANGEIROS RESIDENTES NO PAÍS A INVIOLABILIDADE DO DIREITO À VIDA, À LIBERDADE, À IGUALDADE, À SEGURANÇA E À PROPRIEDADE, NOS TERMOS SEGUINTES:

...

LXVI – NINGUÉM SERÁ LEVADO À PRISÃO OU NELA MANTIDO, QUANDO A LEI ADMITIR A LIBERDADE PROVISÓRIA, COM OU SEM FIANÇA;

Poucos dispositivos do texto constitucional brasileiro de 1988 trazem consigo um espectro tão límpido de intencionalidade vinculante quanto aquele estabelecido pela guisa do Art. 5º, em seu inciso LXVI. O texto faz linha de frente à necessidade de adequação sistemática básica dos mecanismos infraconstitucionais – mormente daqueles constantes do Código de Processo Penal (CPP) – e sua aplicação do singelo brocardo trivial de que a liberdade (e sua manutenção, na toada da presunção de inocência) é a regra, sendo, logicamente, a constrição (sumamente aquela cautelar), a óbvia e antípoda exceção.

Desse modo, se poderia pensar que a intencionalidade visível de cunho de um dirigismo constitucional aponta para a necessidade de reconhecimento, criação, aplicação e hermenêutica dos textos e da ritualística, a fim de que a admissão da liberdade provisória seja dada ou defendida de modo a ser dotada de certa prevalência enquanto trunfo. A verificação da aplicação *in loco* do ditame, mesmo como, por muito tempo, a jurisprudência e ainda alguma literatura nos ofereceram, porém, por muito tempo, um panorama distinto, que, por via transversa, priorizava acima de tudo não uma relação taxativa de possibilidades de admissão da liberdade provisória, mas sim uma brecha que emerge justamente da inexistência de verificação dos requisitos autorizadores da custódia (prisional) cautelar. Tomados quase como requisitos gerais de verificação da possibilidade de todas as prisões de cunho cautelar/ processual (gênero), os elementos motivadores da Prisão Preventiva (espécie) dispostos no Art. 312 do CPP (repletos de sua já malfadada vagueza conceitual que abre sempre perigosos leques), são os verdadeiros protagonistas da análise, uma vez que não há, em verdade, qualquer rol de admissões de Liberdade Provisória, se não constatações quanto à possibilidade ou não de decreto preventivo. Claramente, os motivos da Preventiva são tradicionalmente tidos por fundamentais para que se eclipse a possibilidade da Liberdade Provisória ou se lhe permita ganhar holofotes. Dever-se-ia falar com mais sinceridade não em lei admitindo a Liberdade Provisória, mas em inexistência de requisitos para a custódia, eis que a admissão da Liberdade Provisória nada mais é e foi do que a possibilidade de discussão da mesma a partir do vácuo (momentâneo ou não) de motivos para a Preventiva.

É o que se infere da leitura de decisões como a do Ministro Celso de Mello, relatando o Habeas Corpus nº 94.157 (julgado em 10/6/2008), num esforço louvável para estipular a baliza interpretativa a partir do *status libertatis* a ser preservado, mas sem ter como não assumir que o critério ainda maior é a presença ou não de motivos autorizadores da prisão.

Ainda que haja essa preponderância (tal armadilha técnica) dos requisitos da Prisão, é de se salientar que o texto constitucional menciona em uma admissão de Liberdade Provisória pela lei: é evidente que se trata de medida que visa amplificar as hipóteses de ponderação como barreira para aprisionamentos desnecessários, e não um legado de discricionariedade para que a lei (inferior) simplesmente regule uma nefasta impossibilidade ou imponderabilidade de Liberdade Provisória de antemão. A literalidade até poderia permitir essa possibilidade de inteligência do inciso, mas a congruência e a aplicação voltada para a defesa da índole do próprio inciso e dos preceitos a ele acoplados no artigo 5º certamente não.

A interpretação do *duo* do mandamento constitucional e sua acoplagem nos ritos e na dita sistemática do processo por muito tempo foi permeada por tons obscuros vindos justamente das Cortes Superiores que fazem, por vezes, redivivo o estranho procedimento de buscar adequação de aplicação constitucional ao preceito já remansoso da lei *infra*, e não o contrário. Dois casos são flagrantes: aquele do abjeto (e já revogado) Artigo 594 do CPP em sua redação original e o das vedações à liberdade provisória *in abstrato*, que pululavam em legislações como a Lei dos Crimes Hediondos (nº 8.072/1990), o Estatuto do Desarmamento (nº 10.826/2003) e a Lei de Drogas (nº 11.343/2006).

No caso do texto original do artigo 594 do CPP, que predispunha a prisão (cautelar) pós-sentença condenatória em primeiro grau como regra (salvo na hipótese de o réu ter bons antecedentes ou condenado por crime que não impunha privação de liberdade), se verificava um comando de cunho afrontoso à presunção de inocência típico dos ares inquisitoriais e policialescos que imantavam a redação primeira do diploma processual. Até ser reconhecido por sua flagrante inconstitucionalidade (culminada por sua exclusão do ordenamento, com a revogação expressa promovida pela Lei nº 11.719/2008), a jurisprudência do Superior Tribunal de Justiça (STJ) já vinha (lentamente, é verdade) trazendo questionamentos que recomendavam a amenização ou abrandamento da regra, no intuito de, em verdade – constitucionalmente – contrariá-la (como no paradigmático julgado do Habeas Corpus 23.307-SP, de relatoria do ministro Vicente Leal, em 11/2/2003). É também do STJ o julgado paradigmático que firma nova corrente jurisprudencial, abandonando definitivamente a ideia de abrandar a regra errônea e determiná-la, textualmente, como não recepcionada pelo panorama constitucional. No julgamento do Habeas Corpus nº 88.512-SP, julgado em 11/3/2008, o ministro Hamilton Carvalhido situa o texto legal a ser afastado como portador de "*velada inspiração autoritária*".

Porém, a mais aviltante afronta ao inciso constitucional em comento – que simbolizou uma aplicação canhestra, transversa e lamentavelmente dominante durante muito tempo – era a interpretação permissiva de normas flagrantemente inconstitucionais editadas após a vigência da Carta Magna, e que soavam como nítido embate à ideia de que a Liberdade Provisória (com ou sem Fiança) deveria ser hipótese padrão frente à desnecessidade da custódia provisória.

Exemplos como os das redações originais das legislações mencionadas (Crimes Hediondos, Drogas e Desarmamento) impunham de modo canhestro uma vedação de Liberdade Provisória, que ultrapassa inclusive (nos casos de Crimes Hediondos e Drogas) o disposto no inciso XLIII do Artigo 5º constitucional (que faz desses crimes insuscetíveis de um tipo de Liberdade Provisória – mediante pagamento Fiança – mas decididamente não impede a ponderação sobre a desnecessidade da Prisão Preventiva na casuística).

Em julgados que perduraram como fonte paradigmática de jurisprudência no STF por quase duas décadas pós-Constituição (tal como no HC 80.886, relatado pelo Ministro Nelson Jobim, julgado em 22/5/2001), a Corte se resumia a dizer que a imposição da Prisão Preventiva e a vedação da Liberdade Provisória estipuladas pela legislação inferior "*atendeu ao comando constitucional*" e tinha sua constitucionalidade garantida pelo entendimento pacificado (na visão equivocada de que a menção à "*lei*" no inciso XLVI era um permissivo aberto para essa lei vedar ou não a Liberdade provisória ao bel prazer). Obviamente, não há como discorrer muito sobre esse entendimento sem o sofisma, e por isso as motivações concernentes são taxativas, econômicas e se emaranham entre os próprios exemplos jurisprudenciais que embasam uns aos outros. A inconstitucionalidade e a incongruência da defesa da higidez desses dispositivos são alarmantes, sem mais. Funcionam como uma explicação às avessas sobre o sentido do texto constitucional. Lembremo-nos que a Constituição confere à lei (inferior) o dever de servir de escopo para possibilitar a Liberdade Provisória (ou impossibilitar a Prisão Cautelar) sempre que possível e necessário (ou desnecessário, no caso prisional), e não a faculdade de barrá-la quando intentada.

Os sofismas arrefeceram e os ventos mudaram a partir de discussões quando a Carta Magna estava prestes a aniversariar 20 anos de vigência: em 2007, uma Ação Direta de Inconstitucionalidade (ADI) relatada pelo ministro Ricardo Lewandowski (nº 3.112, julgada em 2/5/2007), bloqueou a hipótese de o Estatuto do Desarmamento estabelecer em três dos seus artigos hipóteses de crimes ali previstos acarretarem prisão *ex lege*, salientando a ofensa ao ditame da Constituição e reafirmando a necessidade de que (para que se respeite o binômio regra/exceção tal como previsto na Carta Magna) qualquer prisão cautelar tenha forte e exposta motivação a ser requerida e ponderada.

No mesmo ano, outro dos dispositivos legais que passavam normalmente ante o crivo do STF, não obstante, sua manifesta inconstitucionalidade, sofreu um golpe que definitivamente simbolizou a reversão da hermenêutica no quesito: em Habeas Corpus (nº 92.824) relatado pelo Ministro Joaquim Barbosa, em 18/12/2007, na esteira da Lei nº 11.646/2007 (que modificou a própria redação da Lei dos Crimes Hediondos no quesito), ficou cristalino o entendimento da inconstitucionalidade de uma lei inferior vedar *in abstrato* a Liberdade Provisória por visível falta de idoneidade de interpretação tal.

Desse modo, o entendimento hoje prevalente – ainda que com o oscilar e as reviravoltas ocasionais que certas particularidades jurisprudenciais reservam, ajuda a consolidar a melhor explicação que pode ter esse dispositivo: a fixação da tese de que é inconstitucional a vedação também contida na Lei de Drogas (em Recurso Extraordinário nº 10.0389.25 julgado no STF, relatado pelo ministro Gilmar Mendes em 18/8/2017) dá a tônica da única interpretação coerente com a principiologia que se irradia desde o Artigo 5º da Carta Magna e seu núcleo – e com a própria sintaxe do texto do inciso LXVI: toda análise de possibilidade de custódia cautelar (a) não pode se impor como medida de regra; (b) não pode ser fruto de vedação *in abstrato* da Liberdade Provisória por disposição de cariz genérico; (c) deve ser justificada ante o convencimento robusto de que a medida é necessária para sobrepujar esse afastamento do *status libertatis*. Ainda se poderia aduzir: é lógico que a melhor leitura do texto constitucional aponta para um cuidado que estaria mais próximo de recomendar o encaixe da Liberdade Provisória o máximo possível do que de ser um permissivo para que o legislador barre esse instituto e a própria índole constitucional-garantista quando assim o entender.

GUSTAVO DE LIMA PEREIRA
Doutor em Filosofia pela PUC-RS. Mestre em Direito pela UNISINOS. Professor de Direito Internacional e Direitos Humanos na PUC-RS. Coordenador do SADHIR - Serviço de Assessoria em Direitos Humanos para Imigrantes e Refugiados - na PUC-RS.

CAPÍTULO I

ART. 5º TODOS SÃO IGUAIS PERANTE A LEI, SEM DISTINÇÃO DE QUALQUER NATUREZA, GARANTINDO-SE AOS BRASILEIROS E AOS ESTRANGEIROS RESIDENTES NO PAÍS A INVIOLABILIDADE DO DIREITO À VIDA, À LIBERDADE, À IGUALDADE, À SEGURANÇA E À PROPRIEDADE, NOS TERMOS SEGUINTES:

...

LXVII – NÃO HAVERÁ PRISÃO CIVIL POR DÍVIDA, SALVO A DO RESPONSÁVEL PELO INADIMPLEMENTO VOLUNTÁRIO E INESCUSÁVEL DE OBRIGAÇÃO ALIMENTÍCIA E A DO DEPOSITÁRIO INFIEL;

A Convenção Americana de Direitos Humanos, mais conhecida pelo seu apelido - Pacto de San José da Costa Rica -, é o principal tratado internacional sobre direitos humanos do continente americano, impulsionado pela Organização dos Estados Americanos - criada em 1948 com objetivo de consolidar a paz e a justiça no continente, e composta por 35 Estados-membros. O texto foi confeccionado em 1969 e estabeleceu os parâmetros da chamada "Proteção Regional dos Direitos Humanos", entrando em vigor somente em 1978, após a 11ª adesão (requisito previsto no artigo 74, II, do Pacto).

O Brasil ratificou o Pacto somente em 1992. A partir de então, disparidades entre o conteúdo do tratado e a Constituição Federal de 1988 se tornaram visíveis. A possibilidade de prisão por dívida de depositário infiel é uma delas e sobre a qual se debruça o presente comentário.

A CF admitiu duas modalidades de prisão por dívida, referidas em seu artigo 5º, LXVII: obrigação alimentícia e depositário infiel. Entretanto, o artigo 7º, inciso VII, do Pacto reconhece a possibilidade de prisão por dívida apenas em casos de inadimplências de caráter alimentar. Origina-se, assim, um problema hermenêutico sobre o ponto: o Judiciário brasileiro poderia ou não promover a privação da liberdade nos casos de depositário infiel após a ratificação do tratado?

A questão, como pano de fundo, diz respeito também a um problema de *teoria do direito*, no que tange à hierarquia das normas no Estado brasileiro. O destacado tratado se sobrepõe ou não ao texto constitucional pátrio? Muitos advogados atentos ao tema ingressaram com *habeas corpus*, requerendo o relaxamento da prisão de seus clientes ou o seu efeito preventivo para evitá-la, evocando o Pacto e a antinomia existente entre a norma internacional e interna. Demandou-se, portanto, perante o Judiciário, a aplicação do "Controle de Convencionalidade", instrumento utilizado para compatibilizar a ordem jurídica interna às normas internacionais de direitos humanos aderidas pelos Estados.

O entrave proporcionou um relevante debate jurídico no país. A doutrina, então, dividiu-se. Por um lado, boa parte dos internacionalistas, a partir da concepção *monista internacionalista*, sustentaram que os tratados de direitos humanos prevalecem em relação ao direito interno quando com estes se chocam. Outros, como é o caso de Mazzuoli (2013, p. 385) entenderam que os tratados de direitos humanos devam ser reconhecidos como equivalentes a CF, inseridos, portanto, no assim configurado "Bloco de Constitucionalidade", aludindo as diretrizes constitucionais presentes nos artigos 4º, II, e 5º, § 2º, da CF, como suporte à posição. Por outro lado, muitos constitucionalistas brasileiros deram vazão à concepção *monista nacionalista*, sobrepondo o direito interno ao internacional em casos onde há incidência de conflito, valendo-se do princípio da "primazia da Constituição".

O desfecho interpretativo foi solucionado somente em 2008 quando, em decisão histórica, o posicionamento majoritário do Supremo Tribunal Federal, por cinco votos a quatro, orientado pela fundamentação do Ministro Gilmar Mendes, dispôs que os tratados internacionais de direitos humanos ratificados pelo Brasil e que não obtiveram o quórum estabelecido pelo artigo 5º, § 3º, da CF (acrescentado pela Emenda Constitucional nº 45/2004), ou seja, que não foram aprovados por três quintos dos votos do Congresso Nacional em dois turnos - como é o caso do Pacto de San José - detêm caráter "supralegal", estando, portanto, abaixo da CF, porém acima das normas infraconstitucionais, ocupando um status hierárquico intermediário entre elas. A tese minoritária defendeu que os tratados de direitos humanos ratificados antes da Emenda nº 45/2004 detêm nível equivalente à CF, posição levantada pelo ministro Celso de Mello. Antes dessa decisão, a posição hierárquica dos tratados de direitos humanos no Brasil detinha equivalência de norma infraconstitucional.

Muito embora reconheça o avanço do país ao recepcionar os tratados de direitos humanos na ordem jurídica interna como supralegais, minha visão diverge de ambos os posicionamentos adotados pelo STF. Entendo que todos os tratados internacionais de direitos humanos ratificados pelo Brasil, independentemente de a recepção ter ocorrido antes ou depois da Emenda nº 45/2004 e do quórum de recepção pelo Congresso Nacional, detém status superior em relação ao texto constitucional. De minha parte, portanto, entendo que deva vigorar o privilégio do direito internacional dos direitos humanos em relação às disposições constitucionais dos países que compõem as Nações Unidas, como uma demonstração de esforço da comunidade internacional na promoção e proteção da pessoa humana, tendo a *hospitalidade incondicional* (PEREIRA, 2014) como fundamento filosófico almejável para orientar as relações internacionais.

Embora, no caso em tela, o STF tenha recepcionado os tratados direitos humanos (não aprovados pelo quórum estabelecido pelo artigo 5º, § 3º) como supralegais, essa modificação da posição hierárquica, por si só, não afetou especificamente a possibilidade da prisão do depositário infiel, já que tal disposição permaneceu presente no texto constitucional. No entanto, *a decisão do STF paralisou os efeitos da possibilidade de prisão do depositário*. Sustentou-se que, existindo outros meios processuais-executórios postos à disposição do credor-fiduciário para a garantia do crédito, a prisão civil mostra-se como medida extrema de coerção do devedor inadimplente. Logo, com força no "princípio da proporcionalidade" como proibição de excesso, prevaleceu o entendimento de que a norma mais favorável à pessoa humana deva se sobrepor, no conflito envolvendo a restrição da liberdade individual do fiduciante e o direito de crédito do fiduciário. Esse entendimento também recebe respaldo na doutrina internacionalista, fazendo alusão ao "princípio *pro homine*", o qual dispõe a prevalência da normativa que se mostre como mais favorável ao ser humano como *horizonte hermenêutico* em casos de antinomia, cuja base legal encontra-se no artigo 29 do Pacto de San José e demais diplomas internacionais.

Consolidando o entendimento, em 2009 o STF editou a súmula vinculante de número 25, tornando "ilícita a prisão civil de depositário infiel, qualquer que seja a modalidade do depósito".

REFERÊNCIAS BIBLIOGRÁFICAS

MAZZUOLI, Valério de Oliveira. *Curso de direito internacional público*. São Paulo: Editora Revista dos Tribunais, 2013.

PEREIRA, Gustavo de Lima. *Direitos Humanos e hospitalidade*: a proteção internacional para apátridas e refugiados. São Paulo: Atlas, 2014.

LENIO LUIZ STRECK

Pós-doutor em Direito Constitucional (Universidade de Lisboa/Portugal). Doutor e mestre em Direto do Estado (UFSC). Professor titular dos Programas de Pós-Graduação em Direito da UNISINOS/RS e da UNESA/RJ. Professor visitante em diversas universidades estrangeiras. Membro catedrático da Academia Brasileira de Direito Constitucional. Procurador de justiça aposentado (MP/RS).

ART. 5º ... LXVIII – CONCEDER-SE-Á *HABEAS CORPUS* SEMPRE QUE ALGUÉM SOFRER OU SE ACHAR AMEAÇADO DE SOFRER VIOLÊNCIA OU COAÇÃO EM SUA LIBERDADE DE LOCOMOÇÃO, POR ILEGALIDADE OU ABUSO DE PODER;

Considerado o *great writ of liberty*, o *habeas corpus* consiste na mais importante garantia constitucional ao *ius libertatis*. Não obstante a ação autônoma de tutela da liberdade remontar à experiência inglesa do século 13, consolidada depois em todo o mundo ocidental com a Revolução Francesa e a Independência dos Estados Unidos da América, foram as configurações socioestatais regressivas do nazifascismo da primeira metade do século 20 que levaram as Constituições surgidas ao término da Segunda Grande Guerra – especialmente a alemã e a italiana – a inscreverem em seus textos uma série de garantias voltadas à proteção das liberdades individuais, dentre outros direitos.

O *writ* constitucional do *habeas corpus* é remédio destinado à proteção do direito à liberdade de locomoção, como, aliás, revela sua origem etimológica: do latim, *habeo/habere* significa "exibir" ou "trazer", e *corpus/corporis* significa "corpo". Plenamente justificada é a expressão, portanto, visto que, historicamente, o efeito direto da ação consistia na apresentação do corpo (sujeito detido) ao julgador para o exame da regularidade da prisão. Tem natureza de ação autônoma, não se tratando – em que pese ter seu procedimento regulado no Título II do Código de Processo Penal – de recurso, podendo, em consequência, ser manejado mesmo em hipóteses de inexistência de ação judicial ou, ainda, para impugnar decisões já definitivas. Trata-se, pois, de ação, a qual deve, em regra, ser instruída com a prova necessária para a apreciação da legalidade da coação. Tal característica de cognição restrita à prova pré-constituída (que não é absoluta, podendo o órgão julgador requisitar, diante da plausibilidade da alegação, as informações necessárias ao exame da regularidade do constrangimento/ameaça à liberdade) relaciona-se com o caráter sumário do *habeas corpus*, que, entretanto, visa à apreciação completa e definitiva acerca da ilegalidade ou abusividade da questionada restrição à liberdade de locomoção. O *habeas corpus* consiste em remédio excepcional, apresentando a ação manifesta preponderância da eficácia mandamental. Dispensa, em decorrência, via executiva subsequente; vale dizer, o órgão judiciário, uma vez constatada a ilegalidade do constrangimento ou da ameaça à liberdade de locomoção, deve expedir ordem para a imediata cessação ou para a prevenção de sua efetiva ocorrência.

O processamento do *habeas corpus*, tendo por perspectiva a natureza do interesse protegido, dá-se de forma célere e simplificada. Qualquer tipo de restrição ou ameaça de restrição à liberdade de ir, vir ou permanecer é, a princípio, suscetível de correção por meio do *habeas corpus*. O artigo 648 do CPP delineia rol exemplificativo de hipóteses de cabimento da ação: quando inexistir justa causa à investigação policial ou à persecução penal, como ocorre nos casos de atipicidade da conduta; quando ocorrer excesso de prazo da prisão cautelar; quando for incompetente a autoridade coatora; quando houver cessado o motivo da coação; quando não tiver sido admitida, em detrimento de autorização legal, a prestação de fiança; quando o processo apresentar vício que o torne nulo; quando estiver extinta a punibilidade. A falta de previsão expressa não obsta o cabimento de *habeas corpus* contra atos ilegais ou abusivos praticados por particulares, desde que, por óbvio, atinjam o *ius libertatis* do paciente, como nos casos de internação psiquiátrica arbitrária ou nas hipóteses de negativa de alta hospitalar por falta de pagamento.

Outro ponto que precisa ser destacado quanto à análise de *habeas corpus* por parte do STF diz respeito à edição da Súmula 691 ("não compete ao Supremo Tribunal Federal conhecer de *habeas corpus* impetrado contra decisão do Relator que, em *habeas corpus* requerido a tribunal superior, indefere a liminar"), que vai além de fixar interpretação para criar uma vedação que afronta o caráter democrático do manejo desse remédio constitucional. A aplicação da referida súmula acaba por criar obstáculo ao conhecimento do *habeas corpus*, não obstante se tratar de garantia que pode ser concedida de ofício, o que provoca equívocos quanto à utilização do instituto.

O *habeas corpus* tem sido o *writ* mais manejado perante a Suprema Corte, por vezes assumindo a feição de verdadeiro recurso extremo. Longe do que ocorre com as formalidades exigidas pelos demais institutos – especialmente o recurso extraordinário que, hoje, pressupõe a existência de repercussão geral da questão constitucional nele debatida –, o *habeas corpus*, por tratar do direito fundamental à liberdade, possui reduzidas formalidades. O STF tem jurisprudência pacífica no sentido de que o recurso ordinário em *habeas corpus* que não observar os requisitos formais de regularidade previstos no artigo 310 do Regimento Interno pode, excepcionalmente, ser recebido como *habeas corpus* (RHC 94.821; RHC 91.691). Existe, assim, uma fungibilidade lógica entre o recurso ordinário em *habeas corpus* e o próprio *habeas corpus*, de forma que, muitas vezes, seja preferível a utilização do *habeas corpus* em si, despido de formalidades, à do recurso ordinário. O recurso ordinário em *habeas corpus* e o próprio *habeas corpus* permitem ao STF conhecer relevantes temas constitucionais debatidos na instância inferior. É por meio do *habeas corpus* que o Supremo Tribunal Federal vem declarando inconstitucionais diversos dispositivos de leis penais, como ocorreu no caso da proibição de progressão de regime nos crimes hediondos e da concessão de liberdade nas hipóteses previstas na Lei de Tóxicos.

ELOÍSA MACHADO DE ALMEIDA

Doutora em Direitos Humanos pela Faculdade de Direito da Universidade de São Paulo (USP) e mestre em Ciências Sociais pela Pontifícia Universidade Católica de São Paulo (PUC-SP). Possui graduação em Direito pela PUC-SP e formação em Ciências Sociais pela USP. É professora da FGV Direito SP e coordenadora do Supremo em Pauta FGV Direito SP. Fundadora do Coletivo de Advocacia em Direitos Humanos – CADHu. Ganhadora do prêmio Outstanding International Woman Lawyer Award 2018, da International Bar Association.

CAPÍTULO I

ART. 5º TODOS SÃO IGUAIS PERANTE A LEI, SEM DISTINÇÃO DE QUALQUER NATUREZA, GARANTINDO-SE AOS BRASILEIROS E AOS ESTRANGEIROS RESIDENTES NO PAÍS A INVIOLABILIDADE DO DIREITO À VIDA, À LIBERDADE, À IGUALDADE, À SEGURANÇA E À PROPRIEDADE, NOS TERMOS SEGUINTES:

...

LXIX – CONCEDER-SE-Á MANDADO DE SEGURANÇA PARA PROTEGER DIREITO LÍQUIDO E CERTO, NÃO AMPARADO POR *HABEAS CORPUS* OU *HABEAS DATA*, QUANDO O RESPONSÁVEL PELA ILEGALIDADE OU ABUSO DE PODER FOR AUTORIDADE PÚBLICA OU AGENTE DE PESSOA JURÍDICA NO EXERCÍCIO DE ATRIBUIÇÕES DO PODER PÚBLICO;

O mandado de segurança é destinado a atacar qualquer ilegalidade ou abuso de poder que não envolva especificamente o direito de ir, vir e permanecer (amparado pelo *habeas corpus*) e de acesso ou retificação de informações próprias (objeto do *habeas data*). Ainda que tenha, portanto, uma abrangência constitucional residual, é o instrumento mais amplo de defesa dentre os remédios constitucionais. É regulado pela Lei nº 12.016/2009 e, antes dela, o era pela Lei nº 1.533/1951.

Qualquer titular de direito líquido e certo, ou seja, de direito subjetivo de existência inquestionável (como seu reconhecimento expresso em lei) e de precisa dimensão é parte legítima para impetrar o mandado de segurança.

O polo passivo do mandado de segurança é ocupado pelo responsável pela edição e pela execução do suposto ato ilegal, ou por aquele que omitiu quando deveria agir, afetando o direito subjetivo do impetrante. Envolve, assim, a ação e a omissão de autoridade pública ou de quem lhe faça as vezes, no exercício de atividade delegada (como gestores de universidades privadas, por exemplo).

A jurisprudência é consolidada no sentido de não cabimento do mandado de segurança contra lei em tese (Súmula nº 266 STF), tampouco contra veto presidencial, ressalvada a hipótese de impetração de mandado de segurança contra atos normativos de efeitos concretos (como os de demarcação de terras, por exemplo). Tampouco é cabível o mandado de segurança quando ainda restar recurso capaz de sanar a ilegalidade ou abusividade no plano administrativo, ou contra decisão judicial (Súmulas nº 267 e 268 STF e Lei nº 12.016/2009).

Em sede de repercussão geral (RE nº 669.367/STF) foi reconhecida a possibilidade de desistência do impetrante do mandado de segurança, independentemente da concordância da autoridade coatora quando realizada antes do julgamento ou após a concessão da ordem.

A Lei nº 12.016/2009 prevê um prazo decadencial de 120 dias para impetração do mandado de segurança, considerado constitucional pelo Supremo Tribunal Federal (Súmula nº 632 STF). Na hipótese da ilegalidade ser renovada (por exemplo, com cobranças sucessivas) o prazo decadencial também se renova. A lei inova ao trazer a possibilidade de recurso pela autoridade coatora, tema cuja constitucionalidade está *sub judice*.

É importante notar que no mandado de segurança pode ocorrer um tipo de controle de constitucionalidade preventivo, na hipótese em que se questiona a constitucionalidade de tramitação de emenda constitucional tendente a abolir cláusula pétrea (art. 60, § 4º, CRFB). Nesse caso, a legitimidade ativa está adstrita a parlamentares com mandato, restrição de legitimação que também incide para mandados de segurança impetrados contra atos de mesa ou presidência de casas legislativas.

LXX – O MANDADO DE SEGURANÇA COLETIVO PODE SER IMPETRADO POR:

A) PARTIDO POLÍTICO COM REPRESENTAÇÃO NO CONGRESSO NACIONAL;

B) ORGANIZAÇÃO SINDICAL, ENTIDADE DE CLASSE OU ASSOCIAÇÃO LEGALMENTE CONSTITUÍDA E EM FUNCIONAMENTO HÁ PELO MENOS UM ANO, EM DEFESA DOS INTERESSES DE SEUS MEMBROS OU ASSOCIADOS;

LXXI – CONCEDER-SE-Á MANDADO DE INJUNÇÃO SEMPRE QUE A FALTA DE NORMA REGULAMENTADORA TORNE INVIÁVEL O EXERCÍCIO DOS DIREITOS E LIBERDADES CONSTITUCIONAIS E DAS PRERROGATIVAS INERENTES À NACIONALIDADE, À SOBERANIA E À CIDADANIA;

LXXII – CONCEDER-SE-Á *HABEAS DATA*:

A) PARA ASSEGURAR O CONHECIMENTO DE INFORMAÇÕES RELATIVAS À PESSOA DO IMPETRANTE, CONSTANTES DE

REGISTROS OU BANCOS DE DADOS DE ENTIDADES GOVERNAMENTAIS OU DE CARÁTER PÚBLICO;

B) PARA A RETIFICAÇÃO DE DADOS, QUANDO NÃO SE PREFIRA FAZÊ-LO POR PROCESSO SIGILOSO, JUDICIAL OU ADMINISTRATIVO;

LXXIII – QUALQUER CIDADÃO É PARTE LEGÍTIMA PARA PROPOR AÇÃO POPULAR QUE VISE A ANULAR ATO LESIVO AO PATRIMÔNIO PÚBLICO OU DE ENTIDADE DE QUE O ESTADO PARTICIPE, À MORALIDADE ADMINISTRATIVA, AO MEIO AMBIENTE E AO PATRIMÔNIO HISTÓRICO E CULTURAL, FICANDO O AUTOR, SALVO COMPROVADA MÁ-FÉ, ISENTO DE CUSTAS JUDICIAIS E DO ÔNUS DA SUCUMBÊNCIA;

A origem da ação popular remete a uma garantia democrática, de participação e controle da coisa pública; o cidadão que age em defesa da coletividade. A Lei nº 4.717/1965 trata de seu processo.

Nos termos definidos pela Constituição, a legitimidade para a propositura da ação popular é restrita à condição de cidadão e a interpretação dada por consolidada jurisprudência a qualifica como aquela dos brasileiros natos ou naturalizados, em pleno gozo de seus direitos políticos. Consequentemente, não podem propor ação popular as pessoas jurídicas (Súmula nº 385 STF) e não se confundem os objetos de ação popular e mandado de segurança (Súmula nº 101 STF).

A ação popular se insurge contra ato lesivo ao patrimônio público, à moralidade administrativa, ao meio ambiente e ao patrimônio histórico e cultural. Não é necessária a comprovação de prejuízo material para caracterizar a lesividade, tal como decidido em sede de repercussão geral (ARE 824.781 STF). Tampouco o ato lesivo precisa ser ilegal, bastando a ausência de um de seus pressupostos de validade, como a finalidade. É cabível na modalidade preventiva, repressiva ou corretiva.

As ações populares não são atingidas por foro especial, sendo competência das instâncias ordinárias o seu processamento, quer na justiça estadual, quer na federal, nem quando o ato questionado na ação tiver sido praticado pelo presidente da República ou pelo Conselho Nacional de Justiça (Pet nº 3.674 QO/STF).

Merece destaque a opção constitucional por incluir a moralidade administrativa enquanto fundamento autônomo da ação popular. Esse permissivo, aliado à desnecessidade de comprovação de prejuízo material e de ilegalidade do ato, tem dado amplitude ao instrumento, permitindo a qualquer instância judicial a suspensão de atos de presidente da República ou de ministros de Estado que reputem afrontosos à moralidade administrativa, como recentes ações populares que suspenderam posses de ministros de Estado (a posse de Lula foi suspensa em diversas ações populares e também a de Cristiane Brasil).

Por ser considerado um instrumento de defesa da coisa pública, o autor da ação popular é isento de ônus de sucumbência, exceto se comprovada a má-fé.

FLÁVIA RAHAL BRESSER PEREIRA

Mestre em Processo Penal pela Faculdade de Direito da Universidade de São Paulo (2000), atua como advogada criminal e professora da Escola de Direito de São Paulo da Fundação Getulio Vargas (FGV/SP). Também é vice-presidente do Conselho Deliberativo do Instituto de Defesa do Direito de Defesa (IDDD), do qual foi presidente de 2008 a 2010. É diretora fundadora do Innocence Project Brasil.

GUILHERME ZILIANI CARNELÓS

Advogado criminal; especialista em Direito Penal Econômico (Faculdade de Direito da Fundação Getúlio Vargas, 2006); diretor e coordenador de Litigância Estratégica do Instituto de Defesa do Direito de Defesa (IDDD).

CAPÍTULO I

ART. 5º TODOS SÃO IGUAIS PERANTE A LEI, SEM DISTINÇÃO DE QUALQUER NATUREZA, GARANTINDO-SE AOS BRASILEIROS E AOS ESTRANGEIROS RESIDENTES NO PAÍS A INVIOLABILIDADE DO DIREITO À VIDA, À LIBERDADE, À IGUALDADE, À SEGURANÇA E À PROPRIEDADE, NOS TERMOS SEGUINTES:

...

LXXV – O ESTADO INDENIZARÁ O CONDENADO POR ERRO JUDICIÁRIO, ASSIM COMO O QUE FICAR PRESO ALÉM DO TEMPO FIXADO NA SENTENÇA;

Faute du service

A Constituição de 1988 é clara ao estabelecer que "o Estado indenizará o condenado por erro judiciário, assim como o que ficar preso além do tempo fixado na sentença" (art. 5º, LXXV), mas são raras as decisões que efetivamente reconhecem, no caso concreto, o dever de indenizar.

É certo que "em toda a fase de persecução criminal há espaço para o erro"[98]. Portanto, a aplicabilidade do mandamento constitucional, no ideal preconizado pelo Constituinte, pareceria tranquila, bastando a aferição de dano imposto pelo Estado ao particular. Sem dúvidas, a maior das causas de indenização está nas prisões indevidas. No caso das cautelares (ainda que civis), a suscetibilidade do Estado e de seus agentes tem crescimento indexado ao abuso das medidas cautelares, que é indenizável[99].

Mas essa lógica própria da democracia esbarra em pragmatismo corporativista confessado pelo Supremo Tribunal Federal de 1958, o medo que tisna a independência dos magistrados, "que se sentiriam tolhidos, a cada passo, na sua função de dizer o direito [...], pelo temor de engendrar responsabilidade, para si e para o Estado que representam"[100]. A decisão é de 1958, mas o temor fez pouco da Carta Cidadã e tem triunfado na jurisprudência. Hoje ele norteia julgamentos das Cortes de Apelação[101], em decisões claramente contrárias à Lei Maior. Algumas delas chegam a explicitar a concepção dos anos 1950, negando indenizações, por temerem que eventual ação regressiva do Estado contra o magistrado venha a implicar um desestímulo à atividade jurisdicional.

A doutrina é uníssona em sentido oposto[102], afinal, é indiscutível a inexistência de supremacia estatal apta a blindar seus agentes de responsabilidade, especialmente diante da regra do artigo 37, § 6º, da Carta da República, segundo a qual os agentes estatais são responsáveis por danos causados a terceiros.

Encampando esse mandamento, a Suprema Corte, em caso paradigmático de 2007, assentou o que a doutrina já dominante à época defendia: a responsabilidade civil por erro judiciário é objetiva. Com efeito, ao julgar o RE nº 505.393/PE (rel. min. Sepúlveda Pertence), houve forte enfrentamento da posição que sustenta o dever de instruir o pleito de indenização com prova de culpa ou dolo do magistrado. Assim, a Corte Suprema assentou que a constitucionalização do art. 630 do CPP "obviamente, não veio para criar pressupostos subjetivos à regra geral da responsabilidade fundada no risco administrativo"[103].

Ao invés de servir a traçar caminho de proteção do indivíduo contra o Estado – que é todo o espírito do Constituinte ao instituir indenização decorrente da *faute du service* –, o paradigma da Suprema Corte foi substituído, salvo em casos muito específicos, por jurisprudência claramente defensiva.

Sim, são numerosos os exemplos do Superior Tribunal de Justiça e do próprio Supremo Tribunal Federal de obstrução da via extraordinária, sob o argumento de que a análise dos pedidos de indenização demanda examinar provas e, pois, esbarra nos óbices das súmulas 7/STJ e 279/STF[104].

98 HENTZ, Luiz Antonio Soares. *Indenização do erro judiciário e danos em geral decorrentes do serviço judiciário*. São Paulo: Leud, 1995. p. 23.

99 Para Luiz Antonio Soares Hentz, "na essência, não difere o erro judiciário proveniente de processo cautelar de qualquer outro, senão no fato de que se revela na sentença penal absolutória ou na improcedência da ação civil [...]. O mal é o uso abusivo do processo cautelar, o que seria evitado em grande parte por melhor exame, pelo juiz, dos casos que lhe são propostos, só concedendo a medida quando presentes os requisitos que a lei fixou para cada espécie" – *op. cit.*, p. 27.

100 AGUIAR JR., Ruy Rosado. Comentário ao artigo 5º, LXXV. In: J. J. Gomes Canotilho; Gilmar F. Mendes.; Ingo W. Sarlet, *Comentários à Constituição do Brasil*. São Paulo: Saraiva/Almedina, 2013. p. 1.499.

101 TJSP, Ap nº 0001255-94.2011.8.26.0070, rel. des. Oscild de Lima Júnior, DJe 23/04/2018; TJSP, Ap nº 1038353-45.2014.8.26.0053, rel. des. Osvaldo de Oliveira, DJe 21/02/2018; TJSP, Ap nº 0015483-07.2009.8.26.0053, rel. des. Ribeiro de Paula, DJe. 20/07/2015; TJPR, Ap nº 1051542-3, rel des. Jurandyr Souza Junior, DJe 17/10/2013.

102 Ressalvada a posição de Rui Stoco, ao defender que a absolvição em revisão criminal não implica reconhecimento de erro judiciário e, pois, direito à indenização. Para se falar em indenização, afirma o autor, há que se comprovar "erro indesculpável", o que limita o alcance da garantia constitucional, afastando, portanto, a incidência de responsabilidade objetiva do Estado – Responsabilidade civil por erro judiciário em ação penal condenatória. *Revista Brasileira de Ciências Criminais*, nº 44, v. 11, p. 158/167, 2003.

103 Sobre a teoria do risco administrativo, importa esclarecer que ela representa a corporificação da responsabilidade objetiva, mas não é generalista. Apesar de dispensar o jurisdicionado de provar dolo ou culpa do Estado, exige dele a demonstração de nexo causal entre o dano e o ilícito (QUIRINO, Arnaldo. *Prisão ilegal e responsabilidade civil do Estado*. São Paulo: Atlas, 1999. p. 50).

104 STF, ARE nº 673.872, rel. min. Roberto Barroso, DJe 22/09/2015; ARE nº 770.931, rel. min. Dias Toffoli, DJe 13/10/2014; ARE nº 965.134, rel. min. Ricardo Lewandowski, DJe 03/11/2016. STJ, AgInt no AREsp nº 1088.866, rel. min. Assusete Magalhães, DJe 28/11/2017; REsp nº 1.660.460/SP, rel. min. Herman Benjamin, DJe 20/06/2017; STJ, AgRg no AREsp nº 563.709, rel. min. Sérgio Kukina, DJe 13/10/2015.

Mesmo a ministra Cármen Lúcia, que aderiu ao voto do ministro Sepúlveda Pertence no aresto acima referido com supedâneo no verbete 279/STF, 7 anos depois negou seguimento a recurso extraordinário que retratava pessoa absolvida, mas que ficou presa preventivamente por nada menos de 17 meses[105].

Ainda, tome-se por exemplo o caso de sujeito preso preventivamente durante todo um processo anulado por ordem do Supremo Tribunal Federal diante da ilicitude de escuta telefônica. Ele pleiteou uma indenização, mas o Tribunal Regional Federal da 4ª Região negou-lhe o pedido por considerar que a conclusão pela ilicitude advinha de divergência interpretativa. Ao recurso extraordinário subsequente foi negado seguimento, pois "seria necessária uma nova apreciação dos fatos e do material probatório constantes nos autos"[106].

O saldo dos 30 anos da Lei Maior ainda é negativo, pois há muita resistência não só no reconhecimento do erro, mas na imposição ao Estado do dever de indenizar em patamares justos.

Conquanto não trate propriamente de erro, não pode passar ao largo recente julgamento do Pleno do STF que restabeleceu a condenação do Estado a pagar míseros dois mil reais de indenização motivada pelas caóticas condições carcerárias a que o pleiteante foi submetido[107], ainda que já reconhecido o sistema carcerário como em estado de coisa inconstitucional (ADPF nº 347). Não se sabe o que representa maior ofensa ao indivíduo: negar o direito à indenização ou reparar um dano desse porte com valor digno de Juizado Especial.

A democracia depende do amadurecimento das instituições e do reconhecimento de que seus agentes não podem fazer o que bem quiserem dos poderes nos quais foram investidos. Sem perder a independência, magistrados, reverentes à lei, devem sim estar atentos às injustiças, sob pena de responsabilização, pois os danos decorrentes da faute du service são indiscutivelmente indenizáveis. Se o Poder encarregado de dizer o direito nega a literalidade da norma constitucional ou faz vistas grossas quando alguém o faz, é notório que essa maturidade está distante, muito distante de se efetivar.

AURY LOPES JR.
Doutor em Direito Processual Penal,
professor titular de Direito Processual Penal da PUC-RS
e professor titular no Programa de Pós-Graduação em
Ciências Criminais, Mestrado e Doutorado da PUC-RS.

CAPÍTULO I

ART. 5º TODOS SÃO IGUAIS PERANTE A LEI, SEM DISTINÇÃO DE QUALQUER NATUREZA, GARANTINDO-SE AOS BRASILEIROS E AOS ESTRANGEIROS RESIDENTES NO PAÍS A INVIOLABILIDADE DO DIREITO À VIDA, À LIBERDADE, À IGUALDADE, À SEGURANÇA E À PROPRIEDADE, NOS TERMOS SEGUINTES:

...

LXXVI – SÃO GRATUITOS PARA OS RECONHECIDAMENTE POBRES, NA FORMA DA LEI: (VIDE LEI Nº 7.844, DE 1989)

A) O REGISTRO CIVIL DE NASCIMENTO;

B) A CERTIDÃO DE ÓBITO;

LXXVII – SÃO GRATUITAS AS AÇÕES DE HABEAS CORPUS E HABEAS DATA, E, NA FORMA DA LEI, OS ATOS NECESSÁRIOS AO EXERCÍCIO DA CIDADANIA

LXXVIII – A TODOS, NO ÂMBITO JUDICIAL E ADMINISTRATIVO, SÃO ASSEGURADOS A RAZOÁVEL DURAÇÃO DO PROCESSO E OS MEIOS QUE GARANTAM A CELERIDADE DE SUA TRAMITAÇÃO. (INCLUÍDO PELA EMENDA CONSTITUCIONAL Nº 45, DE 2004)

Considerado o *great writ of liberty*, o *habeas corpus* consiste na mais importante garantia constitucional ao *ius libertatis*. Não obstante a ação autônoma de tutela da liberdade remontar à experiência inglesa do século XIII, consolidada, após, em todo o mundo ocidental com a Revolução Francesa e a Independência dos Estados Unidos da América, foram as configurações socioestatais regressivas do nazifascismo da primeira metade do século XX que levaram as Constituições surgidas ao término da Segunda Grande Guerra – especialmente a alemã e a italiana – a inscreverem em seus textos uma série de garantias voltadas à proteção, dentre outros direitos, das liberdades individuais.

105 STF, ARE nº 803.117 AgR/MS, rel. min. Cármen Lúcia, DJe 5/5/2014.

106 STF, RE nº 479.108 AgR/RS, rel. min. Roberto Barroso, DJe 26/9/2013.

107 STF, RE nº 580.252/MS, rel. min. Alexandre de Moraes, DJe 1/2/2018.

O *writ* constitucional do *habeas corpus* é remédio destinado à proteção do direito à liberdade de locomoção, como, aliás, revela sua origem etimológica: do latim, *habeo/ habere* significa exibir ou trazer e *corpus/corporis* significa corpo. Plenamente justificada, portanto, a expressão, visto que, historicamente, o efeito direto da ação consistia na apresentação do corpo (sujeito detido) ao julgador para o exame da regularidade da prisão. Tem natureza de ação autônoma, não se tratando – em que pese ter seu procedimento regulado no Título II do Código de Processo Penal – de recurso, podendo, em consequência, ser manejado mesmo em hipóteses de inexistência de ação judicial ou, ainda, para impugnar decisões já definitivas. Trata-se, pois, de ação, a qual deve, em regra, ser instruída com a prova necessária para a apreciação da legalidade da coação. Tal característica de cognição restrita à prova pré-constituída (que não é absoluta, podendo o órgão julgador requisitar, diante da plausibilidade da alegação, as informações necessárias ao exame da regularidade do constrangimento/ ameaça à liberdade) relaciona-se com o caráter sumário do *habeas corpus*, que, entretanto, visa à apreciação completa e definitiva acerca da ilegalidade ou abusividade da questionada restrição à liberdade de locomoção. O *habeas corpus* consiste em remédio excepcional, apresentando a ação manifesta preponderância da eficácia mandamental. Dispensa, em decorrência, via executiva subsequente; vale dizer, o órgão judiciário, uma vez constatada a ilegalidade do constrangimento ou da ameaça à liberdade de locomoção, deve expedir ordem para a imediata cessação ou para a prevenção de sua efetiva ocorrência.

O processamento do *habeas corpus*, tendo por perspectiva a natureza do interesse protegido, dá-se de forma célere e simplificada. Qualquer tipo de restrição ou ameaça de restrição à liberdade de ir, vir ou permanecer é, a princípio, suscetível de correção por meio do *habeas corpus*. O artigo 648 do CPP delineia rol exemplificativo de hipóteses de cabimento da ação: quando inexistir justa causa à investigação policial ou à persecução penal, como ocorre nos casos de atipicidade da conduta; quando ocorrer excesso de prazo da prisão cautelar; quando for incompetente a autoridade coatora; quando houver cessado o motivo da coação; quando não tiver sido admitida, em detrimento de autorização legal, a prestação de fiança; quando o processo apresentar vício que o torne nulo; quando estiver extinta a punibilidade. A falta de previsão expressa não obsta o cabimento de *habeas corpus* contra atos ilegais ou abusivos praticados por particulares, desde que, por óbvio, atinjam o *ius libertatis* do paciente, como, por exemplo, nos casos de internação psiquiátrica arbitrária ou nas hipóteses de negativa de alta hospitalar por falta de pagamento.

Outro ponto que precisa ser destacado quanto à análise de *habeas corpus* por parte do STF diz respeito à edição da Súmula 691 ("não compete ao Supremo Tribunal Federal conhecer de *habeas corpus* impetrado contra decisão do Relator que, em *habeas corpus* requerido a tribunal superior, indefere a liminar"), que vai além de fixar interpretação para criar uma vedação que afronta o caráter democrático do manejo desse remédio constitucional. A aplicação da referida súmula acaba por criar obstáculo ao conhecimento do *habeas corpus*, não obstante se tratar de garantia que pode ser concedida de ofício, o que provoca equívocos quanto à utilização do instituto.

O *habeas corpus* tem sido o *writ* mais manejado perante a Suprema Corte, por vezes assumindo a feição de verdadeiro recurso extremo. Longe do que ocorre com as formalidades exigidas pelos demais institutos – especialmente o recurso extraordinário que, hoje, pressupõe a existência de repercussão geral da questão constitucional nele debatida – o *habeas corpus*, por tratar do direito fundamental à liberdade, possui reduzidas formalidades. O STF tem jurisprudência pacífica no sentido de que o recurso ordinário em *habeas corpus* que não observar os requisitos formais de regularidade previstos no artigo 310 do Regimento Interno pode, excepcionalmente, ser recebido como *habeas corpus* (RHC 94.821; RHC 91.691). Existe, assim, uma fungibilidade lógica entre o recurso ordinário em *habeas corpus* e o próprio *habeas corpus*, de forma que, muitas vezes, seja preferível a utilização do *habeas corpus* em si, despido de formalidades, à do recurso ordinário. O recurso ordinário em *habeas corpus* e o próprio *habeas corpus* permitem ao STF conhecer de relevantes temas constitucionais debatidos na instância inferior. É por meio do *habeas corpus* que o Supremo Tribunal Federal vem declarando inconstitucionais diversos dispositivos de leis penais, como ocorreu no caso da proibição de progressão de regime nos crimes hediondos e da concessão de liberdade nas hipóteses previstas na Lei de Tóxicos.

MARCIA MISI

Professora da Universidade Estadual de Feira de Santana, doutoranda do PPGD UFBa, L.L.M. em Direito Internacional e Direito Comparado pela Tulane University. É mestra em Direito das Relações Sociais pela PUC-SP.

CAPÍTULO I

ART. 5º TODOS SÃO IGUAIS PERANTE A LEI, SEM DISTINÇÃO DE QUALQUER NATUREZA, GARANTINDO-SE AOS BRASILEIROS E AOS ESTRANGEIROS RESIDENTES NO PAÍS A INVIOLABILIDADE DO DIREITO À VIDA, À LIBERDADE, À IGUALDADE, À SEGURANÇA E À PROPRIEDADE, NOS TERMOS SEGUINTES:

...

LXXVIII – A TODOS, NO ÂMBITO JUDICIAL E ADMINISTRATIVO, SÃO ASSEGURADOS A RAZOÁVEL DURAÇÃO DO PROCESSO E OS MEIOS QUE GARANTAM A CELERIDADE DE SUA TRAMITAÇÃO. (INCLUÍDO PELA EMENDA CONSTITUCIONAL Nº 45, DE 2004)

§ 1º AS NORMAS DEFINIDORAS DOS DIREITOS E GARANTIAS FUNDAMENTAIS TÊM APLICAÇÃO IMEDIATA.

A análise desse dispositivo proporciona uma reflexão sobre o papel do Judiciário para efetivação do enfrentamento das desigualdades sociais contido no projeto constitucional de 1988. Na medida em que consagra a aplicabilidade imediata, ou plena eficácia jurídica, dos direitos fundamentais previstos no texto constitucional, confere aos mesmos o caráter de direito subjetivo e garante sua justiciabilidade, ou possibilidade de serem judicialmente reivindicados. Essa eficácia plena tem amplo alcance, considerando a abertura material do sistema de direitos e garantias fundamentais previsto pelo art. 5º § 2º. Trata-se de um dispositivo que afirma a força a normativa do texto constitucional.

A consagração da eficácia plena a todos os direitos fundamentais traz à tona o debate sobre os limites do controle judicial quando está em questão a dimensão positiva desses direitos, ou seja, aquela que demanda prestações positivas para o seu cumprimento. Isso porque o atendimento a uma demanda individual pode comprometer a oferta coletiva ou a efetividade de outros direitos fundamentais. Além do mais, a efetividade dessas prestações depende de decisões políticas sobre alocação de recursos escassos para a execução de políticas públicas.

Esses limites estão sintetizados na cláusula da reserva do possível e sua tríplice dimensão (SARLET; FIGUEIREDO, 2008). A primeira exige a disponibilidade fática de recursos para custear as prestações. A segunda reivindica a disponibilidade jurídica, ou seja, a distribuição constitucional de competências (se relaciona com o princípio federativo e a separação de poderes). Por fim, a razoabilidade da prestação reclamada em face do Estado e a proporcionalidade, quando o atendimento a uma reivindicação individual pode comprometer o gozo de outros direitos fundamentais.

Nessa perspectiva, a reserva do possível não apenas limita, mas oferece garantia da prestação do mínimo existencial, superando a lógica do tudo ou nada. Reconhecer que existem limites não implica afastar o controle judicial, o que restaria em proclamar o caráter programático desses direitos. No entanto, só o caso concreto pode oferecer elementos para apreciação da reserva do possível em face da garantia do mínimo existencial.

A desigualdade social denuncia a distância entre a realidade brasileira e o projeto constitucional. A incapacidade da esfera política em promover medidas para a efetivação de direitos sociais constitucionalmente assegurados conduz a demanda individual por esses direitos para o Judiciário, que vem sendo provocado para se pronunciar sobre a intervenção judicial na implementação de políticas públicas, especialmente no campo da saúde e da educação.

Após um período se recusando a atender demandas individuais por prestação de serviços de saúde em nome da separação dos poderes, o STF passou a acatá-las sem muito critério, por vezes comprometendo a oferta coletiva do atendimento (BALESTRA NETO, 2015, p. 87-91). Em 2004, numa decisão monocrática que encerrou a ADPF 45, o Min. Celso de Mello manifestou entendimento sobre a possibilidade de intervenção do Judiciário na implementação de políticas públicas sempre que o poder público não demonstre objetivamente os limites da reserva do possível (BRASIL, 2004). Em 2010 o STF emitiu decisão que consagrou parâmetros para apreciar a reserva do possível em demandas individuais por atendimento de saúde, colhidos em audiência pública realizada com esse fim em 2009 (BRASIL, 2010).

A decisão da ADPF 45 tem norteado o entendimento do STF em casos semelhantes, como o mais recente que consagrou o dever do atendimento em creche numa demanda individual (BRASIL, 2018). Do mesmo modo, a decisão na STA 175 tem orientado o entendimento do Supremo em pleitos individuais contra o poder público por serviços de saúde.

Mesmo com entendimento firmado pelo STF no sentido de assegurar efetividade ao projeto constitucional em demandas individuais, observando a reserva do possível em suas três dimensões, instâncias inferiores continuam proferindo decisões sem observar essas ponderações (GONÇALVES; GAZOLLA, 2017, p. 200), favorecendo quem dispõe de meios para acionar o Judiciário e por vezes comprometendo o interesse coletivo.

O protagonismo do Judiciário nessa seara decorre do desgaste das instâncias políticas em face de sua omissão estrutural, mas repercute mais positivamente quando direitos sociais são demandados coletivamente. De qualquer modo, a intervenção judicial neste campo nunca será suficiente para substituir a política no enfrentamento às desigualdades sociais.

REFERÊNCIAS BIBLIOGRÁFICAS

BALESTRA NETO, Otavio. A jurisprudência dos tribunais superiores e o direito à saúde – rumo à racionalidade. *Revista de Direito Sanitário*, São Paulo, v. 16, n. 1, p. 87-91, mar.-jun. 2015.

BRASIL. Supremo Tribunal Federal. Ação de descumprimento de preceito fundamento nº 45/DF. Relator ministro Celso de Mello. Pesquisa de Jurisprudência, Decisão monocrática maio 2004. Disponível em: http://stf.jus.br/portal/jurisprudencia/listarJurisprudencia.asp?s1=%28ADPF%24%2ESCLA%2E+E+45%2ENUME%2E%29+-NAO+S%2EPRES%2E&base=baseMonocraticas&url=http://tinyurl. com/bu3e9ae. Acesso em: 28 ago. 2018.

_______. Suspensão de tutela antecipada nº 175, Agravo Regimental/CE, Relator ministro Gilmar Mendes. Pesquisa de Jurisprudência, Acórdão março 2010. Disponível em: http://redir.stf.jus.br/paginadorpub/paginador.jsp?docTP=AC&docID=610255. Acesso em: 24 ago. 2018.

_______. Recurso Extraordinário nº 1101106 Agravo Regimental/DF, relator ministro Celso de Mello. Pesquisa de Jurisprudência, Acórdão junho 2018. Disponível em: http://redir.stf.jus.br/paginadorpub/paginador. jsp?docTP=TP&docID=747888772. Acesso em: 29 ago. 2018.

GONÇALVES, Gláucio Ferreira Maciel; GAZZOLA, Luciana de Paula Lima. Observatório do judiciário sob a ótica do direito a saúde: repensando a aplicação de precedentes judiciais. *Revista da Faculdade de Direito da UFMG*, Belo Horizonte, n. 71, p. 189-210, jul.-dez. 2017.

SARLET, Ingo Wolfgang; FIGUEIREDO, Mariana Filchtiner. Reserva do possível, mínimo existencial e direito a saúde: aproximações. *Revista de Doutrina da 4ª Região,* n. 24, 2 jul. 2008.

ART. 5º TODOS SÃO IGUAIS PERANTE A LEI, SEM DISTINÇÃO DE QUALQUER NATUREZA, GARANTINDO-SE AOS BRASILEIROS E AOS ESTRANGEIROS RESIDENTES NO PAÍS A INVIOLABILIDADE DO DIREITO À VIDA, À LIBERDADE, À IGUALDADE, À SEGURANÇA E À PROPRIEDADE, NOS TERMOS SEGUINTES:

...

LXXVIII - A TODOS, NO ÂMBITO JUDICIAL E ADMINISTRATIVO, SÃO ASSEGURADOS A RAZOÁVEL DURAÇÃO DO PROCESSO E OS MEIOS QUE GARANTAM A CELERIDADE DE SUA TRAMITAÇÃO. (INCLUÍDO PELA EMENDA CONSTITUCIONAL Nº 45, DE 2004)

...

§ 2º OS DIREITOS E GARANTIAS EXPRESSOS NESTA CONSTITUIÇÃO NÃO EXCLUEM OUTROS DECORRENTES DO REGIME E DOS PRINCÍPIOS POR ELA ADOTADOS, OU DOS TRATADOS INTERNACIONAIS EM QUE A REPÚBLICA FEDERATIVA DO BRASIL SEJA PARTE.

§ 3º OS TRATADOS E CONVENÇÕES INTERNACIONAIS SOBRE DIREITOS HUMANOS QUE FOREM APROVADOS, EM CADA CASA DO CONGRESSO NACIONAL, EM DOIS TURNOS, POR TRÊS QUINTOS DOS VOTOS DOS RESPECTIVOS MEMBROS, SERÃO EQUIVALENTES ÀS EMENDAS CONSTITUCIONAIS. (INCLUÍDO PELA EMENDA CONSTITUCIONAL Nº 45, DE 2004) (ATOS APROVADOS NA FORMA DESTE PARÁGRAFO)

Esses dois dispositivos serão comentados conjuntamente, considerando que ambos dispõem sobre o status com que tratados de direitos humanos ingressam no ordenamento jurídico brasileiro

O § 2º do artigo 5º, integra a versão original da Constituição e dispõe sobre a abertura material do sistema de direitos fundamentais quando define que o rol de direitos ali enumerados não é taxativo, admitindo complementação por normas internacionais adotadas pelo Brasil.

A despeito da clareza do texto constitucional que considera esses tratados como normas definidoras de direitos e garantias fundamentais e, portanto, materialmente constitucionais, é um tema que desperta muita controvérsia. Até 2008 o STF manteve entendimento pela paridade entre a norma internacional e a lei infraconstitucional, considerando o disposto no artigo 102, III, b, que equipara controle de constitucionalidade de tratado ao de lei federal.

A consistência doutrinária pela defesa da natureza diferenciada dos tratados de direitos humanos, sustentada na tendência do constitucionalismo contemporâneo de abertura para o sistema internacional em favor da otimização da proteção de direitos fundamentais (CANÇADO TRINDADE, 1999), subsidiou o questionamento da tese da paridade legal em ações que chegavam ao STF invocando a Convenção Americana de Direitos Humanos para denunciar a ilicitude da prisão do depositário infiel prevista no art. 5º, LXVII, da CF/1988.

Para dirimir essa questão, em 2004 a EC nº 45 incluiu o art. 5º, § 3º, definindo que tratados de direitos humanos, desde que apreciados pelo Congresso seguindo o rito para aprovação de emenda, ingressam no ordenamento jurídico brasileiro como norma constitucional. Fica assim estabelecida uma condição para que tratados de direitos humanos, ratificados pelo Brasil a partir de 2004, sejam formalmente incorporados ao sistema constitucional de direitos fundamentais. Os tratados celebrados antes desta data, os principais tratados de direitos humanos, por força do art. 5º, § 2º, integram o bloco de constitucionalidade, conjunto de normas que, mesmo não fazendo parte do texto, dispõe sobre matéria constitucional. A diferença do regime jurídico entre essas duas modalidades de recepção recai sobre a formalidade exigida para a denúncia de tratados de direitos humanos formalmente integrados à Constituição, que deve depender de aprovação prévia do Congresso.

A alteração do texto constitucional provocou uma mudança da jurisprudência do STF a partir do julgamento do RE nº 466.343/SP, em 2008 (BRASIL, 2008), quando decidiu pela ilicitude da prisão do depositário infiel em face do artigo 7,7 da Convenção Americana de Direitos Humanos. Nessa oportunidade, o STF equivocadamente afastou a tese do bloco de constitucionalidade e consagrou entendimento pela supralegalidade dos tratados de direitos humanos. Assim, mesmo se submetendo ao controle de constitucionalidade, tratado de direitos humanos pode afastar legislação infraconstitucional.

Consolidada a tese da supralegalidade das convenções de direitos humanos, o STF tem realizado o controle de convencionalidade da legislação infraconstitucional a partir da interpretação que a própria Corte faz da norma internacional. Equivoca-se mais uma vez, ao reforçar o nosso isolamento constitucional quando não considera decisões de instâncias internacionais com competência reconhecida pelo Estado brasileiro para ter a última palavra sobre a interpretação desses tratados.

No julgamento da ADPF nº 153, em abril de 2010, ao decidir pela recepção da Lei nº 6.683/1979 (Lei de Anistia), o STF desprezou jurisprudência consolidada da Corte Interamericana de Direitos Humanos (cuja competência jurisdicional é formalmente reconhecida pelo Brasil por meio do Decreto nº 4.463/2002) que afirma a ilicitude de leis de autoanistia proclamadas por regimes de exceção em face dos artigos 8,1 e 25, bem como artigos 1,1 e 2 da Convenção Americana de Direitos Humanos (BRASIL, 2010). Alguns meses depois, em outubro de 2010, essa mesma Corte Internacional reafirmou sua jurisprudência e condenou o Estado brasileiro por não adotar providências para promover a responsabilização penal de crimes cometidos por agentes da ditadura (OEA, 2010).

Ainda que com base na supralegalidade da Convenção Americana de Direitos Humanos, o Grupo de Justiça de Transição do Ministério Público Federal tem seguido a jurisprudência da Corte Interamericana, especialmente a decisão contra o Brasil, para demandar ao Judiciário brasileiro responsabilização dos crimes da ditadura. Em relatório publicado no ano de 2017 consta uma tabela sobre a situação das 27 ações penais propostas entre 2012 e 2016, expondo um cenário desolador: mesmo obtendo decisões favoráveis em instâncias inferiores, quando os processo chegam nos tribunais superiores todos são arquivados com fundamento na Lei de Anistia (BRASIL, 2017, p. 31-37).

De tudo o que foi exposto, conclui-se que a abertura material do sistema de direitos fundamentais, prevista no art. 5º, § 2º, ainda é um projeto constitucional por se realizar. O isolamento do ordenamento jurídico brasileiro diante do sistema internacional de proteção aos direitos humanos tem impedido avanços importantes para a consolidação da nossa democracia e efetivação de direitos fundamentais.

REFERÊNCIAS BIBLIOGRÁFICAS

BRASIL. Ministério Público Federal. Câmara de Coordenação e Revisão 2. Crimes da ditadura militar. Brasília: MPF, 2017. Disponível em: http://www.mpf.mp.br/atuacao-tematica/ccr2/publicacoes/ roteiro-atuacoes/005_17_crimes_da_ditadura_militar_digital_paginas_unicas.pdf. Acesso em: 15 ago. 2018.

_______. Supremo Tribunal Federal. Ação de descumprimento de preceito fundamento n. 153/DF. Relator Ministro Eros Grau. Pesquisa de Jurisprudência, decisão monocrática abril 2010. Disponível em: http://stf.jus.br/portal/jurisprudencia/listarJurisprudencia.asp?s1=%28ADPF%24%2ESCLA%2E+E+153%2ENUME%2E%29+OU-+%28ADPF%2EACMS%2E+ADJ2+153%2EACMS%2E%29&base=baseAcordaos&url=http://tinyurl.com/b7jvvbd. Acesso em: 15 ago. 2018.

_______.Recurso Extraordinário nº 466.343/SP. Relator Ministro Cezar Peluso. Pesquisa de Jurisprudência, decisão monocrática dezembro 2008. Disponível em: http://stf.jus.br/portal/jurisprudencia/listar-Jurisprudencia.asp?s1=%28RE%24%2ESCLA%2E+E+466343%2ENUME%2E%29+OU+%28RE%2EACMS%2E+ADJ2+466343%2E-ACMS%2E%29&base=baseAcordaos&url=http://tinyurl.com/ ap5fko8. Acesso em: 15 ago. 2018.

CANÇADO TRINDADE, Antônio Augusto. Memorial em prol de uma nova mentalidade quanto à proteção dos direitos humanos nos planos internacional e nacional. *Revista Arquivos do Ministério da Justiça*, v.3, p. 40-76, 1999.

OEA. Corte Interamericana de Direitos Humanos. *Caso Gomes Lund*. 24 nov. 2010. Disponível em: http://www.corteidh.or.cr/docs/casos/articulos/seriec_219_por.pdf. Acesso em: 15 ago. 2018.

ART. 5º TODOS SÃO IGUAIS PERANTE A LEI, SEM DISTINÇÃO DE QUALQUER NATUREZA, GARANTINDO-SE AOS BRASILEIROS E AOS ESTRANGEIROS RESIDENTES NO PAÍS A INVIOLABILIDADE DO DIREITO À VIDA, À LIBERDADE, À IGUALDADE, À SEGURANÇA E À PROPRIEDADE, NOS TERMOS SEGUINTES:

...

LXXVIII – A TODOS, NO ÂMBITO JUDICIAL E ADMINISTRATIVO, SÃO ASSEGURADOS A RAZOÁVEL DURAÇÃO DO PROCESSO E OS MEIOS QUE GARANTAM A CELERIDADE DE SUA TRAMITAÇÃO. (INCLUÍDO PELA EMENDA CONSTITUCIONAL Nº 45, DE 2004)

...

§ 4º O BRASIL SE SUBMETE À JURISDIÇÃO DE TRIBUNAL PENAL INTERNACIONAL A CUJA CRIAÇÃO TENHA MANIFESTADO ADESÃO.

O Tribunal Penal Internacional (TPI) foi criado pelo tratado internacional conhecido como Estatuto de Roma, aprovado naquela cidade em 1998, após longo período de debate na ONU sobre a pertinência de uma Corte Internacional para julgar indivíduos por gravíssimas violações de direitos humanos, consideradas crimes. O Brasil apoiou a criação do TPI, concebido como uma jurisdição subsidiária às nacionais, e depositou seu instrumento de ratificação do tratado em 20/7/2012, incorporando essa norma internacional por meio do Decreto nº 4.388/2002.

O ingresso do Brasil neste Tribunal obedeceu o projeto constitucional disposto nos artigos 1º, III (a dignidade da pessoa humana como princípio fundante), e 4º, II (prevalência dos direitos humanos como princípio regente nas relações internacionais), além da previsão do artigo 7º do Ato das Disposições Constitucionais Transitórias que propugna pelo apoio brasileiro à formação de um tribunal internacional de direitos humanos.

Esses dispositivos nortearam o juízo de conveniência para a adoção do tratado no processo de aprovação pelo Congresso Nacional (anterior à ratificação, que ocorre no âmbito internacional). No entanto, alguns questionamentos foram levantados quanto à aprovação em face da inconstitucionalidade de disposições convencionais e da cláusula de proibição de reserva contida no Estatuto de Roma, que impedia adesão parcial ao tratado.

Parte da doutrina até hoje denuncia a incompatibilidade com a Constituição do compromisso de entrega de nacionais, da cláusula de irrelevância da qualidade oficial (que desconsidera imunidades e privilégios atribuídos a alguns cargos públicos), da imprescritibilidade de alguns crimes, da previsão da prisão perpétua e da ausência de fixação de sanções penais para os crimes internacionais (ESCOURA, 2018). Mesmo assim, o tratado foi aprovado e ratificado com celeridade, afinal, o Estado brasileiro precisava ser membro do acerto internacional para participar dos arranjos já em curso para a instalação da Corte, que veio a acontecer em 11 de março de 2003 com uma juíza brasileira na sua composição.

Para harmonizar o texto convencional com o texto constitucional, foi aprovado, no bojo da EC nº 45, a inclusão do § 4º ao artigo 5º, uma cláusula genérica de recepção do Estatuto de Roma, nos moldes das adotadas por outros países que enfrentaram o mesmo problema, a exemplo de Portugal, França e Alemanha. No direito comparado o texto de abertura foi mais claro que o brasileiro, o que pode reacender o debate sobre a inconstitucionalidade de alguns de seus dispositivos quando nossas autoridades forem acionadas pelo TPI para cumprir aqueles mandamentos.

Quase que isso acontece em 2009 quando chegou para apreciação do STF um mandado de detenção e entrega do então presidente do Sudão al-Bashir expedido pelo TPI (BRASIL, 2009). A inexistência de regulamentação do processamento de tal pedido provocou no Ministro Celso de Mello, no exercício da presidência daquela Corte, pronunciamento pela natureza distinta da Extradição, razão pela qual ordenou que tramitasse sobre o enquadramento de Petição (Pet nº 4.625/República do Sudão). Acertou o Ministro no enquadramento, mas errou na proveniência (não foi da República do Sudão, mas do TPI). De qualquer forma, em seu despacho o Ministro se debruçou sobre as consequências da adesão do Brasil ao Estatuto de Roma. O processo não foi adiante, pois o chefe de Estado procurado não estava em território brasileiro, mas o recebimento desse pedido expôs a omissão do legislador infraconstitucional.

Existe um Projeto de Lei proposto pelo Executivo desde 2008, o PL nº 4.038/2008 que estabelece regulamentação do processamento de pedidos de entrega pelo TPI, dispõe sobre o crime de genocídio, define crimes de guerra, crimes de humanidade e crimes contra a administração do TPI. É uma legislação imprescindível para assegurar efetividade aos compromissos assumidos com o Estatuto de Roma: além de estabelecer normas processuais, define tipos penais sob jurisdição do TPI não existentes no direito brasileiro. Mesmo diante dessa relevância, o projeto tramita lentamente e sua última movimentação foi um pedido de urgência apresentado em 2016 (BRASIL, 2018).

Nesse caso, a aprovação de legislação infraconstitucional é imprescindível para a concretização do arranjo constitucional para a cooperação internacional com o TPI disposto no art. 5º, § 4º.

REFERÊNCIAS BIBLIOGRÁFICAS

BRASIL. Câmara dos Deputados. Pesquisa atividade legislativa. Disponível em: https://www.camara.gov.br/proposicoesWeb/fichadetramitacao?idProposicao=410747#marcacao-conteudo-portal. Acesso em: 30 ago 2018.

BRASIL. Supremo Tribunal Federal. Petição nº 4.625/ República do Sudão. Relatora Ministra Ellen Gracie, decisão da presidência julho 2009. Disponível em: http://stf.jus.br/portal/jurisprudencia/listarJurisprudencia.asp?s1=%28Pet%24%2ESCLA%2E+E+4625%2ENUME%2E%29+E+S%2EPRES%2E&base=basePresidencia&url=http://tinyurl.com/bhzf8r7. Acesso em: 30 ago. 2018.

ESCOURA, Juliano Fernandes. Controvérsias jurídicas acerca da compatibilidade do Tribunal Penal Internacional com a Constituição brasileira. *Revista Publicações Escola da AGU*, Brasília, v. 10, n. 1, p. 249-263, jan.-mar. 2018.

JOSÉ GERALDO SOUSA JÚNIOR
Professor doutor e
ex-reitor da Unb.

CAPÍTULO II
DOS DIREITOS SOCIAIS

ART. 6º SÃO DIREITOS SOCIAIS A EDUCAÇÃO, A SAÚDE, A ALIMENTAÇÃO, O TRABALHO, A MORADIA, O TRANSPORTE, O LAZER, A SEGURANÇA, A PREVIDÊNCIA SOCIAL, A PROTEÇÃO À MATERNIDADE E À INFÂNCIA, A ASSISTÊNCIA AOS DESAMPARADOS, NA FORMA DESTA CONSTITUIÇÃO (REDAÇÃO DADA PELA EMENDA CONSTITUCIONAL Nº 90, DE 2015).

No marco de 30 anos da Constituição Federal de 1988 as manifestações se multiplicam, tanto mais quanto se arma na conjuntura política um claro processo de descontitucionalização e de desdemocratização, agudizado pelos acontecimentos pós-2016, com o afastamento da Presidenta da República e a substituição do projeto de sociedade e de governo, por um programa econômico neoliberal. Expus as características desse movimento em pelo menos dois textos (SOUSA JUNIOR, 2017a; 2017b).

Na linha de comentários celebratórios, contribui para o repertório de análises sobre os 30 anos, em entrevista que realça a incompletude concretizadora do projeto ainda em construção da Constituição de 1988 e as tensões que ele vivencia, nesse contexto de retirada de direitos, numa publicação do IHU-Unisinos (SANTOS, 2018): "o processo em curso teve início com o afastamento da presidenta da República eleita, se faz atentado à Democracia, à Constituição e, em última análise, aos trabalhadores, com a Constituição arguida contra a própria Constituição. Ou ainda com iniciativas de reformas constitucionais e legislativas, retirando direitos, transferindo ativos e reorientando o orçamento público para transferir o financiamento de políticas sociais para subsidiar a lucratividade financeira e industrial em nítido movimento de estrangeirização, o que nos impõe postura de engajamento, resistir em face de ameaças e avançar sem temer enfrentamentos, sabendo que as energias utópicas acumuladas nessa experiência podem animar o protagonismo que mobilize, nas crises, as forças emancipatórias do social".

Os direitos inscritos no art. 6º da Constituição de 1988, resumem e traduzem o grande programa social formulado pelos Movimentos Sociais (Populares e Sindicais).

Agora, sob ataque direto (DIREITOS, 2016) tal como conferido pelo professor Pedro Pulzatto Peruzzo, abre-se a perspectiva de que o próprio Judiciário, que sobre esse dispositivo pouco tivesse diretamente constrangido as promessas nele contidas, ao contrário, como mostra o professor Peruzzo, houvesse inclusive iniciado uma hermenêutica de proibição de retrocesso social, sustentando haver obstáculo constitucional à frustração e ao seu inadimplemento pelo poder público, ou em perspectiva de controle constitucional de políticas públicas, tenha afastado a dirimente da reserva do possível que não se constitui justificativa para que o Poder Público possa se eximir das obrigações impostas pela Constituição, renda-se ao movimento neoliberal de desconstituição desses direitos e do programa social nele investido.

Nesse ponto, em relação a esse artigo, mais que nunca descortina-se a preocupação já anunciada por Gomes Canotilho, acerca da multiplicidade de sujeitos que se movem no debate constitucional contemporâneo que tende a abrir expectativas de diálogo político estruturado na linguagem do direito, gerando na expressão dele, "posições interpretativas da Constituição" que emergem desse processo e formam uma luta por posições constituintes, luta que continua depois de aprovada a Constituição (CANOTILHO, 2008) tal como se deu, por exemplo, no STF na decisão unânime em reconhecimento à constitucionalidade das cotas raciais para acesso à universidade (ADPF nº 186).

No arsenal dessa luta, o social (direitos) se posiciona contra a mercadorização intensificada pelo mercado (educação, saúde, alimentação, trabalho, moradia, transporte, lazer, segurança, previdência social, proteção à maternidade e à infância, assistência aos desamparados) e se busca o acesso público contra a onda de privatização que quer avançar sobre os bens da vida. Por isso a luta é, inclusive, semântica, quando se disputa até no plano judicial, a politização da reivindicação social (ocupação da moradia, terra e território), em face da tentação criminalizadora (invasão e esbulho possessório), o que levou o STJ a decidir ***não poder ser considerado esbulhador aquele que ocupa terra para fazer cumprir a promessa constitucional da reforma agrária.***

Finalizo com **Canotilho,** na entrevista citada, para pôr em relevo a necessidade de recuperar no Direito Constitucional, sobretudo no campo dos direitos sociais, o *impulso dialógico e crítico que hoje é fornecido pelas teorias políticas da justiça e pelas teorias críticas da sociedade*, que o fazem *definitivamente prisioneiro de sua aridez formal e do seu conformismo político*. É preciso incluir, pois, no Direito Constitucional *outros modos de compreender as regras jurídicas, orientadas pelas indicações de O Direito Achado na Rua, enquanto perspectiva de direitos verdadeiramente emancipatórios* (SOUSA JUNIOR, 2015).

REFERÊNCIAS BIBLIOGRÁFICAS

CANOTILHO, J. J. Gomes. Pela necessidade de o sujeito de direito se aproximar dos "sujeitos densos" da vida real. *Constituição & Democracia*, Brasília, n. 24, , p. 12-13, jul. 2008.

DIREITOS sociais garantidos pela Constituição estão sob ataque de um governo ilegítimo. *Justificando*, 12 set. 2016. Disponível em: justificando.cartacapital.com.br/2016/09/12/direitos-sociais-garantidos-pela-constituicao-estao-sob-ataque-de-um-governo-ilegitimo-2/. Acesso em: 10 fev. 2021.

SANTOS, João Vitor. A Constituição é ainda projeto de construção. *IHU*, n. 519, 9 abr. 2018. Disponível em: http:// www.ihuonline.unisinos.br/artigo/7230-a-constituicao-e-ainda-projeto-de-construcao. Acesso em: 10 fev. 2021.

SOUSA JUNIOR, José Geraldo de (org.). *O direito achado na rua*: concepção e prática. Rio de Janeiro: Lúmen Júris, 2015.

SOUSA JUNIOR, José Geraldo. Estado democrático da direita. In: BUENO, Roberto (org.). *Democracia*: da crise à ruptura. São Paulo: Editora Max Limonad, 2017a. p. 407-412

SOUSA JUNIOR, José Geraldo. Resistência ao golpe de 2016: contra a Reforma da Previdência. In: GIORGI, Fernanda, et al. (org.). *O golpe de 2016 e a Reforma da Previdência*: narrativas de resistência. Bauru: Canal 6 (Projeto Editorial Práxis), 2017b. p. 242-246.

PAULA FREITAS DE ALMEIDA

Graduada em Direito, especialista em Economia do Trabalho e Sindicalismo, mestre em Filosofia, é doutoranda em Desenvolvimento Econômico no Instituto de Economia da Unicamp, com pesquisa sobre os efeitos da Indústria 4.0 nas relações de trabalho e desdobramentos na regulação brasileira. Atua como professora visitante dos cursos de pós-graduação em Direito do Trabalho da Universidade Presbiteriana Mackenzie (Campinas) e da Escola Superior da Advocacia (OAB/Americana). É membra da Rede de Estudos e Monitoramento da Reforma Trabalhista (REMIR-Trabalho) e da Associação Brasileira de Estudos do Trabalho (ABET).

ISABELA FADUL DE OLIVEIRA

Doutora em Direito do Trabalho. Atua como docente da Faculdade de Direito da Universidade Federal da Bahia e como pesquisadora associada do Centro de Pesquisa e Estudos em Humanidades (CRH/UFBA).

CAPÍTULO II
DOS DIREITOS SOCIAIS

ART. 7º SÃO DIREITOS DOS TRABALHADORES URBANOS E RURAIS, ALÉM DE OUTROS QUE VISEM À MELHORIA DE SUA CONDIÇÃO SOCIAL:

I – RELAÇÃO DE EMPREGO PROTEGIDA CONTRA DESPEDIDA ARBITRÁRIA OU SEM JUSTA CAUSA, NOS TERMOS DE LEI COMPLEMENTAR, QUE PREVERÁ INDENIZAÇÃO COMPENSATÓRIA, DENTRE OUTROS DIREITOS;

II – SEGURO-DESEMPREGO, EM CASO DE DESEMPREGO INVOLUNTÁRIO;

III – FUNDO DE GARANTIA DO TEMPO DE SERVIÇO;

IV – SALÁRIO MÍNIMO, FIXADO EM LEI, NACIONALMENTE UNIFICADO, CAPAZ DE ATENDER A SUAS NECESSIDADES VITAIS BÁSICAS E ÀS DE SUA FAMÍLIA COM MORADIA, ALIMENTAÇÃO, EDUCAÇÃO, SAÚDE, LAZER, VESTUÁRIO, HIGIENE, TRANSPORTE E PREVIDÊNCIA SOCIAL, COM REAJUSTES PERIÓDICOS QUE LHE PRESERVEM O PODER AQUISITIVO, SENDO VEDADA SUA VINCULAÇÃO PARA QUALQUER FIM;

O inciso IV do artigo 7º, da CF/1988, é parte de um conjunto de proteção ao salário como meio do sustento do trabalhador e da sua família em uma sociedade eminentemente salarial. Uma vez reconhecido o contrato de trabalho, os tribunais aplicam esse dispositivo. Para o âmbito da Administração Pública, vê-se que sua aplicação é inequívoca, nos termos da Súmula Vinculante nº 16: "Os artigos 7º, IV, e 39, § 3º (redação da EC nº 19/1998), da Constituição, referem-se ao total da remuneração percebida pelo servidor público". Inclusive, com referência de sua aplicação também aos servidores inativos que, ao receberem proporcionalmente ao tempo de serviço, ainda assim, não podem receber menos que o salário mínimo.

A violação à norma constitucional aparece nas contratações com previsão de remuneração proporcional às horas efetivamente trabalhadas, a exemplo do contrato a tempo parcial e, mais recentemente, do contrato intermitente. Nesses casos, é possível receber menos que um salário mínimo, por suposto respeito a um valor-hora como se este fosse o salário mínimo por excelência, tal como se depreende do julgado a seguir:

> DIREITO DO TRABALHO. CONTRATO A TEMPO PARCIAL. LIMITE LEGAL. ISONOMIA. DIFERENÇAS EM RELAÇÃO AO SALÁRIO MÍNIMO LEGAL. *Uma vez respeitada a jornada-limite de vinte e cinco horas semanais, prevista no art. 58-A da CLT, para a jornada cumprida em tempo parcial, o deferimento do salário mínimo integral ao reclamante, que apenas laborou em meio expediente, feriria o princípio da isonomia constitucionalmente garantido, haja vista que estaria recebendo o mesmo salário de outros empregados que laboram 08 horas, sem qualquer tipo de diferenciação, o que, sem dúvida, foge ao bom senso e ao sentido da justiça. Recurso não provido.* (Processo: RO – 0001247-14.2016.5.06.0341, Redator: Maria do Socorro Silva Emerenciano, Data de julgamento: 10/10/2017, Primeira Turma, Data da assinatura: 18/10/2017) (TRT-6 – RO: 00012471420165060341, Data de Julgamento: 10/10/2017, Primeira Turma)

O julgado privilegia norma infraconstitucional em detrimento da norma constitucional em tela. Ainda, vai contra a inteligência do sistema jurídico ao admitir (sob os mesmos fundamentos expressos no trecho em destaque) a discriminação da remuneração entre os que trabalham até 25 horas semanais e aqueles que trabalham entre 26 e 44 horas. No julgado a seguir, vê-se que jornadas acima das 25 horas já não podem ser remuneradas proporcionalmente, ou seja, devem ter a integralidade do salário mensal preservada:

> RECURSO DE REVISTA. DIFERENÇAS SALARIAIS. REGIME DE TEMPO PARCIAL. DESCARACTERIZAÇÃO. JORNADA DE TRABALHO SUPERIOR AO LIMITE CONTRATUAL AJUSTADO. *O Tribunal Regional deixou expressamente registrado ser incontroverso nos autos que o autor foi contratado para trabalhar em jornada reduzida – a tempo parcial, nos termos do art. 58-A da CLT, e que, no entanto, laborou em jornada superior à contratualmente ajustada (25 horas semanais). Considerando que a realização de horas extras pelo trabalhador*

> *contratado sob o regime de tempo parcial é vedada pelo art. 59, § 4º, da CLT, não pode ser mantida a validade do regime e, por consequência, são devidas as diferenças salariais postuladas, considerando a integralidade do piso salarial da categoria. Precedentes desta Corte. Recurso de revista conhecido e provido.* (TST - RR: 17892000520085090001, Relator: Delaíde Miranda Arantes, Data de Julgamento: 11/05/2016, 2ª Turma, Data de Publicação: DEJT 20/05/2016)

O que se vê é que mesmo diante da garantia constitucional ao salário mínimo, o sentido dos termos ainda se encontra em disputa não só nas dinâmicas sociais, mas também na complexa construção da legislação infraconstitucional e dos entendimentos dos tribunais. Portanto, passadas três décadas de vigência da Constituição Federal, a garantia do salário mínimo para todos os trabalhadores ainda carece de instrumentos para sua total consecução e efetividade.

> ...
>
> V – PISO SALARIAL PROPORCIONAL À EXTENSÃO E À COMPLEXIDADE DO TRABALHO;
>
> VI – IRREDUTIBILIDADE DO SALÁRIO, SALVO O DISPOSTO EM CONVENÇÃO OU ACORDO COLETIVO;
>
> VII – GARANTIA DE SALÁRIO, NUNCA INFERIOR AO MÍNIMO, PARA OS QUE PERCEBEM REMUNERAÇÃO VARIÁVEL.

Em relação à proteção do salário definida na CF, art. 7º, V, a VII, tem-se que o piso salarial proporcional à extensão e complexidade do trabalho corresponde à definição de um valor mínimo a ser recebido por trabalhadores de determinada categoria profissional, o que pode se dar por meio de lei federal, estadual e instrumentos negociais coletivos. Não há controvérsias quanto ao reconhecimento do piso salarial como direito do trabalhador, porém, a norma acaba por ser violada na dinâmica dos tribunais.

Primeiro, o TST admite prevalecer piso salarial negociado por entidade sindical, ainda que este seja inferior ao piso salarial estadual:

> RECURSO DE REVISTA. PISO SALARIAL FIXADO EM CONVENÇÃO COLETIVA DE TRABALHO INFERIOR AO PISO SALARIAL PREVISTO EM LEI ESTADUAL. VALIDADE. *Recurso fundamentado em divergência jurisprudencial. Esta Corte, por meio da Subseção de Dissídios Coletivos, e orientada pelo entendimento do STF, pacificou entendimento de que deve prevalecer o piso salarial fixado na Convenção Coletiva de Trabalho da categoria, mesmo havendo piso salarial estabelecido na Lei Estadual mais favorável ao empregado. Em julgamento da ADI nº 4.391/ RJ, o e. STF estabeleceu os limites da lei estadual instituidora de pisos salariais frente aos acordos e convenções coletivas de trabalho. Logo, a v. decisão do e. Tribunal Regional que indeferiu o pedido de diferenças salariais deve ser mantida. Precedentes. Recurso de revista conhecido por divergência jurisprudencial e desprovido [...].* (TST - RR: 5404020105090093, Relator: Alexandre de Souza Agra Belmonte, Data de Julgamento: 01/06/2016, 3ª Turma, Data de Publicação: DEJT 3/6/2016)

No julgado em tela, o TST invoca a ADI nº 4391/RJ para sustentar a decisão, todavia, a declaratória de inconstitucionalidade pautou a sua decisão no conflito de competência entre lei federal e lei estadual, uma vez que o diploma legal promulgado pelo estado do Rio de Janeiro foi declarado inconstitucional por afrontar a CF, art. 22, I e a Lei Complementar n. 103/00, que juntos delegam a competência para instituir piso salarial pelos Estados quando não houver lei federal que o faça. Apesar do piso salarial definido por instrumento coletivo ser objeto da lei declarada inconstitucional, não foi essa a matéria que embasou a ADI. Assim, a decisão invoca a aplicação do piso salarial negocial em detrimento do piso salarial estadual, mesmo quando diante de uma situação de rebaixamento salarial por norma abstrata e geral para toda uma categoria. O único limite colocado ao patamar de rebaixamento do piso salarial é o salário mínimo:

> *RECURSO DE REVISTA. REPIS. REGIME ESPECIAL DE PISO SALARIAL. FIXAÇÃO DE PISO SALARIAL DIFERENCIADO PARA MICROEMPRESAS E EMPRESAS DE PEQUENO PORTE MEDIANTE NORMA COLETIVA. POSSIBILIDADE. A jurisprudência desta Corte se firmou no sentido de que a fixação de piso sa-*

> *larial é matéria afeta à negociação coletiva entre os sujeitos envolvidos, desde que respeitado o valor do salário mínimo. Assim, é válida a norma coletiva que autoriza a utilização de pisos salariais reduzidos no âmbito das microempresas e empresas de pequeno porte (Regime Especial de Piso Salarial - REPIS), estando tal norma em consonância com as diretrizes estatuídas na Lei Complementar nº 123/2006. Recurso de revista não conhecido.* (TST - RR: 7704220105150020, Relator: Mauricio Godinho Delgado, Data de Julgamento: 3/5/2017, 3ª Turma, Data de Publicação: DEJT 5/5/2017)

A irredutibilidade do salário, por sua vez, prevista no art. 7º, VI, da CF, é acompanhada de uma exceção à sua ocorrência: a negociação coletiva; de todo modo, a redução não pode levar ao recebimento de valor aquém do mínimo. De igual modo, trabalhadores que recebem remuneração variável, o art. 7º, VII, da CF iguala ao direito dos demais trabalhadores que não podem ser contratados por salário aquém do mínimo. Nos tribunais, as hipóteses de redução salarial admitidas parecem ser estreitas, exigindo cláusula coletiva que a preveja e a redução de jornada que lhe seja proporcional, ainda assim, alguns dos julgados trazem interpretações progressistas, fazendo valer no conflito analítico interpretação que preserve o valor da remuneração:

> RECURSO DE REVISTA EM FACE DE DECISÃO PUBLICADA A PARTIR DA VIGÊNCIA DA LEI Nº 13.015/2014. SALÁRIO-HORA. DIVISOR. EMPREGADO SUJEITO AO REGIME GERAL DE TRABALHO (ARTIGO 58, CAPUT, DA CLT). REDUÇÃO DA DURAÇÃO SEMANAL PARA 40 HORAS. CLÁUSULA DE NORMA COLETIVA. NULIDADE. APLICAÇÃO DA SÚMULA Nº 431 DO TST. (TST - RR: 1040920155210017, Relator: Cláudio Mascarenhas Brandão, Data de Julgamento: 6/9/2017, 7ª Turma, Data de Publicação: DEJT 15/9/2017)

Segue ainda outro julgado que reafirma a necessidade de sempre se observar a ocorrência da redução salarial face alterações na jornada de trabalho:

> RECURSO DE REVISTA. DIFERENÇAS SALARIAIS DECORRENTES DO RECÁLCULO DO SALÁRIO PELO DEFERIMENTO DE HORAS EXTRAORDINÁRIAS. EMPREGADO HORISTA. REDUÇÃO DA JORNADA DE TURNOS FIXOS PARA TURNOS ININTERRUPTOS DE REVEZAMENTO. *O valor da hora trabalhada pelo empregado horista, cuja jornada de trabalho é alterada de turnos fixos para turnos ininterruptos de revezamento, deverá ser redimensionado com base no divisor 180, preservando-se, assim, o mesmo padrão salarial até então auferido, em razão do princípio constitucional da irredutibilidade salarial. O valor da remuneração antes acordado para a jornada de 8 horas passa, agora, a remunerar a jornada reduzida de 6 horas, sendo indevido alterar o valor fixo do salário mensal que já era pago anteriormente de forma habitual. Entendimento consagrado na Orientação Jurisprudencial nº 396 da SBDI-1 do TST. Recurso de revista de que se conhece, por violação do art. 7º, VI, da Constituição Federal, e a que se dá provimento.* (TST - RR: 1094192201551501 46, Data de Julgamento: 20/9/2017, Data de Publicação: DEJT 22/9/2017)

Em contraposição, quando se está diante de entender as parcelas remuneratórias que têm natureza salarial e que devem ser contabilizadas no salário em razão da incidência do princípio da atratividade salarial, já se encontra com mais facilidade decisões que favoreçam a recorrência da redução salarial, a despeito da proibição constitucional:

> RECURSO DE REVISTA. ACÓRDÃO PUBLICADO NA VIGÊNCIA DA LEI 13.015/2014. ALTERAÇÃO NA ESTRUTURA SALARIAL DO BANCO. REDUÇÃO DA GRATIFICAÇÃO DE FUNÇÃO. COMPENSAÇÃO PELO AUMENTO DO SALÁRIO-BASE. ALTERAÇÃO CONTRATUAL LESIVA. NÃO OCORRÊNCIA. *O Tribunal Regional manteve o indeferimento do pedido de diferenças salariais decorrentes da redução do percentual da gratificação de função do recorrente, por verificar que não houve alteração do valor total da sua remuneração, porquanto o seu salário-base aumentou significativamente. Acrescentou que o valor pago a título de comissão de cargo atendeu ao disposto nas normas coletivas da categoria, que garante que o percentual da gratificação de função não poderá ser inferior a 55% do salário do cargo efetivo acrescido do adicional por tempo de serviço. Assim, não há que falar em alteração contratual lesiva, porquanto a alte-*

> *ração da estrutura salarial do banco perpetrada em maio de 2011 não ocasionou prejuízo ao empregado, que continuou recebendo a mesma remuneração, motivo pelo qual se afasta a alegação de violação aos artigos 7º, VI, da Constituição Federal e 468 da CLT, bem como a de contrariedade à Súmula 372, II, do TST. Recurso de revista não conhecido.* (TST - RR: 105308520155030145, Relator: Breno Medeiros, Data de Julgamento: 14/3/2018, 5ª Turma, Data de Publicação: DEJT 23/3/2018)

Ocorre que, como entendimento do próprio TST, em sua súmula nº 78, se aplicava o princípio da atratividade salarial para fazer com que houvesse integração da gratificação periódica contratual. A partir da Res. nº 121/2003, a Súmula nº 78/TST foi cancelada e o tribunal passa a julgar como se a supressão do entendimento anterior tivesse o condão de transformar a natureza da parcela que em um dia é salarial e noutro não.

> VIII – DÉCIMO TERCEIRO SALÁRIO COM BASE NA REMUNERAÇÃO INTEGRAL OU NO VALOR DAAPOSENTADORIA;
>
> IX – REMUNERAÇÃO DO TRABALHO NOTURNO SUPERIOR À DO DIURNO;
>
> X – PROTEÇÃO DO SALÁRIO NA FORMA DA LEI, CONSTITUINDO CRIME SUA RETENÇÃO DOLOSA;
>
> XI – PARTICIPAÇÃO NOS LUCROS, OU RESULTADOS, DESVINCULADA DA REMUNERAÇÃO, E, EXCEPCIONALMENTE, PARTICIPAÇÃO NA GESTÃO DA EMPRESA, CONFORME DEFINIDO EM LEI;
>
> XII – SALÁRIO-FAMÍLIA PAGO EM RAZÃO DO DEPENDENTE DO TRABALHADOR DE BAIXA RENDA NOS TERMOS DA LEI; *(REDAÇÃO DADA PELA EMENDA CONSTITUCIONAL Nº 20, DE 1998);*

Além da proteção salarial e das parcelas remuneratórias pagas a título de contraprestação pelo trabalho realizado, a CF também deu sede constitucional a parcelas remuneratórias de caráter indenizatório e a outras antes criadas pela práxis social e voltadas a aquecer a economia. Nesse último caso, se está diante do décimo terceiro salário, resultado da instituição, em 1962, da obrigação legal de pagamento da "gratificação natalina". Até essa data, a gratificação natalina era paga por deliberação dos empregadores ou como obrigação negocial. Nos dias de hoje, a discussão de bastidores pelos empregadores é para o fim do décimo terceiro, transformando-o em quotas mensais para evitar o "peso" da folha de pagamento ao final do ano. Todavia, legitimado socialmente e demonstrado o seu valor para o aquecimento da economia nacional ao tempo da dinâmica natalina e de festas de fim de ano, não há controvérsias que essa gratificação seja devida, inclusive em caráter proporcional nos casos de rescisões e aposentadorias. A polêmica aqui é sobre a repercussão ou não de determinadas parcelas no cálculo do décimo terceiro salário, quando elegemos a gratificação semestral e a incorporação das horas extraordinárias habituais no repouso semanal remunerado (RSR) como exemplo de tratativas distintas pelo TST.

Acerca da gratificação semestral, o TST editou a súmula 253, que vem sendo aplicada nos seguintes termos:

> I - RECURSO DE REVISTA. GRATIFICAÇÃO SEMESTRAL. REPERCUSSÃO NO DÉCIMO TERCEIRO SALÁRIO. *A repercussão da gratificação semestral no décimo terceiro salário, tal como determinada pelo Regional, está em consonância com o entendimento consagrado pela Súmula nº 253 do TST. Não conhecido. [...]* (TST - RR: 2867320145040802, Relator: Emmanoel Pereira, Data de Julgamento: 02/05/2018, 1ª Turma, Data de Publicação: DEJT 4/5/2018).

Quanto aos reflexos das horas extraordinárias habituais integradas ao RSR, o TST entende que sua repercussão no cálculo do décimo terceiro caracterizaria *bis in idem*:

> RECURSO DE REVISTA. ACÓRDÃO PUBLICADO NA VIGÊNCIA DA LEI Nº 13.015/2014. REPOUSO SEMANAL REMUNERADO. INTEGRAÇÃO DAS HORAS EXTRAS. REPERCUSSÃO. BIS IN IDEM. *Nos termos da Orientação Jurisprudencial nº 394 da SBDI-1 desta Corte, a majoração do valor do repouso semanal remunerado, em razão da integração das horas extras habitualmente prestadas, não repercute no cálculo das férias, da gratificação natalina, do aviso prévio e do FGTS, sob pena de caracterização de "bis in idem". Recurso de revista conhecido e provido. (TST - RR: 8557720155050037, Relator: Breno*

> *Medeiros, Data de Julgamento: 26/6/2018, 5ª Turma, Data de Publicação: DEJT 29/6/2018).*

A remuneração diferenciada do trabalho noturno, por sua vez, é feita pelo adicional noturno, em caráter indenizatório, dados os distúrbios psicossomáticos à saúde humana decorrentes da sua prática, justificando, inclusive, a proibição da sua prática pelos menores de dezoito anos (CLT, art. 404). Foi instituído no texto originário do artigo 73 da CLT o valor de 20% de adicional à hora diurna, com reservas de aplicação aos trabalhos prestados em revezamento quinzenal ou semanal. A reserva celetista perde assento com a promulgação da CF/1988, que amplia a garantia do adicional noturno para todos que laborem entre as 22h e as 5h, inclusive nos turnos ininterruptos de revezamento. Nas hipóteses em que se negocie ampliação da hora noturna de 52"30', tal como definida no art. 73, § 1º, da CLT, também se deverá aumentar o percentual remuneratório:

> RECURSO DE REVISTA [...] 2 - TURNO ININTERRUPTO DE REVEZAMENTO. HORA NOTURNA REDUZIDA. *A jurisprudência desta Corte pacificou o entendimento de que deve ser válida a norma coletiva que estabelece a manutenção do cômputo da hora física de 60 minutos se acrescida de adicional noturno superior ao limite legal, o que não se vislumbra no caso concreto. Assim, se não foi concedido ao trabalhador outra vantagem, como o pagamento do adicional noturno em valor superior ao previsto no art. 73, caput, da CLT, não se pode excluir a redução da hora prevista no art. 73, § 1º, da CLT, para o reclamante que se ativa em turno ininterrupto de revezamento. Recurso de revista conhecido e provido. [...]* (TST - RR: 1361000920095170014, Relator: Delaíde Miranda Arantes, Data de Julgamento: 29/11/2017, 2ª Turma, Data de Publicação: DEJT 7/12/2017)

O art. 7º, X, da CF/1988, aqui em comento, não institui novas parcelas remuneratórias, mas protege o salário contra a retenção dolosa, o que se dá pelo empregador, a partir do abuso do poder diretivo (de gestão) da relação de trabalho. O disposto constitucionalmente está replicado no art. 611-B, VII, da CLT, ainda que pareça não haver controvérsias sobre a sua aplicação no caso de violação concreta:

> RECURSO DE REVISTA. EXECUÇÃO. PENHORA SOBRE PROVENTOS DE APOSENTADORIA. IMPOSSIBILIDADE. PROTEÇÃO AO SALÁRIO. DIRETRIZ DA OJ 153 DA SDI-II/TST. *1. Hipótese em que o Tribunal Regional negou provimento ao agravo de petição do embargante, mantendo a penhora sobre os proventos de aposentadoria por ele percebidos. Registrou que "A impenhorabilidade absoluta dos salários acaba por conferir uma excessiva proteção ao devedor em desfavor daquele que tem em suas mãos um título executivo [...]". 2. Esta Corte Superior tem manifestado entendimento de que ofende o artigo 7º, X, da Constituição da República a penhora realizada em conta salário do devedor. Inserem-se também na proteção de tal dispositivo as contas do devedor destinadas ao recebimento de proventos de aposentadoria ou de pensão. 3. Essa é a diretriz da OJ 153 da SDI-II-TST, que estabelece, in verbis: "Ofende direito líquido e certo decisão que determina o bloqueio de numerário existente em conta salário, para satisfação de crédito trabalhista, ainda que seja limitado a determinado percentual dos valores recebidos ou a valor revertido para fundo de aplicação ou poupança, visto que o art. 649, IV, do CPC contém norma imperativa que não admite interpretação ampliativa, sendo a exceção prevista no art. 649, § 2º, do CPC espécie e não gênero de crédito de natureza alimentícia, não englobando o crédito trabalhista". Precedentes. Recurso de revista conhecido e provido.* (TST - RR: 925420105050101, Relator: Hugo Carlos Scheuermann, Data de Julgamento: 19/8/2015, 1ª Turma, Data de Publicação: DEJT 21/8/2015)

O art. 7º, XI, da CF/1988, que acresce o rol, diz respeito à Participação nos Lucros e Resultados (PLR) e, no âmbito das relações de trabalho goza de controvérsia que parece não acompanhar sua existência jurídica. Ocorre que, do ponto de vista prático, a PLR tem funcionado como meio de fraudar a completude remuneratória do trabalhador, pois o tratamento jurídico dispensado a essa parcela remuneratória é diferente daquele dado aos salários. Além da ausência de repercussão na base de cálculo de outras parcelas, a sua negociação tem mostrado que seu valor é aferido de modo ficcional, depois de autorizado por instrumento negocial, nos termos da Lei nº 10.101/2000, sem real correspondência com os lucros e resultados daqueles que devem seu pagamento. Ainda assim, se mantém a correlação teórica do pagamento da parcela com aqueles que, em tese, contribuíram para o seu resultado:

> PARTICIPAÇÃO NOS LUCROS E RESULTADOS. RESCISÃO CONTRATUAL ANTERIOR À DATA DA DISTRIBUIÇÃO DOS LUCROS. PAGAMENTO PROPORCIONAL AOS MESES TRABALHADOS. PRINCÍPIO DA ISONOMIA. (conversão da Orientação Jurisprudencial nº 390 da SBDI-1 - Res. 194/2014, DJ 21.05.2014) *Fere o princípio da isonomia instituir vantagem mediante acordo coletivo ou norma regulamentar que condiciona a percepção da parcela participação nos lucros e resultados ao fato de estar o contrato de trabalho em vigor na data prevista para a distribuição dos lucros. Assim, inclusive na rescisão contratual antecipada, é devido o pagamento da parcela de forma proporcional aos meses trabalhados, pois o ex-empregado concorreu para os resultados positivos da empresa.* (TRT-15 - ROPS: 00101868520185150074 0010186-85.2018.5.15.0074, Relator: ANA AMARYLIS VIVACQUA DE OLIVEIRA GULLA, 3ª Câmara, Data de Publicação: 28/8/2018)

O último dos incisos constitucionais aqui comentados corresponde ao direito de recebimento do salário-família. A parcela tem como objetivo a proteção à família e não há controvérsias no tribunal acerca de ser devido seu pagamento àqueles que se encaixem nos requisitos legais para tanto. O termo inicial para sua concessão é a apresentação da certidão de nascimento ao empregador ou ao INSS, ou do documento apto à comprovação da condição de afiliação, cabendo ao empregado o ônus da prova da entrega ou da recusa de recebimento pelo empregador:

> **2.2. Salário-família. Requisitos.** *Ônus* **da prova.** *O e. TRT consignou que o reclamante não colacionou prova alguma de que tenha apresentado a certidão de nascimento de sua filha à reclamada e que esta tenha se recusado a recebê-la. [...] A teor da Súmula 254 do TST, "O termo inicial do direito ao salário-família coincide com a prova da filiação. Se feita em juízo, corresponde à data de ajuizamento do pedido, salvo se comprovado que anteriormente o empregador se recusara a receber a respectiva certidão". Desse verbete extrai-se que é do empregado o ônus da prova das condições que respaldam a percepção do benefício.* (TST - RR: 381000620115170013, Relator: Hugo Carlos Scheuermann, Data de Publicação: DEJT 16/08/2018)

O rol de parcelas remuneratórias complementa as parcelas de natureza salarial, sendo estas últimas mais estritas e beneficiárias de maior proteção jurídica contra a variabilidade, supressão, redução ou negociação. Como consequência, há duas formas de se olhar para esse rol de parcelas remuneratórias sem natureza salarial. Numa perspectiva mais crítica, ele pode ser entendido como um mecanismo que favorece à fraude, porque desnatura parcelas que deveriam ser salarias, mas que ao revés são juridicamente consideradas somente como remuneratórias. De todo modo, não se nega a perspectiva tradicional em que se reconhece não só entre os incisos citados nesse comentário, mas em todo o rol do art. 7º, da CF/1988, um sistema de direitos e garantias sociais.

RENATA QUEIROZ DUTRA
Professora adjunta de Direito e Processo do Trabalho da Faculdade de Direito da Universidade de Brasília. Doutora (2017) e mestra (2014) em Direito, Estado e Constituição pela Universidade de Brasília. Graduada em Direito pela Universidade Federal da Bahia (2008). Integrante do Grupo de Pesquisa Trabalho, Constituição e Cidadania (Faculdade de Direito - UnB). Integrante do Grupo de Pesquisa Trabalho, Precarização e Resistências (Faculdade de Filosofia e Ciências Humanas - UFBA).

CAPÍTULO II
DOS DIREITOS SOCIAIS

ART. 7º SÃO DIREITOS DOS TRABALHADORES URBANOS E RURAIS, ALÉM DE OUTROS QUE VISEM À MELHORIA DE SUA CONDIÇÃO SOCIAL:

XII – SALÁRIO-FAMÍLIA PAGO EM RAZÃO DO DEPENDENTE DO TRABALHADOR DE BAIXA RENDA NOS TERMOS DA LEI; (REDAÇÃO DADA PELA EMENDA CONSTITUCIONAL Nº 20, DE 1998).

Na esteira das medidas de estabelecimento de um padrão civilizatório mínimo para as relações de trabalho no país, a Constituição determina, a respeito da jornada de trabalho, contornos que permitam a preservação da saúde dos trabalhadores e a garantia da vivência de momentos de repouso, convívio social e lazer, que lhes possa assegurar a plenitude da experiência da cidadania. Nesse sentido, os limites diário e semanal do trabalho, bem como a previsão de jornadas especiais para as atividades que impliquem condições mais gravosas aos trabalhadores, como é o caso dos turnos ininterruptos de revezamento. Igualmente, a garantia do repouso semanal remunerado, preferencialmente aos domingos, a superior remuneração das horas extraordinárias – que opera, a um só tempo, como sobre remuneração para aqueles que trabalham além dos limites constitucionais de jornada e desestímulo pecuniário ao empregador que incorra nessa prática – e a garantia de férias anuais, acrescidas da gratificação de um terço.

A eficácia da Constituição com relação aos dispositivos tutelares da jornada de trabalho é atravessada pelo advento da reestruturação produtiva pós-fordista, cujos impactos alcançam as relações de trabalho brasileiras a partir do final da década de 1980, importando em medidas de flexibilização das jornadas e intensificação do trabalho.

Vale apontar que, justamente em relação ao tema da jornada de trabalho, o art. 7º da Constituição encerra duas das três situações de flexibilização pela via negocial coletiva. E o faz ao admitir que, por meio da negociação, os limites da jornada ordinária e da jornada dos turnos ininterruptos de revezamento, possam ser alterados, mediante sistemas de compensação ou redução da jornada. Tal previsão original da CLT foi ao encontro dos processos de acumulação flexível que sobrevieram.

A jurisprudência do Tribunal Superior do Trabalho, a partir da década de 1990, passa a acolher largamente as possibilidades de flexibilização dos limites da jornada de trabalho via negociação coletiva e até mesmo a possibilidade de acordo individual entre empregado e empregador para compensação de horários que se encerras sem no período de uma semana, como está assentado na Súmula nº 85 do TST. A previsão infraconstitucional do banco de horas (inserido por meio da medida provisória nº 2.164/2001) – sistema de compensação agressivo, com prazo de até 1 ano para fruição das folgas correspondentes à sobrejornada praticada, autorizada no limite de até 10 horas diárias – ampliou esse espectro e foi reconhecida como válida pela jurisprudência do TST. O mesmo acontece para a flexibilização das jornadas dos turnos de revezamento, cuja redução constitucional poderia ser revertida para jornada de 8 horas, nos termos da Súmula nº 423 do TST (redação original de 2006), que desconstitui a jornada especial assegurada no texto constitucional.

Todavia, o TST guardava reservas ao regime de trabalho conhecido como 12x36, por exceder em muito o limite diário constitucionalmente posto para o trabalho, ainda que sucedido por folga compensatória. Tal regime era considerado excepcionalíssimo para algumas atividades que demandassem sistema de plantão e necessariamente firmado mediante autorização da negociação coletiva. Todavia, em 14/9/2016, o STF recrudesce a perspectiva flexibilizatória, ao admitir, no bojo da ADI nº 4.842 a constitucionalidade do dispositivo da Lei nº 11.901/2009, que estipula a jornada de trabalho de bombeiro civil em 12 horas para cada 36 horas de descanso para os bombeiros civis. A ADI fora ajuizada pelo PGR e tinha por fundamento a proteção da saúde dos trabalhadores, que é assegurada pelas normas limitadoras da jornada de trabalho.

Também em perspectiva ofensiva aos ditames constitucionais, a Lei nº 13.467/2017 ("Reforma" Trabalhista) estabeleceu, além da remoção dos limites colocados pela jurisprudência do TST aos sistemas de compensação, a possibilidade de instituição do regime de 12x36 para qualquer atividade e por acordo individual (art. 59-A da CLT - a MP 808/2017, que restringia essa situação para o setor de saúde, caducou em 23/4/2018). A Constituição, em relação a esse tema, será mais uma vez desafiada.

MILENA PINHEIRO MARTINS

Mestra em Direito, Estado e Constituição pela Universidade de Brasília, pesquisadora do grupo Trabalho, Constituição e Cidadania e advogada trabalhista.

CAPÍTULO II
DOS DIREITOS SOCIAIS

...

ART. 7º SÃO DIREITOS DOS TRABALHADORES URBANOS E RURAIS, ALÉM DE OUTROS QUE VISEM À MELHORIA DE SUA CONDIÇÃO SOCIAL:

...

XVIII – LICENÇA À GESTANTE, SEM PREJUÍZO DO EMPREGO E DO SALÁRIO, COM A DURAÇÃO DE CENTO E VINTE DIAS;

Ao instituir o direito à licença-maternidade, a Constituição optou por utilizar o termo *licença à gestante*. Na mesma toada, o artigo 10 do ADCT previu a vedação da dispensa arbitrária ou sem justa causa à "empregada gestante, desde a confirmação da gravidez até cinco meses após oparto".

Dada essa escolha terminológica, até o ano 2001, diversos acórdãos do TST entenderam que conceder às mães adotivas o direito à licença implicaria violação ao princípio da legalidade. Chegou-se a argumentar, por exemplo, que é "Impossível o tratamento igual das situações referentes às mães adotiva e biológica. Só os filhos de ambas as situações é que não sofrem restrições, ante os termos do art. 227, § 6º, da Carta Constitucional" (Processo: RR -391758-88.1997.5.18.5555, DJ 7/12/2000). Em sentido semelhante, a Primeira Turma do STF já decidira que alicença-maternidade não se estenderia à mãe adotiva (RE 197807, DJ 18/08/2000), aludindo, na fundamentação, a acórdão do TST de 1995 segundo o qual a norma constitucional teria como "finalidade precípua proteger a saúde da mãe do recém-nascido, nas semanas que precedem o parto e nas que sucedem o mesmo".

Em 2002, entrou em vigor a Lei nº 10.241, que acrescentou o artigo 392-A à CLT e o artigo 71-A à Lei nº 8.213/1991 com referência expressa aos direitos das mães adotivas. Foi um primeiro passo em direção ao fim da diferenciação, para fins de licença, entre as duas modalidades de maternidade, mas remanescia a previsão de concessão de períodos mais curtos quando adotadas crianças mais velhas. Não havia, inclusive, qualquer previsão de licença quando o adotado tinha a partir de 8 anos de idade. Esses dispositivos discriminatórios foram cassados apenas com a edição da Lei nº 12.010/2009.

Apesar disso, mesmo acórdãos que buscavam ampliar a interpretação conferida ao artigo 7º, XVIII, da Constituição, equivocadamente persistiam referindo às necessidades de filho recém-nascido, mesmo o adotado, como fundamento do direito (por exemplo: RR -559639- 06.1999.5.15.5555, DJ 16/5/2003), perspectiva ainda insuficiente.

A Lei nº 11.770/2008, que criou o programa Empresa Cidadã, destinado a proporcionar a prorrogação da licença prevista no artigo 7º, XVIII, da Constituição, em até 60 dias, mediante a concessão de benefícios fiscais às empresas concedentes, instituiu idêntico benefício para a empregada "que adotar ou obtiver guarda judicial para fins de adoção de criança". A justificação do PLS nº 281/2005, do qual se originou a referida lei, fez importante referência ao fato de que as mães, ainda que não amamentem os filhos, "podem garantir-lhes, com igual plenitude, todos os demais estímulos essenciais ao estabelecimento do vínculo afetivo, desde que estejam disponíveis para cuidarem dos filhos. Por isso, a Constituição, sabiamente, não restringe a licença-maternidade às mulheres que estejam amamentando". A necessidade premente de estabelecimento de vínculo afetivo entre mãe e filho redunda na compreensão de que mesmo às mães adotivas o direito à licença deve ser concedido.

Após esse percurso, apenas em 2016 o STF decidiu, em repercussão geral (RE nº 778889, DJE 01/08/2016), equiparar o prazo de licença-adotante ao prazo de licença gestante como derivado lógico da igualdade entre filhos biológicos e adotados enunciada no artigo 227, § 6º, da Constituição. De fato, não se garantem direitos iguais aos filhos discriminando suas mães. Registrou-se, no acórdão, o fundamento de que as crianças adotadas são vulneráveis e "Demandam esforço adicional da família para sua adaptação, para a criação de laços de afeto e para a superação de traumas". Importante fundamento também foi a necessidade de se resguardar a autonomia das mulheres para eleição de seus projetos de vida. Fixou-se, por fim, a tese de que "Os prazos da licença adotante não podem ser inferiores aos prazos da licença gestante, o mesmo valendo para as respectivas prorrogações. Em relação à licença adotante, não é possível fixar prazos diversos em função da idade da criança adotada".

XIX – LICENÇA-PATERNIDADE, NOS TERMOS FIXADOS EM LEI;

Antes da promulgação da Constituição de 1988, vigia o que dispunha o artigo 473 da CLT, segundo o qual o empregado poderia deixar de comparecer ao serviço por um dia em caso de nascimento de filho. A Constituição instituiu o direito à licença-paternidade, com essa nomenclatura, em seu artigo 7º, XIX. Além disso, o artigo 10, § 1º, do ADCT previu que, até que sobreviesse lei, o prazo de licença-paternidade seria de cinco dias[108].

Passados trinta anos, o artigo 7º, XIX, continua sem regulamentação. A licença-paternidade continua sendo deferida com base num dispositivo que deveria ser transitório. O prazo de cinco dias, em contraste com os cento e vinte dias de licença-maternidade, não só é retrato fiel dos estereótipos que circundam as famílias formadas por casais heterossexuais e seus filhos, como não abarca a diversidade de formações familiares possíveis. Nos últimos anos, buscou-se construir algumas soluções para essa limitação.

O artigo 10, II, b, do ADCT, por exemplo, garante que a empregada gestante, além da licença-maternidade, goze de estabilidade provisória no emprego. A Lei Complementar nº 146/2014 estendeu o direito à estabilidade a quem quer que detenha a guarda do filho em caso de falecimento da genitora. A Lei nº 13.509/2017 acrescentou ao artigo 391-A da CLT, que fora inserido em 2013, a previsão de que o empregado adotante ao qual tenha sido concedida guarda provisória para fins de adoção também goze da mesma estabilidade.

No que diz respeito especificamente às licenças, o artigo 392-A da CLT, inserido pela Lei nº 10.241/2002 e depois modificado pelas Leis nº 12.813/2013 e 13.509/2017, apenas dispõe que "a empregada que adotar ou obtiver guarda judicial", no feminino, terá direito à licença-maternidade de 120 dias, sem propor qualquer disposição equivalente para pais adotantes. Por defeito na técnica legislativa, apesar do caput no feminino, o § 5º do dispositivo estabelece que "A adoção ou guarda judicial conjunta ensejará a concessão de licença-maternidade a apenas um dos adotantes ou guardiães empregado ou empregada". Nota-se, no entanto, que o direito estabelecido aí não é o de licença-paternidade mais extensa, mas de licença-maternidade a pais adotantes. A Lei nº 12.813/2013, sem alterar a referência feminina no *caput*, inseriu na CLT os artigos 392-B e 392-C, que dispõem, respectivamente, sobre a possibilidade de extensão do tempo restante de licença-maternidade ao cônjuge ou companheiro em caso de falecimento da genitora e extensão do disposto nos artigos 392-A e 392-B ao empregado adotante.

A Lei nº 11.770/2008 instituiu o Programa Empresa Cidadã, destinado, inicialmente, à prorrogação de licença-maternidade mediante concessão de incentivo fiscal. Apenas em 2016 a Lei nº 13.257 proporcionou, também, a extensão da licença-paternidade em 15 dias além dos 5 já previstos no ADCT.

Nem todos os problemas, no entanto, estão resolvidos na legislação esparsa já mencionada. É o caso, por exemplo, de pai biológico com filho de barriga de aluguel (vide acórdão proferido no processo nº TST-AIRR-2715-88.2011.5.02.0053) ou de pai de gêmeos.

Em relação ao tema do pai de gêmeos, em novembro de 2016, a juíza federal Simone Barbisan Fortes proferiu sentença pioneira no processo 5009679-59.2016.4.04.7200/ SC[109], em que suscitou uma série de fundamentos constitucionais, como a igualdade de direitos e deveres de homens e mulheres na sociedade conjugal e a premência dos interesses da criança, para conferir a um servidor 180 dias de licença-paternidade. A sentença foi confirmada pela Turma Recursal de Santa Catarina e o entendimento foi seguido em inúmeras outras decisões.

108 O constituinte Alceni Guerra foi alvo de chacota, como ele mesmo relata, ao propor um prazo maior, de 8 dias. Disponível em: https://www2.camara.leg.br/atividade-legislativa/plenario/discursos/escrevendohistoria/25-anos-da-constituicao-de-1988/constituinte-1987-1988/pdf/Alceni-Guerra-Discurso-Revisado.pdf/view. Acesso em: 19 nov. 2018

109 Disponível em: https://eproc.jfsc.jus.br/eprocV2/controlador.php?acao=acessar_documento_publico&doc=721478525089324950214960607796&evento=817&key=4f0634d7338f86153f32d61aff9fe45095f14aa1111d7d41527ba56debb61cca&hash=72181082e6cb79bfcc193759d4f50449. Acesso em: 19 nov. 2018.

Partindo dos mesmos fundamentos, em dezembro de 2017, o desembargador Rogério Favreto, do TRF da 4ª Região, no processo nº 5067525-66.2017.4.04.0000, deferiu a servidor licença-paternidade no mesmo prazo de licença-maternidade, consignando que "a inexistência de disposição legal expressa a respeito da licença-paternidade em maior número de dias, em caso de filhos gêmeos, não deve impedir o cumprimento do comando constitucional acerca da absoluta prioridade assegurada constitucionalmente à criança, ao adolescente e ao jovem" (CF, art. 227), acrescentando que "os princípios da dignidade humana e da proteção à infância devem preponderar sobre o princípio da legalidade estrita, que concede tão somente às mulheres o direito de gozo da licença-maternidade por período de até 6 meses".

Ao longo desses trinta anos, tramitaram diversos projetos de lei e, mais recentemente, foram propostos dois mandados de injunção perante o STF (MI 4.408 e MI 4.753) com a finalidade de regulamentar o direito do artigo 7º, XIX, da Constituição. Em ambos, o STF entendeu que o ADCT viabiliza o exercício do direito à licença-paternidade, pelo que não haveria como reconhecer lacuna que é pressuposto do conhecimento desse tipo de ação. As modificações legislativas mais recentes, bem como a necessidade de se recorrer ao judiciário para regulamentação de situações tais quais a da paternidade de gêmeos, por outro lado, demonstram que remanesce a necessidade de regulamentar esse direito com o objetivo de se assegurarem os valores constitucionais dentro dos mais diversos tipos de formações familiares.

XX – PROTEÇÃO DO MERCADO DE TRABALHO DA MULHER, MEDIANTE INCENTIVOS ESPECÍFICOS, NOS TERMOS DA LEI;

Quando promulgada, a CLT já trazia capítulo denominado "Da proteção do Trabalho da Mulher", com previsões que passavam, por exemplo, pela proibição do trabalho noturno e de atividades perigosas e insalubres para mulheres. Cristiane Sbalqueiro Lopes destaca que, por trás de um fundamento de proteção, o que muitas dessas normas preservavam era uma estrutura familiar específica de divisão injusta de trabalho doméstico, na medida em que buscavam assegurar que, mesmo que as mulheres trabalhassem fora, teriam condições de exercer também suas funções em casa (LOPES, 2006).

Durante a Constituinte, muito se debateu sobre maternidade, aposentadoria e situação das trabalhadoras domésticas e rurais. Na Subcomissão dos Direitos dos Trabalhadores e Servidores Públicos, Maria Elizete de Souza Figueiredo, do Sindicado dos Trabalhadores nas Indústrias de Fiação e Tecelagem de Salvador, Simões Filho e Camaçari, fez um panorama dos diversos problemas enfrentados por mulheres no mercado de trabalho naquele momento e enumerou alguns compromissos que a Constituinte deveria assegurar. Dentre muitos deles, reforçou a necessidade de acesso de mulheres a cursos profissionalizantes e de ampliação do acompanhamento dos sindicatos e da CIPA de situações discriminatórias[110].

Inúmeros projetos de lei propostos logo após a promulgação da Constituição também frisaram a necessidade de garantia de formação profissional às mulheres e a concessão de incentivos fiscais às empresas que empregasse mão de obra feminina. Um deles, de 1991, redundou na Lei nº 9.799/1999, que acrescentou à CLT dispositivos vedando discriminações específicas e revista íntima de trabalhadoras e determinando o oferecimento de cursos de aperfeiçoamento para trabalhadores e trabalhadoras, indistintamente.

Ao se definir o que é proteger o mercado de trabalho da mulher 30 anos após a promulgação da Constituição, alguns dilemas persistem. É preciso permanecer perguntando se as medidas de proteção da CLT que remanescem, bem como outras que vêm sendo instituídas desde então, apenas perpetuam estereótipos ou, em contrapartida, buscam abarcar uma realidade social ainda persistente de desigualdade no exercício de trabalho doméstico. Também é preciso indagar se essas medidas encarecem o trabalho da mulher e que saídas podem compensar efetivamente a questão do custo e estimular a contratação feminina em igualdade de condições em relação aos homens. Nota-se, por exemplo, que as mu-

110 Atas disponíveis em: https://www.senado.leg.br/publicacoes/anais/constituinte/7a%20-%20SUBCOMISS%C3%83O%20DOS%20DIREITOS%20DOS%20TRABALHADORES.pdf. Acesso em: 19 nov. 2018.

lheres ainda ganham, em média, 76% do que ganham os homens, embora sejam mais instruídas[111] – portanto, proporcionar cursos de aperfeiçoamento, por si só, pode não resolver o problema.

Sobre o trabalho da mulher, em 2015 o STF julgou recurso extraordinário nº 65.8312, com repercussão geral, sobre a constitucionalidade do artigo 384 da CLT, que garante 15 minutos de descanso a trabalhadoras antes do início de uma jornada extraordinária. No julgamento, o tribunal aludiu ao disposto no artigo 7º, XX, e enumerou motivos para tratamento diferenciado entre homens e mulheres no mundo do trabalho. Embora, acertadamente, tenha referido à "histórica exclusão da mulher do mercado regular de trabalho" e ao "acúmulo pela mulher de atividades no lar e no ambiente de trabalho", o acórdão entendeu que haveria um "componente orgânico a justificar o tratamento diferenciado, em virtude da menor resistência física da mulher". Apesar da fragilidade desse argumento, a conclusão pela constitucionalidade do dispositivo da CLT foi acompanhada da louvável conclusão de que "Esses parâmetros constitucionais são legitimadores de um tratamento diferenciado desde que esse sirva, como na hipótese, para ampliar os direitos fundamentais sociais e que se observe a proporcionalidade na compensação das diferenças".

Na contramão do julgamento, no entanto, a Lei nº 13.467/2017 revogou o artigo 384 e retrocedeu também em outras proteções ao trabalho da mulher, como a antiga vedação a que gestantes trabalhassem em condições insalubres. Tratam-se de alterações abertamente inconstitucionais.

REFERÊNCIA BIBLIOGRÁFICA

LOPES, Cristiane Maria Sbalqueiro. Direito do trabalho da mulher: da proteção à promoção. *Cadernos Pagu*, Campinas, n. 26, p. 405-430, 2006.

RENATA QUEIROZ DUTRA

Professora adjunta de Direito e Processo do Trabalho da Faculdade de Direito da Universidade de Brasília. Doutora (2017) e mestra (2014) em Direito, Estado e Constituição pela Universidade de Brasília. Graduada em Direito pela Universidade Federal da Bahia (2008). Integrante do Grupo de Pesquisa Trabalho, Constituição e Cidadania (Faculdade de Direito - UnB). Integrante do Grupo de Pesquisa Trabalho, Precarização e Resistências (Faculdade de Filosofia e Ciências Humanas - UFBA).

CAPÍTULO II

DOS DIREITOS SOCIAIS

ART. 7º SÃO DIREITOS DOS TRABALHADORES URBANOS E RURAIS, ALÉM DE OUTROS QUE VISEM À MELHORIA DE SUA CONDIÇÃO SOCIAL:

...

XXI – AVISO PRÉVIO PROPORCIONAL AO TEMPO DE SERVIÇO, SENDO NO MÍNIMO DE TRINTA DIAS, NOS TERMOS DA LEI;

O dispositivo constitucional em comento, associado a um conjunto de outros artigos, aponta para uma democratização das relações coletivas de trabalho no Brasil, caminhando para a restrição da intervenção estatal na esfera sindical (ainda incompleta, dada a manutenção da unicidade sindical, fiscalizada pelo Estado) e para a valorização do espaço da negociação coletiva como esfera de criação de direitos. Ainda se coloca como resquício autoritário, em contraposição ao cenário de democratização, a persistência do Poder Normativo da Justiça do Trabalho, com possibilidade de se sobrepor à esfera de negociação, o qual só foi mitigado com a Emenda Constitucional nº 45/2004 e o novo filtro do "comum acordo" como requisito para o ajuizamento de dissídios coletivos.

A valorização constitucional da produção normativa autônoma só pode ser considerada, na esfera democrática, se associada ao patamar de direitos assegurados pela própria Constituição e conquistado historicamente pelos trabalhadores e trabalhadoras, de modo a caminhar no sentido da "melhoria de sua condição social", como manda o *caput* do art. 7º.

111 Em 2016, 16,9% das mulheres tinham Ensino Superior completo, contra 13,5% dos homens. Os dados do desnível salarial e da instrução são da PNAD - Estatísticas de Gênero - Indicadores sociais das mulheres no Brasil. Disponível em: https://www.ibge.gov.br/estatisticas-novoportal/multidominio/genero/ 20163-estatisticas-de-genero-indicadores-sociais-das-mulheres-no-brasil.html?=&t=resultados. Acesso em: 19 nov. 2018.

Relevante pontuar que a Constituição Cidadã, produto das lutas políticas dos movimentos sociais brasileiros e representativa do modelo constitucional mais progressista já visto no país, convive, desde sua edição, com o fenômeno da reestruturação produtiva pós-fordista e da racionalidade que lhe serve de base: o neoliberalismo. São característicos desse paradigma produtivo-ideológico os discursos da flexibilização do direito do trabalho e da prevalência da autonomia dos sujeitos na tomada de decisões, a despeito de suas vulnerabilidades e condições históricas de classe, gênero e raça.

É nesse sentido que, no plano socioeconômico, a atual quadra do capitalismo é marcada pelo desvirtuamento do papel do sindicalismo e da negociação coletiva, que, premidos pela constante ameaça de desemprego, passam a ser colocados como responsáveis pela empregabilidade de suas categorias, dando margem ao que se denomina de negociações coletivas "*in pejus*", ou seja, em prejuízo dos direitos já assentados para os trabalhadores na legislação estatal.

A reforma trabalhista (Lei nº 13.467/2017), ao encartar o discurso da "prevalência do negociado sobre o legislado", delineado nos arts. 611-A e 611-B da CLT, falseia a característica da alteração legislativa que instaura: a prevalência do negociado sobre o legislado, quando benéfica a negociação aos trabalhadores, sempre fora largamente admitida e estimulada pelo Direito do Trabalho. O que somente se tolerava de modo excepcional, como nos arts. 7º, VI, XIII e XIV, era a prevalência da negociação coletiva sobre a legislação, quando esta negociação implicava rebaixar ou renunciar a direitos. Com a reforma, essa possibilidade de negociação em prejuízo dos trabalhadores é generalizada, excepcionando apenas a supressão dos direitos constitucionais explícitos na literalidade do art. 7º da CF/1988.

Do ponto de vista do Poder Judiciário, é importante registrar que antes mesmo da edição da Lei nº 13.467/2017, o Supremo Tribunal Federal já vinha se manifestando, numa perspectiva neoliberal, pela ampla possibilidade de renúncia e restrição de direitos trabalhistas por meio da negociação coletiva, ao arrepio da jurisprudência consolidada do Tribunal Superior do Trabalho.

Exemplificativa desse movimento da Corte Constitucional é a *ratio decidendi* do RE nº 590.415, da Relatoria do ministro Luís Roberto Barroso, quando do julgamento da matéria concernente à quitação do contrato de trabalho pela adesão do empregado ao Plano de Demissão Voluntária negociado pelo sindicato. Revendo a jurisprudência pacífica do TST, no sentido de que a adesão ao PDV, com o recebimento de indenização, recompensava o trabalhador pela perda do emprego, sem quitar eventuais obrigações trabalhistas pendentes no contrato de trabalho, o STF decidiu que, se firmado o Plano de Demissão Voluntária, com participação do sindicato, prevendo quitação, o trabalhador aderente não poderia reclamar outros direitos trabalhistas contra o empregador posteriormente.

Nessa oportunidade, o STF alargou o âmbito negocial *in pejus*, registrando que "estão protegidos contra a negociação *in pejus* os direitos que correspondam a um 'patamar civilizatório mínimo', como a anotação da CTPS, o pagamento do salário mínimo, o repouso semanal remunerado, as normas de saúde e segurança do trabalho, dispositivos antidiscriminatórios, a liberdade de trabalho etc.". Todavia, foi taxativo no sentido de dizer que os direitos que excedem esse patamar sujeitar-se-iam à negociação coletiva, inclusive podendo ser negociados *in pejus*, com o objetivo de "adequação das normas trabalhistas aos diferentes setores da economia e a diferenciadas conjunturas econômicas".

Nesse sentido, a decisão do STF vai além do que a própria Lei nº 13.467/2017 permitiu, porque opta por proteger, contra a negociação *in pejus*, um núcleo de direitos muito mais restrito, fragilizando e entregando às dinâmicas de mercado, parte importante do edifício histórico do direito do trabalho, a demonstrar o desprestígio da proteção à pessoa humana em face dos desígnios do mercado.

Nessa mesma linha, em decisão monocrática proferida em 13/9/2016 (publicação no DJe), o Ministro Teori Zavascki (RE nº 895.759/PE) entendeu que a negociação coletiva poderia suprimir direito assegurado na legislação estatal heterônoma, renunciando ao pagamento de parcela que a lei reconhece aos trabalhadores: as horas *in itinere* ou horas de trajeto. No ano seguinte, com a Lei nº 13.467/2017, o próprio direito às horas de trajeto viria a ser suprimido (art. 58, § 2º, da CLT).

Portanto, o importante mecanismo de oxigenação e garantia da progressividade permanente dos direitos trabalhistas, que é a negociação coletiva, vem sendo desfigurado, seja pela Corte Constitucional, seja pela norma infraconstitucional (de)formadora das relações de trabalho, enquanto instrumento de flexibilização do direito do trabalho e de rendição dos trabalhadores, ao arrepio de sua origem histórica de elemento de luta, conquista e consolidação de direitos. Nesse cenário em que os poderes instituídos atropelam o significado das garantias constitucionais, cabe aos trabalhadores e suas organizações resistir a esse processo e recusar à negociação coletiva tal finalidade espúria, resgatando o espírito democrático e constitucional desse instituto.

> XXII – REDUÇÃO DOS RISCOS INERENTES AO TRABALHO, POR MEIO DE NORMAS DE SAÚDE, HIGIENE E SEGURANÇA;
> XXIII – ADICIONAL DE REMUNERAÇÃO PARA AS ATIVIDADES PENOSAS, INSALUBRES OU PERIGOSAS, NA FORMA DA LEI;

A norma constitucional, por meio dos incisos XXII e XXIII do artigo 7º, inclusive na ordem que foram alocados, instaura um paradigma preventivo de proteção ao meio ambiente do trabalho na ordem jurídica, embora o faça em convivência com estratégias reparatórias/monetizadoras dos danos ambientais, como são os adicionais de remuneração para atividades penosas, insalubres ou perigosas. Importante salientar que a precedência do mandamento de redução dos riscos sobre o mandamento de sua reparação informa a ordem jurídica, seja quanto a adoção de normatizações infralegais compatíveis com essa perspectiva (destaque para as normas regulamentadoras do Ministério do Trabalho e Emprego), inclusive sinalizadoras da prevalência de medidas de proteção coletivas de modo prioritário às medidas de proteção individual.

Trinta anos depois da promulgação da Constituição da República, as relações de trabalho no Brasil ainda são marcadas pela precariedade ambiental, com altos índices de acidente de trabalho típicos e de adoecimento ocupacional. De acordo com dados do Observatório Digital de Saúde e Segurança do Trabalho, entre 2012 e 2017, morreram 14.412 pessoas no país em virtude de acidentes de trabalho, o que implica uma morte a cada 3h38m no período. Igualmente, em 2017, houve 196.731 afastamentos previdenciários vinculados a razões acidentárias, o que informa um número elevado de doenças ocupacionais, dentre as quais as doenças de caráter psíquico revelam um crescimento. O baixo contingente de auditores-fiscais do trabalho no país dificulta a implementação do aparato de saúde e segurança, aliado à resistência patronal à assunção dos custos com a implementação dessas medidas.

Nesse cenário, vale a pena destacar que não foi regulamentado, desde 1988, o adicional para atividades penosas para os trabalhadores contratados sob o regime celetista, razão pela qual essa previsão segue carente de eficácia. Sobre o adicional de insalubridade, cuja base de cálculo é definida na CLT como sendo o salário mínimo, e não o salário contratual do empregado, o STF decidiu, com base na Súmula Vinculante nº 4, que era inconstitucional a indexação do salário mínimo para esse fim. Entretanto, quando o TST, solucionando o impasse, determinou a aplicação do salário básico do empregado como base de cálculo da parcela, o Ministro Gilmar Mendes, por meio de decisão liminar datada de 15/7/2008, determinou que, até que o Congresso Nacional sanasse o problema, editando pela via legislativa uma nova base de cálculo para a parcela, não seria aplicável o salário básico, mas sim o próprio salário mínimo. Perdeu-se, na situação, oportunidade de, atendendo ao mandamento constitucional, ampliar a importância econômica da parcela, reforçando seu papel de inibidor do labor em atividades insalubres. Até o presente momento não houve edição da norma.

De outra mão, vale ressaltar o precedente, infelizmente vencido no âmbito do TST até a data da edição dessa publicação, do Ministro Cláudio Brandão, que firmou interpretação constitucional e convencionalmente balizada (Convenções nºs 148 e 155 da OIT) da ordem jurídica para afastar a aplicação do art. 193, § 2º, da CLT, que proibia o recebimento cumulado dos adicionais de periculosidade e insalubridade pelos trabalhadores que estivessem expostos, simultaneamente, a condições insalubres e perigosas de trabalho (RR-1072-72.2011.5.02.0384. Data de julgamento: 24/9/2014, Relator Ministro: Cláudio Mascarenhas Brandão, 7ª Turma, Data de Publicação: DEJT 3/10/2014).

PATRÍCIA MAEDA

Juíza do Trabalho no TRT-15ª Região.
Vice-presidenta da AMATRA XV.
Mestra e doutoranda em Direito do
Trabalho pela Faculdade de Direito da USP.

CAPÍTULO II

DOS DIREITOS SOCIAIS

...

ART. 7º SÃO DIREITOS DOS TRABALHADORES URBANOS E RURAIS, ALÉM DE OUTROS QUE VISEM À MELHORIA DE SUA CONDIÇÃO SOCIAL:

...

XXV - ASSISTÊNCIA GRATUITA AOS FILHOS E DEPENDENTES DESDE O NASCIMENTO ATÉ SEIS ANOS DE IDADE EM CRECHES E PRÉ-ESCOLAS;

O acesso gratuito à educação infantil (EI), que abrange creches para as crianças de 0 a 3 anos, e pré-escolas para crianças de 4 a 5 anos[112], é um direito do trabalhador e da trabalhadora, de suas famílias e de suas crianças. Há, no entanto, uma grande lacuna entre tal direito constitucionalizado em 1988 e a realidade brasileira. Segundo dados levantados na Pnad (Pesquisa Nacional por Amostra de Domicílios) realizada pelo IBGE em 2015, das 10,3 milhões de crianças com até 4 anos de idade, 7,7 milhões (74,4%) não estavam matriculadas em creches ou escola de EI. Nos limites do nosso comentário, gostaríamos de mostrar o quanto a atividade jurídica (legislação, doutrina, jurisprudência) contribui para essa lacuna.

A redação do inciso é clara e abrangente no sentido de se reconhecer como direito fundamental para trabalhadores rurais e urbanos, sem nenhuma distinção de sexo, de modo que tal direito se dirige tanto ao trabalhador quanto à trabalhadora, nem de grau de parentesco ou consanguinidade, ao mencionar "filhos ou dependentes".

É importante lembrar que o surgimento das creches como responsabilidade social do Estado se deu com a promulgação da Constituição de 1988. Apesar disso, o início de sua efetivação só se dá com a Lei de Diretrizes e Bases nº 9.694/1996 (LDB), que imputa a responsabilidade de oferecer vagas em sua rede de EI ao Município para a inscrição das crianças com menos de seis anos (antes, portanto, da Emenda Constitucional - EC - nº 53/2006). Nesse sentido, o STF já reconheceu para as crianças abaixo de 6 anos o direito à educação e o dever dos Munícipios em fornecer vaga (RE nº 410.715, AgR/SP, rel. Min. Celso de Mello, DJ de 3/2/2006).

A EC nº 53/2006, de 19/12/2006, teve o efeito de reduzir tal direito fundamental ao diminuir a idade máxima para a criança beneficiada de 6 para 5 anos. A rigor, tal redução de direito encontraria óbice no próprio *caput* do art. 7º, que consubstancia a proibição de retrocesso social, ao falar em direitos, "além de outros que visem à *melhoria de sua condição social*".

O inciso XXV do art. 7º dialoga com art. 208, IV, que trata da EI na perspectiva do dever do Estado, tanto que ambos foram alterados conjuntamente pela EC nº 53/2006. Essa redução da idade para a criança ter o acesso gratuito à EI tem impacto maior para as famílias de baixa renda. Para além de questões teórico-pedagógicas, no dia a dia, implica para essas famílias em deixar de ter a assistência integral - durante o dia todo - e gratuita para as crianças a partir de 6 anos completos e passar a contar apenas com a aula no ensino fundamental em meio período do dia: manhã ou tarde.

---

112 A EC nº 53/2006 reduziu a idade da criança beneficiária dessa assistência de 6 (idade original) para 5 anos.

Outro ponto a se destacar é que o acesso gratuito à EI só foi estendido como direito de filhos de trabalhadores domésticos com o advento da EC nº 72/2013 e ainda sem aplicação imediata, pois está pendente de integração por lei infraconstitucional.

Na perspectiva de direito do trabalhador, há quem defenda que tal direito esteja regulado pelo art. 389, §§ 1º e 2º, da CLT. No entanto, a abrangência dessa norma é muito inferior ao mandamento constitucional, pois o fornecimento de creche pelo empregador seria obrigatório apenas a filhos de até 6 meses de trabalhadoras com vínculo em empresas de determinado porte, pois visa garantir o período de amamentação e poderia ainda ser substituído por sistema de reembolso-creche (Portaria 3.296/1986 do MTE), a depender de negociação coletiva. Nesse sentido, o Precedente Normativo nº 22/TST. Assim, em geral, o acesso à EI quando abordado na Justiça do Trabalho tem um âmbito ainda muito reduzido se cotejado com o disposto no inciso em comento, o que coaduna com a postura do Estado brasileiro em não ratificar a Convenção 156 da OIT até o presente momento.

SAYONARA GRILLO COUTINHO
LEONARDO DA SILVA

Professora-associada da Faculdade Nacional de Direito e do corpo permanente do Programa de Pós-Graduação em Direito da Universidade Federal do Rio de Janeiro - PPGD/UFRJ. Líder do grupo Configurações Institucionais e Relações de Trabalho - CIRT/UFRJ, registrado no CNPq. Doutora em Direito pela Pontifícia Universidade Católica do Rio de Janeiro e mestre em Teoria do Estado e Direito Constitucional - PUC-Rio. Desembargadora do Trabalho no Tribunal Regional do Trabalho da 1ª Região. Integra a Associação de Juízes para a Democracia, a Associação Brasileira de Constitucionalistas Democratas, o Instituto Cesarino Júnior e é membra honorária do Instituto dos Advogados Brasileiros – IAB.

CAPÍTULO II
DOS DIREITOS SOCIAIS

...

ART. 7º SÃO DIREITOS DOS TRABALHADORES URBANOS E RURAIS, ALÉM DE OUTROS QUE VISEM À MELHORIA DE SUA CONDIÇÃO SOCIAL:

...

XXV – ASSISTÊNCIA GRATUITA AOS FILHOS E DEPENDENTES DESDE O NASCIMENTO ATÉ 5 (CINCO) ANOS DE IDADE EM CRECHES E PRÉ-ESCOLAS; (REDAÇÃO DADA PELA EMENDA CONSTITUCIONAL Nº 53, DE 2006)

XXVI – RECONHECIMENTO DAS CONVENÇÕES E ACORDOS COLETIVOS DE TRABALHO;

Conceituação

Convenções Coletivas de Trabalho – CCT e Acordos Coletivos de Trabalho – ACT são instrumentos jurídicos resultantes de um processo de negociação bem-sucedido, em que um sindicato representativo de categoria profissional e uma empresa ou grupo de empresa (ACT) ou um sindicato de categoria econômica (CCT) estabelecem condições de trabalho aplicáveis às respectivas representações e normas vinculantes contendo regras adjetivas, procedimentais, obrigacionais ou institucionais. Como manifestação autônoma de um poder social, o reconhecimento constitucional significa a incorporação de tais instrumentos típicos do pluralismo que caracteriza o Direito do Trabalho ao sistema de fontes do ordenamento jurídico estatal. Consagra o status constitucional da autonomia coletiva dos trabalhadores e a capacidade de ação e autonormação dos grupos sociais, submetendo-a a um processo de juridificação. As Convenções e os Acordos não são espaços contratuais de transação: são fontes normativas.

Problematização

A Constituição não se limita ao reconhecimento da validade jurídica dos acordos e convenções. Na ordem de 1988 o próprio procedimento da negociação coletiva adquiriu proeminência constitucional, devendo ser protegido, regulado e estimulado, independentemente de resultar em um acordo. A negociação coletiva é um instrumento de democratização das relações laborais, de participação política, social e econômica dos trabalhadores e de suas organizações e um mecanismo importante para o equilíbrio do poder empregatício. Mais que diálogo social, é um dos modos pelos quais a Constituição distribui recursos de poder para os atores sociais, mormente os sindicais, em uma perspectiva de cidadania ativa, controle do poder econômico, valorização do trabalho, reconhecendo a capacidade de intervenção e influência concreta dos trabalhadores e de suas organizações na definição das políticas de empresa, vinculando-as ao resultado das negociações. Não à toa, a Constituição não se refere somente aos conteúdos dos acordos e convenções (como o faz nos incisos VI, XII, XXVI do artigo 7º), mas alude à própria negociação coletiva, tornando obrigatória a participação dos sindicatos em seu âmbito (inciso XIV do artigo 7º; VI do artigo 8º e §§ 1º e 2º do artigo 114 da CF). É também um modo de regulação econômica, que busca evitar a concorrência predatória entre as empresas e a utilização do custo do trabalho como mecanismo de *dumping social*, evitando o *race to the bottom* trabalhista. É esta a axiologia acolhida pela Convenção 154 da Organização Internacional do Trabalho, sobre o Incentivo à Negociação Coletiva (Decreto nº 1.256/1994).

Uma leitura sistêmica da Constituição, à luz do que determina o *caput* do artigo 7º, indica que a negociação coletiva é direito fundamental dos trabalhadores (e não dos empregadores) e que visa à melhoria de sua condição social. Equivocam-se, pois, as leituras que deduzem da CRFB uma autorização para ampla transação e flexibilização de direitos. O tema da relação hierárquica entre fontes heterônomas (lei, em sentido amplo) e fontes autônomas (ACT e CCT) no direito do trabalho ganha centralidade com as políticas liberais que pretendem inverter o sistema de fontes e transformar a negociação em espaço para redução de custos e precarização das condições laborais.

Jurisprudência

Em uma fase mais liberal, o Tribunal Superior do Trabalho – TST adotou tal postura admitindo amplo espaço para transação de direitos, além daquelas hipóteses particulares expressamente previstas (salário e jornada), tendo sido contido pelo Supremo Tribunal Federal que reafirmou serem os direitos fundamentais intransacionáveis ("Aos acordos e convenções coletivos de trabalho, assim como às sentenças normativas, não é lícito estabelecer limitações a direito constitucional dos trabalhadores que nem à lei se permite," STF-RE nº 234.186-3, min. rel. Sepúlveda Pertence, 2001). O TST evoluiu para demarcar a validade dos conteúdos negociados estabelecendo fronteiras relacionadas à saúde, à segurança do trabalho, preservando direitos de indisponibilidade absoluta. Foram decisões importantes para reafirmação do direito em comento.

Contudo, no último quinquênio, advieram do Supremo Tribunal Federal – STF as decisões que alteram o sentido, objetivo e alcance do princípio, para admitir a validade de cláusula de quitação ampla de direitos em plano de dispensa voluntária negociado coletiva e individualmente (RE nº 590.415, rel. Min. Roberto Barroso, j. 30/4/2015, P, DJE de 29/05/2015) e admitindo o afastamento de garantia legal relacionada à jornada *in itinere* por negociação (RE nº 895.759 AgR-segundo, rel. min. Teori Zavascki, j. 8/12/2016, 2ª T, DJE de 23/05/2017). Tais decisões desconsideram as funções constitucionais admitidas para a negociação de melhoria de suas condições sociais e foram utilizadas como argumento em favor da reforma trabalhista que incluiu os artigos 611-A e 611 - B na CLT (Lei nº 13.467/2017).

Desrespeita-se ainda o direito à negociação coletiva para melhoria das condições de trabalho quando (a) não se reconhece aos funcionários públicos a possibilidade de seu exercício, embora a exija como prévio requisito para deflagração de greve (ADI nº 559, rel. min. Eros Grau, j. 15/02/2006, P, DJ de 5/5/2006; MI 708, rel. min. Gilmar Mendes, MI 712, Min., Eros Grau DJ 30/10/2008); (b) quando a jurisprudência afasta política salarial benéfica fixada em norma coletiva pela superveniência de legislação que a reduza ou anule em desfavor dos beneficiados (RE nº 593.126 AgR, rel. min. Eros Grau, j. 10/02/2009, 2ª T, DJE de 13/03/2009; RE nº 564.425 AgR, rel. Min. Joaquim Barbosa, j. 05/06/2012, 2ª T, DJE de 22/6/2012) ou (c) não reconhece a eficácia subjetiva ampla das convenções e acordos coletivos para autorizar o financiamento do sistema sindical por meio de contribuições confederativas ou assistenciais para toda a categoria profissional, independentemente de filiação (Súmula Vinculante nº 40 STF, ARE nº 108.8459 RG/PR).

Institucionalização do desrespeito

Na atualidade debate-se: as reformulações promovidas pela Lei nº 13.467/2017 estão em consonância com as finalidades originais da negociação coletiva? São constitucionais? Na 107ª Conferência da OIT, ocorrida em junho de 2018, o Brasil foi incluído no grupo de 24 países suspeitos de violarem o direito internacional do trabalho -*"short list"*, sendo chamado a dar explicações ao Comitê de Peritos, diante dos indícios de fomento às negociações tendentes a reduzir ou rebaixar as condições de trabalho, em dissonância com a teleologia da Convenção 154 da OIT. A exegese constitucional adequada evidencia a incompatibilidade do preceito com a recente reforma trabalhista.

FELIPE SANTOS ESTRELA DE CARVALHO
Professor-assistente de Legislação Social e Direito do Trabalho da Universidade Federal da Bahia (UFBA). Professor auxiliar de Direito do Trabalho da Universidade do Estado da Bahia (UNEB). Doutorando em Direito, Linha: Estado, Constituição e Democracia (PPGD- UnB). Mestre em Ciências Sociais (PPGCS - UFBA). Especialista em Direito Material, Processual e Coletivo do Trabalho (PPGD - UFBA). Presidente da Associação de Advogados de Trabalhadores Rurais no Estado da Bahia (AATR). Membro do Núcleo de Estudos e Pesquisa em Cultura Jurídica e Atlântico Negro (Maré - UnB). Membro do Grupo de Pesquisa Transformações do Trabalho, Democracia e Proteção Social (GPTTDPS - UFBA).

CAPÍTULO II
DOS DIREITOS SOCIAIS

...

ART. 7º SÃO DIREITOS DOS TRABALHADORES URBANOS E RURAIS, ALÉM DE OUTROS QUE VISEM À MELHORIA DE SUA CONDIÇÃO SOCIAL:

...

XXVII – PROTEÇÃO EM FACE DA AUTOMAÇÃO, NA FORMA DA LEI;

O direito fundamental de proteção em face da automação, garantido no artigo 7º, inciso XXVII da Constituição Federal de 1988, tem natureza multidimensional, abrangendo um rol de garantias individuais e coletivas. Implica o reconhecimento tanto do direito ao emprego, protegendo o mercado e os postos de trabalho em função do uso crescente de tecnologias nos processos produtivos como a saúde e segurança do trabalhador em relação à redução da nocividade tecnológica no meio ambiente do trabalho.

As inovações sociais, econômicas, culturais e tecnológicas que marcam o capitalismo a partir da década de 1970 fomentaram profundas transformações nos processos de trabalho, hábitos de consumo, configurações geopolíticas do capital, poderes e práticas do Estado, inaugurando um novo ciclo nas relações jurídicas laborais em escala global. Nos processos produtivos, as inovações advindas da reestruturação produtiva passaram pela implementação de um padrão organizacional e tecnológico mais avançado, com a introdução das técnicas de gestão computadorizadas, substituindo progressivamente o trabalho manual pelo maquínico, com sérias implicações na dinâmica do mercado de trabalho.

Com o avanço da informatização, alguns setores da economia, especialmente os de ponta, como a siderurgia, metalurgia, indústria naval e aeronáutica, construção pesada, agricultura mecanizada, programação de dados eserviços bancários, passaram a exigir um perfil de trabalhador mais qualificado, capaz de operar máquinas complexas e dar respostas rápidas às necessidades flutuantes da produção especializada. Esse conjunto de mudanças repercutiu diretamente nas forças do trabalho, acentuando a desregulamentação dos direitos trabalhistas, aprecarização das relações de trabalho por meio da ampliação de formas contratuais precárias (subcontratação e terceirização), das jornadas e intensidade do trabalho, dos acidentes e das doenças ocupacionais, do desemprego estrutural, além da fragilização da representação sindical.

Se o progresso tecnológico é indispensável na promoção do desenvolvimento econômico, ainda mais num contexto de mundialização da economia, de integração dos mercados e alta competitividade interna e estrangeira, este não pode se dar à margem de garantias mínimas civilizatórias, especialmente aquelas destinadas à qualidade de vida dos trabalhadores (dentro e fora do ambiente de trabalho) e à efetividade dos seus direitos fundamentais.

A livre-iniciativa e a própria ordem econômica estão assentadas na promoção de valores humanistas e vários são os dispositivos constitucionais que orientam o desenvolvimento da ciência e da tecnologia nesse sentido. Pode-se destacar: a) o respeito ao valor social do trabalho e da livre iniciativa (art. 1º, IV); b) a busca do pleno emprego (art. 170, VIII); c) os requisitos para o cumprimento da função social da propriedade (art. 186, III e IV) d) a viabilização do desenvolvimento, bem-estar e autonomia tecnológica do país (art. 219), dentre outros. Por ser de natureza complexa, o direito fundamental de proteção contra a automação exige para sua efetividade a atuação colaborativa dos poderes da República, especialmente do Legislativo (garantindo a normatização devida da matéria) e do Executivo (na promoção de políticas públicas no âmbito do trabalho e emprego com o intuito de reduzir a eliminação dos postos de trabalho e o aumento dos índices de desemprego motivados pelo incremento tecnológico).

Sobre o tema, cabe registrar a posição do Supremo Tribunal Federal (STF) no julgamento do Mandado de Injunção (MI) nº 618-MG, em setembro de 2014, de relatoria da Ministra Cármen Lúcia. A ação constitucional foi interposta no ano de 1999 por um bancário exonerado de suas funções após seis anos de prestação de serviços ao Banco do Estado de Minas Gerais S/A (BEMGE S/A), contra omissão legislativa do Congresso Nacional em regulamentar o artigo 7º, inciso XXVII, da Constituição Federal. Arguiu o trabalhador que sua demissão foi motivada pelas inovações tecnológicas e à automação da agência bancária onde trabalhava e que a ausência de norma regulamentadora tornaria inviável o exercício do seu direto de proteção contra a automação, pois os termos da sua fruição dependeriam de lei específica. No mérito, pediu a procedência da ação e a elaboração de leis que venham regulamentar seus direitos trabalhistas. Muito embora os motivos da rescisão fixado no termo pelo BEMGE S/A tenham sido 1) o ajuste funcional em virtude competitividade nosegmento financeiro, queda do volume de negócios e estabilização da economia; e 2) inovações tecnológicas e racionalização de métodos e rotinas de trabalho, a ministra relatora não reconheceu razão jurídica ao impetrante.

Defendeu a ministra que o artigo 7º, XXVII, da Carta Magna não estipula como direito do trabalhador a proteção contra "inovações tecnológicas", mas sim "em face automação", sendo esses conceitos diferentes. Diferentemente da automação, onde se verifica a substituição do homem pela máquina, as inovações da tecnologia não implicariam necessariamente essa substituição. Assim, decidiu a relatora que o impetrante não apresenta condição jurídica de pessoa cujo direito constitucionalmente assegurado estaria inviabilizado por ausência de norma regulamentadora e que o direito à atividade legislativa do Estado apenas se evidencia quando o próprio texto constitucional impõe tal obrigação, fato este que não abarcado pelo artigo 7º, inciso XXVII. A questão central apresentada pelo trabalhador – para além de terminologias – diz respeito à necessidade de garantia de eficácia imediata dos direitos fundamentais trabalhistas, em especial a proteção em face da automação num contexto de crescente eliminação de postos de trabalho em função do avanço tecnológico. Sem chancela das instituições públicas e diante da força irrefreável do binômio ciência-tecnologia, o trabalhador brasileiro converte-se em Dom Quixote lutando contra o moinho do desenvolvimento.

REFERÊNCIAS BIBLIOGRÁFICAS

ANTUNES, Ricardo. *Os sentidos do trabalho:* ensaio sobre a afirmação e a negação do trabalho. 2. ed. Boitempo: São Paulo, 2009.

SANTOS, Roseniura; SOARES, Érica. O direito à proteção em face da automação e desemprego tecnológico: parâmetros constitucionais para regulamentação. *Anais do 3º Congresso Internacional de Direito e Contemporaneidade*: mídias e direitos da sociedade em rede, 2015. Disponível em: http://www.ufsm.br/congressodireito/anais. Acesso em: 19 abr. 2018.

RENATA QUEIROZ DUTRA

Professora adjunta de Direito e Processo do Trabalho da Faculdade de Direito da Universidade de Brasília. Doutora (2017) e mestra (2014) em Direito, Estado e Constituição pela Universidade de Brasília. Graduada em Direito pela Universidade Federal da Bahia (2008). Integrante do Grupo de Pesquisa Trabalho, Constituição e Cidadania (Faculdade de Direito - UnB). Integrante do Grupo de Pesquisa Trabalho, Precarização e Resistências (Faculdade de Filosofia e Ciências Humanas - UFBA).

CAPÍTULO II
DOS DIREITOS SOCIAIS

ART. 7º SÃO DIREITOS DOS TRABALHADORES URBANOS E RURAIS, ALÉM DE OUTROS QUE VISEM À MELHORIA DE SUA CONDIÇÃO SOCIAL:

...

XXVII – SEGURO CONTRA ACIDENTES DE TRABALHO, A CARGO DO EMPREGADOR, SEM EXCLUIR A INDENIZAÇÃO A QUE ESTE ESTÁ OBRIGADO, QUANDO INCORRER EM DOLO OU CULPA;

A garantia de seguro contra acidente de trabalho acumulada com a previsão de indenização por reparação de danos, nos casos de dolo ou culpa, se insere na dinâmica de prevenção e reparação de danos ambientais anunciada pelos incisos XXII e XXIII do art. 7º. Nessa esteira, cabe registrar que o advento do Código Civil de 2002, com a previsão da responsabilidade objetiva pela reparação de danos daqueles que exercem atividades de risco aos direitos de outrem (art. 927, parágrafo único, do CCB) ampliou a proteção constitucional que se limitava à responsabilidade subjetiva e nisso foi amplamente recebida pela jurisprudência justrabalhista, no enfrentamento dos acidentes de trabalho. Por todos, menciono o seguinte precedente: AIRR - 61-77.2012.5.04.0461. Data de Julgamento: 5/4/2017, Relator Ministro: Luiz Philippe Vieira de Mello Filho, 7ª Turma, Data de Publicação: DEJT 11/4/2017.

FELIPE SANTOS ESTRELA DE CARVALHO

Professor-assistente de Legislação Social e Direito do Trabalho da Universidade Federal da Bahia (UFBA). Professor auxiliar de Direito do Trabalho da Universidade do Estado da Bahia (UNEB). Doutorando em Direito, Linha: Estado, Constituição e Democracia (PPGD- UnB). Mestre em Ciências Sociais (PPGCS - UFBA). Especialista em Direito Material, Processual e Coletivo do Trabalho (PPGD - UFBA). Presidente da Associação de Advogados de Trabalhadores Rurais no Estado da Bahia (AATR). Membro do Núcleo de Estudos e Pesquisa em Cultura Jurídica e Atlântico Negro (Maré - UnB). Membro do Grupo de Pesquisa Transformações do Trabalho, Democracia e Proteção Social (GPTTDPS – UFBA).

CAPÍTULO II
DOS DIREITOS SOCIAIS

ART. 7º SÃO DIREITOS DOS TRABALHADORES URBANOS E RURAIS, ALÉM DE OUTROS QUE VISEM À MELHORIA DE SUA CONDIÇÃO SOCIAL:

...

XXIX – AÇÃO, QUANTO AOS CRÉDITOS RESULTANTES DAS RELAÇÕES DE TRABALHO, COM PRAZO PRESCRICIONAL DE CINCO ANOS PARA OS TRABALHADORES URBANOS E RURAIS, ATÉ O LIMITE DE DOIS ANOS APÓS A EXTINÇÃO DO CONTRATO DE TRABALHO; (REDAÇÃO DADA PELA EMENDA CONSTITUCIONAL Nº 28, DE 25/05/2000)

A) (REVOGADA). (REDAÇÃO DADA PELA EMENDA CONSTITUCIONAL Nº 28, DE 25/05/2000)

B) (REVOGADA). (REDAÇÃO DADA PELA EMENDA CONSTITUCIONAL Nº 28, DE 25/05/2000)

A prescrição é um dos institutos basilares da teoria geral do direito e têm por objetivos a garantia da estabilidade e atribuição de segurança jurídica nas relações entre os indivíduos em sociedade. Pode ser entendida como a perda da possibilidade de exigir judicialmente um determinado direito em função da inobservância do prazo legal para tanto. A prescrição incorpora fundamentalmente a noção de perda do direito de ação motivada pela inércia do credor ao não exigir a pretensão que se entende devida dentro de um lapso temporal prefixado em lei. No âmbito trabalhista, a prescrição tem status constitucional e foi regulamentada pelo artigo 7º, inciso XXIX da CFRB de 1988. A Carta Magna estabeleceu para trabalhadores urbanos e rurais o prazo prescricional de cinco anos para contratos de empregos ainda em curso, e de dois anos, nas hipóteses de extinção do vínculo de emprego. São prazos que correm paralelamente e não se somam. O Tribunal Superior do Trabalho (TST) uniformizou jurisprudência nesse sentido ao editar a Súmula 308 e fixou que respeitado o biênio subsequente à cessação contratual, a prescrição do direito de ação trabalhista concernentes às pretensões imediatamente anteriores a cinco anos começa a ser contada da data de ajuizamento da reclamação, e não da extinção do contrato.

Acontece que o mercado de trabalho brasileiro é marcado por profundas contradições, gestadas ao longo de quase quatro séculos de escravidão colonial e fragilmente enfrentadas no processo de instituição da legislação social protetiva no país. Excedente de mão de obra, desigualdades raciais, de gênero e geração, alta rotatividade, baixa qualificação, baixos salários, jornadas exaustivas, altas taxas de informalidade, baixa representatividade sindical, privilégio do poder diretivo patronal na definição das condições de realização do trabalho e parca efetividade da regulação social trabalhista são algumas dessas características estruturais. Chegamos ao século XXI reatualizando esse conjunto de práticas precárias e é nesse contexto que as regras prescricionais – muitas vezes – favorecem a prática de ilícitos trabalhistas, potencializados pela fragilidade das estruturas de fiscalização (sindicatos, Auditoria Fiscal do Trabalho, Ministério Público do Trabalho, Justiça do Trabalho etc.), do desconhecimento por parte do trabalhador do conjunto de direitos que lhe é devido e de seu receio em acessar o Judiciário trabalhista com medo de não conseguir outro emprego.

Além disso, nos últimos anos, temos acompanhado o avanço de uma hermenêutica constitucional restritiva, especialmente no tratamento de questões relativas ao direito material e processual do trabalho pelo Supremo Tribunal Federal (STF).

No dia 14 de novembro de 2014, o Plenário do STF declarou a inconstitucionalidade das normas que previam o prazo prescricional de trinta anos para as ações de cobrança dos valores não depositados no Fundo de Garantia do Tempo de Serviço (FGTS). A decisão foi tomada no julgamento do Recurso Extraordinário com Agravo (ARE) nº 709.212, com repercussão geral reconhecida. O relator do ARE nº 709.212, ministro Gilmar Mendes, defendeu que o *"FGTS está expressamente definido na Constituição da República (artigo 7º, inciso III)* como direito dos trabalhadores urbanos e rurais e, portanto, deve se sujeitar à prescrição trabalhista, de cinco anos". Nesse caso, como o inciso XXIX estabelece a prescrição quinquenal, entendeu o relator que a lei ordinária não poderia tratar o tema de outra forma e reconheceu a inconstitucionalidade dos artigos 23, § 5º, da Lei nº 8.036/1990 e 55 do Regulamento do FGTS aprovado pelo Decreto nº 99.684/1990, na parte em que ressalvam "o privilégio do FGTS à prescrição trintenária".

A modulação proposta consistiu em atribuir efeitos *ex nunc* (prospectivos) à presente decisão. Para aqueles cujo termo inicial da prescrição ocorra após a data do julgamento do ARE nº 709.212, aplica-se, desde logo, o prazo de cinco anos. Para os casos em que o prazo prescricional já esteja em curso, aplica-se o que ocorrer primeiro: 30 anos, contados do termo inicial, ou 5 anos, a partir da decisão.

Curioso que para fundamentar o entendimento precarizante, o relator nem precisou virar a página da Constituição Federal. Assentou a flexibilização dentro do próprio artigo 7º, usando o direito dos trabalhadores para retirar direitos trabalhistas. Restam aqui as seguintes perguntas com base nos princípios do Direito do Trabalho: 1) Há mesmo antinomia entre lei ordinária mais favorável e a Constituição Federal no estabelecimento de direitos trabalhistas? 2) Os direitos dos trabalhadores – reconhecidos enquanto direitos fundamentais – não estariam vinculados aos parâmetros hermenêuticos da eficácia expansiva e da progressividade? 3) Em matéria trabalhista, não seria o texto constitucional ponto de partida, e não de chegada? A Constituição Federal é um campo de disputa, não há direito que seja permanente. Sejamos vigilantes para mantê-los.

REFERÊNCIAS BIBLIOGRÁFICAS

DELGADO, Maurício Godinho. A prescrição na justiça do trabalho: novos desafios. *Revista do TST*, Brasília, v. 74, n. 1, jan.-mar. 2008.

DRUCK, Graça. Trabalho, precarização e resistências: novos e velhos desafios? *Caderno CRH*, Salvador, v. 24, n. spe 01, p. 37-57, 2011.

GONZALEZ, Lélia. *A juventude negra brasileira e a questão do desemprego*. Resumo apresentado na Segunda Conferência Anual do AFRICAN HERITAGE STUDIES ASSOTIATION – APRIL, 1979. Disponível em: http://www.blackpantherdna.com/2017/10/a-juventude-negra-brasileira-e-questao.html. Acesso em: 19 abr. 2018.

PARANHOS, Adalberto. *O roubo da fala:* origens da ideologia do trabalhismo no Brasil. São Paulo: Boitempo, 1999

MILENA PINHEIRO MARTINS

Mestra em Direito, Estado e Constituição
pela Universidade de Brasília, pesquisadora
do grupo Trabalho, Constituição e Cidadania
e advogada trabalhista.

CAPÍTULO II

DOS DIREITOS SOCIAIS

ART. 7º SÃO DIREITOS DOS TRABALHADORES URBANOS E RURAIS, ALÉM DE OUTROS QUE VISEM À MELHORIA DE SUA CONDIÇÃO SOCIAL:

...

XXX – PROIBIÇÃO DE DIFERENÇA DE SALÁRIOS, DE EXERCÍCIO DE FUNÇÕES E DE CRITÉRIO DE ADMISSÃO POR MOTIVO DE SEXO, IDADE, COR OU ESTADO CIVIL;

A CLT já previa que a todo trabalho de igual valor, prestado ao mesmo empregador, na mesma localidade, corresponderia igual salário, "sem distinção de sexo". Alteração de 1952 acrescentou os critérios de nacionalidade e idade. Na década de 1960, o Brasil ratificou a Convenção 111 da OIT, relativa à Discriminação em Matéria de Emprego e Ocupação, que determinou que os países que a adotassem deveriam empreender esforços para eliminar "toda distinção, exclusão ou preferência fundada na raça, cor, sexo, religião, opinião política, ascendência nacional ou origem social, que tenha por efeito destruir ou alterar a igualdade de oportunidade ou de tratamento em matéria de emprego ou profissão".

No processo constituinte, o anteprojeto apresentado pela Subcomissão dos Direitos dos Trabalhadores e Servidores Públicos mencionava ainda mais critérios de proibição de discriminação entre trabalhadores: "raça, cor, sexo, religião, opinião política, militância sindical, nacionalidade, estado civil, origem, deficiência, condição social ou outros motivos discriminatórios"[113]. O texto final aludiu apenas aos critérios de sexo, idade, cor e estado civil.

Tudo leva a crer, no entanto, que essa lista não é exaustiva, até porque há outras previsões constitucionais que reforçam o direito à isonomia sob outras perspectivas (por exemplo, art. 3º, IV e art. 5º, *caput*). Nesse sentido, ainda, observa-se que a legislação esparsa detalhou ou ampliou esses critérios. A Lei nº 9.029/1995 referiu a "sexo, origem, raça, cor, estado civil, situação familiar, deficiência, reabilitação profissional, idade". A Lei nº 9.799/1999 alterou dispositivos da CLT para fazer referência aos critérios de sexo, idade, cor ou situação familiar.

Apesar de todo esse esforço de elaboração de normas, as previsões legais, constitucionais e convencionais não têm sido suficientes para eliminar a discriminação das relações de emprego. Em 2016,

---

113 Disponível em: http://www.camara.gov.br/internet/constituicao20anos/DocumentosAvulsos/vol-188.pdf. Acesso em: 28 jul. 2018.

enquanto a remuneração média do homem branco do Sudeste era de R$ 3.574,00, a da mulher negra do Nordeste era de R$ 1.032,00[114].

Em 2005, o Ministério Público do Trabalho ajuizou ação civil pública[115] contra um banco no Distrito Federal, requerendo a cessação de discriminações na admissão, ascensão funcional e remuneração de mulheres, pessoas negras e maiores de 40 anos de idades, com fundamento na Convenção 111 da OIT e nos artigos artigos 3º, I, 5º, *caput*, XIII, e § 1º, e 7º, XXX, da Constituição. Aludiu-se ao conceito de discriminação indireta, consistente "em atitudes ou regulamentos aparentemente neutros, mas que acabam por gerar desigualdades entre pessoas com as mesmas características". Destacou-se que não é necessária a vontade de discriminar para que haja discriminação; a mera utilização de critérios supostamente imparciais numa sociedade desigual só aprofunda as disparidades existentes entre diversos grupos. O argumento, no entanto, não foi apreendido nem pelo TRT nem pelo TST. Esse último, em decisão de 2015, manteve o entendimento do tribunal de origem de que "os critérios de contratação e promoção eram impessoais e não se baseavam em critérios de cor e idade, mas em critérios meritórios".

O fetiche da lei fez com que a Lei nº 13.467/2017, essencialmente precarizante, acrescentasse ao art. 461 da CLT o § 6º, prevendo multa para empregados discriminados, ou o art. 510-B, V, que pretende que comissão de empregados faça a vigilância do tratamento justo. O quadro delineado acima, no entanto, mostra que a reversão do quadro de desigualdades no mundo do trabalho deve passar, certamente, por outros caminhos e por soluções mais sistêmicas.

RAQUEL SANTANA

Mestra em Direito, Estado e Constituição pela Universidade de Brasília, pesquisadora do grupo Trabalho, Constituição e Cidadania e advogada trabalhista.

CAPÍTULO II
DOS DIREITOS SOCIAIS

ART. 7º SÃO DIREITOS DOS TRABALHADORES URBANOS E RURAIS, ALÉM DE OUTROS QUE VISEM À MELHORIA DE SUA CONDIÇÃO SOCIAL:

...

XXXI - PROIBIÇÃO DE QUALQUER DISCRIMINAÇÃO NO TOCANTE A SALÁRIO E CRITÉRIOS DE ADMISSÃO DO TRABALHADOR PORTADOR DE DEFICIÊNCIA;

Antes da Constituição Federal de 1988, a única previsão constitucional acerca da proteção aos direitos das pessoas com deficiência era a Emenda Constitucional nº 12 de 17 de outubro de 1978 que dispunha sobre a vedação à discriminação dessa categoria, "inclusive quanto à admissão ao trabalho ou a serviço públicos e a salários". A restrita proteção jurídica às pessoas com deficiência anteriormente à CF/1988 não era um reflexo da ausência de demandas dessa categoria. Um sinal da existência de pleito por direitos pode ser verificado durante a Constituinte de 1987-88, em que as pessoas com deficiência, em organizações fundadas anteriormente ao processo constitucional, participaram de, pelo menos, oito audiências públicas, nas quais apresentaram suas demandas, dentre elas o desejo de serem incluídas econômica e socialmente no país[116].

Com a promulgação da CF/1988, o Estado passou a ser também responsável pela inclusão das pessoas com deficiência na sociedade, sendo uma de suas expressões a inclusão no mercado de trabalho, por meio de mecanismos como a irrestrita vedação à discriminação desses trabalhadores e trabalhadoras. A partir disso, ampliou-se a responsabilidade de inclusão social, anteriormente desempenhada no âmbito privado e centralmente pelas mulheres das respectivas famílias.

O art. 7º, XXXI, ao expressamente proibir qualquer discriminação no tocante a salários e critérios de admissão do trabalhador com deficiência, atribuiu o significado de trabalho como inclusão social, fonte de realização e emancipação coletiva[117]também aos tra-

---

114 Disponível em: https://www.ibge.gov.br/estatisticas-novoportal/multidominio/genero/20163-estatisticas-de-genero-indicadores-sociais-das-mulheres-no-brasil.html?=&t=downloads. Acesso em: 28 jul. 2018.

115 Processo nº TST-AIRR-95240-03.2005.5.10.0013. Autos disponíveis em: http://aplicacao4.tst.jus.br/consultaProcessual/consultaTstNumUnica.do?consulta=Consultar&conscsjt=&numeroTst=95240&digitoTst=03&anoTst=2005&orgaoTst=5&tribunalTst=&varaTst=&submit=Consultar. Acesso em: 19 nov. 2018.

116 JORNAL DA CONSTITUINTE. Assembleia Nacional Constituinte, 1987. Edição nº 1: Esta carta é nossa. 1º de junho de 1987. Disponível em: http://www.senado.gov.br/noticias/especiais/constituicao30anos/pdf/JConstituinteN01.pdf. Acesso em: 16 jul. 2018.

117 DELGADO, Gabriela Neves. *Direito fundamental ao trabalho digno*. 2. ed. São Paulo: LTr, 2015.

balhadores e às trabalhadoras com deficiênciao que até então não se vislumbrava, ante a dupla exclusão discriminatória que lhes era imposta pelo sistema capitalista de produção: suposta ausência de vagas no mercado de trabalho e suposta onerosidade para adaptação do ambiente de trabalho (barreiras objetivas à inclusão) e fatores como estigma, discriminação e estereótipos de baixa produtividade das pessoas com deficiência (barreiras subjetivas à inclusão).

Nesse cenário, é possível apontar o art. 93, da Lei nº 8.213/1991 como instrumento de política pública que propicia a efetividade do art. 7º, XXXI, já que estabelece a obrigatoriedade percentual de contratação de pessoas com deficiência por empresas com mais de 100 funcionários. Ainda como mecanismo de efetividade para o cumprimento do dispositivo legal, o Ministério do Trabalho e Emprego, por meio da Portaria nº 1.199/2003, editou as normas para a imposição de multa administrativa variável, quando não cumprida a referida determinação. Com essa lei, houve a ampliação também para os empregadores, e não mais somente para a família e para o Estado, da responsabilidade pela inclusão das pessoas com deficiência no mercado de trabalho. Nada obstante, se por um lado, para as pessoas com deficiência a vindicada política pública representou significativa possibilidade de superar ao menos a barreira objetiva de sua inclusão no mercado de trabalho, por outro, os empregadores, tidos como agentes sociais fundamentais no processo de inclusão, não se conformaram em ter tido de dividir a responsabilidade do processo de inclusão com o Estado e a família.

Foi assim que, na Subseção de Dissídios Individuais 1 do TST, órgão responsável pela uniformização de jurisprudência trabalhista, houve o julgamento, em dezembro de 2016, no processo TST nº 658200-89.2009.5.09.0670, em que os Ministros acolheram as pretensões patronais, ao fixarem que a suposta tentativa de cumprir a lei ("envidar quaisquer esforços") seria suficiente para demonstrar a hipotética impossibilidade de seu cumprimento, sem que a elas seja aplicada, inclusive, a multa administrativa da Portaria nº 1.199/2003.

A decisão em questão, além de esvaziar o sentido social da norma, diminui a efetividade do artigo 93, da Lei nº 8.213/1991 e desafia o conteúdo constitucional insculpido no art. 7º, XXXI. Por meio dela, verifica-se também que a proibição de discriminação contra os trabalhadores e trabalhadoras com deficiência ainda é um desafio a ser superado por todos os agentes sociais envolvidos no processo de inclusão da categoria no mercado de trabalho, sobretudo diante da reforma trabalhista recém publicada (Lei nº 13.467/2017), cujas "inovações" têm eminente potencial para redimensionar e levar a limites extremos a dupla exclusão discriminatória sofrida por essa categoria, em direta afronta ao preconizado no art. 7º, XXXI, da CF/1988.

MILENA PINHEIRO MARTINS
Mestra em Direito, Estado e Constituição pela Universidade de Brasília, pesquisadora do grupo Trabalho, Constituição e Cidadania e advogada trabalhista.

CAPÍTULO II
DOS DIREITOS SOCIAIS

ART. 7º SÃO DIREITOS DOS TRABALHADORES URBANOS E RURAIS, ALÉM DE OUTROS QUE VISEM À MELHORIA DE SUA CONDIÇÃO SOCIAL:

...

XXXII – PROIBIÇÃO DE DISTINÇÃO ENTRE TRABALHO MANUAL, TÉCNICO E INTELECTUAL OU ENTRE OS PROFISSIONAIS RESPECTIVOS;

O texto original da CLT já previa que "Não haverá distinções relativas à espécie de emprego e à condição de trabalhador, nem entre o trabalho intelectual, técnico e manual".

No Anteprojeto de Constituição apresentado pela Comissão de Sistematização[118], a previsão de discriminação pela natureza do trabalho estava mesclada à vedação a outros tipos de discriminação, hoje contida no art. 7º, XXX, da Constituição. Na fase de

118 SENADO FEDERAL. Anteprojeto de constituicão – 1987, p. 4. Disponível em: http://www.camara.gov.br/internet/constituicao20anos/DocumentosAvulsos/vol-219.pdf. Acesso em: 28 jul. 2018.

emendas que se seguiu[119], no entanto, entendeu-se que era o caso de suprimir a disposição sobre a natureza do trabalho do inciso que tratava de discriminação no trabalho em geral. A justificativa foi de que o "tema 'natureza do trabalho' neste inciso [...] está totalmente deslocado devendo ser suprimido". Exemplificou-se, na ocasião, que a natureza do trabalho, em outras disposições, era justificativa para algumas distinções, como no caso das previsões sobre trabalho noturno, atividades insalubres ou perigosas e aposentadoria especial.

O artigo 7º, XXXII, deve ser lido em conjunto com o art. 7º, V, segundo o qual é direito dos trabalhadores "piso salarial proporcional à extensão e à complexidade do trabalho". Isto é, não há vedação absoluta a que categorias distintas estabeleçam pisos salariais diversos, desde que o fundamento seja efetivamente a qualificação exigida para o exercício do trabalho.

Maurício Godinho Delgado atenta ainda para os dois incisos, lidos junto ao art. 5º, *caput* e I, da Constituição, para propor a noção de salário equitativo em relação aos trabalhadores terceirizados. Delgado entende que "a contratação terceirizada não poderia, juridicamente, propiciar tratamento discriminatório entre o trabalhador terceirizado e o trabalhador inserido em categoria ou função equivalentes na empresa tomadora de serviços"[120].

Nessa toada, em 2011, o STF reconheceu a existência de repercussão geral na "controvérsia acerca da possibilidade de se reconhecer aos empregados terceirizados os mesmos direitos conferidos aos trabalhadores contratados pela tomadora dos serviços e vinculados à Administração Pública, a teor do princípio da isonomia e da proibição preceituada no artigo 7º, inciso XXXII, da Carta Maior, no que tange à distinção laborativa" (RE 635546 RG, Relator(a): Min. Marco Aurélio, DJe 4/5/2011). Em 2018 o processo foi incluído em pauta, mas ainda não foi a julgamento. A compreensão de que o preceituado no art. 7º, XXXII, continua vigente pode constituir importante trincheira de resistência ao retrocesso operado no julgamento da ADPF nº 324 e do RE nº 958252, no STF, concluído em 30/8/2018, que reconheceu a possibilidade de terceirização de atividade-fim. Ao menos, que se garantam direitos iguais a trabalhadores primarizados e terceirizados que executem as mesmas tarefas.

Em relação à reforma trabalhista (Lei nº 13.467/2017), Maurício Godinho Delgado[121] entende ainda que o artigo 444, parágrafo único, da CLT, que trata do empregado hipersuficiente, também mitiga o conteúdo do art. 7º, XXXII, na medida em que acaba por pretender proporcionar menor proteção a determinadas categorias de trabalhadores em decorrência de sua formação técnica e intelectual.

Em tudo que diz respeito à reforma trabalhista e outros movimentos de intenção precarizante, a resistência deve ser buscada pelo resgate dos sentidos constitucionais do trabalho.

> XXXIII – PROIBIÇÃO DE TRABALHO NOTURNO, PERIGOSO OU INSALUBRE AOS MENORES DE DEZOITO E DE QUALQUER TRABALHO A MENORES DE QUATORZE ANOS, SALVO NA CONDIÇÃO DE APRENDIZ, A PARTIR DE QUATORZE ANOS;

A CLT, em seus artigos 404 e 405, já vedava o trabalho noturno, perigoso e insalubre de menores de 18 anos, bem como aqueles "prejudiciais à sua moralidade", descritos no § 3º do artigo 405.

A Constituição coroa um sistema de proteção especial a crianças e adolescentes, conforme seu artigo 227, e a proteção especial ao trabalho de adolescentes está inserida nesse escopo.

Em sua redação original, o art. 7º, XXXIII previa a "proibição de trabalho noturno, perigoso ou insalubre aos menores de dezoito e de qualquer trabalho a menores de quatorze anos, salvo na condição de aprendiz". A redação, desse modo, autorizava que adolescentes entre 14 e 18 anos de idade trabalhassem efetivamente, desde que não se ativassem em trabalho noturno, perigoso ou insalubre. Abaixo dos 14 anos e acima dos 12 anos, era possível, ainda, o trabalho na condição de aprendiz.

A Emenda Constitucional nº 20, de 1998, alterou dispositivo para a redação atual, que passa autorizar trabalho de menores somente dos 16 aos 18 anos, com as mesmas vedações em relação

119 SENADO FEDERAL. Emendas oferecidas ao anteprojeto de constituicão – 1987, v. 11. p. 493. Disponível em: http://www.camara.gov.br/internet/constituicao20anos/DocumentosAvulsos/vol-222.pdf. Acesso em: 28 jul. 2018.

120 DELGADO, Maurício Godinho. *Curso de direito do trabalho*. São Paulo: LTr, 2018.

121 Idem, ibidem.

ao trabalho noturno, insalubre e perigoso. Além disso, há uma demarcação expressa de que apenas a partir dos 14 anos se pode trabalhar na condição de aprendiz.

Essas são formas de discriminação aceitáveis na medida em que visam à proteção da criança e do adolescente. A Lei nº 9.029/1995, inclusive, destaca que é "proibida a adoção de qualquer prática discriminatória e limitativa para efeito de acesso à relação de trabalho, [...] ressalvadas, nesse caso, as hipóteses de proteção à criança e ao adolescente previstas no inciso XXXIII do art. 7º da Constituição Federal".

Infelizmente, aos 75 anos de CLT e 30 anos de Constituição, a realidade ainda tem demandado a adoção de políticas públicas contundentes em relação ao trabalho infantil. A Ministra do TST Kátia Magalhães Arruda, importante voz nessa temática, relata[122] a persistência do envolvimento de crianças e adolescentes em trabalho forçado, exploração sexual e tráfico de drogas, além da realidade de maior acidentalidade, incluindo acidentes fatais. A ministra adverte que "quando as crianças ingressam prematuramente no mercado de trabalho, ficam privadas da educação que poderia levá-las a novas oportunidades de vida, o que acaba por manter não só as crianças, como suas famílias e comunidades, em um inesgotável ciclo de pobreza".

Em 2000, o Brasil promulgou a Convenção nº 182 e a Recomendação nº 190 da OIT, comprometendo-se com a eliminação das piores formas de trabalho infantil. Com essa finalidade, foram formuladas em 2013 ações estratégicas do Programa de Erradicação do Trabalho Infantil - PETI no âmbito do Sistema Único da Assistência – SUAS, vinculado ao Ministério do Desenvolvimento Social, vigente até o momento.

Em relação à atuação jurisdicional, quanto ao contrato de aprendizagem e eventuais desvirtuamentos, destaca-se importante decisão proferida pela Juíza Francieli Pissoli na ACP nº 0002115-50.2013.5.15.0113, proposta pelo Ministério Público do Trabalho, por meio da qual condenou uma rede de supermercados em Ribeirão Preto a se abster de submeter aprendizes à prorrogação e compensação de jornada e trabalho noturno. Os adolescentes, no caso que motivou o ajuizamento da ação, trabalhavam como caixas e empacotadores, atividades essas em que não se enxerga o caráter pedagógico de que devem ser dotados os contratos de aprendizagem. O emprego de aprendizes em atividades que não proporcionam efetiva formação profissional é só mais uma das muitas formas de baratear mão de obra, ao mesmo tempo em que não mantém o ciclo de pobreza e desigualdades no mundo do trabalho sobre o qual adverte Kátia Arruda.

RENATA QUEIROZ DUTRA

Professora adjunta de Direito e Processo do Trabalho da Faculdade de Direito da Universidade de Brasília. Doutora (2017) e mestra (2014) em Direito, Estado e Constituição pela Universidade de Brasília. Graduada em Direito pela Universidade Federal da Bahia (2008). Integrante do Grupo de Pesquisa Trabalho, Constituição e Cidadania (Faculdade de Direito - UnB). Integrante do Grupo de Pesquisa Trabalho, Precarização e Resistências (Faculdade de Filosofia e Ciências Humanas - UFBA).

CAPÍTULO II
DOS DIREITOS SOCIAIS

ART. 7º SÃO DIREITOS DOS TRABALHADORES URBANOS E RURAIS, ALÉM DE OUTROS QUE VISEM À MELHORIA DE SUA CONDIÇÃO SOCIAL:

...

XXXIV – IGUALDADE DE DIREITOS ENTRE O TRABALHADOR COM VÍNCULO EMPREGATÍCIO PERMANENTE E O TRABALHADOR AVULSO.

PARÁGRAFO ÚNICO. SÃO ASSEGURADOS À CATEGORIA DOS TRABALHADORES DOMÉSTICOS OS DIREITOS PREVISTOS NOS INCISOS IV, VI, VII, VIII, X, XIII, XV, XVI, XVII, XVIII, XIX, XXI, XXII, XXIV, XXVI, XXX, XXXI E XXXIII E, ATENDIDAS AS CONDIÇÕES ESTABELECIDAS EM LEI E OBSERVADA A SIMPLIFICAÇÃO DO CUMPRIMENTO DAS OBRIGAÇÕES TRIBUTÁRIAS, PRINCIPAIS E ACESSÓRIAS, DECORRENTES DA RELAÇÃO DE TRABALHO E SUAS PECULIARIDADES, OS PRE-

---

122 ARRUDA, Kátia Magalhães. A eliminação do trabalho infantil e a efetivação do direito à infância. In: SARLET, Ingo Wolfgang; MELLO FILHO, Luiz Philippe Vieira de; FRAZÃO, Ana de Oliveira (coord.). *Diálogos entre o direito do trabalho e o direito constitucional:* estudos em homenagem a Rosa Maria Weber. São Paulo: Saraiva, 2014. p. 625-638.

VISTOS NOS INCISOS I, II, III, IX, XII, XXV E XXVIII, BEM COMO A SUA INTEGRAÇÃO À PREVIDÊNCIA SOCIAL. (REDAÇÃO DADA PELA EMENDA CONSTITUCIONAL Nº 72, DE 2013)

A afirmação da igualdade entre os diversos segmentos de trabalhadores e trabalhadoras brasileiras foi uma preocupação da Constituinte de 1988. Desde o *caput* do artigo, que corrige distorção histórica no tratamento entre urbanos e rurais, até o inciso XXXIV, que equipara em direitos os trabalhadores avulsos (representados, destacadamente, pela relevante categoria dos trabalhadores portuários) e os trabalhadores com vínculo empregatício direto, afirma-se um vetor constitucional de proteção à categoria do trabalho, sem restrições ao fenômeno do emprego. Especialmente em relação ao trabalho doméstico, é importante observar que a atual redação do parágrafo único do dispositivo data de 2013, o que implica dizer que a Constituição conviveu, por quase 25 anos, com uma previsão textual discriminatória em relação às trabalhadoras domésticas, que, diferentemente dos demais trabalhadores, eram destinatárias de apenas 9 dos 34 incisos do artigo 7º. Se em 1988 a criação do parágrafo único teve sabor de inclusão, por ser a primeira menção constitucional ao trabalho doméstico, o passar dos anos e o avanço do debate democrático o fez se tornar um triste retrato da tradição escravocrata, machista e racista do nosso país. Impulsionada pela Convenção nº 189 da OIT, a Emenda Constitucional nº 72/2013 corrigiu a mencionada desigualdade, não sem ser precedida por resistências duras advindas de setores médios, patronais e midiáticos. Esse momento histórico marca a instituição de direitos trabalhistas mínimos, como a limitação de jornada às trabalhadoras domésticas. É importante destacar também que a regulamentação da Emenda Constitucional em comento, que se fez por meio da Lei Complementar nº 150/2015, implicou na flexibilização de alguns dos direitos recém adquiridos pelas trabalhadoras domésticas de maneira mais gravosa que a praticada para os demais trabalhadores em situações análogas, como a compensação das horas extraordinárias que excederem as 40 horas mensais no caso de acordo escrito para compensação, e a possibilidade de redução do intervalo intrajornada para 30 minutos mediante acordo individual escrito, sem mencionar a redução das alíquotas das contribuições previdenciárias patronais, o que implica um compartilhamento com a sociedade dos custos do trabalho doméstico. Os desafios para a efetivação da igualdade ainda são muitos.

SAYONARA GRILLO COUTINHO
LEONARDO DA SILVA

Professora-associada da Faculdade Nacional de Direito e do corpo permanente do Programa de Pós-Graduação em Direito da Universidade Federal do Rio de Janeiro - PPGD/UFRJ. Líder do grupo Configurações Institucionais e Relações de Trabalho - CIRT/UFRJ, registrado no CNPq. Doutora em Direito pela Pontifícia Universidade Católica do Rio de Janeiro e mestre em Teoria do Estado e Direito Constitucional - PUC-Rio. Desembargadora do Trabalho no Tribunal Regional do Trabalho da 1ª Região. Integra a Associação de Juízes para a Democracia, a Associação Brasileira de Constitucionalistas Democratas, o Instituto Cesarino Júnior e é membra honorária do Instituto dos Advogados Brasileiros - IAB.

CAPÍTULO II

DOS DIREITOS SOCIAIS

ART. 8º É LIVRE A ASSOCIAÇÃO PROFISSIONAL OU SINDICAL, OBSERVADO O SEGUINTE:

I - A LEI NÃO PODERÁ EXIGIR AUTORIZAÇÃO DO ESTADO PARA A FUNDAÇÃO DE SINDICATO, RESSALVADO O REGISTRO NO ÓRGÃO COMPETENTE, VEDADAS AO PODER PÚBLICO A INTERFERÊNCIA E A INTERVENÇÃO NA ORGANIZAÇÃO SINDICAL;

II - É VEDADA A CRIAÇÃO DE MAIS DE UMA ORGANIZAÇÃO SINDICAL, EM QUALQUER GRAU, REPRESENTATIVA DE CATEGORIA PROFISSIONAL OU ECONÔMICA, NA MESMA BASE TERRITORIAL, QUE SERÁ DEFINIDA PELOS TRABALHADORES OU EMPREGADORES INTERESSADOS, NÃO PODENDO SER INFERIOR À ÁREA DE UM MUNICÍPIO;

III – AO SINDICATO CABE A DEFESA DOS DIREITOS E INTERESSES COLETIVOS OU INDIVIDUAIS DA CATEGORIA, INCLUSIVE EM QUESTÕES JUDICIAIS OU ADMINISTRATIVAS;

IV – A ASSEMBLEIA GERAL FIXARÁ A CONTRIBUIÇÃO QUE, EM SE TRATANDO DE CATEGORIA PROFISSIONAL, SERÁ DESCONTADA EM FOLHA, PARA CUSTEIO DO SISTEMA CONFEDERATIVO DA REPRESENTAÇÃO SINDICAL RESPECTIVA, INDEPENDENTEMENTE DA CONTRIBUIÇÃO PREVISTA EM LEI;

VI – NINGUÉM SERÁ OBRIGADO A FILIAR-SE OU A MANTER-SE FILIADO A SINDICATO;

VII – É OBRIGATÓRIA A PARTICIPAÇÃO DOS SINDICATOS NAS NEGOCIAÇÕES COLETIVAS DE TRABALHO;

VIII – O APOSENTADO FILIADO TEM DIREITO A VOTAR E SER VOTADO NAS ORGANIZAÇÕES SINDICAIS;

IX – É VEDADA A DISPENSA DO EMPREGADO SINDICALIZADO A PARTIR DO REGISTRO DA CANDIDATURA A CARGO DE DIREÇÃO OU REPRESENTAÇÃO SINDICAL E, SE ELEITO, AINDA QUE SUPLENTE, ATÉ UM ANO APÓS O FINAL DO MANDATO, SALVO SE COMETER FALTA GRAVE NOS TERMOS DA LEI.

PARÁGRAFO ÚNICO. AS DISPOSIÇÕES DESTE ARTIGO APLICAM-SE À ORGANIZAÇÃO DE SINDICATOS RURAIS E DE COLÔNIAS DE PESCADORES, ATENDIDAS AS CONDIÇÕES QUE A LEI ESTABELECER.

Conceituação

A organização sindical é o tema do artigo 8º/CRFB aplicável às entidades sindicais de trabalhadores e empregadores, em simetria. Contudo, a titularidade da liberdade sindical em sua dimensão material é dos trabalhadores, conquistada nas lutas operárias e substantivamente diversa da liberdade associativa. A liberdade sindical é um direito de ação, de constituição de entidades sindicais, de filiação, de promoção da defesa dos direitos e interesses perante autoridades públicas e privadas, de organização da classe trabalhadora como contrapoder à livre-iniciativa. A Constituição a reconhece como princípio fundante, nas dimensões coletiva (art. 8º, *caput*) e individual, positiva (incisos VII, VIII) e negativa (V). Os Direitos Sindicais são direitos complexos. São direitos políticos, de participação e ação nas esferas pública e privada; de garantia, pois visam assegurar a efetivação de outros direitos; e direitos materiais, sociais e trabalhistas.

Problematização

A Constituição de 1988 assegurou os princípios da liberdade e autonomia sindical, incorporando importantes dimensões dos direitos fundamentais reconhecidos no sistema internacional de direitos humanos e no direito internacional do trabalho (Declaração de Direitos Humanos, PIDESC, Convenção Americana, Convenções 87, 98, 135, 151 e 154, da OIT), embora de modo mitigado pela preservação da unicidade sindical (vedação de constituição de mais de um sindicato na mesma base territorial) e estruturação por categoria.

Autonomia coletiva envolve auto-organização, autotutela, autonormação. A autonomia sindical está assegurada nos incisos I e II, quando estabelece a liberdade de auto-organização, com vedação de interferência e intervenção dos poderes públicos na vida dos sindicatos; e quando reconhece o enquadramento espontâneo, ao remeter para os trabalhadores ou empregadores a definição dos limites qualitativos (fronteiras da categoria) e quantitativo (base territorial municipal, regional ou nacional). Como derivação do protagonismo dos sujeitos coletivos e da legitimidade de sua ação, as entidades podem definir seus planos de ação e modos de defesa dos direitos pela autotutela (greve e medidas de conflitos), pela defesa judicial ou extrajudicial dos direitos e interesses da sua categoria (inciso III), ou pela autonormação, com participação obrigatória dos sindicatos nas negociações coletivas (inciso VI), já que a autonomia coletiva não é a soma das autonomias individuais ou de massa.

O debate sobre o registro sindical e o desmembramento e a dissociação das entidades existentes foi profícuo na jurisprudência. Dissensos hermenêuticos e políticos foram em parte resolvidos com a adoção da tese do duplo registro das entidades sindicais, nos termos da Súmula 677 do STF que atribuiu ao Ministério do Trabalho e Emprego o registro das entidades, zelando pela unicidade, em ato administrativo vinculado (MI nº 144, rel. min. Sepúlveda Pertence, j. 03/08/1992, P, DJ de 28/5/1993) admitindo desmembramentos e definição pelos interessados. Na realidade, cria modalidade indevida de reconhecimento prévio indireto vedado expressamente pela Constituição.

O sistema de proteção à liberdade sindical envolve tutela contra as condutas antissindicais por parte do Estado e dos empregadores. Dentro do sistema, vedam-se atos de ingerência e de discriminação por atuação sindical ou opinião política. Garante-se a estabilidade absoluta a partir do registo da candidatura para cargo de direção ou representação sindical e até um ano após o final do mandato aos empregados, salvo se cometerem falta grave (art. 8º, inciso I).

Jurisprudência: entre o desrespeito e a garantia

O desrespeito à liberdade e aos direitos sindicais é uma realidade cotidiana em nosso país, que negligencia as prerrogativas das entidades, as reivindicações em greve, buscam a redução de seus espaços e poder, despedem arbitrariamente representantes sindicais, criam interferências indevidas para o funcionamento das entidades.

Não obstante o hibridismo sistêmico, o artigo 8º promoveu um giro paradigmático no sistema corporativista precedente, do qual remanesceram aspectos promocionais à organização sindical, como o da contribuição sindical de natureza tributária (art. 8º, inciso IV, parte final), reafirmada pelo STF como "marca característica do modelo corporativista resistente" (RE nº 180.745, rel. Min. Sepúlveda Pertence, j. 24/03/1998, 1ª T, DJ de 8/5/1998) e universalizada inclusive para os servidores públicos independentemente de lei específica (ARE nº 807.155 AgR, rel. min. Roberto Barroso, j. 7/10/2014, 1ª T, DJE de 28/10/2014). Tal posição foi alterada quando o ultraconservadorismo da reforma trabalhista expungiu da CLT a cobrança compulsória da contribuição, ao exigir a prévia autorização para seu desconto em folha, modificação acolhida como constitucional pela maioria do STF em 29/6/2018 (ADI nº 5794, ADC 55, rel. para acórdão min. Luiz Fux). A queda drástica na arrecadação dos sindicatos em 2018 chancelada pela decisão está desorganizando e destruindo entidades.

A extinção abrupta da contribuição sindical, sem transição temporal, com nova vedação legal de descontos para não associados e sem autorização prévia por negociação coletiva (art. 611 - B, inciso XXVI, da CLT), aliadas à permanência da Súmula Vinculante 40 e do voto no ARE nº 1.1018.459 do Min. Gilmar Mendes (23/2/2017), desconsideram totalmente o princípio da liberdade sindical. Trata-se de política legislativa corroborada por uma postura judicial de desconstitucionalização do direito de participação sindical nas políticas públicas e nas decisões que digam respeito aos interesses coletivos dos trabalhadores (CRFB, art. 10), de desqualificação do status constitucional atribuído aos sindicatos, entidades da sociedade civil com representatividade institucional singular, e principalmente de desrespeito ao inciso IV do art. 8º em comento que institui um sistema de financiamento do sistema de representação, assegurando o dever de desconto em folha de pagamento das contribuições aprovadas em assembleia pela categoria profissional.

Por sua vez, a jurisprudência ampliou as condições para o exercício do direito de estabilidade e restringiu indevidamente o universo de sujeitos protegidos pelo inciso VIII tendo firmado entendimento de que a garantia provisória seria destinada somente aos eleitos para entidades sindicais, excluindo-se as representações profissionais (RE nº 777.227 AgR, rel. min. Roberto Barroso, j. 25/08/2017, 1ª T, DJE de 09/08/2017). Criou delimitação inexistente na CRFB ao declarar a recepção do artigo 522 da CLT para efeitos de restrição do número de dirigentes estáveis (RE nº 193.345, rel. Min. Carlos Velloso, 2ª T, DJ de 28/5/1999) e excluiu os empregados sindicalizados eleitos para cargo de representação junto aos Conselhos Fiscais dos sindicatos dessa garantia, limitando-a em diversos aspectos (Súmula 369 do TST). Não obstante, há decisões progressistas que asseguram a estabilidade plena para todos os dirigentes sindicais conforme a Constituição, sem restrições indevidas, em diversas instâncias da Justiça do Trabalho. Há também julgados que reconhecem a estabilidade, ainda que a eleição para dirigente tenha ocorrido para direção de entidade sem registro sindical (RE nº 205.107, Plenário, Pertence, DJ de 25/9/1998; RE nº 227.635 AgR, Segunda Turma, Néri, DJ de 2/4/2004).

Saliente-se ainda que não obstante as primeiras posições restritivas (Enunciado 310 do TST, cancelado), reconheceu-se aos sindicatos a legitimidade extraordinária para defesa dos direitos e interesses individuais e coletivos da categoria representada, independentemente de autorização dos substituídos processualmente, tendo sido atribuído efeito de repercussão geral a decisão que reafirmou que tal legitimidade permite o prosseguimento coletivo das execuções e liquidações de sentença (RE nº 883.642 RG, rel. min. Ricardo Lewandowski, *DJE* de 26/6/2015).

O cotidiano de violações dos direitos sindicais e das imunidades decorrentes da autonomia revelam a insuficiência do sistema institucional para assegurar e proteger a liberdade sindical.

CRISTIANO PAIXÃO
Professor adjunto da Faculdade de Direito da UnB.
Procurador regional do Trabalho em Brasília.
Mestre em Teoria e Filosofia do Direito (UFSC) e
doutor em Direito Constitucional (UFMG).
Realizou estágios pós-doutorais em História
Moderna na Scuola Normale Superiore di Pisa e em Teoria da
História na Ecole des Hautes Etudes en Sciences Sociales (Paris).
Coordenador do grupo de pesquisa "Percursos, Narrativas,
Fragmentos: História do Direito e do Constitucionalismo" (CNPq/UnB).
Foi Conselheiro da Comissão de Anistia do Ministério da Justiça
(2012-2016) e Coordenador de Relações Institucionais da Comissão
Anísio Teixeirade Memória e Verdade da UnB (2012-2015).

CAPÍTULO II
DOS DIREITOS SOCIAIS

ART. 9º É ASSEGURADO O DIREITO DE GREVE, COMPETINDO AOS TRABALHADORES DECIDIR SOBRE A OPORTUNIDADE DE EXERCÊ-LO E SOBRE OS INTERESSES QUE DEVAM POR MEIO DELE DEFENDER.

§ 1º A LEI DEFINIRÁ OS SERVIÇOS OU ATIVIDADES ESSENCIAIS E DISPORÁ SOBRE O ATENDIMENTO DAS NECESSIDADES INADIÁVEIS DA COMUNIDADE.

§ 2º OS ABUSOS COMETIDOS SUJEITAM OS RESPONSÁVEIS ÀS PENAS DA LEI.

O artigo 9º da Constituição da República pode ser visto como um verdadeiro microcosmo das lutas, dos desafios e dos limites enfrentados pelos trabalhadores brasileiros ao longo de mais de um século de história constitucional. A greve, fenômeno complexo, plural e multifacetário, representa uma chave de leitura importante para a compreensão do constitucionalismo brasileiro[123].

Mesmo sem previsão na primeira Constituição republicana, de 1891, a greve foi um dos principais veículos de reivindicação dos trabalhadores ao longo da Primeira República. A greve geral de 1917 é um exemplo da capacidade de mobilização demonstrada pelos sindicatos da época, que sofreram intensa repressão. A partir dos anos 1930, a disciplina constitucional e legal da greve alternava entre o silêncio (1934), a permissão condicionada à edição de lei específica (1946) e a expressa proibição e criminalização (Constituição de 1937 e Código Penal de 1940). Uma das primeiras medidas legislativas do regime militar após o golpe de 1964 foi a aprovação da Lei nº 4.330/1964, que estipulava tantos obstáculos para a deflagração de um movimento paredista que foi apelidada, pelos trabalhadores, como "lei antigreve".

Assim, a redação do artigo 9º da Constituição de 1988 é também uma demonstração concreta da transformação constitucional ocorrida a partir da redemocratização brasileira. Houve greves em 1968 em Contagem e Osasco, que foram reprimidas severamente pelo regime militar. E, como se sabe, as greves ocorridas no ABCD paulista, entre 1978 e 1980, foram uma parte relevante da mobilização da sociedade civil que atropelou os planos de uma transição "lenta, gradual e segura" e que conduziu à convocação e atuação da Assembleia Nacional Constituinte de 1987/1988[124].

---

123 Cf. PAIXÃO, Cristiano. História do direito no Brasil republicano: a greve como chave de leitura. In: SIQUEIRA, Gustavo S; FONSECA, Ricardo M. (org.). *História do direito privado – olhares diacrônicos*. Belo Horizonte: Arraes, 2015. p. 188-199.

124 Cf. Idem, Mundo do trabalho entre passado e futuro: das greves de 1978/1980 à Assembleia Nacional Constituinte de 1987/1988. In: VIANA, Márcio Túlio; ROCHA, Cláudio Jannotti da (org.). *Como aplicar a CLT à luz da Constituição: alternativas para os que militam no foro trabalhista*, São Paulo: LTr, 2015. p. 36-43.

A redação do *caput* do dispositivo, na forma estabelecida pelo constituinte originário, é clara e deixa pouca margem a dúvidas: deflagrar uma greve é uma decisão autônoma e soberana dos trabalhadores. E isso vale para dois aspectos importantes. Os trabalhadores devem decidir sobre o "quando" e o "porquê" de uma greve. Os parágrafos 1º e 2º tratam sobre a greve em atividades essenciais (tema que fica remetido à lei ordinária) e sobre a responsabilização aplicável quando houver abusos.

Entre 1988 e 2018, muitas lutas foram travadas para a concretização do direito de greve. E muitas estratégias repressivas foram também ativadas por aqueles que se opunham – e ainda se opõem – ao livre exercício desse direito.

Um determinado fato, que acabou em uma tragédia humana, é emblemático a respeito dos desafios para a vigência efetiva do direito de greve no Brasil. No dia 7 de novembro de 1988 – pouco mais de um mês, portanto, da promulgação da Constituição Cidadã –, foi deflagrada uma greve na Companhia Siderúrgica Nacional (CSN), que era uma empresa estatal naquela época[125]. Houve mobilização das Forças Armadas, numa operação que culminou com a invasão da usina por tropas do exército. No dia 9 de novembro, três trabalhadores foram mortos (um foi vitimado por uma coronhada desferida por um soldado, dois atingidos por tiros de fuzis FAL do Exército). Nenhuma responsabilidade foi assumida pelo comando da operação[126]. Volta Redonda, cidade-sede da CSN, possuía uma sólida história de lutas sindicais e de organização dos trabalhadores. Decidiu-se, então, construir um memorial em homenagem aos operários mortos. Na véspera da inauguração do monumento (projetado por Oscar Niemeyer), percebeu-se a explosão de uma bomba. O memorial foi danificado. Os autores do atentado nunca foram identificados, e o Município decidiu não restaurar a obra. Deliberação importante e exata, pois nela se encontra a situação paradoxal do exercício dos direitos sociais no Brasil – há vítimas do arbítrio que precisam ser lembradas, mas forças subterrâneas ainda presentes num país que estava em plena redemocratização impedem o trabalho de memória, a fixação de um monumento no espaço público. O memorial ainda está lá, atingido por explosivos, danificado pela ação criminosa, mas como uma demonstração eloquente de que a luta por direitos na sociedade brasileira enfrentará, sempre, a repressão, o arbítrio, a violência[127].

A história institucional posterior à Carta de 1988 é acidentada, algo turbulenta e bastante marcada por uma mentalidade repressiva em relação à greve. Poucos meses após a promulgação da Constituição, foi editada uma lei para regulamentar o exercício do direito de greve, a partir da conversão de uma Medida Provisória. A Lei nº 7.783/1989, mesmo tendo sido criticada por especialistas em direito do trabalho, por trazer alguns requisitos para que a greve não seja abusiva, não foi um grande obstáculo para que os sindicatos e trabalhadores pudessem, pela primeira vez na história constitucional brasileira, exercer de forma livre e autônoma o direito de greve. As maiores dificuldades não estavam no texto da lei, mas na sua interpretação[128].

Em sucessivas decisões, o Supremo Tribunal Federal e o Tribunal Superior do Trabalho estabeleceram parâmetros para o exercício do direito de greve. A grande maioria dessas decisões acabou por *restringir* o alcance do artigo 9º. Citemos algumas.

Em maio de 1995, os trabalhadores da Petrobras entraram em greve; eles exigiam o cumprimento de um acordo celebrado no ano anterior. O governo federal, em meio à consolidação do Plano Real, resistiu. O dissídio coletivo de greve foi então submetido ao TST (DC nº 177.734/1995, rel. Min. Ursulino Santos). A greve foi considerada abusiva, os sindicatos representativos da categoria dos petroleiros foram condenados ao pagamento de expressivas multas e muitos trabalhadores que participaram da paralisação foram demitidos[129].

No caso da Petrobras, um tema já fora tratado na decisão do TST: a questão da greve política. Alguns votos haviam mencionado uma

125 Cf. Idem; LOURENÇO FILHO, Ricardo. Direito de greve entre afirmação e repressão: o caso CSN. In: DELGADO, Gabriela Neves Delgado; BRITTO PEREIRA, Ricardo José Macêdo (org.). *Trabalho, constituição e cidadania:* a dimensão coletiva dos direitos sociais trabalhistas. São Paulo: LTr, 2014. p. 331-347.

126 Para mais informações sobre a greve da CSN, ver GRACIOLLI, Edilson José. *Um caldeirão chamado CSN:* resistência operária e violência militar na greve em 1988. Uberlândia: UFU, 1997.

127 Disponível em: http://memorialdademocracia.com.br/card/direita-faz-ataque-em-volta-redonda. Acesso em: 30 jul. 2018.

128 Cf. PAIXÃO, Cristiano; LOURENÇO FILHO, Ricardo. A greve e sua conformação pelo TST: desvelando mentalidades. In: COUTINHO, Grijalbo Fernandes; MELO FILHO, Hugo Cavalcanti. SOUTO MAIOR, Jorge Luiz; FAVA, Marcos Neves (org.). *O mundo do trabalho* – leituras críticas da jurisprudência do TST: em defesa do direito do trabalho. São Paulo: LTr, 2009. p. 65-76.

129 Para uma análise detida e profunda da greve dos petroleiros de 1995, cf. LOURENÇO FILHO, Ricardo. *Entre continuidade de ruptura: uma narrativa sobre as disputas de sentido da Constituição de 1988 a partir do direito de greve*. Tese (Doutorado em Direito) – Universidade de Brasília, Brasília, 2014.

suposta finalidade política no movimento, decorrente da oposição ao governo federal. Essa discussão prosseguiria no TST, com resultados conflitantes. No RO-DC 54.800-42.2008.5.12.0000 (rel. min. Maurício Godinho Delgado), a Corte Superior havia modificado sua orientação anterior, considerando válida greve com conotação política "se a solidariedade ou a motivação política vincularem-se a fatores de significativa repercussão na vida e trabalho dos grevistas". Houve, porém, nova modificação na jurisprudência do TST e, num caso que envolvia uma greve de professores da PUC-SP, o tribunal retornou à orientação original, deixando claro que os interesses suscetíveis de serem defendidos por meio de greve limitam-se a condições próprias de trabalho profissional ou de normas de higiene, saúde e segurança do trabalho (RO-DC 51534- 84.2012.5.02.0000, rel. min. Walmir Oliveira da Costa).

Em 2016, uma decisão proferida pelo Supremo Tribunal Federal representou um sonoro golpe contra o direito de greve de servidores públicos. A questão discutida envolvia a possibilidade de o administrador público suspender o ponto de servidores grevistas. O Plenário do STF deliberou, em caso com repercussão geral, que o administrador não tem apenas o poder, mas também o dever de cortar o ponto de servidores públicos em greve. Assim, a partir desse julgamento todos os administradores estão autorizados a suspender a frequência e, por conseguinte, o próprio pagamento de vencimentos a servidores públicos que entrarem em greve (RE nº 693.456-RJ, rel. min. Dias Toffoli)[130].

O que o conjunto dessas decisões revela? Antes de tudo, uma enorme dificuldade de compreensão, tanto pelo STF como pelo TST, do significado do direito de greve e da transformação normativa representada pela redação do art. 9º da Constituição da República de 1988. Sob a vigência de documentos constitucionais e legais pretéritos, o exercício do direito de greve era severamente limitado. O Constituinte de 1987-1988 inovou profundamente nesta matéria, conferindo protagonismo e autonomia aos trabalhadores – e seus entes representativos – na deliberação sobre a deflagração de uma greve. Essa transformação normativa não vem sendo percebida pelo STF e pelo TST. Isso não impede, contudo, que os trabalhadores continuem a desafiar – como vêm fazendo há muitas décadas – as visões restritivas e repressivas do direito de greve e, assim, mantenham e renovem suas lutas por dignidade e reconhecimento.

RENATA QUEIROZ DUTRA
Professora adjunta de Direito e Processo do Trabalho da Faculdade de Direito da Universidade de Brasília. Doutora (2017) e mestra (2014) em Direito, Estado e Constituição pela Universidade de Brasília. Graduada em Direito pela Universidade Federal da Bahia (2008). Integrante do Grupo de Pesquisa Trabalho, Constituição e Cidadania (Faculdade de Direito - UnB). Integrante do Grupo de Pesquisa Trabalho, Precarização e Resistências (Faculdade de Filosofia e Ciências Humanas - UFBA).

CAPÍTULO II
DOS DIREITOS SOCIAIS

ART. 10. É ASSEGURADA A PARTICIPAÇÃO DOS TRABALHADORES E EMPREGADORES NOS COLEGIADOS DOS ÓRGÃOS PÚBLICOS EM QUE SEUS INTERESSES PROFISSIONAIS OU PREVIDENCIÁRIOS SEJAM OBJETO DE DISCUSSÃO E DELIBERAÇÃO.

ART. 11. NAS EMPRESAS DE MAIS DE DUZENTOS EMPREGADOS, É ASSEGURADA A ELEIÇÃO DE UM REPRESENTANTE DESTES COM A FINALIDADE EXCLUSIVA DE PROMOVER-LHES O ENTENDIMENTO DIRETO COM OS EMPREGADORES.

Os dois dispositivos constitucionais acima, que encerram o capítulo dos direitos sociais da Constituição de 1988, consistem em manifestação do princípio democrático na esfera do trabalho. O princípio do pluralismo político e a ideia de participação política, que permeia todo o texto constitucional, convergem para uma noção de cidadania que não segmenta direitos políticos e direitos sociais, nem isola a participação política no ato de votar: da contrário, a Constituição aponta para a construção da democracia no âmbito do trabalho.

E o faz por meio da participação dos trabalhadores e empregadores nos colegiados dos órgãos públicos em que interesses

---

130 Ver PAIXÃO, Cristiano; LOURENÇO FILHO, Ricardo. O STF e o direito do trabalho do inimigo. *Portal Jota*, 2016. Disponível em: https://www.jota.info/stf/do-supremo/o-stf-e-o-direito-trabalho-inimigo-01112016. Acesso em: 30 jul. 2018.

profissionais e previdenciários sejam objeto de discussão e manifestação, o que se manifesta nas composições tripartites ou quadripartites dos Conselho da Previdência Social e do Conselho Curador do FGTS, por exemplo. Vale dizer que, nos casos exemplificados, os trabalhadores eleitos representantes são protegidos por garantia provisória do emprego, o que confere densidade jurídica ao dispositivo constitucional.

Por sua vez, a previsão do artigo 11, que se refere ao representante dos trabalhadores no local de trabalho, figura diversa e inconfundível com o dirigente sindical, abre interessante debate a respeito das interações entre o propósito constitucional e a normatização internacional sobre o tema.

Para José Cláudio Monteiro de Brito Filho, o representante dos trabalhadores no local de trabalho de que trata o artigo 11 da CF/1988 consiste em representante não sindical, desprovido, de acordo com a ordem jurídica infraconstitucional, das garantias asseguradas pela CF/1988 expressamente aos dirigentes sindicais, como a garantia provisória do emprego.

Entretanto, o próprio autor ressalta que a Organização Internacional do Trabalho assegura que as garantias sindicais devem ser estendidas aos representantes sindicais e não sindicais, indistintamente. É por isso que parte da doutrina defendia a necessidade de regulamentação do instituto, a fim de assegurar sobretudo sua garantia provisória no emprego. Essa possibilidade foi historicamente remetida pelo TST à esfera da negociação coletiva, como reconhece o Precedente Normativo nº 86 da Seção de Dissídios Coletivos do Tribunal. Por outro lado, o teor restritivo do artigo 11 evidenciava a carência, no âmbito do texto constitucional, da figura da "comissão de fábrica" ou "comissão de empresa", comum no ordenamento jurídico juslaboral de outros países.

Essa discussão ganha novos ares com a Lei nº 13.467/2017, que, a pretexto de regulamentar o artigo 11 da CF/1988, instituiu a comissão de representantes dos empregados no local de trabalho, por meio dos novos arts. 510-A, 510-B, 510-C e 510-D da CLT.

Criticável, todavia, o desenho conferido pela Lei nº 13.467/2017 à referida comissão, porque, ao se impor que sejam os seus integrantes obrigatoriamente desvinculados das entidades sindicais, as quais não têm participação assegurada no processo eleitoral que poderia dar-lhes acesso ao espaço de trabalho, assim como ao se limitar o rol de atribuições desses representantes e deixar de indicar instrumentos e mecanismos concretos para realizá-las, cria representação dos trabalhadores no local de trabalho com características frágeis e de politização inibida.

Tais representantes, embora agraciados com a garantia provisória do emprego, têm sua garantia excetuada quanto a um rol de dispensas mais amplo que o do dirigente sindical, visto que podem ser dispensados por motivo técnico, econômico ou disciplinar, ao passo que o dirigente sindical só perde o emprego em caso de cometimento de falta grave.

É de se notar, ademais, que tal figura é criada pela Lei nº 13.467/2017 paralelamente ao surgimento de diversos mecanismos de acerto e negociação individuais diretamente com o empregador, que certamente fragilizam e decompõem as possibilidades reais de os trabalhadores se engajarem em torno da figura simbólica das comissões de empresa.

Repise-se que a criação dessa figura, sem nenhum diálogo ou participação das entidades sindicais, numa franca perspectiva de fragmentação da representação obreira, é potencialmente conflitante com o repúdio às condutas antissindicais que a Organização Internacional do Trabalho preconiza. Isso porque, enquanto revela-se razoável vetar a participação do empregador no processo eleitoral para os representantes dos empregados no local de trabalho, no intuito de evitar a manipulação ou intimidação dos trabalhadores hipossuficientes, a mesma vedação destinada ao sindicato revela-se irrazoável. Possibilitar a eleição de representantes não vinculados aos sindicatos não se confunde com impedir a participação da entidade sindical organizada no processo eleitoral correspondente.

Evidentemente, as intenções que envolvem a criação dessa figura jurídica e as suas limitações não elidem a possibilidade de abertura de um campo de disputa pelos sentidos dessa representação, dentro da dialética do trabalho e do horizonte de lutas aberto pelo Texto Constitucional.

GLADSTONE LEONEL JÚNIOR

Professor do Programa de Pós-Graduação em Direito Constitucional e da Faculdade de Direito da Universidade Federal Fluminense (UFF). Doutor em Direito pela Universidade de Brasília (UnB), com estágio doutoral realizado na *Facultat de Dret*, Universitat de Valencia, Espanha. Pós-Doutor em Direitos Humanos e Cidadania pela Universidade de Brasília.

ANTONIO SERGIO ESCRIVÃO FILHO

Professor da Graduação e Pós-Graduação em Direito do Centro de Ensino Superior de Brasília (IESB). Doutor em Direito pela Universidade de Brasília (UnB), Pesquisador Visitante na Universidade da Califórnia, Los Angeles (UCLA School of Law).

CAPÍTULO III
DA NACIONALIDADE

ART. 12. SÃO BRASILEIROS:

I – NATOS:

A) OS NASCIDOS NA REPÚBLICA FEDERATIVA DO BRASIL, AINDA QUE DE PAIS ESTRANGEIROS, DESDE QUE ESTES NÃO ESTEJAM A SERVIÇO DE SEU PAÍS;

B) OS NASCIDOS NO ESTRANGEIRO, DE PAI BRASILEIRO OU MÃE BRASILEIRA, DESDE QUE QUALQUER DELES ESTEJA A SERVIÇO DA REPÚBLICA FEDERATIVA DO BRASIL;

C) OS NASCIDOS NO ESTRANGEIRO DE PAI BRASILEIRO OU DE MÃE BRASILEIRA, DESDE QUE SEJAM REGISTRADOS EM REPARTIÇÃO BRASILEIRA COMPETENTE OU VENHAM A RESIDIR NA REPÚBLICA FEDERATIVA DO BRASIL E OPTEM, EM QUALQUER TEMPO, DEPOIS DE ATINGIDA A MAIORIDADE, PELA NACIONALIDADE BRASILEIRA; (REDAÇÃO DADA PELA EMENDA CONSTITUCIONAL Nº 54, DE 2007)

II – NATURALIZADOS:

A) OS QUE, NA FORMA DA LEI, ADQUIRAM A NACIONALIDADE BRASILEIRA, EXIGIDAS AOS ORIGINÁRIOS DE PAÍSES DE LÍNGUA PORTUGUESA APENAS RESIDÊNCIA POR UM ANO ININTERRUPTO E IDONEIDADE MORAL;

B) OS ESTRANGEIROS DE QUALQUER NACIONALIDADE, RESIDENTES NA REPÚBLICA FEDERATIVA DO BRASIL HÁ MAIS DE QUINZE ANOS ININTERRUPTOS E SEM CONDENAÇÃO PENAL, DESDE QUE REQUEIRAM A NACIONALIDADE BRASILEIRA. (REDAÇÃO DADA PELA EMENDA CONSTITUCIONAL DE REVISÃO Nº 3, DE 1994)

§ 1º AOS PORTUGUESES COM RESIDÊNCIA PERMANENTE NO PAÍS, SE HOUVER RECIPROCIDADE EM FAVOR DE BRASILEIROS, SERÃO ATRIBUÍDOS OS DIREITOS INERENTES AO BRASILEIRO, SALVO OS CASOS PREVISTOS NESTA CONSTITUIÇÃO. (REDAÇÃO DADA PELA EMENDA CONSTITUCIONAL DE REVISÃO Nº 3, DE 1994)

§ 2º A LEI NÃO PODERÁ ESTABELECER DISTINÇÃO ENTRE BRASILEIROS NATOS E NATURALIZADOS, SALVO NOS CASOS PREVISTOS NESTA CONSTITUIÇÃO.

§ 3º SÃO PRIVATIVOS DE BRASILEIRO NATO OS CARGOS:

I – DE PRESIDENTE E VICE-PRESIDENTE DA REPÚBLICA;

II – DE PRESIDENTE DA CÂMARA DOS DEPUTADOS;

III – DE PRESIDENTE DO SENADO FEDERAL;

IV – DE MINISTRO DO SUPREMO TRIBUNAL FEDERAL;

V – DA CARREIRA DIPLOMÁTICA;

VI – DE OFICIAL DAS FORÇAS ARMADAS.

VII – DE MINISTRO DE ESTADO DA DEFESA (INCLUÍDO PELA EMENDA CONSTITUCIONAL Nº 23, DE 1999)

§ 4º SERÁ DECLARADA A PERDA DA NACIONALIDADE DO BRASILEIRO QUE:

> I – TIVER CANCELADA SUA NATURALIZAÇÃO, POR SENTENÇA JUDICIAL, EM VIRTUDE DE ATIVIDADE NOCIVA AO INTERESSE NACIONAL;
>
> II – ADQUIRIR OUTRA NACIONALIDADE, SALVO NOS CASOS: (REDAÇÃO DADA PELA EMENDA CONSTITUCIONAL DE REVISÃO Nº 3, DE 1994)
>
> A) DE RECONHECIMENTO DE NACIONALIDADE ORIGINÁRIA PELA LEI ESTRANGEIRA; (INCLUÍDO PELA EMENDA CONSTITUCIONAL DE REVISÃO Nº 3, DE 1994)
>
> B) DE IMPOSIÇÃO DE NATURALIZAÇÃO, PELA NORMA ESTRANGEIRA, AO BRASILEIRO RESIDENTE EM ESTADO ESTRANGEIRO, COMO CONDIÇÃO PARA PERMANÊNCIA EM SEU TERRITÓRIO OU PARA O EXERCÍCIO DE DIREITOS CIVIS; (INCLUÍDO PELA EMENDA CONSTITUCIONAL DE REVISÃO Nº 3, DE 1994)

O artigo 12 da Constituição traz uma temática elementar à composição do Estado-Nação, a nacionalidade. É por meio dela que a fórmula constitucional expressa a relação dialética que se estabelece entre política e direito, onde a política se apresenta como o campo constitutivo do direito, e o direito se revela o campo de regulação/ emancipação da política. Fundado no paradigma da nacionalidade, a pessoa adquire a capacidade jurídico-política de participar do espaço público de deliberação sobre quais são os direitos, quem tem direitos e como eles são acessados em uma sociedade.

No limite, a nacionalidade também se expressa como proteção da pessoa e seu acolhimento pelo Estado, o que dá ensejo ao debate acerca da possibilidade ou não de extradição de brasileiros natos e naturalizados, dado o seu vínculo pessoal com a soberania nacional em face da comunidade internacional. Nesse sentido, o artigo 5º, inciso LI é taxativo ao estabelecer que nenhum brasileiro será extraditado, salvo o naturalizado, mediante a prática de crime comum ou tráfico de drogas. Como se observa, a referida cláusula pétrea confere ao brasileiro nato a garantia fundamental de ser julgado no Brasil.

Desafiando a literalidade da referida cláusula pétrea, no entanto, no ano de 2016 uma decisão da 1ª Turma do Supremo Tribunal Federal, proferida no MS nº 33.864/ DF, abalou a compreensão hermenêutica sobre a segurança jurídica e soberania em face da proteção à pessoa, ao deferir a extradição de uma mulher que reivindicava a condição de brasileira nata.

Mutatis mutandi, o ordenamento constitucional pátrio admite que uma relação jurídica de direito púbico, constituída no estrangeiro, produza automaticamente efeitos jurídicos na seara do direito público-constitucional brasileiro? Não representaria isso, de alguma maneira, uma mitigação da soberania constitucional pátria em face da regra constitucional estrangeira?

Tal foi a discussão estabelecida no STF no âmbito do MS nº 33.864/ DF. Na ocasião, o governo dos Estados Unidos requereu ao Brasil a extradição de uma brasileira nata acusada de homicídio, que havia adquirido a nacionalidade estadunidense mediante abjuramento de lealdade ao Estado brasileiro. Tratava-se, então, ou de um pedido de extradição de uma brasileira nata, o que é vedado pelo art. 5º, LI da Constituição, ou da extradição de uma pessoa que havia perdido a nacionalidade brasileira, desvencilhando-se, assim, da proteção concedida pela referida garantia constitucional.

A decisão, por 3 votos a 2, teve como vitoriosa a opinião do relator, ministro Luís Roberto Barroso, sob o fundamento de que, na ocasião, a mulher já era portadora do chamado *green card*, o que lhe conferia condições para permanecer e exercer os direitos civis naquele país, algo como o visto permanente concedido ao estrangeiro no Brasil.

Diante disso, o seu abjuramento, na solenidade de naturalização, implicaria uma renúncia à nacionalidade brasileira regida antes pela autonomia da sua vontade, que por uma imposição da norma estrangeira, o que afastaria a incidência da norma do artigo 12, § 4º, II, e autorizaria, assim, a perda da sua nacionalidade. Sob esse argumento, o relator entendeu que a aquisição da nacionalidade estadunidense importava ali na "automática renúncia à nacionalidade brasileira" (STF, 2016), mesmo se tratando de brasileira nata.

Posicionando-se em sentido contrário, no entanto, compreendendo que o abjuramento à nacionalidade brasileira se afigurava como imposição capaz de produzir efeitos jurídicos tão somente perante a ordem estadunidense, não comunicando automaticamente a sua eficácia jurídica ao ordenamento pátrio, na ocasião o ministro Marco Aurélio de Mello questionou o relator: "Será que a ordem jurídica constitucional brasileira se submete, em termos de eficácia, a uma legislação estrangeira?" (STF, 2016).

Ao que tudo indica, é preciso delinear uma compreensão hermenêutica que alie a promoção da soberania nacional com a proteção das garantias fundamentais. Assim, de um lado, cumpre não admitir que a imposição estrangeira de abjuramento à nacionalidade brasileira tenha o poder de corroer o vínculo de nacionalidade, em sua dupla condição de garantia fundamental e expressão da soberania nacional em face de ordenamento estrangeiro. De outro lado, vale reivindicar a primazia dos direitos fundamentais em nossa ordem constitucional, a fim de reconhecer que a perda da nacionalidade por brasileiro nato depende, como condição essencial, da manifestação da sua vontade perante o ordenamento pátrio, em sede de processo administrativo junto aos órgãos que representam a soberania nacional.

MARIA PIA GUERRA
Professora da Faculdade de Direito
na Universidade de Brasília

CAPÍTULO III
DA NACIONALIDADE

ART. 13. A LÍNGUA PORTUGUESA É O IDIOMA OFICIAL DA REPÚBLICA FEDERATIVA DO BRASIL.

§ 1º SÃO SÍMBOLOS DA REPÚBLICA FEDERATIVA DO BRASIL A BANDEIRA, O HINO, AS ARMAS E O SELO NACIONAIS.

§ 2º OS ESTADOS, O DISTRITO FEDERAL E OS MUNICÍPIOS PODERÃO TER SÍMBOLOS PRÓPRIOS.

Idiomas e símbolos oficiais foram instituídos, ao longo da história, para criar nações[131]. Constituem, portanto, tanto quanto excluem, legando o desafio de compatibilizar nação e multiculturalidade. Na Assembleia Constituinte, representantes indígenas propuseram constitucionalizar um país multilinguístico (Santana, 2010). Venceu a posição intermediária: o português é o idioma oficial (art. 13), o ensino nas línguas indígenas está assegurado (art. 210, § 2º). Resta definir a extensão desta proteção aos demais atos públicos, tal como determinado pela Convenção 169 da OIT sobre Povos Indígenas e Tribais (art. 12). Nesse sentido, ver decisão da Corte Interamericana de Direitos Humanos (2004) no caso Masacre Plan de Sánchez vs. Guatemala[132].

REFERÊNCIAS BIBLIOGRÁFICAS

BRASIL. *Alvará de 17 de agosto de 1758*. Diretório dos Índios do Marquês de Pombal, 3 maio 1758.

COSTA RICA. Corte Interamericana de Direitos Humanos. *Caso Masacre Plan de Sánchez vs. Guatemala.* Sentença da CIDH de 29 abr. 2004. Guatemala: CIDH, 2004.

SANTANA, Carolina Ribeiro *"Pacificando" o Direito:* desconstrução, perspectivismo e justiça no direito indigenista. 218 f. Dissertação (Mestrado em Direito) – PUC-RJ, Rio de Janeiro, 2010.

---

131 Assim descrevia o Marques de Pombal em seu Diretório, "que se deve observar nas povoações dos índios do Pará e Maranhão", convertido em lei em 17 de agosto de 1758: "§ 6º – Sempre foi máxima inevitavelmente praticada em todas as nações, que conquistaram novos domínios, introduzir logo nos povos conquistados o seu próprio idioma, por ser indisputável que este é um dos meios mais eficazes para desterrar dos povos rústicos a barbaridade dos seus antigos costumes e ter mostrado a experiência que, ao mesmo tempo que se introduz neles o uso da língua do príncipe que os conquistou, se lhes radica também o afeto, a veneração e a obediência ao mesmo príncipe. Observando, pois, todas as nações polidas do mundo este prudente e sólido sistema, nesta Conquista se praticou tanto pelo contrário, que só cuidaram os primeiros conquistadores estabelecer nela o uso da língua que chamam geral, invenção verdadeiramente abominável e diabólica, para que, privados os índios de todos aqueles meios que os podiam civilizar, permanecessem na rústica e bárbara sujeição em que até agora se conservaram. Para desterrar este pernicioso abuso será um dos principais cuidados dos diretores estabelecer nas suas respctivas povoações o uso da língua portuguesa, não consentindo por modo algum que os meninos e meninas que pertencem às escolas e todos aqueles índios que forem capazes de instrução nessas matérias usem a língua própria das suas nações, ou da chamada geral, mas unicamente a portuguesa, na forma que sua Majestade tem recomendado e em repetidas ordens, que até agora não observaram, com total ruína espiritual e temporal do Estado" (BRASIL, 1758).

132 O tema está sendo debatido no STJ, recentemente, no RHC nº 86305/RS – 2017, referente a trancamento de ação penal por ausência de tradução para idioma indígena.

RENATO RIBEIRO
Doutor em Direito pela Universidade de São Paulo (USP); Mestre em Direito pela Universidade Presbiteriana Mackenzie; Membro da Academia Brasileira de Direito Eleitoral e Político e membro da Comissão de Direito Eleitoral da OAB-SP

CAPÍTULO IV
DOS DIREITOS POLÍTICOS

ART. 14. A SOBERANIA POPULAR SERÁ EXERCIDA PELO SUFRÁGIO UNIVERSAL E PELO VOTO DIRETO E SECRETO, COM VALOR IGUAL PARA TODOS, E, NOS TERMOS DA LEI, MEDIANTE:

Os direitos políticos podem ser definidos como instrumento por meio do qual a Constituição Federal garante o exercício da soberania popular, em que os cidadãos podem interferir na condução da coisa pública seja direta, seja indiretamente. Nesse sentido, tem-se a capacidade eleitoral ativa (votar) e passiva (ser votado).

No ordenamento jurídico brasileiro, temos a previsão do sufrágio universal, que não impõe ao exercício do direito de votar nenhum requisito, restrição ou condição, salvo a incapacidade civil ou suspensão dos direitos políticos. Todo cidadão civilmente capaz e habilitado pela Justiça Eleitoral pode votar e escolher quem deverá ocupar cargos eletivos.

O voto é, portanto, manifestação de vontade popular que permite a manutenção da democracia representativa, sendo o ponto máximo do exercício da soberania popular. Seu caráter, porém, além de político, é jurídico: o voto é a materialização do direito público subjetivo ao sufrágio.

A legislação pátria prevê o voto direto (escolha direta de seus representantes, sem intermediários) e secreto, sendo vedada a sua revelação, a não ser por vontade do próprio votante. No cenário político brasileiro, os doutrinadores percebem essa determinação a partir da garantia ao processo eleitoral liso, imparcial e probo, vez que o sigilo impede a vigilância e dificulta a corrupção e a cooptação de votos. O voto direto, porém, é excetuado no caso de vacância do presidente e vice-presidente da República nos últimos dois anos do período presidencial em que as eleições são tocadas de forma indireta por meio do Congresso Nacional. (art. 8, § 1º, CF). Cabe destacar que, em quaisquer casos, não há distinção do peso do voto entre os cidadãos.

O voto e o sufrágio, assim, não se confundem vez que, nas palavras de José Jairo Gomes, "enquanto o sufrágio é um direito, o voto representa seu exercício. Em outras palavras, o voto é a concretização do sufrágio".

I - PLEBISCITO;

A Lei nº 9.709/1998, regulamentando os chamados plebiscito e referendo, indica, em seu artigo 2º, que plebiscito e referendo "são consultas formuladas ao povo para que delibere sobre matéria de acentuada relevância, de natureza constitucional, legislativa ou administrativa". Algumas características, porém, os diferem.

O plebiscito é uma consulta prévia aos cidadãos sobre um determinado direito ou ato governamental, sendo que posteriormente são levados ao Congresso Nacional para ratificação, ou não, na forma de lei. Há, porém, determinação de obrigatoriedade nos casos de subdivisão, desmembramento ou incorporação de estado da federação, em que deve haver consulta à população afetada.

II - REFERENDO;

No referendo, temos o afastamento do caráter prévio e consultivo, vez que ele é realizado *a posteriori*. Assim, a matéria objeto da convocação deve ser discutida anteriormente pelo Congresso Nacional para depois ser alvo de deliberação dos eleitores, quando, enfim, pode ser ratificada ou não como lei.

III - INICIATIVA POPULAR.

A iniciativa popular é o meio pelo qual a própria população se faz presente na criação de normas, que serão discutidas posteriormente no Congresso Nacional, por meio de projetos de lei. Faz-se necessário a colheita de 1% de assinaturas dos eleitores, distribuídos em pelo menos cinco estados do País, tendo ainda que contar com, no mínimo, três décimos por cento do eleitorado de cada um deles. Cumpridas essas etapas, o projeto de lei tramitará inicialmente na Câmara de Deputados e depois será submetido à aprovação no Senado. Caso aprovado no Legislativo, o projeto será levado à sanção ou veto da Presidência da República.

1. O alistamento eleitoral e o voto são:

I – OBRIGATÓRIOS PARA OS MAIORES DE DEZOITO ANOS;

A obrigatoriedade de votação decorre de opção do Poder Constituinte, não sendo cláusula pétrea. Porém, uma vez obrigatório, o voto reveste-se de poder-dever jurídico, tendo consequências no sentido de contenção do absenteísmo. A obrigatoriedade do voto tornou-se constitucional no contexto da Carta de 1934, período de transformações institucionais que preconizavam a credibilidade do processo eleitoral.

A defesa da obrigatoriedade de voto ainda se faz necessária porque, ao reconhecer a igualdade entre os cidadãos e o sufrágio universal, o resultado das eleições será mais legítimo quanto maior for a participação popular no processo de escolha dos representantes. É no exercício do voto, com pesos iguais entre todos os cidadãos, independentemente de idade, renda, região ou posição social, que se tem um dos raros momentos de absoluta igualdade. A adoção de voto facultativo poderia criar disfuncionalidades sistêmicas, como percebidas na experiência internacional, posto que grupos menos organizados, com menor renda, instrução e maior vulnerabilidade poderiam não participar das eleições e ampliar os abismos existentes, posto que grupos mais organizados, de maior grau de instrução e renda, teriam maior capacidade de mobilização para comparecer às urnas.

II – FACULTATIVOS PARA:

A) OS ANALFABETOS;

B) OS MAIORES DE SETENTA ANOS;

C) OS MAIORES DE DEZESSEIS E MENORES DE DEZOITO ANOS.

O voto apenas é facultativo aos analfabetos, maiores de setenta anos e maiores de dezesseis e menores de dezoito. Nesse último caso, temos a previsão da facultatividade do alistamento eleitoral quando do alcance da idade mínima para o exercício do sufrágio. Entre os 16 e os 18 anos, portanto, o cidadão pode registrar-se como eleitor, caso queira. No entanto, uma vez verificado o alistamento eleitoral, o exercício do direito de voto passa a ser obrigatório.

§ 2º NÃO PODEM ALISTAR-SE COMO ELEITORES OS ESTRANGEIROS E, DURANTE O PERÍODO DO SERVIÇO MILITAR OBRIGATÓRIO, OS CONSCRITOS.

O estrangeiro e o conscrito militar, enquanto durar o serviço obrigatório, não detém capacidade eleitoral ativa. Isso significa que eles não podem votar, sendo que, se o conscrito já for alistado eleitoralmente quando do início do serviço militar obrigatório, ele estará impedido de exercer esse direito.

§ 3º SÃO CONDIÇÕES DE ELEGIBILIDADE, NA FORMA DA LEI:

A elegibilidade é a capacidade eleitoral passiva. Ela consiste no direito de pleitear e concorrer a certos mandatos políticos, mediante processo eletivo. Qualquer cidadão pode ser elegível, desde que preenchidos os requisitos constitucionalmente estabelecidos, sendo eles: a nacionalidade brasileira, o pleno exercício dos direitos políticos, o alistamento eleitoral e o domicílio eleitoral na circunscrição.

I – A NACIONALIDADE BRASILEIRA;

A nacionalidade traduz o status do indivíduo perante o Estado, evidenciando o vínculo existente entre eles. A verificação desse vínculo acarreta o reconhecimento de direitos e deveres associados à nacionalidade e cidadania, sendo que a sua perda implica a supressão imediata dos direitos políticos. Por determinação constitucional, para que o indivíduo exerça a sua capacidade eleitoral passiva, ele deve ser brasileiro nato, naturalizado ou português equiparado.

II – O PLENO EXERCÍCIO DOS DIREITOS POLÍTICOS;

Determina-se que, para reconhecer-se elegível, o cidadão deve estar em pleno exercício dos seus direitos políticos, o que quer dizer que este deve vir exercendo com lisura a sua capacidade eleitoral ativa, bem como não deve ter, incidindo sobre si, qualquer impedimento constitucional que o prive de exercer esses direitos.

III – O ALISTAMENTO ELEITORAL;

Esmiuçado anteriormente, o alistamento eleitoral é requisito tanto à capacidade eleitoral ativa quanto à passiva.

IV – O DOMICÍLIO ELEITORAL NA CIRCUNSCRIÇÃO;

Esse dispositivo constitucional exige que, para concorrer a determinado cargo, o cidadão deve ter seu domicílio eleitoral constituído na circunscrição a que pretende candidatar-se. O Código Eleitoral, em seu artigo 42, indica o domicílio eleitoral como "o lugar de residência ou moradia do requerente, e, verificado ter o alistando mais de uma, considerar-se-á domicílio qualquer delas". A jurisprudência reconheceu também que o domicílio eleitoral pode ser local em que o cidadão exerce suas funções laborais e até mesmo a cidade natal em que são mantidos vínculos afetivos, mesmo que não mais se resida naquele local.

V – A FILIAÇÃO PARTIDÁRIA;

Na legislação pátria, temos a obrigatoriedade da filiação partidária para qualquer candidatura. Tal disposição significa a vedação a candidaturas avulsas, o que afirma e enaltece o papel dos partidos e da agremiação política no cenário democrático.

Recentemente, a filiação partidária tem sido questionada por grupos que defendem a possibilidade da chamada "candidatura avulsa", sem vinculação partidária. Entretanto, a defesa desse raciocínio é frágil porque não há elementos na Constituição Federal que sustentem tal opção. Até mesmo a invocação do Pacto de San José da Costa Rica é argumento equivocado, posto que o STF já entendeu que tal pacto consiste norma supralegal, mas infraconstitucional, e o constituinte expressamente optou pela valorização da chamada "democracia de partidos".

VI – A IDADE MÍNIMA DE:

A idade mínima, como indica a nomenclatura, dispõe acerca da idade que os futuros candidatos deverão ter para concorrer ao pleito, de acordo com o cargo que disputam. Essas idades são verificadas ao tempo da posse, exceto para o cargo de vereador, em que a verificação ocorre no momento do registro. São elas:

> A) TRINTA E CINCO ANOS PARA PRESIDENTE E VICE-PRESIDENTE DA REPÚBLICA E SENADOR;
>
> B) TRINTA ANOS PARA GOVERNADOR E VICE-GOVERNADOR DE ESTADO E DO DISTRITO FEDERAL;
>
> C) VINTE E UM ANOS PARA DEPUTADO FEDERAL, DEPUTADO ESTADUAL OU DISTRITAL, PREFEITO, VICE-PREFEITO E JUIZ DE PAZ;
>
> D) DEZOITO ANOS PARA VEREADOR.

§ 4º SÃO INELEGÍVEIS OS INALISTÁVEIS E OS ANALFABETOS.

Os analfabetos e os inalistáveis são inelegíveis, ou seja, não são capazes de tornarem-se titulares de mandatos políticos. No que tange aos analfabetos, caso haja suspeita de o candidato estar nessa condição, a Justiça Eleitoral firmou entendimento de que é possível realização, perante a autoridade judicial eleitoral, de pequena prova simples, para atestar que o candidato tenha condições mínimas de ler e escrever palavras de uso comum, o que já comprovaria grau mínimo de instrução.

§ 5º O PRESIDENTE DA REPÚBLICA, OS GOVERNADORES DE ESTADO E DO DISTRITO FEDERAL, OS PREFEITOS E QUEM OS HOUVER SUCEDIDO, OU SUBSTITUÍDO NO CURSO DOS MANDATOS PODERÃO SER REELEITOS PARA UM ÚNICO PERÍODO SUBSEQUENTE. (REDAÇÃO DADA PELA EMENDA CONSTITUCIONAL Nº 16, DE 1997)

A determinação da possibilidade de uma única reeleição reflete a incidência de dois princípios associados ao bom funcionamento democrático: de um lado, o postulado da continuidade administrativa e, de outro, a preconização de alternância do poder. Assim, concorrente à possibilidade de reeleição, encontra-se a limitação desta a um único período subsequente. Destaque-se que tal disposição não se refere à circunscrição, mas ao cargo, havendo clara supressão à figura do "prefeito itinerante" (que se candidatava ao mesmo cargo na cidade vizinha).

§ 6º PARA CONCORREREM A OUTROS CARGOS, O PRESIDENTE DA REPÚBLICA, OS GOVERNADORES DE ESTADO E DO DISTRITO FEDERAL E OS PREFEITOS DEVEM RENUNCIAR AOS RESPECTIVOS MANDATOS ATÉ SEIS MESES ANTES DO PLEITO.

O afastamento a que se refere o parágrafo sexto é conhecido como "desincompatibilização", que consiste em egressão obrigatória do cargo eleitoral, caso o candidato pretenda concorrer a outro. Por meio da desincompatibilização, o candidato libera-se da inelegibilidade decorrente do exercício de determinado mandato. Ela, no entanto, não é ato jurídico meramente formal, devendo haver afastamento de fato das funções por parte do candidato. Tal disposição objetiva garantir a lisura do processo eleitoral, vez que impede que o titular impulsione vantagem para si ou para sua campanha em virtude do cargo ocupado.

§ 7º SÃO INELEGÍVEIS, NO TERRITÓRIO DE JURISDIÇÃO DO TITULAR, O CÔNJUGE E OS PARENTES CONSANGUÍNEOS OU AFINS, ATÉ O SEGUNDO GRAU OU POR ADOÇÃO, DO PRESIDENTE DA REPÚBLICA, DE GOVERNADOR DE ESTADO OU TERRITÓRIO, DO DISTRITO FEDERAL, DE PREFEITO OU DE QUEM OS HAJA SUBSTITUÍDO DENTRO DOS SEIS MESES ANTERIORES AO PLEITO, SALVO SE JÁ TITULAR DE MANDATO ELETIVO E CANDIDATO À REELEIÇÃO.

Esse parágrafo indica o que a doutrina classifica como inelegibilidade relativa ou por motivos de parentesco. Tal qual o dispositivo anterior, a determinação objetiva a lisura do processo eleitoral, evitando o abuso do poder político. Assim, há impedimento à elegibilidade daqueles que são parentes de ocupantes de cargos do Poder Executivo, no respectivo território, exceto se detentores de mandato anterior, ou candidatos à reeleição.

Cabe, no entanto, a desincompatibilização, vez que se o titular do cargo eletivo do Poder Executivo que ainda for reelegível e renunciar seis meses antes do pleito, a inelegibilidade não alcançará seu cônjuge e parentes. Destaque-se, nesse ponto, que o termo cônjuge é lido em sentido amplo, englobando todo de tipo de relação de afetividade, desde o casamento civil e religioso até a união estável, o concubinato e a relação homoafetiva. O namoro, porém, não é jurisprudencialmente reconhecido como causa de inelegibilidade (Res. TSE nº 21.655, de 11/03/2004, rel. min. Fernando Neves).

Quanto ao divórcio, para a Justiça Eleitoral, este não significa o imediato afastamento da inelegibilidade. O entendimento do TSE é de que, se a extinção do vínculo ocorrer durante o período do mandato, a inelegibilidade permanecerá durante todo o seu curso.

Já nos casos de falecimento ou renúncia do Chefe do Executivo, ocorrida a morte ou vacância no primeiro mandato antes dos seis meses finais do mandato, é possível a eleição do cônjuge para o mesmo cargo no pleito seguinte, embora seja vedada a sua reeleição (Res. nº 21.584, de 9/12/2003, rel. min. Ellen Gracie). Porém, ocorrida a vacância no segundo mandato, fica o cônjuge supérstite impedido de se candidatar ao mesmo cargo, não importando a data do falecimento (Res. nº 21.495, de 9/9/2003, rel. min. Fernando Neves).

Outro aspecto relevante é que a inelegibilidade, via de regra, não se aplica aos cônjuges ou familiares dos vices. Todavia, há uma ressalva: caso o vice tenha sucedido o titular ou o tiver substituído nos últimos seis meses antes da data marcada para a eleição, haverá incidência da inelegibilidade reflexa.

§ 8º O MILITAR ALISTÁVEL É ELEGÍVEL, ATENDIDAS AS SEGUINTES CONDIÇÕES:

O militar, enquanto em serviço ativo, não pode estar filiado a partido político, nos termos do art. 142 , V , da CF/1988 (Res. 21.787/2004 - TSE). Assim, a filiação partidária, a princípio, não seria exigível como condição de elegibilidade.

O Tribunal Superior Eleitoral, no Ac. nº 11.314/90, compatibilizando a antinomia, tem entendido que a filiação partidária do militar ocorre por ocasião de sua escolha em convenção partidária.

I – SE CONTAR MENOS DE DEZ ANOS DE SERVIÇO, DEVERÁ AFASTAR-SE DA ATIVIDADE;

O termo "afastar-se" quer dizer ser excluído, demitido ou licenciado definitivamente das Forças Armadas. Assim, todo militar com menos de dez anos que pretenda participar da vida política do país, candidatando-se, deverá desvincular-se do serviço de forma definitiva por intermédio de demissão ou *licenciamento ex officio*.

II – SE CONTAR MAIS DE DEZ ANOS DE SERVIÇO, SERÁ AGREGADO PELA AUTORIDADE SUPERIOR E, SE ELEITO, PASSARÁ AUTOMATICAMENTE, NO ATO DA DIPLOMAÇÃO, PARA A INATIVIDADE.

Se, porém, o militar contar com mais de dez anos de serviço, não há previsão de afastamento, mas de inatividade automática, caso eleito e diplomado.

§ 9º LEI COMPLEMENTAR ESTABELECERÁ OUTROS CASOS DE INELEGIBILIDADE E OS PRAZOS DE SUA CESSAÇÃO, A FIM DE PROTEGER A PROBIDADE ADMINISTRATIVA, A MORALIDADE PARA EXERCÍCIO DE MANDATO CONSIDERADA VIDA PREGRESSA DO CANDIDATO, E A NORMALIDADE E LEGITIMIDADE DAS ELEIÇÕES CONTRA A INFLUÊNCIA DO PODER ECONÔMICO OU O ABUSO DO EXERCÍCIO DE FUNÇÃO, CARGO OU EMPREGO NA ADMINISTRAÇÃO DIRETA OU INDIRETA. (REDAÇÃO DADA PELA EMENDA CONSTITUCIONAL DE REVISÃO Nº 4, DE 1994).

A Constituição permite que lei complementar estabeleça outros casos de inelegibilidade, no sentido de proteção:

(i) à probidade administrativa; (ii) à moralidade para o exercício do cargo, considerada a vida pregressa do candidato; (iii) à normalidade e legitimidade das eleições, coibindo a influência do poder econômico ou o abuso do exercício de função, cargo ou emprego na administração direta ou indireta.

Esse parágrafo possibilita que a vida pregressa do candidato possa ser considerada para fins de inelegibilidade, ainda que verificados e respeitados os requisitos constitucionais. A Lei Complementar nº 64/1990 (Lei das Inelegibilidades), alterada pela Lei Complementar nº 135/2010 (Lei da Ficha Limpa) é um exemplo de lei infraconstitucional que cria hipóteses de inelegibilidade.

Importante notar que a diferença entre condições de elegibilidade (requisitos formais, previstos pelo texto constitucional, para que alguém seja candidato) de hipóteses de inelegibilidade (situações jurídicas de natureza infraconstitucional que impediriam o registro de candidatura).

§ 10 O MANDATO ELETIVO PODERÁ SER IMPUGNADO ANTE A JUSTIÇA ELEITORAL NO PRAZO DE QUINZE DIAS CONTADOS DA DIPLOMAÇÃO, INSTRUÍDA A AÇÃO COM PROVAS DE ABUSO DO PODER ECONÔMICO, CORRUPÇÃO OU FRAUDE.

Nesse dispositivo, temos a previsão de uma ação eleitoral constitucional: a ação de impugnação de mandato eletivo (AIME), que tem por objetivo atacar o mandato eletivo angariado com abuso de poder econômico, corrupção ou fraude, podendo ser apresentada até quinze dias após a diplomação, realizada pela Justiça Eleitoral, daquele que foi eleito.

§ 11 A AÇÃO DE IMPUGNAÇÃO DE MANDATO TRAMITARÁ EM SEGREDO DE JUSTIÇA, RESPONDENDO O AUTOR, NA FORMA DA LEI, SE TEMERÁRIA OU DE MANIFESTA MÁ-FÉ.

A tramitação da referida ação é sigilosa e o andamento do processo desenvolve-se em segredo de justiça. A opção do legislador no caso, tendo em vista a tramitação no curso do mandato recém-iniciado, foi a de que a tramitação não fosse alvo de espetacularizações e/ou uso político indevido.

ART. 15. É VEDADA A CASSAÇÃO DE DIREITOS POLÍTICOS, CUJA PERDA OU SUSPENSÃO SÓ SE DARÁ NOS CASOS DE:

Em consonância com princípios e normas internacionais, a constituição estabeleceu, como regra, a vedação à cassação de direitos políticos. No entanto, admite-se a sua perda em decorrência do cancelamento ou perda da nacionalidade brasileira por sentença transitada em julgado.

As outras causas listadas, quais sejam, a incapacidade civil absoluta, a condenação criminal transitada em julgado, a recusa de cumprir obrigação a todos imposta ou prestação alternativa e a improbidade administrativa geram tão somente a suspensão desses direitos políticos.

I – CANCELAMENTO DA NATURALIZAÇÃO POR SENTENÇA TRANSITADA EM JULGADO;

II – INCAPACIDADE CIVIL ABSOLUTA;

III – CONDENAÇÃO CRIMINAL TRANSITADA EM JULGADO, ENQUANTO DURAREM SEUS EFEITOS;

IV – RECUSA DE CUMPRIR OBRIGAÇÃO A TODOS IMPOSTA OU PRESTAÇÃO ALTERNATIVA, NOS TERMOS DO ART. 5º, VIII;

V – IMPROBIDADE ADMINISTRATIVA, NOS TERMOS DO ART. 37, § 4º.

ART. 16. A LEI QUE ALTERAR O PROCESSO ELEITORAL ENTRARÁ EM VIGOR NA DATA DE SUA PUBLICAÇÃO, NÃO SE APLICANDO À ELEIÇÃO QUE OCORRA ATÉ UM ANO DA DATA DE SUA VIGÊNCIA. (REDAÇÃO DADA PELA EMENDA CONSTITUCIONAL Nº 4, DE 1993).

Tal artigo introduz, no ordenamento jurídico brasileiro, o princípio da anualidade ou anterioridade eleitoral. Segundo este, as leis que alteram o processo eleitoral, embora possam vigorar imediatamente, só podem ser aplicadas às eleições que ocorram pelo menos um ano após o início da sua vigência.

Esse princípio objetiva impedir alterações casuísticas e inoportunas no processo eleitoral, no sentido de garantir segurança jurídica para realização das eleições mediante aferição de igualdade de condições às partes em campanha, sendo preservadas as suas legítimas expectativas. Por seu caráter fundamental, o Supremo Tribunal Federal entende que esse dispositivo não pode ser relativizado, devendo ser lido como cláusula pétrea constitucional, vez que tutela direito individual à lisura eleitoral.

Assim, para surtir efeitos na eleição imediatamente subsequente, a nova legislação deve entrar em vigor até um ano antes do primeiro domingo do mês de outubro do ano eleitoral, na forma do artigo 1º da Lei nº 9.504/1997.

TÍTULO III
DA ORGANIZAÇÃO DO ESTADO

TÍTULO III

DA ORGANIZAÇÃO DO ESTADO

RENÉ ZAMLUTTI JÚNIOR

Procurador do Estado de São Paulo, especialista, mestre e doutor pela Pontifícia Universidade Católica de São Paulo e professor de Direito Constitucional da Universidade São Judas Tadeu.

CAPÍTULO I

DA ORGANIZAÇÃO POLÍTICO-ADMINISTRATIVA

CAPÍTULO II

DA UNIÃO

CAPÍTULO III

DOS ESTADOS FEDERADOS

ART. 26. INCLUEM-SE ENTRE OS BENS DOS ESTADOS:

I – AS ÁGUAS SUPERFICIAIS OU SUBTERRÂNEAS, FLUENTES, EMERGENTES E EM DEPÓSITO, RESSALVADAS, NESTE CASO, NA FORMA DA LEI, AS DECORRENTES DE OBRAS DA UNIÃO;
II – AS ÁREAS, NAS ILHAS OCEÂNICAS E COSTEIRAS, QUE ESTIVEREM NO SEU DOMÍNIO, EXCLUÍDAS AQUELAS SOB DOMÍNIO DA UNIÃO, MUNICÍPIOS OU TERCEIROS;
III – AS ILHAS FLUVIAIS E LACUSTRES NÃO PERTENCENTES À UNIÃO;
IV – AS TERRAS DEVOLUTAS NÃO COMPREENDIDAS ENTRE AS DA UNIÃO.

ART. 27. O NÚMERO DE DEPUTADOS À ASSEMBLEia LEGISLATIVA CORRESPONDERÁ AO TRIPLO DA REPRESENTAÇÃO DO ESTADO NA CÂMARA DOS DEPUTADOS E, ATINGIDO O NÚMERO DE TRINTA E SEIS, SERÁ ACRESCIDO DE TANTOS QUANTOS FOREM OS DEPUTADOS FEDERAIS ACIMA DE DOZE.

§ 1º SERÁ DE QUATRO ANOS O MANDATO DOS DEPUTADOS ESTADUAIS, APLICANDO-SE-LHES AS REGRAS DESTA CONSTITUIÇÃO SOBRE SISTEMA ELEITORAL, INVIOLABILIDADE, IMUNIDADES, REMUNERAÇÃO, PERDA DE MANDATO, LICENÇA, IMPEDIMENTOS E INCORPORAÇÃO ÀS FORÇAS ARMADAS.

§ 2º O SUBSÍDIO DOS DEPUTADOS ESTADUAIS SERÁ FIXADO POR LEI DE INICIATIVA DA ASSEMBLEIA LEGISLATIVA, NA RAZÃO DE, NO MÁXIMO, SETENTA E CINCO POR CENTO DAQUELE ESTABELECIDO, EM ESPÉCIE, PARA OS DEPUTADOS FEDERAIS, OBSERVADO O QUE DISPÕEM OS ARTS. 39, § 4º, 57, § 7º, 150, II, 153, III, E 153, § 2º, I. (REDAÇÃO DADA PELA EMENDA CONSTITUCIONAL Nº 19, DE 1998)

§ 3º COMPETE ÀS ASSEMBLEIAS LEGISLATIVAS DISPOR SOBRE SEU REGIMENTO INTERNO, POLÍCIA E SERVIÇOS ADMINISTRATIVOS DE SUA SECRETARIA, E PROVER OS RESPECTIVOS CARGOS.

§ 4º A LEI DISPORÁ SOBRE A INICIATIVA POPULAR NO PROCESSO LEGISLATIVO ESTADUAL.

ART. 28. A ELEIÇÃO DO GOVERNADOR E DO VICE-GOVERNADOR DE ESTADO, PARA MANDATO DE QUATRO ANOS, REALIZAR-SE-Á NO PRIMEIRO DOMINGO DE OUTUBRO, EM PRIMEIRO TURNO, E NO ÚLTIMO DOMINGO DE OUTUBRO, EM SEGUNDO TURNO, SE HOUVER, DO ANO ANTERIOR AO DO TÉRMINO DO MANDATO DE SEUS ANTECESSORES, E A POSSE OCORRERÁ EM PRIMEIRO DE JANEIRO DO ANO SUBSEQUENTE, OBSERVADO, QUANTO AO MAIS, O DISPOSTO NO ART. 77. (REDAÇÃO DADA PELA EMENDA CONSTITUCIONAL Nº 16, DE 1997)

§ 1º PERDERÁ O MANDATO O GOVERNADOR QUE ASSUMIR OUTRO CARGO OU FUNÇÃO NA ADMINISTRAÇÃO PÚBLICA DIRETA OU INDIRETA, RESSALVADA A POSSE EM VIRTUDE DE CONCURSO PÚBLICO E OBSERVADO O DISPOSTO NO ART. 38, I, IV E V. (RENUMERADO DO PARÁGRAFO ÚNICO, PELA EMENDA CONSTITUCIONAL Nº 19, DE 1998)

§ 2º OS SUBSÍDIOS DO GOVERNADOR, DO VICE-GOVERNADOR E DOS SECRETÁRIOS DE ESTADO SERÃO FIXADOS POR LEI DE INICIATIVA DA ASSEMBLEIA LEGISLATIVA, OBSERVADO O QUE DISPÕEM OS ARTS. 37, XI, 39, § 4º, 150, II, 153, III, E 153, § 2º, I. (INCLUÍDO PELA EMENDA CONSTITUCIONAL Nº 19, DE 1998)

As escolhas feitas pelo Constituinte de 1891 não foram felizes para os Estados-membros da então nascente República brasileira. Os principais idealizadores da primeira Constituição republicana brasileira – Prudente de Moraes e Rui Barbosa – eram ardorosos admiradores do modelo norte-americano, que buscaram copiar sem qualquer embaraço e, principalmente, sem qualquer consideração pelo fato – relevantíssimo – de que a Carta americana foi concebida à luz de uma realidade substancialmente diversa daquela sobre a qual a Constituição brasileira viria a incidir.

Assim, a escolha pelo modelo presidencialista, a exaltação à separação de poderes, o desenho de um Tribunal Superior muito similar à Suprema Corte e, principalmente, a opção pela forma federativa, deixaram de levar em conta não só a origem da Constituição norte-americana, como também o modelo jurídico-político que fundamentou sua criação.

A própria concepção da Constituição norte-americana não desconsiderou as peculiaridades regionais das treze ex-colônias que, libertas do jugo britânico em 1776, perduraram por onze anos como Estados soberanos, período durante o qual (a partir de 1781) uniram-se num modelo confederativo (por meio do acordo então conhecido como *Artigos de Confederação*), que consistiu numa transição para o modelo federativo adotado em 1787, com a promulgação da Constituição norte-americana (vigente até hoje).

A forma federativa, tal como concebida pelo Constituinte estadunidense, levou em consideração tanto as peculiaridades regionais de cada Estado que, naquele momento, abandonava a identidade soberana para fundar o novo Estado, como o histórico de independência das treze ex-colônias ao longo do período de transição que findou com o nascimento dos Estados Unidos da América.

Se o modelo federal norte-americano constitui o que a doutrina costuma denominar ***federalismo por agregação***, o modelo federal brasileiro, embora assumidamente copiado do estadunidense, resultou de um movimento de ***desagregação***, uma vez que o Brasil se tornou um Estado soberano ao se desvincular do Império Português, do qual fazia parte. Tornando-se, de imediato, uma monarquia que assim se manteve por 67 anos, durante os quais vigeu a Constituição de maior duração de nossa história até o momento (1824-1889), e sem a experiência da existência de unidades fragmentadas dotadas de soberania, ainda que por curto período, a simples transposição do modelo estadunidense para a realidade brasileira não haveria de ser feita sem dissonâncias e desajustes.

A incompatibilidade se acentuou ante o fato de que, desde seu início, o Brasil construiu suas instituições públicas sobre um sistema fundado na *civil law*, enquanto que os Estados Unidos, mantendo a inspiração britânica, elaboraram todo o seu sistema jurídico-político a partir da *common law*. Essa diferença fundamental de sistemas criou assimetrias na realidade brasileira, como a criação de uma instância máxima judiciária de estrutura similar à da Corte Suprema norte-americana, sem o amparo do ***stare decisis*** – uma aporia que só começou a ser superada a partir das alterações significativas promovidas pela EC nº 45/2004, mas que ainda não foi de todo eliminada do sistema pátrio.

Sob a ótica da federação, a consequência direta da transposição do modelo estadunidense para a realidade brasileira (tão inequívoca que, quando da proclamação da República, o Brasil assumiu o constrangedor nome de ***Estados Unidos do Brasil***, nomenclatura oficialmente mantida até a outorga da Constituição de 1967) foi o surgimento de uma Constituição que não espelhava a realidade, pois, embora traçasse um equilíbrio entre o Poder central (federal) e os Poderes regionais (dos Estados-membros), o coronelismo então vigente levou, num primeiro momento, ao enfraquecimento do Poder central, e a uma "política dos Governadores" que o controlaram, indiretamente, até a queda da Primeira República, a partir da qual se verifica o movimento inverso, ou seja, um gradativo enfraquecimentos dos poderes regionais, que, hoje, se mostram quase que totalmente subjugados pelo Poder central – o que pode ser verificado numa comparação entre o grau de independência legislativa dos Estados-membros dos EUA e dos Estados brasileiros.

IRENE PATRÍCIA NOHARA
Livre-docente em Direito Administrativo pela Faculdade de Direito da USP. Doutora e mestre em Direito do Estado (USP). Professora-pesquisadora do Programa de Direito Político e Econômico da Universidade Presbiteriana Mackenzie (UPM).

...

CAPÍTULO VII
DA ADMINISTRAÇÃO PÚBLICA

SEÇÃO I
DISPOSIÇÕES GERAIS

ART. 37. A ADMINISTRAÇÃO PÚBLICA DIRETA E INDIRETA DE QUALQUER DOS PODERES DA UNIÃO, DOS ESTADOS, DO DISTRITO FEDERAL E DOS MUNICÍPIOS OBEDECERÁ AOS PRINCÍPIOS DE LEGALIDADE, IMPESSOALIDADE, MORALIDADE, PUBLICIDADE E EFICIÊNCIA E, TAMBÉM, AO SEGUINTE: (REDAÇÃO DADA PELA EMENDA CONSTITUCIONAL Nº 19, DE 1998)

I – OS CARGOS, EMPREGOS E FUNÇÕES PÚBLICAS SÃO ACESSÍVEIS AOS BRASILEIROS QUE PREENCHAM OS REQUISITOS ESTABELECIDOS EM LEI, ASSIM COMO AOS ESTRANGEIROS, NA FORMA DA LEI; (REDAÇÃO DADA PELA EMENDA CONSTITUCIONAL Nº 19, DE 1998)

II – A INVESTIDURA EM CARGO OU EMPREGO PÚBLICO DEPENDE DE APROVAÇÃO PRÉVIA EM CONCURSO PÚBLICO DE PROVAS OU DE PROVAS E TÍTULOS, DE ACORDO COM A NATUREZA E A COMPLEXIDADE DO CARGO OU EMPREGO, NA FORMA PREVISTA EM LEI, RESSALVADAS AS NOMEAÇÕES PARA CARGO EM COMISSÃO DECLARADO EM LEI DE LIVRE NOMEAÇÃO E EXONERAÇÃO; (REDAÇÃO DADA PELA EMENDA CONSTITUCIONAL Nº 19, DE 1998)

III – O PRAZO DE VALIDADE DO CONCURSO PÚBLICO SERÁ DE ATÉ DOIS ANOS, PRORROGÁVEL UMA VEZ, POR IGUAL PERÍODO;

IV – DURANTE O PRAZO IMPRORROGÁVEL PREVISTO NO EDITAL DE CONVOCAÇÃO, AQUELE APROVADO EM CONCURSO PÚBLICO DE PROVAS OU DE PROVAS E TÍTULOS SERÁ CONVOCADO COM PRIORIDADE SOBRE NOVOS CONCURSADOS PARA ASSUMIR CARGO OU EMPREGO, NA CARREIRA;

V – AS FUNÇÕES DE CONFIANÇA, EXERCIDAS EXCLUSIVAMENTE POR SERVIDORES OCUPANTES DE CARGO EFETIVO, E OS CARGOS EM COMISSÃO, A SEREM PREENCHIDOS POR SERVIDORES DE CARREIRA NOS CASOS, CONDIÇÕES E PERCENTUAIS MÍNIMOS PREVISTOS EM LEI, DESTINAM-SE APENAS ÀS ATRIBUIÇÕES DE DIREÇÃO, CHEFIA E ASSESSORAMENTO; (REDAÇÃO DADA PELA EMENDA CONSTITUCIONAL Nº 19, DE 1998)

VI – É GARANTIDO AO SERVIDOR PÚBLICO CIVIL O DIREITO À LIVRE ASSOCIAÇÃO SINDICAL;

VII – O DIREITO DE GREVE SERÁ EXERCIDO NOS TERMOS E NOS LIMITES DEFINIDOS EM LEI ESPECÍFICA; (REDAÇÃO DADA PELA EMENDA CONSTITUCIONAL Nº 19, DE 1998)

VIII – A LEI RESERVARÁ PERCENTUAL DOS CARGOS E EMPREGOS PÚBLICOS PARA AS PESSOAS PORTADORAS DE DEFICIÊNCIA E DEFINIRÁ OS CRITÉRIOS DE SUA ADMISSÃO;

IX – A LEI ESTABELECERÁ OS CASOS DE CONTRATAÇÃO POR TEMPO DETERMINADO PARA ATENDER A NECESSIDADE TEMPORÁRIA DE EXCEPCIONAL INTERESSE PÚBLICO;

X – A REMUNERAÇÃO DOS SERVIDORES PÚBLICOS E O SUBSÍDIO DE QUE TRATA O § 4º DO ART. 39 SOMENTE PODERÃO SER FIXADOS OU ALTERADOS POR LEI ESPECÍFICA, OBSERVADA A INICIATIVA PRIVATIVA EM CADA CASO, ASSEGURADA REVISÃO GERAL ANUAL, SEMPRE NA MESMA DATA E SEM DISTINÇÃO DE ÍNDICES; (REDAÇÃO DADA PELA EMENDA CONSTITUCIONAL Nº 19, DE 1998) (REGULAMENTO)

XI – A REMUNERAÇÃO E O SUBSÍDIO DOS OCUPANTES DE CARGOS, FUNÇÕES E EMPREGOS PÚBLICOS DA ADMINISTRAÇÃO DIRETA, AUTÁRQUICA E FUNDACIONAL, DOS MEMBROS DE QUALQUER DOS PODERES DA UNIÃO, DOS ESTADOS, DO DISTRITO FEDERAL E DOS MUNICÍPIOS, DOS DETENTORES DE MANDATO ELETIVO E DOS DEMAIS AGENTES POLÍTICOS E OS PROVENTOS, PENSÕES OU OUTRA ESPÉCIE REMUNERATÓRIA, PERCEBIDOS CUMULATIVAMENTE OU NÃO, INCLUÍDAS AS VANTAGENS PESSOAIS OU DE QUALQUER OUTRA NATUREZA, NÃO PODERÃO EXCEDER O SUBSÍDIO MENSAL, EM ESPÉCIE, DOS MINISTROS DO SUPREMO TRIBUNAL FEDERAL, APLICANDO-SE COMO LIMITE, NOS MUNICÍPIOS, O SUBSÍDIO DO PREFEITO, E NOS ESTADOS E NO DISTRITO FEDERAL, O SUBSÍDIO MENSAL DO GOVERNADOR NO ÂMBITO DO PODER EXECUTIVO, O SUBSÍDIO DOS DEPUTADOS ESTADUAIS E DISTRITAIS NO ÂMBITO DO PODER LEGISLATIVO E O SUBSÍDIO DOS DESEMBARGADORES DO TRIBUNAL DE JUSTIÇA, LIMITADO A NOVENTA INTEIROS E VINTE E CINCO CENTÉSIMOS POR CENTO DO SUBSÍDIO MENSAL, EM ESPÉCIE, DOS MINISTROS DO SUPREMO TRIBUNAL FEDERAL, NO ÂMBITO DO PODER JUDICIÁRIO, APLICÁVEL ESTE LIMITE AOS MEMBROS DO MINISTÉRIO PÚBLICO, AOS PROCURADORES E AOS DEFENSORES PÚBLICOS; (REDAÇÃO DADA PELA EMENDA CONSTITUCIONAL Nº 41, 19.12.2003)

XII - OS VENCIMENTOS DOS CARGOS DO PODER LEGISLATIVO E DO PODER JUDICIÁRIO NÃO PODERÃO SER SUPERIORES AOS PAGOS PELO PODER EXECUTIVO;

XIII – É VEDADA A VINCULAÇÃO OU EQUIPARAÇÃO DE QUAISQUER ESPÉCIES REMUNERATÓRIAS PARA O EFEITO DE REMUNERAÇÃO DE PESSOAL DO SERVIÇO PÚBLICO; (REDAÇÃO DADA PELA EMENDA CONSTITUCIONAL Nº 19, DE 1998)

XIV – OS ACRÉSCIMOS PECUNIÁRIOS PERCEBIDOS POR SERVIDOR PÚBLICO NÃO SERÃO COMPUTADOS NEM ACUMULADOS PARA FINS DE CONCESSÃO DE ACRÉSCIMOS ULTERIORES; (REDAÇÃO DADA PELA EMENDA CONSTITUCIONAL Nº 19, DE 1998)

XV – O SUBSÍDIO E OS VENCIMENTOS DOS OCUPANTES DE CARGOS E EMPREGOS PÚBLICOS SÃO IRREDUTÍVEIS, RESSALVADO O DISPOSTO NOS INCISOS XI E XIV DESTE ARTIGO E NOS ARTS. 39, § 4º, 150, II, 153, III, E 153, § 2º, I; (REDAÇÃO DADA PELA EMENDA CONSTITUCIONAL Nº 19, DE 1998)

XVI – É VEDADA A ACUMULAÇÃO REMUNERADA DE CARGOS PÚBLICOS, EXCETO, QUANDO HOUVER COMPATIBILIDADE DE HORÁRIOS, OBSERVADO EM QUALQUER CASO O DISPOSTO NO INCISO XI: (REDAÇÃO DADA PELA EMENDA CONSTITUCIONAL Nº 19, DE 1998)

A) A DE DOIS CARGOS DE PROFESSOR; (REDAÇÃO DADA PELA EMENDA CONSTITUCIONAL Nº 19, DE 1998)

B) A DE UM CARGO DE PROFESSOR COM OUTRO TÉCNICO OU CIENTÍFICO; (REDAÇÃO DADA PELA EMENDA CONSTITUCIONAL Nº 19, DE 1998)

C) A DE DOIS CARGOS OU EMPREGOS PRIVATIVOS DE PROFISSIONAIS DE SAÚDE, COM PROFISSÕES REGULAMENTADAS. (REDAÇÃO DADA PELA EMENDA CONSTITUCIONAL Nº 34, DE 2001)

XVII – A PROIBIÇÃO DE ACUMULAR ESTENDE-SE A EMPREGOS E FUNÇÕES E ABRANGE AUTARQUIAS, FUNDAÇÕES, EMPRESAS PÚBLICAS, SOCIEDADES DE ECONOMIA MISTA, SUAS SUBSIDIÁRIAS, E SOCIEDADES CONTROLADAS, DIRETA OU INDIRETAMENTE, PELO PODER PÚBLICO; (REDAÇÃO DADA PELA EMENDA CONSTITUCIONAL Nº 19, DE 1998).

XVIII – A ADMINISTRAÇÃO FAZENDÁRIA E SEUS SERVIDORES FISCAIS TERÃO, DENTRO DE SUAS ÁREAS DE COMPETÊNCIA E JURISDIÇÃO, PRECEDÊNCIA SOBRE OS DEMAIS SETORES ADMINISTRATIVOS, NA FORMA DA LEI;

XIX – SOMENTE POR LEI ESPECÍFICA PODERÁ SER CRIADA AUTARQUIA E AUTORIZADA A INSTITUIÇÃO DE EMPRESA PÚBLICA, DE SOCIEDADE DE ECONOMIA MISTA E DE FUNDAÇÃO, CABENDO À LEI COMPLEMENTAR, NESTE ÚLTIMO CASO, DEFINIR AS ÁREAS DE SUA ATUAÇÃO; (REDAÇÃO DADA PELA EMENDA CONSTITUCIONAL Nº 19, DE 1998)

XX – DEPENDE DE AUTORIZAÇÃO LEGISLATIVA, EM CADA CASO, A CRIAÇÃO DE SUBSIDIÁRIAS DAS ENTIDADES MENCIONADAS NO INCISO ANTERIOR, ASSIM COMO A PARTICIPAÇÃO DE QUALQUER DELAS EM EMPRESA PRIVADA;

XXI – RESSALVADOS OS CASOS ESPECIFICADOS NA LEGISLAÇÃO, AS OBRAS, SERVIÇOS, COMPRAS E ALIENAÇÕES SERÃO CONTRATADOS MEDIANTE PROCESSO DE LICITAÇÃO PÚBLICA QUE ASSEGURE IGUALDADE DE CONDIÇÕES A TODOS OS CONCORRENTES, COM CLÁUSULAS QUE ESTA-

BELEÇAM OBRIGAÇÕES DE PAGAMENTO, MANTIDAS AS CONDIÇÕES EFETIVAS DA PROPOSTA, NOS TERMOS DA LEI, O QUAL SOMENTE PERMITIRÁ AS EXIGÊNCIAS DE QUALIFICAÇÃO TÉCNICA E ECONÔMICA INDISPENSÁVEIS À GARANTIA DO CUMPRIMENTO DAS OBRIGAÇÕES. (REGULAMENTADO PELA LEI Nº 8.666, DE 1993)

XXII – AS ADMINISTRAÇÕES TRIBUTÁRIAS DA UNIÃO, DOS ESTADOS, DO DISTRITO FEDERAL E DOS MUNICÍPIOS, ATIVIDADES ESSENCIAIS AO FUNCIONAMENTO DO ESTADO, EXERCIDAS POR SERVIDORES DE CARREIRAS ESPECÍFICAS, TERÃO RECURSOS PRIORITÁRIOS PARA A REALIZAÇÃO DE SUAS ATIVIDADES E ATUARÃO DE FORMA INTEGRADA, INCLUSIVE COM O COMPARTILHAMENTO DE CADASTROS E DE INFORMAÇÕES FISCAIS, NA FORMA DA LEI OU CONVÊNIO. (INCLUÍDO PELA EMENDA CONSTITUCIONAL Nº 42, DE 19.12.2003)

§ 1º A PUBLICIDADE DOS ATOS, PROGRAMAS, OBRAS, SERVIÇOS E CAMPANHAS DOS ÓRGÃOS PÚBLICOS DEVERÁ TER CARÁTER EDUCATIVO, INFORMATIVO OU DE ORIENTAÇÃO SOCIAL, DELA NÃO PODENDO CONSTAR NOMES, SÍMBOLOS OU IMAGENS QUE CARACTERIZEM PROMOÇÃO PESSOAL DE AUTORIDADES OU SERVIDORES PÚBLICOS.

§ 2º A NÃO OBSERVÂNCIA DO DISPOSTO NOS INCISOS II E III IMPLICARÁ A NULIDADE DO ATO E A PUNIÇÃO DA AUTORIDADE RESPONSÁVEL, NOS TERMOS DA LEI.

§ 3º A LEI DISCIPLINARÁ AS FORMAS DE PARTICIPAÇÃO DO USUÁRIO NA ADMINISTRAÇÃO PÚBLICA DIRETA E INDIRETA, REGULANDO ESPECIALMENTE: (REDAÇÃO DADA PELA EMENDA CONSTITUCIONAL Nº 19, DE 1998)

I – AS RECLAMAÇÕES RELATIVAS À PRESTAÇÃO DOS SERVIÇOS PÚBLICOS EM GERAL, ASSEGURADAS A MANUTENÇÃO DE SERVIÇOS DE ATENDIMENTO AO USUÁRIO E A AVALIAÇÃO PERIÓDICA, EXTERNA E INTERNA, DA QUALIDADE DOS SERVIÇOS; (INCLUÍDO PELA EMENDA CONSTITUCIONAL Nº 19, DE 1998)

II – O ACESSO DOS USUÁRIOS A REGISTROS ADMINISTRATIVOS E A INFORMAÇÕES SOBRE ATOS DE GOVERNO, OBSERVADO O DISPOSTO NO ART. 5º, X E XXXIII; (INCLUÍDO PELA EMENDA CONSTITUCIONAL Nº 19, DE 1998) (VIDE LEI Nº 12.527, DE 2011)

III – A DISCIPLINA DA REPRESENTAÇÃO CONTRA O EXERCÍCIO NEGLIGENTE OU ABUSIVO DE CARGO, EMPREGO OU FUNÇÃO NA ADMINISTRAÇÃO PÚBLICA. (INCLUÍDO PELA EMENDA CONSTITUCIONAL Nº 19, DE 1998)

§ 4º OS ATOS DE IMPROBIDADE ADMINISTRATIVA IMPORTARÃO A SUSPENSÃO DOS DIREITOS POLÍTICOS, A PERDA DA FUNÇÃO PÚBLICA, A INDISPONIBILIDADE DOS BENS E O RESSARCIMENTO AO ERÁRIO, NA FORMA E GRADAÇÃO PREVISTAS EM LEI, SEM PREJUÍZO DA AÇÃO PENAL CABÍVEL.

§ 5º A LEI ESTABELECERÁ OS PRAZOS DE PRESCRIÇÃO PARA ILÍCITOS PRATICADOS POR QUALQUER AGENTE, SERVIDOR OU NÃO, QUE CAUSEM PREJUÍZOS AO ERÁRIO, RESSALVADAS AS RESPECTIVAS AÇÕES DE RESSARCIMENTO.

§ 6º AS PESSOAS JURÍDICAS DE DIREITO PÚBLICO E AS DE DIREITO PRIVADO PRESTADORAS DE SERVIÇOS PÚBLICOS RESPONDERÃO PELOS DANOS QUE SEUS AGENTES, NESSA QUALIDADE, CAUSAREM A TERCEIROS, ASSEGURADO O DIREITO DE REGRESSO CONTRA O RESPONSÁVEL NOS CASOS DE DOLO OU CULPA.

§ 7º A LEI DISPORÁ SOBRE OS REQUISITOS E AS RESTRIÇÕES AO OCUPANTE DE CARGO OU EMPREGO DA ADMINISTRAÇÃO DIRETA E INDIRETA QUE POSSIBILITE O ACESSO A INFORMAÇÕES PRIVILEGIADAS. (INCLUÍDO PELA EMENDA CONSTITUCIONAL Nº 19, DE 1998)

§ 8º A AUTONOMIA GERENCIAL, ORÇAMENTÁRIA E FINANCEIRA DOS ÓRGÃOS E ENTIDADES DA ADMINISTRAÇÃO DIRETA E INDIRETA PODERÁ SER AMPLIADA MEDIANTE CONTRATO, A SER FIRMADO ENTRE SEUS ADMINISTRADORES E O PODER PÚBLICO, QUE TENHA POR OBJETO A FIXAÇÃO DE METAS DE DESEMPENHO PARA O ÓRGÃO OU ENTIDADE, CABENDO À LEI DISPOR SOBRE: (INCLUÍDO PELA EMENDA CONSTITUCIONAL Nº 19, DE 1998)

I – O PRAZO DE DURAÇÃO DO CONTRATO; (INCLUÍDO PELA EMENDA CONSTITUCIONAL Nº 19, DE 1998)

II – OS CONTROLES E CRITÉRIOS DE AVALIAÇÃO DE DESEMPENHO, DIREITOS, OBRIGAÇÕES E RESPONSABILIDADE DOS DIRIGENTES; (INCLUÍDO PELA EMENDA CONSTITUCIONAL Nº 19, DE 1998)

III – A REMUNERAÇÃO DO PESSOAL. (INCLUÍDO PELA EMENDA CONSTITUCIONAL Nº 19, DE 1998)

§ 9º O DISPOSTO NO INCISO XI APLICA-SE ÀS EMPRESAS PÚBLICAS E ÀS SOCIEDADES DE ECONOMIA MISTA, E SUAS SUBSIDIÁRIAS, QUE RECEBEREM RECURSOS DA UNIÃO, DOS ESTADOS, DO DISTRITO FEDERAL OU DOS MUNICÍPIOS PARA PAGAMENTO DE DESPESAS DE PESSOAL OU DE CUSTEIO EM GERAL. (INCLUÍDO PELA EMENDA CONSTITUCIONAL Nº 19, DE 1998)

§ 10. É VEDADA A PERCEPÇÃO SIMULTÂNEA DE PROVENTOS DE APOSENTADORIA DECORRENTES DO ART. 40 OU DOS ARTS. 42 E 142 COM A REMUNERAÇÃO DE CARGO, EMPREGO OU FUNÇÃO PÚBLICA, RESSALVADOS OS CARGOS ACUMULÁVEIS NA FORMA DESTA CONSTITUIÇÃO, OS CARGOS ELETIVOS E OS CARGOS EM COMISSÃO DECLARADOS EM LEI DE LIVRE NOMEAÇÃO E EXONERAÇÃO (INCLUÍDO PELA EMENDA CONSTITUCIONAL Nº 20, DE 1998) (VIDE EMENDA CONSTITUCIONAL Nº 20, DE 1998)

§ 11. NÃO SERÃO COMPUTADAS, PARA EFEITO DOS LIMITES REMUNERATÓRIOS DE QUE TRATA O INCISO XI DO *CAPUT* DESTE ARTIGO, AS PARCELAS DE CARÁTER INDENIZATÓRIO PREVISTAS EM LEI. (INCLUÍDO PELA EMENDA CONSTITUCIONAL Nº 47, DE 2005)

§ 12. PARA OS FINS DO DISPOSTO NO INCISO XI DO CAPUT DESTE ARTIGO, FICA FACULTADO AOS ESTADOS E AO DISTRITO FEDERAL FIXAR, EM SEU ÂMBITO, MEDIANTE EMENDA ÀS RESPECTIVAS CONSTITUIÇÕES E LEI ORGÂNICA, COMO LIMITE ÚNICO, O SUBSÍDIO MENSAL DOS DESEMBARGADORES DO RESPECTIVO TRIBUNAL DE JUSTIÇA, LIMITADO A NOVENTA INTEIROS E VINTE E CINCO CENTÉSIMOS POR CENTO DO SUBSÍDIO MENSAL DOS MINISTROS DO SUPREMO TRIBUNAL FEDERAL, NÃO SE APLICANDO O DISPOSTO NESTE PARÁGRAFO AOS SUBSÍDIOS DOS DEPUTADOS ESTADUAIS E DISTRITAIS E DOS VEREADORES. (INCLUÍDO PELA EMENDA CONSTITUCIONAL Nº 47, DE 2005)

**§ 13, 14 E 15 INCLUÍDOS PELA REFORMA DA PREVIDÊNCIA E COMENTADOS À PARTE, ADIANTE.*

ART. 38. AO SERVIDOR PÚBLICO DA ADMINISTRAÇÃO DIRETA, AUTÁRQUICA E FUNDACIONAL, NO EXERCÍCIO DE MANDATO ELETIVO, APLICAM-SE AS SEGUINTES DISPOSIÇÕES: (REDAÇÃO DADA PELA EMENDA CONSTITUCIONAL Nº 19, DE 1998)

I – TRATANDO-SE DE MANDATO ELETIVO FEDERAL, ESTADUAL OU DISTRITAL, FICARÁ AFASTADO DE SEU CARGO, EMPREGO OU FUNÇÃO;

II – INVESTIDO NO MANDATO DE PREFEITO, SERÁ AFASTADO DO CARGO, EMPREGO OU FUNÇÃO, SENDO-LHE FACULTADO OPTAR PELA SUA REMUNERAÇÃO;

III – INVESTIDO NO MANDATO DE VEREADOR, HAVENDO COMPATIBILIDADE DE HORÁRIOS, PERCEBERÁ AS VANTAGENS DE SEU CARGO, EMPREGO OU FUNÇÃO, SEM PREJUÍZO DA REMUNERAÇÃO DO CARGO ELETIVO, E, NÃO HAVENDO COMPATIBILIDADE, SERÁ APLICADA A NORMA DO INCISO ANTERIOR;

IV – EM QUALQUER CASO QUE EXIJA O AFASTAMENTO PARA O EXERCÍCIO DE MANDATO ELETIVO, SEU TEMPO DE SERVIÇO SERÁ CONTADO PARA TODOS OS EFEITOS LEGAIS, EXCETO PARA PROMOÇÃO POR MERECIMENTO;

**V – ALTERADO PELA REFORMA DA PREVIDÊNCIA E COMENTADO À PARTE, ADIANTE*

Comentários aos artigos 37 e 38

O art. 37 da Constituição apresenta o coração, isto é, o núcleo do regime jurídico administrativo brasileiro, pois ele apresenta, no *caput*, os princípios da Administração Pública, e, nos incisos, disciplina dos seguintes assuntos: o regime dos cargos, empregos e funções, tendo em vista a acessibilidade; a investidura por meio de concurso público, como regra geral, sendo disciplinadas as exceções; a associação sindical do servidor e o direito à greve; as regras de inclusão de pessoas com deficiência; a contratação por tempo determinado; a remuneração e o teto no serviço público; a proibição de acúmulo de cargos, como regra geral; a precedência da administração fazendária e serviços fiscais; o regime básico de criação e instituição de entes da Administração Indireta; a regra da licitação para as contratações, no geral; e, novamente, a ênfase nos recursos prioritários às administrações tributárias.

Os parágrafos do artigo 37 também contemplam os seguintes assuntos: a impessoalidade da publicidade dos órgãos públicos; a necessidade de observância das regras de concurso público; a disciplina legal da participação de usuário da Administração Pública; sanções de improbidade administrativa; prazos legais de prescrição de ilícitos, com a ressalva do ressarcimento ao erário (sendo a reparação de danos à Fazenda considerada prescritível pelo servidor, conforme julgado do RE nº 669.069, com repercussão geral); reponsabilidade extracontratual do Estado; determinação que a lei disponha sobre conflito de interesses em informações privilegiadas; contrato de gestão inserido pela Reforma Administrativa, sendo essa possibilidade, inserta pela EC nº 19/1998, questionável, dada tentativa de flexibilizar o regime jurídico no tocante a conferir liberdade, via contratual, orçamentária e financeira para entes da Administração; teto também aplicável às estatais; vedação de acumulação, em geral, de aposentadoria própria com remuneração; exclusão das parcelas indenizatórias do teto; e facultatividade de fixação de limite único de subsídio nos Estados e no Distrito Federal.

Um assunto que inequivocamente sofreu reveses por parte das decisões do Supremo Tribunal Federal nestes 30 anos, mais acentuadamente nos últimos anos, foi a greve dos servidores, sendo indiciário desse retrocesso a decisão, com efeitos de repercussão geral, no RE nº 693.456, em 27 de outubro de 2016, no sentido da constitucionalidade do desconto dos dias parados e, também, em abril de 2017, a proibição da greve do policial civil (no RE nº 654.463/GO), dado que a Constituição só proíbe expressamente a greve de militares.

O artigo 38 da Constituição procura compatibilizar o regime transitório que representa um mandato eletivo, com a situação mais perene do servidor público, a partir da determinação das seguintes regras: (1) se o mandato for federal, estadual ou distrital, deve haver o afastamento do exercício do cargo, do emprego ou da função; (2) se for de prefeito, deve ser afastado, com possibilidade de opção pela remuneração; (3) se for vereador, há a possibilidade de acúmulo das funções, se houver compatibilidade de horários, sendo aplicada a regra do prefeito, caso não haja compatibilidade de horários; sem prejuízo dos feitos legais, exceto para promoção por merecimento.

CAROLINA MOTA MOURÃO
Professora de Direito Administrativo da Faculdade de Direito da Universidade Presbiteriana Mackenzie. Pesquisadora do Núcleo Jurídico da Inovação do Observatório de Inovação e Competitividade do Instituto de Estudos Avançados da USP (OIC/IEA-USP).

JÚLIO CESAR DE OLIVEIRA VELLOZO
Professor de História do Direito da Faculdade de Direito da Universidade Presbiteriana Mackenzie, Professor do Programa de Pós-Graduação *stricto sensu* da FADISP, bolsista FUNADESP.

CAPÍTULO VII
DA ADMINISTRAÇÃO PÚBLICA

SEÇÃO II
DOS SERVIDORES PÚBLICOS

ART. 39. A UNIÃO, OS ESTADOS, O DISTRITO FEDERAL E OS MUNICÍPIOS INSTITUIRÃO CONSELHO DE POLÍTICA DE ADMINISTRAÇÃO E REMUNERAÇÃO DE PESSOAL, INTEGRADO POR SERVIDORES DESIGNADOS PELOS RESPECTIVOS PODERES. (REDAÇÃO DADA PELA EMENDA CONSTITUCIONAL Nº 19, DE 1998) (VIDE ADIN Nº 2.135-4)

§ 1º A FIXAÇÃO DOS PADRÕES DE VENCIMENTO E DOS DEMAIS COMPONENTES DO SISTEMA REMUNERATÓRIO OBSERVARÁ: (REDAÇÃO DADA PELA EMENDA CONSTITUCIONAL Nº 19, DE 1998)

I – A NATUREZA, O GRAU DE RESPONSABILIDADE E A COMPLEXIDADE DOS CARGOS COMPONENTES DE CADA CARREIRA; (INCLUÍDO PELA EMENDA CONSTITUCIONAL Nº 19, DE 1998)

II – OS REQUISITOS PARA A INVESTIDURA; (INCLUÍDO PELA EMENDA CONSTITUCIONAL Nº 19, DE 1998)

III – AS PECULIARIDADES DOS CARGOS. (INCLUÍDO PELA EMENDA CONSTITUCIONAL Nº 19, DE 1998)

§ 2º A UNIÃO, OS ESTADOS E O DISTRITO FEDERAL MANTERÃO ESCOLAS DE GOVERNO PARA A FORMAÇÃO E O APERFEIÇOAMENTO DOS SERVIDORES PÚBLICOS, CONSTITUINDO-SE A PARTICIPAÇÃO NOS CURSOS UM DOS REQUISITOS PARA A PROMOÇÃO NA CARREIRA, FACULTADA, PARA ISSO, A CELEBRAÇÃO DE CONVÊNIOS OU CONTRATOS ENTRE OS ENTES FEDERADOS. (REDAÇÃO DADA PELA EMENDA CONSTITUCIONAL Nº 19, DE 1998)

§ 3º APLICA-SE AOS SERVIDORES OCUPANTES DE CARGO PÚBLICO O DISPOSTO NO ART. 7º, IV, VII, VIII, IX, XII, XIII, XV, XVI, XVII, XVIII, XIX, XX, XXII E XXX, PODENDO A LEI ESTABELECER REQUISITOS DIFERENCIADOS DE ADMISSÃO QUANDO A NATUREZA DO CARGO O EXIGIR. (INCLUÍDO PELA EMENDA CONSTITUCIONAL Nº 19, DE 1998)

§ 4º O MEMBRO DE PODER, O DETENTOR DE MANDATO ELETIVO, OS MINISTROS DE ESTADO E OS SECRETÁRIOS ESTADUAIS E MUNICIPAIS SERÃO REMUNERADOS EXCLUSIVAMENTE POR SUBSÍDIO FIXADO EM PARCELA ÚNICA, VEDADO O ACRÉSCIMO DE QUALQUER GRATIFICAÇÃO, ADICIONAL, ABONO, PRÊMIO, VERBA DE REPRESENTAÇÃO OU OUTRA ESPÉCIE REMUNERATÓRIA, OBEDECIDO, EM QUALQUER CASO, O DISPOSTO NO ART. 37, X E XI. (INCLUÍDO PELA EMENDA CONSTITUCIONAL Nº 19, DE 1998)

§ 5º LEI DA UNIÃO, DOS ESTADOS, DO DISTRITO FEDERAL E DOS MUNICÍPIOS PODERÁ ESTABELECER A RELAÇÃO ENTRE A MAIOR E A MENOR REMUNERAÇÃO DOS SERVIDORES PÚBLICOS, OBEDECIDO, EM QUALQUER CASO, O DISPOSTO NO ART. 37, XI (INCLUÍDO PELA EMENDA CONSTITUCIONAL Nº 19, DE 1998)

§ 6º OS PODERES EXECUTIVO, LEGISLATIVO E JUDICIÁRIO PUBLICARÃO ANUALMENTE OS VALORES DO SUBSÍDIO E DA REMUNERAÇÃO DOS CARGOS E EMPREGOS PÚBLICOS. (INCLUÍDO PELA EMENDA CONSTITUCIONAL Nº 19, DE 1998)

§ 7º LEI DA UNIÃO, DOS ESTADOS, DO DISTRITO FEDERAL E DOS MUNICÍPIOS DISCIPLINARÁ A APLICAÇÃO DE RECURSOS ORÇAMENTÁRIOS PROVENIENTES DA ECONOMIA COM DESPESAS CORRENTES EM CADA ÓRGÃO, AUTARQUIA E FUNDAÇÃO, PARA APLICAÇÃO NO DESENVOLVIMENTO DE PROGRAMAS DE QUALIDADE E PRODUTIVIDADE, TREINAMENTO E DESENVOLVIMENTO, MODERNIZAÇÃO, REAPARELHAMENTO E RACIONALIZAÇÃO DO SERVIÇO PÚBLICO, INCLUSIVE SOB A FORMA DE ADICIONAL OU PRÊMIO DE PRODUTIVIDADE. (INCLUÍDO PELA EMENDA CONSTITUCIONAL Nº 19, DE 1998)

§ 8º A REMUNERAÇÃO DOS SERVIDORES PÚBLICOS ORGANIZADOS EM CARREIRA PODERÁ SER FIXADA NOS TERMOS DO § 4º (INCLUÍDO PELA EMENDA CONSTITUCIONAL Nº 19, DE 1998)

*§ 9º *INCLUÍDO PELA REFORMA DA PREVIDÊNCIA E COMENTADO À PARTE ADIANTE*

O artigo 39 da Constituição é central para compreender como os servidores públicos se organizam e se relacionam com a Administração Pública no Brasil. Esse artigo dispõe, mais especificamente, sobre o regime jurídico dos servidores públicos civis, isto é, como devem ser estabelecidos os direitos e os deveres dos servidores em sua relação com o Poder Público, o que repercute diretamente no próprio funcionamento da Administração Pública.

Em seu *caput*, o artigo 39 estabelece a instituição obrigatória de regime jurídico único e planos de carreiras para os servidores da administração pública direta, autárquica e fundacional da União, Estados, Distrito Federal e Municípios, no âmbito de suas competências.

Ainda que possam existir algumas divergências quanto ao sentido da norma, houve uma generalização do entendimento de que o regime jurídico único da Constituição tem natureza estatutária. Desse modo, o regime estatutário aplica-se aos servidores da administração direta, autárquica e fundacional das distintas unidades da federação, ficando o regime celetista, além de indistintamente aplicado para empregados do setor privado, também destinado àqueles que trabalham em empresas públicas e sociedades de economia mista.

Isso significa dizer que os servidores públicos estatutários observam regime jurídico distinto daquele adotado para empregados regidos pelo direito privado, ainda que existam aproximações em relação a uma série de direitos previstos no art. 7º da Constituição (salário mínimo, décimo terceiro, repouso semanal e férias remuneradas, entre outros), por força do art. 39, § 3º, e também do art. 37, VI e VII, ambos artigos da Constituição. Ressalte-se que existem diversos regimes estatutários, os quais podem apresentar conteúdos distintos, nos termos das leis que os editou, mantendo a mesma natureza de estatutário e não se confundindo portanto com o regime celetista.

A Emenda Constitucional nº 19/1998 ("EC nº 19/1998") alterou a redação do *caput* e dos parágrafos do artigo 39 da Constituição e, dentre outras mudanças, suprimiu o regime jurídico único. Dentro do contexto da reforma do Estado dos anos 1990, entendia-se que o fim da obrigatoriedade do regime jurídico único contribuiria para a implementação de uma "administração gerencial", menos burocrática, pois a definição do regime dos servidores – se estatutário ou celetista – ocorreria conforme a carreira. Desse modo, na vigência da EC nº 19/1998 seria possível aplicar o regime celetista para autarquias e fundações, que antes adotavam somente o regime estatutário. Como desdobramento, foi editada a Lei nº 9.962/2000, que disciplinou o regime de emprego público na administração federal direta, autárquica e fundacional.

No entanto, aproximadamente 10 anos após a publicação da EC nº 19/1998, o STF, na ADI nº 2135, suspendeu a eficácia das alterações promovidas no caput do art. 39 da Constituição a partir da publicação da referida Emenda, retornando-se à redação original do caput, que passou avigorar novamente a partir da data da decisão. A discussão foi de certa forma superada com a decisão da Corte, mas opaís ainda carece de uma discussão que ultrapasse a dicotomia entre os regimes "estatutário-celetista" presentes nos manuais jurídicos, para alcançar novas formas de se pensar a relação entre os servidores, o Estado e a sociedade, que proporcionem avanços à condição dos servidores e valorização das carreiras, a partir de uma perspectiva coletivista (e não particularista) e em termos acessíveis a um debate público.

Além do regime jurídico único, o artigo 39 da Constituição, com a redação dada pela referida Emenda, dispõe em seus parágrafos 10 e 40 sobre a sistemática de remuneração dos servidores públicos, a qual não segue um modelo único. A remuneração pode se dar por vencimentos ou por subsídios. A diferença entre essas formas de remuneração consiste em que os vencimentos comportam uma remuneração fixa e outra variável, compreendendo vantagens pecuniárias; já o subsídio compreende uma parcela única, sendo vedado o acréscimo de vantagens pecuniárias, qualquer que seja a sua natureza.

A ideia do subsídio foi a de garantir o controle da remuneração de certas categorias de agentes públicos, notadamente os membros dos Poderes e aqueles ocupantes de cargos do primeiro escalão (art. 39, § 4º), que servem como parâmetro para a remuneração de outros servidores. A medida foi inserida no texto constitucional com o objetivo de racionalizar o sistema remuneratório, que havia se tornado bastante complexo, e superar distorções decorrentes dessa complexidade, buscando também reduzir os questionamentos em juízo decorrentes da multiplicidade de vantagens pecuniárias. No entanto, a medida restringiu a adoção de mecanismos remuneratórios como instrumento de políticas voltadas à gestão de recursos humanos no setor público.

Embora a previsão do subsídio para certas categorias tenha simplificado o sistema em alguma medida, com reflexos no teto remuneratório para carreiras do setor público, deve-se destacar a existência de distorções nesse sistema remuneratório. Isso porque, mesmo no caso de remuneração por meio de subsídio, são assegurados acréscimos em razão de despesas consideradas decorrentes do exercício do cargo, tais como pagamento de diárias, auxílio-alimentação, auxílio-moradia, entre outros. Do ponto de vista jurídico, tais acréscimos são considerados indenizações (e não remuneração), uma vez que se destinam à recomposição patrimonial do servidor, apresentando natureza compensatória. Porém, a prática aponta, muitas vezes, para uma utilização desproporcional desse mecanismo, o que pode acabar configurando o pagamento indevido de vantagem e, consequentemente, o enriquecimento ilícito do servidor. Outro aspecto a ser também considerado diz respeito ao pagamento de verbas honorárias para advogados públicos (notadamente os honorários de sucumbência), que não integram o subsídio. Mesmo diante do entendimento que vem se firmando de que os honorários de sucumbência pertencem aos ocupantes dos cargos e não ao Estado, ainda pairam controvérsias sobre o assunto, em especial em razão da forma como é feita a gestão e a distribuição desses valores. A tecnicidade jurídica que permeia a remuneração dos servidores torna a matéria pouco permeável e acessível para um debate mais republicano – extremamente necessário para a efetividade do artigo 39 da Constituição.

Além de preceitos sobre regime jurídico e remuneração, é interessante notar que o artigo 39 traz previsão para que os entes federativos mantenham escolas de governo para formação e aperfeiçoamento dos servidores públicos, estabelecendo inclusive a participação em cursos por elas oferecidos como requisito para promoção nas carreiras públicas. Há no texto constitucional uma evidente preocupação tanto com estruturas voltadas à capacitação dos servidores em si (manutenção de escolas de governo) como com o estabelecimento de incentivos para que os servidores invistam mais ativamente em sua formação profissional (promoção na carreira).

Atualmente, existem no Brasil aproximadamente 262 instituições governamentais relacionadas de algum modo ao aperfeiçoamento profissional de servidores públicos pertencentes aos três níveis de governo, as quais se encontram reunidas na Rede Nacional de Escolas de Governo. A despeito dessa iniciativa, verifica-se uma distribuição desigual dessas instituições pelo território do país, bem como a falta de articulação entre elas e, ainda, lacunas de conhecimento sobre o perfil institucional dessas escolas de governo – sejam elas federais, estaduais ou municipais. Também há poucos dados consistentes que avaliem de modo concreto o impacto das atividades realizadas por essas escolas no funcionamento da administração pública.

Ainda no sentido de incentivo aos servidores públicos, há previsão para que os entes federativos disciplinem a aplicação de recursos orçamentários no desenvolvimento de programas de qualidade e produtividade, treinamento e desenvolvimento, modernização, reaparelhamento e racionalização do serviço público, inclusive sob a forma de adicional ou prêmio. Essas são medidas fundamentais para lidar com algumas externalidades negativas dos concursos públicos – os concursos são essenciais para a garantia da isonomia e da impessoalidade no âmbito da Administração, mas por vezes acabam contribuindo para ambientes de trabalho menos estimulantes e menos propensos ao desenvolvimento de novas competências e habilidades dos servidores.

Em síntese, o artigo 39 traz algumas questões subjacentes importantes, as quais devem ser repensadas após esses 30 anos da promulgação da Constituição Federal. O estabelecimento de direitos e deveres dos servidores é peça-chave para a valorização do servidor e para que que se tenha instituições públicas que atendam à sociedade. Entretanto, conforme mencionado, a tecnicidade e o formalismo que permeiam as discussões sobre o regime jurídico e a remuneração dos servidores no Brasil dificulta a realização de um debate aberto a outros campos do conhecimento e segmentos da sociedade, para além dos limites técnico-jurídicos. Entre tantos outros, esse debate é necessário para que a Constituição possa de fato representar para o Brasil, conforme o deputado constituinte Florestan Fernandes, "um salto histórico qualitativo, que nos colocará, realmente, entre as nações mais democráticas do mundo".

REFERÊNCIAS BIBLIOGRÁFICAS

ARAÚJO, Florivaldo Dutra de. Verbete: regime jurídico único. In: *Enciclopédia jurídica da PUC/SP.* Tomo Direito Administrativo e Constitucional. São Paulo: PUC-SP 2017.

BRASIL. Assembleia Nacional Constituinte, 1987-1988. *O Processo Constituinte. Pronunciamentos e debates apresentados pelo Deputado Constituinte Florestan Fernandes em 1987.* 48ª Legislatura, 2ª Sessão Legislativa. Centro de Documentação e Informação. Coordenação de Publicações. Brasília: Câmara dos Deputados, 1988.

JUSTEN, Marçal. *Curso de direito administrativo*. 10. ed. São Paulo: Editora Revista dos Tribunais, 2014.

MEDAUAR, Odete. *Direito administrativo moderno*. 19. ed. São Paulo: Revista dos Tribunais, 2015.

MODESTO, Paulo. Remuneração, Subsídio e Indenização: notas para uma semântica republicana. *Revista Direito do Estado*, n. 300, 2016.

NOHARA, Irene. *Direito administrativo*. 7. ed. São Paulo: Saraiva, 2017.

SANTOS, Murilo Giordan. A compatibilidade do subsídio com a verba honorária de sucumbência. *Revista de Informação Legislativa*, Ano 50, n. 199, p. 179-195, jul./set. 2013.

LEITURA SISTÊMICA A PARTIR DA REFORMA DA PREVIDÊNCIA (EC 103/2009)

JÚLIA LENZI DA SILVA
Doutora em Direito do Trabalho e da Seguridade Social pela USP. Graduada e mestra em Direito pela UNESP. Consultora em Direito Previdenciário de LBS-Advogados.

ART. 37.

§ 13. O SERVIDOR PÚBLICO TITULAR DE CARGO EFETIVO PODERÁ SER READAPTADO PARA EXERCÍCIO DE CARGO CUJAS ATRIBUIÇÕES E RESPONSABILIDADES SEJAM COMPATÍVEIS COM A LIMITAÇÃO QUE TENHA SOFRIDO EM SUA CAPACIDADE FÍSICA OU MENTAL, ENQUANTO PERMANECER NESTA CONDIÇÃO, DESDE QUE POSSUA A HABILITAÇÃO E O NÍVEL DE ESCOLARIDADE EXIGIDOS PARA O CARGO DE DESTINO, MANTIDA A REMUNERAÇÃO DO CARGO DE ORIGEM.

§ 14. A APOSENTADORIA CONCEDIDA COM A UTILIZAÇÃO DE TEMPO DE CONTRIBUIÇÃO DECORRENTE DE CARGO, EMPREGO OU FUNÇÃO PÚBLICA, INCLUSIVE DO REGIME GERAL DE PREVIDÊNCIA SOCIAL, ACARRETARÁ O ROMPIMENTO DO VÍNCULO QUE GEROU O REFERIDO TEMPO DE CONTRIBUIÇÃO.

§ 15. É VEDADA A COMPLEMENTAÇÃO DE APOSENTADORIAS DE SERVIDORES PÚBLICOS E DE PENSÕES POR MORTE A SEUS DEPENDENTES QUE NÃO SEJA DECORRENTE DO DISPOSTO NOS §§ 14 A 16 DO ART. 40 OU QUE NÃO SEJA PREVISTA EM LEI QUE EXTINGA REGIME PRÓPRIO DE PREVIDÊNCIA SOCIAL.

ART. 38.

V – NA HIPÓTESE DE SER SEGURADO DE REGIME PRÓPRIO DE PREVIDÊNCIA SOCIAL, PERMANECERÁ FILIADO A ESSE REGIME, NO ENTE FEDERATIVO DE ORIGEM."

ART. 39.

§ 9º É VEDADA A INCORPORAÇÃO DE VANTAGENS DE CARÁTER TEMPORÁRIO OU VINCULADAS AO EXERCÍCIO DE FUNÇÃO DE CONFIANÇA OU DE CARGO EM COMISSÃO À REMUNERAÇÃO DO CARGO EFETIVO.

ART. 40. O REGIME PRÓPRIO DE PREVIDÊNCIA SOCIAL DOS SERVIDORES TITULARES DE CARGOS EFETIVOS TERÁ CARÁTER CONTRIBUTIVO E SOLIDÁRIO, MEDIANTE CONTRIBUIÇÃO DO RESPECTIVO ENTE FEDERATIVO, DE SERVIDORES ATIVOS, DE APOSENTADOS E DE PENSIONISTAS, OBSERVADOS CRITÉRIOS QUE PRESERVEM O EQUILÍBRIO FINANCEIRO E ATUARIAL.

§ 1º O SERVIDOR ABRANGIDO POR REGIME PRÓPRIO DE PREVIDÊNCIA SOCIAL SERÁ APOSENTADO:

I – POR INCAPACIDADE PERMANENTE PARA O TRABALHO, NO CARGO EM QUE ESTIVER INVESTIDO, QUANDO INSUSCETÍVEL DE READAPTAÇÃO, HIPÓTESE EM QUE SERÁ OBRIGATÓRIA A REALIZAÇÃO DE AVALIAÇÕES PERIÓDICAS PARA VERIFICAÇÃO DA CONTINUIDADE DAS CONDIÇÕES QUE ENSEJARAM A CONCESSÃO DA APOSENTADORIA, NA FORMA DE LEI DO RESPECTIVO ENTE FEDERATIVO;

II – COMPULSORIAMENTE, COM PROVENTOS PROPORCIONAIS AO TEMPO DE CONTRIBUIÇÃO, AOS 70 (SETENTA) ANOS DE IDADE, OU AOS 75 (SETENTA E CINCO) ANOS DE IDADE, NA FORMA DE LEI COMPLEMENTAR;

II – NO ÂMBITO DA UNIÃO, AOS 62 (SESSENTA E DOIS) ANOS DE IDADE, SE MULHER, E AOS 65 (SESSENTA E CINCO) ANOS DE IDADE, SE HOMEM, E, NO ÂMBITO DOS ESTADOS, DO DISTRITO FEDERAL E DOS MUNICÍPIOS, NA

IDADE MÍNIMA ESTABELECIDA MEDIANTE EMENDA ÀS RESPECTIVAS CONSTITUIÇÕES E LEIS ORGÂNICAS, OBSERVADOS O TEMPO DE CONTRIBUIÇÃO E OS DEMAIS REQUISITOS ESTABELECIDOS EM LEI COMPLEMENTAR DO RESPECTIVO ENTE FEDERATIVO.

§ 2º OS PROVENTOS DE APOSENTADORIA NÃO PODERÃO SER INFERIORES AO VALOR MÍNIMO A QUE SE REFERE O § 2º DO ART. 201 OU SUPERIORES AO LIMITE MÁXIMO ESTABELECIDO PARA O REGIME GERAL DE PREVIDÊNCIA SOCIAL, OBSERVADO O DISPOSTO NOS §§ 14 A 16.

§ 3º AS REGRAS PARA CÁLCULO DE PROVENTOS DE APOSENTADORIA SERÃO DISCIPLINADAS EM LEI DO RESPECTIVO ENTE FEDERATIVO.

§ 4º É VEDADA A ADOÇÃO DE REQUISITOS OU CRITÉRIOS DIFERENCIADOS PARA CONCESSÃO DE BENEFÍCIOS EM REGIME PRÓPRIO DE PREVIDÊNCIA SOCIAL, RESSALVADO O DISPOSTO NOS §§ 4º-A, 4º-B, 4º-C E 5º.

§ 4º-A. PODERÃO SER ESTABELECIDOS POR LEI COMPLEMENTAR DO RESPECTIVO ENTE FEDERATIVO IDADE E TEMPO DE CONTRIBUIÇÃO DIFERENCIADOS PARA APOSENTADORIA DE SERVIDORES COM DEFICIÊNCIA, PREVIAMENTE SUBMETIDOS A AVALIAÇÃO BIOPSICOSSOCIAL REALIZADA POR EQUIPE MULTIPROFISSIONAL E INTERDISCIPLINAR.

§ 4º-B. PODERÃO SER ESTABELECIDOS POR LEI COMPLEMENTAR DO RESPECTIVO ENTE FEDERATIVO IDADE E TEMPO DE CONTRIBUIÇÃO DIFERENCIADOS PARA APOSENTADORIA DE OCUPANTES DO CARGO DE AGENTE PENITENCIÁRIO, DE AGENTE SOCIOEDUCATIVO OU DE POLICIAL DOS ÓRGÃOS DE QUE TRATAM O INCISO IV DO CAPUT DO ART. 51, O INCISO XIII DO CAPUT DO ART. 52 E OS INCISOS I A IV DO CAPUT DO ART. 144.

§ 4º-C. PODERÃO SER ESTABELECIDOS POR LEI COMPLEMENTAR DO RESPECTIVO ENTE FEDERATIVO IDADE E TEMPO DE CONTRIBUIÇÃO DIFERENCIADOS PARA APOSENTADORIA DE SERVIDORES CUJAS ATIVIDADES SEJAM EXERCIDAS COM EFETIVA EXPOSIÇÃO A AGENTES QUÍMICOS, FÍSICOS E BIOLÓGICOS PREJUDICIAIS À SAÚDE, OU ASSOCIAÇÃO DESSES AGENTES, VEDADA A CARACTERIZAÇÃO POR CATEGORIA PROFISSIONAL OU OCUPAÇÃO.

§ 5º OS OCUPANTES DO CARGO DE PROFESSOR TERÃO IDADE MÍNIMA REDUZIDA EM 5 (CINCO) ANOS EM RELAÇÃO ÀS IDADES DECORRENTES DA APLICAÇÃO DO DISPOSTO NO INCISO III DO § 1º, DESDE QUE COMPROVEM TEMPO DE EFETIVO EXERCÍCIO DAS FUNÇÕES DE MAGISTÉRIO NA EDUCAÇÃO INFANTIL E NO ENSINO FUNDAMENTAL E MÉDIO FIXADO EM LEI COMPLEMENTAR DO RESPECTIVO ENTE FEDERATIVO.

§ 6º RESSALVADAS AS APOSENTADORIAS DECORRENTES DOS CARGOS ACUMULÁVEIS NA FORMA DESTA CONSTITUIÇÃO, É VEDADA A PERCEPÇÃO DE MAIS DE UMA APOSENTADORIA À CONTA DE REGIME PRÓPRIO DE PREVIDÊNCIA SOCIAL, APLICANDO-SE OUTRAS VEDAÇÕES, REGRAS E CONDIÇÕES PARA A ACUMULAÇÃO DE BENEFÍCIOS PREVIDENCIÁRIOS ESTABELECIDAS NO REGIME GERAL DE PREVIDÊNCIA SOCIAL.

§ 7º OBSERVADO O DISPOSTO NO § 2º DO ART. 201, QUANDO SE TRATAR DA ÚNICA FONTE DE RENDA FORMAL AUFERIDA PELO DEPENDENTE, O BENEFÍCIO DE PENSÃO POR MORTE SERÁ CONCEDIDO NOS TERMOS DE LEI DO RESPECTIVO ENTE FEDERATIVO, A QUAL TRATARÁ DE FORMA DIFERENCIADA A HIPÓTESE DE MORTE DOS SERVIDORES DE QUE TRATA O § 4º-B DECORRENTE DE AGRESSÃO SOFRIDA NO EXERCÍCIO OU EM RAZÃO DA FUNÇÃO.

§ 8º É ASSEGURADO O REAJUSTAMENTO DOS BENEFÍCIOS PARA PRESERVAR-LHES, EM CARÁTER PERMANENTE, O VALOR REAL, CONFORME CRITÉRIOS ESTABELECIDOS EM LEI.

§ 9º O TEMPO DE CONTRIBUIÇÃO FEDERAL, ESTADUAL, DISTRITAL OU MUNICIPAL SERÁ CONTADO PARA FINS DE APOSENTADORIA, OBSERVADO O DISPOSTO NOS §§ 9º E 9º-A DO ART. 201, E O TEMPO DE SERVIÇO CORRESPONDENTE SERÁ CONTADO PARA FINS DE DISPONIBILIDADE.

§ 10 – A LEI NÃO PODERÁ ESTABELECER QUALQUER FORMA DE CONTAGEM DE TEMPO DE CONTRIBUIÇÃO FICTÍCIO.

§ 11 – APLICA-SE O LIMITE FIXADO NO ART. 37, XI, À SOMA TOTAL DOS PROVENTOS DE INATIVIDADE, INCLUSIVE QUANDO DECORRENTES DA ACUMULAÇÃO DE CARGOS OU EMPREGOS PÚBLICOS, BEM COMO DE OUTRAS ATIVIDADES SUJEITAS A CONTRIBUIÇÃO PARA O REGIME GERAL DE PREVIDÊNCIA SOCIAL, E AO MONTANTE RESULTANTE DA ADIÇÃO DE PROVENTOS DE INATIVIDADE COM REMUNE-

RAÇÃO DE CARGO ACUMULÁVEL NA FORMA DESTA CONSTITUIÇÃO, CARGO EM COMISSÃO DECLARADO EM LEI DE LIVRE NOMEAÇÃO E EXONERAÇÃO, E DE CARGO ELETIVO.

§ 12. ALÉM DO DISPOSTO NESTE ARTIGO, SERÃO OBSERVADOS, EM REGIME PRÓPRIO DE PREVIDÊNCIA SOCIAL, NO QUE COUBER, OS REQUISITOS E CRITÉRIOS FIXADOS PARA O REGIME GERAL DE PREVIDÊNCIA SOCIAL.

§ 13. APLICA-SE AO AGENTE PÚBLICO OCUPANTE, EXCLUSIVAMENTE, DE CARGO EM COMISSÃO DECLARADO EM LEI DE LIVRE NOMEAÇÃO E EXONERAÇÃO, DE OUTRO CARGO TEMPORÁRIO, INCLUSIVE MANDATO ELETIVO, OU DE EMPREGO PÚBLICO, O REGIME GERAL DE PREVIDÊNCIA SOCIAL.

§ 14. A UNIÃO, OS ESTADOS, O DISTRITO FEDERAL E OS MUNICÍPIOS INSTITUIRÃO, POR LEI DE INICIATIVA DO RESPECTIVO PODER EXECUTIVO, REGIME DE PREVIDÊNCIA COMPLEMENTAR PARA SERVIDORES PÚBLICOS OCUPANTES DE CARGO EFETIVO, OBSERVADO O LIMITE MÁXIMO DOS BENEFÍCIOS DO REGIME GERAL DE PREVIDÊNCIA SOCIAL PARA O VALOR DAS APOSENTADORIAS E DAS PENSÕES EM REGIME PRÓPRIO DE PREVIDÊNCIA SOCIAL, RESSALVADO O DISPOSTO NO § 16.

§ 15. O REGIME DE PREVIDÊNCIA COMPLEMENTAR DE QUE TRATA O § 14 OFERECERÁ PLANO DE BENEFÍCIOS SOMENTE NA MODALIDADE CONTRIBUIÇÃO DEFINIDA, OBSERVARÁ O DISPOSTO NO ART. 202 E SERÁ EFETIVADO POR INTERMÉDIO DE ENTIDADE FECHADA DE PREVIDÊNCIA COMPLEMENTAR OU DE ENTIDADE ABERTA DE PREVIDÊNCIA COMPLEMENTAR.

§ 16 – SOMENTE MEDIANTE SUA PRÉVIA E EXPRESSA OPÇÃO, O DISPOSTO NOS § § 14 E 15 PODERÁ SER APLICADO AO SERVIDOR QUE TIVER INGRESSADO NO SERVIÇO PÚBLICO ATÉ A DATA DA PUBLICAÇÃO DO ATO DE INSTITUIÇÃO DO CORRESPONDENTE REGIME DE PREVIDÊNCIA COMPLEMENTAR.

§ 17. TODOS OS VALORES DE REMUNERAÇÃO CONSIDERADOS PARA O CÁLCULO DO BENEFÍCIO PREVISTO NO § 3º SERÃO DEVIDAMENTE ATUALIZADOS, NA FORMA DA LEI.

§ 18. INCIDIRÁ CONTRIBUIÇÃO SOBRE OS PROVENTOS DE APOSENTADORIAS E PENSÕES CONCEDIDAS PELO REGIME DE QUE TRATA ESTE ARTIGO QUE SUPEREM O LIMITE MÁXIMO ESTABELECIDO PARA OS BENEFÍCIOS DO REGIME GERAL DE PREVIDÊNCIA SOCIAL DE QUE TRATA O ART. 201, COM PERCENTUAL IGUAL AO ESTABELECIDO PARA OS SERVIDORES TITULARES DE CARGOS EFETIVOS.

§ 19. OBSERVADOS CRITÉRIOS A SEREM ESTABELECIDOS EM LEI DO RESPECTIVO ENTE FEDERATIVO, O SERVIDOR TITULAR DE CARGO EFETIVO QUE TENHA COMPLETADO AS EXIGÊNCIAS PARA A APOSENTADORIA VOLUNTÁRIA E QUE OPTE POR PERMANECER EM ATIVIDADE PODERÁ FAZER JUS A UM ABONO DE PERMANÊNCIA EQUIVALENTE, NO MÁXIMO, AO VALOR DA SUA CONTRIBUIÇÃO PREVIDENCIÁRIA, ATÉ COMPLETAR A IDADE PARA APOSENTADORIA COMPULSÓRIA.

§ 20. É VEDADA A EXISTÊNCIA DE MAIS DE UM REGIME PRÓPRIO DE PREVIDÊNCIA SOCIAL E DE MAIS DE UM ÓRGÃO OU ENTIDADE GESTORA DESSE REGIME EM CADA ENTE FEDERATIVO, ABRANGIDOS TODOS OS PODERES, ÓRGÃOS E ENTIDADES AUTÁRQUICAS E FUNDACIONAIS, QUE SERÃO RESPONSÁVEIS PELO SEU FINANCIAMENTO, OBSERVADOS OS CRITÉRIOS, OS PARÂMETROS E A NATUREZA JURÍDICA DEFINIDOS NA LEI COMPLEMENTAR DE QUE TRATA O § 22.

§ 21. A CONTRIBUIÇÃO PREVISTA NO § 18 DESTE ARTIGO INCIDIRÁ APENAS SOBRE AS PARCELAS DE PROVENTOS DE APOSENTADORIA E DE PENSÃO QUE SUPEREM O DOBRO DO LIMITE MÁXIMO ESTABELECIDO PARA OS BENEFÍCIOS DO REGIME GERAL DE PREVIDÊNCIA SOCIAL DE QUE TRATA O ART. 201 DESTA CONSTITUIÇÃO, QUANDO O BENEFICIÁRIO, NA FORMA DA LEI, FOR PORTADOR DE DOENÇA INCAPACITANTE.

§ 22. VEDADA A INSTITUIÇÃO DE NOVOS REGIMES PRÓPRIOS DE PREVIDÊNCIA SOCIAL, LEI COMPLEMENTAR FEDERAL ESTABELECERÁ, PARA OS QUE JÁ EXISTAM, NORMAS GERAIS DE ORGANIZAÇÃO, DE FUNCIONAMENTO E DE RESPONSABILIDADE EM SUA GESTÃO, DISPONDO, ENTRE OUTROS ASPECTOS, SOBRE:

I – REQUISITOS PARA SUA EXTINÇÃO E CONSEQUENTE MIGRAÇÃO PARA O REGIME GERAL DE PREVIDÊNCIA SOCIAL;

II – MODELO DE ARRECADAÇÃO, DE APLICAÇÃO E DE UTILIZAÇÃO DOS RECURSOS;

III – FISCALIZAÇÃO PELA UNIÃO E CONTROLE EXTERNO E SOCIAL;

IV – DEFINIÇÃO DE EQUILÍBRIO FINANCEIRO E ATUARIAL;

V – CONDIÇÕES PARA INSTITUIÇÃO DO FUNDO COM FINALIDADE PREVIDENCIÁRIA DE QUE TRATA O ART. 249 E PARA VINCULAÇÃO A ELE DOS RECURSOS PROVENIENTES DE CONTRIBUIÇÕES E DOS BENS, DIREITOS E ATIVOS DE QUALQUER NATUREZA;

VI – MECANISMOS DE EQUACIONAMENTO DO DEFICIT ATUARIAL;

VII – ESTRUTURAÇÃO DO ÓRGÃO OU ENTIDADE GESTORA DO REGIME, OBSERVADOS OS PRINCÍPIOS RELACIONADOS COM GOVERNANÇA, CONTROLE INTERNO E TRANSPARÊNCIA;

VIII – CONDIÇÕES E HIPÓTESES PARA RESPONSABILIZAÇÃO DAQUELES QUE DESEMPENHEM ATRIBUIÇÕES RELACIONADAS, DIRETA OU INDIRETAMENTE, COM A GESTÃO DO REGIME;

IX – CONDIÇÕES PARA ADESÃO A CONSÓRCIO PÚBLICO;

X – PARÂMETROS PARA APURAÇÃO DA BASE DE CÁLCULO E DEFINIÇÃO DE ALÍQUOTA DE CONTRIBUIÇÕES ORDINÁRIAS E EXTRAORDINÁRIAS.

A recentíssima reforma da previdência aprovada dá continuidade e aprofunda o processo de uniformização dos sistemas previdenciários, compreendido como as sucessivas tentativas de aproximação entre as normativas regulamentadoras do Regime Geral de Previdência Social (RGPS) e as diretrizes constitucionais para estruturação dos Regimes Próprios de Previdência Social (RPPS), priorizando-se a tática da desconstitucionalização de direitos e garantias previdenciárias e, consequentemente, reduzindo seu patamar protetivo. No tocante ao RPPS, tal movimento tem procurado alcançar legitimidade popular por meio da operacionalização do discurso da "racionalidade econômica", segundo o qual todas as alterações implementadas nesse regime teriam, como objetivo, a busca pela "sustentabilidade econômica de longo prazo". Esse cenário foi, novamente, desenhado nos embates em torno da aprovação da então PEC, durante os quais a base aliada ao Governo Bolsonaro acatou emendas para suprimir alterações referentes ao RGPS, sustentando, entretanto, o texto original praticamente inalterado no tocante ao sistema previdenciário do funcionalismo público, sob o pretexto de "combate aos privilégios" e efetividade da "política de equiparação".

De maneira geral, é preciso reconhecer que a doutrina jurídica previdenciária tem corroborado esse tipo de abordagem, afirmando que "[a] regressividade do RPPS é uma das características da previdência brasileira que oferece oportunidade para proposição de mudanças que reduzam a desigualdade e contribuam para o equilíbrio fiscal" (PORTO; CAETANO, 2015, p. 24). Em síntese, os dados fiscais disponibilizados e a revisão bibliográfica apontam que o RPPS seria um regime caro e regressivo, perpetuador de privilégios e explosivo para as contas públicas, sendo imperioso a continuidade de seu processo de "reforma" (Cf. PORTO; CAETANO, 2015, p. 23). Por outro lado, são raras as produções teóricas nas quais se analisa a previdência social dos servidores e servidoras públicas como um importante mecanismo de sedimentação da carreira de Estado, isto é, como elemento componente do regime estatutário que organiza o trabalho dos responsáveis pela realização dos serviços públicos, ajudando a consolidar o referencial axiológico que os diferencia da oferta e execução pelo Mercado.

Em virtude disso, gostaríamos de iniciar nossa argumentação salientando que a proteção previdenciária concedida ao servidor e à servidora está intimamente relacionada ao exercício do múnus público, isto é, decorre da relação jurídica peculiar existente entre a pessoa do servidor e o Estado (Cf. OLIVEIRA, 2013, p. 34). Nesse sentido, é interessante observar como, ainda na contemporaneidade, o funcionário público não perde as características de agente do Estado quando se aposenta, razão pela qual continua a ser denominado "servidor", apenas acrescendo-se o adjetivo "inativo" para diferenciá-lo de quem continua atuando na prestação dos serviços públicos. Seguindo esse raciocínio, afirmamos que a concessão de proteção previdenciária a essa categoria está eivada da mesma lógica que orientou a criação de um regime específico de contratação para os servidores públicos (regime estatutário), qual seja, a preocupação em consolidar uma relação estável entre o Estado e seus agentes, por meio do reconhecimento à especialidade da tarefa por eles desempenhada – atendimento ao interesse público no desenvolvimento de suas atividades.

Em conformidade com o exposto, começa a despontar a perspectiva que aponta a proteção previdenciária concedida aos servidores e servidoras como mecanismo de desenvolvimento do aparato de Estado sob os desígnios da legalidade, impessoalidade, moralidade, publicidade e eficiência, princípios constitucionais da Administração Pública (ainda) dispostos no caput do artigo 37. Aliás, desde uma perspectiva histórica, não é outra a razão para que o art. 219 do Decreto-Lei nº 1.713, de 28 de outubro e 1939, que instituiu o primeiro Estatuto dos Funcionários Públicos, tenha determinado que competia ao Governo Nacional prestar assistência ao funcionário, promovendo "o bem estar e o aperfeiçoamento físico, intelectual e moral dos funcionários e de suas famílias" (Cf. NOGUEIRA, 2012, p. 117), tarefa que acabou sendo desempenhada pelo recém-criado Instituto de Previdência e Assistência dos Servidores do Estado (IPASE/1938), evidenciando o fato de que o regime próprio de previdência dos servidores compunha a política de gestão de pessoas dentro do projeto nacional de organização da dinâmica de prestação de serviços públicos.

Tanto é assim que a criação do IPASE, que unificou todos os montepios e instituições menores de diversas categorias de funcionários públicos, manteve o pagamento dos proventos de aposentadoria dos servidores como responsabilidade financeira do Tesouro Nacional. Nesse sentido, destacamos que todas as constituições subsequentes a de 1891, ao se referirem à previdência social dos servidores e servidoras públicas, foram aumentando seu grau de detalhamento, "[...] porém sempre voltado apenas aos critérios de concessão das aposentadorias, sem nenhuma referência ao seu custeio" (NOGUEIRA, 2012, p. 113). Por conseguinte, com Raul Miguel Freitas de Oliveira, podemos afirmar que

> *[...] até a Emenda Constitucional nº 20, de 16 de dezembro de 1988, as regras que uniformizaram a proteção previdenciária dos servidores públicos restringiram-se aos critérios de elegibilidade aos benefícios de aposentadoria, à paridade dos proventos com a remuneração dos servidores ativos e à integralidade do valor da pensão dos dependentes do servidor público.* (OLIVEIRA, 2013, p. 40)

Vemos, portanto, que é o desenrolar desse processo que constitui o fundamento da concessão de um grau diferenciado de proteção previdenciária aos agentes públicos, o que, sob a ótica estreita do seguro social, aparece como "privilégio", uma vez que, em seu curso organizativo, dispensou a contribuição prévia. Sendo assim, vale salientar que não é como "deformidade", mas sim como "manifestação" da estrutura de um modelo de Estado de Direito, em âmbito nacional, que a previdência dos servidores públicos tem sua trajetória marcada pela adoção de critérios absolutamente distintos da lógica da contrapartida que sempre orientou a dinâmica da previdência do setor privado. Essa é a razão para que as características definidoras do regime próprio de proteção previdenciária – tais como a (1) dispensa de contribuição prévia para acesso aos benefícios, (2) o pagamento de proventos integrais quando da aposentadoria (integralidade) e (3) a extensão, aos servidores inativos, de quaisquer aumentos ou reajustes concedidos àqueles que estão em atividade (paridade) – tenham subsistido ao longo de toda a história institucional brasileira, somente vindo a ser rechaçadas a partir da década de 1990, já no âmbito da execução do projeto neoliberal – o "giro conservador para neoliberalismo" (BEHRING, 2008, p. 145) – projeto esse que borra as fronteiras entre interesses públicos e privados, diminuindo a responsabilidade do Estado no âmbito do planejamento e execução de serviços considerados como componentes do conceito de cidadania.

Aliás, cumpre reforçar que a promulgação da Constituição Federal de 1988 não alterou o quadro de tratativa da proteção previdenciária concedida ao servidor e à servidora como política de organização da prestação de serviços públicos, mantendo a tradição de tutela de todos os textos constitucionais anteriores. Essa percepção fica mais evidente quando adotamos uma interpretação sistemática e teleológica de seu texto, tendo como pressuposto que a disposição de seus conteúdos se dá em conformidade com um projeto de estruturação do Estado. Nesse sentido, observamos que a Constituição inseriu as disposições relativas à previdência dos servidores públicos em título e capítulo apartado das relativas à edificação do sistema de seguridade social. Mais que isso: o artigo 40 da CF que, desde a sua redação original, contém as diretrizes para conformação do Regime Próprio de Previdência Social dos servidores da União, se localiza no Título III, Da Organização do Estado, capítulo VII, que dispõe acerca da Administração Pública, estando situado logo após a enunciação dos direitos e garantias fundamentais conformadores do Estado Democrático de Direito e das disposições afetas ao pacto federativo (divisão de competências entre União, estados e municípios). Assim, enquanto o Regime Geral de Previdência Social (art. 201 da CF) encontra-se disposto no título VIII, da Ordem Social, que tem como primado o trabalho e como objetivo o bem-estar e a justiça sociais (art. 193 da CF), o Regime Próprio encontra-se inserido no âmbito das determinações constitutivas do modelo de Estado eleito como paradigma constitucional, o que não só denota a importância que lhe foi atribuída pelos constituintes, como evidencia sua funcionalidade na estruturação do Estado como garante do interesse público, conforme temos insistido (Cf. SILVA, 2018, p. 139-140).

Entretanto, em sentido absolutamente oposto ao projeto constitucional, observamos que a estratégia de colocar os servidores e servidoras públicas como "vilões da estabilidade financeira" serviu, no passado, e continua servindo, no presente, para degradar o padrão de proteção social previdenciária ofertado pelo Estado brasileiro, o que ficou bem exemplificado no âmbito das reformas empreendidas mediante a aprovação de emendas constitucionais na década de 1990: o discurso de "racionalidade econômica" sustentou a aprovação da EC nº 03/1993, que introduziu a exigência de contribuição por parte dos agentes de Estado. Logo em seguida, com fundamento na "equiparação", a EC nº 20/1998 altera o critério de concessão tempo de serviço para tempo de contribuição em ambos os regimes, fortalecendo o paradigma de seguro e afastando-se do reconhecimento do trabalho como fundamento da concessão de proteção previdenciária. Do mesmo modo, já nos anos 2000, a EC nº 41/2003, sob o argumento de "combate aos privilégios", extinguiu a paridade e a integralidade no regime previdenciário do funcionalismo público, além de determinar a instituição da cobrança de contribuição previdenciária dos servidores inativos. Por sua vez, na contemporaneidade, é com base nessas mesmas premissas que a Reforma da Previdência não só dá continuidade a esse processo, como o aprofunda de maneira bastante acentuada.

Analisando seu texto recém-aprovado, nos deparamos com a nova redação do artigo 40, §1º, III da CF, a qual passa a prever as idades mínimas de 65 anos para homens e 62 anos para as mulheres para a concessão de aposentadoria no âmbito da União. Chamamos a atenção para o fato de que todos os demais requisitos de elegibilidade - tais como o tempo mínimo de contribuição, a definição das alíquotas de contribuição mínima e máxima, a regra de cálculo do valor da aposentadoria, a forma de apuração da base de cálculo e a forma de reajuste de seus valores - foram delegados para regulamentação via Lei Complementar, o que caracteriza o já referido movimento de desconstitucionalização. Com isso, fica aberta a possibilidade de rodadas sucessivas de "reformas da previdência", feitas mediante a modificação dos conteúdos de legislações infraconstitucionais, o que, como se sabe, facilita política e juridicamente o processo de contínuo rebaixamento do padrão protetivo previdenciário.

Na sequência, destaca-se o novo texto do artigo 40, §1º, I que, combinado com o novo artigo 37, §13, trata da aposentadoria concedida em razão de incapacidade permanente, a qual passa a estar condicionada tanto à impossibilidade de readaptação do servidor ou servidora quanto à necessidade dele ou dela se submeter à reavaliação médica periódica, sem estabelecimento de limite etário para consolidação de seu quadro previdenciário. O estabelecimento de ambas as condicionantes torna ainda mais precária a situação de agentes de Estado já acometidos por quadros gravíssimos de saúde, os quais poderão ser readaptados de forma sequencial com o propósito de postergar sua aposentadoria ou, estando aposentados, poderão receber alta a qualquer tempo, retornando à atividade. Nesse sentido, vemos que a lógica da "economia de recursos", prepondera, uma vez mais, sobre o princípio da proteção à saúde e à integridade física no movimento de uniformização dos sistemas previdenciários, aproximando RGPS e RPPS pela via do rebaixamento do patamar protetivo.

Em relação aos servidores e servidoras públicas cujas aposentadorias estão regidas por critérios diferenciados, interessante observar a previsão que passa a estar contida no artigo 40, §5º, da CF, a qual determina a redução em cinco anos das idades mínimas para aposentadoria dos ocupantes do cargo de professor, fixando-as, portanto, em 57 anos para mulheres e 60 anos para homens, o que representa aumento substancial em relação às anteriormente previstas. Ademais, dispõem-se que a contagem do tempo de contribuição especial para acesso à aposentadoria ficará condicionada à prova de "efetivo exercício das funções de magistério na educação infantil e no ensino fundamental e médio", delegando-se aos respectivos entes federativos a competência para a fixação dessas atividades via Lei Complementar. Essa delegação levanta questionamentos sobre a continuidade da vigência da Lei Federal nº 11.301/2006, a qual reconhece como funções de magistérios a direção de unidade escolar e as atividades de coordenação e assessoramento pedagógico - desde que exercidas em estabelecimentos de educação infantil ou de ensino fundamental e médio, conforme entendeu o STF (Tese definida no RE 1.039.644 RG, rel. min. Alexandre de Moraes, P, j. 12.10.2017, Tema 965) – configurando, pois, séria ameaça aos direitos de uma das categorias que mais sofre com jornadas extensivas, adoecimento em razão do trabalho e absoluta precariedade das condições de seu exercício.

No tocante aos dependentes, cumpre salientar que a nova redação do artigo 40, §7º, da CF, admite o pagamento de pensão por morte em valor inferior ao piso praticado no Regime Geral de Previdência Social quando não se tratar da única fonte de renda formal auferida pelo dependente. Além disso, novamente, toda a regulamentação é delegada à lei do respectivo ente federativo, ficando bastante clara a preparação de mais uma rodada de supressão dos direitos previdenciários das famílias dos servidores e servidoras públicas, especialmente das viúvas e dos viúvos, os quais se, porventura, trabalharem com vínculo empregatício formal, ainda que recebendo salários de baixo valor, poderão vir a receber pensões inferiores ao salário mínimo. Nessa linha, a previsão não só descaracteriza, por completo, o intuito protetivo do benefício em questão, quanto representa indício de confisco, uma vez que, vale lembrar, a pensão por morte das servidoras e servidores também está submetida ao princípio contributivo e ao critério da contrapartida.

Por fim, gostaríamos de chamar a atenção para duas previsões: a relativa ao abono de permanência (nova redação do art. 40, §19) e a estabelecida no artigo 37, §14, a qual prevê que "a aposentadoria concedida com a utilização de tempo de contribuição decorrente de cargo, emprego ou função pública, inclusive do Regime Geral de Previdência Social acarretará o rompimento do vínculo que gerou o referido tempo de contribuição". Em relação ao abono, ele passa ser trata como possibilidade, e não mais como direito, ficando na dependência da regulamentação por lei do respectivo ente federativo. Além disso, prevê-se a possibilidade de seu pagamento em valor inferior ao da contribuição previdenciária vertida pelo servidor que, tendo completado os requisitos para se aposentar de forma voluntária após a promulgação da EC nº 103/2019, opte por permanecer em atividade. Para além da clara intenção de economia de recursos às custas da remuneração do funcionalismo público e da interrupção de vínculos, salientamos o incentivo direto e indireto ao desligamento dos agentes de Estado que tais disposições fomentam, o que, aliado ao anúncio de uma "reforma administrativa" pelo Governo Bolsonaro, pode potencializar o esvaziamento progressivo do Regime Próprio, favorecendo, inclusive, sua extinção, que, aliás, é tratada como objetivo na nova redação do artigo 40, §22, I da CF.

Todavia, em que pese a quantidade e profundidade das alterações já comentadas, as previsões referentes à assim chamada "Previdência Complementar" do funcionalismo público, dispostas nos novos § 14 e 15 do artigo 40, são, sem dúvida, aquilo que melhor transparece o desmonte do Regime Próprio e sua transformação em mercadoria. Nessa temática, muito se disse sobre o não recebimento da proposta de capitalização contida no texto original da então PEC, que teria sido suprimida ao longo de sua tramitação pelo Congresso Nacional. Pois bem, isso pode ser verdade em relação ao Regime Geral, mas em relação ao Regime Próprio, a constitucionalização da obrigação de que União, Estados e Municípios instituam regime de previdência complementar para servidores públicos ocupantes de cargo efetivo, conjugada com a obrigatoriedade da adoção do modalidade contribuição definida e com a abertura da possibilidade de que entidades abertas sejam suas gestoras, configura exatamente o quadro desejado (e exigido) pelos grandes bancos, seguradoras privadas e fundos de investimento, os quais passam a poder assumir a gestão dos gigantescos recursos aportados mediante esse mecanismo de captura da poupança dos agentes de Estado.

Nesse ponto, vale o lembrete de François Chesnais de que "[a] escolha em favor desses sistemas foi e é mais do que nunca uma escolha política, escolha em favor dos mercados financeiros, cujas consequências, hoje, são conhecidas" (CHESNAIS, 2005, p. 51). Ora, para que as elevadas somas de aportes previdenciários que escapam do mercado financeiro deixem de fazê-lo é fundamental desmantelar o sistema públicos de previdência, criando fundos de pensão e, onde houver resistência, "[...] é preciso começar pela introdução ou pela extensão dos sistemas de poupança salarial para as camadas mais estáveis de assalariados" (CHESNAIS, 2005, p. 51), razão pela qual, no Brasil, a implementação e expansão dos fundos de pensão se inicia pelo funcionalismo público.

Diante desse quadro, o futuro que se anuncia para servidores e servidoras públicas com a aprovação da Reforma da Previdência é o de uma personalidade social cindida: "de um lado, a de assalariados e, de outro, de membros auxiliares das camadas rentistas da burguesia" (CHESNAIS, 2005, p. 51-52), com suas aposentadorias e pensões transformadas de direitos componente da estrutura de um modelo constitucional de Estado em "investimentos", trocando-se a lógica da proteção previdenciária atrelada à prestação de serviços públicos pelo riscos da Bolsa de Valores.

REFERÊNCIAS BIBLIOGRÁFICAS

BEHRING, Elaine Rossetti. *Brasil em contra-reforma*: desconstrução do Estado e perda de direitos. 2. ed. São Paulo: Cortez, 2008.

CHESNAIS, François. O capital portador de juros: acumulação, internacionalização, efeitos econômicos e políticos. In: CHESNAIS, F. *A finança mundializada*: raízes sociais e políticas, configuração, consequências. Tradução Rosa Marques e Paulo Nakatani. São Paulo: Boitempo, 2005. p. 35-67

NOGUEIRA, Narlon Gutierre. *O equilíbrio financeiro e atuarial do RPPS*: de princípio constitucional à política pública de Estado. Brasília: MPS, 2012 (Coleção Previdência Social. Série Estudos; v. 34)

OLIVEIRA, Raul Miguel Freitas de. *Previdência dos servidores públicos*. São Paulo: JHMIZUNO, 2013.

PORTO, Valéria; CAETANO, Marcelo Abi-Ramia. A previdência dos servidores públicos federais: um regime sustentável? Artigo apresentado no *VIII CONSAD de Gestão Pública*, realizado nos dias 26, 27 e 28 de maio de 2015, em Brasília-DF. Painel 05/015: Regimes de aposentadoria e gestão previdenciária no serviço público. Disponível em: http://repositorio.enap.gov.br/bitstream/1/2236/1/015.pdf. Acesso em 31 out. 2018.

SILVA, Júlia Lenzi. Pelo avesso: as tentativas de aproximação entre as normativas do RGPS e do RPPS. In: BATISTA, Flávio Roberto; SILVA, Júlia Lenzi (org.). *A previdência social dos servidores públicos*: direito, política e orçamento. Coletivo Nacional de Advogados de Servidores Públicos (CNASP). Curitiba-PR: Kaygangue, 2018. p. 131-147

DENISE VASQUES DALLOUL
Advogada. Mestre em Direito do Estado pela USP.

CAROLINA MOTA MOURÃO
Professora de Direito Administrativo da Faculdade de Direito da Universidade Presbiteriana Mackenzie. Pesquisadora do Núcleo Jurídico da Inovação do Observatório de Inovação e Competitividade do Instituto e Estudos Avançados da USP (OIC/IEA-USP).

CAPÍTULO VII
DA ADMINISTRAÇÃO PÚBLICA

SEÇÃO II

DOS SERVIDORES PÚBLICOS

...

ART. 41. SÃO ESTÁVEIS APÓS TRÊS ANOS DE EFETIVO EXERCÍCIO OS SERVIDORES NOMEADOS PARA CARGO DE PROVIMENTO EFETIVO EM VIRTUDE DE CONCURSO PÚBLICO. (REDAÇÃO DADA PELA EMENDA CONSTITUCIONAL Nº 19, DE 1998)

§ 1º O SERVIDOR PÚBLICO ESTÁVEL SÓ PERDERÁ O CARGO: (REDAÇÃO DADA PELA EMENDA CONSTITUCIONAL Nº 19, DE 1998)

I – EM VIRTUDE DE SENTENÇA JUDICIAL TRANSITADA EM JULGADO; (INCLUÍDO PELA EMENDA CONSTITUCIONAL Nº19, DE 1998)

II – MEDIANTE PROCESSO ADMINISTRATIVO EM QUE LHE SEJA ASSEGURADA AMPLA DEFESA; (INCLUÍDO PELA EMENDA CONSTITUCIONAL Nº 19, DE 1998)

III – MEDIANTE PROCEDIMENTO DE AVALIAÇÃO PERIÓDICA DE DESEMPENHO, NA FORMA DE LEI COMPLEMENTAR, ASSEGURADA AMPLA DEFESA. (INCLUÍDO PELA EMENDA CONSTITUCIONAL Nº 19, DE 1998)

§ 2º INVALIDADA POR SENTENÇA JUDICIAL A DEMISSÃO DO SERVIDOR ESTÁVEL, SERÁ ELE REINTEGRADO, E O EVENTUAL OCUPANTE DA VAGA, SE ESTÁVEL, RECONDUZIDO AO CARGO DE ORIGEM, SEM DIREITO A INDENIZAÇÃO, APROVEITADO EM OUTRO CARGO OU POSTO EM DISPONIBILIDADE COM REMUNERAÇÃO PROPORCIONAL AO TEMPO DE SERVIÇO. (REDAÇÃO DADA PELA EMENDA CONSTITUCIONAL Nº 19, DE 1998)

§ 3º EXTINTO O CARGO OU DECLARADA A SUA DESNECESSIDADE, O SERVIDOR ESTÁVEL FICARÁ EM DISPONIBILIDADE, COM REMUNERAÇÃO PROPORCIONAL AO TEMPO DE SERVIÇO, ATÉ SEU ADEQUADO APROVEITAMENTO EM OUTRO CARGO. (REDAÇÃO DADA PELA EMENDA CONSTITUCIONAL Nº 19, DE 1998)

§ 4º COMO CONDIÇÃO PARA A AQUISIÇÃO DA ESTABILIDADE, É OBRIGATÓRIA A AVALIAÇÃO ESPECIAL DE DESEMPENHO POR COMISSÃO INSTITUÍDA PARA ESSA FINALIDADE. (INCLUÍDO PELA EMENDA CONSTITUCIONAL Nº 19, DE 1998)

O artigo 41 da Constituição Federal de 1988 (CF/1988) regula a estabilidade dos servidores públicos (em seu *caput* e parágrafo 4º), disciplina algumas hipóteses de provimento derivado de cargos (parágrafos 2º e 3º), assim como dispõe sobre a perda de cargo público (parágrafo 1º). A redação atual desse artigo foi dada pela Emenda Constitucional nº 19/1998, a qual disciplinou, no texto constitucional, as mudanças advindas do movimento de reforma do Estado ocorrido na década de 1990.

A estabilidade conferida pela Constituição aos servidores públicos restringe-se aos titulares de cargos efetivos, não abrangendo, portanto, os empregados públicos, regidos pelo regime celetista. Todos eles, titulares de cargos e empregados públicos, são admitidos por meio de concurso público, podendo-se concluir, então, que a estabilidade não advém do concurso público.

Há requisitos para a aquisição da estabilidade. O primeiro deles é o prazo de 3 (três) anos de efetivo exercício no cargo público (art. 41, *caput*, CF/1988). A Lei Federal nº 8.112/1991, em seu artigo 20, estabeleceu o prazo de 24 (vinte e quatro) meses de estágio probatório do servidor público federal. Diante do debate suscitado em torno da discrepância entre estes prazos e seus respectivos institutos, o Supremo Tribunal Federal (STF) foi provocado e entendeu que nossa Carta Constitucional, ao regular a estabilidade, ampliou, por decorrência lógica, para 3 (três) anos o estágio probatório previsto naquela Lei (STA nº 263 AgR, rel. min. Gilmar Mendes). Ademais, a aquisição da estabilidade exige, além do tempo mínimo de efetivo exercício, uma avaliação especial de desempenho, conforme previsão do artigo 41, parágrafo 4º, da CF/1988.

No que se refere à perda do cargo pelo servidor público, o artigo 41, parágrafo 1º, elenca quais as hipóteses: I – sentença judicial transitada em julgado; II – processo administrativo, assegurada a ampla defesa; e III – procedimento de avaliação periódica, conforme lei complementar, assegurada ampla defesa.

Nos casos de perda do cargo citados nos incisos I e II, a jurisprudência do STF é firme no sentido de destacar a independência das esferas penal e administrativa. Isto é, a responsabilidade do servidor público pode se dar tanto na esfera penal, como na esfera administrativa, além da esfera civil, todas elas independentes. A exceção ocorre caso o juízo criminal decida pela inexistência da ocorrência do fato ou negue a autoria do fato pelo imputado (Enunciado nº 18 da súmula do STF).

O procedimento de avaliação periódica de desempenho (art. 41, parágrafo 1º, inciso III), para o qual a CF/1988 exigiu a edição de lei complementar, até hoje inexistente, tem por objetivo avaliar periodicamente o servidor público; diferentemente da avaliação especial de desempenho que, como explicitado acima, é necessária à aquisição de estabilidade.

Além das hipóteses de perda de cargo previstas no artigo 41, não se deve olvidar das regras inseridas no artigo 169 da CF/1988. Este artigo introduziu nova e diversa possibilidade de exoneração do cargo, tanto para servidores estáveis como para não estáveis, como forma de atingir metas fiscais estabelecidas na Lei de Responsabilidade Fiscal (LC 101/2005). Em outras palavras, o ente federativo que, após adotar medidas para controle de despesas, ainda ultrapassar os limites máximos impostos pela LC 101/2005, poderá, por meio de ato administrativo normativo motivado de cada um de seus Poderes, exonerar seus servidores como meio de controle de despesas com pessoal.

REFERÊNCIAS BIBLIOGRÁFICAS

CAVALCANTE, Jouberto de Quadros Pessoa; NETO, Francisco Ferreira Jorge. A estabilidade do art. 41 da Constituição Federal para o empregado público. *Jus.com.br*, 2002. Disponível em: https://jus.com.br/artigos/6454/a-estabilidade-do-art-41-da-constituicao-federal-para-o-empregado-publico. Acesso em: 7 jul. 2018.

JUSTEN, Marçal. *Curso de direito administrativo*. 10. ed. São Paulo: Editora Revista dos Tribunais, 2014.

ALYNNE NAYARA FERREIRA NUNES
Advogada da área educacional e pesquisadora.
Mestre em Direito e Desenvolvimento pela FGV Direito SP.

CAROLINA MOTA MOURÃO
Professora de Direito Administrativo da Faculdade de Direito da Universidade Presbiteriana Mackenzie. Pesquisadora do Núcleo Jurídico da Inovação do Observatório de Inovação e Competitividade do Instituto de Estudos Avançados da USP (OIC/IEA-USP).

SEÇÃO III
DOS MILITARES DOS ESTADOS, DO DISTRITO FEDERAL E DOS TERRITÓRIOS

(Redação dada pela Emenda Constitucional nº 18, de 1998)

...

> ART. 42. OS MEMBROS DAS POLICIAS MILITAR E DO CORPO DE BOMBEIROS, INTITUIÇÕES ORGANIZADAS COM BASE NA HIERARQUIA E DISCIPLINA, SÃO MILITARES DOS ESTADOS, DO DISTRITO FEDERAL E DOS TERRITÓRIOS. (REDAÇÃO DADA PELA EMENDA CONSTITUCIONAL Nº 18, DE 1998)
>
> § 2º AOS PENSIONISTAS DOS MILITARES DOS ESTADOS, DO DISTRITO FEDERAL E DOS TERRITÓRIOS APLICA-SE O QUE FOR FIXADO EM LEI ESPECÍFICA DO RESPECTIVO ENTE ESTATAL. (REDAÇÃO DADA PELA EMENDA CONSTITUCIONAL Nº 41, 19.12.2003)

No Capítulo dedicado à Administração Pública, o artigo 42 contém as normas aplicáveis aos militares dos Estados, do Distrito Federal e dos Territórios. Diversamente da redação atual, a redação originária do artigo 42 fazia referência a servidores públicos militares. No entanto, em 1998, por meio da Emenda Constitucional nº 18, o artigo sofreu relevantes modificações, entre as quais a supressão do termo servidores.

Originária de Mensagem da Presidência da República ao Congresso Nacional, a Emenda pretendeu alterar as disposições sobre os militares para diferenciá-los dos demais servidores públicos civis. Nesse sentido, a atividade de defesa da pátria, considerada propriamente militar, transcenderia a própria definição de serviço público, tendo em vista suas especificidades[1]. Ao deixarem de ser enquadrados na categoria de servidores públicos, os militares

1 Confira trecho da Exposição de Motivos nº 246, de 25 de março de 1996: "8. A propósito, a Constituição não qualifica o Serviço Militar como serviço público. Ao denominá-lo Serviço Militar reforça o argumento de que a atividade militar transcende o serviço público, por imprescindível, insubstituível e peculiar. Desse modo, verifica-se que foi uma decisão equivocada qualificar os militares como 'servidores públicos militares', no contexto constitucional. Seria mais apropriado e correto o termo Militar".

passaram a ser regidos por legislação específica e de acordo com as exigências de cada cargo[2]. Dessa forma, a remuneração dos militares tornou-se desvinculada da política remuneratória dos servidores civis.

Assim, o artigo 42 dispõe preponderantemente sobre os militares dos Estados, Distrito Federal e Territórios, que são os membros das Polícias Militares e Corpos de Bombeiros Militares, que também são organizados segundo a hierarquia e a disciplina. As disposições relativas aos militares federais, ligados às Forças Armadas, foram inseridas no artigo 142.

Em homenagem ao Federalismo, a norma deixou para o legislador estadual e distrital a regulação de aspectos relacionados à carreira militar, determinando, no entanto, a aplicação das seguintes regras constitucionais: alistamento do militar para as eleições, segundo o parâmetro temporal do artigo 14, § 8º, e adoção do regime de previdência contributivo e solidário, considerando o tempo de contribuição para efeito de aposentadoria e o tempo de serviço para efeito de disponibilidade, conforme artigo 40, § 9º – regras alteradas pela Emenda nº 20/1998. A eles são também aplicáveis as normas do artigo 142, §§ 2º e 3º, que estabelecem o não cabimento de *habeas corpus* no caso de punições disciplinares, a proibição de sindicalização, greve e filiação a partidos, entre outras disposições.

Ao deixar para o legislador estadual, no que tange à carreira dos militares dos respectivos Estados, a tarefa de disciplinar as matérias do artigo 142, § 3º, X – sobre aspectos como limites de idade, estabilidade e outras condições de transferência para a inatividade – , o artigo 42 da Constituição trouxe como consequência a edição de um número expressivo de leis estaduais e normas infralegais, as quais nem sempre são produzidas de maneira articulada.

Nesse sentido, a existência de uma pluralidade de normas disciplinando o regime jurídico dos militares estaduais suscitou questionamentos junto ao STF quanto ao teor dessas leis estaduais. A Corte determinou que cabe à lei estadual dispor sobre as matérias do art. 142, § 3º, X, com relação aos militares dos Estados (RE 495.341 AgR, rel. Min. Ellen Gracie, j. 14/09/2010, 2ª T, DJE de 01/10/2010 e AI 562.165 AgR, rel. min. Eros Grau, j. 16/5/2006, 2ª T, DJE de 9/6/2006).

Após 30 anos da promulgação da Constituição Federal e da Emenda nº 18, permanece o desafio de se construir um sistema de segurança pública que, observando o pacto federativo, supere as incoerências e falta de articulação e promova novas alternativas institucionais voltadas à pacificação social.

REFERÊNCIAS BIBLIOGRÁFICAS

JUSTEN, Marçal. *Curso de direito administrativo.* 10. ed. São Paulo: Editora Revista dos Tribunais, 2014.

NOHARA, Irene. *Direito administrativo.* 7. ed. São Paulo: Saraiva, 2017.

SEÇÃO III
DOS MILITARES DOS ESTADOS, DO DISTRITO FEDERAL E DOS TERRITÓRIOS

SEÇÃO IV
DAS REGIÕES

...

ART. 43. PARA EFEITOS ADMINISTRATIVOS, A UNIÃO PODERÁ ARTICULAR SUA AÇÃO EM UM MESMO COMPLEXO GEOECONÔMICO E SOCIAL, VISANDO A SEU DESENVOLVIMENTO E À REDUÇÃO DAS DESIGUALDADES REGIONAIS.

§ 1º LEI COMPLEMENTAR DISPORÁ SOBRE:

I – AS CONDIÇÕES PARA INTEGRAÇÃO DE REGIÕES EM DESENVOLVIMENTO;

II – A COMPOSIÇÃO DOS ORGANISMOS REGIONAIS QUE EXECUTARÃO, NA FORMA DA LEI, OS PLANOS REGIONAIS, INTEGRANTES DOS PLANOS NACIONAIS DE DESENVOLVIMENTO ECONÔMICO E SOCIAL, APROVADOS JUNTAMENTE COM ESTES.

§ 2º OS INCENTIVOS REGIONAIS COMPREENDERÃO, ALÉM DE OUTROS, NA FORMA DA LEI:

2 Confira trecho da Exposição de Motivos nº 246, de 25 de março de 1996: "9. A situação do militar enquadrado como funcionário ou servidor público é prejudicial tanto ao exercício de sua profissão como às próprias Instituições Militares que, dessa forma, ficam impossibilitadas de dar, aos seus integrantes, a justa contrapartida por imposições a deveres normalmente pesados. Entre ambos, pode haver alguns pontos comuns, porém totalmente distintos na essência e na finalidade, devendo, portanto, ser encarados e tratados de forma diferente, consoante legislações específicas".

I – IGUALDADE DE TARIFAS, FRETES, SEGUROS E OUTROS ITENS DE CUSTOS E PREÇOS DE RESPONSABILIDADE DO PODER PÚBLICO;

II – JUROS FAVORECIDOS PARA FINANCIAMENTO DE ATIVIDADES PRIORITÁRIAS;

III – ISENÇÕES, REDUÇÕES OU DIFERIMENTO TEMPORÁRIO DE TRIBUTOS FEDERAIS DEVIDOS POR PESSOAS FÍSICAS OU JURÍDICAS;

IV – PRIORIDADE PARA O APROVEITAMENTO ECONÔMICO E SOCIAL DOS RIOS E DAS MASSAS DE ÁGUA REPRESADAS OU REPRESÁVEIS NAS REGIÕES DE BAIXA RENDA, SUJEITAS A SECAS PERIÓDICAS.

§ 3º NAS ÁREAS A QUE SE REFERE O § 2º, IV, A UNIÃO INCENTIVARÁ A RECUPERAÇÃO DE TERRAS ÁRIDAS E COOPERARÁ COM OS PEQUENOS E MÉDIOS PROPRIETÁRIOS RURAIS PARA O ESTABELECIMENTO, EM SUAS GLEBAS, DE FONTES DE ÁGUA E DE PEQUENA IRRIGAÇÃO.

No artigo 43, as disparidades regionais são derivadas do processo de formação do Estado Federal brasileiro, contudo, somente a partir da década de 1950, houve a problematização da chamada "questão regional", o que se deu em virtude da intensificação dos debates da CEPAL, o que incentivou as reflexões desenvolvimentistas, tendo em vista a superação das desigualdades regionais. A questão regional foi considerada pela Constituição de 1988 não apenas no art. 43, mas também no artigo 3º, dado que a redução das desigualdades regionais é um dos objetivos fundamentais do Brasil (Cf. NOHARA, 2015, p. 242).

O artigo 43 da Constituição determina que a União poderá articular sua ação em um mesmo complexo geoeconômico e social, visando a seu desenvolvimento e à redução das desigualdades regionais, sendo disciplinadas por lei complementar as condições de integração de regiões em desenvolvimento e a composição de organismos regionais que executarão, na forma da lei, os planos regionais, integrantes dos planos nacionais de desenvolvimento econômico e social, com a possibilidade de previsão de uma série de mecanismos de incentivos regionais.

REFERÊNCIA BIBLIOGRÁFICA

NOHARA, Irene Patrícia. *Constituição Federal de 1988*: comentários ao capítulo da Administração Pública. São Paulo: Atlas, 2015.

TÍTULO IV
DA ORGANIZAÇÃO DOS PODERES

PAULO ROBERTO
IOTTI VECCHIATTI

Mestre e doutor em Direito Constitucional pela Instituição Toledo de Ensino de Bauru (ITE). Especialista em Direito Constitucional pela Pontifícia Universidade Católica de São Paulo (PUC-SP). Especialista em Direito da Diversidade Sexual e de Gênero e em Direito Homoafetivo. Membro do GADvS – Grupo de Advogados pela Diversidade Sexual e de Gênero. Advogado e professor universitário.

CAPÍTULO II

DO PODER EXECUTIVO

SEÇÃO III

DA RESPONSABILIDADE DO PRESIDENTE DA REPÚBLICA

ART. 85. SÃO CRIMES DE RESPONSABILIDADE OS ATOS DO PRESIDENTE DA REPÚBLICA QUE ATENTEM CONTRA A CONSTITUIÇÃO FEDERAL E, ESPECIALMENTE, CONTRA:

I – A EXISTÊNCIA DA UNIÃO;

II – O LIVRE EXERCÍCIO DO PODER LEGISLATIVO, DO PODER JUDICIÁRIO, DO MINISTÉRIO PÚBLICO E DOS PODERES CONSTITUCIONAIS DAS UNIDADES DA FEDERAÇÃO;

III – O EXERCÍCIO DOS DIREITOS POLÍTICOS, INDIVIDUAIS E SOCIAIS;

IV – A SEGURANÇA INTERNA DO PAÍS;

V – A PROBIDADE NA ADMINISTRAÇÃO;

VI – A LEI ORÇAMENTÁRIA;

VII – O CUMPRIMENTO DAS LEIS E DAS DECISÕES JUDICIAIS.

PARÁGRAFO ÚNICO. ESSES CRIMES SERÃO DEFINIDOS EM LEI ESPECIAL, QUE ESTABELECERÁ AS NORMAS DE PROCESSO E JULGAMENTO.

ART. 86. ADMITIDA A ACUSAÇÃO CONTRA O PRESIDENTE DA REPÚBLICA, POR DOIS TERÇOS DA CÂMARA DOS DEPUTADOS, SERÁ ELE SUBMETIDO A JULGAMENTO PERANTE O SUPREMO TRIBUNAL FEDERAL, NAS INFRAÇÕES PENAIS COMUNS, OU PERANTE O SENADO FEDERAL, NOS CRIMES DE RESPONSABILIDADE.

§ 1º O PRESIDENTE FICARÁ SUSPENSO DE SUAS FUNÇÕES:

I – NAS INFRAÇÕES PENAIS COMUNS, SE RECEBIDA A DENÚNCIA OU QUEIXA-CRIME PELO SUPREMO TRIBUNAL FEDERAL;

II – NOS CRIMES DE RESPONSABILIDADE, APÓS A INSTAURAÇÃO DO PROCESSO PELO SENADO FEDERAL.

§ 2º SE, DECORRIDO O PRAZO DE CENTO E OITENTA DIAS, O JULGAMENTO NÃO ESTIVER CONCLUÍDO, CESSARÁ O AFASTAMENTO DO PRESIDENTE, SEM PREJUÍZO DO REGULAR PROSSEGUIMENTO DO PROCESSO.

§ 3º ENQUANTO NÃO SOBREVIER SENTENÇA CONDENATÓRIA, NAS INFRAÇÕES COMUNS, O PRESIDENTE DA REPÚBLICA NÃO ESTARÁ SUJEITO A PRISÃO.

§ 4º O PRESIDENTE DA REPÚBLICA, NA VIGÊNCIA DE SEU MANDATO, NÃO PODE SER RESPONSABILIZADO POR ATOS ESTRANHOS AO EXERCÍCIO DE SUAS FUNÇÕES.

O *caput* do artigo 85 estabelece *matérias* que *devem* constituir crimes de responsabilidade, ensejadores de *impeachment* por julgamento jurídico-político do Congresso Nacional; a não tipificação ensejaria hipótese de *omissão inconstitucional*. Já o parágrafo único afirma que a tipificação supõe *definição* em *lei especial*, o que torna *possível* a tipificação de hipóteses outras, que não relacionadas aos incisos do *caput*. Logo, indefensável dizer que a Constituição seria "autoaplicável", sendo "desnecessária" a qualificação do ato como crime de responsabilidade para justificar o *impeachment*. *Definir* é palavra que remete ao *princípio da taxatividade*, ao dever constitucional de que a lei punitiva estabeleça hipóteses específicas, sob a forma de *regras* (e não de *princípios*), para que se tenha forte certeza sobre as condutas que são consideradas ilícitas. Embora alguma "vagueza" seja inevitável a qualquer lei, mesmo a *regras* (aplicáveis por *silogismo*), o dever de taxatividade, aplicável ao Direito Penal e ao Direito Sancionatório não-penal, traz *mandado de determinação* muito mais rígido do que o *dever geral de não lesar* do Direito Civil (CC, artigo 186). Logo, é inconstitucional "*impeachment* sem crime de responsabilidade", por violação da natureza jurídica presidencialista do *impeachment*, equiparando-o ao voto de desconfiança parlamentarista (esse sim dependente apenas de vontade política parlamentar majoritária), algo inadmissível sem permissivo constitucional expresso. Isso viola o princípio democrático, pois o mandato obtido por eleição majoritária só pode, no Presidencialismo, ser cassado com base em lei prévia que isto taxativamente defina. Já o § 4º do artigo 86 impede que o(a) presidente sofra *impeachment* por fatos estranhos às suas funções na *vigência de seu mandato* – de seu atual mandato, donde Presidente reeleito(a) não pode sofrer impeachment por fato praticado no mandato anterior. Absurda a tese que quer que a reeleição, por mágica hermenêutica, transforme dois mandatos distintos em uma espécie de "mandato único".

A jurisprudência do STF sempre afirmou que crimes de responsabilidade supõem *lei federal* e que constituem matéria de *Direito Penal* – os precedentes que informam a Súmula 722 e a Súmula Vinculante 46 afirmam a competência da União com base no artigo 22, I (que remete ao Direito Penal). O ministro Celso de Mello disso discorda, mas já reconheceu que sua posição é vencida no STF (ADI nº 4.960); também já o afirmou o hoje ministro Gilmar Mendes (então AGU), e a PGR (*apud* ADI nº 2.220), bem como o ministro Moreira Alves (ADI nº 2.592 e ADI-MC nº 1.879). Irrelevante a pena não ser de prisão, pois há diversas *penas alternativas* nas leis penais. Logo, crime de responsabilidade é *crime próprio*, pela condição do(a) agente que o pratica. Essa compreensão atrai, portanto, os princípios da legalidade estrita, da taxatividade, da irretroatividade e da proibição da analogia *in malam partem* (não superação do "limite do teor literal"). Mas referidos princípios aplicam-se também ao Direito Sancionatório não penal, donde a discordância do caráter penal dos crimes de responsabilidade não afasta referidos princípios.

Não é qualquer ilegalidade ou inconstitucionalidade, por mais "grave" que seja, que o justifica: como não há pena sem prévia cominação legal (CF, art. 5º, XXXIX), o que se aplica não só ao direito penal, mas também ao direito sancionatório não penal, é preciso que a lei especial expressamente afirme que a sua infração pode gerar *impeachment*. Então, se houver "*impeachment* sem crime de responsabilidade", deve o STF anulá-lo, pois *impeachment* é processo jurídico-político, no qual o *juízo político* de deposição depende do atendimento dos *pressupostos jurídicos*, a saber, a existência de crime de responsabilidade – deve haver tolerância à valoração parlamentar, mas se constatada, objetivamente (na lógica da "ausência de justa causa" penal), que não haveria crime de responsabilidade ou que houve deturpação evidente das provas produzidas pelo juízo parlamentar, a deposição se afigura como fraude constitucional juridicamente intolerável. Absurda a tese de Brossard, de que a decisão de parlamentares é incontestável *mesmo* mediante "adulteração de fatos" ou "condenação sem provas" (Brossard, 1992, p. 52-53). Tal compreensão viola a norma constitucional aqui estudada e qualquer noção de Estado Constitucional de Direito, porquanto estabelecem limites jurídicos à deliberações políticas e vedação à arbitrariedade. Mesmo parlamentares assumindo a condição de juízes(as), temos situação análoga à do Tribunal do Júri, também formado por leigos(as). Então, pela aplicação subsidiária do Código de Processo Penal ao processo de *impeachment* (LF nº 1.079/1950, arts. 38, 73 e 79; DL 201/67, art. 2º), é possível a anulação de julgamentos *manifestamente contrários* à *prova dos autos* (CPP, art. 593, III, "d"), pois, se isso não viola a soberania do Júri, o mesmo deve valer ao *impeachment*, por identidade de razões (*ubi eadem ratio, ibi ius*): "esse juízo político é, necessariamente, um juízo que deve ser feito à luz do Direito" (Streck; Cattoni de Oliveira; Bahia, 2017, p. 1.290). Sob outro aspecto, desde o caso Collor, o STF entende que é possível o controle do procedimento do processo de *impeachment*, por mandado de segurança impetrado por parlamentar, para questionar ilegalidades e inconstitucionalidades procedimentais, para garantia dos direitos ao contraditório, à ampla defesa, ao devido processo legal e à fundamentação das decisões (STF, MS nºs 21.564 e 21.623), o que é correto, pois o julgamento político não pode violar as garantias legais e constitucionais do(a) Presidente.

O artigo 86 traz algumas consequências materiais quando se chega a determinadas fases procedimentais, bem como a competência do julgamento definitivo. Para crimes de responsabilidade, qualquer do povo pode apresentar denúncia de *impeachment*, mas deve haver decisão do(a) presidente da Câmara que a aceite (STF, MS nº 26.062-AgR), vinculando-a à hipótese de crime de responsabilidade e a elementos mínimos de autoria e materialidade, para que o processo se inicie no Parlamento. Para crimes comuns, qualquer do povo pode pedir abertura de inquérito ao STF, mas a denúncia deve ser feita pela PGR. Tanto em crimes comuns quanto de responsabilidade, a Câmara deve admitir a denúncia, por maioria qualificada de dois terços – aplicável, por simetria, às Assembleias Legislativas (STF, 1.634/MC) e, por analogia, também às Câmaras de Vereadores. Para crimes comuns, antes do julgamento definitivo do STF não poderá haver prisão – e não pode o Senado decidir o impeachment nestes casos, por incompetência material; sua competência se limita a crimes de responsabilidade. Na ADPF nº 378, que se limitou a definir questões de *rito* do *impeachment*, o STF entendeu que, nos crimes de responsabilidade, o Senado tem uma decisão prévia de recebimento da denúncia admitida pela Câmara. Correto o entendimento, pois no processo penal, que se aplica subsidiariamente ao processo de *impeachment*, o recebimento da denúncia é uma decisão do Juízo, que poderia entender pelo *não-recebimento* (aliás, o art. 86, § 1º, I, aduz ser este caso para os crimes comuns, com suspensão do mandato apenas após o recebimento da denúncia pelo STF). O quórum para o recebimento foi definido como de maioria simples, embora a decisão final suponha de dois terços de senadores(as). Admitida a denúncia pela Câmara, o(a) presidente será afastado(a) do cargo até o julgamento definitivo, exceto se ultrapassado o prazo de 180 dias, caso no qual será reconduzido(a) – uma cautela constitucional para evitar que o processo tenha demora excessiva e para que vontades políticas arbitrárias, de afastamento sem julgamento, não inviabilizem o mandato conseguido em eleição democrática. No caso Collor, o Senado e o STF decidiram que a renúncia, após iniciada a sessão de julgamento, não impede seu prosseguimento, quanto à pena de inelegibilidade por oito anos (STF, MS 21.689).

A regulamentação legal exigida pelo art. 85, parágrafo único, é feita pela Lei Federal nº 1.079/1950, relativamente ao *impeachment* de presidentes, governadores(as), ministros(as) de Tribunais Superiores, do(a) PGR, comandantes da Marinha, do Exército e da Aeronáutica, e pelo Decreto-Lei nº 201/1967, relativamente a prefeitos(as). Nos crimes comuns de governadores(as), o julgamento se dará no âmbito do respectivo Tribunal de Justiça; no caso de prefeitos(as), há "crimes de responsabilidade" que serão julgados por juízo singular de 1º grau (DL nº 201/1967, arts. 1º e 2º) e "infrações político-administrativas", julgadas pela Câmara de Vereadores (art. 4º). Nos crimes de responsabilidade, pela Assembleia Legislativa ou Câmara de Vereadores, respectivamente.

REFERÊNCIAS BIBLIOGRÁFICAS

BROSSARD, Paulo. *O impeachment*. 2. ed. São Paulo: Saraiva, 1992.

CATTONI DE OLIVEIRA, Marcelo Andrade; BAHIA, Alexandre Gustavo Melo Franco de Moraes; BACHA E SILVA, Diogo. *O impeachment e o Supremo Tribunal Federal*. 2. ed. Florianópolis: Emporio do Direito, 2017.

STRECK, Lenio Luiz; CATTONI DE OLIVEIRA, Marcelo Andrade; BAHIA, Alexandre Gustavo Melo Franco de Moraes. Comentários aos arts. 85 e 86. In: CANOTILHO, J. J. Gomes; MENDES, Gilmar Ferreira; SARLET, Ingo Wolfgang; STRECK, Lenio Luiz. *Comentários à Constituição do Brasil*. São Paulo: Saraiva, 2017.

VECCHIATTI, Paulo Roberto Iotti; CATTONI DE OLIVEIRA, Marcelo Andrade; BAHIA, Alexandre Gustavo Melo Franco de Moraes. Supremo Tribunal Federal deve barrar ou nulificar impeachment sem crime de responsabilidade. *Emporio do Direito*, 25 mar. 2016. Disponível em: https://emporiododireito.com.br/leitura/supremo-tribunal-federal-deve-barrar-ou-nulificar-impeachment-sem-crime-de-responsabilidade-por-alexandre-gustavo-melo-franco-de-moraes-bahia-marcelo-andrade-cattoni-de-oliveira-e-paulo-roberto-iotti-vecchiatti. Acesso em: 19 nov. 2018.

JOSÉ GERALDO ALENCAR FILHO

Professor e advogado, graduado
e mestre pela UNICAP, doutorando
pela Universidade de Lisboa e conferencista.

CAPÍTULO II
DO PODER EXECUTIVO

...

SEÇÃO V
DO CONSELHO DA REPÚBLICA E DO CONSELHO DE DEFESA NACIONAL

SUBSEÇÃO I
DO CONSELHO DA REPÚBLICA

ART. 89. O CONSELHO DA REPÚBLICA É ÓRGÃO SUPERIOR DE CONSULTA DO PRESIDENTE DA REPÚBLICA, E DELE PARTICIPAM:

I – O VICE-PRESIDENTE DA REPÚBLICA;

II – O PRESIDENTE DA CÂMARA DOS DEPUTADOS;

III – O PRESIDENTE DO SENADO FEDERAL;

IV – OS LÍDERES DA MAIORIA E DA MINORIA NA CÂMARA DOS DEPUTADOS;

V – OS LÍDERES DA MAIORIA E DA MINORIA NO SENADO FEDERAL;

VI – O MINISTRO DA JUSTIÇA;

VII – SEIS CIDADÃOS BRASILEIROS NATOS, COM MAIS DE TRINTA E CINCO ANOS DE IDADE, SENDO DOIS NOMEADOS PELO PRESIDENTE DA REPÚBLICA, DOIS ELEITOS PELO SENADO FEDERAL E DOIS ELEITOS PELA CÂMARA DOS DEPUTADOS, TODOS COM MANDATO DE TRÊS ANOS, VEDADA A RECONDUÇÃO.

ART. 90. COMPETE AO CONSELHO DA REPÚBLICA PRONUNCIAR-SE SOBRE:

I – INTERVENÇÃO FEDERAL, ESTADO DE DEFESA E ESTADO DE SÍTIO;

II – AS QUESTÕES RELEVANTES PARA A ESTABILIDADE DAS INSTITUIÇÕES DEMOCRÁTICAS.

§ 1º O PRESIDENTE DA REPÚBLICA PODERÁ CONVOCAR MINISTRO DE ESTADO PARA PARTICIPAR DA REUNIÃO DO CONSELHO, QUANDO CONSTAR DA PAUTA QUESTÃO RELACIONADA COM O RESPECTIVO MINISTÉRIO.

§ 2º A LEI REGULARÁ A ORGANIZAÇÃO E O FUNCIONAMENTO DO CONSELHO DA REPÚBLICA.

O Conselho da República é um dos órgãos de consulta do presidente em casos de grave instabilidade que possam afetar a democracia ou questões de segurança nacional, significando ainda a decretação de estado de defesa ou estado de sítio, situações de grave instabilidade e possível contenção de direitos fundamentais, inclusive (SILVA, 2006).

Não obstante sua menção tenha sido afirmada com a Carta Federal de 1988, este só veio a ser instituído em 1990, com a promulgação da Lei nº 8.041/1990, pelo então Presidente da República Fernando Collor.

A Lei nº 8.041 menciona que a atividade é considerada de grande relevância, não sendo de todo modo remunerada. Para o professor Manoel Gonçalves Ferreira Filho não há vinculação do parecer do Conselho à decisão a ser tomada pelo Presidente, sendo obrigatória apenas a sua oitiva (FERREIRA FILHO, 2015).

Há que se mencionar que durante toda a sua existência o Conselho só fora instado pelo Chefe do Executivo Federal, pela primeira vez, no ano de 2005, quando a Ordem dos Advogados do Brasil solicitou ao então presidente Lula para que convocasse o órgão a fim de lidar com a crise gerada pelo escândalo do mensalão, visto que à época a OAB entendeu que tal crise ameaçaria as instituições democráticas do país, ocasião que afrontava o inciso II, do artigo 90.

A segunda vez em que fora ouvido foi no ano de 2010, quando da prisão do então govenador do Distrito Federal, José Roberto Arruda, por tentar atrapalhar as investigações da Polícia Federal sobre o chamado Escândalo do Mensalão do Distrito Federal, uma vez que tal situação gerou desestabilidade política na Capital Federal, justamente porque nesse período chegaram a assumir o cargo cinco governadores, num curto período de um ano, havendo, ainda, ao mesmo tempo, pedido de Intervenção Federal pela Procuradoria da República, como prevê o inciso I, do mesmo artigo 90.

Há que se dizer que não obstante a expressão do artigo 89, sobre a composição mista do órgão com a presença do vice-presidente da República; o presidente da Câmara dos Deputados; o presidente do Senado Federal; os líderes da maioria e da minoria na Câmara dos Deputados; os líderes da maioria e da minoria no Senado Federal; do ministro da Justiça, além de seis cidadãos brasileiros natos, com mais de trinta e cinco anos de idade, sendo dois nomeados pelo presidente da República, dois eleitos pelo Senado Federal e dois eleitos pela Câmara dos Deputados, todos com mandato de três anos, vedada a recondução, querendo com isso fazer passar a visão de um órgão democrático e plural.

Na história de sua fundação e funcionamento regular o órgão sempre fora de fato, em certa medida, condicionado ao presidente da República que, como sabido, é conduzido no país pelo modelo presidencialista de coalisão, com forte presença do chefe do Executivo Federal, como "superpoder" (CLÉVE, 2010), seja nas indicações diretas, seja na composição dos demais membros, apoiadores dos governos que se sucederam depois de 1990 quando fora criado.

Razão pela qual se explica o fato de o ex-presidente da República, Michel Temer, só ter convocado o Conselho, juntamente com aquele de Defesa, no caso da polêmica e não menos controvertida Intervenção no Estado do Rio de Janeiro, posteriormente à promulgação do Decreto que instituiu o ato, quando este já se encontrava em tramitação no Congresso Nacional.

Não obstante a Lei nº 8.041/1990 não preveja expressamente a obrigatoriedade de convocação prévia, há que se dizer que a situação de uma Intervenção Federal em uma unidade da federação já em si é uma grave crise institucional e no caso em apreço extremamente criticada por juristas, tais como o Professor Doutor de Direito Constitucional da Pontifícia Universidade Católica de São Paulo, Luiz Guilherme Arcaro Conci, (ENTENDA, 2018), que afirma:

> *o que me parece nesse artigo 2º é que ele denomina a atividade do interventor como atividade militar. Me parece um equívoco porque claramente a função é desempenhada por estatuto civil; o cargo de secretário de estado é um cargo civil, ainda que seja exercido por um militar. O que me parece que está por detrás disso são algumas questões: por exemplo, militarizar esse cargo é também trazer para a Justiça Militar o julgamento dos atos praticados. Isso pode levar a um deslocamento da jurisdição civil para a militar.*

Como se vê aqui, há pelo menos duas inconstitucionalidades: primeiro a motivação da própria Intervenção, reconhecida em entrevista pelo próprio Temer, enquanto aanunciava, apontando desvio de finalidade; e a segunda pela atribuição militar à natureza do cargo de interventor, o que pode permitir a impunidade de abusos cometidos pelos membros do Exército, bem como distanciar a operação do controle da sociedade civil.

Diga-se que, ao ser instado a manifestar-se previamente a uma Intervenção no Rio de Janeiro, a Segunda Turma do STF indeferiu a medida por não encontrar motivos para tanto; em toda a sua história o STF jamais pronunciou-se positivamente pela Intervenção em qualquer estado da federação (RODAS, 2018).

Mencione-se, ainda, que há no STF uma ADIN (5.915), distribuída pelo PSOL (Partido Socialismo e Liberdade), que contesta a medida, de relatoria do ministro Ricardo Lewandowski, o qual enviou para decisão plenária, estando a ação aguardando data de julgamento.

REFERÊNCIAS BIBLIOGRÁFICAS

BRASIL. Supremo Tribunal Federal. *Notícias do STF.* Disponível em: http://www.stf.jus.br/portal/cms/verNoticiaDetalhe.asp?idConteudo=372283. Acesso em: 21. mar. 2018.

CLÈVE, Clèmerson Merlin. *Medidas Provisórias.* 3. ed. São Paulo: Editora Revista dos Tribunais, 2010.

ENTENDA várias críticas e inconstitucionalidades ao decreto de intervenção federal. *Justificando*, 16 fev. 2018. Disponível em: http://justificando.cartacapital.com.br/2018/02/16/entenda-varias-criticas-e-inconstitucionalidades-ao-decreto-de-intervencao-federal/. Acesso em: 21. mar. 2018.

FERREIRA FILHO, Manoel Gonçalves. *Curso de direito constitucional*. 40. ed. São Paulo: Saraiva, 2015.

SILVA, José Afonso da. *Curso de direito constitucional positivo.* 27. ed. São Paulo: Malheiros, 2006.

RODAS, Sérgio. Intervenção no Rio é decretada por Temer, mas questão está na pauta do Supremo. Disponível em: <https://www. conjur.com.br/2018-fev-16/intervencao-rio-decretada-tema- pauta-stf>. Acesso em: 21. mar. 2018.

LAURA RODRIGUES BENDA

Juíza do Trabalho do TRT da 2ª Região
e Presidenta do Conselho Executivo da
Associação Juízes para a Democracia (AJD),
no biênio 2017/2019. Os posicionamentos aqui
expressos são também os oficialmente adotados
pela entidade.

CAPÍTULO III
DO PODER JUDICIÁRIO

SEÇÃO I
DISPOSIÇÕES GERAIS

...

ART. 93. LEI COMPLEMENTAR, DE INICIATIVA DO SUPREMO TRIBUNAL FEDERAL, DISPORÁ SOBRE O ESTATUTO DA MAGISTRATURA, OBSERVADOS OS SEGUINTES PRINCÍPIOS:

I – INGRESSO NA CARREIRA, CUJO CARGO INICIAL SERÁ O DE JUIZ SUBSTITUTO, MEDIANTE CONCURSO PÚBLICO DE PROVAS E TÍTULOS, COM A PARTICIPAÇÃO DA ORDEM DOS ADVOGADOS DO BRASIL EM TODAS AS FASES, EXIGINDO-SE DO BACHAREL EM DIREITO, NO MÍNIMO, TRÊS ANOS DE ATIVIDADE JURÍDICA E OBEDECENDO-SE, NAS NOMEAÇÕES, À ORDEM DE CLASSIFICAÇÃO; (REDAÇÃO DADA PELA EMENDA CONSTITUCIONAL Nº 45, DE 2004)

II – PROMOÇÃO DE ENTRÂNCIA PARA ENTRÂNCIA, ALTERNADAMENTE, POR ANTIGUIDADE E MERECIMENTO, ATENDIDAS AS SEGUINTES NORMAS:

A) É OBRIGATÓRIA A PROMOÇÃO DO JUIZ QUE FIGURE POR TRÊS VEZES CONSECUTIVAS OU CINCO ALTERNADAS EM LISTA DE MERECIMENTO;

B) A PROMOÇÃO POR MERECIMENTO PRESSUPÕE DOIS ANOS DE EXERCÍCIO NA RESPECTIVA ENTRÂNCIA E INTEGRAR O JUIZ A PRIMEIRA QUINTA PARTE DA LISTA DE ANTIGUIDADE DESTA, SALVO SE NÃO HOUVER COM TAIS REQUISITOS QUEM ACEITE O LUGAR VAGO;

C) AFERIÇÃO DO MERECIMENTO CONFORME O DESEMPENHO E PELOS CRITÉRIOS OBJETIVOS DE PRODUTIVIDADE E PRESTEZA NO EXERCÍCIO DA JURISDIÇÃO E PELA FREQUÊNCIA E APROVEITAMENTO EM CURSOS OFICIAIS OU RECONHECIDOS DE APERFEIÇOAMENTO; (REDAÇÃO DADA PELA EMENDA CONSTITUCIONAL Nº 45, DE 2004)

D) NA APURAÇÃO DE ANTIGUIDADE, O TRIBUNAL SOMENTE PODERÁ RECUSAR O JUIZ MAIS ANTIGO PELO VOTO FUNDAMENTADO DE DOIS TERÇOS DE SEUS MEMBROS, CONFORME PROCEDIMENTO PRÓPRIO, E ASSEGURADA AMPLA

DEFESA, REPETINDO-SE A VOTAÇÃO ATÉ FIXAR-SE A INDICAÇÃO; (REDAÇÃO DADA PELA EMENDA CONSTITUCIONAL Nº 45, DE 2004)

E) NÃO SERÁ PROMOVIDO O JUIZ QUE, INJUSTIFICADAMENTE, RETIVER AUTOS EM SEU PODER ALÉM DO PRAZO LEGAL, NÃO PODENDO DEVOLVÊ-LOS AO CARTÓRIO SEM O DEVIDO DESPACHO OU DECISÃO; (INCLUÍDA PELA EMENDA CONSTITUCIONAL Nº 45, DE 2004)

III – O ACESSO AOS TRIBUNAIS DE SEGUNDO GRAU FAR-SE-Á POR ANTIGUIDADE E MERECIMENTO, ALTERNADAMENTE, APURADOS NA ÚLTIMA OU ÚNICA ENTRÂNCIA; (REDAÇÃO DADA PELA EMENDA CONSTITUCIONAL Nº 45, DE 2004)

IV – PREVISÃO DE CURSOS OFICIAIS DE PREPARAÇÃO, APERFEIÇOAMENTO E PROMOÇÃO DE MAGISTRADOS, CONSTITUINDO ETAPA OBRIGATÓRIA DO PROCESSO DE VITALICIAMENTO A PARTICIPAÇÃO EM CURSO OFICIAL OU RECONHECIDO POR ESCOLA NACIONAL DE FORMAÇÃO E APERFEIÇOAMENTO DE MAGISTRADOS; (REDAÇÃO DADA PELA EMENDA CONSTITUCIONAL Nº 45, DE2004)

V – O SUBSÍDIO DOS MINISTROS DOS TRIBUNAIS SUPERIORES CORRESPONDERÁ A NOVENTA E CINCO POR CENTO DO SUBSÍDIO MENSAL FIXADO PARA OS MINISTROS DO SUPREMO TRIBUNAL FEDERAL E OS SUBSÍDIOS DOS DEMAIS MAGISTRADOS SERÃO FIXADOS EM LEI E ESCALONADOS, EM NÍVEL FEDERAL E ESTADUAL, CONFORME AS RESPECTIVAS CATEGORIAS DA ESTRUTURA JUDICIÁRIA NACIONAL, NÃO PODENDO A DIFERENÇA ENTRE UMA E OUTRA SER SUPERIOR A DEZ POR CENTO OU INFERIOR A CINCO POR CENTO, NEM EXCEDER A NOVENTA E CINCO POR CENTO DO SUBSÍDIO MENSAL DOS MINISTROS DOS TRIBUNAIS SUPERIORES, OBEDECIDO, EM QUALQUER CASO, O DISPOSTO NOS ARTS. 37, XI, E 39, § 4º; (REDAÇÃO DADA PELA EMENDA CONSTITUCIONAL Nº 19, DE 1998)

VI – A APOSENTADORIA DOS MAGISTRADOS E A PENSÃO DE SEUS DEPENDENTES OBSERVARÃO O DISPOSTO NO ART. 40; (REDAÇÃO DADA PELA EMENDA CONSTITUCIONAL Nº 20, DE 1998)

VII – O JUIZ TITULAR RESIDIRÁ NA RESPECTIVA COMARCA, SALVO AUTORIZAÇÃO DO TRIBUNAL; (REDAÇÃO DADA PELA EMENDA CONSTITUCIONAL Nº 45, DE2004)

VIII – O ATO DE REMOÇÃO, DISPONIBILIDADE E APOSENTADORIA DO MAGISTRADO, POR INTERESSE PÚBLICO, FUNDAR-SE-Á EM DECISÃO POR VOTO DA MAIORIA ABSOLUTA DO RESPECTIVO TRIBUNAL OU DO CONSELHO NACIONAL DE JUSTIÇA, ASSEGURADA AMPLA DEFESA; (REDAÇÃO DADA PELA EMENDA CONSTITUCIONAL Nº 45, DE 2004)

VIII A – A REMOÇÃO A PEDIDO OU A PERMUTA DE MAGISTRADOS DE COMARCA DE IGUAL ENTRÂNCIA ATENDERÁ, NO QUE COUBER, AO DISPOSTO NAS ALÍNEAS *A*, *B*, *C* E *E* DO INCISO II; (INCLUÍDO PELA EMENDA CONSTITUCIONAL Nº 45, DE 2004)

IX – TODOS OS JULGAMENTOS DOS ÓRGÃOS DO PODER JUDICIÁRIO SERÃO PÚBLICOS, E FUNDAMENTADAS TODAS AS DECISÕES, SOB PENA DE NULIDADE, PODENDO A LEI LIMITAR A PRESENÇA, EM DETERMINADOS ATOS, ÀS PRÓPRIAS PARTES E A SEUS ADVOGADOS, OU SOMENTE A ESTES, EM CASOS NOS QUAIS A PRESERVAÇÃO DO DIREITO À INTIMIDADE DO INTERESSADO NO SIGILO NÃO PREJUDIQUE O INTERESSE PÚBLICO À INFORMAÇÃO; (REDAÇÃO DADA PELA EMENDA CONSTITUCIONAL Nº 45, DE 2004)

X – AS DECISÕES ADMINISTRATIVAS DOS TRIBUNAIS SERÃO MOTIVADAS E EM SESSÃO PÚBLICA, SENDO AS DISCIPLINARES TOMADAS PELO VOTO DA MAIORIA ABSOLUTA DE SEUS MEMBROS; (REDAÇÃO DADA PELA EMENDA CONSTITUCIONAL Nº 45, DE 2004)

XI – NOS TRIBUNAIS COM NÚMERO SUPERIOR A VINTE E CINCO JULGADORES, PODERÁ SER CONSTITUÍDO ÓRGÃO ESPECIAL, COM O MÍNIMO DE ONZE E O MÁXIMO DE VINTE E CINCO MEMBROS, PARA O EXERCÍCIO DAS ATRIBUIÇÕES ADMINISTRATIVAS E JURISDICIONAIS DELEGADAS DA COMPETÊNCIA DO TRIBUNAL PLENO, PROVENDO-SE METADE DAS VAGAS POR ANTIGUIDADE E A OUTRA METADE POR ELEIÇÃO PELO TRIBUNAL PLENO; (REDAÇÃO DADA PELA EMENDA CONSTITUCIONAL Nº 45, DE2004)

XII – A ATIVIDADE JURISDICIONAL SERÁ ININTERRUPTA, SENDO VEDADO FÉRIAS COLETIVAS NOS JUÍZOS E TRIBUNAIS DE SEGUNDO GRAU, FUNCIONANDO, NOS DIAS EM QUE NÃO HOUVER EXPEDIENTE FORENSE NORMAL, JUÍZES EM PLANTÃO PERMANENTE; (INCLUÍDO PELA EMENDA CONSTITUCIONAL Nº 45, DE 2004)

XIII – O NÚMERO DE JUÍZES NA UNIDADE JURISDICIONAL SERÁ PROPORCIONAL À EFETIVA DEMANDA JUDICIAL E À RESPECTIVA POPULAÇÃO; (INCLUÍDO PELA EMENDA CONSTITUCIONAL Nº 45, DE 2004)

XIV – OS SERVIDORES RECEBERÃO DELEGAÇÃO PARA A PRÁTICA DE ATOS DE ADMINISTRAÇÃO E ATOS DE MERO EXPEDIENTE SEM CARÁTER DECISÓRIO; (INCLUÍDO PELA EMENDA CONSTITUCIONAL Nº 45, DE 2004)

XV – A DISTRIBUIÇÃO DE PROCESSOS SERÁ IMEDIATA, EM TODOS OS GRAUS DE JURISDIÇÃO. (INCLUÍDO PELA EMENDA CONSTITUCIONAL Nº 45, DE 2004)

A luta pela democratização do Poder Judiciário – bandeira histórica da Associação Juízes para a Democracia (AJD) – implica, dentre tantas outras ações, adaptar a magistratura à realidade institucional brasileira pós-1988. A vigência, até hoje, de um texto como a Lei Orgânica da Magistratura Nacional (Loman) de 1979, imposta pelo ditador Ernesto Geisel em plenos anos de chumbo, revela o quão deficitária democraticamente encontra-se a carreira.

Seria fundamental, portanto, a promulgação de um Estatuto da Magistratura que desse conta de reger a vida funcional dos seus integrantes em conformidade com os fins emancipatórios da Constituição.

Uma magistratura democrática impõe mecanismos igualmente democráticos de ingresso e promoção na carreira. Quanto ao primeiro, o concurso de provas e títulos deveria observar, além dos critérios básicos de transparência e objetividade, também o de pluralismo. Ou seja, uma banca plural (formada por representantes também do primeiro grau de jurisdição e da academia) escolheria membros também plurais, com o auxílio fundamental de mecanismos de ações afirmativas, para que a diversidade racial brasileira incida no Judiciário. Seria imprescindível, outrossim, a avaliação de Direitos Humanos nas provas objetiva e dissertativa. Ser membro da magistratura em um Estado que tem por escopo a construção de uma sociedade livre, justa e solidária (art. 3º, I, da Constituição Federal) não corresponde a magistrados dotados de conhecimento acrítico e tecnicista, tal como ainda hoje muitos concursos exigem, mas, na verdade, de um conhecimento crítico construído com base nos Direitos Humanos reconhecidos pela Constituição e pelos tratados internacionais subscritos pelo Estado brasileiro.

Quanto às promoções, a previsão do merecimento como critério suscita particular atenção. De fato, muitas vezes a regra enseja violações à independência de juízes e juízas, que são preteridos se tiverem entendimentos divergentes daqueles consagrados pelos tribunais superiores. Seria ideal, portanto, a adoção do que a Associação Juízes para a Democracia (AJD) denomina conceito negativo. Ou seja, ao critério de antiguidade (o qual está em consonância com a impessoalidade exigida pelo artigo 37, *caput*, da Constituição Federal), soma-se apenas a inexistência de sanções disciplinares pelo razoável período de até 12 meses antes do lapso de tempo inicial de inscrição para o respectivo concurso de promoção.

ART. 94. UM QUINTO DOS LUGARES DOS TRIBUNAIS REGIONAIS FEDERAIS, DOS TRIBUNAIS DOS ESTADOS, E DO DISTRITO FEDERAL E TERRITÓRIOS SERÁ COMPOSTO DE MEMBROS, DO MINISTÉRIO PÚBLICO, COM MAIS DE DEZ ANOS DE CARREIRA, E DE ADVOGADOS DE NOTÓRIO SABER JURÍDICO E DE REPUTAÇÃO ILIBADA, COM MAIS DE DEZ ANOS DE EFETIVA ATIVIDADE PROFISSIONAL, INDICADOS EM LISTA SÊXTUPLA PELOS ÓRGÃOS DE REPRESENTAÇÃO DAS RESPECTIVAS CLASSES.

PARÁGRAFO ÚNICO. RECEBIDAS AS INDICAÇÕES, O TRIBUNAL FORMARÁ LISTA TRÍPLICE, ENVIANDO-A AO PODER EXECUTIVO, QUE, NOS VINTE DIAS SUBSEQÜENTES, ESCOLHERÁ UM DE SEUS INTEGRANTES PARA NOMEAÇÃO.

A adoção do quinto constitucional na composição do Poder Judiciário tem o objetivo de atender ao critério do pluralismo. Ou seja, permear os tribunais de outros pontos de vista, advindos daqueles que são igualmente essenciais à administração da Justiça: membros do ministério público e da advocacia.

Para além disso, no entanto, é necessário que se crie um sistema em que, desde o ingresso (seja aquele decorrente do concurso público, seja no que se refere ao acesso aos tribunais superiores), vejam-se bem representados os pontos de vista ideológicos e interesses dos diversos segmentos sociais, inclusive as minorias identitárias.

Mas não basta. Também se faz necessário o estabelecimento de mecanismos que permitam à sociedade civil organizada o exercício de uma cidadania ativa (tal como a prevista no artigo 1º, parágrafo único, da Constituição Federal), por meio da qual possa de fato fiscalizar a atuação dos integrantes da administração pública, em todas as esferas de poder, bem como influir em seus atos e suas decisões.

É nesse contexto que se daria, por exemplo, a criação das Ouvidorias-Gerais, órgãos sem atribuições jurisdicionais, correcionais e deliberativas, cujo objetivo último é dar voz às demandas, reclamações e sugestões da sociedade civil com relação à prestação dos serviços jurisdicionais, bem como, nos estritos termos do artigo 37, § 3º, inciso I, da Constituição Federal, permitir-lhe a fiscalização mais próxima e transparente dessa atividade estatal.

ART. 95. OS JUÍZES GOZAM DAS SEGUINTES GARANTIAS:

> I – VITALICIEDADE, QUE, NO PRIMEIRO GRAU, SÓ SERÁ ADQUIRIDA APÓS DOIS ANOS DE EXERCÍCIO, DEPENDENDO A PERDA DO CARGO, NESSE PERÍODO, DE DELIBERAÇÃO DO TRIBUNAL A QUE O JUIZ ESTIVER VINCULADO, E, NOS DEMAIS CASOS, DE SENTENÇA JUDICIAL TRANSITADA EM JULGADO;
>
> II – INAMOVIBILIDADE, SALVO POR MOTIVO DE INTERESSE PÚBLICO, NA FORMA DO ART. 93, VIII;
>
> III – IRREDUTIBILIDADE DE SUBSÍDIO, RESSALVADO O DISPOSTO NOS ARTS. 37, X E XI, 39, § 4º, 150, II, 153, III, E 153, § 2º, I. (REDAÇÃO DADA PELA EMENDA CONSTITUCIONAL Nº 19, DE 1998)

PARÁGRAFO ÚNICO. AOS JUÍZES É VEDADO:

> I – EXERCER, AINDA QUE EM DISPONIBILIDADE, OUTRO CARGO OU FUNÇÃO, SALVO UMA DE MAGISTÉRIO;
>
> II – RECEBER, A QUALQUER TÍTULO OU PRETEXTO, CUSTAS OU PARTICIPAÇÃO EM PROCESSO;
>
> III – DEDICAR-SE À ATIVIDADE POLÍTICO-PARTIDÁRIA.
>
> IV – RECEBER, A QUALQUER TÍTULO OU PRETEXTO, AUXÍLIOS OU CONTRIBUIÇÕES DE PESSOAS FÍSICAS, ENTIDADES PÚBLICAS OU PRIVADAS, RESSALVADAS AS EXCEÇÕES PREVISTAS EM LEI; (INCLUÍDO PELA EMENDA CONSTITUCIONAL Nº 45, DE 2004)
>
> V - EXERCER A ADVOCACIA NO JUÍZO OU TRIBUNAL DO QUAL SE AFASTOU, ANTES DE DECORRIDOS TRÊS ANOS DO AFASTAMENTO DO CARGO POR APOSENTADORIA OU EXONERAÇÃO. (INCLUÍDO PELA EMENDA CONSTITUCIONAL Nº 45, DE 2004)

A Constituição brasileira de 1988 estabelece a instituição de um regime democrático de alta intensidade, fundado na promessa de construção de uma sociedade livre, justa e solidária (art. 3º, I, Constituição Federal). Sob tal projeto, tem-se a instituição de um Poder Judiciário dotado de autonomia e independência, enquanto Poder de Estado.

Nesse sentido, dispõe o artigo 2º da Constituição: "São Poderes da União, independentes e harmônicos entre si, o Legislativo, o Executivo e o Judiciário". Determina ainda o analisado artigo 95 que os juízes gozam das garantias da vitaliciedade, inamovibilidade e irredutibilidade de subsídio. Por fim, o artigo 60, § 4º, III, estabelece que não pode ser deliberada proposta de emenda constitucional "tendente a abolir: [...] a separação de poderes".

A Constituição legitima, assim, a presença de uma atividade jurisdicional autônoma e independente perante o Executivo e Legislativo, dotada da possibilidade de anular os atos praticados pelas demais funções estatais (art. 2º).

Legitima, igualmente como cláusula pétrea, a autonomia e independência de cada magistrado – desde um Juiz Substituto, recém-ingresso na carreira da magistratura, até um ministro da cúpula do Poder, o Supremo Tribunal Federal – perante o Executivo, o Legislativo e o próprio tribunal a que se submete administrativamente e no aspecto correcional. Tem-se, portanto, a independência funcional, garantindo-se que cada juiz possa decidir conforme sua convicção jurídica fundamentadamente formada a partir do ordenamento jurídico posto, livre de pressões dos demais poderes e de seu tribunal: por isso, os juízes somente podem ser demitidos por decisão judicial definitiva, não podem ser transferidos em razão de suas decisões e não podem sofrer redução de vencimentos.

Nesse ponto, a independência do Judiciário, consagrada constitucionalmente, caminha em paralelo a outro valor democrático: o pluralismo. Na atividade jurisdicional, o livre debate de ideias dá-se pela diversidade de entendimentos manifestados em decisões proferidas.

Em termos constitucionais brasileiros, portanto, garantir a independência funcional significa garantir o pluralismo de ideias no Judiciário. Significa, consequentemente, garantir a liberdade de expressão aos magistrados em geral, possibilitando que se pronunciem, em igualdade de condições aos demais brasileiros, sobre os diversos temas discutidos na sociedade, tanto no âmbito do exercício das funções quanto no âmbito cidadão.

Cumpre-se, assim, outro dispositivo da Constituição, o artigo 5º, IX, que consagra a liberdade de expressão, independente de licença ou censura.

Todas essas garantias encontram-se em conformida de com os Princípios Básicos Relativos à Independência da Magistratura, endossados pela Assembleia Geral das Nações Unidas, nas resoluções 40/32 e 40/146, de 1985: "a independência do Judiciário será garantida pelo Estado [...]" (p. 324, item 1); "não haverá qualquer interferência inapropriada ou indevida no processo judicial [...]" (p. 324, item 4); "[...] os magistrados gozam, como os outros cidadãos, das liberdades de expressão, convicção, associação e reunião" (item 8); e "os juízes, não importando se indicados ou eleitos, terão sua estabilidade garantida até a idade de aposentadoria obrigatória ou o término do seu período de serviço, onde tal norma existir" (item 12).

ART. 96. COMPETE PRIVATIVAMENTE: I – AOS TRIBUNAIS:

A) ELEGER SEUS ÓRGÃOS DIRETIVOS E ELABORAR SEUS REGIMENTOS INTERNOS, COM OBSERVÂNCIA DAS NORMAS DE PROCESSO E DAS GARANTIAS PROCESSUAIS DAS PARTES, DISPONDO SOBRE A COMPETÊNCIA E O FUNCIONAMENTO DOS RESPECTIVOS ÓRGÃOS JURISDICIONAIS E ADMINISTRATIVOS;

B) ORGANIZAR SUAS SECRETARIAS E SERVIÇOS AUXILIARES E OS DOS JUÍZOS QUE LHES FOREM VINCULADOS, VELANDO PELO EXERCÍCIO DA ATIVIDADE CORREICIONAL RESPECTIVA;

C) PROVER, NA FORMA PREVISTA NESTA CONSTITUIÇÃO, OS CARGOS DE JUIZ DE CARREIRA DA RESPECTIVA JURISDIÇÃO;

D) PROPOR A CRIAÇÃO DE NOVAS VARAS JUDICIÁRIAS;

E) PROVER, POR CONCURSO PÚBLICO DE PROVAS, OU DE PROVAS E TÍTULOS, OBEDECIDO O DISPOSTO NO ART. 169, PARÁGRAFO ÚNICO, OS CARGOS NECESSÁRIOS À ADMINISTRAÇÃO DA JUSTIÇA, EXCETO OS DE CONFIANÇA ASSIM DEFINIDOS EM LEI;

F) CONCEDER LICENÇA, FÉRIAS E OUTROS AFASTAMENTOS A SEUS MEMBROS E AOS JUÍZES E SERVIDORES QUE LHES FOREM IMEDIATAMENTE VINCULADOS;

II - AO SUPREMO TRIBUNAL FEDERAL, AOS TRIBUNAIS SUPERIORES E AOS TRIBUNAIS DE JUSTIÇA PROPOR AO PODER LEGISLATIVO RESPECTIVO, OBSERVADO O DISPOSTO NO ART. 169:

A) A ALTERAÇÃO DO NÚMERO DE MEMBROS DOS TRIBUNAIS INFERIORES;

B) A CRIAÇÃO E A EXTINÇÃO DE CARGOS E A REMUNERAÇÃO DOS SEUS SERVIÇOS AUXILIARES E DOS JUÍZOS QUE LHES FOREM VINCULADOS, BEM COMO A FIXAÇÃO DO SUBSÍDIO DE SEUS MEMBROS E DOS JUÍZES, INCLUSIVE DOS TRIBUNAIS INFERIORES, ONDE HOUVER; (REDAÇÃO DADA PELA EMENDA CONSTITUCIONAL Nº 41, 19.12.2003)

C) A CRIAÇÃO OU EXTINÇÃO DOS TRIBUNAIS INFERIORES;

D) A ALTERAÇÃO DA ORGANIZAÇÃO E DA DIVISÃO JUDICIÁRIAS;

III - AOS TRIBUNAIS DE JUSTIÇA JULGAR OS JUÍZES ESTADUAIS E DO DISTRITO FEDERAL E TERRITÓRIOS, BEM

COMO OS MEMBROS DO MINISTÉRIO PÚBLICO, NOS CRIMES COMUNS E DE RESPONSABILIDADE, RESSALVADA A COMPETÊNCIA DA JUSTIÇA ELEITORAL.

A garantia de independência funcional visa impedir não apenas a atuação de agentes externos capazes de minar a imparcialidade dos juízes, mas também fatores internos que a maculem, como a própria noção de hierarquia entre magistrados de primeira e segunda instância, no que se refere ao poder que lhes é atribuído dentro dos tribunais.

Veja-se que, se estão os juízes e juízas em igualdade, não é concebível não participem do processo de escolha do corpo diretivo dos tribunais todos os seus membros. Isso porque a possibilidade de escolha restrita a determinados membros da segunda instância implica a limitação da independência dos demais magistrados daquele determinado tribunal.

Ocorre, porém, que a magistratura é una. Ou seja, se todos os seus membros são independentes, são, portanto, iguais. Não há justificativa constitucionalmente válida para a restrição à democracia interna.

Entretanto, passados 30 anos desde o advento da nova ordem, e em que pese a Constituição Federal ter na democracia sua disposição fundamental, perpetuou-se a prática autoritária de limitar o voto para a escolha dos órgãos diretivos dos tribunais.

Na proposta da Associação Juízes para a Democracia (AJD), são elegíveis todos integrantes da magistratura, havendo apenas o limite de idade (35 anos, destinada constitucionalmente aos chefes de poder) e a experiência de dez anos no exercício de função. Essa regra seria flexibilizada apenas quanto à eleição dos integrantes do Órgão Pleno, diante do quanto previsto na Constituição Federal quanto à forma de composição desse, sendo porém assegurando o voto direto de todos os magistrados e magistradas para a escolha dos membros que vão ocupar as vagas não preenchidas pelo critério de antiguidade.

O processo eleitoral ocorreria de acordo com o Regimento Interno de cada tribunal, respeitado o direito ao voto pessoal, direto e secreto. Ademais, visando a necessidade de democratizar a administração dos tribunais, não haveria reeleição e seria vedado o exercício de cargos da administração superior por prazo superior a quatro anos.

Nos dizeres de Boaventura de Sousa Santos, "Em seu sentido mais amplo, a democracia é todo o processo de transformação de relações desiguais de poder em relações de autoridade partilhada"[1].

ART. 97. SOMENTE PELO VOTO DA MAIORIA ABSOLUTA DE SEUS MEMBROS OU DOS MEMBROS DO RESPECTIVO ÓRGÃO ESPECIAL PODERÃO OS TRIBUNAIS DECLARAR A INCONSTITUCIONALIDADE DE LEI OU ATO NORMATIVO DO PODER PÚBLICO.

A disposição do artigo ora analisado encontra reforço na Súmula Vinculante nº 10, segundo a qual "viola a cláusula de reserva de plenário (CF, art. 97) a decisão de órgão fracionário de tribunal que, embora não declare expressamente a inconstitucionalidade de lei ou ato normativo do poder público, afasta sua incidência, no todo ou em parte".

No caso, o artigo ora analisado, ao subordinar o reconhecimento da inconstitucionalidade de preceito normativo à decisão nesse sentido da "maioria absoluta de seus membros ou dos membros dos respectivos órgãos especiais", está se dirigindo aos tribunais indicados no artigo 92 e aos respectivos órgãos especiais de que trata o artigo 93, XI. A referência, portanto, não atinge juizados de pequenas causas (art. 24, X) e juizados especiais (art. 98, I), os quais, pela configuração atribuída pelo legislador, não funcionam, na esfera recursal, sob regime de plenário ou de órgão especial. (ARE nº 792.562 AgR, rel. min. Teori Zavascki, j. 18/3/2014, 2ª T, DJE de 2/4/2014.)

É importante ressaltar ainda que a própria jurisprudência do STF reconhece que essa disposição não alcança situações jurídicas em que o órgão julgador tenha dirimido conflito de interesses a partir de interpretação de norma legal (Rcl nº 10.865 AgR, rel. min. Marco Aurélio, j. 27/02/2014, P, DJE de 31/3/2014). Assim, preservada está a liberdade dos magistrados e magistradas de primeiro e segundo grau de proferir a interpretação que julguem mais adequa-

1 SANTOS, Boaventura de Sousa. *A difícil democracia*: reinventar as esquerdas. São Paulo: Boitempo, 2016. p. 203.

da a determinado texto legal, inclusive selecionando aquela que mais se adapta ao espírito do texto constitucional.

Um regime democrático de alta intensidade pressupõe a preservação da força normativa da Constituição Federal, por todos os órgãos do Poder Judiciário (inclusive os responsáveis pelo controle constitucional de caráter difuso).

LAURA RODRIGUES BENDA
Juíza do Trabalho do TRT da 2ª Região
e presidenta do Conselho Executivo da
Associação Juízes para a Democracia (AJD),
no biênio 2017/2019.

ART. 98. A UNIÃO, NO DISTRITO FEDERAL E NOS TERRITÓRIOS, E OS ESTADOS CRIARÃO:

I – JUIZADOS ESPECIAIS, PROVIDOS POR JUÍZES TOGADOS, OU TOGADOS E LEIGOS, COMPETENTES PARA A CONCILIAÇÃO, O JULGAMENTO E A EXECUÇÃO DE CAUSAS CÍVEIS DE MENOR COMPLEXIDADE E INFRAÇÕES PENAIS DE MENOR POTENCIAL OFENSIVO, MEDIANTE OS PROCEDIMENTOS ORAL E SUMARÍSSIMO, PERMITIDOS, NAS HIPÓTESES PREVISTAS EM LEI, A TRANSAÇÃO E O JULGAMENTO DE RECURSOS POR TURMAS DE JUÍZES DE PRIMEIRO GRAU;

II – JUSTIÇA DE PAZ, REMUNERADA, COMPOSTA DE CIDADÃOS ELEITOS PELO VOTO DIRETO, UNIVERSAL E SECRETO, COM MANDATO DE QUATRO ANOS E COMPETÊNCIA PARA, NA FORMA DA LEI, CELEBRAR CASAMENTOS, VERIFICAR, DE OFÍCIO OU EM FACE DE IMPUGNAÇÃO APRESENTADA, O PROCESSO DE HABILITAÇÃO E EXERCER ATRIBUIÇÕES CONCILIATÓRIAS, SEM CARÁTER JURISDICIONAL, ALÉM DE OUTRAS PREVISTAS NA LEGISLAÇÃO.

§ 1º LEI FEDERAL DISPORÁ SOBRE A CRIAÇÃO DE JUIZADOS ESPECIAIS NO ÂMBITO DA JUSTIÇA FEDERAL. (RENUMERADO PELA EMENDA CONSTITUCIONAL Nº 45, DE 2004)

§ 2º AS CUSTAS E EMOLUMENTOS SERÃO DESTINADOS EXCLUSIVAMENTE AO CUSTEIO DOS SERVIÇOS AFETOS ÀS ATIVIDADES ESPECÍFICAS DA JUSTIÇA. (INCLUÍDO PELA EMENDA CONSTITUCIONAL Nº 45, DE 2004)

ART. 99. AO PODER JUDICIÁRIO É ASSEGURADA AUTONOMIA ADMINISTRATIVA E FINANCEIRA.

§ 1º OS TRIBUNAIS ELABORARÃO SUAS PROPOSTAS ORÇAMENTÁRIAS DENTRO DOS LIMITES ESTIPULADOS CONJUNTAMENTE COM OS DEMAIS PODERES NA LEI DE DIRETRIZES ORÇAMENTÁRIAS.

§ 2º O ENCAMINHAMENTO DA PROPOSTA, OUVIDOS OS OUTROS TRIBUNAIS INTERESSADOS, COMPETE:

I – NO ÂMBITO DA UNIÃO, AOS PRESIDENTES DO SUPREMO TRIBUNAL FEDERAL E DOS TRIBUNAIS SUPERIORES, COM A APROVAÇÃO DOS RESPECTIVOS TRIBUNAIS;

II – NO ÂMBITO DOS ESTADOS E NO DO DISTRITO FEDERAL E TERRITÓRIOS, AOS PRESIDENTES DOS TRIBUNAIS DE JUSTIÇA, COM A APROVAÇÃO DOS RESPECTIVOS TRIBUNAIS.

§ 3º SE OS ÓRGÃOS REFERIDOS NO § 2º NÃO ENCAMINHAREM AS RESPECTIVAS PROPOSTAS ORÇAMENTÁRIAS DENTRO DO PRAZO ESTABELECIDO NA LEI DE DIRETRIZES ORÇAMENTÁRIAS, O PODER EXECUTIVO CONSIDERARÁ, PARA FINS DE CONSOLIDAÇÃO DA PROPOSTA ORÇAMENTÁRIA ANUAL, OS VALORES APROVADOS NA LEI ORÇAMENTÁRIA VIGENTE, AJUSTADOS DE ACORDO COM OS LIMITES ESTIPULADOS NA FORMA DO § 1º DESTE ARTIGO. (INCLUÍDO PELA EMENDA CONSTITUCIONAL Nº 45, DE 2004)

§ 4º SE AS PROPOSTAS ORÇAMENTÁRIAS DE QUE TRATA ESTE ARTIGO FOREM ENCAMINHADAS EM DESACORDO COM OS LIMITES ESTIPULADOS NA FORMA DO § 1º, O PODER EXECUTIVO PROCEDERÁ AOS AJUSTES NECESSÁRIOS PARA FINS DE CONSOLIDAÇÃO DA PROPOSTA ORÇAMENTÁRIA ANUAL. (INCLUÍDO PELA EMENDA CONSTITUCIONAL Nº 45, DE 2004)

§ 5º DURANTE A EXECUÇÃO ORÇAMENTÁRIA DO EXERCÍCIO, NÃO PODERÁ HAVER A REALIZAÇÃO DE DESPESAS OU A ASSUNÇÃO DE OBRIGAÇÕES QUE EXTRAPOLEM OS LIMITES ESTABELECIDOS NA LEI DE DIRETRIZES ORÇAMENTÁRIAS, EXCETO SE PREVIAMENTE AUTORIZADAS, MEDIANTE A ABERTURA DE CRÉDITOS SUPLEMENTARES OU ESPECIAIS. (INCLUÍDO PELA EMENDA CONSTITUCIONAL Nº 45, DE 2004)

ART. 100. OS PAGAMENTOS DEVIDOS PELAS FAZENDAS PÚBLICAS FEDERAL, ESTADUAIS, DISTRITAL E MUNICIPAIS, EM VIRTUDE DE SENTENÇA JUDICIÁRIA, FAR-SE-ÃO EXCLUSIVAMENTE NA ORDEM CRONOLÓGICA DE APRESENTAÇÃO DOS PRECATÓRIOS E À CONTA DOS CRÉDITOS RESPECTIVOS, PROIBIDA A DESIGNAÇÃO DE CASOS OU DE PESSOAS NAS DOTAÇÕES ORÇAMENTÁRIAS E NOS CRÉDITOS ADICIONAIS ABERTOS PARA ESTE FIM. (REDAÇÃO DADA PELA EMENDA CONSTITUCIONAL Nº 62, DE 2009). (VIDE EMENDA CONSTITUCIONAL Nº 62, DE 2009)

§ 1º OS DÉBITOS DE NATUREZA ALIMENTÍCIA COMPREENDEM AQUELES DECORRENTES DE SALÁRIOS, VENCIMENTOS, PROVENTOS, PENSÕES E SUAS COMPLEMENTAÇÕES, BENEFÍCIOS PREVIDENCIÁRIOS E INDENIZAÇÕES POR MORTE OU POR INVALIDEZ, FUNDADAS EM RESPONSABILIDADE CIVIL, EM VIRTUDE DE SENTENÇA JUDICIAL TRANSITADA EM JULGADO, E SERÃO PAGOS COM PREFERÊNCIA SOBRE TODOS OS DEMAIS DÉBITOS, EXCETO SOBRE AQUELES REFERIDOS NO § 2º DESTE ARTIGO. (REDAÇÃO DADA PELA EMENDA CONSTITUCIONAL Nº 62, DE 2009)

§ 2º OS DÉBITOS DE NATUREZA ALIMENTÍCIA CUJOS TITULARES, ORIGINÁRIOS OU POR SUCESSÃO HEREDITÁRIA, TENHAM 60 (SESSENTA) ANOS DE IDADE, OU SEJAM PORTADORES DE DOENÇA GRAVE, OU PESSOAS COM DEFICIÊNCIA, ASSIM DEFINIDOS NA FORMA DA LEI, SERÃO PAGOS COM PREFERÊNCIA SOBRE TODOS OS DEMAIS DÉBITOS, ATÉ O VALOR EQUIVALENTE AO TRIPLO FIXADO EM LEI PARA OS FINS DO DISPOSTO NO § 3º DESTE ARTIGO, ADMITIDO O FRACIONAMENTO PARA ESSA FINALIDADE, SENDO QUE O RESTANTE SERÁ PAGO NA ORDEM CRONOLÓGICA DE APRESENTAÇÃO DO PRECATÓRIO. (REDAÇÃO DADA PELA EMENDA CONSTITUCIONAL Nº 94, DE 2016)

§ 3º O DISPOSTO NO *CAPUT* DESTE ARTIGO RELATIVAMENTE À EXPEDIÇÃO DE PRECATÓRIOS NÃO SE APLICA AOS PAGAMENTOS DE OBRIGAÇÕES DEFINIDAS EM LEIS COMO DE PEQUENO VALOR QUE AS FAZENDAS REFERIDAS DEVAM FAZER EM VIRTUDE DE SENTENÇA JUDICIAL TRANSITADA EM JULGADO. (REDAÇÃO DADA PELA EMENDA CONSTITUCIONAL Nº 62, DE 2009)

§ 4º PARA OS FINS DO DISPOSTO NO § 3º, PODERÃO SER FIXADOS, POR LEIS PRÓPRIAS, VALORES DISTINTOS ÀS ENTIDADES DE DIREITO PÚBLICO, SEGUNDO AS DIFERENTES CAPACIDADES ECONÔMICAS, SENDO O MÍNIMO IGUAL AO VALOR DO MAIOR BENEFÍCIO DO REGIME GERAL DE PREVIDÊNCIA SOCIAL. (REDAÇÃO DADA PELA EMENDA CONSTITUCIONAL Nº 62, DE 2009)

§ 5º É OBRIGATÓRIA A INCLUSÃO, NO ORÇAMENTO DAS ENTIDADES DE DIREITO PÚBLICO, DE VERBA NECESSÁRIA AO PAGAMENTO DE SEUS DÉBITOS, ORIUNDOS DE SENTENÇAS TRANSITADAS EM JULGADO, CONSTANTES DE PRECATÓRIOS JUDICIÁRIOS APRESENTADOS ATÉ 1º DE JULHO, FAZENDO-SE O PAGAMENTO ATÉ O FINAL DO EXERCÍCIO SEGUINTE, QUANDO TERÃO SEUS VALORES ATUALIZADOS MONETARIAMENTE. (REDAÇÃO DADA PELA EMENDA CONSTITUCIONAL Nº 62, DE 2009)

§ 6º AS DOTAÇÕES ORÇAMENTÁRIAS E OS CRÉDITOS ABERTOS SERÃO CONSIGNADOS DIRETAMENTE AO PODER JUDICIÁRIO, CABENDO AO PRESIDENTE DO TRIBUNAL QUE PROFERIR A DECISÃO EXEQUENDA DETERMINAR O PAGAMENTO INTEGRAL E AUTORIZAR, A REQUERIMENTO DO CREDOR E EXCLUSIVAMENTE PARA OS CASOS DE PRETERIMENTO DE SEU DIREITO DE PRECEDÊNCIA OU DE NÃO ALOCAÇÃO ORÇAMENTÁRIA DO VALOR NECESSÁRIO À SATISFAÇÃO DO SEU DÉBITO, O SEQUESTRO DA QUANTIA RESPECTIVA. (REDAÇÃO DADA PELA EMENDA CONSTITUCIONAL Nº 62, DE 2009)

Pensada e promulgada sob o trauma de um regime autoritário, a Constituição Federal tem na democracia o seu mandamento nuclear. Por isso, é da democracia que irradiam os princípios que compõem o espírito e orientam a exata compreensão e aplicação das normas jurídicas em todo o território nacional. Da mesma forma, tornou-se estabelecida a interpretação de que a própria democracia e, portanto, as instituições que a compõem, dependem do direito.

Por isso mesmo, diante da importância do Poder Judiciário na construção do ideal de democracia, a esse foiconferida autonomia administrativa e financeira, característica que atribuiu à sua administração interna contornos de administração governamental (art. 37, CF), com observância aos mesmos princípios estabelecidos aos outros ramos do Estado.

O STF já decidiu:

> *A participação necessária do Poder Judiciário na construção do pertinente diploma orçamentário diretivo, em conjugação com os outros Poderes instituídos, é reflexo do status constitucional da autonomia e da independência que lhe são atribuídas no art. 2º do Diploma Maior. Esse é o entendimento que decorre diretamente do conteúdo do art. 99, § 1º, da CF. A autonomia financeira não se exaure na simples elaboração da proposta orçamentária, sendo consagrada, inclusive, na execução concreta do orçamento e na utilização das dotações postas em favor do Poder Judiciário. O diploma impugnado, ao restringir a execução orçamentária do Judiciário local, é formalmente inconstitucional, em razão da ausência de participação deste na elaboração do diploma legislativo.* (ADI nº 4.426, rel. Min. Dias Toffoli, j. 09/02/2011, P, DJE de 18/5/2011)

Luciana Zaffalon reforça:

> *A autonomia e a independência garantem às instituições de justiça e aos seus membros uma condição política diferenciada em relação às demais esferas públicas. Trata-se de precauções que dão concretude às garantias salientadas pela tradição inaugurada por Montesquieu e pelos autores Federalistas como necessárias à imparcial e à efetiva realização do controle legal dos atos dos Poderes Executivo e Legislativo pelo Sistema de Justiça. No que toca ao recorte deste estudo, trata-se, ao fim e ao cabo, de seguranças institucionais e funcionais conferidas às carreiras jurídicas como garantia à sociedade de que o controle estatal pela via criminal encontraria limites, que se estenderiam aos decisores políticos, mitigando os efeitos da dominação decorrente de relações desiguais de poder*[2].

A pesquisadora ressalta, porém, que não necessariamente a autonomia das instituições judiciais protege a democracia e promove a separação da justiça dos interesses específicos da política convencional. Em verdade, quando se trata do Poder Judiciário Estadual, há um déficit democrático no estabelecimento de uma rotina de tomadas de decisões orçamentárias sedimentada em negociações mantidas apenas entre o Poder Executivo e o Poder Judiciário, já que o Poder Legislativo adota como rotina a prática de transferir integralmente ao governador sua atribuição de dispor sobre os créditos adicionais.

Ou seja, assim como ocorre no exercício de outras garantias, a autonomia administrativa e financeira pode servir ao aprofundamento democrático ou à intensificação do Poder Judiciário como aquele que blinda as elites e promove o acirramento da luta de classes.

SILVIO LUÍS FERREIRA DA ROCHA
Mestre e doutor em Direito Civil pela PUC-SP, doutor e livre-docente em Direito Administrativo pela PUC-SP. Professor de Direito Civil e Direito Administrativo da PUC-SP. Juiz federal criminal em São Paulo. Ex-conselheiro do Conselho Nacional de Justiça

CAPÍTULO III
DO PODER JUDICIÁRIO

...

SEÇÃO IV
DOS TRIBUNAIS REGIONAIS FEDERAIS E DOS JUÍZES FEDERAIS

...

ART. 107. OS TRIBUNAIS REGIONAIS FEDERAIS COMPÕEM-SE DE, NO MÍNIMO, SETE JUÍZES, RECRUTADOS, QUANDO POSSÍVEL, NA RESPECTIVA REGIÃO E NOMEADOS PELO PRESIDENTE DA REPÚBLICA DENTRE BRASILEIROS COM MAIS DE TRINTA E MENOS DE SESSENTA E CINCO ANOS, SENDO:

I – UM QUINTO DENTRE ADVOGADOS COM MAIS DE DEZ ANOS DE EFETIVA ATIVIDADE PROFISSIONAL E MEMBROS DO MINISTÉRIO PÚBLICO FEDERAL COM MAIS DE DEZ ANOS DE CARREIRA;

II – OS DEMAIS, MEDIANTE PROMOÇÃO DE JUÍZES FEDERAIS COM MAIS DE CINCO ANOS DE EXERCÍCIO, POR ANTIGUIDADE E MERECIMENTO, ALTERNADAMENTE.

---

2 ZAFFALON, Luciana Leme Cardoso. *Uma espiral elitista de afirmação corporativa:* blindagens e criminalizações a partir do imbricamento das disputas do Sistema de Justiça paulista com as disputas da política convencional. Tese (Doutorado em Direito) – FGV, São Paulo, 2017. Disponível em: https://bibliotecadigital.fgv.br/dspace/ handle/10438/18099. Acesso em: 19 nov. 2018.

§ 1º A LEI DISCIPLINARÁ A REMOÇÃO OU A PERMUTA DE JUÍZES DOS TRIBUNAIS REGIONAIS FEDERAIS E DETERMINARÁ SUA JURISDIÇÃO E SEDE. (RENUMERADO DO PARÁGRAFO ÚNICO, PELA EMENDA CONSTITUCIONAL Nº 45, DE 2004)

Numa federação justifica-se a existência de uma Justiça Federal para evitar que os interesses da União sejam resolvidos pela Justiça dos respectivos Estados-membros, sujeitas, por distintas circunstâncias, a uma possível maior influência do Poder Executivo local, como sugere, por exemplo, a tese de doutorado de Luciana Zaffalon Leme Cardoso intitulada *Uma espiral elitista de afirmação corporativa: blindagens e criminalizações a partir do imbricamento das disputas do Sistema de Justiça paulista com as disputas da política convencional* que, após partir da hipótese de que o Sistema de Justiça tanto pode favorecer o aprofundamento democrático quanto, ao contrário, obstaculizá-lo, conclui que, exceto em relação aos casos que versavam sobre o tema dos limites máximos do teto remuneratório, a totalidade ou a quase totalidade de pedidos de suspensão de segurança formulados pelo Governo do Estado de São Paulo, em ações relacionadas com a eficácia e ampliação de direitos fundamentais, foram atendidos pelo Poder Judiciário local.

Os Tribunais Regionais Federais constituem órgãos jurisdicionais de segunda instância da Justiça Federal. Eles são compostos de, no mínimo, sete juízes recrutados, sendo um quinto dentre advogados ou membros do Ministério Público Federal com mais de dez anos de carreira.

Tanto a nomeação pelo quinto constitucional, quanto a de acesso de juízes federais de carreira é ato complexo.

No caso da nomeação de juízes federais se entendeu que não se aplicaria, como requisito de acesso, o previsto no artigo 93, II, b, da Constituição Federal, isto é, *integrar o juiz à primeira quinta parte da lista de antiguidade*, por se entender, equivocadamente a nosso ver, que o artigo 107, II, seria norma especial em cujo favor se resolveria o aparente conflito existente entre os dois dispositivos, conforme restou decidido tanto no MS nº 21.631, rel. Min. Ilmar Galvão, j. 9/6/1993, P, DJ de 4/8/2000, como no MS nº 27.164 AgR, rel. min. Ayres Britto, j. 16/12/2010, P, DJE de 2/3/2010.

Ainda no que diz respeito à escolha do Juiz Federal, o Supremo Tribunal decidiu que deveria ser aplicado o requisito previsto no artigo 93, II, a, da Constituição Federal, de modo que a nomeação pelo Presidente da República estaria vinculada ao nome que figurasse em lista tríplice por três vezes consecutivas ou cinco alternadas, conforme ementa abaixo transcrita:

> *Mandado de segurança. Promoção de juiz federal pelo critério do merecimento para o TRF. Ampla discricionariedade do presidente da República fundada em interpretação literal do art. 107 da CF. Inadmissibilidade. Vinculação da escolha presidencial ao nome que figure em lista tríplice por três vezes consecutivas ou cinco alternadas. Exigibilidade. Necessidade de exegese sistemática das normas gerais aplicáveis à magistratura nacional. Incidência do art. 93, II, a, na espécie. Alteração introduzida pela EC 45/2004 no inciso III do mencionado dispositivo que não altera tal entendimento. [...] O art. 107 não abriga qualquer regra, seja genérica, seja específica, que implique o afastamento ou a impossibilidade de aplicação do que se contém no art. 93, II, a, da Carta Magna no tocante à promoção de juízes federais para a segunda instância. Nada existe, na redação do referido art. 107, que diga respeito a requisitos a serem observados pelo chefe do Executivo na escolha de juiz, integrante de lista tríplice, para compor o TRF, pelo critério do merecimento. Não há nele nenhuma referência quanto à formação de lista tríplice pelos Tribunais regionais, silêncio esse revelador de lacuna cuja superação só pode se dar mediante uma exegese sistemática das normas que regem toda a magistratura nacional. Não basta, para a solução da questão, que se proceda a uma exegese meramente literal do art. 107 da CF, passando ao largo de uma interpretação holística do texto constitucional, porquanto tal proceder levaria à falaciosa conclusão de que a própria exigência de formação da lista tríplice para promoção de juízes, por merecimento, teria sido extinta pelo que se contém no referido dispositivo.* (MS nº 30.585, rel. Min. Ricardo Lewandowski, j. 12/9/2012, P, DJE de 28/11/2012)

§ 2º OS TRIBUNAIS REGIONAIS FEDERAIS INSTALARÃO A JUSTIÇA ITINERANTE, COM A REALIZAÇÃO DE AUDIÊNCIAS

E DEMAIS FUNÇÕES DA ATIVIDADE JURISDICIONAL, NOS LIMITES TERRITORIAIS DA RESPECTIVA JURISDIÇÃO, SERVINDO-SE DE EQUIPAMENTOS PÚBLICOS E COMUNITÁRIOS. (INCLUÍDO PELA EMENDA CONSTITUCIONAL Nº 45, DE 2004)

§ 3º OS TRIBUNAIS REGIONAIS FEDERAIS PODERÃO FUNCIONAR DESCENTRALIZADAMENTE, CONSTITUINDO CÂMARAS REGIONAIS, A FIM DE ASSEGURAR O PLENO ACESSO DO JURISDICIONADO À JUSTIÇA EM TODAS AS FASES DO PROCESSO. (INCLUÍDO PELA EMENDA CONSTITUCIONAL Nº 45, DE 2004)

Uma das preocupações da Reforma do Poder Judiciário realizada pela Emenda Constitucional nº 45 foi a de proporcionar um maior acesso da população ao Poder Judiciário. Pensando nisso, a reforma estabeleceu à *Justiça itinerante* e a *descentralização das câmaras julgadoras* com a possibilidade de criação de câmaras regionais. Ambas as medidas, como dito, facilitam o acesso a justiça. A *Justiça itinerante* possibilita a ida do Poder Judiciário a localidades aonde a Justiça não esteja organizada, na medida em que uma unidade móvel de serviços jurisdicionais (servidores e Juízes), complementada com a presença de serviços essenciais à Justiça (Defensoria Pública, Ministério Púbico) poderá ser deslocada a localidades onde o Poder Judiciário não esteja presente. As Câmaras Regionais, por sua vez, serão organizadas e institucionalizadas em localidades, divididas em regiões, de modo a permitir o julgamento de recursos sem que as partes e os advogados tenham que se deslocar até a sede do Tribunal Regional Federal.

ART. 108. COMPETE AOS TRIBUNAIS REGIONAIS FEDERAIS:

I – PROCESSAR E JULGAR, ORIGINARIAMENTE:

A) OS JUÍZES FEDERAIS DA ÁREA DE SUA JURISDIÇÃO, INCLUÍDOS OS DA JUSTIÇA MILITAR E DA JUSTIÇA DO TRABALHO, NOS CRIMES COMUNS E DE RESPONSABILIDADE, E OS MEMBROS DO MINISTÉRIO PÚBLICO DA UNIÃO, RESSALVADA A COMPETÊNCIA DA JUSTIÇA ELEITORAL;

B) AS REVISÕES CRIMINAIS E AS AÇÕES RESCISÓRIAS DE JULGADOS SEUS OU DOS JUÍZES FEDERAIS DA REGIÃO;

C) OS MANDADOS DE SEGURANÇA E OS *HABEAS DATA* CONTRA ATO DO PRÓPRIO TRIBUNAL OU DE JUIZ FEDERAL;

D) OS *HABEAS CORPUS*, QUANDO A AUTORIDADE COATORA FOR JUIZ FEDERAL;

E) OS CONFLITOS DE COMPETÊNCIA ENTRE JUÍZES FEDERAIS VINCULADOS AO TRIBUNAL;

II – JULGAR, EM GRAU DE RECURSO, AS CAUSAS DECIDIDAS PELOS JUÍZES FEDERAIS E PELOS JUÍZES ESTADUAIS NO EXERCÍCIO DA COMPETÊNCIA FEDERAL DA ÁREA DE SUA JURISDIÇÃO.

Podemos juntar os comentários em um só: I – processar e julgar, originariamente:

A) A competência originária do Tribunal Regional Federal foi estabelecida para julgar, do ponto de vista criminal, tanto os juízes federais, como os juízes federais do trabalho ou da justiça militar, bem como os membros do Ministério Público Federal, embora estes últimos, diversamente dos juízes federais, não estão vinculados necessariamente a um dos Tribunais Regionais Federais.

B) Cabe aos Tribunais Regionais Federais julgar as revisões criminais e ações rescisórias de julgados seus ou de seus juízes federais.

A revisão criminal e as ações rescisórias são espécies de ações autônomas de impugnação da decisão judicial, que se destinam a instaurar um *processo novo* com o objetivo de modificar o provimento jurisdicional. Apenas em casos excepcionais, taxativamente arrolados pelo legislador, quando a sentença ou acórdão proferidos revelem vícios extremamente graves, poder-se-ia desconstituir-se acoisa julgada por intermédio da ação de revisão criminal e da ação rescisória para o juízo cível.

C) Cabe aos Tribunais Regionais Federais julgar os mandados de segurança e os *habeas data* contra ato do próprio Tribunal ou de juiz federal.

O mandado de segurança é o meio constitucional disponível a toda pessoa, física ou jurídica, órgão com capacidade processual ou universalidade reconhecida por lei, para proteção de direito individual ou coletivo, líquido e certo, não amparado por *habeas corpus* ou *habeas data*, lesado ou ameaçado de lesão, por ato de autoridade, seja de que categoria for e seja quais forem as funções que exerça[3].

3 MEIRELLES, Hely Lopes. *Mandado de segurança*. 29. ed. São Paulo: Malheiros, 2008. p. 22.

Por sua vez, o *habeas data* é o meio constitucionalmente colocado à disposição da pessoa física ou jurídica para lhe garantir o conhecimento de registros concernentes a ele e existentes em repartições públicas ou particulares acessíveis ao público, para retificação de seus dados pessoais[4].

D) Cabe ao Tribunal Regional Federal apreciar os *habeas corpus*, quando a autoridade coatora for juiz federal. O *habeas corpus* é uma ação constitucional, informal, de legitimação popular, que constitui uma das garantias do direito fundamental de liberdade, na medida em que ele pode ser utilizado sempre que alguém sofra constrangimento ilegal no seu direito de ir e vir ou quando estiver na iminência de sofrer tal constrangimento, conforme estabelece o artigo 5º, inciso LXVIII, da Constituição Federal.

Quando se imputa coação a juiz do trabalho de primeiro grau, compete ao TRF o seu julgamento, dado que a Justiça do Trabalho não possui competência criminal (v.g., CC nº 6.979, 15/8/1991, Velloso, RTJ 111/794; HC nº 68.687, Segunda Turma, 20/8/1991, Velloso, DJ de 4/10/1991). [HC nº 85.096, rel. Min. Sepúlveda Pertence, j. 28/6/2005, 1ª T, DJ de 14/10/2005]

E) Cabe ao Tribunal Regional Federal dirimir os conflitos positivos e negativos de competência entre os juízes federais vinculados a ele, bem como os conflitos de competência entre um juizado especial e um juízo de primeiro grau. Conforme restou decidido pelo Supremo Tribunal Federal "a competência do Superior Tribunal de Justiça para julgar conflitos dessa natureza circunscreve-se àqueles em que estão envolvidos tribunais distintos ou juízes vinculados a tribunais diversos (art. 105, I, d, da CF). Os juízes de primeira instância, tal como aqueles que integram os juizados especiais, estão vinculados ao respectivo TRF, ao qual cabe dirimir os conflitos de competência que surjam entre eles. [RE nº 590.409, rel. min. Ricardo Lewandowski, j. 26/8/2009, P, DJE de 29/10/2009, Tema 128.]

II – julgar, em grau de recurso, as causas decididas pelos juízes federais e pelos juízes estaduais no exercício da competência federal da área de sua jurisdição.

Podemos conceituar recurso como o ato por intermédio do qual a parte, ou quem esteja legitimado a intervir na causa, provoca o reexame das decisões judiciais, a fim de que elas sejam invalidadas ou reformadas pelo próprio magistrado que as proferiu ou por algum órgão de jurisdição superior. A ideia de reexame explica o vocábulo recurso, originário do verbo *recursare*, que em latim significa correr para trás ou correr para o lugar de onde se veio (*re cursus*).

Integra o conceito de recurso a) sua condição de remédio voluntário, o que exclui do conceito de recurso determinadas formas de revisão de sentenças judiciais não queridas voluntariamente pelas partes, como o reexame necessário; b) a circunstância de ter lugar na mesma relação processual, o que exclui do conceito de recurso formas de impugnação à decisões provenientes de outra relação processual simultânea ou posterior, tal como os embargos de terceiro ou a ação rescisória.

Entre as espécies de recursos, temos a) os recursos de fundamentação livre ou ilimitada ou recursos normais que pressupõem apenas a sucumbência do recorrente, como a apelação ou agravo de instrumento; b) os recursos de fundamentação vinculada ou limitada ou recursos especiais que pressupõem além da sucumbência outros requisitos de admissibilidade, como o recurso extraordinário que exige que a decisão contrarie dispositivo da Constituição ou que declare a inconstitucionalidade de tratado ou lei federal, e o recurso especial que exige que a decisão contrarie o tratado ou a lei federal ou negue-lhe vigência.

O inciso ora comentado atribui aos Tribunais Regionais Federais a competência para apreciar os recursos de fundamentação livre ou ilimitada ou recursos normais interpostos contra as causas decididas pelos juízes federais e pelos juízes estaduais no exercício de competência federal de sua área de atuação. Com relação aos juízes estaduais no exercício de competência federal, definimos como "delegação de competência" o fenômeno descrito no art. 109, § 3º da Constituição Federal de 1988 que atribui competência à Justiça Comum Estadual para processar e julgar causas de matéria de competência típica da Justiça Federal, como as ações previdenciárias.

4 Idem, ibidem, p. 287.

Nesse caso, cabe aos Tribunais Regionais Federais, e não aos Tribunais de Justiça locais, julgar, em grau de recurso, as causas decididas.

ART. 109. AOS JUÍZES FEDERAIS COMPETE PROCESSAR E JULGAR:

I – AS CAUSAS EM QUE A UNIÃO, ENTIDADE AUTÁRQUICA OU EMPRESA PÚBLICA FEDERAL FOREM INTERESSADAS NA CONDIÇÃO DE AUTORAS, RÉS, ASSISTENTES OU OPONENTES, EXCETO AS DE FALÊNCIA, AS DE ACIDENTES DE TRABALHO E AS SUJEITAS À JUSTIÇA ELEITORAL E À JUSTIÇA DO TRABALHO;

A competência dos Juízes Federais limita-se, como regra, à análise das causas em que a União, pessoa jurídica de Direito Público interno com capacidade política e administrativa genérica, bem como as entidades integrantes de sua Administração Indireta, como as Autarquias e as Empresas Públicas Federal, forem partes ou integrarem a lide na condição de terceiros interessados, salvo se se tratar de ações de falência, acidentes de trabalho e aqueles que competem à Justiça Eleitoral e à Justiça do Trabalho.

A princípio, estaria excluída da competência dos juízes federais as causas relacionadas à sociedades de economia mista definidas no artigo 4º do artigo 13.303, de 30 de junho de 2016, como a entidade dotada de personalidade jurídica de direito privado, com criação autorizada por lei, sob a forma de sociedade anônima, cujas ações com direito a voto pertençam em sua maioria à União, aos Estados, ao Distrito Federal, aos Municípios ou à entidade da administração indireta.

I – AS CAUSAS ENTRE ESTADO ESTRANGEIRO OU ORGANISMO INTERNACIONAL E MUNICÍPIO OU PESSOA DOMICILIADA OU RESIDENTE NO PAÍS;

As causas porventura instauradas entre Estado estrangeiro, de um lado, e Municípios brasileiros, de outro, se incluem no âmbito das atribuições jurisdicionais dos magistrados federais de primeiro grau, consoante prescreve, em regra explícita de competência, a pró pria Constituição da República (CF, art. 109, II). [Rcl nº 10.920 MC, rel. Min. Celso de Mello, dec. monocrática, j. 01/09/2011, DJEde 8/9/2011.]

II – AS CAUSAS FUNDADAS EM TRATADO OU CONTRATO DA UNIÃO COM ESTADO ESTRANGEIRO OU ORGANISMO INTERNACIONAL;

As causas que tenham como causa de pedir remota tratado ou contrato celebrado entre a União com Estado estrangeiro ou organismo internacional também se incluem no âmbito das atribuições jurisdicionais dos juízes federais.

III – OS CRIMES POLÍTICOS E AS INFRAÇÕES PENAIS PRATICADAS EM DETRIMENTO DE BENS, SERVIÇOS OU INTERESSE DA UNIÃO OU DE SUAS ENTIDADES AUTÁRQUICAS OU EMPRESAS PÚBLICAS, EXCLUÍDAS AS CONTRAVENÇÕES E RESSALVADA A COMPETÊNCIA DA JUSTIÇA MILITAR E DA JUSTIÇA ELEITORAL;

Este inciso, a exemplo do inciso IV, excluiu, também, da competência criminal da Justiça Federal as infrações penais praticadas em detrimento de bens serviços ou interesses de suas sociedades de economia mista, que, por orientação jurisprudencial, teriam as infrações criminais praticadas contra ela julgadas pela Justiça Estadual comum, conforme estabelece especificamente a Súmula 42: "Compete à Justiça Comum Estadual processar e julgar as causas cíveis em que é parte sociedade de economia mista e os crimes praticados em seu detrimento".

No mesmo sentido, a Súmula 556 do Supremo Tribunal Federal: É competente a Justiça comum para julgar as causas em que é parte sociedade de economia mista.

IV – OS CRIMES PREVISTOS EM TRATADO OU CONVENÇÃO INTERNACIONAL, QUANDO, INICIADA A EXECUÇÃO NO PAÍS, O RESULTADO TENHA OU DEVESSE TER OCORRIDO NO ESTRANGEIRO, OU RECIPROCAMENTE;

À luz do preconizado no artigo 109, V, da CF, de acordo com orientação do Supremo Tribunal Federal, a competência para processamento e julgamento de crime será da Justiça Federal quando preenchidos três requisitos essenciais e cumulativos, quais sejam: a) o fato esteja previsto como crime no Brasil e no estrangeiro; b) o Brasil seja signatário de convenção ou tratado internacional por meio do qual assume o compromisso de reprimir criminalmente aquela espécie delitiva; e c) a conduta tenha ao menos se iniciado no Brasil e o resultado tenha ocorrido, ou devesse ter ocorrido no exterior, ou reciprocamente.

V – A AS CAUSAS RELATIVAS A DIREITOS HUMANOS A QUE SE REFERE O § 5º DESTE ARTIGO;

A competência da Justiça Federal para apreciar causas relativas aos direitos humanos apenas ocorrerá se houver grave violação a direito humano e o Procurador-Geral da República, com a finalidade de assegurar o cumprimento de obrigações decorrentes de tratados internacionais de direitos humanos dos quais o Brasil seja parte, suscitar, perante o Superior Tribunal de Justiça, em qualquer fase do inquérito ou processo, o incidente de deslocamento de competência para a Justiça Federal.

VI – OS CRIMES CONTRA A ORGANIZAÇÃO DO TRABALHO E, NOS CASOS DETERMINADOS POR LEI, CONTRA O SISTEMA FINANCEIRO E A ORDEM ECONÔMICO FINANCEIRA;

A competência da Justiça Federal firma-se diante de delitos de greve e crimes contra a organização do trabalho (arts. 197 a 207 do CP) que causem prejuízo à ordem pública, econômica ou social e ao trabalho coletivo. O Supremo Tribunal Federal já decidiu que quaisquer condutas que possam ser tidas como violadoras não somente do sistema de órgãos e instituições com atribuições para proteger os direitos e deveres dos trabalhadores, mas também dos próprios trabalhadores, atingindo-os em esferas que lhes são mais caras, em que a Constituição lhes confere proteção máxima, são enquadráveis na categoria dos crimes contra a organização do trabalho, se praticadas no contexto das relações de trabalho. Nesses casos, a prática do crime previsto no artigo 149 do CP (redução à condição análoga a de escravo) se caracteriza como crime contra a organização do trabalho, de modo a atrair a competência da Justiça Federal (art. 109, VI, da Constituição) para processá-lo e julgá-lo. [RE nº 398.041, rel. min. Joaquim Barbosa, j. 30/11/2006, P, DJE de 19/12/2008. RE nº 459.510, rel. p/ o ac. min. Dias Toffoli, j. 26/11/2015, P, DJE de 12/04/2016 RE nº 525.203 AgR, rel. min. Marco Aurélio, dec. monocrática, j. 18/4/2012, DJE de 7/5/2012.]

VII – OS *HABEAS CORPUS*, EM MATÉRIA CRIMINAL DE SUA COMPETÊNCIA OU QUANDO O CONSTRANGIMENTO PROVIER DE AUTORIDADE CUJOS ATOS NÃO ESTEJAM DIRETAMENTE SUJEITOS A OUTRA JURISDIÇÃO;

Como já dito, o *habeas corpus* é uma ação constitucional, informal, de legitimação popular, que constitui uma das garantias do direito fundamental de liberdade, na medida em que ele pode ser utilizado sempre que alguém sofra constrangimento ilegal no seu direito de ir e vir ou quando estiver na iminência de sofrer tal constrangimento, conforme estabelece o artigo 5º, inciso LXVIII, da Constituição Federal.

Aos juízes federais caberia processar e julgar *habeas corpus* em matéria criminal de sua competência ou quando o constrangimento provier de autoridade cujos atos não estejam diretamente sujeitos a outra jurisdição. No caso de habeas corpus impetrado contra ato de Procurador da República, compete ao Tribunal Regional Federal apreciá-lo com fundamento no artigo 108, I, "a", da Constituição Federal.

VIII – OS MANDADOS DE SEGURANÇA E OS HABEAS DATA CONTRA ATO DE AUTORIDADE FEDERAL, EXCETUADOS OS CASOS DE COMPETÊNCIA DOS TRIBUNAIS FEDERAIS;

Conforme estabelece o artigo 109, VIII, da Constituição da República, são da competência dos juízes federais os mandados de segurança e os *habeas data* contra ato de autoridade federal. Verifica-se, de plano, que o critério definidor de competência adotado pelo constituinte nesse inciso é, inegavelmente, *ratione personae*. Isso significa dizer que, tratando-se de mandado de segurança, o que se leva em consideração é a autoridade detentora do plexo de competência para a prática do ato, ou responsável pela omissão que se visa coibir. Nesse sentido, a própria lei disciplinadora do mandado de segurança, Lei nº 12.016/2009, considera como autoridade federal os dirigentes de pessoas jurídicas ou as pessoas naturais no exercício de atribuições do poder público, somente no que disser respeito a essas atribuições (artigo 1º, § 1º c/c o artigo 2º).

IX – OS CRIMES COMETIDOS A BORDO DE NAVIOS OU AERONAVES, RESSALVADA A COMPETÊNCIA DA JUSTIÇA MILITAR;

É da Justiça Federal a competência para processar e julgar crime praticado a bordo de aeronave (art. 109, IX, da CF), pouco importando se esta encontra-se em ar ou em terra e, ainda, quem seja o sujeito passivo do delito. Precedentes. Onde a Constituição não distingue, não compete ao intérprete distinguir (RHC nº 86.998, rel. p/ o ac. Min. Cármen Lúcia, j. 13/2/2007, 1ª T, DJ de 27/4/2007).

X – OS CRIMES DE INGRESSO OU PERMANÊNCIA IRREGULAR DE ESTRANGEIRO, A EXECUÇÃO DE CARTA ROGATÓRIA, APÓS O "EXEQUATUR", E DE SENTENÇA ESTRANGEIRA, APÓS A HOMOLOGAÇÃO, AS CAUSAS REFERENTES À NACIONALIDADE, INCLUSIVE A RESPECTIVA OPÇÃO, E À NATURALIZAÇÃO;

O inciso cuida de distintas hipóteses: os crimes de ingresso ou permanência irregular de estrangeiro previsto no artigo 338 do Código Penal; a execução de carta rogatória, após o cumpra-se e de sentença estrangeira, após a homologação e as causas relativas à nacionalidade.

XI – A DISPUTA SOBRE DIREITOS INDÍGENAS.

A competência penal da Justiça Federal, objeto do alcance do disposto no artigo 109, XI, da CF, só se desata quando a acusação seja de genocídio, ou quando, na ocasião ou motivação de outro delito de que seja índio o agente ou a vítima, tenha havido disputa sobre direitos indígenas, não bastando seja aquele imputado a silvícola, nem que este lhe seja vítima e, tampouco, que haja sido praticado dentro de reserva indígena. (RE nº 419.528, rel. p/ o ac. min. Cezar Peluso, j. 3/8/2006, P, DJ de 9/3/2007. AI 794.447 AgR, rel. Min. Marco Aurélio, j. 24/09/2013, 1ª T, DJE de 21/11/2013).

§ 1º AS CAUSAS EM QUE A UNIÃO FOR AUTORA SERÃO AFORADAS NA SEÇÃO JUDICIÁRIA ONDE TIVER DOMICÍLIO A OUTRA PARTE.

§ 2º AS CAUSAS INTENTADAS CONTRA A UNIÃO PODERÃO SER AFORADAS NA SEÇÃO JUDICIÁRIA EM QUE FOR DOMICILIADO O AUTOR, NAQUELA ONDE HOUVER OCORRIDO O ATO OU FATO QUE DEU ORIGEM À DEMANDA OU ONDE ESTEJA SITUADA A COISA, OU, AINDA, NO DISTRITO FEDERAL.

As causas propostas contra a União serão ajuizadas no Distrito Federal, na seção judiciária em que for domiciliado o autor ou naquelas onde houver ocorrido o ato ou fato que deu origem à demanda ou onde esteja situada a coisa.

A faculdade atribuída ao autor quanto à escolha do foro competente entre os indicados no artigo 109, § 2º, da CF para julgar as ações propostas contra a União tem por escopo facilitar o acesso ao Poder Judiciário.

Em situação semelhante à da União, as autarquias federais possuem representação em todo o território nacional. As autarquias federais gozam, de maneira geral, dos mesmos privilégios e vantagens processuais concedidos ao ente político a que pertencem. A jurisprudência do STF tem decidido pela incidência do disposto no artigo 109, § 2º, da CF às autarquias federais (RE nº 627.709, rel. Min. Ricardo Lewandowski, j. 20/08/2014, P, DJE de30/10/2014, Tema 374).

§ 3º SERÃO PROCESSADAS E JULGADAS NA JUSTIÇA ESTADUAL, NO FORO DO DOMICÍLIO DOS SEGURADOS OU BENEFICIÁRIOS, AS CAUSAS EM QUE FOREM PARTE INSTITUIÇÃO DE PREVIDÊNCIA SOCIAL E SEGURADO, SEMPRE QUE A COMARCA NÃO SEJA SEDE DE VARA DO JUÍZO FEDERAL, E, SE VERIFICADA ESSA CONDIÇÃO, A LEI PODERÁ PERMITIR QUE OUTRAS CAUSAS SEJAM TAMBÉM PROCESSADAS E JULGADAS PELA JUSTIÇA ESTADUAL.

§ 4º NA HIPÓTESE DO PARÁGRAFO ANTERIOR, O RECURSO CABÍVEL SERÁ SEMPRE PARA O TRIBUNAL REGIONAL FEDERAL NA ÁREA DE JURISDIÇÃO DO JUIZ DE PRIMEIRO GRAU.

Com relação aos juízes estaduais no exercício de competência federal, definimos como "delegação de competência" o fenômeno descrito no art. 109, § 3º da Constituição Federal de 1988 que atribui competência à Justiça Comum Estadual para processar e julgar causas de matéria de competência típica da Justiça Federal, como as ações previdenciárias. Nesse caso, cabe aos Tribunais

Regionais Federais, e não aos Tribunais de Justiça locais, julgar, em grau de recurso, as causas decididas.

> § 5º NAS HIPÓTESES DE GRAVE VIOLAÇÃO DE DIREITOS HUMANOS, O PROCURADOR-GERAL DA REPÚBLICA, COM A FINALIDADE DE ASSEGURAR O CUMPRIMENTO DE OBRIGAÇÕES DECORRENTES DE TRATADOS INTERNACIONAIS DE DIREITOS HUMANOS DOS QUAIS O BRASIL SEJA PARTE, PODERÁ SUSCITAR, PERANTE O SUPERIOR TRIBUNAL DE JUSTIÇA, EM QUALQUER FASE DO INQUÉRITO OU PROCESSO, INCIDENTE DE DESLOCAMENTO DE COMPETÊNCIA PARA A JUSTIÇA FEDERAL. (INCLUÍDO PELA EMENDA CONSTITUCIONAL Nº 45, DE 2004)

A Emenda Constitucional nº 45/2004 introduziu no ordenamento jurídico brasileiro o Incidente de Deslocamento de Competência, que autoriza o procurador-Geral da República, nos casos de grave violação aos Direitos Humanos, suscitar, perante o STJ, a competência da JF. Um dos primeiros Incidentes de Deslocamento de Competência proposto ocorreu em 2005 quando o Procurador Geral da República pediu que o caso do assassinato de **Dorothy Stang** fosse julgado na esfera Federal.

O Superior Tribunal de Justiça negou o pedido com a seguinte fundamentação:

1. Todo homicídio doloso, independentemente da condição pessoal da vítima e/ou da repercussão do fato no cenário nacional ou internacional, representa grave violação ao maior e mais importante de todos os direitos do ser humano, que é o direito à vida, previsto no artigo 4º, nº 1, da Convenção Americana sobre Direitos Humanos, da qual o Brasil é signatário por força do Decreto nº 678, de 6/11/1992, razão por que não há falar em inépcia da peça inaugural;

2. Dada a amplitude e a magnitude da expressão "direitos humanos", é verossímil que o constituinte derivado tenha optado por não definir o rol dos crimes que passariam para a competência da Justiça Federal, sob pena de restringir os casos de incidência do dispositivo (CF, art. 109, § 5º), afastando-o de sua finalidade precípua, que é assegurar o cumprimento de obrigações decorrentes de tratados internacionais firmados pelo Brasil sobre a matéria, examinando-se cada situação de fato, suas circunstâncias e peculiaridades detidamente, motivo pelo qual não há falar em norma de eficácia limitada. Ademais, não é próprio de texto constitucional tais definições;

3. Aparente incompatibilidade do IDC, criado pela Emenda Constitucional nº 45/2004, com qualquer outro princípio constitucional ou com a sistemática processual em vigor deve ser resolvida aplicando-se os princípios da proporcionalidade e da razoabilidade;

4. Na espécie, as autoridades estaduais encontram-se empenhadas na apuração dos fatos que resultaram na morte da missionária norte-americana Dorothy Stang, com o objetivo de punir os responsáveis, refletindo a intenção de o estado do Pará dar resposta eficiente à violação do maior e mais importante dos direitos humanos, o que afasta a necessidade de deslocamento da competência originária para a Justiça Federal, de forma subsidiária, sob pena, inclusive, de dificultar o andamento do processo criminal e atrasar o seu desfecho, utilizando-se o instrumento criado pela aludida norma em desfavor de seu fim, que é combater a impunidade dos crimes praticados com grave violação de direitos humanos;

5. O deslocamento de competência – em que a existência de crime praticado com grave violação aos direitos humanos é pressuposto de admissibilidade do pedido – deve atender ao princípio da proporcionalidade (adequação, necessidade e proporcionalidade em sentido estrito), compreendido na demonstração concreta de risco de descumprimento de obrigações decorrentes de tratados internacionais firmados pelo Brasil, resultante da inércia, negligência, falta de vontade política ou de condições reais do Estado-membro, por suas instituições, em proceder à devida persecução penal. No caso, não há a cumulatividade de tais requisitos, a justificar que se acolha o incidente;

6. Pedido indeferido, sem prejuízo do disposto no artigo 1º, III, da Lei nº 10.446, de 8/5/2002.

ART. 110. CADA ESTADO, BEM COMO O DISTRITO FEDERAL, CONSTITUIRÁ UMA SEÇÃO JUDICIÁRIA QUE TERÁ POR SEDE A RESPECTIVA CAPITAL, E VARAS LOCALIZADAS SEGUNDO O ESTABELECIDO EM LEI.

PARÁGRAFO ÚNICO. NOS TERRITÓRIOS FEDERAIS, A JURISDIÇÃO E AS ATRIBUIÇÕES COMETIDAS AOS JUÍZES FEDERAIS CABERÃO AOS JUÍZES DA JUSTIÇA LOCAL, NA FORMA DA LEI.

A fim de facilitar o acesso à Justiça Federal, a Constituição determinou que cada Estado, bem como o Distrito Federal, constituiria uma seção judiciária que teria por sede a respectiva Capital. Posteriormente, houve o que se denominou de interiorização da Justiça Federal, de modo que hoje inúmeras e distintas cidades no território brasileiro constituem subseções judiciárias da Justiça Federal.

HUMBERTO BERSANI
Mestre e doutor em Direitos Humanos
pela Faculdade de Direito da USP.

CAPÍTULO III
DO PODER JUDICIÁRIO

SEÇÃO V
(Redação dada pela Emenda Constitucional nº 92, de 2016)
DO TRIBUNAL SUPERIOR DO TRABALHO, DOS TRIBUNAIS REGIONAIS, DO TRABALHO E DOS JUÍZES DO TRABALHO

ART. 111. SÃO ÓRGÃOS DA JUSTIÇA DO TRABALHO:

I – O TRIBUNAL SUPERIOR DO TRABALHO;

II – OS TRIBUNAIS REGIONAIS DO TRABALHO;

III – JUIZES DO TRABALHO. (REDAÇÃO DADA PELA EMENDA CONSTITUCIONAL Nº 24, DE 1999)

§§ 1º A 3º (REVOGADOS PELA EMENDA CONSTITUCIONAL Nº 45, DE 2004)

ART. 111. A. O TRIBUNAL SUPERIOR DO TRABALHO COMPOR-SE-Á DE VINTE E SETE MINISTROS, ESCOLHIDOS DENTRE BRASILEIROS COM MAIS DE TRINTA E CINCO ANOS E MENOS DE SESSENTA E CINCO ANOS, DE NOTÁVEL SABER JURÍDICO E REPUTAÇÃO ILIBADA, NOMEADOS PELO PRESIDENTE DA REPÚBLICA APÓS APROVAÇÃO PELA MAIORIA ABSOLUTA DO SENADO FEDERAL, SENDO: (REDAÇÃO DADA PELA EMENDA CONSTITUCIONAL Nº 92, DE 2016)

I – UM QUINTO DENTRE ADVOGADOS COM MAIS DE DEZ ANOS DE EFETIVA ATIVIDADE PROFISSIONAL E MEMBROS DO MINISTÉRIO PÚBLICO DO TRABALHO COM MAIS DE DEZ ANOS DE EFETIVO EXERCÍCIO, OBSERVADO O DISPOSTO NO ART. 94; (INCLUÍDO PELA EMENDA CONSTITUCIONAL Nº 45, DE 2004)

II – OS DEMAIS DENTRE JUÍZES DOS TRIBUNAIS REGIONAIS DO TRABALHO, ORIUNDOS DA MAGISTRATURA DA CARREIRA, INDICADOS PELO PRÓPRIO TRIBUNAL SUPERIOR. (INCLUÍDO PELA EMENDA CONSTITUCIONAL Nº 45, DE 2004)

§ 1º A LEI DISPORÁ SOBRE A COMPETÊNCIA DO TRIBUNAL SUPERIOR DO TRABALHO. (INCLUÍDO PELA EMENDA CONSTITUCIONAL Nº 45, DE 2004)

§ 2º FUNCIONARÃO JUNTO AO TRIBUNAL SUPERIOR DO TRABALHO. (INCLUÍDO PELA EMENDA CONSTITUCIONAL Nº 45, DE 2004)

I – A ESCOLA NACIONAL DE FORMAÇÃO E APERFEIÇOAMENTO DE MAGISTRADOS DO TRABALHO, CABENDO-LHE, DENTRE OUTRAS FUNÇÕES, REGULAMENTAR OS CURSOS OFICIAIS PARA O INGRESSO E PROMOÇÃO NA CARREIRA; (INCLUÍDO PELA EMENDA CONSTITUCIONAL Nº 45, DE 2004)

II – O CONSELHO SUPERIOR DA JUSTIÇA DO TRABALHO, CABENDO-LHE EXERCER, NA FORMA DA LEI, A SUPERVISÃO ADMINISTRATIVA, ORÇAMENTÁRIA, FINANCEIRA E PATRIMONIAL DA JUSTIÇA DO TRABALHO DE PRIMEIRO E SEGUNDO GRAUS, COMO ÓRGÃO CENTRAL DO SISTEMA, CUJAS DECISÕES TERÃO EFEITO VINCULANTE. (INCLUÍDO PELA EMENDA CONSTITUCIONAL Nº 45, DE 2004)

§ 3º COMPETE AO TRIBUNAL SUPERIOR DO TRABALHO PROCESSAR E JULGAR, ORIGINARIAMENTE, A RECLAMAÇÃO PARA A PRESERVAÇÃO DE SUA COMPETÊNCIA E GARANTIA DA AUTORIDADE DE SUAS DECISÕES. (INCLUÍDO PELA EMENDA CONSTITUCIONAL Nº 92, DE 2016)

ART. 112. A LEI CRIARÁ VARAS DA JUSTIÇA DO TRABALHO, PODENDO, NAS COMARCAS NÃO ABRANGIDAS POR SUA JURISDIÇÃO, ATRIBUÍ-LA AOS JUÍZES DE DIREITO, COM RECURSO PARA O RESPECTIVO TRIBUNAL REGIONAL DO TRABALHO. (REDAÇÃO DADA PELA EMENDA CONSTITUCIONAL Nº 45, DE 2004)

ART. 113. A LEI DISPORÁ SOBRE A CONSTITUIÇÃO, INVESTIDURA, JURISDIÇÃO, COMPETÊNCIA, GARANTIAS E CONDIÇÕES DE EXERCÍCIO DOS ÓRGÃOS DA JUSTIÇA DO TRABALHO. (REDAÇÃO DADA PELA EMENDA CONSTITUCIONAL Nº 24, DE 1999)

ART. 114. COMPETE À JUSTIÇA DO TRABALHO PROCESSAR E JULGAR: (REDAÇÃO DADA PELA EMENDA CONSTITUCIONAL Nº 45, DE 2004)

I – AS AÇÕES ORIUNDAS DA RELAÇÃO DE TRABALHO, ABRANGIDOS OS ENTES DE DIREITO PÚBLICO EXTERNO E DA ADMINISTRAÇÃO PÚBLICA DIRETA E INDIRETA DA UNIÃO, DOS ESTADOS, DO DISTRITO FEDERAL E DOS MUNICÍPIOS; (INCLUÍDO PELA EMENDA CONSTITUCIONAL Nº 45, DE 2004)

II – AS AÇÕES QUE ENVOLVAM EXERCÍCIO DO DIREITO DE GREVE; (INCLUÍDO PELA EMENDA CONSTITUCIONAL Nº 45, DE 2004)

III – AS AÇÕES SOBRE REPRESENTAÇÃO SINDICAL, ENTRE SINDICATOS, ENTRE SINDICATOS E TRABALHADORES, E ENTRE SINDICATOS E EMPREGADORES; (INCLUÍDO PELA EMENDA CONSTITUCIONAL Nº 45, DE 2004)

IV – OS MANDADOS DE SEGURANÇA, *HABEAS CORPUS* E *HABEAS DATA*, QUANDO O ATO QUESTIONADO ENVOLVER MATÉRIA SUJEITA À SUA JURISDIÇÃO; (INCLUÍDO PELA EMENDA CONSTITUCIONAL Nº 45, DE 2004)

V – OS CONFLITOS DE COMPETÊNCIA ENTRE ÓRGÃOS COM JURISDIÇÃO TRABALHISTA, RESSALVADO O DISPOSTO NO ART. 102, I, O; (INCLUÍDO PELA EMENDA CONSTITUCIONAL Nº 45, DE 2004)

VI – AS AÇÕES DE INDENIZAÇÃO POR DANO MORAL OU PATRIMONIAL, DECORRENTES DA RELAÇÃO DE TRABALHO; (INCLUÍDO PELA EMENDA CONSTITUCIONAL Nº 45, DE 2004)

VII – AS AÇÕES RELATIVAS ÀS PENALIDADES ADMINISTRATIVAS IMPOSTAS AOS EMPREGADORES PELOS ÓRGÃOS DE FISCALIZAÇÃO DAS RELAÇÕES DE TRABALHO; (INCLUÍDO PELA EMENDA CONSTITUCIONAL Nº 45, DE 2004)

VIII – A EXECUÇÃO, DE OFÍCIO, DAS CONTRIBUIÇÕES SOCIAIS PREVISTAS NO ART. 195, I, A , E II, E SEUS ACRÉSCIMOS LEGAIS, DECORRENTES DAS SENTENÇAS QUE PROFERIR; (INCLUÍDO PELA EMENDA CONSTITUCIONAL Nº 45, DE 2004)

IX - OUTRAS CONTROVÉRSIAS DECORRENTES DA RELAÇÃO DE TRABALHO, NA FORMA DA LEI. (INCLUÍDO PELA EMENDA CONSTITUCIONAL Nº 45, DE 2004)

§ 1º FRUSTRADA A NEGOCIAÇÃO COLETIVA, AS PARTES PODERÃO ELEGER ÁRBITROS.

§ 2º RECUSANDO-SE QUALQUER DAS PARTES À NEGOCIAÇÃO COLETIVA OU À ARBITRAGEM, É FACULTADO ÀS MESMAS, DE COMUM ACORDO, AJUIZAR DISSÍDIO COLETIVO DE NATUREZA ECONÔMICA, PODENDO A JUSTIÇA DO TRABALHO DECIDIR O CONFLITO, RESPEITADAS AS DISPOSIÇÕES MÍNIMAS LEGAIS DE PROTEÇÃO AO TRABALHO, BEM COMO AS CONVENCIONADAS ANTERIORMENTE. (REDAÇÃO DADA PELA EMENDA CONSTITUCIONAL Nº 45, DE 2004)

§ 3º EM CASO DE GREVE EM ATIVIDADE ESSENCIAL, COM POSSIBILIDADE DE LESÃO DO INTERESSE PÚBLICO, O MINISTÉRIO PÚBLICO DO TRABALHO PODERÁ AJUIZAR DISSÍDIO COLETIVO, COMPETINDO À JUSTIÇA DO TRABALHO DECIDIR O CONFLITO.

ART. 115. OS TRIBUNAIS REGIONAIS DO TRABALHO COMPÕEM-SE DE, NO MÍNIMO, SETE JUÍZES, RECRUTADOS, QUANDO POSSÍVEL, NA RESPECTIVA REGIÃO, E NOMEADOS PELO PRESIDENTE DA REPÚBLICA DENTRE BRASILEIROS COM MAIS DE TRINTA E MENOS DE SESSENTA E CINCO ANOS, SENDO: (REDAÇÃO DADA PELA EMENDA CONSTITUCIONAL Nº 45, DE 2004)

I – UM QUINTO DENTRE ADVOGADOS COM MAIS DE DEZ ANOS DE EFETIVA ATIVIDADE PROFISSIONAL E MEMBROS DO MINISTÉRIO PÚBLICO DO TRABALHO COM MAIS DE DEZ ANOS DE EFETIVO EXERCÍCIO, OBSERVADO O DISPOSTO NO ART. 94; (REDAÇÃO DADA PELA EMENDA CONSTITUCIONAL Nº 45, DE 2004)

II – OS DEMAIS, MEDIANTE PROMOÇÃO DE JUÍZES DO TRABALHO POR ANTIGUIDADE E MERECIMENTO, ALTERNADAMENTE. (REDAÇÃO DADA PELA EMENDA CONSTITUCIONAL Nº 45, DE 2004)

§ 1º OS TRIBUNAIS REGIONAIS DO TRABALHO INSTALARÃO A JUSTIÇA ITINERANTE, COM A REALIZAÇÃO DE AUDIÊNCIAS E DEMAIS FUNÇÕES DE ATIVIDADE JURISDICIONAL, NOS LIMITES TERRITORIAIS DA RESPECTIVA JURISDIÇÃO, SERVINDO-SE DE EQUIPAMENTOS PÚBLICOS E COMUNITÁRIOS. (INCLUÍDO PELA EMENDA CONSTITUCIONAL Nº 45, DE 2004)

§ 2º OS TRIBUNAIS REGIONAIS DO TRABALHO PODERÃO FUNCIONAR DESCENTRALIZADAMENTE, CONSTITUINDO CÂMARAS REGIONAIS, A FIM DE ASSEGURAR O PLENO ACESSO DO JURISDICIONADO À JUSTIÇA EM TODAS AS FASES DO PROCESSO (INCLUÍDO PELA EMENDA CONSTITUCIONAL Nº 45, DE 2004)

ART. 116. NAS VARAS DO TRABALHO, A JURISDIÇÃO SERÁ EXERCIDA POR UM JUIZ SINGULAR. (REDAÇÃO DADA PELA EMENDA CONSTITUCIONAL Nº 24, DE 1999)

PARÁGRAFO ÚNICO (REVOGADO PELA EMENDA CONSTITUCIONAL Nº 24, DE 1999)

ART. 117. E PARÁGRAFO ÚNICO. (REVOGADOS PELA EMENDA CONSTITUCIONAL Nº 24, DE 1999)

Relativamente à Seção V, que trata do Tribunal Superior do Trabalho, dos Tribunais Regionais do Trabalho e dos juízes do Trabalho, destacam-se duas importantes emendas constitucionais.

A Emenda Constitucional 24/1999 promoveu impactante alteração na estrutura da Justiça do Trabalho, sobretudo com a extinção dos juízes classistas representantes de empregados e empregadores, de modo que as outrora Juntas de Conciliação e Julgamento, previstas no inciso III do art. 111, passaram a se denominar Varas do Trabalho. A partir de então, os juízes do Trabalho foram incorporados por aquele inciso na condição de órgãos da Justiça do Trabalho, assim como se verifica do texto daquele dispositivo.

Já em 2004, com a reforma do Judiciário provocada pela Emenda Constitucional nº 45, as regras de competência material da Justiça do Trabalho ganharam novos contornos, provocando novas demandas a este ramo do judiciário, inclusive no aspecto estrutural.

A questão da competência material é um tema importante no sentido de que a apreciação, pela Justiça do Trabalho, das matérias que envolvam a relação de trabalho, tende a seguir perspectiva distinta daquela impressa pela justiça comum, haja vista que o ramo especializado do judiciário tende a firmar entendimentos voltados à promoção dos direitos sociais.

Contudo, a valorização da competência da Justiça do Trabalho pela Constituição não seguiu a mesma lógica pelo Supremo Tribunal Federal que, em decisão proferida no ano de 2013, ao apreciar os Recursos Extraordinários 586.453 e 583.050, entendeu ser da Justiça Comum a competência para a apreciação e julgamento das causas atinentes a contratos de previdência complementar privada. Por ocasião do julgamento dos referidos recursos, interpostos pela Fundação Petrobras de Seguridade Social (Petros) e do Banco Santander Banespa S.A., a Corte entendeu que não há relação trabalhista entre o beneficiário e a entidade fechada de previdência privada complementar, modulando os efeitos da decisão.

O Tribunal Superior do Trabalho havia, até então, firmado entendimento no sentido da competência da Justiça do Trabalho para julgar causas atinentes à complementação de aposentadoria por entidades de previdência privada. Segundo o referido tribunal, a competência se justificaria pelo fato de que as instituições de aposentadoria criadas pelos empregadores revela um contrato de adesão adstrito ao contrato de trabalho (ED-E-ED-RR-1091-2005-071-09-40, E-RR-8631-2002-906-06-00 e E-RR-92-2001-654-09-00).

Ao transferir para a Justiça Comum a competência relacionada à matéria, o Supremo Tribunal Federal ignorou o fenômeno de sucateamento da previdência social em função do fortalecimento dessas instituições, seguindo a onda privatista de reformas e desmantelamento dos direitos sociais que tem sido imposta no contexto de ultraliberalismo.

Assim, o ataque aos direitos sociais se dá de forma multifacetada, inclusive quando se apequena a Justiça do Trabalho, ressaltando-se que o Supremo Tribunal Federal converge com essa lógica. Aliás, isso também ocorre no campo legislativo, haja vista a recente Lei nº 13.467/2017, chamada de Reforma Trabalhista pela mídia hegemônica, que além de precarizar ainda mais as condições da classe que vive do trabalho, afrontou a estrutura da Justiça do Trabalho mediante mecanismos dificultosos do acesso à justiça (a sucumbência recíproca é nitidamente um deles), previsão de cláusula compromissória de arbitragem (art. 507-A da CLT), quitação anual de obrigações trabalhistas com eficácia liberatória das parcelas (art. 507-B da CLT), entre outros.

PEDRO PULZATTO PERUZZO
Professor-pesquisador da Faculdade de Direito da Pontifícia Universidade Católica de Campinas (PUC-Campinas), membro fundador do Núcleo de Altos Estudos Constitucionais dessa universidade.

CAPÍTULO III
DO PODER JUDICIÁRIO

...

SEÇÃO VI
DOS TRIBUNAIS E JUÍZES ELEITORAIS

ART. 118. SÃO ÓRGÃOS DA JUSTIÇA ELEITORAL:

I – O TRIBUNAL SUPERIOR ELEITORAL;

II – OS TRIBUNAIS REGIONAIS ELEITORAIS;

III – OS JUÍZES ELEITORAIS;

IV – AS JUNTAS ELEITORAIS.

ART. 119. O TRIBUNAL SUPERIOR ELEITORAL COMPOR-SE-Á, NO MÍNIMO, DE SETE MEMBROS, ESCOLHIDOS:

I - MEDIANTE ELEIÇÃO, PELO VOTO SECRETO:

A) TRÊS JUÍZES DENTRE OS MINISTROS DO SUPREMO TRIBUNAL FEDERAL;

B) DOIS JUÍZES DENTRE OS MINISTROS DO SUPERIOR TRIBUNAL DE JUSTIÇA;

II - POR NOMEAÇÃO DO PRESIDENTE DA REPÚBLICA, DOIS JUÍZES DENTRE SEIS ADVOGADOS DE NOTÁVEL SABER JURÍDICO E IDONEIDADE MORAL, INDICADOS PELO SUPREMO TRIBUNAL FEDERAL.

PARÁGRAFO ÚNICO. O TRIBUNAL SUPERIOR ELEITORAL ELEGERÁ SEU PRESIDENTE E O VICE-PRESIDENTE DENTRE OS MINISTROS DO SUPREMO TRIBUNAL FEDERAL, E O CORREGEDOR ELEITORAL DENTRE OS MINISTROS DO SUPERIOR TRIBUNAL DE JUSTIÇA.

ART. 120. HAVERÁ UM TRIBUNAL REGIONAL ELEITORAL NA CAPITAL DE CADA ESTADO E NO DISTRITO FEDERAL.

§ 1º OS TRIBUNAIS REGIONAIS ELEITORAIS COMPOR-SE-ÃO:

I - MEDIANTE ELEIÇÃO, PELO VOTO SECRETO:

A) DE DOIS JUÍZES DENTRE OS DESEMBARGADORES DO TRIBUNAL DE JUSTIÇA;

B) DE DOIS JUÍZES, DENTRE JUÍZES DE DIREITO, ESCOLHIDOS PELO TRIBUNAL DE JUSTIÇA;

II – DE UM JUIZ DO TRIBUNAL REGIONAL FEDERAL COM SEDE NA CAPITAL DO ESTADO OU NO DISTRITO FEDERAL, OU, NÃO HAVENDO, DE JUIZ FEDERAL, ESCOLHIDO, EM QUALQUER CASO, PELO TRIBUNAL REGIONAL FEDERAL RESPECTIVO;

III – POR NOMEAÇÃO, PELO PRESIDENTE DA REPÚBLICA, DE DOIS JUÍZES DENTRE SEIS ADVOGADOS DE NOTÁVEL SABER JURÍDICO E IDONEIDADE MORAL, INDICADOS PELO TRIBUNAL DE JUSTIÇA.

§ 2º O TRIBUNAL REGIONAL ELEITORAL ELEGERÁ SEU PRESIDENTE E O VICE-PRESIDENTEDENTRE OS DESEMBARGADORES.

ART. 121. LEI COMPLEMENTAR DISPORÁ SOBRE A ORGANIZAÇÃO E COMPETÊNCIA DOS TRIBUNAIS, DOS JUÍZES DE DIREITO E DAS JUNTAS ELEITORAIS.

§ 1º OS MEMBROS DOS TRIBUNAIS, OS JUÍZES DE DIREITO E OS INTEGRANTES DAS JUNTAS ELEITORAIS, NO EXERCÍCIO DE SUAS FUNÇÕES, E NO QUE LHES FOR APLICÁVEL, GOZARÃO DE PLENAS GARANTIAS E SERÃO INAMOVÍVEIS.

§ 2º OS JUÍZES DOS TRIBUNAIS ELEITORAIS, SALVO MOTIVO JUSTIFICADO, SERVIRÃO POR DOIS ANOS, NO MÍNIMO, E NUNCA POR MAIS DE DOIS BIÊNIOS CONSECUTIVOS, SENDO OS SUBSTITUTOS ESCOLHIDOS NA MESMA OCASIÃO E

PELO MESMO PROCESSO, EM NÚMERO IGUAL PARA CADA CATEGORIA.

§ 3º SÃO IRRECORRÍVEIS AS DECISÕES DO TRIBUNAL SUPERIOR ELEITORAL, SALVO AS QUE CONTRARIAREM ESTA CONSTITUIÇÃO E AS DENEGATÓRIAS DE *HABEAS CORPUS* OU MANDADO DE SEGURANÇA.

§ 4º DAS DECISÕES DOS TRIBUNAIS REGIONAIS ELEITORAIS SOMENTE CABERÁ RECURSO QUANDO:

I – FOREM PROFERIDAS CONTRA DISPOSIÇÃO EXPRESSA DESTA CONSTITUIÇÃO OU DE LEI;

II – OCORRER DIVERGÊNCIA NA INTERPRETAÇÃO DE LEI ENTRE DOIS OU MAIS TRIBUNAIS ELEITORAIS;

III – VERSAREM SOBRE INELEGIBILIDADE OU EXPEDIÇÃO DE DIPLOMAS NAS ELEIÇÕES FEDERAIS OU ESTADUAIS;

IV – ANULAREM DIPLOMAS OU DECRETAREM A PERDA DE MANDATOS ELETIVOS FEDERAIS OU ESTADUAIS;

V – DENEGAREM *HABEAS CORPUS*, MANDADO DE SEGURANÇA, *HABEAS DATA* OU MANDADO DE INJUNÇÃO.

SEÇÃO VII
DOS TRIBUNAIS E JUÍZES MILITARES

ART. 122. SÃO ÓRGÃOS DA JUSTIÇA MILITAR:

I – O SUPERIOR TRIBUNAL MILITAR;

II – OS TRIBUNAIS E JUÍZES MILITARES INSTITUÍDOS POR LEI.

ART. 123. O SUPERIOR TRIBUNAL MILITAR COMPOR-SE-Á DE QUINZE MINISTROS VITALÍCIOS, NOMEADOS PELO PRESIDENTE DA REPÚBLICA, DEPOIS DE APROVADA A INDICAÇÃO PELO SENADO FEDERAL, SENDO TRÊS DENTRE OFICIAIS-GENERAIS DA MARINHA, QUATRO DENTRE OFICIAIS-GENERAIS DO EXÉRCITO, TRÊS DENTRE OFICIAIS-GENERAIS DA AERONÁUTICA, TODOS DA ATIVA E DO POSTO MAIS ELEVADO DA CARREIRA, E CINCO DENTRE CIVIS.

PARÁGRAFO ÚNICO. OS MINISTROS CIVIS SERÃO ESCOLHIDOS PELO PRESIDENTE DA REPÚBLICA DENTRE BRASILEIROS MAIORES DE TRINTA E CINCO ANOS, SENDO:

I – TRÊS DENTRE ADVOGADOS DE NOTÓRIO SABER JURÍDICO E CONDUTA ILIBADA, COM MAIS DE DEZ ANOS DE EFETIVA ATIVIDADE PROFISSIONAL;

II – DOIS, POR ESCOLHA PARITÁRIA, DENTRE JUÍZES AUDITORES E MEMBROS DO MINISTÉRIO PÚBLICO DA JUSTIÇA MILITAR.

ART. 124. À JUSTIÇA MILITAR COMPETE PROCESSAR E JULGAR OS CRIMES MILITARES DEFINIDOS EM LEI.

PARÁGRAFO ÚNICO. A LEI DISPORÁ SOBRE A ORGANIZAÇÃO, O FUNCIONAMENTO E A COMPETÊNCIA DA JUSTIÇA MILITAR.

Uma das discussões de relevo sobre a Justiça Militar diz respeito à sua competência. A Lei nº 8.457/1992 dispõe sobre a organização da Justiça Militar da União e regula o funcionamento de seus Serviços Auxiliares e a competência material está definida no Código Penal Militar, Decreto-Lei nº 1.001/1969, editado no contexto do Ato Institucional nº 5 pelos Ministros da Marinha, do Exército e da Aeronáutica.

Registrar que a competência da Justiça Militar foi definida numa lei editada durante a ditadura civil-militar é especialmente importante em razão do fato de o artigo 9º, inciso III, do Código Penal Militar ter previsto competência da justiça castrense não apenas para os militares da ativa, mas também para os crimes praticados por militar da reserva, ou reformado, ou por civil.

Em alguns julgados (HC nº 110.185/SP; HC nº 110.237/PA; HC nº 112.936/RJ; HC nº 105.256/PR) o Supremo Tribunal Federal exclui da Justiça Militar crimes cometidos por civis ao exigir que a ação delituosa a eles atribuída afete, ainda que potencialmente, a integridade, a dignidade, o funcionamento e a respeitabilidade das instituições militares, que constituem, em essência, nos delitos castrenses, os bens jurídicos penalmente tutelados (vide HC 81.963/RS).

Ocorre que existem julgados que, existindo lesão às instituições militares, o STF mantém a competência penal da Justiça Militar, em tempo de paz, mesmo tratando-se de réus civis. Exemplo disso ocorreu no RHC 137.074/SP, em que um civil teria se beneficiado de valores oriundos de desvios de verba pública praticados por militares.

O problema, no entanto, é que nos casos em que o STF exclui os crimes praticados por civis da competência da jurisdição castrense, encontramos referência ao caso Palamara Iribarne vs. Chile, julgado pela Corte Interamericana de Direitos Humanos, em 22 de novembro de 2005. O STF se refere a esse caso para registrar a orientação daquela Corte no sentido de que somente há compatibilidade entre a Justiça Militar e a Convenção Americana de Direitos Humanos se a jurisdição castrense se aplicar apenas a militares da ativa. Ou seja, faz uma discussão tangencial e não aplica a orientação da Corte Interamericana, pois decide pela competência da Justiça Militar nos casos de crimes praticados por civis. A Corte Suprema não faz nenhuma referência ao julgado da Corte Interamericana.

A Constituição deixa para lei ordinária a definição da competência, a Convenção Americana tem estatuto supralegal e a Corte Interamericana já emitiu o seu entendimento sobre a matéria. Pelas regras previstas internamente para a incorporação de tratados, e tendo o Brasil reconhecido a competência da Corte Interamericana em todos os casos relativos à interpretação ou aplicação da Convenção Americana de Direitos Humanos (Decreto nº 4.463/2002), o esperado seria a declaração da inconstitucionalidade dos dispositivos do Código Penal Militar que atribuem às Justiça Militar competência para julgar civis e militares reformados ou da reserva em qualquer hipótese.

Por fim, vale anotar que a competência da Justiça Militar estadual está definida no artigo 125, parágrafo 3º, nos Estados em que o efetivo militar seja superior a vinte mil integrantes. A competência se estende aos crimes militares definidos em lei e as ações judiciais contra atos disciplinares militares. Os crimes cometidos contra civis são de competência da Justiça Militar, ressalvada a competência do júri quando a vítima for civil.

SEÇÃO VIII
DOS TRIBUNAIS E JUÍZES DOS ESTADOS

ART. 125. OS ESTADOS ORGANIZARÃO SUA JUSTIÇA, OBSERVADOS OS PRINCÍPIOS ESTABELECIDOS NESTA CONSTITUIÇÃO.

§ 1º A COMPETÊNCIA DOS TRIBUNAIS SERÁ DEFINIDA NA CONSTITUIÇÃO DO ESTADO, SENDO A LEI DE ORGANIZAÇÃO JUDICIÁRIA DE INICIATIVA DO TRIBUNAL DE JUSTIÇA.

§ 2º CABE AOS ESTADOS A INSTITUIÇÃO DE REPRESENTAÇÃO DE INCONSTITUCIONALIDADE DE LEIS OU ATOS NORMATIVOS ESTADUAIS OU MUNICIPAIS EM FACE DA CONSTITUIÇÃO ESTADUAL, VEDADA A ATRIBUIÇÃO DA LEGITIMAÇÃO PARA AGIR A UM ÚNICO ÓRGÃO.

§ 3º A LEI ESTADUAL PODERÁ CRIAR, MEDIANTE PROPOSTA DO TRIBUNAL DE JUSTIÇA, A JUSTIÇA MILITAR ESTADUAL, CONSTITUÍDA, EM PRIMEIRO GRAU, PELOS JUÍZES DE DIREITO E PELOS CONSELHOS DE JUSTIÇA E, EM SEGUNDO GRAU, PELO PRÓPRIO TRIBUNAL DE JUSTIÇA, OU POR TRIBUNAL DE JUSTIÇA MILITAR NOS ESTADOS EM QUE O EFETIVO MILITAR SEJA SUPERIOR A VINTE MIL INTEGRANTES. (REDAÇÃO DADA PELA EMENDA CONSTITUCIONAL Nº 45, DE 2004)

§ 4º COMPETE À JUSTIÇA MILITAR ESTADUAL PROCESSAR E JULGAR OS MILITARES DOS ESTADOS, NOS CRIMES MILITARES DEFINIDOS EM LEI E AS AÇÕES JUDICIAIS CONTRA ATOS DISCIPLINARES MILITARES, RESSALVADA A COMPETÊNCIA DO JÚRI QUANDO A VÍTIMA FOR CIVIL, CABENDO AO TRIBUNAL COMPETENTE DECIDIR SOBRE A PERDA DO POSTO E DA PATENTE DOS OFICIAIS E DA GRADUAÇÃO DAS PRAÇAS. (REDAÇÃO DADA PELA EMENDA CONSTITUCIONAL Nº 45, DE 2004)

§ 5º COMPETE AOS JUÍZES DE DIREITO DO JUÍZO MILITAR PROCESSAR E JULGAR, SINGULARMENTE, OS CRIMES MILITARES COMETIDOS CONTRA CIVIS E AS AÇÕES JUDICIAIS CONTRA ATOS DISCIPLINARES MILITARES, CABENDO AO CONSELHO DE JUSTIÇA, SOB A PRESIDÊNCIA DE JUIZ DE DIREITO, PROCESSAR E JULGAR OS DEMAIS CRIMES MILITARES. (INCLUÍDO PELA EMENDA CONSTITUCIONAL Nº 45, DE 2004)

§ 6º O TRIBUNAL DE JUSTIÇA PODERÁ FUNCIONAR DESCENTRALIZADAMENTE, CONSTITUINDO CÂMARAS REGIONAIS, A FIM DE ASSEGURAR O PLENO ACESSO DO JURISDICIONADO À JUSTIÇA EM TODAS AS FASES DO PROCESSO. (INCLUÍDO PELA EMENDA CONSTITUCIONAL Nº 45, DE 2004)

§ 7º O TRIBUNAL DE JUSTIÇA INSTALARÁ A JUSTIÇA ITINERANTE, COM A REALIZAÇÃO DE AUDIÊNCIAS E DEMAIS

FUNÇÕES DA ATIVIDADE JURISDICIONAL, NOS LIMITES TERRITORIAIS DA RESPECTIVA JURISDIÇÃO, SERVINDO-SE DE EQUIPAMENTOS PÚBLICOS E COMUNITÁRIOS. (INCLUÍDO PELA EMENDA CONSTITUCIONAL Nº 45, DE 2004)

ART. 126. PARA DIRIMIR CONFLITOS FUNDIÁRIOS, O TRIBUNAL DE JUSTIÇA PROPORÁ A CRIAÇÃO DE VARAS ESPECIALIZADAS, COM COMPETÊNCIA EXCLUSIVA PARA QUESTÕES AGRÁRIAS. (REDAÇÃO DADA PELA EMENDA CONSTITUCIONAL Nº 45, DE 2004)

PARÁGRAFO ÚNICO. SEMPRE QUE NECESSÁRIO À EFICIENTE PRESTAÇÃO JURISDICIONAL, O JUIZ FAR-SE-Á PRESENTE NO LOCAL DO LITÍGIO.

Os Estados podem organizar sua Justiça de forma alinhada com os princípios da Constituição Federal. Novidade da Constituição de 1988 foi o parágrafo 2º do artigo 125, que prevê o controle de constitucionalidade em face da Constituição Estadual. Esse controle é regulamentado pelas Constituições Estaduais.

Outra questão importante que chama a atenção é a previsão, no artigo 126, de criação de varas especializadas para questões agrárias. Em 2008, o Tribunal de Justiça de Mato Grosso (TJ-MT), estado com muitos conflitos agrários, especialmente envolvendo povos indígenas, transformou a então 7ª Vara Criminal de Cuiabá em Vara Especializada em Direito Agrário. Em 2011, o Conselho Nacional de Justiça desconstituiu o ato do Tribunal de Justiça daquele estado sob o argumento de que a Constituição não teria atribuído ao Tribunal de Justiça a competência para criação dessas varas, mas apenas a iniciativa para deflagrar o processo legislativo para a criação dessas unidades jurisdicionais (CNJ – Procedimento de Controle Administrativo nº 0006493.71.2010.2.00.0000). O Mato Grosso impetrou Mandado de Segurança para suspender a decisão do CNJ e a relatora, Ministra Carmen Lúcia, deferiu liminar para suspender a determinação do CNJ. O processo ainda não foi julgado, mas já tem manifestação da Procuradoria Geral da República no sentido da constitucionalidade da vara agrária pelo Tribunal de Justiça.

Questão interessante é o que dispõe o parágrafo único do artigo 126, incluído pela Emenda Constitucional nº 45/2004: Sempre que necessário à eficiente prestação jurisdicional, o juiz far-se-á presente no local do litígio. Apesar de a inspeção judicial ser algo previsto no próprio Código de Processo Civil (arts. 481 e seguintes), sabemos que é bastante raro encontrar um juiz que saia do gabinete para ir a campo conhecer de perto as circunstâncias e condições dos envolvidos em conflitos de terra.

A previsão constitucional dessa possibilidade não apenas reforça a possibilidade de criação de varas centralizadas na capital dos estados com competência sobre todo o território do estado (como no caso dessa vara criada em Cuiabá), como também reforça a importância da inspeção judicial e a utilização de métodos alternativos de solução de conflitos, na linha da Diretriz 17 do Programa Nacional de Direitos Humanos III (Decreto nº 7.037/2009), que, ao tratar da promoção de sistema de justiça mais acessível, ágil e efetivo, para o conhecimento, a garantia e a defesa dos direitos, estabelece no objetivo estratégico VI, a ação programática de propor projeto de lei para institucionalizar a utilização da mediação nas demandas de conflitos coletivos agrários e urbanos, priorizando a oitiva do INCRA, institutos de terras estaduais, Ministério Público e outros órgãos públicos especializados, sem prejuízo de outros meios institucionais para solução de conflitos.

ROMULO ANDRADE MOREIRA
Procurador de Justiça do Ministério Público do Estado da Bahia. Professor de Direito Processual Penal da UNIFACS, na graduação e na pós-graduação (Especialização em Direito Processual Penal e Penal e Direito Público).
Pós-graduado *lato sensu* pela Universidade de Salamanca/Espanha (Direito Processual Penal). Especialista em Processo pela UNIFACS.

CAPÍTULO IV

DAS FUNÇÕES ESSENCIAIS À JUSTIÇA

(Redação dada pela Emenda Constitucional nº 80, de 2014)

SEÇÃO I
DO MINISTÉRIO PÚBLICO

ART. 127. O MINISTÉRIO PÚBLICO É INSTITUIÇÃO PERMANENTE, ESSENCIAL À FUNÇÃO JURISDICIONAL DO ESTADO, INCUMBINDO-LHE A DEFESA DA ORDEM JURÍDICA, DO REGIME DEMOCRÁTICO E DOS INTERESSES SOCIAIS E INDIVIDUAIS INDISPONÍVEIS.

§ 1º SÃO PRINCÍPIOS INSTITUCIONAIS DO MINISTÉRIO PÚBLICO A UNIDADE, A INDIVISIBILIDADE E A INDEPENDÊNCIA FUNCIONAL.

§ 2º AO MINISTÉRIO PÚBLICO É ASSEGURADA AUTONOMIA FUNCIONAL E ADMINISTRATIVA, PODENDO, OBSERVADO O DISPOSTO NO ART. 169, PROPOR AO PODER LEGISLATIVO A CRIAÇÃO E EXTINÇÃO DE SEUS CARGOS E SERVIÇOS AUXILIARES, PROVENDO-OS POR CONCURSO PÚBLICO DE PROVAS OU DE PROVAS E TÍTULOS, A POLÍTICA REMUNERATÓRIA E OS PLANOS DE CARREIRA; A LEI DISPORÁ SOBRE SUA ORGANIZAÇÃO E FUNCIONAMENTO. (REDAÇÃO DADA PELA EMENDA CONSTITUCIONAL Nº 19, DE 1998)

§ 3º O MINISTÉRIO PÚBLICO ELABORARÁ SUA PROPOSTA ORÇAMENTÁRIA DENTRO DOS LIMITES ESTABELECIDOS NA LEI DE DIRETRIZES ORÇAMENTÁRIAS.

§ 4º SE O MINISTÉRIO PÚBLICO NÃO ENCAMINHAR A RESPECTIVA PROPOSTA ORÇAMENTÁRIA DENTRO DO PRAZO ESTABELECIDO NA LEI DE DIRETRIZES ORÇAMENTÁRIAS, O PODER EXECUTIVO CONSIDERARÁ, PARA FINS DE CONSOLIDAÇÃO DA PROPOSTA ORÇAMENTÁRIA ANUAL, OS VALORES APROVADOS NA LEI ORÇAMENTÁRIA VIGENTE, AJUSTADOS DE ACORDO COM OS LIMITES ESTIPULADOS NA FORMA DO § 3º. (INCLUÍDO PELA EMENDA CONSTITUCIONAL Nº 45, DE 2004)

§ 5º SE A PROPOSTA ORÇAMENTÁRIA DE QUE TRATA ESTE ARTIGO FOR ENCAMINHADA EM DESACORDO COM OS LIMITES ESTIPULADOS NA FORMA DO § 3º, O PODER EXECUTIVO PROCEDERÁ AOS AJUSTES NECESSÁRIOS PARA FINS DE CONSOLIDAÇÃO DA PROPOSTA ORÇAMENTÁRIA ANUAL. (INCLUÍDO PELA EMENDA CONSTITUCIONAL Nº 45, DE 2004)

§ 6º DURANTE A EXECUÇÃO ORÇAMENTÁRIA DO EXERCÍCIO, NÃO PODERÁ HAVER A REALIZAÇÃO DE DESPESAS OU A ASSUNÇÃO DE OBRIGAÇÕES QUE EXTRAPOLEM OS LIMITES ESTABELECIDOS NA LEI DE DIRETRIZES ORÇAMENTÁRIAS, EXCETO SE PREVIAMENTE AUTORIZADAS, MEDIANTE A ABERTURA DE CRÉDITOS SUPLEMENTARES OU ESPECIAIS. (INCLUÍDO PELA EMENDA CONSTITUCIONAL Nº 45, DE 2004)

Com a promulgação da Constituição Federal, o Ministério Público, que antes ocupava uma seção específica do capítulo reservado aos diversos órgãos do Poder Executivo, passou a ter uma posição indiscutivelmente de maior destaque. Assim, com a nova ordem constitucional estabelecida, o Ministério Público destacou-se do Poder Executivo, tendo agora uma feição muito mais independente e autônoma, a ponto de se ouvir, aqui ou acolá, com um indisfarçável exagero, tratar-se de um Quarto Poder.

Nesse aspecto, a razão está com Jacinto Nelson de Miranda Coutinho, ao asseverar ser "infeliz a tese, sustentada retoricamente por alguns, que apresenta o Ministério Público como um órgão interpoderes, mesmo porque a nossa estrutura estatal não comporta um tal órgão, sem controle, em um verdadeiro quarto poder". Para ele, a autonomia garantida constitucionalmente ao Ministério Público "não pode ser confundida com a criação de um novo Poder, ou um órgão, em termos de poder, retoricamente constituído. Não precisamos disso. Estar vinculado ao Poder Executivo em hipótese alguma retira a autonomia do Ministério Público, a qual é medida por outros parâmetros, como sabem todos".

Mesmo porque, diz ele, a autonomia de um órgão depende precipuamente "dos homens que o integram"[5].

Feita essa ressalva, o certo é que a Constituição de 1988 concebeu o Ministério Público como uma das instituições mais importantes da República, sem dúvidas. Trata-se de uma das funções essenciais à Justiça, ao lado da Defensoria Pública e da Advocacia – pública e privada, cabendo-lhe a defesa da ordem jurídica do país, da própria democracia, dos interesses ditos sociais e também dos individuais, estes quando indisponíveis.

Assim, por exemplo, cabe ao procurador-geral da República propor no Supremo Tribunal Federal a ação direta de inconsti-

5 ARAÚJO JR., João Marcello de (Org.). *Ciência e política criminal em honra de Heleno Fragoso*. Rio de Janeiro: Forense, 1992. p. 260 (nota de rodapé nº 34).

tucionalidade e a ação declaratória de constitucionalidade, nos termos do artigo 103, VI, da Constituição. Inclusive, o procurador-geral da República deve sempre ser previamente ouvido nas ações de inconstitucionalidade e em todos os processos de competência do Supremo Tribunal Federal (§ 3º do mesmo art. 103). Também estão seus membros legitimados a impetrar ordens de *habeas corpus*, mandado de segurança, além de ajuizar Ação Civil Pública de responsabilidade por danos causados ao meio ambiente, ao consumidor, a bens e direitos de valor artístico, estético, histórico, turístico e paisagístico, em conformidade com a Lei nº 7.347/1985.

Nada obstante se tratar de uma Instituição de certa forma hierarquizada, o certo é que mantém o Ministério Público a sua unidade e a sua indivisibilidade, o que não deve comprometer a independência funcional dos seus membros. A propósito da independência funcional, Bento de Faria já escrevia que "o Ministério Público, como fiel fiscal da lei, não poderia ficar constrangido a abdicar das suas convicções, quando devidamente justificadas. Do contrário seria um instrumento servil da vontade alheia"[6].

Paulo Cláudio Tovo anotava, com singular acerto, que "a independência do Ministério Público deve ser preservada como algo precioso à segurança de todos.[7]" Na mesma linha, Roberto Lyra afirmou que "nem o procurador-geral, investido de ascendência hierárquica, tem o direito de violentar, por qualquer forma, a consciência do Promotor Público, impondo os seus pontos de vista e as suas opiniões, além do terreno técnico ou administrativo". Para ele, "quanto ao elemento intrínseco, subjetivo, dos atos oficiais, na complexidade, na sutileza, na variedade de seus desdobramentos, como a apreciação da prova, para a denúncia, a pronúncia, o pedido de condenação, a apelação, a liberdade provisória ou a prisão preventiva, é na sua consciência livre e esclarecida, elevada a um plano inacessível a quaisquer injunções ou tendências, que o promotor público encontra inspiração", concluindo "que adisciplina do Ministério Público está afeta ao procurador-geral. No entanto, esse não intervém na consciência do subordinado. [...] Decairia de sua própria independência moral o promotor público se ficasse sujeito, em matéria opinativa, às injunções, quer dos juízes, quer dos chefes, esses funcionários da confiança do Governo. Ocorreria ainda o perigo de, indiretamente, submeter-se o Promotor Público ao arbítrio oficial no desempenho de uma tarefa de sutilíssima subjetividade"[8].

Certa vez um antigo Promotor de Justiça do Distrito Federal, dr. Murillo Fontainha, ao recusar determinação do procurador-geral de oferecer denúncia em um caso, escreveu:

> *No exercício das suas elevadas funções, o Ministério Público "só recebe instruções da sua consciência e da lei" (Sentença do saudoso Magistrado Raul Martins, D. Oficial de 10 de outubro de 1914, p. 10.844) e "as ordens que o chefe do Ministério Público tem o direito de impor aos seus inferiores são ordens que não afetem à consciência dos mesmos. E o promotor, que fugindo aos impulsos da sua convicção, deixar-se sugestionar pelas imposições extrínsecas, é um que homem ultraja à sua consciência e um Magistrado que prostitui a lei. Vê, pois, V. Exª., que nas funções em que entra a convicção do Promotor, como elemento principal, a ordem do Chefe do Ministério Público não pode ter o caráter de preceito imperativo obrigatório" (Auto Fontes, Questões Criminais, p. 75-6). E continuou: "Todas essas explanações evidenciam que nas hipóteses em que o Ministério Público tem que opinar da sua conduta no caso que lhe for concluso, quer de oportunidade ou cabimento de recurso legal a interpor, quer de apreciação sobre elementos para denúncias ou arquivamento de processos, só deve receber instruções da sua íntima convicção, de sua consciência. Nessa esfera, as instruções do chefe do Ministério Público não podem penetrar, porque é a própria lei em vigor que o diz quando terminantemente dispõe que incumbe aos promotores públicos oferecer denúncia quando se convençam da existência de crimes de sua competência"[9].*

Jorge Americano, por sua vez, pontuava que, "dentro da esfera das suas atribuições, cada membro do Ministério Público tem independência de movimentos para requerer diligência, para denunciar ou pedir arquivamento inicial de processos, para opinar,

6 BRASIL. *Código de processo penal*. 2. ed. Rio de Janeira: Record, 1960. v. 1, p. 120.

7 TOVO, Paulo Cláudio. *Apontamentos e guia prático sobre a denúncia no processo penal brasileiro*. Porto Alegre: Sergio Antonio Fabris Editor, 1986. p. 26.

8 LYRA, Roberto. *Teoria e prática da promotoria pública*. 2. ed. Porto Alegre: Sergio Antonio Fabris Editor, 1989. p. 158-176.

9 Apud Roberto Lyra, op. cit., p. 164.

a favor ou contra o réu, para recorrer ou não, para expor certos argumentos, de preferência a outros"[10].

Aliás, sobre a independência do Ministério Público no sistema jurídico italiano (cuja carreira coincide com a da Magistratura), Carlo Guarnieri afirma "che a grandi linee caratterizza tutti i principali regimi liberaldemocatici, sembrano essere proprio quelle, da un lato, di evitare indebite interferenze da parte dell´ambiente politico sull`esercizio delle funzioni d´accusa – sopratutto nei singoli casi - e, dall`altro, di creare dei meccanismi – che potremmo definire di regolazione istituzionale – in grado di influenzare in generale la politica penale degli uffici del pubblico ministero e di farlo fungere così da contrappeso nei confronti di giudici politicamente indipendenti"[11].

Evidentemente que diante de todas as atribuições que lhe foram confiadas, e para evitar contaminações de natureza política, especialmente político-partidária (inclusive em razão da forma como se dá a escolha dos procuradores-gerais, como veremos adiante), teve o Constituinte o cuidado de dotar o Ministério Público – enquanto instituição – de autonomia funcional e administrativa, inclusive para enviar ao Parlamento projetos de lei referentes à criação e extinção de cargos e serviços auxiliares, sempre, por óbvio, respeitando a exigência de concurso público de provas ou de provas e títulos; assim também a política remuneratória e os planos de carreira. Com o mesmo intuito, foi dada a possibilidade da elaboração de sua proposta orçamentária, observando-se os limites estabelecidos na Lei de Diretrizes Orçamentárias.

ART. 128. O MINISTÉRIO PÚBLICO ABRANGE:

I – O MINISTÉRIO PÚBLICO DA UNIÃO, QUE COMPREENDE:

A) O MINISTÉRIO PÚBLICO FEDERAL;

B) O MINISTÉRIO PÚBLICO DO TRABALHO;

C) O MINISTÉRIO PÚBLICO MILITAR;

D) O MINISTÉRIO PÚBLICO DO DISTRITO FEDERAL E TERRITÓRIOS;

I – OS MINISTÉRIOS PÚBLICOS DOS ESTADOS.

§ 1º O MINISTÉRIO PÚBLICO DA UNIÃO TEM POR CHEFE O PROCURADOR-GERAL DA REPÚBLICA, NOMEADO PELO PRESIDENTE DA REPÚBLICA DENTRE INTEGRANTES DA CARREIRA, MAIORES DE TRINTA E CINCO ANOS, APÓS A APROVAÇÃO DE SEU NOME PELA MAIORIA ABSOLUTA DOS MEMBROS DO SENADO FEDERAL, PARA MANDATO DE DOIS ANOS, PERMITIDA A RECONDUÇÃO.

§ 2º A DESTITUIÇÃO DO PROCURADOR-GERAL DA REPÚBLICA, POR INICIATIVA DO PRESIDENTE DA REPÚBLICA, DEVERÁ SER PRECEDIDA DE AUTORIZAÇÃO DA MAIORIA ABSOLUTA DO SENADO FEDERAL.

§ 3º OS MINISTÉRIOS PÚBLICOS DOS ESTADOS E O DO DISTRITO FEDERAL E TERRITÓRIOS FORMARÃO LISTA TRÍPLICE DENTRE INTEGRANTES DA CARREIRA, NA FORMA DA LEI RESPECTIVA, PARA ESCOLHA DE SEU PROCURADOR-GERAL, QUE SERÁ NOMEADO PELO CHEFE DO PODER EXECUTIVO, PARA MANDATO DE DOIS ANOS, PERMITIDA UMA RECONDUÇÃO.

§ 4º OS PROCURADORES-GERAIS NOS ESTADOS E NO DISTRITO FEDERAL E TERRITÓRIOS PODERÃO SER DESTITUÍDOS POR DELIBERAÇÃO DA MAIORIA ABSOLUTA DO PODER LEGISLATIVO, NA FORMA DA LEI COMPLEMENTAR RESPECTIVA.

§ 5º LEIS COMPLEMENTARES DA UNIÃO E DOS ESTADOS, CUJA INICIATIVA É FACULTADA AOS RESPECTIVOS PROCURADORES-GERAIS, ESTABELECERÃO A ORGANIZAÇÃO, AS ATRIBUIÇÕES E O ESTATUTO DE CADA MINISTÉRIO PÚBLICO, OBSERVADAS, RELATIVAMENTE A SEUS MEMBROS:

I – AS SEGUINTES GARANTIAS:

A) VITALICIEDADE, APÓS DOIS ANOS DE EXERCÍCIO, NÃO PODENDO PERDER O CARGO SENÃO POR SENTENÇA JUDICIAL TRANSITADA EM JULGADO;

B) INAMOVIBILIDADE, SALVO POR MOTIVO DE INTERESSE PÚBLICO, MEDIANTE DECISÃO DO ÓRGÃO COLEGIADO COMPETENTE DO MINISTÉRIO PÚBLICO, PELO VOTO DA MAIORIA ABSOLUTA DE SEUS MEMBROS, ASSEGURADA AMPLA DEFESA; (REDAÇÃO DADA PELA EMENDA CONSTITUCIONAL Nº 45, DE 2004)

C) IRREDUTIBILIDADE DE SUBSÍDIO, FIXADO NA FORMA DO ART. 39, § 4º, E RESSALVADO O DISPOSTO NOS ARTS.

10 Idem, ibidem, p. 166.

11 GUARNIERI, Carlo. *Pubblico ministero e sistema politico*. Padova: CEDAM, 1984. p. 179.

37, X E XI, 150, II, 153, III, 153, § 2º, I; (REDAÇÃO DADA PELA EMENDA CONSTITUCIONAL Nº 19, DE 1998)

II – AS SEGUINTES VEDAÇÕES:

A) RECEBER, A QUALQUER TÍTULO E SOB QUALQUER PRETEXTO, HONORÁRIOS, PERCENTAGENS OU CUSTAS PROCESSUAIS;

B) EXERCER A ADVOCACIA;

C) PARTICIPAR DE SOCIEDADE COMERCIAL, NA FORMA DA LEI;

D) EXERCER, AINDA QUE EM DISPONIBILIDADE, QUALQUER OUTRA FUNÇÃO PÚBLICA, SALVO UMA DE MAGISTÉRIO;

E) EXERCER ATIVIDADE POLÍTICO-PARTIDÁRIA;(REDAÇÃO DADA PELA EMENDA CONSTITUCIONAL Nº 45, DE 2004)

F) RECEBER, A QUALQUER TÍTULO OU PRETEXTO, AUXÍLIOS OU CONTRIBUIÇÕES DE PESSOAS FÍSICAS, ENTIDADES PÚBLICAS OU PRIVADAS, RESSALVADAS AS EXCEÇÕES PREVISTAS EM LEI. (INCLUÍDA PELA EMENDA CONSTITUCIONAL Nº 45, DE 2004)

§ 6º APLICA-SE AOS MEMBROS DO MINISTÉRIO PÚBLICO O DISPOSTO NO ART. 95, PARÁGRAFO ÚNICO, V.(INCLUÍDO PELA EMENDA CONSTITUCIONAL Nº 45, DE 2004)

O Ministério Público brasileiro compreende o Ministério Público da União e os Ministérios Públicos dos Estados.

Por sua vez, o Ministério Público da União abrange o Ministério Público Federal, o Ministério Público do Trabalho, o Ministério Público Militar e o Ministério Público do Distrito Federal. Como uma estrutura hierarquizada que é, a chefia do Ministério Público da União cabe ao procurador-geral da República, escolhido livremente pelo presidente da República dentre integrantes da carreira, maiores de trinta e cinco anos, após sabatina realizada pelo Senado Federal. O seu mandato é de dois anos, permitida uma só recondução, podendo apenas ser destituído por iniciativa do presidente da República, após autorização da maioria absoluta do Senado Federal.

Já a chefia dos Ministérios Públicos dos Estados e do Distrito Federal cabe ao Procurador-Geral de Justiça, nomeado pelo governador do estado, a partir de uma lista tríplice formada dentre os integrantes da carreira, eleitos pelos respectivos membros, também para um mandato de dois anos, permitida uma recondução apenas. Da mesma forma, somente poderão ser destituídos por deliberação da maioria absoluta do Poder Legislativo local.

Essa forma de escolha da chefia do Ministério Público deveria ser repensada urgentemente, pois, da maneira como é, corre-se o sério risco de se ter um procurador-geral leniente com eventuais desmandos do Poder Executivo, aquem supostamente deve o favor da nomeação. A solução mais democrática certamente seria o escrutínio popular, pois, afinal de contas, trata-se da chefia de uma Instituição encarregada de zelar, em última análise, pelos interesses da população.

O Ministério Público da União está organizado e estruturado pela Lei Complementar nº 75/1993. Já os Ministérios Públicos estaduais e o do Distrito Federal têm a sua organicidade estabelecida nos dispositivos contidos na Lei nº 8.625/1993. Aqui, nos Estados e no Distrito Federal, além da lei federal, há leis complementares locais, a fim de que se estabeleça, com as respectivas particularidades, a organização, as atribuições e o estatuto de cada Ministério Público.

Aos membros do Ministério Público estão asseguradas as garantias da vitaliciedade, inamovibilidade e a irredutibilidade de subsídio. A vitaliciedade somente se dará após dois anos de exercício na carreira. A partir desse período, o membro do Ministério Público não poderá mais perder o cargo senão por sentença judicial transitada em julgado, a partir de uma ação civil de iniciativa do respectivo Procurador-Geral, tudo em conformidade com as leis orgânicas. Já a inamovibilidade tem por escopo garantir que só haja remoção em caso de evidente e comprovado interesse público. Ainda assim, exige-se que a remoção seja decidida por órgão colegiado integrante da cúpula do Ministério Público (os Conselhos Superiores ou os Órgãos Especiais), pelo voto da maioria absoluta de seus membros, assegurando-se ao removido o devido processo legal (ampla defesa e contraditório). Por fim, os subsídios dos seus membros não podem ser diminuídos em nenhuma hipótese. A propósito, por exigência constitucional, o subsídio será fixado em parcela única, vedado o acréscimo de qualquer gratificação, adicional, abono, prêmio, verba de representação ou outra espécie remuneratória. Também se deve recordar que está vedado à União, aos Estados e ao Distrito Federal instituir tratamento desigual entre contribuintes que se encontrem em situação equivalente, proibida qualquer distinção em razão de ocupação profissional ou função por eles exercida, independentemente da denominação jurídica dos rendimentos, títulos ou direitos. Eis a razão pela qual é de duvidosa constitucionalidade os conhecidos auxílios pagos aos membros do Ministério Público, tais como auxílio-moradia, auxílio-alimentação e outros penduricalhos.

No entanto, proíbe-se que o membro do Ministério Público receba, a qualquer título e sob qualquer pretexto, honorários, percentagens ou custas processuais, exerça a advocacia, participe de sociedade comercial (em conformidade com a respectiva lei orgânica), exerça, ainda que em disponibilidade, qualquer outra função pública, salvo uma de magistério (incluindo-se cargos e funções de confiança no Poder Executivo e mandatos eletivos, excetuando-se o magistério em instituições privadas), exerça atividade político-partidária e, por fim, que receba, também a qualquer título ou pretexto, auxílios ou contribuições de pessoas físicas, entidades públicas ou privadas, ressalvadas eventuais exceções previstas nas leis orgânicas. Ademais, no caso de afastamento do cargo por aposentadoria ou exoneração, veda-se o exercício da advocacia no juízo ou no Tribunal do qual se afastou, antes de decorridos três anos.

A proibição do exercício de atividade político-partidária obviamente não significa que não possa o membro do Ministério Público manifestar-se livremente, e por qualquer meio – salvo nos autos, evidentemente – a respeito de suas preferências políticas e ideológicas, posto ser um cidadão brasileiro que tem garantida constitucionalmente a liberdade de pensamento e de expressão.

ART. 129. SÃO FUNÇÕES INSTITUCIONAIS DO MINISTÉRIO PÚBLICO:

I – PROMOVER, PRIVATIVAMENTE, A AÇÃO PENAL PÚBLICA, NA FORMA DA LEI;

II – ZELAR PELO EFETIVO RESPEITO DOS PODERES PÚBLICOS E DOS SERVIÇOS DE RELEVÂNCIA PÚBLICA AOS DIREITOS ASSEGURADOS NESTA CONSTITUIÇÃO, PROMOVENDO AS MEDIDAS NECESSÁRIAS A SUA GARANTIA;

III – PROMOVER O INQUÉRITO CIVIL E A AÇÃO CIVIL PÚBLICA, PARA A PROTEÇÃO DO PATRIMÔNIO PÚBLICO E SOCIAL, DO MEIO AMBIENTE E DE OUTROS INTERESSES DIFUSOS E COLETIVOS;

IV – PROMOVER A AÇÃO DE INCONSTITUCIONALIDADE OU REPRESENTAÇÃO PARA FINS DE INTERVENÇÃO DA UNIÃO E DOS ESTADOS, NOS CASOS PREVISTOS NESTA CONSTITUIÇÃO;

V – DEFENDER JUDICIALMENTE OS DIREITOS E INTERESSES DAS POPULAÇÕES INDÍGENAS;

VI – EXPEDIR NOTIFICAÇÕES NOS PROCEDIMENTOS ADMINISTRATIVOS DE SUA COMPETÊNCIA, REQUISITANDO INFORMAÇÕES E DOCUMENTOS PARA INSTRUÍ-LOS, NA FORMA DA LEI COMPLEMENTAR RESPECTIVA;

VII – EXERCER O CONTROLE EXTERNO DA ATIVIDADE POLICIAL, NA FORMA DA LEI COMPLEMENTAR MENCIONADA NO ARTIGO ANTERIOR;

VIII – REQUISITAR DILIGÊNCIAS INVESTIGATÓRIAS E A INSTAURAÇÃO DE INQUÉRITO POLICIAL, INDICADOS OS FUNDAMENTOS JURÍDICOS DE SUAS MANIFESTAÇÕES PROCESSUAIS;

IX – EXERCER OUTRAS FUNÇÕES QUE LHE FOREM CONFERIDAS, DESDE QUE COMPATÍVEIS COM SUA FINALIDADE, SENDO-LHE VEDADA A REPRESENTAÇÃO JUDICIAL E A CONSULTORIA JURÍDICA DE ENTIDADES PÚBLICAS.

§ 1º A LEGITIMAÇÃO DO MINISTÉRIO PÚBLICO PARA AS AÇÕES CIVIS PREVISTAS NESTE ARTIGO NÃO IMPEDE A DE TERCEIROS, NAS MESMAS HIPÓTESES, SEGUNDO O DISPOSTO NESTA CONSTITUIÇÃO E NA LEI.

§ 2º AS FUNÇÕES DO MINISTÉRIO PÚBLICO SÓ PODEM SER EXERCIDAS POR INTEGRANTES DA CARREIRA, QUE DEVERÃO RESIDIR NA COMARCA DA RESPECTIVA LOTAÇÃO, SALVO AUTORIZAÇÃO DO CHEFE DA INSTITUIÇÃO. (REDAÇÃO DADA PELA EMENDA CONSTITUCIONAL Nº 45, DE 2004)

§ 3º O INGRESSO NA CARREIRA DO MINISTÉRIO PÚBLICO FAR-SE-Á MEDIANTE CONCURSO PÚBLICO DE PROVAS E TÍTULOS, ASSEGURADA A PARTICIPAÇÃO DA ORDEM DOS ADVOGADOS DO BRASIL EM SUA REALIZAÇÃO, EXIGINDO-SE DO BACHAREL EM DIREITO, NO MÍNIMO, TRÊS ANOS DE ATIVIDADE JURÍDICA E OBSERVANDO-SE, NAS NOMEAÇÕES, A ORDEM DE CLASSIFICAÇÃO. (REDAÇÃO DADA PELA EMENDA CONSTITUCIONAL Nº 45, DE 2004)

§ 4º APLICA-SE AO MINISTÉRIO PÚBLICO, NO QUE COUBER, O DISPOSTO NO ART. 93. (REDAÇÃO DADA PELA EMENDA CONSTITUCIONAL Nº 45, DE 2004)

§ 5º A DISTRIBUIÇÃO DE PROCESSOS NO MINISTÉRIO PÚBLICO SERÁ IMEDIATA. (INCLUÍDO PELA EMENDA CONSTITUCIONAL Nº 45, DE 2004)

Nesse artigo estão indicadas as atribuições conferidas ao Ministério Público, sem prejuízo do exercício de outras funções que lhe forem conferidas por lei, desde que compatíveis com sua finalidade, sendo-lhe vedada a representação judicial e a consultoria jurídica a entidades públicas – a cargo da Advocacia pública. Tais funções só podem ser exercidas por integrantes da carreira que deverão, como regra, residir na Comarca, salvo autorização do Procurador-Geral ou de órgão colegiado integrante da cúpula da Instituição. A propósito, o ingresso na carreira do Ministério Público far-se-á mediante concurso público de provas e títulos, assegurada a participação da Ordem dos Advogados do Brasil em sua realização, exigindo-se do bacharel em Direito, no mínimo, três anos de atividade jurídica e observando-se, nas nomeações, a ordem de classificação.

No âmbito da Justiça criminal, o Ministério Público tem legitimidade para promover, privativamente, a ação penal pública, nos termos do artigo 24 do Código de Processo Penal, ressalvando-se apenas a hipótese da ação penal de iniciativa privada subsidiária da pública (art. 29 do Código de Processo Penal), posto ter previsão expressa na própria Constituição Federal (art. 5º, LIX). Também incumbe-lhe exercer o controle externo da atividade policial, requisitar diligências investigatórias e a instauração de inquérito policial.

No que diz respeito ao controle externo da atividade policial, decididamente, trata-se de uma das mais gritantes falhas do Ministério Público brasileiro, pois tal controle não se faz ou, quando se dá, é de uma maneira incipiente, quase frouxa, como se fora um fingimento. O Ministério Público finge que controla e a Polícia finge que é controlada. Azar dos presos e das presas, pobres e afrodescendentes.

Como decorrência da legitimidade para o exercício da ação penal pública, permite-se que o Ministério Público também tenha atribuições investigatórias de natureza criminal. A questão não é exatamente a constitucionalidade da investigação criminal pelo Ministério Público. O problema reside no fato de essa investigação estar disciplinada na Resolução nº 181 do Conselho Nacional do Ministério Público que contém uma plêiade (no sentido inverso) de normas inconstitucionais. Não que sejamos contrários à investigação criminal pelo Ministério Público – matéria, inclusive, já decidida pelo Supremo Tribunal Federal e que encontra autorização na Constituição Federal. A questão não é essa. Gravíssimo é o fato de uma mera Resolução de natureza administrativa, expedida por um órgão – o Conselho Nacional do Ministério Público – sem legitimidade legislativa (em sentido formal) e sem legitimidade popular tratar de matéria de Direito Processual Penal. Aliás, o Capítulo VII da Resolução trata de um tal "*acordo de não persecução penal*", dando ao órgão do Ministério Público a possibilidade de "*propor ao investigado acordo de não persecução penal, desde que este confesse formal de detalhadamente a prática do delito e indique eventuais provas de seu cometimento*". Portanto, às favas com o direito de não autoincriminação, consagrado na Convenção Americana sobre Direitos Humanos e com a regra da obrigatoriedade da ação penal pública, que só encontra exceções na transação penal (art. 76 da Lei nº 9.099/1995), na delação premiada (art. 4º, § 4º, da Lei nº 12.850/2013) e no acordo de leniência (arts. 86 e 87 da Lei nº 12.529/2011). Ou seja, na lei! Portanto, o Conselho Nacional do Ministério Público ignorou solenemente o art. 22, I, da Constituição Federal ao arvorar-se legislador em matéria processual penal. Obviamente que o Conselho Nacional do Ministério Público não tem legitimidade para legislar em matéria processual, por óbvio! Cabe-lhe, nos termos do art. 130-A, § 2º, "*zelar pela autonomia funcional e administrativa do Ministério Público, podendo expedir atos regulamentares, no âmbito de sua competência, ou recomendar providências*". Muito menos o seu Regimento Interno concede-lhe tal atribuição, limitando-se apenas a estabelecer o procedimento interno dos respectivos projetos de Resolução (art. 64-A). Trata-se, portanto, de uma indevida e inaceitável usurpação da competência da União para legislar em matéria processual penal.

Note-se que nesta atribuição persecutória deve agir o membro do Ministério Público com bastante cautela, a fim de que não se conceba o investigado ou o acusado como um mero objeto do processo ou da investigação criminal. O acusado ou investigado tem que ser visto como um sujeito de direitos para o qual a Constituição previu uma série de direitos e garantias processuais que devem ser obrigatoriamente obedecidas, principalmente pelo órgão responsável pela acusação pública. Se o promotor de Justiça ou o procurador da República não tiver essa consciência ética, e considerando as atuais condições que são inteiramente propícias ao endurecimento do tratamento penal dos acusados, é evidente que diversos direitos e garantias processuais podem ser sonegados, revelando-se atitudes extremamente reprováveis, como se vê atualmente. Já se foi a época do promotor de Justiça ou procurador da República ser um cego e sistemático acusador público, perseguidor implacável do réu, profissional que tentava a todo custo uma condenação, pouco importando que tivessem sido dadas a ele as condições plenas de provar a sua inocência. Não lhes cabe essa atitude aética de contribuir para uma condenação de alguém, sem que para isso haja justa causa indiscutível, é dizer, uma consistência probatória, quando sabemos que possui ele um inigualável leque de meios investigatórios e probatórios à sua disposição para acusar e provar a acusação imputada. O representante do Ministério Público na área criminal deve ter a certeza processual do fato criminoso e da respectiva autoria para que se o legitime pleitear em Juízo que alguém cumpra uma sanção penal. Talvez por isso Calamandrei tenha notado um permanente conflito psicológico no representante do Ministério Público, pois "como sustentáculo da acusação, devia ser tão parcial como um advogado; e como guarda inflexível da lei, devia ser tão imparcial como um juiz"[12]. É verdade. O representante do Ministério Público atua no processo penal, digamos, com essa dupla face: ao tempo em que acusa e, como tal se diz que é parte no sentido formal, também se lhe incumbe a fiel promoção e fiscalização da lei. Exatamente por isso, hoje já é pacífica a possibilidade de se pleitear qualquer medida em favor do réu, incluindo, por exemplo, o pedido de absolvição, a impetração de *habeas corpus*, de mandado de segurança em matéria criminal, de recurso em benefício do acusado etc. A acusação pública, apesar de ser deduzida em nome da sociedade, não pode ser movida por sentimento de ódio, paixão ou vingança, deixando-se de lado a ordem jurídico-constitucional e sustentando a acusação apenas na boa oratória e na eloquência vazia de argumentação, amesquinhando-se uma função tão digna. A aceitação da improcedência de uma acusação, antes de representar uma derrota, deve ser vista como uma atitude nobre e eticamente incensurável. Jorge Americano resume de maneira irretorquível tais considerações. Diz ele: "Obrigado a intervir, o Ministério Público estuda o fato e fiscaliza a aplicação do direito. Expõe os seus argumentos com sobriedade de firmeza, com precisão e energia, mas sem paixão nem violência. Tem em vista a moralidade e a justiça. Responde aos argumentos dos diversos interessados, sem jamais sacrificar a verdade. Poupa a reputação alheia. Abandona os gracejos, economiza a adjetivação. Encara o episódio como um fato jurídico e não como questão pessoal contra os demais interessados"[13]. A ética, portanto, repulsa os espetáculos teatrais, a busca incessante pela notoriedade e pelo espaço na mídia, as humilhações a quem já se encontra em situação vexatória, tudo a exigir dele um distanciamento quase "heroico" das paixões que costumam rodear as causas criminais. Como disse Roberto Lyra, o promotor de Justiça "como homem público, na sua mais bela modalidade, renunciará, no exercício do cargo, a qualquer reserva mental, a qualquer preconceito, a qualquer facciosismo"[14]. Aliás, Roberto Lyra que dedicou toda a sua vida ao estudo do Direito Criminal e ao Ministério Público, a ponto de ser chamado por

12 CALAMANDREI, Piero. *Eles, os juízes, vistos por nós, os advogados*. 3. ed. Lisboa: Livraria Clássica Editora, [s.d.]. p. 59.

13 Apud Roberto Lyra. *Teoria e prática da promotoria pública*. Porto Alegre: Sergio Antonio Fabris Editor; Escola Superior do Ministério Público do Rio Grande do Sul, 1989. p.74.

14 Idem, ibidem, p. 75.

Evandro Lins e Silva de o "Príncipe dos Promotores Públicos brasileiros", em sua obra "Teoria e Prática da Promotoria Pública", dedicou um capítulo inteiro à "Ética do Promotor Público", onde resume de forma magnífica os princípios norteadores da conduta de um membro do Ministério Público. Nessa obra, escreveu: "O acusador, por decoro próprio e sobretudo por obrigação estrita, jamais deverá injuriar o réu, ou por qualquer forma se olvidar do respeito devido ao tribunal. Pelo contrário, refletido e moderado, embora enérgico em sua argumentação, deve produzir a acusação sem arrebatamento, sem exageração"[15]. Nesse livro clássico há trechos memoráveis, como: "Faltará, no entanto, à ética, numa de suas regras essenciais, o Promotor Público que injuriar o réu, ou mesmo vexá-lo sem estrita necessidade. Mais do que violação da ética, isso constitui covardia, na rigorosa expressão da palavra. É, também, impolítico, desastrado, contraproducente esse procedimento pelo péssimo efeito, pelo desprestígio da função, pelo descrédito do orador judiciário"[16]. Portanto, digo eu, não se deve valer-se do infortúnio do acusado para, afagando a sua vaidade, utilizar-se do processo como palco para disputas forenses e em busca da notoriedade gratuita e nociva. O réu tem direito ao respeito. Praticando uma conduta delituosa merece ser punido, óbvio, mas não lhe retirando garantias processuais e faltando-lhe com a consideração devida. Tudo se obedecendo ao devido processo constitucional. O membro do Ministério Público deve sempre reconhecer com altivez a improcedência da pretensão acusatória, quando for o caso. Em nenhum momento deve ser levado pela paixão, relegando o caráter técnico-jurídico a um segundo plano e ferindo de morte a dignidade da sua nobre função. A propósito, no que diz respeito mais especificamente ao gosto pela exposição excessiva e desnecessária aos holofotes, novamente trago as considerações de Jorge Americano: "Os casos sujeitos à justiça são, por sua natureza, estranhos à publicidade. Não que haja receio dela, mas por questões de necessidade, recato e método de trabalho"[17].

Também são atribuições do Ministério Público zelar pelo efetivo respeito dos Poderes Públicos e dos serviços de relevância pública aos direitos assegurados nesta Constituição, promovendo as medidas necessárias à sua garantia; promover o inquérito civil e a ação civil pública, para aproteção do patrimônio público e social, do meio ambiente e de outros interesses difusos e coletivos, nos termos da Lei nº 7.347/1985 (obviamente que esta legitimação não impede a de terceiros, nas mesmas hipóteses); promover a ação de inconstitucionalidade ou representação para fins de intervenção da União e dos Estados, em conformidade, respectivamente, com os artigos 103, VI e 36, III da Constituição Federal; defender judicialmente os direitos e interesses das populações indígenas e expedir notificações nos procedimentos administrativos – de natureza civil ou criminal –, requisitando informações e documentos para instruí-los, na forma das leis orgânicas respectivas.

> *Vê-se, pois, a relevância que a Instituição tem na defesa intransigente e corajosa dos direitos humanos, direitos fundamentais e indisponíveis. Afinal de contas, como já escreveu Claus Roxin, o Ministério Público "no es una institución sin vida, que ha quedado de lastre, y, en todo caso, sólo merecedora de un festejo por sus cien años de existencia. Detrás de ella quedan cien años de contribuciones exitosas, que lo han legitimado como indispensable para el futuro. Empero, el tiempo de su realización todavía en todos los puntos con su función vinculada al Estado de Derecho y sus funciones político-sociales, que abarcan desde combatir el delito hasta la resocialización del delicuente, serán pronto todavía más completas que lo que han sido hasta ahora. Si se puede brindar con franqueza, no sólo por el pasado, sino también por el futuro de quien cumple años, ello es una razón para el júbilo. Tal razón existe hoy"*[18].

Nada obstante ser uma Instituição secular, com razão está Julio Maier ao afirmar que "la institución no parece haber alcanzado su mayoría de edad, mucho menos entre nosostros: por ello me he permitido titular su historia como la de un adolescente"[19]. O Ministério Público brasileiro assimilou as suas novas atribuições constitucionais: ações por atos de improbidade administrativa, ações civis públicas pululam. A sociedade sentiu a contribuição e deu o

15 Idem, ibidem, p. 79.

16 Idem, ibidem, p. 80.

17 Idem, ibidem, p. 105.

18 ROXIN, Claus. *El ministerio público en el proceso penal*. Buenos Aires: Ad-Hoc, 2000. p. 57.

19 MAIER, Julio B. J. *El ministerio público en el proceso penal*. Buenos Aires: Ad-Hoc, 2000. p. 35.

retorno, prestigiando a Instituição que, consequentemente, pode dar uma estrutura bem melhor aos seus integrantes, além de melhores condições de trabalho, incluindo os próprios vencimentos.

É bem verdade que este protagonismo institucional esbarra muitas vezes no "pacto republicano". E isso não é um mero detalhe. É, sobretudo, uma preocupação. Pode haver, no futuro (ou talvez já exista no presente) um desgaste. Afinal de contas são muitas prioridades e, às vezes, poucos recursos financeiros.

De toda maneira, o Ministério Público do Brasil, como poucos, é zeloso no trato em relação à salvaguarda dos direitos humanos. Também é um fato indiscutível. Seja o Ministério Público Federal, do Trabalho, seja o Estadual. Seus integrantes, dentro de suas respectivas atribuições funcionais, atuam com rigor em defesa dos direitos humanos. São apurados e denunciados crimes praticados por grupos de extermínio, delitos sofridos por líderes de movimentos ambientais, sindicais etc. Devemos referir igualmente a defesa das crianças e dos adolescentes, mulheres, idosos, deficientes e outros (ditos) vulneráveis. Aqui o trabalho do Ministério Público brasileiro é, inegavelmente, dos melhores, certamente não havendo similaridade no Direito Comparado, mesmo porque a normatividade constitucional, como foi dito acima, foi de uma generosidade ímpar com a Instituição.

Nada obstante, apesar de todas as homenagens que devem ser merecidamente prestadas, parece-nos haver um déficit da Instituição, ou melhor, de alguns de seus membros, relativamente ao zelo em relação aos direitos humanos, quando se tratam de pessoas sujeitas à persecução penal. Explico melhor em seguida, fazendo inclusive um rápido escorço histórico/político e uma abordagem do ponto de vista da liberdade de imprensa.

Inicialmente, observa-se que no processo penal a pretensão acusatória é do Estado (vista aqui com o devido cuidado para que não se confunda nem com a pretensão punitiva nem com a pretensão civil "carneluttiana"). Em particular, no Brasil, quem a exerce em juízo é o Ministério Público, salvo, excepcionalmente, em crimes de ação penal de iniciativa privada. Assim, estabelece o artigo 129, I da Constituição Federal. Porém, a persecução estatal inicia-se antes mesmo da iniciativa do Ministério Público, quando da investigação preliminar, também sob a responsabilidade do Estado (em regra da Polícia). Nos dois momentos, ou seja, durante a investigação criminal e a partir do início da ação penal há sempre um sujeito submetido ao crivo estatal, seja como investigado (inclusive sem direito à ampla defesa e ao contraditório plenos), seja como acusado formalmente pela prática de um crime. A situação, em ambas as hipóteses, é de todo vexatória, a exigir um olhar atento para se evitar mais constrangimentos do que aqueles inerentes à própria atividade persecutória.

Deve-se, então, exigir do próprio Estado cuidado para que direitos e garantias fundamentais do homem não sejam sonegados. Espera-se que esta vigilância seja feita pelo Ministério Público, nos termos impostos pela Constituição Federal. Quanto a isso não há dúvidas. Na fase da investigação criminal, dispõe a Constituição caber ao Ministério Público o controle externo da atividade policial. Aqui, portanto, deve-se atentar para a integridade física do indiciado/investigado, bem como para o seu patrimônio moral (honra, imagem, privacidade, intimidade etc.). Chegamos ao ponto! Mas, como dissemos acima, é preciso que façamos uma rápida e despretensiosa retrospectiva histórica para que possamos contextualizar a questão ora enfrentada, inclusive sob o aspecto do direito à liberdade de imprensa e dos direitos individuais.

Como se sabe, o Brasil atravessou um período relativamente longo no qual as liberdades públicas estiveram sacrificadas em razão de um regime político não democrático que se instaurou no País quando os militares depuseram um governo civil eleito legitimamente. Um golpe, não uma revolução. A partir desta ruptura institucional (ilegítima), o país passou a viver à margem da Democracia, respirando um ar poluído pelo medo, pela desesperança, pelo arbítrio, pela desconfiança, pelas deslealdades, onde preponderavam as delações, premiadas ou não, a tortura, a corrupção, o coronelismo, a burocracia estatal, o emperramento da máquina administrativa, a incompetência na gestão pública etc. Salvava-se o futebol... No plano internacional, enquanto o mundo dividia-se entre as duas superpotências, envoltas em uma perigosa guerra (fria), cada vez mais, e para sempre, obedecíamos às ordens dos Estados Unidos (até o nosso sistema jurídico, nada obstante a tradição do *civil law*, vive a copiar o *common law*: delação premiada, barganhas penais, relativização das provas ilícitas, privatização das prisões etc.). Naquele ambiente absolutamente sombrio, a imprensa sofria reveses cotidianos, subjugada pelo governo que dispunha de um órgão especialmente designado para fiscalizá-la, situação que se agravou sobremaneira após a publicação do Ato Institucional nº 5, em 13 de dezembro de 1968, só revogado em 13 de outubro de 1978, com a promulgação da Emenda Constitucional nº 11. Mesmo com a revogação do Ato Institucional, a liberdade de imprensa continuou manietada. Os mais diversos meios de comunicação seguiram monitorados pela Censura Federal. Telenovelas não foram ao ar, mesmo após já gravados capítulos, redações de jornais foram invadidas, outros ficaram inviabilizados financeiramente, até fecharem as portas, jornalistas ameaçados e mortos, outros fugiram do país. Enfim, não havia liberdade de imprensa. Fingia-se que se informava e o povo fingia que era informado. E o governo militar, hipocritamente, flertava com alguma mídia em troca de algumas concessões.

Com a redemocratização do País, a partir da promulgação da Constituição, as liberdades públicas, em particular, a liberdade de imprensa, destacou-se. E era natural que assim o fosse. Era mesmo um desejo de todos nós, carentes que estávamos de uma informação livre, liberta dos grilhões dos militares. A imprensa libertou-se e isso foi muito bom. No texto constitucional ficou consignado: "É assegurado a todos o acesso à informação e resguardado o sigilo da fonte, quando necessário ao exercício profissional." (art. 5º, XIV). Também: "É livre a manifestação de pensamento, sendo vedado o anonimato." (inciso IV), assim como "é livre a expressão da atividade intelectual, artística, científica e de comunicação, independentemente de censura ou licença". (inciso IX).

E, então, aonde quero chegar, se tudo parece muito óbvio? Noto, a cada dia, que as coisas têm mudado muito. Assustadoramente, eu diria. Em que sentido? Explico. É certo que há o interesse público em saber o resultado de um determinado julgamento judicial. Também está na Constituição que todos os julgamentos dos órgãos do Poder Judiciário serão públicos. Correto. Tudo faz parte do jogo democrático. Mas é preciso que outras peças desse jogo sejam manejadas dentro do mesmo tabuleiro. É o mesmo jogo, são as mesmas peças, os mesmos jogadores e o mesmo tabuleiro. Vejamos, por exemplo, o que está escrito no artigo 5º, X da Constituição: "são invioláveis a intimidade, a vida privada, a honra e a imagem das pessoas, assegurado o direito a indenização pelo dano material ou moral decorrente de sua violação". Também a Convenção Americana sobre Direitos Humanos (Pacto de São José da Costa Rica), promulgado no Brasil pelo Decreto Presidencial nº 678/1992 (com status de norma supralegal, conforme entendimento do Supremo Tribunal Federal), após estabelecer no artigo 13 que "toda pessoa tem direito à liberdade de pensamento e de expressão", afirma que o seu exercício estará sujeito "a responsabilidades ulteriores, que devem ser expressamente fixadas pela lei e ser necessárias para assegurar o respeito aos direitos ou à reputação das demais pessoas". E o que vemos e lemos hoje, e há muito, nos telejornais, nas revistas, nos jornais, nas redes sociais, nos blogs, enfim, nos mais diversos meios de comunicação? Trechos de delações premiadas que deveriam estar, por força de lei, sob absoluto sigilo nos autos da investigação criminal, partes de depoimentos de testemunhas, de interrogatórios de indiciados, fragmentos de interceptações telefônicas e escutas ambientais também cobertas pelo sigilo (nem sempre autorizadas pela Justiça, portanto, às vezes clandestinas, criminosamente conseguidas) etc. E sempre material seletivamente fornecido pelos órgãos do Estado que têm a guarda dos documentos. Isso é fato. Réus (mais) pobres e ricos. Brancos e (mais) negros e negras. Incluídos e (mais) excluídos. E mais: até o cotidiano de pessoas encarceradas em estabelecimentos prisionais, onde se encontram sob custódia do Estado e, portanto, sob a responsabilidade do governo brasileiro, é devassado e vendido nas bancas de revista e exposta gratuitamente na rede mundial de computadores.

E há algo ainda mais grave. Se tais fatos não fossem um agravo absurdo do ponto de vista da vida privada e da intimidade da pessoa (que na esmagadora maioria das vezes ainda nem foi julgada), o prejuízo do ponto de vista processual é imenso, incomensurável, pois essa exposição midiática põe e expõe o julgador (e também o acusador) em uma situação de pressão da opinião pública da qual dificilmente ele se libertará corajosamente. O ato de acusar e o de julgar já estão viciados, contaminados pela pressão da mídia, pelo fato noticiado, pela capa da revista, pela manchete do jornal, pelos comentários dos amigos, enfim...

Ao fim e ao cabo, condena-se não em razão das provas, mas em virtude das evidências noticiadas. A condenação impõe-se, não porque o direito assim o exige, mas porque é preciso que o leitor e o telespectador tenham uma resposta (de preferência rápida, daí a razão das prisões provisórias infindas) acerca da informação dada, pois não é possível que depois de tantos fatos postos, tantas fotos postadas, não haja uma sentença dada, um castigo imposto! É assim a lógica do sistema, não? Essa foi a razão pela qual comecei lembrando os tempos difíceis do regime político comandado pelos militares brasileiros e como foi importante o papel da imprensa, seja resistindo (pelo menos uma parte dela, veja, por exemplo, o Pasquim), seja, após o fim da ditadura, fortalecendo o agora regime democrático.

A liberdade de imprensa é um valor a ser a todo instante preservado e conquistado. Os profissionais da imprensa devem ser sempre valorizados. Mas é preciso, no entanto, que sejam também respeitadas outras liberdades, também fundamentais. É a Constituição que exige. A democracia custa muito caro para todos. É ônus e bônus. São deveres e direitos. É um verdadeiro "toma lá, dá cá" ético (se me entendem bem). Não é possível uma liberdade de imprensa que não encontre freios, como, obviamente, não se pode admitir uma censura à imprensa. Não dá para admitir que trechos de uma delação premiada documentada em autos de uma investigação criminal esteja no dia seguinte estampada em uma folha de um jornal de circulação nacional ou em telejornal de grande audiência. Diga-se o mesmo em relação às interceptações telefônicas ou escutas ambientais. Não é possível! Pessoas presas, algemadas, que sequer foram indiciadas formalmente, não podem ser expostas publicamente. É óbvio que isso gera um sentimento negativo que seguramente implicará, também negativamente, o momento de se fazer o juízo de acusação e, mais tarde, o juízo de condenação. Não, não é chegada a hora. Já passou o momento de repensarmos esse modo de atuar. Nós que fazemos parte dessa engrenagem chamada Justiça criminal: integrantes da Polícia, do Ministério Público, Magistrados e todos os outros.

Nós estamos lidando com gente e não estamos mais no século XVIII, quando "o povo reivindicava seu direito de constatar o suplício e quem era supliciado", pois o "condenado era oferecido aos insultos, às vezes aos ataques dos espectadores". Afinal de contas, "as pessoas não só tinham que saber, mas também ver com seus próprios olhos. Porque era necessário que tivessem medo; mas também porque deviam ser testemunhas e garantias da punição, e porque até certo ponto deviam tomar parte nela. Serem testemunhas era um direito que eles tinham e reivindicavam; um suplício escondido é um suplício de privilegiado, e muitas vezes suspeitava-se que não se realizasse em toda a sua severidade. Todos protestavam quando no último instante se retirava a vítima aos olhares dos espectadores"[20]. Tudo muito parecido com o momento atual, só que esse é um relato da França do século XVIII. Somos seres racionais, trabalhamos com leis, normas jurídicas, princípios e regras, com uma Constituição, sobretudo. A imprensa, por sua vez, tem o dever republicano (e fundamental) de informar fatos efetivamente relevantes e importantes para a sociedade, além, claro, de entreter, divertir etc., sem desabonar a honra das pessoas, desacreditá-las, ainda que, supostamente, tenham praticado algum delito. Isso se chama credibilidade. Um dia pode se perder.

Neste perigoso e insidioso contexto, é preciso que o Ministério Público, que se insere dentro do Sistema Jurídico, tenha muita atenção e cuidado para a advertência de Rui Cunha Martins: "O sistema jurídico tem de decidir se quer ser o redentor de promessas incumpridas patrocinando a vingança popular face à desigualdade socioeconômica persistente por intermédio do sacrifício dos privilegiados, algo que os sistema econômico nunca foi capaz de levar a cabo; se persistir

20 FOUCAULT, Michel. *Vigiar e punir:* história da violência nas prisões. Petrópolis: Vozes, 1998. p. 49.

neste caminho arrisca-se a ser o idiota útil de serviço; (ii) o protesto tem de decidir se quer ser o faxineiro de serviço de um sistema que se arrisca a ser o primeiro benificiário com uma purga no seu interior, na certeza do seu robustecimento e do desvio das atenções das suas fragilidades e desmandos para uma responsabilização personalizada de alguns dos seus arautos; se persistir nesse caminho arrisca-se a ser (mais) um idiota útil da mercadoria"[21].

ART. 130. AOS MEMBROS DO MINISTÉRIO PÚBLICO JUNTO AOS TRIBUNAIS DE CONTAS APLICAM-SE AS DISPOSIÇÕES DESTA SEÇÃO PERTINENTES A DIREITOS, VEDAÇÕES E FORMA DE INVESTIDURA.

A Constituição Federal previu que nos Tribunais de Contas dos Municípios, dos Estados e da União oficiaria o Ministério Público e que aos seus membros aplicar-se-iam as disposições pertinentes a direitos, vedações eforma de investidura dos demais membros do Ministério Público brasileiro. Nada obstante, o Conselho Nacional do Ministério Público decidiu que o Ministério Público de Contas não se submete ao controle administrativo, financeiro e disciplinar do Conselho Nacional do Ministério Público. Esse entendimento foi aprovado pela maioria do Plenário, seguindo o posicionamento do conselheiro relator, em um Pedido de Providências que tratava da atuação de membro do Ministério Público de Contas. Segundo ele, "ao criar o CNMP, o texto constitucional não cita o Ministério Público de Contas: a Constituição Federal, ao decompor o Ministério Público e ao estabelecer as competências do CNMP, não faz referência ao MP de Contas. Como instituição, o MP de Contas é órgão integrante do Tribunal de Contas em que atua e não é revestido de perfil institucional próprio", destacando que o Conselho Nacional do Ministério Público possui representantes de todos os órgãos componentes do Ministério Público previstos no artigo 128 da Constituição, mas nenhum representante do Ministério Público de Contas. Ele também ressaltou "que o Supremo Tribunal Federal entende que o Ministério Público junto ao Tribunal de Contas é instituição distinta do Ministério Público comum". Segundo o conselheiro, "o STF é o principal responsável pela interpretação da lei maior; e não é atribuída ao CNMP a competência para interpretar a Constituição Federal de forma diversa àquela realizada pelo Poder Judiciário"[22].

ART. 130-A. O CONSELHO NACIONAL DO MINISTÉRIO PÚBLICO COMPÕE-SE DE QUATORZE MEMBROS NOMEADOS PELO PRESIDENTE DA REPÚBLICA, DEPOIS DE APROVADA A ESCOLHA PELA MAIORIA ABSOLUTA DO SENADO FEDERAL, PARA UM MANDATO DE DOIS ANOS, ADMITIDA UMA RECONDUÇÃO, SENDO: (INCLUÍDO PELA EMENDA CONSTITUCIONAL Nº 45, DE 2004)

I – O PROCURADOR-GERAL DA REPÚBLICA, QUE O PRESIDE;

II – QUATRO MEMBROS DO MINISTÉRIO PÚBLICO DA UNIÃO, ASSEGURADA A REPRESENTAÇÃO DE CADA UMA DE SUAS CARREIRAS;

III – TRÊS MEMBROS DO MINISTÉRIO PÚBLICO DOS ESTADOS;

IV – DOIS JUÍZES, INDICADOS UM PELO SUPREMO TRIBUNAL FEDERAL E OUTRO PELO SUPERIOR TRIBUNAL DE JUSTIÇA;

V – DOIS ADVOGADOS, INDICADOS PELO CONSELHO FEDERAL DA ORDEM DOS ADVOGADOS DO BRASIL;

VI – DOIS CIDADÃOS DE NOTÁVEL SABER JURÍDICO E REPUTAÇÃO ILIBADA, INDICADOS UM PELA CÂMARA DOS DEPUTADOS E OUTRO PELO SENADO FEDERAL.

§ 1º OS MEMBROS DO CONSELHO ORIUNDOS DO MINISTÉRIO PÚBLICO SERÃO INDICADOS PELOS RESPECTIVOS MINISTÉRIOS PÚBLICOS, NA FORMA DA LEI.

§ 2º COMPETE AO CONSELHO NACIONAL DO MINISTÉRIO PÚBLICO O CONTROLE DA ATUAÇÃO ADMINISTRATIVA E FINANCEIRA DO MINISTÉRIO PÚBLICO E DO CUMPRIMENTO DOS DEVERES FUNCIONAIS DE SEUS MEMBROS, CABENDO LHE:

I – ZELAR PELA AUTONOMIA FUNCIONAL E ADMINISTRATIVA DO MINISTÉRIO PÚBLICO, PODENDO EXPEDIR ATOS REGULAMENTARES, NO ÂMBITO DE SUA COMPETÊNCIA, OU RECOMENDAR PROVIDÊNCIAS;

II – ZELAR PELA OBSERVÂNCIA DO ART. 37 E APRECIAR, DE OFÍCIO OU MEDIANTE PROVOCAÇÃO, A LEGALIDADE DOS ATOS ADMINISTRATIVOS PRATICADOS POR MEMBROS OU ÓRGÃOS DO MINISTÉRIO PÚBLICO DA UNIÃO E DOS ESTADOS,

21 MARTINS, Rui Cunha. *A hora dos cadáveres adiados*. São Paulo: Atlas, 2013. p. 77.

22 Disponível em: http://www.cnmp.mp.br/portal/todas-as-noticias/9621-ministerio-publico-de-contas-nao-se-submete-ao-controle-do-cnmp. Acesso em: 19 nov. 2018.

PODENDO DESCONSTITUÍ-LOS, REVÊ-LOS OU FIXAR PRAZO PARA QUE SE ADOTEM AS PROVIDÊNCIAS NECESSÁRIAS AO EXATO CUMPRIMENTO DA LEI, SEM PREJUÍZO DA COMPETÊNCIA DOS TRIBUNAIS DE CONTAS;

III – RECEBER E CONHECER DAS RECLAMAÇÕES CONTRA MEMBROS OU ÓRGÃOS DO MINISTÉRIO PÚBLICO DA UNIÃO OU DOS ESTADOS, INCLUSIVE CONTRA SEUS SERVIÇOS AUXILIARES, SEM PREJUÍZO DA COMPETÊNCIA DISCIPLINAR E CORREICIONAL DA INSTITUIÇÃO, PODENDO AVOCAR PROCESSOS DISCIPLINARES EM CURSO, DETERMINAR A REMOÇÃO, A DISPONIBILIDADE OU A APOSENTADORIA COM SUBSÍDIOS OU PROVENTOS PROPORCIONAIS AO TEMPO DE SERVIÇO E APLICAR OUTRAS SANÇÕES ADMINISTRATIVAS, ASSEGURADA AMPLA DEFESA;

IV – REVER, DE OFÍCIO OU MEDIANTE PROVOCAÇÃO, OS PROCESSOS DISCIPLINARES DE MEMBROS DO MINISTÉRIO PÚBLICO DA UNIÃO OU DOS ESTADOS JULGADOS HÁ MENOS DE UM ANO;

V – ELABORAR RELATÓRIO ANUAL, PROPONDO AS PROVIDÊNCIAS QUE JULGAR NECESSÁRIAS SOBRE A SITUAÇÃO DO MINISTÉRIO PÚBLICO NO PAÍS E AS ATIVIDADES DO CONSELHO, O QUAL DEVE INTEGRAR A MENSAGEM PREVISTA NO ART. 84, XI.

§ 3º O CONSELHO ESCOLHERÁ, EM VOTAÇÃO SECRETA, UM CORREGEDOR NACIONAL, DENTRE OS MEMBROS DO MINISTÉRIO PÚBLICO QUE O INTEGRAM, VEDADA A RECONDUÇÃO, COMPETINDO-LHE, ALÉM DAS ATRIBUIÇÕES QUE LHE FOREM CONFERIDAS PELA LEI, AS SEGUINTES:

I – RECEBER RECLAMAÇÕES E DENÚNCIAS, DE QUALQUER INTERESSADO, RELATIVAS AOS MEMBROS DO MINISTÉRIO PÚBLICO E DOS SEUS SERVIÇOS AUXILIARES;

II – EXERCER FUNÇÕES EXECUTIVAS DO CONSELHO, DE INSPEÇÃO E CORREIÇÃO GERAL;

III – REQUISITAR E DESIGNAR MEMBROS DO MINISTÉRIO PÚBLICO, DELEGANDO-LHES ATRIBUIÇÕES, E REQUISITAR SERVIDORES DE ÓRGÃOS DO MINISTÉRIO PÚBLICO.

§ 4º O PRESIDENTE DO CONSELHO FEDERAL DA ORDEM DOS ADVOGADOS DO BRASIL OFICIARÁ JUNTO AO CONSELHO.

§ 5º LEIS DA UNIÃO E DOS ESTADOS CRIARÃO OUVIDORIAS DO MINISTÉRIO PÚBLICO, COMPETENTES PARA RECEBER RECLAMAÇÕES E DENÚNCIAS DE QUALQUER INTERESSADO CONTRA MEMBROS OU ÓRGÃOS DO MINISTÉRIO PÚBLICO, INCLUSIVE CONTRA SEUS SERVIÇOS AUXILIARES, REPRESENTANDO DIRETAMENTE AO CONSELHO NACIONAL DO MINISTÉRIO PÚBLICO.

No ano de 2004, com a Emenda Constitucional nº 45, foi criado no Brasil o Conselho Nacional do Ministério Público, composto por quatorze membros nomeados pelo presidente da República, depois de aprovada a escolha pela maioria absoluta do Senado Federal, para um mandato de dois anos, admitida uma recondução. O Conselho Nacional do Ministério Público é presidido pelo procurador-geral da República e formado por quatro membros do Ministério Público da União, três membros do Ministério Público dos Estados, dois juízes, dois advogados e dois cidadãos de notável saber jurídico e reputação ilibada, indicados pelo Congresso Nacional. O presidente do Conselho Federal da Ordem dos Advogados do Brasil oficiará no Conselho.

Esse Conselho tem competência – exclusivamente para exercer o controle da atuação administrativa e financeira do Ministério Público e do cumprimento dos deveres funcionais de seus membros, zelando, especialmente pela autonomia funcional e administrativa do Ministério Público, podendo expedir atos regulamentares, no âmbito de sua competência, ou recomendar providências.

Também deve zelar pela observância dos princípios gerais que regem a Administração Pública estabelecidos no artigo 37 da Constituição, e apreciar, de ofício ou mediante provocação, a legalidade dos atos administrativos praticados por membros ou órgãos do Ministério Público da União e dos Estados, podendo desconstituí-los, revê-los ou fixar prazo para que se adotem as providências necessárias ao exato cumprimento da lei, sem prejuízo da competência dos Tribunais de Contas dos Estados e da União.

Igualmente confere-se ao Conselho receber e conhecer das reclamações contra membros ou órgãos do Ministério Público da União ou dos Estados, inclusive contra seus serviços auxiliares, sem prejuízo da competência disciplinar e correicional da instituição, podendo avocar processos disciplinares em curso, determinar a remoção, a disponibilidade ou a aposentadoria com subsídios ou proventos proporcionais ao tempo de serviço e aplicar outras sanções administrativas, assegurada ampla defesa.

Poderá também rever, de ofício ou mediante provocação, os processos disciplinares de membros do Ministério Público da União ou dos Estados julgados há menos de um ano, devendo elaborar relatório anual, propondo as providências que julgar necessárias sobre a situação do Ministério Público no país e as atividades do Conselho. No âmbito do Conselho há uma Corregedoria, cuja competência, em especial, é receber reclamações e denúncias, de qualquer interessado, relativas aos membros do Ministério Público e dos seus serviços auxiliares, exercer funções executivas do Conselho, de inspeção e correição geral e requisitar e designar membros do Ministério Público, delegando-lhes atribuições, e requisitar servidores de órgãos do Ministério Público.

Eis, portanto, as atribuições constitucionais do Conselho Nacional do Ministério Público, órgão eminentemente de controle externo da Instituição. Controle externo, repita-se! Em sede de controle interno, o Ministério Público Estadual está sujeito às normas da Lei nº 8.625/1993 e os seus artigos 16 a 18 cuidam da Corregedoria-Geral do Ministério Público, órgão, como se sabe, responsável pelo controle interno da Instituição.

Sem entrar no mérito do conteúdo das manifestações dos membros do Ministério Público, é preciso que se respeite a liberdade de expressão do cidadão, ocupe ele a função que ocupar, pois estamos, afinal de contas, sob a égide de uma Constituição em que se preserva o Estado Democrático de Direito e a liberdade de expressão. Em um Estado Democrático de Direito é preciso aprender a conviver com a liberdade de expressão e com o contraditório. Se houver exageros que atinjam a honra, a imagem, a vida privada e a intimidade alheias que se utilize (ainda que como *ultima ratio*) o Código Penal (arts. 138, 139 e 140 – calúnia, injúria e difamação), o Código Civil (arts. 11 a 21 do Código Civil) e a Constituição Federal (art. 5º, V e X - responsabilidade civil e direito de resposta). Caso se prefira, que se procure, então, as devidas providências ao órgão de controle interno da Instituição: a Corregedoria, já que o Conselho Nacional do Ministério Público tem outras e importantes atribuições constitucionais.

> *É preciso atentar, segundo Zaffaroni (e mutatis mutandis), que "es imposible una teoría jurídica destinada a ser aplicada por los operadores judiciales en sus decisiones, sin tener en cuenta lo que pasa en las relaciones reales entre las personas. No se trata de una empresa posible aunque objetable, sino de un emprendimiento tan imposible como hacer medicina sin incorporar los datos fisiológicos [...] Del mismo modo, cuando se pretende construir el derecho penal sin tener en cuenta el comportamiento real de las personas, sus motivaciones, sus relaciones de poder etc., como ello es imposible, el resultado no es un derecho penal privado de datos sociales, sino construido sobre datos sociales falsos"*[23].

Como ensina Paulo Bonavides[24],

> *protegendo pois a liberdade, ou seja, amparando os direitos fundamentais, o princípio da proporcionalidade entende principalmente, como disse Zimmerli, com o problema da limitação do poder legítimo, devendo fornecer o critério das limitações à liberdade individual. Com relação ao princípio da proporcionalidade, Lerche assevera que sua eficácia só se nega para aquelas normas que não limitam direitos fundamentais, senão os aperfeiçoam ou simplesmente lhes desenham já existentes e com isto os elucidam.*

MÁRCIA MARIA BARRETA FERNANDES SEMER
Procuradora do Estado de São Paulo,
mestre e doutoranda em Direito do Estado
na Universidade de São Paulo.

CAPÍTULO IV
DAS FUNÇÕES ESSENCIAIS À JUSTIÇA
(Redação dada pela Emenda Constitucional nº 80, de 2014)

23 ZAFFARONI, Eugenio Raúl. *Derecho Penal:* Parte General. p. 23.

24 BONAVIDES, Paulo. *Curso de direito constitucional*. 13. ed. São Paulo: Malheiros, 2003. p. 395/420.

SEÇÃO II
DA ADVOCACIA PÚBLICA

(Redação dada pela Emenda Constitucional nº 19, de 1998)

ART. 131. A ADVOCACIA-GERAL DA UNIÃO É A INSTITUIÇÃO QUE, DIRETAMENTE OU ATRAVÉS DE ÓRGÃO VINCULADO, REPRESENTA A UNIÃO, JUDICIAL E EXTRAJUDICIALMENTE, CABENDO-LHE, NOS TERMOS DA LEI COMPLEMENTAR QUE DISPUSER SOBRE SUA ORGANIZAÇÃO E FUNCIONAMENTO, AS ATIVIDADES DE CONSULTORIA E ASSESSORAMENTO JURÍDICO DO PODER EXECUTIVO.

§ 1º A ADVOCACIA-GERAL DA UNIÃO TEM POR CHEFE O ADVOGADO-GERAL DA UNIÃO, DE LIVRE NOMEAÇÃO PELO PRESIDENTE DA REPÚBLICA DENTRE CIDADÃOS MAIORES DE TRINTA E CINCO ANOS, DE NOTÁVEL SABER JURÍDICO E REPUTAÇÃO ILIBADA.

§ 2º O INGRESSO NAS CLASSES INICIAIS DAS CARREIRAS DA INSTITUIÇÃO DE QUE TRATA ESTE ARTIGO FAR-SE-Á MEDIANTE CONCURSO PÚBLICO DE PROVAS E TÍTULOS.

§ 3º NA EXECUÇÃO DA DÍVIDA ATIVA DE NATUREZA TRIBUTÁRIA, A REPRESENTAÇÃO DA UNIÃO CABE À PROCURADORIA-GERAL DA FAZENDA NACIONAL, OBSERVADO O DISPOSTO EM LEI.

ART. 132. OS PROCURADORES DOS ESTADOS E DO DISTRITO FEDERAL, ORGANIZADOS EM CARREIRA, NA QUAL O INGRESSO DEPENDERÁ DE CONCURSO PÚBLICO DE PROVAS E TÍTULOS, COM A PARTICIPAÇÃO DA ORDEM DOS ADVOGADOS DO BRASIL EM TODAS AS SUAS FASES, EXERCERÃO A REPRESENTAÇÃO JUDICIAL E A CONSULTORIA JURÍDICA DAS RESPECTIVAS UNIDADES FEDERADAS. (REDAÇÃO DADA PELA EMENDA CONSTITUCIONAL Nº 19, DE 1998)

PARÁGRAFO ÚNICO. AOS PROCURADORES REFERIDOS NESTE ARTIGO É ASSEGURADA ESTABILIDADE APÓS TRÊS ANOS DE EFETIVO EXERCÍCIO, MEDIANTE AVALIAÇÃO DE DESEMPENHO PERANTE OS ÓRGÃOS PRÓPRIOS, APÓS RELATÓRIO CIRCUNSTANCIADO DAS CORREGEDORIAS. (REDAÇÃO DADA PELA EMENDA CONSTITUCIONAL Nº 19, DE 1998)

Por esse dispositivo, qualquer dos Poderes da União deve obrigatoriamente se valer da Advocacia-Geral da União para defender ou pleitear direitos em juízo[25].

Para fins de consultoria e assessoramento, incumbe ao Poder Executivo socorrer-se da Advocacia-Geral da União. A despeito do preceito constitucional, a exclusividade da prestação consultiva ao Poder Executivo pela Advocacia-Geral da União ainda é objeto de disputa, passados 30 anos da promulgação da Constituição[26]. Sobre o desenho constitucional, andaria melhor o constituinte se tivesse atribuído ao órgão a consultoria e assessoramento da União para abranger os demais Poderes e Funções Essenciais à Justiça.

São órgãos da Advocacia Pública federal: (i) a Advocacia-Geral da União, a quem incumbe a advocacia não tributária da Administração direta, (ii) a Procuradoria-Geral da Fazenda Nacional, responsável pela advocacia tributária federal e destacadamente pela execução da dívida ativa[27], (iii) as Procuradorias Federais, que atuam junto às autarquias, às fundações e às universidades públicas federais, e (iv) a Procuradoria do Banco Central, que responde pela advocacia do Banco Central do Brasil.

O ingresso nas carreiras da Advocacia Pública da União se faz por concurso público de provas e títulos, a teor do § 2º do artigo 131. Registramos, contudo, que ainda que essa norma não fosse expressa, o ingresso não poderia ocorrer de outra maneira, a teor do artigo 37, inciso II, da Constituição Federal, que impõe a investidura em cargo, função ou emprego público mediante concurso público de provas ou de provas e títulos. Esse é um ponto importante quando se pensa na investidura dos Procuradores Municipais, dado que, tratando-se a procuratura de qualquer dos entes estatais (União, Estados ou Municípios) de atividade de natureza permanente, seu exercício deve se dar por servidor concursado.

Merece observação crítica o fato de a chefia da Advocacia-Geral da União ser de livre nomeação do Presidente da República e não estar adstrita à escolha, em lista tríplice, dentre os membros integrantes da carreira. Esse dispositivo dá à Advocacia Pública tratamento distinto daquele dispensado às demais funções estatais essenciais à Justiça e fere a lógica da arquitetura constitucional, na parte que projetou as funções essenciais à Justiça como agências profissionais e insuladas.

Nos estados, a Advocacia Pública recebe o nome de Procuradoria. A Advocacia Pública Estadual comporta, nos termos da Constituição,

---

25 Sobre o tema a Reclamação nº 13.715, Minas Gerais, rel. min. Celso de Mello. Ainda sobre o tema, vale pontuar que, no âmbito judicial, a Advocacia Pública presenta, não apenas representa, o Estado. Isso significa que a Advocacia Pública é soberana para decidir a forma e o conteúdo da defesa estatal em juízo.

26 Vide Proposta de Súmula Vinculante nº 18, STF, ajuizada pela UNAFE.

27 As recentes e insistentes propostas de securitização da dívida ativa encontram neste dispositivo (art. 131, § 3º), dentre outros do ordenamento jurídico nacional, óbice de índole constitucional.

as Procuradorias dos Estados e a Procuradoria do Distrito Federal. Essa multiplicidade de nomes confunde e não beneficia a visibilidade institucional da Advocacia Pública. Melhor seria se tivéssemos advogados da União, advogados dos estados e advogados dos municípios.

Aliás, a Advocacia Pública Municipal é a grande ausente do texto de 1988. Tramita no Congresso desde 2003 e no Senado desde 2012 a PEC nº 17/2012, já aprovada na Câmara dos Deputados (PEC nº 153/2003), que inclui as Procuradorias Municipais no texto constitucional. Uma vez que na organização político-administrativa do Estado brasileiro temos três entes federados, não tem sentido a omissão ainda existente.

Outra omissão fundamental do texto constitucional é a concernente à autonomia funcional e administrativa, além da consequente iniciativa de proposta orçamentária, atribuída na Carta ao Ministério Público e Defensoria Pública, mas não à Advocacia Pública. Tramita no Congresso desde 2007, a PEC nº 82/2007, de iniciativa do então deputado federal Flávio Dino (PCdoB/MA), que visa reparar essa disfunção. Aprovada pela Comissão Especial da Câmara dos Deputados em maio de 2014, está pronta para Pauta no Plenário desde então.

Este artigo 132 confere à Advocacia Pública Estadual a representação judicial e a consultoria jurídica "das respectivas unidades federadas". Difere, portanto, do artigo 131, que atribui à Advocacia-Geral da União a consultoria do Poder Executivo. Seria razoável extrair daí que no âmbito dos Estados a consultoria dos três Poderes e das demais Funções Essenciais à Justiça é competência das Procuradorias dos Estado. Essa não tem sido a prática, nem o entendimento.

Por fim, o artigo 132 não trata da forma de escolha da chefia das Procuradorias do Estados ou do Distrito Federal, deixando o tema para o âmbito das Constituições Estaduais. Em São Paulo, o governador deve escolher o(a) Procurador(a) Geral entre os(as) da carreira[28]. A despeito de na maioria dos estados não haver essa obrigatoriedade, em 26 estados os Procuradores Gerais escolhidos são de carreira. Apenas no estado da Paraíba isso não se dá[29].

THIAGO M. MINAGÉ

Doutor em Direito. Professor de Processo Penal da UNESA/RJ, ABDConst (Associação Brasileira de Direito Constitucional). Diretor acadêmico da ABRACRIM-RJ. Advogado criminalista.

SEÇÃO III
DA ADVOCACIA
(Redação dada pela Emenda Constitucional nº 80, de 2014)

...

ART. 133. O ADVOGADO É INDISPENSÁVEL À ADMINISTRAÇÃO DA JUSTIÇA, SENDO INVIOLÁVEL POR SEUS ATOS E MANIFESTAÇÕES NO EXERCÍCIO DA PROFISSÃO, NOS LIMITES DA LEI.

Advogados a serviço do crime, escritórios de advocacia na mira do Ministério Público, dentre outras tantas expressões pejorativas e caluniosas, têm sido facilmente encontradas em matérias jornalísticas que mais parecem cruzadas depreciativas da classe. Mas uma pergunta insiste em não se calar: De todos os males que assolam nossa sociedade contemporânea seria a advocacia o maior deles? Eis a questão que me proponho a analisar. Afinal: para que(m) serve o advogado?

Embora Freud afirme em seu livro *O mal-estar na civilização* que a inclinação agressiva é uma disposição autônoma, originária do ser humano, inevitável aceitarmos que, em regra, sempre se elege "alguém" como alvo do ataque. Vejam: exercer uma função que se perfaz na contenção do exercício do poder, além de difícil execução, torna-se ainda, como de desagrado comum, não só, dos executores do poder, como daqueles que enxergam o exercício da advocacia como um entrave para a consecução da justiça. Analisando sob a ótica da psicanálise, encontramos ainda em Freud a ideia de que as pulsões sexuais e a pulsão de morte permanecem intrincadas, onde nenhuma dessas duas pulsões é menos essencial que a outra, permitindo assim que os fenômenos da vida surjam da ação confluente ou mutuamente contrária de ambas, sem que uma opere sem a outra, ou seja, uma pulsão sempre se determina de acordo com certa quantidade da outra, determinando ou modificando o objetivo[30].

28 O dispositivo paulista foi questionado no SFT, que decidiu pela constitucionalidade (voto decisivo min. Sepúlveda Pertence). Na atual composição, o STF já julgou inconstitucional emendas constitucionais e leis orgânicas de semelhante teor.

29 Dado referente às escolhas após a eleição governamental de 2014.

30 Sobre esse assunto, ver: FREUD, Sigmund. *Por que a guerra?* ESB, XXII: 252, apud QUINET, Antônio. *O gozo, a lei e as versões do pai.* Disponível em: http://lacan.orgfree.com/textosvariados/gozoleiversoesdopai.htm. Acesso em: 30 maio 2018.

Continuando nesse contexto, poderíamos perguntar: Onde cada pessoa busca satisfazer suas pulsões? A resposta será: No outro, no próximo, no semelhante que é tomado como um objeto que vai além da concepção sexual, ou seja: o seu próximo é, para eles, não apenas um ajudante potencial ou um objeto sexual, mas também alguém em quem se tenta satisfazer a agressividade com objetivo de saciar o gozo, seja destruindo ou mesmo aniquilando esse outro[31]. O Direito, com suas leis, representa uma forma de barrar ou enquadrar a tendência de uma pessoa a fazer do outro o objeto de suas pulsões destrutivas. O Direito, portanto, também lida com o gozo. É nisso que está sua essência, diz Lacan, "repartir, distribuir, retribuir o que diz respeito ao gozo"[32].

A expressão "gozo" e suas características, utilizada na concepção psicanalítica, explica bem, esse intuito depreciativo para com o exercício da advocacia, em especial, para como os advogados e advogadas, que, ao se insurgirem frente aos desmandas estatais, acabam por receber mira do ódio social a ser destilado. Os inimigos a serem combatidos. Aqueles que serão objeto de satisfação das pulsões destrutivas. Eis que, o fato de, não raras vezes, a incriminação de alguém (defendido por algum advogado/a) ser precedido de escárnio e censura pública pelos meios de comunicação, reflete bem o *modus operandi* das agências públicas que propõem colmatar lacunas probatórias em casos rumorosos, por exemplo, valendo-se de argumentos morais que visam intimidar e cercear o exercício do direito de defesa[33]. O exercício da advocacia se torna um obstáculo para a aniquilação do acusado e, por consequência, trará sim o peso de se colocar (como dito) na posição de objeto de satisfação do gozo.

Assim, no âmbito jurídico, quem ou o que seria a figura do advogado? A Constituição descreve em seu artigo 1º que "*o advogado é indispensável à administração da justiça*. Tendo ainda o Estatuto da OAB reafirmando em seu artigo 2º ser "*o advogado indispensável à administração da justiça*", sendo privativo ao advogado "as atividades de consultoria, assessoria e direção jurídicas".

Quando uma pessoa, no caso, o cliente, confia a um advogado informações sobre determinada circunstância de que requer uma defesa, assim o faz na certeza de que nesse profissional está depositada a confiança de que seus direitos serão defendidos e respeitados, tanto que essas informações compartilhadas entre uma pessoa e seu advogado, em hipótese alguma, serão utilizadas para incriminá-lo, em razão da relação de confiança e do dever de sigilo do advogado que, caso violado, é criminalmente punível, nos termos do artigo 154 do CP[34].

No exercício da advocacia, o advogado ao atuar, seja mediante consultoria ou na modalidade contenciosa, terá compromisso com a pessoa que lhe contratou/confiou sua defesa. Tanto que, como analisado por Gustavo Badaró e Pierpaolo Bottini, que afirmam com base no princípio da especialidade que a atuação do advogado está revestida sob a obrigação de sigilo prevista no Estatuto da OAB (Lei nº 8.906/1994) e que, nesse caso, haveria uma sobreposição ao suposto dever do advogado de comunicar às autoridades informações, como por exemplo, o que foi disposto na Lei de Lavagem de Dinheiro (Lei nº 9.613/1998). "*A obrigação genérica de comunicação é afastada diante da especialidade do sigilo dirigida ao advogado*". Mesmo porque, podemos imaginar surreal, que "*beira à insensatez pretender que o advogado vá denunciar as atividades de seus clientes às autoridades pertencentes aos organismos públicos que controlam as atividades econômico-financeiras do país*"[35].

Não podemos ignorar o fato de que, no exercício profissional, o advogado recebe informações revestidas pela relação de confiança com o cliente, seja para emissão de pareceres, aconselhamentos ou consultorias. O advogado não pode funcionar como um órgão fiscalizador e contribuir para a incriminação de seu cliente revelando o que lhe foi confiado no exercício de sua profissão.

A Diretiva 2001/97/CE da Comunidade Europeia, em seu item 17, dispõe que o advogado em atividade de consultoria jurídica ou

31 Sobre esse assunto, ver: FREUD, Sigmund. *O mal-estar na civilização*, ESB, XXI, apud QUINET, Antônio. *O gozo, a lei e as versões do pai*. Disponível em: http:// lacan.orgfree.com/textosvariados/gozoleiversoesdopai.htm. Acesso em: 30 maio 2018.

32 LACAN, Jacques. *O seminário*: livro 20, mais ainda. Rio de Janeiro: JZE, [s.d.], p. 11.

33 PRADO, Geraldo. ***Ações neutras e a incriminação da advocacia***. Disponível em: www.emporiododireito.com. Acesso em: 28 mar. 2015.

34 Violação do segredo profissional: Art. 154 - Revelar alguém, sem justa causa, segredo, de que tem ciência em razão de função, ministério, ofício ou profissão, e cuja revelação possa produzir dano a outrem: Pena - detenção, de três meses a um ano, ou multa.

35 BADARÓ, Gustavo Henrique; BOTTINI, Pierpaolo Cruz. ***Lavagem de dinheiro:*** aspectos penais e processuais penais – comentários à Lei nº 9.613/1998, com as alterações da Lei nº 12.683/2012. 2. ed. São Paulo: Editora Revista dos Tribunais, 2013. p. 143.

representação judicial administrativa está exonerado da obrigação de comunicação, em razão de seu dever de sigilo[36]. O Estatuto da Ordem dos Advogados de Portugal também exige do advogado o dever de sigilo, deixando claro que tal dever deve ser guardado tanto nas relações que envolvam representação judicial quanto nas atividades extrajudiciais, ainda que não remuneradas; é o que se verifica em seu artigo 87, que trata do segredo profissional[37].

Em Portugal, verifica-se discussão muito parecida com a que ocorre no Brasil referente à imposição do dever de comunicação ao advogado por força da Lei de Branqueamento de Capitais (Lei nº 25/2008) *versus* o dever de segredo profissional. Verificando-se que este se sobrepõe a qualquer outra obrigação quando o advogado estiver exercendo os limites da profissão, isentando-o de realizar qualquer comunicação, seja no exercício da advocacia contenciosa seja na consultiva, é o que a Ordem dos Advogados de Portugal afirmou ao emitir parecer sobre o tema em 21 de março de 2013[38]. Fato é que o advogado, como qualquer outro profissional, deve se abster de participar ou contribuir com atos ilícitos[39]. Nessa mesma linha é o pensamento de Pierpaolo Botinni quando afirma que, "*o advogado não tem o dever de comunicar atos suspeitos de lavagem, mas tem o dever de se abster de contribuir com eles*"[40].

O advogado é essencial à administração da justiça *(Artigo nº 133, CRFB/1988)*, sendo direito de o acusado ser assistido por defensor de sua escola *(Pacto de São José da Costa Rica, artigo 8º, 2, alínea d)*, portanto, deve o acusado ter liberdade na escolha de seu advogado que, em contrapartida, no exercício dos limites de sua profissão não concorre para a prática da lavagem de dinheiro, mas promove a ampla defesa e o direito ao contraditório do acusado. Entendam, todo advogado carrega o estigma da *defesa do criminoso* chegando ao ponto até de ser *equiparado a um criminoso*, justamente por considerarem criminoso aquele eleito pelo processo de criminalização. Se pobre: *advogado de porta de cadeia*; se rico: *mafioso*; honesto: *duvido!* Porém, inegável tamanha importância de um avogado livre, independente e corajoso para efrentar os desmandos estatais na luta pelo direito que sequer é seu, mas um dia, terá seu devido valor reconhecido.

Segundo Pierre Legendre, a sociedade inteira encena no teatro da Justiça as catástrofes de cada um, pois, a cada crime, a cada assassinato, somos tocados no mais íntimo, no mais secreto, no mais obscuro de nós mesmos: num breve instante sabemos que poderíamos ser aquele, o náufrago, um assassino. A Justiça tem a função de nos lembrar e até mesmo nos fazer reaprender a interdição de usar o outro para saciar nossas pulsões agressivas que podem ir até o assassinato. E assim, cada processo contra o assassino é "um ritual de separação do assassinato". Eis o que o processo civilizatório do Direito deve promover em relação ao gozo[41]. O que vemos nos dias de hoje, de maneira crescente e preocupante, é que a advocacia, e principalmente aqueles que exercem a defesa dos direitos de pessoas objetificadas, têm contra si a pseudoconstatação de que defendem criminosos, logo, também são criminosos.

36 DIRECTIVA 2001/97/CE DO PARLAMENTO EUROPEU E DO CONSELHO de 4 de dezembro de 2001 que altera a Directiva 91/308/CEE do Conselho relativa à prevenção da utilização do sistema financeiro para efeitos de branqueamento de capitais: (17) Todavia, sempre que membros independentes de profissões que prestam consulta jurídica, legalmente reconhecidas e controladas, tais como os advogados, determinem a situação jurídica de um cliente ou representem um cliente no âmbito de um processo judicial, não seria adequado, ao abrigo da directiva, impor a esses profissionais forenses, a respeito dessas actividades, uma obrigação de notificarem as suas suspeitas relativas a operações de branqueamento de capitais. Há que exonerar de qualquer obrigação de declaração as informações obtidas antes, durante ou depois do processo judicial, ou no processo de determinação da situação jurídica por conta do cliente. Por conseguinte, a consulta jurídica permanece sujeita à obrigação de segredo profissional, excepto se o consultor jurídico participar em actividades de branqueamento de capitais, se a consulta jurídica for prestada para efeitos de branqueamento de capitais ou se o advogado souber que o cliente pede aconselhamento jurídico para efeitos de branqueamento de capitais. Disponível em: https://eur-lex.europa.eu/legal-content/PT/TXT/?uri=CELEX%3A32001L0097. Acesso em: 29 nov. 2018.

37 PORTUGAL. Ordem dos Advogados. Estatuto da Ordem dos Advogados. Lei nº 15/2005, de 26 de Janeiro de 2005. Aprova o Estatuto da Ordem dos Advogados e revoga o Decreto-Lei nº 84/84, de 16 de março, com as alterações subsequentes. In: *Diário da República*, S.1-A, n. 18 , p. 612-646, 26 jan. 2005. Alterada pelo Decreto-Lei nº 226/2008, de 20 de novembro e pela Lei nº 12/2010, de 25 de junho. Artigo 87.

38 PORTUGAL. Ordem dos Advogados. Parecer da OA - branqueamento de capitais e financiamento do terrorismo. Conteúdo disponível no endereço eletrônico: http://www.oa.pt/Conteudos/Artigos/detalhe_artigo.aspx?idc=5&idsc=%20115187&ida=124406. Acesso em: 30 mar. 2018. 1- Os advogados, em circunstância alguma, deverão ficar sujeitos a qualquer dever de comunicação e de informação à Unidade de Informação Financeira (UIF) ou a qualquer outra entidade, ainda que através do Bastonário da respectiva Ordem, sobre quaisquer factos que lhes tenham sido revelados pelos respectivos clientes e que, de forma directa ou indirecta, possam ter por objecto actos ou operações de branqueamento de capitais e/ou de financiamento do terrorismo, sob pena de, por via do Direito Comunitário, se violar uma das garantias fundamentais de um Estado Direito Democrático que não pode prescindir do dever de segredo profissional imposto aos advogados para assegurar a confiança dos cidadãos e a defesa dos seus direitos e liberdades fundamentais e dessa forma garantir a boa administração da justiça, através de um processo justo e equitativo.

39 BADARÓ, Gustavo Henrique; BOTTINI, Pierpaolo Cruz, *op. cit.*, p. 146.

40 CALLEGARI, André Luís; WEBER, Ariel Barazzetti. *Lavagem de dinheiro*. São Paulo: Editora Atlas, 2014. p. 125.

41 Sobre esse assunto, ver: FREUD, Sigmund. *O mal-estar na civilização*, ESB, XXI: 133, apud QUINET, Antônio. *O gozo, a lei e as versões do pai*. Disponível em: http://lacan.org-free.com/textosvariados/gozoleiversoesdopai.htm. Acesso em: 30 mar. 2018.

TÍTULO V

DO ESTADO DE DEFESA E DO ESTADO DE SÍTIO

TÍTULO V

DA DEFESA DO ESTADO E DAS INSTITUIÇÕES DEMOCRÁTICAS

LEONARDO MARCONDES MACHADO

Mestre em Direito do Estado pela UFPR. Especialista em Direito Penal e Criminologia pelo ICPC/ULCA/UNINTER. Especialista em Ciências Penais pela UNISUL/IPAN. Professor da ACADEPOL/SC, UNIDAVI/SC, ABDCONST e SENASP (convidado). Professor orientador e avaliador IBCCRIM/COIMBRA. Delegado de Polícia Civil (SC).

CAPÍTULO I

DO ESTADO DE DEFESA E DO ESTADO DE SÍTIO

SEÇÃO III

DISPOSIÇÕES GERAIS

CAPÍTULO III

DA SEGURANÇA PÚBLICA

ART. 144. A SEGURANÇA PÚBLICA, DEVER DO ESTADO, DIREITO E RESPONSABILIDADE DE TODOS, É EXERCIDA PARA A PRESERVAÇÃO DA ORDEM PÚBLICA E DA INCOLUMIDADE DAS PESSOAS E DO PATRIMÔNIO, ATRAVÉS DOS SEGUINTES ÓRGÃOS:

I – POLÍCIA FEDERAL;

II – POLÍCIA RODOVIÁRIA FEDERAL;

III – POLÍCIA FERROVIÁRIA FEDERAL;

IV – POLÍCIAS CIVIS;

V – POLÍCIAS MILITARES E CORPOS DE BOMBEIROS MILITARES.

§ 1º A POLÍCIA FEDERAL, INSTITUÍDA POR LEI COMO ÓRGÃO PERMANENTE, ORGANIZADO E MANTIDO PELA UNIÃO E ESTRUTURADO EM CARREIRA, DESTINA-SE A: (REDAÇÃO DADA PELA EMENDA CONSTITUCIONAL Nº 19, DE 1998)

I – APURAR INFRAÇÕES PENAIS CONTRA A ORDEM POLÍTICA E SOCIAL OU EM DETRIMENTO DE BENS, SERVIÇOS E INTERESSES DA UNIÃO OU DE SUAS ENTIDADES AUTÁRQUICAS E EMPRESAS PÚBLICAS, ASSIM COMO OUTRAS INFRAÇÕES CUJA PRÁTICA TENHA REPERCUSSÃO INTERESTADUAL OU INTERNACIONAL E EXIJA REPRESSÃO UNIFORME, SEGUNDO SE DISPUSER EM LEI;

II – PREVENIR E REPRIMIR O TRÁFICO ILÍCITO DE ENTORPECENTES E DROGAS AFINS, O CONTRABANDO E O DESCAMINHO, SEM PREJUÍZO DA AÇÃO FAZENDÁRIA E DE OUTROS ÓRGÃOS PÚBLICOS NAS RESPECTIVAS ÁREAS DE COMPETÊNCIA;

III – EXERCER AS FUNÇÕES DE POLÍCIA MARÍTIMA, AEROPORTUÁRIA E DE FRONTEIRAS; (REDAÇÃO DADA PELA EMENDA CONSTITUCIONAL Nº 19, DE 1998)

IV – EXERCER, COM EXCLUSIVIDADE, AS FUNÇÕES DE POLÍCIA JUDICIÁRIA DA UNIÃO.

§ 2º A POLÍCIA RODOVIÁRIA FEDERAL, ÓRGÃO PERMANENTE, ORGANIZADO E MANTIDO PELA UNIÃO E ESTRUTURADO EM CARREIRA, DESTINA-SE, NA FORMA DA LEI, AO PATRULHAMENTO OSTENSIVO DAS RODOVIAS FEDERAIS. (REDAÇÃO DADA PELA EMENDA CONSTITUCIONAL Nº 19, DE 1998)

§ 3º A POLÍCIA FERROVIÁRIA FEDERAL, ÓRGÃO PERMANENTE, ORGANIZADO E MANTIDO PELA UNIÃO E ESTRUTURADO EM CARREIRA, DESTINA-SE, NA FORMA DA LEI, AO PATRULHAMENTO OSTENSIVO DAS FERROVIAS FEDERAIS. (REDAÇÃO DADA PELA EMENDA CONSTITUCIONAL Nº 19, DE 1998)

§ 4º ÀS POLÍCIAS CIVIS, DIRIGIDAS POR DELEGADOS DE POLÍCIA DE CARREIRA, INCUMBEM, RESSALVADA A COMPETÊNCIA DA UNIÃO, AS FUNÇÕES DE POLÍCIA JUDICIÁRIA E A APURAÇÃO DE INFRAÇÕES PENAIS, EXCETO AS MILITARES.

§ 5º ÀS POLÍCIAS MILITARES CABEM A POLÍCIA OSTENSIVA E A PRESERVAÇÃO DA ORDEM PÚBLICA; AOS CORPOS DE BOMBEIROS MILITARES, ALÉM DAS ATRIBUIÇÕES DEFINIDAS EM LEI, INCUMBE A EXECUÇÃO DE ATIVIDADES DE DEFESA CIVIL.

§ 6º AS POLÍCIAS MILITARES E CORPOS DE BOMBEIROS MILITARES, FORÇAS AUXILIARES E RESERVA DO EXÉRCITO, SUBORDINAM-SE, JUNTAMENTE COM AS POLÍCIAS CIVIS, AOS GOVERNADORES DOS ESTADOS, DO DISTRITO FEDERAL E DOS TERRITÓRIOS.

§ 7º A LEI DISCIPLINARÁ A ORGANIZAÇÃO E O FUNCIONAMENTO DOS ÓRGÃOS RESPONSÁVEIS PELA SEGURANÇA PÚBLICA, DE MANEIRA A GARANTIR A EFICIÊNCIA DE SUAS ATIVIDADES.

§ 8º OS MUNICÍPIOS PODERÃO CONSTITUIR GUARDAS MUNICIPAIS DESTINADAS À PROTEÇÃO DE SEUS BENS, SERVIÇOS E INSTALAÇÕES, CONFORME DISPUSER A LEI.

§ 9º A REMUNERAÇÃO DOS SERVIDORES POLICIAIS INTEGRANTES DOS ÓRGÃOS RELACIONADOS NESTE ARTIGO SERÁ FIXADA NA FORMA DO § 4º DO ART. 39. (INCLUÍDO PELA EMENDA CONSTITUCIONAL Nº 19, DE 1998)

§ 10. A SEGURANÇA VIÁRIA, EXERCIDA PARA A PRESERVAÇÃO DA ORDEM PÚBLICA E DA INCOLUMIDADE DAS PESSOAS E DO SEU PATRIMÔNIO NAS VIAS PÚBLICAS: (INCLUÍDO PELA EMENDA CONSTITUCIONAL Nº 82, DE 2014)

I – COMPREENDE A EDUCAÇÃO, ENGENHARIA E FISCALIZAÇÃO DE TRÂNSITO, ALÉM DE OUTRAS ATIVIDADES PREVISTAS EM LEI, QUE ASSEGUREM AO CIDADÃO O DIREITO À MOBILIDADE URBANA EFICIENTE; E (INCLUÍDO PELA EMENDA CONSTITUCIONAL Nº 82, DE 2014)

II – COMPETE, NO ÂMBITO DOS ESTADOS, DO DISTRITO FEDERAL E DOS MUNICÍPIOS, AOS RESPECTIVOS ÓRGÃOS OU ENTIDADES EXECUTIVOS E SEUS AGENTES DE TRÂNSITO, ESTRUTURADOS EM CARREIRA, NA FORMA DA LEI. (INCLUÍDO PELA EMENDA CONSTITUCIONAL Nº 82, DE 2014)

De antemão, o lugar constitucional reservado para a segurança pública. A sua disciplina foi inserida no Título V da Constituição, o qual versa sobre a "Defesa do Estado e das Instituições Democráticas". Esse título se inicia com as regras do "estado de defesa" e do "estado de sítio", posteriormente com o estatuto das forças armadas e, por último, tem-se a previsão da segurança pública. Nada é por acaso. Pelo contrário, essa construção topográfica pode ser lida como um importante sintoma do legado autoritário (ZAVERUCHA, 2010) que funda o sistema de segurança pública no país.

Deveras, não só a arquitetura normativa como as ações concretas de segurança, pós-regime civil-militar de 1964, ainda estão completamente mergulhadas no paradigma beligerante sustentado discursivamente pela famosa categoria da "ordem pública". Esse dispositivo central na política militarizada de controle social explica em grande parte o regime de exceção que vigora em nossa combalida democracia (formal).

Aliás, a relação de dependência entre segurança e ordem pública é tão forte na história, inclusive constitucional brasileira, que alguns escritos trilham um viés de complicada indistinção. Nesse sentido, cite-se Diogo de Figueiredo Moreira Neto: "segurança pública é a garantia da ordem pública" (1987, p. 76). Ou, então, José Afonso da Silva, *in verbis*: "segurança pública é manutenção da ordem pública interna" (2009, p. 635).

Pois bem. Surge, então, a pergunta elementar: o que é ordem pública? Segundo Hauriou, trata-se da ordem mantida no espaço público, ou seja, da "paz pública", assim entendida numa relação de oposição a um estado de desordem e de perturbações (1900, p. 538). Diz, ainda, que, no âmbito interno, à polícia administrativa incumbiria essa missão de manutenção da ordem, considerando os seguintes elementos fundamentais: tranquilidade pública, segurança pública e salubridade pública (HAURIOU, 1900, p. 556-557).

Nessa linha, a categoria da ordem pública é normalmente explicada por ideais de tranquilidade social ou harmonia coletiva, isto é, uma "situação de tranquilidade e normalidade que o Estado assegura – ou deve assegurar – às instituições e a todos os membros da sociedade" (MEIRELLES, 1987, p. 76). Não é outra a lição da "Escola Superior de Guerra" e do próprio Supremo Tribunal Federal quando fala em "acautelamento do meio social" (HC nº 97.688/MG).

Ocorre que entre o discurso declarado de ordem e a realidade prática dela derivada (ou em nome dela constituída) há uma distância abissal. Por conseguinte, faz-se absolutamente necessário problematizar esse fundamento de ordem no contexto da segurança pública brasileira.

Logo de início porque se trata de um discurso construído por categorias vagas (LAZZARINI, 1987, p. 4; FABRETTI, 2013, p. 135; FARIA, 2005, p. 9) que permitem tudo, especialmente abusos infindáveis com ares de legalidade. Além do mais, quando se tem como objetivo central a perpetuação (ou estabilidade) do atual modelo social, o fim último implica puro reforço às desigualdades flagrantes de um capitalismo tardio, a um regime de subcidadania pela "naturalização da desigualdade periférica" (SOUZA, 2003, p. 179). Logo, em nome da "ordem pública" tem-se verdadeira prática de criminalização dos indesejáveis (e aniquilação da alteridade).

A prerrogativa constitucional indisponível do chamado "direito à segurança", que deveria ser garantido pelo Estado mediante concreta implementação de políticas públicas, segundo julgados da Corte Suprema (STF, RE nº 559.646/PR), converteu-se, na realidade do sistema de justiça criminal brasileiro, em instrumento de elevada funcionalidade à ampliação da esfera punitiva. Nessa esteira, v.g., a transformação efetivada pelo STF da segurança pública em (pretenso) bem jurídico legitimador da constitucionalidade dos delitos de perigo abstrato (HC nº 138.157 AgR/MG; nº 138.843 AgR/MG).

Sublinhe-se o elevado grau de operacionalidade da doutrina de segurança, especialmente por meio da ordem pública, ao paradigma de governo dominante na política contemporânea, a saber, "o estado de exceção", o qual deve ser entendido como "um patamar de indeterminação entre democracia e absolutismo", instaurador "de uma guerra civil legal que permite a eliminação física não só dos adversários políticos, mas também de categorias inteiras de cidadãos que, por qualquer razão, pareçam não integráveis ao sistema político" (AGAMBEN, 2004, p. 13).

Não custa lembrar que o discurso de ordem, ora fundamento constitucional da segurança pública, foi o mesmo utilizado pela ditadura empresarial-militar brasileira para o afastamento de direitos e garantias fundamentais, conforme se vê de modo expresso do ato institucional nº 01 de 1964. Atualmente, na forma de "exceção permanente na segurança pública" (ZACCONE, 2015, p. 248), têm-se as famosas "operações de garantia da lei e da ordem", marcadas por toda sorte de medidas atentatórias à dignidade humana como revistas indiscriminadas, conduções coercitivas para averiguação e mandados de busca e apreensão coletivos. Isso sem falar na absoluta descautelaridade das prisões preventivas para "a garantia da ordem pública" ou para "a garantia da ordem econômica" (art. 312, caput, do CPP), cuja inconstitucionalidade, embora flagrante, é solenemente ignorada pelo Supremo Tribunal Federal (HC nº 104.877/RJ).

Assim segue o jogo de reforço à militarização da segurança pública com seus elevados índices de letalidade, cuja adesão extrapola o âmbito policial, estando impregnada em diversas agências penais como o judiciário e o ministério público, além do próprio poder legislativo.

É necessário, portanto, um completo giro cultural no tocante ao modo de gestão da conflitividade social e, por conseguinte, uma visão diferenciada quanto às formas de administração da violência. Em suma, um novo paradigma para as políticas públicas criminais e de segurança, que seja capaz de analisar criticamente a realidade atual e formular alternativas democráticas possíveis (BINDER, 2010).

O país sofre pela falta de análises sérias quanto às possibilidades concretas de uma nova política criminal e de segurança que seja, ao mesmo tempo, efetiva (no que diz respeito ao controle das violências, consciente das limitações naturais de qualquer projeto nessa área) e humanitária (no sentido de limitação do exercício do poder punitivo e das nefastas consequências à subjetividade).

Com efeito, não pode mais o Estado ignorar a necessidade extrema de reformas estruturais (e não meramente pontuais) no campo da segurança pública e da justiça penal.

Temas como a revisão da arquitetura policial, do sistema socioeducativo, da estrutura carcerária e do judiciário criminal devem ser colocados em pauta (e em prática). Do contrário, seguiremos com os remendos bélicos atuais, fundados numa lógica expansionista de encarceramento, letalidade e ilegalidade, nitidamente incapaz de reduzir qualquer violência; aliás, muito pelo contrário, potencializadora da conflitividade social.

REFERÊNCIAS BIBLIOGRÁFICAS

AGAMBEN, Giorgio. *Estado de exceção*. Tradução Iraci D. Poleti. 2. ed. São Paulo: Boitempo, 2004.

BINDER, Alberto M. La política criminal en el marco de las políticas públicas. Bases para el análisis político-criminal. *Revista de Estudios de La Justicia*. Santiago, n. 12, p. 213-229, 2010.

FABRETTI, Humberto Barrionuevo. *O regime constitucional da segurança Cidadã*. Tese (Doutorado em Direito) – Universidade Presbiteriana Mackenzie, São Paulo, 2013.

FARIA, José Eduardo. Prefácio. In: DIAS NETO, Theodomiro. *Segurança urbana:* o modelo da nova prevenção. São Paulo: Editora Revista dos Tribunais; Fundação Getúlio Vargas, 2005.

HAURIOU, Maurice. *Précis de Droit Administratif et de Droit Public Géneral*. 4. ed. Paris: Librairie, 1900.

LAZZARINI, Álvaro et al. *Direito administrativo da ordem pública*. 2. ed. Rio de Janeiro: Forense, 1987.

MEIRELLES, Hely Lopes. Polícia de manutenção da ordem pública e suas atribuições. In: LAZZARINI, Álvaro et al. *Direito administrativo da ordem pública*. 2. ed. Rio de Janeiro: Forense, 1987.

MOREIRA NETO, Diogo de Figueiredo. Direito Administrativo da Segurança Pública. In: LAZZARINI, Álvaro et al. *direito administrativo da ordem pública*. 2.ed. Rio de Janeiro: Forense, 1987.

SILVA, José Afonso da. *Comentário contextual à Constituição*. São Paulo: Malheiros, 2009.

SOUZA, Jessé. *A construção social da subcidadania:* para uma sociologia política da sociedade periférica. Belo Horizonte; Rio de Janeiro: Editora da UFMG; IUPERJ, 2003.

ZACCONE, Orlando. *Indignos de vida:* a forma jurídica da política de extermínio de inimigos na cidade do Rio de Janeiro. Rio de Janeiro: Revan, 2015.

ZAVERUCHA, Jorge. Relações civil-militares: o Legado Autoritário da Constituição Brasileira de 1988. In: TELES, Edson; SAFATLE, Vladimir. *O que resta da ditadura:* a exceção brasileira. São Paulo: Boitempo, 2010. p. 41-76.

TÍTULO VII

DA POLÍTICA URBANA

TÍTULO VII

DA ORDEM ECONÔMICA E FINANCEIRA

JOSÉ HENRIQUE SPECIE

Professor extensionista da Faculdade de Direito da Pontifícia Universidade Católica de Campinas (PUC-Campinas), membro fundador do Núcleo de Altos Estudos Constitucionais dessa universidade.

CAPÍTULO I

DOS PRINCÍPIOS GERAIS DA ATIVIDADE ECONÔMICA

ART. 170. A ORDEM ECONÔMICA, FUNDADA NA VALORIZAÇÃO DO TRABALHO HUMANO E NA LIVRE INICIATIVA, TEM POR FIM ASSEGURAR A TODOS EXISTÊNCIA DIGNA, CONFORME OS DITAMES DA JUSTIÇA SOCIAL, OBSERVADOS OS SEGUINTES PRINCÍPIOS:

I – SOBERANIA NACIONAL;

II – PROPRIEDADE PRIVADA;

III – FUNÇÃO SOCIAL DA PROPRIEDADE;

IV – LIVRE CONCORRÊNCIA;

V – DEFESA DO CONSUMIDOR;

VI – DEFESA DO MEIO AMBIENTE, INCLUSIVE MEDIANTE TRATAMENTO DIFERENCIADO CONFORME O IMPACTO AMBIENTAL DOS PRODUTOS E SERVIÇOS E DE SEUS PROCESSOS DE ELABORAÇÃO E PRESTAÇÃO; (REDAÇÃO DADA PELA EMENDA CONSTITUCIONAL Nº 42, DE 19.12.2003)

VII – REDUÇÃO DAS DESIGUALDADES REGIONAIS E SOCIAIS;

VIII – BUSCA DO PLENO EMPREGO;

IX – TRATAMENTO FAVORECIDO PARA AS EMPRESAS DE PEQUENO PORTE CONSTITUÍDAS SOB AS LEIS BRASILEIRAS E QUE TENHAM SUA SEDE E ADMINISTRAÇÃO NO PAÍS. (REDAÇÃO DADA PELA EMENDA CONSTITUCIONAL Nº 6, DE 1995)

PARÁGRAFO ÚNICO. É ASSEGURADO A TODOS O LIVRE EXERCÍCIO DE QUALQUER ATIVIDADE ECONÔMICA, INDEPENDENTEMENTE DE AUTORIZAÇÃO DE ÓRGÃOS PÚBLICOS, SALVO NOS CASOS PREVISTOS EM LEI.

A Constituição, ao dar forma jurídica ao Estado, disciplina a organização de seus elementos essenciais, o regime político, o governo, a divisão dos poderes e a estrutura dos seus órgãos, além de estabelecer os direitos fundamentais para seu povo, bem como disciplina o modelo econômico adotado. O artigo 170 é a norma primaz na constitucionalização da ordem econômica, a partir da adoção do modelo econômico quase hegemônico atualmente: o capitalismo. O dispositivo inaugura o capítulo que busca sistematizar uma configuração jurídica para a economia e para a atuação do Estado nessa área, traçando os princípios fundamentais para a ordenação do modelo econômico adotado, postulando para o Brasil um "modelo de bem-estar", segundo Eros Grau[1]. São definidos como princípios fundamentais da ordem econômica a valorização do trabalho humano e da livre iniciativa e o artigo 170 indica ao Estado que o modelo econômico deve ser estruturado para proporcionar à sociedade a garantia da dignidade humana e da justiça social, propondo a construção de um projeto nacional que permita ao país alcançar um padrão de desenvolvimento econômico e social mais elevado e não periférico em relação à outras nações. Esse projeto para o desenvolvimento deve ser executado observando princípios relacionados à ordem

1 GRAU, Eros Roberto. *A ordem econômica na Constituição de 1988 (interpretação e crítica)*. 8. ed. São Paulo: Malheiros, 2003. p. 267.

econômica, que destacamos: a prevalência da soberania nacional, o respeito à propriedade privada; a manutenção da livre concorrência, a defesa do consumidor e do meio ambiente, a redução das desigualdades regionais e sociais e a busca do pleno emprego; tais princípios seriam alicerce de um projeto de desenvolvimento econômico e social, que se relaciona com o que define o artigo 219 da Constituição, propondo a utilização de instrumentos contemporâneos para seu planejamento, buscando a aquisição da autonomia tecnológica e da expansão da inovação, elementos da dinâmica econômica que formam hoje a base para uma sociedade desenvolvida.

ADRIANA NOGUEIRA VIEIRA LIMA
Doutora em Arquitetura e Urbanismo pela UFBA, professora de Direito Urbanístico da Universidade Estadual de Feira de Santana. Coordenadora do Grupo de Pesquisa Territorialidade, Direito e Insurgência e da Turma de Direito Elizabeth Teixeira, de Direito, Uefs/Pronera/Incra.

...

CAPÍTULO II
DA POLÍTICA URBANA

...

ART. 182. A POLÍTICA DE DESENVOLVIMENTO URBANO, EXECUTADA PELO PODER PÚBLICO MUNICIPAL, CONFORME DIRETRIZES GERAIS FIXADAS EM LEI, TEM POR OBJETIVO ORDENAR O PLENO DESENVOLVIMENTO DAS FUNÇÕES SOCIAIS DA CIDADE E GARANTIR O BEM-ESTAR DE SEUS HABITANTES.

§ 1º O PLANO DIRETOR, APROVADO PELA CÂMARA MUNICIPAL, OBRIGATÓRIO PARA CIDADES COM MAIS DE VINTE MIL HABITANTES, É O INSTRUMENTO BÁSICO DA POLÍTICA DE DESENVOLVIMENTO E DE EXPANSÃOURBANA.

§ 2º A PROPRIEDADE URBANA CUMPRE SUA FUNÇÃO SOCIAL QUANDO ATENDE ÀS EXIGÊNCIAS FUNDAMENTAIS DE ORDENAÇÃO DA CIDADE EXPRESSAS NO PLANO DIRETOR.

§ 3º AS DESAPROPRIAÇÕES DE IMÓVEIS URBANOS SERÃO FEITAS COM PRÉVIA E JUSTA INDENIZAÇÃO EM DINHEIRO.

§ 4º É FACULTADO AO PODER PÚBLICO MUNICIPAL, MEDIANTE LEI ESPECÍFICA PARA ÁREA INCLUÍDA NO PLANO DIRETOR, EXIGIR, NOS TERMOS DA LEI FEDERAL, DO PROPRIETÁRIO DO SOLO URBANO NÃO EDIFICADO, SUBUTILIZADO OU NÃO UTILIZADO, QUE PROMOVA SEU ADEQUADO APROVEITAMENTO, SOB PENA, SUCESSIVAMENTE, DE:

I – PARCELAMENTO OU EDIFICAÇÃO COMPULSÓRIOS;

II – IMPOSTO SOBRE A PROPRIEDADE PREDIAL E TERRITORIAL URBANA PROGRESSIVO NO TEMPO;

III – DESAPROPRIAÇÃO COM PAGAMENTO MEDIANTE TÍTULOS DA DÍVIDA PÚBLICA DE EMISSÃO PREVIAMENTE APROVADA PELO SENADO FEDERAL, COM PRAZO DE RESGATE DE ATÉ DEZ ANOS, EM PARCELAS ANUAIS, IGUAIS E SUCESSIVAS, ASSEGURADOS O VALOR REAL DA INDENIZAÇÃO E OS JUROS LEGAIS.

ART. 183. AQUELE QUE POSSUIR COMO SUA ÁREA URBANA DE ATÉ DUZENTOS E CINQUENTA METROS QUADRADOS, POR CINCO ANOS, ININTERRUPTAMENTE E SEM OPOSIÇÃO, UTILIZANDO-A PARA SUA MORADIA OU DE SUA FAMÍLIA, ADQUIRIR-LHE-Á O DOMÍNIO, DESDE QUE NÃO SEJA PROPRIETÁRIO DE OUTRO IMÓVEL URBANO OU RURAL.

§ 1º O TÍTULO DE DOMÍNIO E A CONCESSÃO DE USO SERÃO CONFERIDOS AO HOMEM OU À MULHER, OU A AMBOS, INDEPENDENTEMENTE DO ESTADO CIVIL.

§ 2º ESSE DIREITO NÃO SERÁ RECONHECIDO AO MESMO POSSUIDOR MAIS DE UMA VEZ.

§ 3º OS IMÓVEIS PÚBLICOS NÃO SERÃO ADQUIRIDOS POR USUCAPIÃO.

A Constituição Federal de 1988, pela primeira vez, dedicou um capítulo à Política Urbana, materializado nos artigos 182 e 183. Esses dispositivos foram inscritos no texto constitucional em um contexto, no qual os movimentos sociais transgridem a ordem vigente e propõem uma nova ordem jurídica.

Nesse processo dialético entre ordem e desordem, o Direito à Cidade é esculpido na Constituição, tendo como base os princípios das funções sociais da propriedade e da cidade. A partir deles, deveria ser implementada uma Política Urbana que fosse capaz de ampliar as esferas públicas democráticas, promover o reconhecimento dos territórios ocupados pelas minorias sociais e combater a especulação imobiliária. Para tanto, foram previstos os institutos do Plano Diretor, Parcelamento ou edificação compulsórios, IPTU Progressivo, Usucapião Especial etc.

Após 30 anos de vigência da Constituição Federal, ainda que fissuras tenham sido abertas, através de decisões judiciais que demonstram o compromisso com o Direito à Cidade, a exemplo do Acórdão proferido pelo Tribunal de Justiça do Estado da Bahia que julgou inconstitucional o Plano Diretor da Cidade de Salvador, elaborado sem participação social, são revelados os limites para operar a ordem jurídica, segundo o seu potencial transformador (BAHIA, 2014). A juridicização do Direito à Cidade vem resultando em decisões que tendem a legitimar o modelo de produção corporativa das cidades que impacta diretamente na privatização dos bens de uso comum e intensificação dos despejos forçados de minorias sociais. Nesse sentido, podemos apontar o posicionamento do Supremo Tribunal Federal, aprovando a tese com repercussão geral, que permite que os municípios legislem sobre loteamentos fechados (BRASIL, 2015).

Apesar dos dispositivos constitucionais se mostrarem insuficientes para se contrapor aos processos de segregação socioespacial, há uma proliferação de sujeitos coletivos de direito que permanecem vigilantes na incessante e utópica luta pelo Direito à Cidade.

REFERÊNCIAS BIBLIOGRÁFICAS

BAHIA. Tribunal de Justiça da Bahia. Ação Direta de Inconstitucionalidade nº 0303489-40.2012.8.05.0000. Bahia, 2014.

BRASIL. Supremo Tribunal Federal. Recurso Extraordinário nº 607.940. Brasília, 2015.

CARLOS FREDERICO MARÉS DE SOUZA FILHO
Professor titular de Direito da PUC-PR.

CAPÍTULO III

DA POLÍTICA AGRÍCOLA E FUNDIÁRIA E DA REFORMA AGRÁRIA

Regulamento

ART. 184. COMPETE À UNIÃO DESAPROPRIAR POR INTERESSE SOCIAL, PARA FINS DE REFORMA AGRÁRIA, O IMÓVEL RURAL QUE NÃO ESTEJA CUMPRINDO SUA FUNÇÃO SOCIAL, MEDIANTE PRÉVIA E JUSTA INDENIZAÇÃO EM TÍTULOS DA DÍVIDA AGRÁRIA, COM CLÁUSULA DE PRESERVAÇÃO DO VALOR REAL, RESGATÁVEIS NO PRAZO DE ATÉ VINTE ANOS, A PARTIR DO SEGUNDO ANO DE SUA EMISSÃO, E CUJA UTILIZAÇÃO SERÁ DEFINIDA EM LEI.

§ 1º AS BENFEITORIAS ÚTEIS E NECESSÁRIAS SERÃO INDENIZADAS EM DINHEIRO.

§ 2º O DECRETO QUE DECLARAR O IMÓVEL COMO DE INTERESSE SOCIAL, PARA FINS DE REFORMA AGRÁRIA, AUTORIZA A UNIÃO A PROPOR A AÇÃO DE DESAPROPRIAÇÃO.

§ 3º CABE À LEI COMPLEMENTAR ESTABELECER PROCEDIMENTO CONTRADITÓRIO ESPECIAL, DE RITO SUMÁRIO, PARA O PROCESSO JUDICIAL DE DESAPROPRIAÇÃO.

§ 4º O ORÇAMENTO FIXARÁ ANUALMENTE O VOLUME TOTAL DE TÍTULOS DA DÍVIDA AGRÁRIA, ASSIM COMO O MONTANTE DE RECURSOS PARA ATENDER AO PROGRAMA DE REFORMA AGRÁRIA NO EXERCÍCIO.

§ 5º SÃO ISENTAS DE IMPOSTOS FEDERAIS, ESTADUAIS E MUNICIPAIS AS OPERAÇÕES DE TRANSFERÊNCIA DE IMÓVEIS DESAPROPRIADOS PARA FINS DE REFORMA AGRÁRIA.

ART. 185. SÃO INSUSCETÍVEIS DE DESAPROPRIAÇÃO PARA FINS DE REFORMA AGRÁRIA:

I – A PEQUENA E MÉDIA PROPRIEDADE RURAL, ASSIM DEFINIDA EM LEI, DESDE QUE SEU PROPRIETÁRIO NÃO POSSUA OUTRA;

II – A PROPRIEDADE PRODUTIVA.

PARÁGRAFO ÚNICO. A LEI GARANTIRÁ TRATAMENTO ESPECIAL À PROPRIEDADE PRODUTIVA E FIXARÁ NORMAS PARA O CUMPRIMENTO DOS REQUISITOS RELATIVOS A SUA FUNÇÃO SOCIAL.

ART. 186. A FUNÇÃO SOCIAL É CUMPRIDA QUANDO A PROPRIEDADE RURAL ATENDE, SIMULTANEAMENTE, SEGUNDO CRITÉRIOS E GRAUS DE EXIGÊNCIA ESTABELECIDOS EM LEI, AOS SEGUINTES REQUISITOS:

I – APROVEITAMENTO RACIONAL E ADEQUADO;

II – UTILIZAÇÃO ADEQUADA DOS RECURSOS NATURAIS DISPONÍVEIS E PRESERVAÇÃO DO MEIO AMBIENTE;

III – OBSERVÂNCIA DAS DISPOSIÇÕES QUE REGULAM AS RELAÇÕES DE TRABALHO;

IV – EXPLORAÇÃO QUE FAVOREÇA O BEM-ESTAR DOS PROPRIETÁRIOS E DOS TRABALHADORES.

Os artigos 184, 185 e 186 da Constituição Federal brasileira de 1988 refletem muito bem a disputa de forças na construção de direitos sociais no processo constituinte. Esses três artigos discutem o âmago do direito de propriedade da terra e, portanto, são centrais numa sociedade patriarcal, escravagista e senhorial. Os chamados ruralistas, que não tinham força para excluir os artigos que se propunham a limitar o alcance da propriedade da terra, trataram de inviabilizá-los, com redação canhestra e especialmente com a inclusão do artigo 185.

A Reforma Agrária é uma ação do Poder Público para adequar a propriedade rural aos interesses da sociedade e, ainda que muitas vezes seja ligada à chamada função social da propriedade, não é apenas isso, quer dizer, não é apenas para corrigir o mau uso do proprietário, é também para oferecer melhores condições sociais aos trabalhadores rurais.

As duas leis exigidas pelo artigo 184 foram feitas depois de passada a constituinte, em 1993, por um Congres so descomprometido com as discussões centrais, a Lei nº 8.629/1993 e da Lei Complementar nº 76/1993, que dificultam ainda mais a Reforma Agrária, serve para garantir soberania alimentar, distribuição de renda e melhora das condições de vida da sociedade.

No início do século XIX, quando a modernidade capitalista estabeleceu o caráter absoluto da propriedade da terra e restringiu a possibilidade do Estado organizar a produção agrícola, imaginou-se que o mercado regularia isso.

Como o mercado não fez, nem poderia fazer porque estava interessado no lucro e não na organização justa da sociedade, no início do XX os sistemas frouxaram esse caráter absoluto introduzindo a possibilidade da intervenção do Estado para melhorar e compatibilizar a produção, daí o surgimento do instituto "função social da propriedade" e a fórmula jurídica "a propriedade obriga" da Constituição da República de Weimar, em 1919. A Constituição do México já havia feito esse ajuste em 1917 e a terra teria funções diferentes, mas sempre sociais, não apenas econômica e produtivista.

Mas a reforma agrária do século 20 teve um caráter produtivista e impulsionada pela desapropriação que é instituto jurídico irmão da propriedade privada da terra, já que é a possibilidade do Estado "comprar" a propriedade do cidadão sempre que haja necessidade ou utilidade para a sociedade. Se a propriedade não é absoluta significa que ela pode ser desfeita pelo Estado sem indenização, então não há necessidade de desapropriação. Os grandes proprietários rurais, chamados de ruralistas, conseguiram, no artigo 184, reduzir a desapropriação para fins de reforma agrária, limitando sua competência exclusivamente à União, o que impede a ordenação territorial feita dos Estados.

No decorrer do século 20 a necessidade de reforma agrária ficou patente em várias dimensões. A primeira, produtivista, no sentido de combater terras ociosas e incluir todas as pessoas no processo produtivo capitalista, chamado de pleno emprego, então o cunho da reforma agrária era o combate ao latifúndio improdutivo. Essa vontade produtivista associada ao aumento de renda das pessoas ligadas à terra e de uso de insumos e produtos capazes de movimentar os capitais urbanos foi dando lugar a outra perspectiva de Reforma Agrária voltada para a adequação ambiental, isto é, para diminuir o impacto sobre a natureza, ao bem-estar das pessoas e aos interesses da sociedade. Surge então, como problema agrário, especialmente na Europa, o que veio a se chamar de segurança alimentar e a necessidade de intervir na produção agrícola para garantir a produção de alimentos para o povo, ensejando uma nova causa para a reforma agrária. Tudo isso emoldurado pela necessidade de que as pessoas que vivessem no campo pudessem ter suficiente renda para manter sua atividade profissional, portanto era necessário também combater a ocupação da terra em lotes tão pequenos que não conseguissem garantir o sustento do agricultor ou camponês.

É essa concepção estreitamente resumida que se encontra no Estatuto da Terra, Lei nº 4.504/1964, de inspiração estadunidense e proclamada pela Ditadura em seu primeiro ano de governo. De fato, ali está a possibilidade de intervenção do Estado para adequar a terra à sua função social por dois instrumentos, a desapropriação e a progressividade de um imposto sobre a propriedade territorial, o então criado ITR. Declarações da época davam conta de que os militares no poder imaginavam que nem a desapropriação nem a progressividade do imposto seriam necessários porque os proprietários de terra teriam interesses em produzir, isto é, o Mercado daria conta de transformar a agricultura arcaica do Brasil em agricultura capitalista. Por isso também foi criado um terceiro instrumento, o financiamento da safra agrícola.

Com isso, a estrutura fundiária brasileira oligárquica, escravagista e concentradora de terras não foi tocada, mas a produção cresceu especialmente para recolher os fartos incentivos financeiros oferecidos com o dinheiro dos trabalhadores. A pequena propriedade foi engolida pela grande, transformando o Brasil em um dos países de maior concentração fundiária do mundo.

Os instrumentos jurídicos para fazer ingressar a produção agrícola no mundo capitalista, portanto, eram a desapropriação, o imposto progressivo e o financiamento da produção. Dos três está claro que a desapropriação é mais importante e impactante, ainda que dependa da decisão, oportunidade e vontade do Poder Público. O imposto progressivo nunca foi efetivamente implementado e embora não apareça na Constituição de 1988 foi mantido na sua redação original e introduzido como alternativa ao cumprimento da função social da propriedade urbana. Tampouco houve desapropriações. O financiamento da agricultura sim, cresceu voluptuosamente.

A desapropriação estabelecida pelo artigo 184 é especialmente benéfica para os proprietários descumpridores da função social, porque é feita com pagamento prévio e justo, quer dizer pelo valor da terra, ainda que em títulos da dívida agrária, sendo em dinheiro as benfeitorias. Além disso, não incide qualquer imposto sobre a transação. Mesmo assim os ruralistas a negaram e impediram sua aplicação.

O artigo 186 é uma reprodução atualizada do Estatuto da Terra, Lei nº 4.504/1964, portanto, o mínimo que já havia sido introduzido como função da propriedade no Direito brasileiro em plena ditadura. A única novidade que aparece na descrição é a preservação do meio ambiente como exigência para o cumprimento da função social.

O artigo 186, assim, define o que necessita uma propriedade rural para cumprir a função social: produção adequada; preservação ambiental; utilização adequada dos recursos naturais; obediência às leis trabalhistas; e gerar bem-estar aos trabalhadores. Qualquer uma das cinco que não seja cumprida está violado o cumprimento da função social. Não cumprindo a função social, o imóvel pode ser desapropriado para fins de reforma agrária, segundo o artigo 184 com todas suas limitações.

Ocorre que os ruralistas incluíram o artigo 185 que, com uma interpretação limitativa, anulam os dois outros, tornando imune de desapropriação a propriedade produtiva, a média e a pequena propriedade. Os tribunais, inclusive o STF, passaram a entender que este artigo se projeta sobre os outros dois, de tal forma que as propriedades chamadas produtivas, as médias e as pequenas, em que o proprietário não tenha outra, são insuscetíveis de desapropriação mesmo que não cumpram nenhum dos requisitos do artigo 186. A produtividade, por outro lado, é aferida por critérios aritméticos. Os tribunais mataram a função social da propriedade rural, só vale para a propriedade chamada de improdutiva e se é improdutiva não cumpre sua função social independentemente dos outros requisitos.

Quer dizer, mesmo que a haja trabalho escravo, grave violação de leis ambientais, produção inadequada, erosão, corte de florestas permanentes etc., se a produção atinge volumes considerados suficientes não há possibilidade de desapropriação, apesar do descumprimento da função social, afirmam os tribunais sem se dar ao trabalho de ler o artigo 286.

É claro que essa interpretação que desconstrói dois artigos da Constituição não pode estar correta. Teria que haver uma discussão integrada entre os três artigos sobre o conceito de produtividade e também buscar outras consequências do descumprimento da função social da propriedade.

PAULO ROSA TORRES

Mestre e doutor em Planejamento Territorial e Desenvolvimento Social (UCSAL). Professor de Direito Agrário da Universidade Estadual de Feira de Santana (UEFS). Professor da Especialização em Estado e Direitos Humanos da Faculdade de Direito da UFBA. Autor do *Livro terra e territorialidade das áreas de fundos de pasto no semiárido baiano* e de vários artigos publicados. Advogado. Consultor em Regularização Fundiária Rural e Urbana.

CAPÍTULO III

DA POLÍTICA AGRÍCOLA E FUNDIÁRIA E DA REFORMA AGRÁRIA

ART. 187. A POLÍTICA AGRÍCOLA SERÁ PLANEJADA E EXECUTADA NA FORMA DA LEI, COM A PARTICIPAÇÃO EFETIVA DO SETOR DE PRODUÇÃO, ENVOLVENDO PRODUTORES E TRABALHADORES RURAIS, BEM COMO DOS SETORES DE COMERCIALIZAÇÃO, DE ARMAZENAMENTO E DE TRANSPORTES, LEVANDO EM CONTA, ESPECIALMENTE:

I – OS INSTRUMENTOS CREDITÍCIOS E FISCAIS;

II – OS PREÇOS COMPATÍVEIS COM OS CUSTOS DE PRODUÇÃO E A GARANTIA DE COMERCIALIZAÇÃO;

III – O INCENTIVO À PESQUISA E À TECNOLOGIA;

IV – A ASSISTÊNCIA TÉCNICA E EXTENSÃO RURAL;

V – O SEGURO AGRÍCOLA;

VI – O COOPERATIVISMO;

VII – A ELETRIFICAÇÃO RURAL E IRRIGAÇÃO;

VIII – A HABITAÇÃO PARA O TRABALHADOR RURAL.

§ 1º INCLUEM-SE NO PLANEJAMENTO AGRÍCOLA AS ATIVIDADES AGROINDUSTRIAIS, AGROPECUÁRIAS, PESQUEIRAS E FLORESTAIS.

§ 2º SERÃO COMPATIBILIZADAS AS AÇÕES DE POLÍTICA AGRÍCOLA E DE REFORMA AGRÁRIA.

Este artigo da Constituição brasileira de 1988 trata da Política Agrícola, remetendo seu planejamento e execução para lei específica, ao afirmar que a "política agrícola será planejada e executada na forma da lei", além de prever a participação de produtores e trabalhadores rurais e, ainda, dos "setores de comercialização, de armazenamento e de transportes". A leitura integral desse artigo permite levantar algumas questões: a quem é dirigida essa política? É possível identificar o pequeno produtor, o produtor familiar, a produção das comunidades tradicionais, neste texto constitucional?

A continuação da leitura dos incisos e parágrafos do referido artigo vão auxiliar na resposta às questões acima. Com efeito, o inciso VIII, se refere à "habitação para o trabalhador rural" e o parágrafo 1º estabelece como atividades prioritárias a agroindústria, a agropecuária, pesqueira e florestal. Ou seja, toda a construção do artigo, seus incisos e parágrafos, apresenta uma clara dicotomia entre proprietários e trabalhadores rurais, sendo a única exceção, que confirma a regra, a compatibilização da política agrária com a reforma agrária (§ 2º).

Em síntese, é possível afirmar que a política agrícola prevista constitucionalmente visa o atendimento dos grandes produtores e, atualmente, do agronegócio, sendo as conquistas dos agricultores familiares, dos pequenos proprietários e posseiros, dos produtores comunitários, fruto de muita luta para conseguirem crédito, assistência técnica, condições de comercialização e armazenamento de seus produtos.

ART. 188. A DESTINAÇÃO DE TERRAS PÚBLICAS E DEVOLUTAS SERÁ COMPATIBILIZADA COM A POLÍTICA AGRÍCOLA E COM O PLANO NACIONAL DE REFORMA AGRÁRIA.

§ 1º A ALIENAÇÃO OU A CONCESSÃO, A QUALQUER TÍTULO, DE TERRAS PÚBLICAS COM ÁREA SUPERIOR A DOIS MIL E QUINHENTOS HECTARES A PESSOA FÍSICA OU JURÍDICA, AINDA QUE POR INTERPOSTA PESSOA, DEPENDERÁ DE PRÉVIA APROVAÇÃO DO CONGRESSO NACIONAL.

§ 2º EXCETUAM-SE DO DISPOSTO NO PARÁGRAFO ANTERIOR AS ALIENAÇÕES OU AS CONCESSÕES DE TERRAS PÚBLICAS PARA FINS DE REFORMA AGRÁRIA.

Inicialmente, se faz necessário esclarecer que terras devolutas são uma espécie do gênero terras públicas. Outro esclarecimento importante é que, a partir da Constituição Republicana de 1891, as terras devolutas passam a pertencer aos estados, excetuando-se às de interesse da União. Em qualquer caso, a destinação de ambas deve estar compatibilizada com "política agrícola e com o plano nacional de reforma agrária", estabelecendo o § 1º do artigo 188 o limite de "dois mil e quinhentos hectares" para transferência, a qualquer título, "à pessoa física ou jurídica, ainda que por interposta pessoa". Acima desse teto "dependerá de prévia aprovação do Congresso Nacional". Tendo o § 2º determinado nova exceção quando se tratar de reforma agrária, o artigo é bastante coerente com a obrigatoriedade de cumprimento do princípio da função social da propriedade, ao qual a propriedade pública também está submetida.

Entretanto, por legislação ordinária e pela grilagem, esse dispositivo vem constantemente sendo desrespeitado, e exemplo da recente Lei nº 13.465/2017, que teve origem em uma absurda Medida Provisória (MP nº 759/2016), que facilita o acesso e legaliza a invasão de terras públicas rurais e urbanas e da grilagem constante de terras devolutas, a exemplo do que ocorre na Bahia onde posses de terras de duzentas, trezentas tarefas são transformadas em milhares de hectares.

SARA DA NOVA QUADROS CÔRTES

Possui graduação em Direito pela Universidade Federal da Bahia (1999), mestrado em Direito pela Universidade de Brasília (2003) e doutorado em Ciências Sociais pela Universidade Federal da Bahia (2017). Foi diretora da Associação de Advogados de Trabalhadores Rurais (2005-2009). Tem experiência na área de direito, com ênfase em Sociologia do Direito e Metodologia, atuando principalmente nos seguintes temas: conflitos por terra, Poder Judiciário, movimentos sociais, acesso à terra, democracia, cidadania, direitos fundamentais e função social da propriedade. Atualmente pesquisa a atuação do Poder Judiciário em conflitos por terra na Bahia.

CLOVES DOS SANTOS ARAÚJO

Possui graduação em Direito pelas Faculdades Metropolitanas Unidas (1996) e mestrado em Direito pela Universidade de Brasília (2005). Professor-assistente B do Curso de Direito da UNEB. Tem experiência na área de direitos humanos, com ênfase em conflitos coletivos pela posse da terra. Membro dos grupos de pesquisa GeografAR (UFBA), O Direito Achado na Rua (UNB) e Territórios, Hegemonias, Periferias e Ausências (UNEB). Ex-bolsista da Fundação Ford/Carlos Chagas.

CAPÍTULO III
DA POLÍTICA AGRÍCOLA E FUNDIÁRIA E DA REFORMA AGRÁRIA

ART. 189. OS BENEFICIÁRIOS DA DISTRIBUIÇÃO DE IMÓVEIS RURAIS PELA REFORMA AGRÁRIA RECEBERÃO TÍTULOS DE DOMÍNIO OU DE CONCESSÃO DE USO, INEGOCIÁVEIS PELO PRAZO DE DEZ ANOS.

PARÁGRAFO ÚNICO. O TÍTULO DE DOMÍNIO E A CONCESSÃO DE USO SERÃO CONFERIDOS AO HOMEM OU À MULHER, OU A AMBOS, INDEPENDENTEMENTE DO ESTADO CIVIL, NOS TERMOS E CONDIÇÕES PREVISTOS EM LEI.

Tomando como referência o texto "A Lei nº 13.465/2017 e seus impactos na implantação da Reforma Agrária" inserido na obra "O direito na disputa sobre o sentido da história: contribuições jurídicas à luz da práxis humana", elaborado por graduados da Turma do "Elizabeth Teixeira" da Universidade Estadual de Feira de Santana (PRONERA), cabe fixar inicialmente que, em julho de 2017, foi promulgada a supracitada Lei com o objetivo de consolidar as diretrizes da MP nº 759 que alterava a denominada Lei Agrária (Lei nº 8.629/1993) marcando novos rumos da regularização fundiária no país com claros retrocessos nos direitos sociais. Devemos lembrar que "Conforme a CPT (2017), o ano de 2016 foi o mais violento dos últimos dez anos, com 61 assassinatos consumados e 74 tentativas frustradas, 200 ameaçados de morte, 571 trabalhadores rurais agredidos fisicamente e 228 presos". (CUNHA, 2017). Cabe ainda lembrar não restou comprovada a urgência pois que sem debate esta norma altera, como consta na exposição de motivos, 6 leis ordinárias relativas à reforma agrária e regularização fundiária. Esta MP foi questionada por parlamentares do PT no STF pelo atropelo do processo legislativo em MANDADO DE SEGURANÇA (MS nº 34.907 DISTRITO FEDERAL) por ter colocado em votação emendas que alteraram o mérito do Projeto de Lei (decorrente da Medida Provisória nº 759/2016), e posteriormente encaminhado a proposição aprovada à sanção presidencial sendo que deveria ter voltado à Câmara dos Deputados. Deferida parcialmente a liminar pelo relator, o projeto voltou à Câmara sendo aprovadas as emendas, o que ocasionou a perda do objeto. O MPF reconhece em nota que não havia motivos de urgência e aponta para alteração de matéria reservada à lei complementar, o que afrontaria ao que dispõe a CF, art. 62, parágrafo 1º, inciso III (BRASIL, MPF apud SANTANA, p. 133).

Como apontam os autores do referido texto, José Raimundo Souza de Santana, Marcos Aurélio Alves Mendes, Naiara Nataline Paulino dos Santos e Weslane Lopes Cabral,

> *mais uma vez uma legislação agrária nasce num contexto de golpe revestida por um discurso de modernização nas políticas de regularização fundiária rural, promovendo flexibilizações legislativas para o avanço do grande capital privado, inclusive o estrangeiro, sobre os nossos recursos naturais, especialmente as terras públicas.* (SANTANA, 2018, p. 135)

No que tange à Lei nº 8.629/1993, as mudanças flexibilizam, principalmente, a implantação do projeto de reforma agrária, como também aceleram a volta dessas terras ao mercado, pois no caso de implantação do projeto de reforma agrária a referida lei garantia que a consolidação deste se daria mediante a concessão de créditos de instalação e pela conclusão dos investimentos ao longo do período de implantação dos projetos de assentamentos, pois conforme previsão do inciso V, artigo 17:

> V – A CONSOLIDAÇÃO DOS PROJETOS DE ASSENTAMENTO INTEGRANTES DOS PROGRAMAS DE REFORMA AGRÁRIA DAR-SE-Á COM A CONCESSÃO DE CRÉDITOS DE INSTALAÇÃO E A CONCLUSÃO DOS INVESTIMENTOS, BEM COMO COM A OUTORGA DO INSTRUMENTO DEFINITIVO DE TITULAÇÃO. (INCLUÍDO PELA MEDIDA PROVISÓRIA Nº 2.183-56, DE 2001)

O mencionado dispositivo legal objetivou ditar requisitos para o desligamento dos assentamentos (comunidades criadas) do Incra (entidade criadora). A consolidação, ou emancipação, é o ato administrativo formal que declara o desligamento do projeto de assentamento do Incra. Dar-se-á com a concessão de todos os créditos de instalação (quais sejam: alimentação, fomento e construção de casas); execução das obras de infraestrutura coletiva (estradas, redes de água e energia); e outorga dos títulos definitivos de domínio ou concessão de uso (Lei nº 8.629/1993 comentada por Procuradores Federais, p. 159).

O projeto de Reforma Agrária, dada a previsão legal, para além da desapropriação e distribuição de terras, precisa ter como objetivo consolidar os beneficiários nas terras facilitando a estes os meios de conseguir estruturas para que produzam e consigam sua subsistência no campo, sendo este o conteúdo do artigo 189 ao determinar títulos inegociáveis por 10 anos, sentido este garantido pela lei agrária ao caracterizar a consolidação efetiva e concreta e não formal. A Lei nº 13.465/2017 acabou esvaziando esse sentido com a inclusão do parágrafo 6º do artigo 17 que estabelece um prazo para consolidação formal do projeto de reforma agrária, independentemente dos assentados terem conseguido acessar crédito de instalação e conclusão do investimento, como segue:

> § 6º INDEPENDENTEMENTE DA IMPLEMENTAÇÃO DOS REQUISITOS EXIGIDOS NO INCISO V DO CAPUT DESTE ARTIGO, CONSIDERA-SE CONSOLIDADO O PROJETO DE ASSENTAMENTO QUE ATINGIR O PRAZO DE QUINZE ANOS DE SUA IMPLANTAÇÃO, SALVO POR DECISÃO FUNDAMENTADA DO INCRA.

Outra mudança, relacionada ao sentido do artigo 189, é com relação ao início da contagem do prazo, para que os lotes voltem a ser comercializados, numa manobra escancaradamente neoliberal, descomprometida com a reforma agrária e com a justiça social e que acelera a volta dessas terras ao mercado. Antes esse prazo era de dez anos contados da efetiva implantação do projeto, conforme o supramencionado inciso V do artigo 17 da Lei nº 8.629/1993, que por sua vez se concretizava só depois de os beneficiários terem acesso aos créditos e aos investimentos. Com a mudança, esse prazo começa a ser contado da celebração do contrato de concessão de uso, contrariando de modo explícito a proteção constitucional. Vejamos o que dispõe o artigo 18, no seu parágrafo 1º, inserido pela nova normativa: "§ 1º Os títulos de domínio e a CDRU são inegociáveis pelo prazo de dez anos, contado da data de celebração do contrato de concessão de uso ou de outro instrumento equivalente, observado o disposto nesta Lei". Como afirmam os referidos autores, aqui quer se garantir contra a Constituição a força dos "assédios do agronegócio" sobre os agricultores mais vulneráveis "para vender os lotes e voltar ao lugar de sem terra". Como aponta Joaci Cunha (2017), se a legislação está sendo modificada para favorecer a ampliação dos latifúndios e para expulsar camponeses dos seus meios de produção, inclusive sobre as áreas antes conquistadas por meio da reforma agrária, reservas extrativistas, indígenas, etc, as políticas públicas de apoio aos camponeses foram limitadas, insuficientes e restritas a cerca de 10% do contingente total dessa classe. Assim, o Estado e seus governos diversos têm favorecido amplamente a agropecuária empresarial, com tecnologia, território, subsídios, capital, etc.

Aponta ainda Cunha (2017) que anteriormente as famílias assentadas optavam por receberem título de Concessão de Direito Real de Uso (CDRU) ou Título Definitivo (TD). Pela nova lei, o direito de opção e protagonismo das famílias assentadas está ameaçado. Ficou estabelecido que o prazo de dez anos, no qual "os títulos de domínio e a CDRU são inegociáveis, começa a contar da "data de celebração do contrato de concessão de uso ou de outro instrumento equivalente" (§ 1º do art. 18). Ou seja, a partir da criação do projeto e não mais após a montagem da infraestrutura produtiva. Desse modo, se encurtou radicalmente os prazos de titulação e emancipação dos projetos (BRASIL, 2017b). Assim, na prática podemos apontar a criação de uma situação inconstitucional frente ao artigo 189, pois como aponta Joaci Cunha:

> *Em síntese, o objetivo maior dessa mudança legal é forçar a inserção no mercado de 37 milhões de hectares existentes nos mais de 9.300 projetos de assentamento de reforma agrária, abrindo este imenso estoque de terras a um "balcão de negócios" controlado pelo capital agrário. Destes projetos, mais de 8.700 possuem 05 anos ou mais de criado. Na grande maioria, seus beneficiários não possuem titulação definitiva (TD) nem Concessão de Direito Real de Uso (CDRU), mas apenas o Contrato de Concessão de Uso (CCU) celebrado com a autarquia agrária (BRASIL, 2016). Daí a necessidade de forçar a concessão de títulos de propriedade.* (CUNHA, 2017)

Partindo do pressuposto que há uma como tendência da conjuntura da subsunção formal do capital agrário nacional e do agronegócio, isto é, do atual bloco hegemônico brasileiro, aos interesses do capital mundialmente hegemônico, vemos ameaçados todos os direitos sociais dos povos do campo.

REFERÊNCIAS BIBLIOGRÁFICAS

CUNHA, Joaci de S. Governo Temer: relações do agronegócio com o capital especulativo financeiro e impactos sobre os camponeses e a legislação agrária. *Cadernos do CEAS*, Salvador, n. 241, maio-ago. 2017. Disponível em: https://cadernosdoceas.ucsal.br/index.php/cadernosdoceas. Acesso em: jul. 2018.

SANTANA, José Raimundo de Sousa et. al. A lei nº 13.465/2017 e seus impactos na implantação da Reforma Agrária. In: NASCIMENTO Américo Barbosa et. al. *O direito na disputa sobre o sentido da história*. Feira de Santana: UEFS Editora, 2018.

SANTOS, Gilda Diniz. *Lei nº 8.629/93 comentada por Procuradores Federais:* uma contribuição da PFE/Incra para o fortalecimento da Reforma Agrária e do Direito Agrário Autônomo. Brasília: Instituto Nacional de Colonização e Reforma Agrária – INCRA, 2011.

CAPÍTULO III

DA POLÍTICA AGRÍCOLA E FUNDIÁRIA E DA REFORMA AGRÁRIA

ART. 190. A LEI REGULARÁ E LIMITARÁ A AQUISIÇÃO OU O ARRENDAMENTO DE PROPRIEDADE RURAL POR PESSOA FÍSICA OU JURÍDICA ESTRANGEIRA E ESTABELECERÁ OS CASOS QUE DEPENDERÃO DE AUTORIZAÇÃO DO CONGRESSO NACIONAL.

A reforma agrária vem sendo bloqueada a partir das agendas das políticas de ajuste estrutural definidas pelo Banco Mundial que estimulam a privatização de terras públicas e comunitárias. No meio rural, os principais programas do Banco incluem, segundo Marcelo Resende e Maria Luisa Mendonça (2004, p. 7), as seguintes etapas: 1) cadastro e georreferenciamento dos imóveis, privatização de terras públicas e comunitárias, titulação de posses, mercantilização da reforma agrária e mercado de terras (Crédito Fundiário, Banco de Terra, Nossa Primeira Terra) e integração dos camponeses ao agronegócio. De acordo com essa concepção, o Estado estimula o controle do território agrário por grandes empresas nacionais, empresas nacionais de capital estrangeiro e empresas estrangeiras.

O projeto do atual grupo dirigente para o campo brasileiro está esboçado em três linhas estratégicas específicas: a) a inviabilização do acesso à terra pela via da política pública de reforma agrária; b) a legalização da grilagem de terras públicas em todo o território nacional; c) pela tendência à estrangeirização do território brasileiro, acelerando a subordinação do latifúndio ao capital financeiro especulativo (CUNHA, 2017).

Em recente estudo de Geraldo Miranda Pinto Neto (2017) denominado *A solução é alugar o Brasil? Um estudo da atuação dos representantes do agronegócio na disputa normativa sobre a estrangeirização de terras no Brasil* afirma que, a partir de 2008, há uma disputa sobre o tema da estrangeirização de terras. Há uma disputa a partir do Executivo com pareceres da AGU, no Legislativo com a proposição do PL nº 4.059 de 2012 e do Poder Judiciário nas ações judiciais que tramitam no STF (ACO nº 2.463 e ADPF 2.463), com forte atuação dos representantes do agronegócio – Sociedade Rural Brasileira (aceita como *amicus curiae* ação no STF), Indústria Brasileira da Árvore e FPA – na disputa, que intervêm nos espaços institucionais para flexibilizar a norma sobre a aquisição e arrendamento por estrangeiros, contribuindo com a estrangeirização das terras brasileiras, com o intuito de promover o agronegócio e subjugar os movimentos sociais e comunidades tradicionais na propagação de um antidireito.

A lei que regula e limita a aquisição e arrendamento de terras por estrangeiros, conforme previsto no art. 190 da CF/1988, é a 5.709 de 1971. Existem debates sobre a sua recepção pela Constituição Federal. O tema relativo ao controle de terras adquiridas por estrangeiro ganhou força no Brasil com a mudança de interpretação da Advocacia-Geral da União (AGU) sobre o conceito de empresa estrangeira. Dentre os dispositivos jurídicos sobre o tema, o § 1º do artigo 1º da Lei nº 5.709/1971. O artigo 1º determina que "O estrangeiro residente no País e a pessoa jurídica estrangeira autorizada a funcionar no Brasil só poderão adquirir imóvel rural na forma prevista nesta Lei". O § 1º aponta que a lei sujeita também "a pessoa jurídica brasileira da qual participem, a qualquer título, pessoas estrangeiras físicas ou jurídicas que tenham a maioria do seu capital social e residam ou tenham sede no Exterior" (BRASIL, 1971). O debate jurídico sobre a temática envolve análise sobre a recepção ou não deste do § 1º do artigo 1º da Lei nº 5.709/1971 pela Constituição Federal. A discussão é feita principalmente através de pareceres da Advocacia Geral da União (AGU).

O primeiro parecer sobre o tema corresponde ao AGU/ LA 04/1994, que apresentou que o § 1º do artigo 1º da Lei nº 5.709/1971 não foi recepcionado pela Constituição Federal de 1988. Diante tal conceituação, a AGU afirmou que não era possível a equiparação entre pessoa jurídica constituída por capital estrangeiro e pessoa jurídica estrangeira, prevista no § 1º do artigo 1º da Lei nº 5.709/1971 (SILVA apud PINTO NETO, 1994, 76).

No Governo Fernando Henrique, parecia resolvida a questão com a conspiração contra a Constituição onde encaminhou-se a Emenda Constitucional (EC) nº 6, de 15 de agosto de 1995, resultante da negociação das elites governamentais para abertura do mercado ao investimento estrangeiro retirando as medidas protetivas às indústrias nacionais. Essa emenda revogou o artigo 171 da Constituição, eliminando exatamente a diferenciação entre "empresa brasileira" e "empresa brasileira de capital nacional" interferindo na compreensão do artigo 190.

O Parecer nº GQ-181/1997 emitido um ano após a edição do Parecer AGU/LA 04/1994, traz que o artigo 171 da Constituição Federal de 1988, principal argumento utilizado pela não recepção do § 1º do artigo 1º da Lei nº 5.709/1971 foi revogado por meio da Emenda Constitucional nº 06/1995. O Consultor defendeu que a revogação do artigo 171 não tornou uma via para repristinar a norma que entendera ser revogada. Dessa maneira, o Parecer da AGU, publicado em 1997, manteve a interpretação do parecer anterior, considerando revogado o § 1º do artigo 1º da Lei nº 5.709/1971. Entendeu que a função da EC nº 06/1995 foi permitir o tratamento igualitário dos capitais, sem considerar a sua origem, consolidando por emenda a estrangeirização. Segundo este entendimento somente em casos específicos, referidos na Constituição, pode-se estabelecer restrições à participação estrangeira no país (como é o caso da propriedade de empresa jornalística e de radiodifusão, na assistência à saúde e ao sistema financeiro) (SILVA apud PINTO NETO, 1997, p. 77).

Dez anos depois, apoiados na mudança de conjuntura, é elaborado Parecer AGU LA-01/2008. O Consultor da União, responsável pelo parecer, apontou que o legislador de 1971 agiu com proporcionalidade ao limitar a aquisição de propriedades de estrangeiros e de pessoas jurídicas brasileiras, com controle social nas mãos de estrangeiros não residentes no país, ou pessoas jurídicas que não tenham sede no território nacional. Afirmou que os limites impostos são necessários para que o regime de propriedade rural não cause danos à soberania nacional econômica, à independência nacional e ao objetivo de promover o desenvolvimento nacional (VIEIRA JÚNIOR apud PINTO NETO, 2017, p. 78). O parecer AGU LA-01 apontou que o § 1º do artigo 1º da Lei nº 5.709 é compatível com a Constituição Federal. Portanto, foi recepcionado pela ordem jurídica equiparando a pessoa jurídica brasileira, constituída de capital estrangeiro, à estrangeira. Isto que tange à limitação e restrição de aquisição e arrendamento de propriedades rurais quando envolvem: estrangeiro (pessoa física não residente no país ou pessoa jurídica que não tenha sede no país), os estrangeiros que participem a qualquer título de pessoa jurídica brasileira, e a participação que assegure aos seus detentores o poder de conduzir a pessoa jurídica; e revoga os pareceres anteriores que versam sobre a temática (VIEIRA JÚNIOR, 2008). O parecer AGU LA-01/2008 construiu limitações para aquisição de terras por estrangeiros.

No âmbito do Poder Judiciário há no STF Ação Cível Originária nº 2.463 (INCRA, 2014) que tem como assistente do réu a Indústria Brasileira de Árvore (IBÁ); e *amicus curiae* da Sociedade Rural Brasileira (SRB), ambas a favor da estrangeirização e alegam que sucesso econômico obtido em decorrência da atuação do agronegócio, e que se o STF admitir o pedido formulado pelo INCRA e pela União, proponente de uma das ações, haverá diminuição do valor das empresas agrárias e os investimentos estrangeiros podem ir para outros países segundo a Indústria Brasileira de Árvores – IBÁ (PINTO NETO, 2017).

Como descreve Geraldo Pinto Neto (2017), o litígio ainda em curso versa sobre tentativa do estado de São Paulo em flexibilizar a estrangeirização das terras. A Corregedoria Geral de Justiça do Estado de São Paulo, representada por seu Corregedor-Geral, editou o Parecer nº 461-12-E, que dispensa os tabeliães e oficiais de registro de aplicarem a Lei nº 5.709/1971 e o Decreto nº 74.965/1974 quando há aquisição de imóveis rurais por pessoas jurídicas brasileiras constituídas de maioria de capital social em poder de estrangeiros. O Parecer foi publicado no dia 11 de dezembro de 2012 no Diário Eletrônico de Justiça, possuindo força normativa no estado de São Paulo, reconhecendo a revogação do § 1º do art. 1º da Lei nº 5.709/1971 pela Constituição Federal (INCRA apud PINTO

NETO, 2017, p. 80). O conflito judicial tem a autoria do INCRA e da União que ajuizaram a ação frente ao estado de São Paulo com o intuito de declarar a nulidade do Parecer nº 461-12E da Corregedoria-Geral de Justiça do Estado de São Paulo. Em setembro de 2016, o relator ministro do STF deferiu o pedido de liminar feito pelo INCRA e pela União para que o Parecer nº 461-12-E da Corregedoria-Geral de Justiça fosse suspenso, ou seja, restringindo a estrangeirização. A Sociedade Rural Brasileira (SRB) ajuizou Arguição de Descumprimento de Preceito Fundamental (ADPF nº 342 em 2015) no Supremo Tribunal Federal em face do § 1º do artigo 1º da Lei nº 5.709/1971 e do Parecer AGU LA-01/2008 por compreender que os mesmos violam preceito fundamental, pois as restrições impostas ao capital estrangeiro impactam na renda de produtores rurais (de pequeno, médio e grande porte) – que têm a produção atrelada à viabilidade da agroindústria – e dificulta o financiamento da agropecuária (SRB apud PINTO NETO, 2017, p. 87). A Advocacia geral da União se pronunciou nesta ação afirmando que não há violação a livre iniciativa e ao desenvolvimento nacional, pois tais preceitos devem ser analisados com outros de igual importância, como a soberania, a segurança nacional, o interesse nacional e a intervenção do Estado no domínio econômico (AGU, 2015). Esses casos estão em tramitação.

No dia 4 de agosto de 2016, mais de 20[2] organizações apresentaram a "Nota dos Movimentos Populares em alerta à sociedade contra a venda de terras para estrangeiros – Em defesa do território nacional". As entidades ressaltaram que:

> *Vender terras públicas significa vender biodiversidade, água, bens naturais, subsolo e o controle de nosso território ao capital estrangeiro este que não tem nenhuma identidade e compromisso com os interesses do povo brasileiro. A venda dessas terras vai beneficiar somente o grande capital nacional e transnacional. Isso significa nenhum benefício para agricultura do país, para a produção de alimentos saudáveis, para a preservação dos recursos naturais, ou para nossa economia. Ao mesmo tempo em que abre a possibilidade de compra ilimitada pelos estrangeiros, temos o direito à terra negado a milhões de brasileiros.* (PINTO NETO, 2017, p. 124)

REFERÊNCIAS BIBLIOGRÁFICAS

BRASIL. Lei nº 5.709, de 7 de outubro de 1971. *Diário Oficial da União*, 11 out. 1971. Disponível em: http://www.planalto.gov.br/ccivil_03/leis/l5709.htm. Acesso em: 30 jul. 2018.

CUNHA, Joaci de S. Governo Temer: Relações do agronegócio com o capital especulativo financeiro e impactos sobre os camponeses e a legislação agrária. *Cadernos do CEAS*, Salvador, n. 241, mai./ago. 2017. Disponível em: https://cadernosdoceas.ucsal.br/index.php/cadernosdoceas. Acesso em: 30 jul. 2018.

RESENDE, Marcelo; MENDONÇA, Maria Luisa. Apresentação: as políticas do Banco Mundial são iguais em todo o mundo. In: MARTINS, Mônica Dias. *O Banco Mundial e a Terra:* ofensiva e resistência na América Latina, África e Ásia. São Paulo: Boitempo, 2004. p. 16-24.

PINTO NETO, Geraldo Miranda. *A solução é alugar o Brasil?* Um estudo da atuação dos representantes do agronegócio na disputa normativa sobre a estrangeirização de terras no Brasil. Dissertação (Mestrado em Direito) – UnB, Brasília, 2017.

PAULO ROSA TORRES

Mestre e doutorando em Planejamento Territorial e Desenvolvimento Social (UCSAL). Professor de Direito Agrário da Universidade Estadual de Feira de Santana (UEFS). Professor da Especialização em Estado e Direitos Humanos da Faculdade de Direito da UFBA. Autor do livro *Terra e territorialidade das áreas de fundos de pasto no semiárido baiano* e de vários artigos publicados. Advogado. Consultor em Regularização Fundiária Rural e Urbana.

CAPÍTULO III
DA POLÍTICA AGRÍCOLA E FUNDIÁRIA E DA REFORMA AGRÁRIA

ART. 191. AQUELE QUE, NÃO SENDO PROPRIETÁRIO DE IMÓVEL RURAL OU URBANO, POSSUA COMO SEU, POR CINCO ANOS ININTERRUPTOS, SEM OPOSIÇÃO, ÁREA DE TERRA, EM ZONA RURAL, NÃO SUPERIOR A CINQUENTA HECTARES, TORNANDO-A PRODUTIVA POR SEU TRABALHO OU DE SUA

---

2 Tal nota foi assinada pelas seguintes organizações: Articulação dos Empregados Rurais do Estado de Minas Gerais (ADERE-MG), Central dos Movimentos Populares (CMP), Centro Brasileiro de Solidariedade e Luta pela Paz (Cebrapaz); Comissão Pastoral da Terra (CPT); Confederação Nacional dos Trabalhadores Rurais na Agricultura (CONTAG); Confederação Nacional dos Trabalhadores em Educação (CNTE); Confederação Nacional das Associações de Moradores (Conam); Conselho Indigenista Missionário (CIMI); Conselho Nacional das Igrejas Cristãs do Brasil (Conic); Coordenação Nacional das Comunidades Quilombolas (Conaq); Federação dos Empregados Rurais Assalariados do Estado de Minas Gerais (FERAEMG); Federação dos Trabalhadores na Agricultura Familiar (Fetraf); Levante Popular da Juventude; Movimento Camponês Popular (MCP); Movimento de Mulheres Camponesas (MMC); Movimento dos Pequenos Agricultores (MPA); Movimento dos Atingidos por Barragens (MAB); Movimento dos Trabalhadores Rurais Sem Terra (MST); Pastoral da Juventude Rural (PJR); Sindicato dos Empregados Rurais da Região Sul de Minas Gerais (SERRSMG/CUT); Sindicato dos Empregadores Rurais de Conceição de Rio Verde (MG); Sindicato dos Empregadores Rurais do Município de Carmo de Minas (MG); Via Campesina do Brasil. Disponível em: http://www.cimi.org.br/site/pt-br/?system=news&action=read&id=8855. Acesso em: 30 jul. 2018.

FAMÍLIA, TENDO NELA SUA MORADIA, ADQUIRIR-LHE-Á A PROPRIEDADE.

PARÁGRAFO ÚNICO. OS IMÓVEIS PÚBLICOS NÃO SERÃO ADQUIRIDOS POR USUCAPIÃO.

Trata este artigo da aquisição da propriedade rural pela usucapião, chamada de constitucional ou pro-labore, resultado da posse-trabalho aqui tratada no feminino, acompanhando autores (FACHIN), que fazem esta opção. Ressalte-se que o instituto surge na Constituição de 1934, é mantido nas constituições de 1937 e 1946, sendo omitido pela Constituição de 1967 e sua Emenda de 1969, que o remeteram para legislação ordinária, sendo regulamentado pela Lei nº 6969, de 1012/1981, que ampliou o alcance para as terras devolutas. Já o caput deste artigo e seu parágrafo único, trazem à luz questões importantes a serem ressaltadas: 1ª) a valorização da posse em detrimento do direito de propriedade, caracterizada pela boa-fé, pelo trabalho, pela moradia, pela produção, o que leva à concepção de posse agrária, exercida diretamente pelo possuidor e sua família, distinguindo-a de posse civil, que pode ser exercida direta ou indiretamente; 2ª) põe fim a discussão quanto à possibilidade de usucapir terras devolutas, uma vez que o artigo 20, da CF coloca essas terras, entre os bens públicos, definindo, após, que os "imóveis públicos não serão adquiridos por usucapião".

TÍTULO VIII
DA SEGURIDADE SOCIAL

JÚLIA LENZI DA SILVA

Doutora em Direito do Trabalho e da Seguridade Social pela USP. Graduada e mestra em Direito pela UNESP. Consultora em Direito Previdenciário de LBS-Advogados.

TÍTULO VIII
DA ORDEM SOCIAL

CAPÍTULO I
DISPOSIÇÃO GERAL

ART. 193. A ORDEM SOCIAL TEM COMO BASE O PRIMADO DO TRABALHO, E COMO OBJETIVO O BEM-ESTAR E A JUSTIÇA SOCIAIS.

CAPÍTULO II
DA SEGURIDADE SOCIAL

SEÇÃO I
DISPOSIÇÕES GERAIS

ART. 194. A SEGURIDADE SOCIAL COMPREENDE UM CONJUNTO INTEGRADO DE AÇÕES DE INICIATIVA DOS PODERES PÚBLICOS E DA SOCIEDADE, DESTINADAS A ASSEGURAR OS DIREITOS RELATIVOS À SAÚDE, À PREVIDÊNCIA E À ASSISTÊNCIA SOCIAL.

PARÁGRAFO ÚNICO. COMPETE AO PODER PÚBLICO, NOS TERMOS DA LEI, ORGANIZAR A SEGURIDADE SOCIAL, COM BASE NOS SEGUINTES OBJETIVOS:

I – UNIVERSALIDADE DA COBERTURA E DO ATENDIMENTO;

II – UNIFORMIDADE E EQUIVALÊNCIA DOS BENEFÍCIOS E SERVIÇOS ÀS POPULAÇÕES URBANAS E RURAIS;

III – SELETIVIDADE E DISTRIBUTIVIDADE NA PRESTAÇÃO DOS BENEFÍCIOS E SERVIÇOS;

IV – IRREDUTIBILIDADE DO VALOR DOS BENEFÍCIOS;

V – EQUIDADE NA FORMA DE PARTICIPAÇÃO NO CUSTEIO;

VI – DIVERSIDADE DA BASE DE FINANCIAMENTO, IDENTIFICANDO-SE, EM RUBRICAS CONTÁBEIS ESPECÍFICAS PARA CADA ÁREA, AS RECEITAS E AS DESPESAS VINCULADAS A AÇÕES DE SAÚDE, PREVIDÊNCIA E ASSISTÊNCIA SOCIAL, PRESERVADO O CARÁTER CONTRIBUTIVO DA PREVIDÊNCIA SOCIAL;

VII – CARÁTER DEMOCRÁTICO E DESCENTRALIZADO DA ADMINISTRAÇÃO, MEDIANTE GESTÃO QUADRIPARTITE, COM PARTICIPAÇÃO DOS TRABALHADORES, DOS EMPREGADORES, DOS APOSENTADOS E DO GOVERNO NOS ÓRGÃOS COLEGIADOS.

ART. 195. A SEGURIDADE SOCIAL SERÁ FINANCIADA POR TODA A SOCIEDADE, DE FORMA DIRETA E INDIRETA, NOS TERMOS DA LEI, MEDIANTE RECURSOS PROVENIENTES DOS ORÇAMENTOS DA UNIÃO, DOS ESTADOS, DO DISTRITO FEDERAL E DOS MUNICÍPIOS, E DAS SEGUINTES CONTRIBUIÇÕES SOCIAIS:

I – DO EMPREGADOR, DA EMPRESA E DA ENTIDADE A ELA EQUIPARADA NA FORMA DA LEI, INCIDENTES SOBRE:

A) A FOLHA DE SALÁRIOS E DEMAIS RENDIMENTOS DO TRABALHO PAGOS OU CREDITADOS, A QUALQUER TÍTULO, À PESSOA FÍSICA QUE LHE PRESTE SERVIÇO, MESMO SEM VÍNCULO EMPREGATÍCIO;

B) A RECEITA OU O FATURAMENTO;

C) O LUCRO;

II – DO TRABALHADOR E DOS DEMAIS SEGURADOS DA PREVIDÊNCIA SOCIAL, PODENDO SER ADOTADAS ALÍQUOTAS PROGRESSIVAS DE ACORDO COM O VALOR DO SALÁRIO DE CONTRIBUIÇÃO, NÃO INCIDINDO CONTRIBUIÇÃO SOBRE APOSENTADORIA E PENSÃO CONCEDIDAS PELO REGIME GERAL DE PREVIDÊNCIA SOCIAL;

III – SOBRE A RECEITA DE CONCURSOS DE PROGNÓSTICOS.

IV – DO IMPORTADOR DE BENS OU SERVIÇOS DO EXTERIOR, OU DE QUEM A LEI A ELE EQUIPARAR.

§ 1º AS RECEITAS DOS ESTADOS, DO DISTRITO FEDERAL E DOS MUNICÍPIOS DESTINADAS À SEGURIDADE SOCIAL CONSTARÃO DOS RESPECTIVOS ORÇAMENTOS, NÃO INTEGRANDO O ORÇAMENTO DA UNIÃO.

§ 2º A PROPOSTA DE ORÇAMENTO DA SEGURIDADE SOCIAL SERÁ ELABORADA DE FORMA INTEGRADA PELOS ÓRGÃOS RESPONSÁVEIS PELA SAÚDE, PREVIDÊNCIA SOCIAL E ASSISTÊNCIA SOCIAL, TENDO EM VISTA AS METAS E PRIORIDADES ESTABELECIDAS NA LEI DE DIRETRIZES ORÇAMENTÁRIAS, ASSEGURADA A CADA ÁREA A GESTÃO DE SEUS RECURSOS.

§ 3º A PESSOA JURÍDICA EM DÉBITO COM O SISTEMA DA SEGURIDADE SOCIAL, COMO ESTABELECIDO EM LEI, NÃO PODERÁ CONTRATAR COM O PODER PÚBLICO NEM DELE RECEBER BENEFÍCIOS OU INCENTIVOS FISCAIS OU CREDITÍCIOS.

§ 4º A LEI PODERÁ INSTITUIR OUTRAS FONTES DESTINADAS A GARANTIR A MANUTENÇÃO OU EXPANSÃO DA SEGURIDADE SOCIAL, OBEDECIDO O DISPOSTO NO ART. 154, I.

§ 5º NENHUM BENEFÍCIO OU SERVIÇO DA SEGURIDADE SOCIAL PODERÁ SER CRIADO, MAJORADO OU ESTENDIDO SEM A CORRESPONDENTE FONTE DE CUSTEIO TOTAL.

§ 6º AS CONTRIBUIÇÕES SOCIAIS DE QUE TRATA ESTE ARTIGO SÓ PODERÃO SER EXIGIDAS APÓS DECORRIDOS NOVENTA DIAS DA DATA DA PUBLICAÇÃO DA LEI QUE AS HOUVER INSTITUÍDO OU MODIFICADO, NÃO SE LHES APLICANDO O DISPOSTO NO ART. 150, III, "B".

§ 7º SÃO ISENTAS DE CONTRIBUIÇÃO PARA A SEGURIDADE SOCIAL AS ENTIDADES BENEFICENTES DE ASSISTÊNCIA SOCIAL QUE ATENDAM ÀS EXIGÊNCIAS ESTABELECIDAS EM LEI.

§ 8º O PRODUTOR, O PARCEIRO, O MEEIRO E O ARRENDATÁRIO RURAIS E O PESCADOR ARTESANAL, BEM COMO OS RESPECTIVOS CÔNJUGES, QUE EXERÇAM SUAS ATIVIDADES EM REGIME DE ECONOMIA FAMILIAR, SEM EMPREGADOS PERMANENTES, CONTRIBUIRÃO PARA A SEGURIDADE SOCIAL MEDIANTE A APLICAÇÃO DE UMA ALÍQUOTA SOBRE O RESULTADO DA COMERCIALIZAÇÃO DA PRODUÇÃO E FARÃO JUS AOS BENEFÍCIOS NOS TERMOS DA LEI.

§ 9º AS CONTRIBUIÇÕES SOCIAIS PREVISTAS NO INCISO I DO CAPUT DESTE ARTIGO PODERÃO TER ALÍQUOTAS DIFERENCIADAS EM RAZÃO DA ATIVIDADE ECONÔMICA, DA UTILIZAÇÃO INTENSIVA DE MÃO DE OBRA, DO PORTE DA EMPRESA OU DA CONDIÇÃO ESTRUTURAL DO MERCADO DE TRABALHO, SENDO TAMBÉM AUTORIZADA A ADOÇÃO DE BASES DE CÁLCULO DIFERENCIADAS APENAS NO CASO DAS ALÍNEAS "B" E "C" DO INCISO I DO CAPUT.

§ 10. A LEI DEFINIRÁ OS CRITÉRIOS DE TRANSFERÊNCIA DE RECURSOS PARA O SISTEMA ÚNICO DE SAÚDE E AÇÕES DE ASSISTÊNCIA SOCIAL DA UNIÃO PARA OS ESTADOS, O DISTRITO FEDERAL E OS MUNICÍPIOS, E DOS ESTADOS PARA OS MUNICÍPIOS, OBSERVADA A RESPECTIVA CONTRAPARTIDA DE RECURSOS.

§ 11. SÃO VEDADOS A MORATÓRIA E O PARCELAMENTO EM PRAZO SUPERIOR A 60 (SESSENTA) MESES E, NA FORMA DE LEI COMPLEMENTAR, A REMISSÃO E A ANISTIA DAS CONTRIBUIÇÕES SOCIAIS DE QUE TRATAM A ALÍNEA "A" DO INCISO I E O INCISO II DO CAPUT.

§ 12. A LEI DEFINIRÁ OS SETORES DE ATIVIDADE ECONÔMICA PARA OS QUAIS AS CONTRIBUIÇÕES INCIDENTES NA FORMA DOS INCISOS I, B; E IV DO CAPU T, SERÃO NÃO CUMULATIVAS.

§ 13. (REVOGADO).

§ 14. O SEGURADO SOMENTE TERÁ RECONHECIDA COMO TEMPO DE CONTRIBUIÇÃO AO REGIME GERAL DE PREVIDÊNCIA SOCIAL A COMPETÊNCIA CUJA CONTRIBUIÇÃO SEJA IGUAL OU SUPERIOR À CONTRIBUIÇÃO MÍNIMA MENSAL EXIGIDA PARA SUA CATEGORIA, ASSEGURADO O AGRUPAMENTO DE CONTRIBUIÇÕES.

A PEC nº 06/2019, a Proposta de Reforma da Previdência apresentada pelo Governo Bolsonaro em 20 de fevereiro de 2019 e aprovada em 2º turno de votação pelo Senado Federal em 22 de outubro de 2019, sofreu muitas modificações em seu texto original até sua promulgação como EC 103/2019. Em síntese, pudemos observar que, durante sua tramitação pelo Congresso Nacional, foram acatadas emendas supressivas e alteradoras de conteúdos relativos ao Regime Geral de Previdência Social (RGPS), em meio às negociações para manutenção da integralidade das propostas relativas ao Regime Próprio de Previdência Social (RPPS). No âmbito da sociedade civil, entretanto, o debate sobre essa que foi uma das maiores alterações normativas já feitas na seara previdenciária ficou bastante restrito à instituição das idades mínimas de 62 anos para as mulheres e 65 anos para homens (nova redação do art. 201, §7º, I) para fins de concessão de aposentadoria no RGPS, logrando-se manter, via emenda, a constitucionalidade das idades mínimas de 55 anos e 60 anos para trabalhadoras e trabalhadores rurais respectivamente (nova redação do art. 201, §7º, II), bem como a redução em 05 anos das idades gerais estabelecidas para professores e professoras "que comprove tempo de efetivo exercício das funções de magistério na educação infantil e no ensino fundamental e médio fixado em lei complementar" (nova redação do art. 201, §8º).

Em que pese nosso reconhecimento acerca da gravidade da instituição de idades mínimas que correspondem ao padrão adotado em Estados europeus num país como o Brasil, atravessado por desigualdades regionais e marcado pela configuração de um mercado de trabalho com altos índices de informalidade e precariedade, além do baixo valor dos salários praticados, acreditamos que a centralização dos debates em torno das idades mínimas pelos grandes veículos de comunicação favoreceu a aprovação do texto da reforma ao silenciar sobre os outros pontos nela contidos. Nesse sentido, julgamos importante começar esclarecendo que a Emenda, também no tocante ao RGPS e a exemplo do que se passou no RPPS, estruturou-se a partir do movimento de desconstitucionalização de direitos e garantias previdenciárias. Isso significa que, com exceção da manutenção das idades mínimas no texto constitucional, todos os outros requisitos de elegibilidade – tais como o tempo mínimo de contribuição, a fórmula de cálculo do valor inicial dos benefícios, os parâmetros para seus reajustes, bem como a forma de definição da base cálculo das aposentadorias – foram remetidos para regulamentação via Lei Complementar, que passará a estabelecer, inclusive, "vedações, regras e condições para a acumulação de benefícios previdenciários (nova redação do art. 201, §15)", como o caso do recebimento de aposentadoria e pensão por morte pelo mesmo beneficiário.

Essa retirada dos conteúdos previdenciários do âmbito constitucional e sua remessa para legislação infraconstitucional deveria ter sido posta na ordem do dia dos debates sobre era a então PEC nº 06/2019, uma vez que, estando ela agora aprovada, fica aberta a possibilidade de sucessivas novas "reformas da previdência", as quais poderão ser feitas com menor custo político e maior facilidade jurídica, já que a aprovação de alterações legislativas se realiza mediante um processo bem menos complexo do que a alteração da Constituição. Dessa forma, é possível compreender que uma das primeiras consequências advindas da aprovação da EC nº 103/2009 é o aumento da insegurança jurídica de todos os trabalhadores e trabalhadoras vinculados ao Instituto Nacional do Seguro Social (INSS), os quais poderão ter as condições de exercício de seus direitos sociais previdenciários constantemente modificados o que, respeitado o sentido histórico de todas as reformas da previdência já efetuadas, aponta para a redução continuada do padrão de proteção social a eles garantido.

Dando continuidade a esse trabalho de "desvelamento" dos conteúdos que foram aprovados sem passar pelo crivo do debate democrático, cumpre salientar um dos mais graves ataques perpetuados pela Emenda ao projeto de soerguimento de um modelo de Estado Social inscrito na Constituição de 1988. Essa ofensiva está contida no novo artigo 194, parágrafo único, VI que, ao estabelecer a fragmentação orçamentária entre as áreas componentes da seguridade social, sela, em definitivo, o abandono da perspectiva constitucional de construção de sistema de proteção social solidário, universal e com viés redistributivo, permanecendo a seguridade social como um "projeto constitucional inconcluso" (FLEURY, 2004). Isso porque, ao estabelecer a obrigatoriedade de identificação em rubricas contábeis específicas para cada área, contabilizando-se, em separado, as receitas e despesas da saúde, assistência e previdência social, a nova redação do artigo 194, parágrafo único, VI torna letra morta a disposição contida no art. 195, §2º da CF, a qual determina a elaboração do Orçamento da Seguridade Social (OSS), que deveria ser realizada em conjunto pelos órgãos responsáveis por cada uma das três políticas sociais, assegurando-lhes a gestão de seus recursos.

Para que fique claro o que, de fato, representa essa alteração, sobre o OSS, vale lembrar que, como atesta Eduardo Fagnani (2009, p. 48), ele foi inspirado no padrão universal clássico de financiamento dos regimes de proteção social, ou seja, no modelo tripartite, em que trabalhadores, empregadores e o próprio Estado assumem, cada qual, sua parcela no financiamento do sistema. Nesse sentido, a elaboração de uma peça orçamentária comum, contendo todas as fontes de receita constitucionalmente vinculadas ao OSS, e sua execução em apartado do Orçamento Fiscal, conforme determina o art. 195, §2º c/c art. 165, §5º, III, constituía instrumento de organização conjunta das políticas sociais componentes do sistema de seguridade, as quais deveriam ser pensadas a partir do paradigma da complementariedade, evitando-se, com isso, a disputa "fratricida" por recursos entre elas. Portanto, ao tornar letra morta o OSS, a EC nº 103/2019 rompe com a perspectiva de "[...] consolidação da seguridade social como instrumento de garantia de renda seja pela transferência, substituição, reposição ou complementação" (SILVA, 2007, p. 111), deixando-a para trás, como um projeto "utópico" que já não tem guarida no mundo que fez a opção pela "modernidade", pelo "progresso" e pela atomização da vida social.

Aliás, cumpre destacar que esse quadro de rompimento torna-se ainda mais evidente quando o conjugamos com a aprovação da EC nº 95/2016, a assim chamada "emenda do teto dos gastos", que alterou o Ato das Disposições Constitucionais Transitórias (ADCT) para instituir o que denominou de "Novo Regime Fiscal", o qual cria um "teto" para o crescimento das despesas, prevendo-se o congelamento de todas as despesas primárias pelo período de 20 anos e submetendo seus reajustes à inflação do ano anterior. Nesse sentido, por meio consulta a página oficial do "Tesouro Nacional Transparente", é possível acompanhar a evolução das despesas primárias do Governo Federal sujeitas ao limite anual de gastos determinado pela EC nº 95/2016 e o percentual de realização desse limite ao longo do ano. De acordo com a última atualização, em agosto de 2019, o Governo Federal já havia atingido 61,73% do teto, sendo que apenas duas despesas primárias correspondiam a quase 70% de todo o percentual já gasto: "benefícios previdenciários" (45,7%) e "pessoal e encargos sociais" (22,50%) (BRASIL, 2019). Ora, em um cenário de cada vez maior escassez de recursos para as áreas sociais[1], é bastante seguro prever que a competição "fratricida" entre as políticas sociais de seguridade não só se intensificará, como os gastos previdenciários, dado seu montante, continuarão a ser utilizados como estratégia discursivas justificadoras de novas rodadas supressivas de direitos, como vimos acontecer ao longo do processo que culminou com a aprovação da EC nº 103/2019.

Nesse contexto de regressão sistemática do patamar protetivo constitucional, tem se tornado prática corriqueira das classes médias e padrão de conduta daquelas com alto poder aquisitivo ter plano de saúde privado, matricular os filhos e filhas em escolas particulares e, de forma mais recente, contribuir para um plano privado de previdência complementar. Maria Lúcia Teixeira Werneck Vianna compara essa naturalização da recorrência ao mercado à expansão dos condomínios fechados nos centros urbanos como

1 Nesse ponto, a diferenciação entre despesas primárias e financeiras mostra-se fundamental para entendermos o sentido real da aprovação da EC nº 95/2016. De acordo com Eduardo Fagnani, "[o] propósito é reduzir a despesa primária do governo federal de cerca de 20% para 12% do PIB entre 2017 e 2036", sendo de relevo ressaltar que as despesas classificadas como "financeiras" ficaram de fora de tais limitações, o que nos permite vislumbrar que objetivo central do "Novo Regime Fiscal" é, em verdade, garantir o fluxo "contínuo e adequado" de recursos constituintes do fundo público para a esfera das "finanças", ou seja, para a dinâmica dos mercados financeiros onde se negociam os títulos da dívida pública brasileira (Cf. FAGNANI, 2019, p. 114).

resposta ao incremento dos índices de violência. Há uma fuga para o bem-estar contido nos sistema "intramuros" do mercado, criando-se novos ramos de negócios que oferecem, como mercadorias, aquilo que até bem pouco tempo tinha a natureza de direito fundamental social – planos de saúde individuais e corporativos e planos de previdência privada de natureza aberta ou fechada – ficando renunciada, portanto, à luta pela segurança de todos. E para aqueles e aquelas que não podem se agarrar àquela parcela de seguridade que o dinheiro ou uma categoria profissional "diferenciada" pode assegurar (VIANNA, 2000, p. 195), resta um sistema de assistência social cada vez mais focalizado, com exclusiva preocupação de combater apenas os aspectos mais degradantes da situação de miserabilidade absoluta. E tal como a opção pelos condomínios fechados segrega seus moradores e os faz abdicar da participação da vida comum vivida nas cidades, a "solução condominial" no âmbito da seguridade social institucionaliza a separação entre "cidadão-consumidor" e "não cidadão", abandonando-se a perspectiva de construção de um sistema de proteção social calcado na solidariedade e com objetivos de redistribuição de renda e justiça social.

Compreender essa "solução condominial" para o desmonte das políticas de seguridade social é o que possibilita identificar vários pontos da reforma como reflexos da escolha pela estratégia de máxima individualização e crescente mercantilização dos direitos sociais relativos à saúde, assistência e previdência social. Esse é caso, por exemplo, da previsão contida no novo artigo 195, §14, a qual atesta que o segurado vinculado ao Regime Geral de Previdência Social somente terá seu tempo de contribuição reconhecido se as competências mensais por ele pagas tiverem valor "igual ou superior à contribuição mínima mensal exigida para sua categoria, assegurado o agrupamento de contribuições". Da leitura do dispositivo em questão, verificamos que, numa realidade em que cada vez mais abundam as formas atípicas de contratos de trabalho, nas quais não resta assegurado sequer o pagamento do salário-mínimo – tais como o trabalho intermitente, disciplinado pela "reforma trabalhista" (Lei nº 13.467/2017) – a alteração trazida pela Emenda Constitucional acentua o grau de desproteção previdenciária, elegendo o mero critério quantitativo como requisito para acesso aos benefícios, desprezando, por completo, a atual conformação do mercado de trabalho no Brasil. Sendo assim, podemos afirmar que a nova regra previdenciária se alinha perfeitamente ao sentido geral dessa "reforma": trabalhar mais e contribuir por mais tempo, sem que isso signifique nutrir sequer a expectativa real de, um dia, vir a gozar de uma aposentadoria no valor de um salário mínimo[2].

Entretanto, uma vez mais, é nas disposições que se relacionam mais diretamente com o mercado de previdência privada que constatamos não só a orientação geral do texto, mas, sobretudo, o que ela deseja fomentar como futuro para o sistema previdenciário brasileiro. Nesse sentido, deve chamar nossa atenção a alteração restritiva de conteúdo do novo artigo 201, I, que deixa de fazer referência às contingências sociais de "doença" e "morte" e passa a restringir a cobertura previdenciária aos eventos de "incapacidade temporária ou permanente para o trabalho e idade avançada". Essa medida limitativa da abrangência da política pública de previdência deve se lida em conjunto com a possibilidade de, via Lei Complementar, disciplinar-se o regime de concorrência entre o RGPS e o setor privado para a "cobertura de benefícios não programados, inclusive os decorrentes de acidente do trabalho", o que significa que benefícios como pensão por morte, auxílio-doença e auxílio-acidente poderão, no futuro, ter seus valores reduzidos ao piso previdenciário no âmbito do RGPS, com o propósito de fomentar o crescimento do mercado dos planos privados. A grande questão é que, diferentemente da previdência social de caráter público e estruturada sob o modelo de repartição, organizada sob bases redistributivas[3], os planos privados, geridos por seguradoras e instituições financeiras, estarão centrados na lógica do lucro, o que nos faz questionar sua "eficiência" na garantia de proteção à situações de máxima vulnerabilidade, como nos casos de adoecimento ou morte do segurado.

Em conformidade com o exposto, vemos que a "solução condominial" tomada como princípio organizativo do texto reforça a

2 A esse respeito, recomendamos a leitura da reportagem "Os inaposentáveis: o limbo da Previdência brasileira", de Heloísa Mendonça e Regiane Oliveira, publicada no jornal *El País* em 10 de maio de 2019. Nela somos informados de que, hoje, já 15% dos trabalhadores com mais de 60 anos não conseguem contribuir o suficiente para se aposentar, e tampouco cumprem os requisitos para concessão do benefício de prestação continuada (BPC). Desses, 66% são mulheres. Com as alterações produzidas pela "reforma trabalhista" nas formas de contratação, conjugadas com a alteração do artigo 195, § 14, que comentamos, esse percentual tende a aumentar consideravelmente, jogando um cada vez maior número de trabalhadores e, sobretudo, trabalhadoras no limbo da desproteção social na velhice.

3 Acerca do grau de importância da política pública de previdência social como mecanismo de redistribuição de renda e combate à pobreza, sugerimos consulta à pesquisa anual *A Previdência Social e a Economia dos Municípios*, idealizada pelo auditor da Receita Federal do Brasil, Álvaro Sólon de França. Para se ter uma ideia, os dados levantados em dezembro de 2017 dão conta que, dos 34 milhões de benefícios vinculados ao INSS, 67,7% tinham valor correspondente a um salário mínimo. Em 87,9% dos municípios brasileiros, o montante de benefícios pagos foi superior à arrecadação e em 73,6% deles, o montante superou a receita do Fundo de Participação dos Municípios. Ademais, sem as transferências previdenciárias, o percentual de brasileiros situados abaixo da linha da pobreza alcançaria 46,5%, praticamente metade da população. Com a redistribuição proporcionada pela Previdência Social, esse percentual se reduz para 31,3%, pouco menos de um terço. (ANFIP, 2019, p. 17, 20, 27, 29).

tratativa da previdência social como um arcabouço técnico de seguro social de caráter contributivo, absolutamente desvinculado da lógica da cidadania que perfazia o "projeto constitucional inconcluso" de criação de um sistema de seguridade social aqui, na periferia do capitalismo. A adoção das perspectivas de máxima individualização e mercantilização dos direitos sociais de seguridade como novo parâmetro para a oferta dos servidos e benefícios vinculados à proteção social tende a esgarçar, ainda mais, os já frágeis laços civilizatórios que sustentam a manutenção dos nossos alarmantes níveis de desigualdade social. O potencial explosivo de tais medidas ainda está para ser verificado em nossa realidade, mas os ventos que sopram do Chile nos permitem antever o que podem vir a acarretar[4].

REFERÊNCIAS BIBLIOGRÁFICAS

ANFIP – Associação Nacional dos Auditores Fiscais da Receita Federal do Brasil. *A Previdência Social e a economia dos municípios*. 7. ed. Brasília: ANFIP, 2019.

BRASIL. Ministério da Economia. Tesouro Nacional Transparente. Painel do Teto dos Gastos (online). Disponível em: http://www.tesourotransparente.gov.br/visualizacao/painel-do-teto-de-gastos. Acesso em: 15 out. 2019.

FAGNANI, Eduardo. Seguridade Social brasileira: trajetória recente e novos desafios. In: VAZ, Paulo Afonso Brum; SAVARIS, José Antônio (Org.). *Direito da previdência e assistência social*: elementos para uma compreensão interdisciplinar. Florianópolis: Conceito Editorial, 2009. p. 37-79.

FAGNANI, Eduardo. *Previdência social*: um debate desonesto: subsídios para a ação social e parlamentar: pontos inaceitáveis da Reforma de Bolsonaro. São Paulo: Editora Contracorrente, 2019.

FLEURY, Sônia. A seguridade social inconclusa. In: ROCHA, Denise; BERNARD, Maristela (org.). *A era FHC e o governo Lula*: transição? Brasília, DF: Instituto de Estudos Socioeconômicos, 2004. p. 107-120.

SILVA, Ademir Alves da. *A gestão da seguridade social brasileira*: entre a política pública e o mercado. 2. ed. São Paulo: Cortez, 2007.

VIANNA, Maria Lúcia Teixeira Werneck. *A americanização (perversa) da seguridade social no Brasil*: estratégias de bem-estar e políticas públicas. 2. ed. Rio de Janeiro: Revan: UCAM: IUPERJ, 2000.

LUDMILA CERQUEIRA CORREIA

Doutora em Direito, Estado e Constituição pela Universidade de Brasília, com estágio doutoral no Centro de Estudos Sociais da Universidade de Coimbra (2015/2016). Mestra em Ciências Jurídicas (área de Direitos Humanos) pela Universidade Federal da Paraíba. Coordenadora do Grupo de Pesquisa e Extensão Loucura e Cidadania e integra o Grupo de Pesquisa Saúde Mental e Direitos Humanos (UFPB). Integra ainda os grupos de pesquisa O Direito Achado na Rua (UnB) e Direitos Humanos, Direito à Saúde e Família (UCSal), e o Instituto de Pesquisa Direitos e Movimentos Sociais (IPDMS).

SEÇÃO II
DA SAÚDE

ART. 196. A SAÚDE É DIREITO DE TODOS E DEVER DO ESTADO, GARANTIDO MEDIANTE POLÍTICAS SOCIAIS E ECONÔMICAS QUE VISEM À REDUÇÃO DO RISCO DE DOENÇA E DE OUTROS AGRAVOS E AO ACESSO UNIVERSAL E IGUALITÁRIO ÀS AÇÕES E SERVIÇOS PARA SUA PROMOÇÃO, PROTEÇÃO E RECUPERAÇÃO.

ART. 197. SÃO DE RELEVÂNCIA PÚBLICA AS AÇÕES E SERVIÇOS DE SAÚDE, CABENDO AO PODER PÚBLICO DISPOR, NOS TERMOS DA LEI, SOBRE SUA REGULAMENTAÇÃO, FISCALIZAÇÃO E CONTROLE, DEVENDO SUA EXECUÇÃO SER FEITA DIRETAMENTE OU ATRAVÉS DE TERCEIROS E, TAMBÉM, POR PESSOA FÍSICA OU JURÍDICA DE DIREITO PRIVADO.

O direito à saúde constitui-se como um direito social, indissociável do direito à vida, integrando, assim, o conjunto de direitos humanos, e devendo ser garantido pelo Estado a todas as pessoas por meio de políticas sociais e econômicas. Registre-se o caráter histórico desses direitos, frutos de lutas sociais pela dignidade (FLORES, 2008). Nesse sentido, é imprescindível atentar para as contribuições do Movimento da Reforma Sanitária, enquanto sujeito coletivo de direito, na conquista e construção do direito à

4 Desde meados de outubro de 2019, o Chile vem sendo sacudido por manifestações populares contrárias a diversos aspectos do modelo econômico ultraliberal que vem sendo aplicado no país desde a década de 1970. A questão previdenciária, cujo sistema foi inteiramente privatizado no curso da ditadura militar de Pinochet, ocupa um dos centros unificadores da revolta, já que os baixos valores dos benefícios pagos colocam as famílias chilenas – especialmente os idosos – em situação de grande vulnerabilidade econômica. Uma síntese do que está se passando no país pode ser conferida na reportagem de Ana Maria Roura para a *BBC News Mundo*, publicada em 31 de outubro de 2019, com o título "Protestos no Chile: as rachaduras no modelo econômico do país expostas pelas manifestações".

saúde no Brasil, sobretudo em relação à concepção ampliada de saúde (COSTA; SOUSA JÚNIOR, 2008; PAIM, 2008). Trata-se de retomar as suas propostas, na perspectiva democrática e da organização popular, para produzir impactos concretos sobre a saúde das cidadãs e dos cidadãos brasileiros, visando a melhoria das suas condições de vida e propiciando a sua dignidade de acordo com os ditames da justiça social. Além das normas já existentes para a garantia do direito à saúde, é preciso intensificar as políticas públicas que se constituem como mecanismos de promoção e proteção desse direito humano, materializadas por meio de serviços e ações do poder público. O direito à saúde deve ser concretizado a partir da atuação da função pública estatal, mesmo quando prestada por particulares. Significa que "como função pública estatal, cabe ao Estado a direção da prestação de serviços e ações de saúde, devendo fixar as diretrizes e parâmetros para o exercício destes; com isso, pode-se dizer que é limitada a liberdade dos prestadores privados" (FERRAZ; BENJAMIN, 2004, p. 88). Além da prestação de serviços públicos, é responsabilidade do Estado a sua regulamentação, fiscalização e controle. Dessa forma, vale ressaltar a primeira condenação do Brasil na Corte Interamericana de Direitos Humanos, em 2006, no caso Damião Ximenes Lopes, morto em 1999 numa clínica psiquiátrica em Sobral – CE, a qual era conveniada ao Sistema Único de Saúde (SUS). A tramitação desse caso contribuiu para acelerar o processo de aprovação da Lei da Reforma Psiquiátrica (Lei nº 10.216/2001) e para implantar a Política Nacional de Saúde Mental, assimilando os pressupostos da Luta Antimanicomial, substituindo o modelo de atendimento centrado em hospitais psiquiátricos pela rede de serviços territoriais e comunitários (CORREIA, 2018). Ocorre que, com o golpe de 2016, num contexto de retrocessos e perda de direitos, inclusive no campo da saúde mental, com a redução do financiamento do SUS, a partir da Emenda Constitucional, nº 95/2016, alguns órgãos do Sistema de Justiça têm acentuado os retrocessos. É o que se observa nos estados da Bahia e da Paraíba, com a atuação do Ministério Público Estadual, por meio de ações civis públicas (2017/2018), para impedir o fechamento de hospitais psiquiátricos, os quais já possuem indicação para serem desativados, de acordo com avaliações do próprio Ministério da Saúde (em ambos os estados) e do Ministério Público Federal (na Paraíba). Tais ações estão na contramão da Política Nacional de Saúde Mental e constituem grave violação aos direitos das pessoas em sofrimento mental, em especial, o direito ao cuidado em liberdade, como prevê a Convenção da ONU sobre os Direitos das Pessoas com Deficiência.

ART. 198. AS AÇÕES E SERVIÇOS PÚBLICOS DE SAÚDE INTEGRAM UMA REDE REGIONALIZADA E HIERARQUIZADA E CONSTITUEM UM SISTEMA ÚNICO, ORGANIZADO DE ACORDO COM AS SEGUINTES DIRETRIZES:

I – DESCENTRALIZAÇÃO, COM DIREÇÃO ÚNICA EM CADA ESFERA DE GOVERNO;

II – ATENDIMENTO INTEGRAL, COM PRIORIDADE PARA AS ATIVIDADES PREVENTIVAS, SEM PREJUÍZO DOS SERVIÇOS ASSISTENCIAIS;

III – PARTICIPAÇÃO DA COMUNIDADE.

§ 1º O SISTEMA ÚNICO DE SAÚDE SERÁ FINANCIADO, NOS TERMOS DO ART. 195, COM RECURSOS DO ORÇAMENTO DA SEGURIDADE SOCIAL, DA UNIÃO, DOS ESTADOS, DO DISTRITO FEDERAL E DOS MUNICÍPIOS, ALÉM DE OUTRAS FONTES. (PARÁGRAFO ÚNICO RENUMERADO PARA § 1º PELA EMENDA CONSTITUCIONAL Nº 29, DE 2000)

§ 2º A UNIÃO, OS ESTADOS, O DISTRITO FEDERAL E OS MUNICÍPIOS APLICARÃO, ANUALMENTE, EM AÇÕES E SERVIÇOS PÚBLICOS DE SAÚDE RECURSOS MÍNIMOS DERIVADOS DA APLICAÇÃO DE PERCENTUAIS CALCULADOS SOBRE: (INCLUÍDO PELA EMENDA CONSTITUCIONAL Nº 29, DE 2000)

I – NO CASO DA UNIÃO, A RECEITA CORRENTE LÍQUIDA DO RESPECTIVO EXERCÍCIO FINANCEIRO, NÃO PODENDO SER INFERIOR A 15% (QUINZE POR CENTO); (REDAÇÃO DADA PELA EMENDA CONSTITUCIONAL Nº 86, DE 2015)

II – NO CASO DOS ESTADOS E DO DISTRITO FEDERAL, O PRODUTO DA ARRECADAÇÃO DOS IMPOSTOS A QUE SE REFERE O ART. 155 E DOS RECURSOS DE QUE TRATAM OS ARTS. 157 E 159, INCISO I, ALÍNEA A, E INCISO II, DEDUZIDAS AS PARCELAS QUE FOREM TRANSFERIDAS AOS RESPECTIVOS MUNICÍPIOS; (INCLUÍDO PELA EMENDA CONSTITUCIONAL Nº 29, DE 2000)

III – NO CASO DOS MUNICÍPIOS E DO DISTRITO FEDERAL, O PRODUTO DA ARRECADAÇÃO DOS IMPOSTOS A QUE SE REFERE O ART. 156 E DOS RECURSOS DE QUE TRATAM OS ARTS. 158 E 159, INCISO I, ALÍNEA B E § 3º. (INCLUÍDO PELA EMENDA CONSTITUCIONAL Nº 29, DE 2000)

§ 3º LEI COMPLEMENTAR, QUE SERÁ REAVALIADA PELO MENOS A CADA CINCO ANOS, ESTABELECERÁ: (INCLUÍDO PELA EMENDA CONSTITUCIONAL Nº 29, DE 2000)

I – OS PERCENTUAIS DE QUE TRATAM OS INCISOS II E III DO § 2º; (REDAÇÃO DADA PELA EMENDA CONSTITUCIONAL Nº 86, DE 2015)

II – OS CRITÉRIOS DE RATEIO DOS RECURSOS DA UNIÃO VINCULADOS À SAÚDE DESTINADOS AOS ESTADOS, AO DISTRITO FEDERAL E AOS MUNICÍPIOS, E DOS ESTADOS DESTINADOS A SEUS RESPECTIVOS MUNICÍPIOS, OBJETIVANDO A PROGRESSIVA REDUÇÃO DAS DISPARIDADES REGIONAIS; (INCLUÍDO PELA EMENDA CONSTITUCIONAL Nº 29, DE 2000)

III – AS NORMAS DE FISCALIZAÇÃO, AVALIAÇÃO E CONTROLE DAS DESPESAS COM SAÚDE NAS ESFERAS FEDERAL, ESTADUAL, DISTRITAL E MUNICIPAL; (INCLUÍDO PELA EMENDA CONSTITUCIONAL Nº 29, DE 2000)

IV – *(REVOGADO)*. (REDAÇÃO DADA PELA EMENDA CONSTITUCIONAL Nº 86, DE 2015)

§ 4º OS GESTORES LOCAIS DO SISTEMA ÚNICO DE SAÚDE PODERÃO ADMITIR AGENTES COMUNITÁRIOS DE SAÚDE E AGENTES DE COMBATE ÀS ENDEMIAS POR MEIO DE PROCESSO SELETIVO PÚBLICO, DE ACORDO COM A NATUREZA E COMPLEXIDADE DE SUAS ATRIBUIÇÕES E REQUISITOS ESPECÍFICOS PARA SUA ATUAÇÃO. (INCLUÍDO PELA EMENDA CONSTITUCIONAL Nº 51, DE 2006)

§ 5º LEI FEDERAL DISPORÁ SOBRE O REGIME JURÍDICO, O PISO SALARIAL PROFISSIONAL NACIONAL, AS DIRETRIZES PARA OS PLANOS DE CARREIRA E A REGULAMENTAÇÃO DAS ATIVIDADES DE AGENTE COMUNITÁRIO DE SAÚDE E AGENTE DE COMBATE ÀS ENDEMIAS, COMPETINDO À UNIÃO, NOS TERMOS DA LEI, PRESTAR ASSISTÊNCIA FINANCEIRA COMPLEMENTAR AOS ESTADOS, AO DISTRITO FEDERAL E AOS MUNICÍPIOS, PARA O CUMPRIMENTO DO REFERIDO PISO SALARIAL. (REDAÇÃO DADA PELA EMENDA CONSTITUCIONAL Nº 63, DE 2010) REGULAMENTO

§ 6º ALÉM DAS HIPÓTESES PREVISTAS NO § 1º DO ART. 41 E NO § 4º DO ART. 169 DA CONSTITUIÇÃO FEDERAL, O SERVIDOR QUE EXERÇA FUNÇÕES EQUIVALENTES ÀS DE AGENTE COMUNITÁRIO DE SAÚDE OU DE AGENTE DE COMBATE ÀS ENDEMIAS PODERÁ PERDER O CARGO EM CASO DE DESCUMPRIMENTO DOS REQUISITOS ESPECÍFICOS, FIXADOS EM LEI, PARA O SEU EXERCÍCIO. (INCLUÍDO PELA EMENDA CONSTITUCIONAL Nº 51, DE 2006)

O direito à saúde no Brasil deve ser garantido por meio do Sistema Único de Saúde (SUS), com base nos princípios da universalidade, da equidade e da integralidade, através de uma rede regionalizada e hierarquizada. Dessa forma, é necessário o envolvimento dos entes federados para sua efetivação, bem como a definição da abrangência das ações e dos serviços públicos de saúde (DALLARI; NUNES JÚNIOR, 2010). Trata-se de um sistema que deve dispor de todos os meios de atuação de modo a garantir a atenção integral à saúde, sendo que todos os recursos públicos voltados à área da saúde independem de ato administrativo ou de legislação, tendo em vista previsão constitucional. Como afirmam Dallari e Nunes Júnior (2010, p. 78), "não há que se cogitar, deste modo, em liberdade de escolha dos entes da federação (União, Estados, Distrito Federal e Municípios), pois a Constituição promoveu a integração automática de todos no SUS, demarcando a imperiosidade da concorrência de esforços para a realização de sua finalidade e diretrizes". Reafirma-se, assim, a importância do sentido de cooperação entre tais entes, ratificando a ideia de sistema. Atualmente, além de observar-se o agravamento do subfinanciamento público do SUS, com a promulgação da Emenda Constitucional nº 95/2016, que reduz progressivamente os seus recursos por vinte anos, identificam-se retrocessos na estrutura da rede hierarquizada do sistema (organização do atendimento em diferentes níveis de complexidade). É o que ocorreu em 2017 com a reformulação da Política Nacional de Atenção Básica (PNAB), ao retirar a prioridade da Estratégia Saúde da Família (ESF) no âmbito do SUS com a instituição de financiamento específico para quaisquer outros modelos na atenção básica que não contemplam a atuação de equipes multiprofissionais com a participação de agentes comunitários de saúde[5].

ART. 199. A ASSISTÊNCIA À SAÚDE É LIVRE À INICIATIVA PRIVADA.

§ 1º AS INSTITUIÇÕES PRIVADAS PODERÃO PARTICIPAR DE FORMA COMPLEMENTAR DO SISTEMA ÚNICO DE SAÚDE, SEGUNDO DIRETRIZES DESTE, MEDIANTE CONTRATO DE DIREITO PÚBLICO OU CONVÊNIO, TENDO PREFERÊNCIA AS ENTIDADES FILANTRÓPICAS E AS SEM FINS LUCRATIVOS.

§ 2º É VEDADA A DESTINAÇÃO DE RECURSOS PÚBLICOS PARA AUXÍLIOS OU SUBVENÇÕES ÀS INSTITUIÇÕES PRIVADAS COM FINS LUCRATIVOS.

§ 3º É VEDADA A PARTICIPAÇÃO DIRETA OU INDIRETA DE EMPRESAS OU CAPITAIS ESTRANGEIROS NA ASSISTÊNCIA À SAÚDE NO PAÍS, SALVO NOS CASOS PREVISTOS EM LEI.

§ 4º A LEI DISPORÁ SOBRE AS CONDIÇÕES E OS REQUISITOS QUE FACILITEM A REMOÇÃO DE ÓRGÃOS, TECIDOS E SUBSTÂNCIAS HUMANAS PARA FINS DE TRANSPLANTE, PESQUISA E TRATAMENTO, BEM COMO A COLETA, PROCESSAMENTO E TRANSFUSÃO DE SANGUE E SEUS DERIVADOS, SENDO VEDADO TODO TIPO DE COMERCIALIZAÇÃO.

Embora seja reconhecida a universalidade do direito à saúde na Constituição Federal, o SUS não está consolidado como universal, tendo em vista o seu processo de mercantilização. Para Sousa (2014, p. 229), "a universalização confrontou-se com um avanço do sistema privado e houve uma 'expansão por baixo' com a 'inclusão de milhões de pobres e indigentes' e uma 'exclusão por cima', que segmentou os trabalhadores que renunciaram à assistência médica do SUS em busca do 'atendimento diferenciado nos planos de saúde'". Com a expansão do setor privado e a contenção do setor público (PAIM, 2011), observa-se a inversão da previsão constitucional, no sentido de que a iniciativa privada deve atuar no SUS de forma complementar, ou seja, para completar eventuais necessidades de atendimento. Porém, a ampliação do setor privado, além da oferta/venda de serviços ao SUS, tem gerado a inserção de novas formas de gestão, como as terceirizações, fundações e Organizações Sociais (SOUSA, 2014), acarretando a precarização dos serviços públicos e das relações e condições de trabalho. Ao lado disso, desde 2016 ganha força a ideia de permitir a venda de planos de saúde mais baratos (os chamados planos acessíveis ou populares) com uma contrapartida limitada na oferta de serviços. Significa atender as demandas dos principais grupos econômicos com interesse no setor de planos e seguros de saúde (SESTELO, 2017), o que subverte a lógica da saúde como direito humano, considerando-a uma mercadoria.

ART. 200. AO SISTEMA ÚNICO DE SAÚDE COMPETE, ALÉM DE OUTRAS ATRIBUIÇÕES, NOS TERMOS DA LEI:

I – CONTROLAR E FISCALIZAR PROCEDIMENTOS, PRODUTOS E SUBSTÂNCIAS DE INTERESSE PARA A SAÚDE E PARTICIPAR DA PRODUÇÃO DE MEDICAMENTOS, EQUIPAMENTOS, IMUNOBIOLÓGICOS, HEMODERIVADOS E OUTROS INSUMOS;

II – EXECUTAR AS AÇÕES DE VIGILÂNCIA SANITÁRIA E EPIDEMIOLÓGICA, BEM COMO AS DE SAÚDE DO TRABALHADOR;

III – ORDENAR A FORMAÇÃO DE RECURSOS HUMANOS NA ÁREA DE SAÚDE;

IV – PARTICIPAR DA FORMULAÇÃO DA POLÍTICA E DA EXECUÇÃO DAS AÇÕES DE SANEAMENTO BÁSICO;

V – INCREMENTAR, EM SUA ÁREA DE ATUAÇÃO, O DESENVOLVIMENTO CIENTÍFICO E TECNOLÓGICO E A INOVAÇÃO; (REDAÇÃO DADA PELA EMENDA CONSTITUCIONAL Nº 85, DE 2015)

VI – FISCALIZAR E INSPECIONAR ALIMENTOS, COMPREENDIDO O CONTROLE DE SEU TEOR NUTRICIONAL, BEM COMO BEBIDAS E ÁGUAS PARA CONSUMO HUMANO;

VII – PARTICIPAR DO CONTROLE E FISCALIZAÇÃO DA PRODUÇÃO, TRANSPORTE, GUARDA E UTILIZAÇÃO DE SUBSTÂNCIAS E PRODUTOS PSICOATIVOS, TÓXICOS E RADIOATIVOS;

VIII – COLABORAR NA PROTEÇÃO DO MEIO AMBIENTE, NELE COMPREENDIDO O DO TRABALHO.

O SUS cabe na Constituição[6], desde que seja restabelecida a democracia no Brasil e que se reconheça a desigualdade como um dos principais problemas do país. Por tratar-se de um sistema amplo e complexo, faz-se necessária a sua rearticulação com a Previdência e a Assistência Social, além de uma reforma política democrática e uma reforma tributária socialmente justa, visando alcançar os seus objetivos e desempenhar as suas atri-

5 A *Revista Radis* n. 183, de dezembro de 2017, da Fundação Oswaldo Cruz, editada pela Escola Nacional de Saúde Pública Sérgio Arouca, traz uma matéria sobre a nova PNAB e suas consequências, avaliando as mudanças e seus impactos no funcionamento do SUS. Disponível em: http://www6.ensp.fiocruz.br/radis/sites/default/files/radis_183web.pdf. Acesso em: 20 abr. 2018.

6 Ao contrário do que afirmou o então ministro da saúde, Ricardo Barros, ao assumir a pasta no governo ilegítimo de Michel Temer, após o golpe de 2016. Disponível em: http://www1.folha.uol.com.br/cotidiano/2016/05/1771901-tamanho-do-sus-precisa-ser-revisto-diz-novo-ministro-da-saude.shtml. Acesso em: 20 abr. 2018.

buições. Mesmo com todos os esforços envidados para a sua implementação, o SUS ainda apresenta problemas de acesso, resistências do setor privado e de profissionais da saúde, tensionando permanentemente o sistema público, o que dificulta o acesso por parte de amplos contingentes, sobretudo os grupos subalternizados. Ao lado disso, recentemente, a Agência Nacional de Vigilância Sanitária (ANVISA), dispositivo de controle e fiscalização da área sanitária de serviços e produtos (nacionais ou importados), tem sido deslegitimada por integrantes do atual governo de Michel Temer. Isso ocorreu a partir da atuação do então ministro da Saúde, Ricardo Barros, ao incentivar pessoas com doenças raras a processarem a União, oferecendo consultoria jurídica do próprio Ministério, para forçar a ANVISA a liberar a importação de medicamentos sem documento de registro dos fabricantes[7]. Além de configurar uma ameaça ao sistema regulatório no âmbito sanitário, isso pode acarretar riscos à saúde das pessoas, uma vez que a qualidade, segurança e eficácia dos medicamentos não serão comprovadas.

REFERÊNCIAS BIBLIOGRÁFICAS

CORREIA, Ludmila Cerqueira. *Por uma pedagogia da loucura:* experiências de assessoria jurídica popular universitária no contexto da Reforma Psiquiátrica brasileira. 383 f. Tese (Doutorado em Direito, Estado e Constituição) – Universidade de Brasília, Brasília, 2018.

COSTA, Alexandre Bernardino; SOUSA JUNIOR, José Geraldo de. O Direito Achado na Rua: uma ideia em movimento. In: COSTA, Alexandre Bernardino et al. (org.). *O direito achado na rua:* introdução crítica ao direito à saúde. Brasília: CEAD/UnB, 2008. p. 15-27.

DALLARI, Sueli Gandolfi; NUNES JÚNIOR, Vidal Serrano. *Direito sanitário.* São Paulo: Verbatim, 2010.

FERRAZ, Antonio Augusto Mello de Camargo; BENJAMIN, Antonio Herman de Vasconcellos e. O Conceito de Relevância Pública na Constituição Federal. *Revista de Direito Sanitário,* v. 5, n. 2, jul. 2004. Disponível em: https://www.revistas.usp.br/rdisan/article/view/80685/84337. Acesso em: 20 mar. 2018.

FLORES, Herrera Joaquín. *A reinvenção dos direitos humanos.* Entrevista concedida a José Geraldo de Sousa Junior para Constituição & Democracia – Observatório da Constituição e da Democracia. Brasília: UnB/ Faculdade de Direito-Sindjus-DF, n. 23, jun. 2008.

PAIM, Jairnilson Silva. *Reforma sanitária brasileira: contribuição para a compreensão e crítica.* Rio de Janeiro: FIOCRUZ, 2008.

________. SUS: Desafios e Perspectivas. *Consensus. Revista do Conselho Nacional de Secretários de Saúde*, n. 1, p. 33-36, 2011.

SESTELO, José Antonio de Freitas. *Planos e seguros de saúde do Brasil de 2000 a 2015 e a dominância financeira.* 648 f. Tese (doutorado em Saúde Coletiva) –Universidade Federal do Rio de Janeiro, Rio de Janeiro, 2017.

SOUSA, Aione Maria da Costa. Universalidade da saúde no Brasil e as contradições da sua negação como direito de todos. *Revista Katálysis,* Florianópolis, v. 17, n. 2, p. 227-234, jul./dez. 2014.

DANIEL MENEZES

Graduação em Direito (PUC-Campinas), especializações em Direito Constitucional e Direito Processual Civil (PUC-Campinas), em Didática e Prática Pedagógica no Ensino Superior (Centro Universitário Padre Anchieta), mestre e doutor em Direito Político e Econômico (Universidade Presbiteriana Mackenzie), pós-doutor em Direito (USP). Professor do Programa de Pós-Graduação em Direito Político e Econômico da Faculdade de Direito da Universidade Presbiteriana Mackenzie. Membro do CIRIEC-Brasil.

CAPÍTULO IV

DA CIÊNCIA, TECNOLOGIA E INOVAÇÃO

(Redação dada pela Emenda Constitucional nº 85, de 2015)

ART. 218. O ESTADO PROMOVERÁ E INCENTIVARÁ O DESENVOLVIMENTO CIENTÍFICO, A PESQUISA, A CAPACITAÇÃO CIENTÍFICA E TECNOLÓGICA E A INOVAÇÃO. (REDAÇÃO DADA PELA EMENDA CONSTITUCIONAL Nº 85, DE 2015)

§ 1º A PESQUISA CIENTÍFICA BÁSICA E TECNOLÓGICA RECEBERÁ TRATAMENTO PRIORITÁRIO DO ESTADO, TENDO EM VISTA O BEM PÚBLICO E O PROGRESSO DA CIÊNCIA, TECNOLOGIA E INOVAÇÃO. (REDAÇÃO DADA PELA EMENDA CONSTITUCIONAL Nº 85, DE 2015)

§ 2º A PESQUISA TECNOLÓGICA VOLTAR-SE-Á PREPONDERANTEMENTE PARA A SOLUÇÃO DOS PROBLEMAS BRASILEIROS E PARA O DESENVOLVIMENTO DO SISTEMA PRODUTIVO NACIONAL E REGIONAL.

---

7 Disponível em: https://blogs.oglobo.globo.com/poder-em-jogo/post/ministro-da-saude-orienta-pacientes-entrarem-na-justica-contra-anvisa.html e https://www.jota.info/tributos-e-empresas/saude/ricardo-barros-faz-cruzada-contra-exigencia-do-proprio-ministerio-da-saude-13032018. Acesso em: 20 abr. 2018.

§ 3º O ESTADO APOIARÁ A FORMAÇÃO DE RECURSOS HUMANOS NAS ÁREAS DE CIÊNCIA, PESQUISA, TECNOLOGIA E INOVAÇÃO, INCLUSIVE POR MEIO DO APOIO ÀS ATIVIDADES DE EXTENSÃO TECNOLÓGICA, E CONCEDERÁ AOS QUE DELAS SE OCUPEM MEIOS E CONDIÇÕES ESPECIAIS DE TRABALHO. (REDAÇÃO DADA PELA EMENDA CONSTITUCIONAL Nº 85, DE 2015)

§ 4º A LEI APOIARÁ E ESTIMULARÁ AS EMPRESAS QUE INVISTAM EM PESQUISA, CRIAÇÃO DE TECNOLOGIA ADEQUADA AO PAÍS, FORMAÇÃO E APERFEIÇOAMENTO DE SEUS RECURSOS HUMANOS E QUE PRATIQUEM SISTEMAS DE REMUNERAÇÃO QUE ASSEGUREM AO EMPREGADO, DESVINCULADA DO SALÁRIO, PARTICIPAÇÃO NOS GANHOS ECONÔMICOS RESULTANTES DA PRODUTIVIDADE DE SEU TRABALHO.

§ 5º É FACULTADO AOS ESTADOS E AO DISTRITO FEDERAL VINCULAR PARCELA DE SUA RECEITA ORÇAMENTÁRIA A ENTIDADES PÚBLICAS DE FOMENTO AO ENSINO E À PESQUISA CIENTÍFICA E TECNOLÓGICA.

§ 6º O ESTADO, NA EXECUÇÃO DAS ATIVIDADES PREVISTAS NO CAPUT, ESTIMULARÁ A ARTICULAÇÃO ENTRE ENTES, TANTO PÚBLICOS QUANTO PRIVADOS, NAS DIVERSAS ESFERAS DE GOVERNO. (INCLUÍDO PELA EMENDA CONSTITUCIONAL Nº 85, DE 2015)

§ 7º O ESTADO PROMOVERÁ E INCENTIVARÁ A ATUAÇÃO NO EXTERIOR DAS INSTITUIÇÕES PÚBLICAS DE CIÊNCIA, TECNOLOGIA E INOVAÇÃO, COM VISTAS À EXECUÇÃO DAS ATIVIDADES PREVISTAS NO CAPUT. (INCLUÍDO PELA EMENDA CONSTITUCIONAL Nº 85, DE 2015)

Pela primeira vez na história brasileira o tema da ciência e tecnologia foi alçado ao nível constitucional, buscando criar dentro da ordem social, a estrutura básica para organização de um sistema nacional de ciência, tecnologia e inovação, avançando além da proteção da liberdade científica constante nos textos anteriores, trazendo a novidade da interação entre ciência e tecnologia e o setor produtivo.

O artigo 218 pode ser dividido em dois, tratando da "promoção" que nada mais é do que a atuação direta do Estado na pesquisa, desenvolvimento, ciência e tecnologia, e no "incentivo", que são mecanismos e arranjos institucionais para facilitar as iniciativas inovativas, envolvendo não só a pesquisa, mas também a capacitação de quadros técnicos, seja na pesquisa básica como na pesquisa aplicada, o que em parte foi resolvido com a Lei nº 10.973/2004 e suas atualizações.

Muito embora a Ciência e Tecnologia, como a Pesquisa e Desenvolvimento, tenham sido eleitas como uma estratégia para superação do atraso econômico e problemas nacionais, até a presente data o Brasil não conseguiu estruturar adequadamente um Sistema Nacional de Inovação Tecnológica, por diversos fatores, sendo o primeiro a ausência de uma política pública bem definida, o que é exemplificado na estratégia dos anos 1990, com a criação de diversos fundos setoriais que não constituem uma política nacional estratégica; com a ausência de uma infraestrutura jurídica de incentivo à inovação, sendo a legislação direcionada para proteção patentária, e timidez do empresariado brasileiro, que prefere adquirir tecnologia avançada nos países centrais do que arriscar a inovar no Brasil.

Em que pese o aperfeiçoamento do artigo 218, com a Emenda Constitucional nº 85/2015, o país ainda está longe de possuir uma política pública capaz de movimentar a inovação tecnológica e científica, permanecendo o Brasil em uma situação de dependência tecnológica cada vez maior.

ART. 219. O MERCADO INTERNO INTEGRA O PATRIMÔNIO NACIONAL E SERÁ INCENTIVADO DE MODO A VIABILIZAR O DESENVOLVIMENTO CULTURAL E SOCIOECONÔMICO, O BEM-ESTAR DA POPULAÇÃO E A AUTONOMIA TECNOLÓGICA DO PAÍS, NOS TERMOS DE LEI FEDERAL.

PARÁGRAFO ÚNICO. O ESTADO ESTIMULARÁ A FORMAÇÃO E O FORTALECIMENTO DA INOVAÇÃO NAS EMPRESAS, BEM COMO NOS DEMAIS ENTES, PÚBLICOS OU PRIVADOS, A CONSTITUIÇÃO E A MANUTENÇÃO DE PARQUES E POLOS TECNOLÓGICOS E DE DEMAIS AMBIENTES PROMOTORES DA INOVAÇÃO, A ATUAÇÃO DOS INVENTORES INDEPENDENTES E A CRIAÇÃO, ABSORÇÃO, DIFUSÃO E TRANSFERÊNCIA DE TECNOLOGIA. (INCLUÍDO PELA EMENDA CONSTITUCIONAL Nº 85, DE 2015)

O artigo 219 da Constituição Federal cria o que a doutrina denomina Direito ao Desenvolvimento, ao tratar do desenvolvimento do mercado interno como patrimônio da nação (e não do governo), cuja finalidade é o bem-estar socioeconômico e cultural da população, e o meio para isso é a inovação científica e tecnológica do país, a qual deve ser soberana. Este artigo está vinculado ao artigo 3º, II da Constituição Federal, que traça que um dos objetivos da República é garantir o desenvolvimento nacional e, uma das ferramentas para isso é o tratamento diferenciado ao mercado interno no sentido de promovê-lo e desenvolvê-lo por meio da ciência e da tecnologia.

Isso interfere também no comércio internacional, que pode ser restringido para a proteção da indústria nacional ou mesmo dos consumidores, autorizando a adoção de medidas protecionistas, tão combatidas no cenário internacional, além de ferramentas tradicionais de incentivo à inovação científica e tecnológica nacional, como a preferência por bens nacionais nas compras públicas, ou ainda, a discriminação em favor de empresas nacionais (discriminação positiva) que muito comentam erroneamente que foi abolida pela Emenda Constitucional nº 06/1995.

O desenvolvimento do mercado nacional baseado na inovação tecnológica, especialmente após a emenda constitucional nº 85/2015, deve ocorrer em sinergia com o setor produtivo privado, criando no Parágrafo Único do artigo 219, as diretrizes gerais da cooperação entre setor público (especialmente administração direta) e o setor privado. A sinergia entre setor público e privado cria o que é chamado sócio ambiente inovador, ou seja, a cultura necessária para o desenvolvimento tecnológico das empresas apoiadas pelo Estado. As ferramentas de interação foram previstas nos arts. 219-A e 219-B da Constituição Federal, porém, com baixa aplicabilidade até hoje, o que decorre, de um lado, da falta de interesse do empresariado brasileiro em inovar e, de outro lado, da ausência de políticas públicas consistentes de inovações tecnológicas que inibem qualquer tentativa do empresariado e da universidade iniciarem uma aproximação.

ART. 219-A. A UNIÃO, OS ESTADOS, O DISTRITO FEDERAL E OS MUNICÍPIOS PODERÃO FIRMAR INSTRUMENTOS DE COOPERAÇÃO COM ÓRGÃOS E ENTIDADES PÚBLICOS E COM ENTIDADES PRIVADAS, INCLUSIVE PARA O COMPARTILHAMENTO DE RECURSOS HUMANOS ESPECIALIZADOS E CAPACIDADE INSTALADA, PARA A EXECUÇÃO DE PROJETOS DE PESQUISA, DE DESENVOLVIMENTO CIENTÍFICO E TECNOLÓGICO E DE INOVAÇÃO, MEDIANTE CONTRAPARTIDA FINANCEIRA OU NÃO FINANCEIRA ASSUMIDA PELO ENTE BENEFICIÁRIO, NA FORMA DA LEI. (INCLUÍDO PELA EMENDA CONSTITUCIONAL Nº 85, DE 2015)

Este artigo, trazido pela Emenda Constitucional 85 visa ajustar os instrumentos jurídicos de cooperação entre o setor público e o setor privado, especialmente no uso de laboratórios e equipamentos públicos em pesquisas colaborativas com o setor privado, desde que exista uma contraprestação, financeira ou não. Este artigo permite também que pesquisadores públicos sejam utilizados em projetos com particulares, quebrando a estrutura do regime tradicional do servidor público. Trata-se de um reconhecimento pelo Estado brasileiro que o setor privado não possui quadros técnicos capazes de produzir inovação científica e tecnológica, dispondo o Estado de seus profissionais para as empresas os utilizem dentro de seus projetos particulares.

ART. 219-B. O SISTEMA NACIONAL DE CIÊNCIA, TECNOLOGIA E INOVAÇÃO (SNCTI) SERÁ ORGANIZADO EM REGIME DE COLABORAÇÃO ENTRE ENTES, TANTO PÚBLICOS QUANTO PRIVADOS, COM VISTAS A PROMOVER O DESENVOLVIMENTO CIENTÍFICO E TECNOLÓGICO E A INOVAÇÃO. (INCLUÍDO PELA EMENDA CONSTITUCIONAL Nº 85, DE 2015)

§ 1º LEI FEDERAL DISPORÁ SOBRE AS NORMAS GERAIS DO SNCTI. (INCLUÍDO PELA EMENDA CONSTITUCIONAL Nº 85, DE 2015)

§ 2º OS ESTADOS, O DISTRITO FEDERAL E OS MUNICÍPIOS LEGISLARÃO CONCORRENTEMENTE SOBRE SUAS PECULIARIDADES. (INCLUÍDO PELA EMENDA CONSTITUCIONAL Nº 85, DE 2015)

Esse artigo busca garantir ao Poder Executivo regulamentar as formas de utilização das chamadas instituições científicas, tecnológicas e de inovação, entidades públicas ou privadas sem fins lucrativos que deverão facilitar o acesso de pesquisadores e empresas a recursos públicos para inovação, nos termos das Leis nºs 10.973/2004 e 13.243/2016.

O Decreto nº 9.283, editado em 7/2/2018, vem na esteira das alterações promovidas pela Emenda Constitucional nº 85, de 26/2/2015, que acrescentou a obrigação do Estado de promover a inovação em parceria com o setor privado por meio do Sistema Nacional de Ciência, Tecnologia e Inovação (SNCTI), dando maior aplicabilidade prática aos mecanismos de fomento da ciência e tecnologia.

Para as empresas que já desenvolvem atividades de inovação, o Decreto nº 9.283/2018 deve facilitar o aproveitamento de benefícios fiscais previstos na Lei nº 11.196/2005, a chamada Lei do Bem. Com o Decreto nº 9.283/2018, a utilização dessas entidades passa a ser uma alternativa mais acessível. De fato, além de estabelecer contornos jurídicos para as ICTs, o Decreto nº 9.283/2018 esclarece que os projetos de pesquisa e desenvolvimento com essas entidades poderão ser desenvolvidos em parceria com empresas estrangeiras e que a atribuição da propriedade intelectual ou dos resultados da exploração da inovação poderão ser acordados entre as partes.

Nesse cenário, o Decreto nº 9.283/2018 abre novas oportunidades para o desenvolvimento de tecnologias, com ocompartilhamento do risco tecnológico associado à inovação entre o setor público e privado, sendo extremamente bem-vindo. Por outro lado, embora seja claramente positivo, a edição da nova regulação não é suficiente para alterar o cenário de inovação brasileiro. Lembre-se, neste particular, que os investimentos no setor para aproveitamento dos benefícios fiscais ainda são tímidos.

PAULO ROBERTO IOTTI VECCHIATTI

Mestre e doutor em Direito Constitucional pela Instituição Toledo de Ensino de Bauru (ITE). Especialista em Direito Constitucional pela Pontifícia Universidade Católica de São Paulo (PUC-SP). Especialista em Direito da Diversidade Sexual e de Gênero e em Direito Homoafetivo. Membro do GADvS – Grupo de Advogados pela Diversidade Sexual e de Gênero. Advogado e professor universitário.

CAPÍTULO V
DA COMUNICAÇÃO SOCIAL

ART. 220. A MANIFESTAÇÃO DO PENSAMENTO, A CRIAÇÃO, A EXPRESSÃO E A INFORMAÇÃO, SOB QUALQUER FORMA, PROCESSO OU VEÍCULO, NÃO SOFRERÃO QUALQUER RESTRIÇÃO, OBSERVADO O DISPOSTO NESTA CONSTITUIÇÃO.

§ 1º NENHUMA LEI CONTERÁ DISPOSITIVO QUE POSSA CONSTITUIR EMBARAÇO À PLENA LIBERDADE DE INFORMAÇÃO JORNALÍSTICA EM QUALQUER VEÍCULO DE COMUNICAÇÃO SOCIAL, OBSERVADO O DISPOSTO NO ART. 5º, IV, V, X, XIII E XIV.

§ 2º É VEDADA TODA E QUALQUER CENSURA DE NATUREZA POLÍTICA, IDEOLÓGICA E ARTÍSTICA.

§ 3º COMPETE À LEI FEDERAL:

I – REGULAR AS DIVERSÕES E ESPETÁCULOS PÚBLICOS, CABENDO AO PODER PÚBLICO INFORMAR SOBRE A NATUREZA DELES, AS FAIXAS ETÁRIAS A QUE NÃO SE RECOMENDEM, LOCAIS E HORÁRIOS EM QUE SUA APRESENTAÇÃO SE MOSTRE INADEQUADA;

II – ESTABELECER OS MEIOS LEGAIS QUE GARANTAM À PESSOA E À FAMÍLIA A POSSIBILIDADE DE SE DEFENDEREM DE PROGRAMAS OU PROGRAMAÇÕES DE RÁDIO E TELEVISÃO QUE CONTRARIEM O DISPOSTO NO ART. 221, BEM COMO DA PROPAGANDA DE PRODUTOS, PRÁTICAS E SERVIÇOS QUE POSSAM SER NOCIVOS À SAÚDE E AO MEIO AMBIENTE.

§ 4º A PROPAGANDA COMERCIAL DE TABACO, BEBIDAS ALCOÓLICAS, AGROTÓXICOS, MEDICAMENTOS E TERAPIAS ESTARÁ SUJEITA A RESTRIÇÕES LEGAIS, NOS TERMOS DO INCISO II DO PARÁGRAFO ANTERIOR, E CONTERÁ, SEMPRE QUE NECESSÁRIO, ADVERTÊNCIA SOBRE OS MALEFÍCIOS DECORRENTES DE SEU USO.

§ 5º OS MEIOS DE COMUNICAÇÃO SOCIAL NÃO PODEM, DIRETA OU INDIRETAMENTE, SER OBJETO DE MONOPÓLIO OU OLIGOPÓLIO.

§ 6º A PUBLICAÇÃO DE VEÍCULO IMPRESSO DE COMUNICAÇÃO INDEPENDE DE LICENÇA DE AUTORIDADE.

ART. 221. A PRODUÇÃO E A PROGRAMAÇÃO DAS EMISSORAS DE RÁDIO E TELEVISÃO ATENDERÃO AOS SEGUINTES PRINCÍPIOS:

I – PREFERÊNCIA A FINALIDADES EDUCATIVAS, ARTÍSTICAS, CULTURAIS E INFORMATIVAS;

II – PROMOÇÃO DA CULTURA NACIONAL E REGIONAL E ESTÍMULO À PRODUÇÃO INDEPENDENTE QUE OBJETIVE SUA DIVULGAÇÃO;

III – REGIONALIZAÇÃO DA PRODUÇÃO CULTURAL, ARTÍSTICA E JORNALÍSTICA, CONFORME PERCENTUAIS ESTABELECIDOS EM LEI;

IV – RESPEITO AOS VALORES ÉTICOS E SOCIAIS DA PESSOA E DA FAMÍLIA.

ART. 222. A PROPRIEDADE DE EMPRESA JORNALÍSTICA E DE RADIODIFUSÃO SONORA E DE SONS E IMAGENS É PRIVATIVA DE BRASILEIROS NATOS OU NATURALIZADOS HÁ MAIS DE DEZ ANOS, OU DE PESSOAS JURÍDICAS CONSTITUÍDAS SOB AS LEIS BRASILEIRAS E QUE TENHAM SEDE NO PAÍS.

§ 1º EM QUALQUER CASO, PELO MENOS SETENTA POR CENTO DO CAPITAL TOTAL E DO CAPITAL VOTANTE DAS EMPRESAS JORNALÍSTICAS E DE RADIODIFUSÃO SONORA E DE SONS E IMAGENS DEVERÁ PERTENCER, DIRETA OU INDIRETAMENTE, A BRASILEIROS NATOS OU NATURALIZADOS HÁ MAIS DE DEZ ANOS, QUE EXERCERÃO OBRIGATORIAMENTE A GESTÃO DAS ATIVIDADES E ESTABELECERÃO O CONTEÚDO DA PROGRAMAÇÃO.

§ 2º A RESPONSABILIDADE EDITORIAL E AS ATIVIDADES DE SELEÇÃO E DIREÇÃO DA PROGRAMAÇÃO VEICULADA SÃO PRIVATIVAS DE BRASILEIROS NATOS OU NATURALIZADOS HÁ MAIS DE DEZ ANOS, EM QUALQUER MEIO DE COMUNICAÇÃO SOCIAL.

§ 3º OS MEIOS DE COMUNICAÇÃO SOCIAL ELETRÔNICA, INDEPENDENTEMENTE DA TECNOLOGIA UTILIZADA PARA A PRESTAÇÃO DO SERVIÇO, DEVERÃO OBSERVAR OS PRINCÍPIOS ENUNCIADOS NO ART. 221, NA FORMA DE LEI ESPECÍFICA, QUE TAMBÉM GARANTIRÁ A PRIORIDADE DE PROFISSIONAIS BRASILEIROS NA EXECUÇÃO DE PRODUÇÕES NACIONAIS.

§ 4º LEI DISCIPLINARÁ A PARTICIPAÇÃO DE CAPITAL ESTRANGEIRO NAS EMPRESAS DE QUE TRATA O § 1º.

§ 5º AS ALTERAÇÕES DE CONTROLE SOCIETÁRIO DAS EMPRESAS DE QUE TRATA O § 1º SERÃO COMUNICADAS AO CONGRESSO NACIONAL.

ART. 223. COMPETE AO PODER EXECUTIVO OUTORGAR E RENOVAR CONCESSÃO, PERMISSÃO E AUTORIZAÇÃO PARA O SERVIÇO DE RADIODIFUSÃO SONORA E DE SONS E IMAGENS, OBSERVADO O PRINCÍPIO DA COMPLEMENTARIDADE DOS SISTEMAS PRIVADO, PÚBLICO E ESTATAL.

§ 1º O CONGRESSO NACIONAL APRECIARÁ O ATO NO PRAZO DO ART. 64, §§ 2º E 4º, A CONTAR DO RECEBIMENTO DA MENSAGEM.

§ 2º A NÃO RENOVAÇÃO DA CONCESSÃO OU PERMISSÃO DEPENDERÁ DE APROVAÇÃO DE, NO MÍNIMO, DOIS QUINTOS DO CONGRESSO NACIONAL, EM VOTAÇÃO NOMINAL.

§ 3º O ATO DE OUTORGA OU RENOVAÇÃO SOMENTE PRODUZIRÁ EFEITOS LEGAIS APÓS DELIBERAÇÃO DO CONGRESSO NACIONAL, NA FORMA DOS PARÁGRAFOS ANTERIORES.

§ 4º O CANCELAMENTO DA CONCESSÃO OU PERMISSÃO, ANTES DE VENCIDO O PRAZO, DEPENDE DE DECISÃO JUDICIAL.

§ 5º O PRAZO DA CONCESSÃO OU PERMISSÃO SERÁ DE DEZ ANOS PARA AS EMISSORAS DE RÁDIO E DE QUINZE PARA AS DE TELEVISÃO.

ART. 224. PARA OS EFEITOS DO DISPOSTO NESTE CAPÍTULO, O CONGRESSO NACIONAL INSTITUIRÁ, COMO ÓRGÃO AUXILIAR, O CONSELHO DE COMUNICAÇÃO SOCIAL, NA FORMA DA LEI.

COMENTÁRIOS AOS ARTIGOS 220 A 224

Junto com o artigo 5º, VI, os arts. 220 a 224 trazem parâmetros constitucionais para a liberdade de manifestação de pensamento e o repúdio constitucional à censura prévia. A Constituição traz ampla proteção à manifestação de ideias, opiniões e pensamentos, pela forma escrita ou verbal, embora vedado o anonimato (art. 5º, IV). Regra geral, a pessoa é inviolável pela manifestação de seu pensamento, não podendo o Estado dizer que ideias são "legítimas" ou "adequadas" a serem expostas ao público. A liberdade de expressão busca a consolidação de um livre mercado de ideias, para que da oposição entre compreensões opostas de mundo possam as pessoas chegar às suas próprias conclusões. Algo imprescindível para a imprensa, que funciona como fiscal dos governos eleitos e denuncia seus abusos ou analisa criticamente suas atitudes em geral, garantindo à população informações indispensáveis ao controle da coisa pública. Protege-se o emissor da mensagem (seja ou não da mídia), receptor e sociedade em geral. Mas há limites constitucionais e o primeiro está positivado no § 1º do artigo 220: ela não pode violar os direitos fundamentais à intimidade, à vida privada, à honra e à imagem das pessoas, sob pena de direito de resposta, proporcional ao agravo, bem como indenização pelos danos materiais, morais ou à imagem decorrentes da ofensa. Com isso, a Constituição consagra, como regra, o chamado formalismo da liberdade de expressão (Toller, 2010, p. 28-31), no sentido de as pessoas terem o direito de expressarem o que quiserem, pelo menos uma vez, embora sendo passível de responsabilização posterior (*ex post facto*). Ou seja, regra geral, há uma formalidade a ser seguida: primeiro se manifesta aquilo que se deseja para só depois haver responsabilização, desde que sua fala ofenda a honra, boa fama, privacidade e vida privada da pessoa (cf. STF, ADPF 130). Isso legitima constitucionalmente a indenização por danos morais (vide STJ, REsp 955.031/MG) e a punição penal pelos crimes de injúria e difamação. Como decidiu o STF no RE 511.961/SP, limitações à liberdade de expressão por leis gerais e abstratas são possíveis apenas se respeitarem o princípio da proporcionalidade – seguindo a Corte Interamericana de Direitos Humanos, entendeu inválida exigência de diploma para exercício da profissão de jornalista; a ideia é que profissões inaptas a causar danos a terceiros não podem ter seu exercício limitado, embora o exercício do jornalismo irresponsável, por destruir vidas (cite-se o caso da Escola Base), pareça se enquadrar nesse critério geral. Em suma, mais que reserva legal, o STF exige reserva legal proporcional para a limitação da liberdade de expressão por lei. Ademais, no caso concreto, à luz do princípio da ponderação alexyano (subprincípio da proporcionalidade em sentido estrito), ou, para quem não o aceita, do princípio da adequação nos discursos de aplicação (de matriz habermasiana e guntheriana), o Judiciário pode solucionar as tensões entre direitos fundamentais, aduzindo qual deve prevalecer, à luz das circunstâncias do caso concreto.

Há ainda um limite imanente à liberdade de expressão, a saber, o discurso de ódio, que se refere à incitação ao preconceito, à discriminação, ao ódio, à prática de crimes e/ ou à ofensa a indivíduos ou grupos sociais. Isso porque, em seu sentido liberal (em oposição ao comunitarista), a liberdade refere-se ao direito do indivíduo fazer o que quiser, desde que não prejudique terceiros. É a compreensão que funda as democracias ocidentais desde a célebre Declaração dos Direitos do Homem e do Cidadão, pós-Revolução Francesa, donde é contraditório não aplicar essa "teoria geral da liberdade" à específica liberdade de expressão. Logo, o discurso de ódio não está protegido pelo direito fundamental à liberdade de expressão, não estando incluído em seu suporte fático, por ser ontologicamente ofensivo à dignidade alheia; ou, como prefere Alexandre Bahia, trata-se de abuso do direito à liberdade de expressão – e o abuso de direito configura ato ilícito (CC, art. 187). Em célebre julgado, decidiu o STF que "O preceito fundamental de liberdade de expressão não consagra o 'direito à incitação ao racismo', dado que um direito individual não pode constituir-se em salvaguarda de condutas ilícitas, como sucede com os delitos contra a honra. Prevalência dos princípios da dignidade da pessoa humana e da igualdade jurídica", bem como que "O direito à livre expressão não pode abrigar, em sua abrangência, manifestações de conteúdo imoral que implicam ilicitude penal" (STF, HC 82.424/RS – caso Ellwanger). Obviamente, cabível aferição da constitucionalidade da tipificação penal e se não é o caso de atipicidade material. Evidentemente, o direito de crítica está protegido pela liberdade de expressão, especialmente a pessoas públicas, em temas de interesse público e em locais públicos, para citar notórios critérios da jurisprudência mundial. Mas odiscurso de ódio não pode ser entendido como abrangido no direito de crítica, pois não há debate de ideias possível no seu âmbito, porque ele se limita a adjetivar pejorativamente determinada pessoa ou grupo social por meio de injúria(s), preconceitos e/ou estereótipos diversos, ou então incitar ao ódio, à discriminação e ao preconceito. Trata-se de conduta que viola o dever de tolerância (evidente bem jurídico-penal), por indispensável à vida em sociedade, que, como tal, não pode ser tolerada, segundo o famoso "paradoxo da tolerância": deve-se tolerar a todas e todos, exceto as condutas intolerantes, visto que estas violam precisamente a regra da tolerância, donde, se toleradas em sua intolerância, gerarão opressões e totalitarismos diversos, incompatíveis com a vida em sociedade. Então, é constitucional a criminalização dos discursos de ódio, para garantia do bem jurídico-penal da tolerância. Segundo máxima já usada pelo Movimento LGBTQIA+, liberdade de expressão não é liberdade de opressão.

Outro limite imanente à liberdade de expressão se refere à falsidade de um fato. Se for comprovada a falsidade empírica de um relato, este não terá proteção. Mas como pessoas racionais e de boa-fé podem legitimamente discordar em uma infinidade de temas na interpretação de determinados fatos e suas consequências (ou até mesmo se o fato ocorreu ou não, a forma e as razões de sua ocorrência etc.), este "limite da verdade" do fato não pode proibir a expressão de opiniões divergentes. A noção de "verdade real" (teoria da verdade como equivalência) é altamente problemática; embora seja possível provar a falsidade objetiva de um relato em determinados casos (como alguém relatar que "x" cometeu determinado fato e testemunhas ou gravações de vídeo provarem que não o cometeu), na generalidade dos casos temos apenas "fragmentos da verdade" disponíveis, de sorte que, excetuados casos de injúrias e discursos de ódio, distintas compreensões não podem ser proibidas – a liberdade de expressão visa prestigiar esse confronto público de ideias.

A vedação à censura prévia é absoluta na Constituição, não admitindo relativizações. Mas é preciso entender o que é censura, algo relevante por diversas decisões judiciais que ora proíbem publicações consideradas lesivas a direitos fundamentais, ora determinam sua retirada do ar (da internet). Como aduz Fernando M. Toller, em sentido estrito, censura refere-se a decisão de órgão administrativo do Estado, pautada por pura conveniência e oportunidade do órgão censor, com o fim autoritário de impedir o pleno debate social, o que justifica o repúdio constitucional a ela. Mas defende que "a prevenção judicial não é uma típica restrição prévia, mas guarda similitude com um sistema legal de responsabilidades *ex post facto*: ambos só se ativam em casos concretos, contam com a intervenção de um juiz e de garantias processuais, procuram evitar ou penalizar expressões não protegidas (pelo Direito) e o fazem em virtude de critérios jurídicos relativos ao dano a direitos fundamentais ou a bens públicos" (Toller, 2010, p. 81-83). Ou seja, defende a constitucionalidade da tutela inibitória, que vise impedir a publicação de algo ofensivo a direitos fundamentais da vítima, como algo conceitualmente distinto da censura prévia, desde que para garantia de direitos fundamentais, mediante o princípio da ponderação ou da adequação (cf. supra), à luz das circunstâncias do caso concreto e por decisão judicial. Pode-se replicar dizendo que se deveria seguir o formalismo da liberdade de expressão, para só permitir indenizações posteriores. Mas isso gera problemas: o texto ofensivo continuará indefinidamente online? Um livro pautado em discurso de ódio (como o livro de racismo antissemita julgado pelo STF no HC nº 82.424/RS) poderá ser indefinidamente vendido/reeditado? Teríamos que ter uma pesada indenização por dano moral coletivo a cada nova edição? Discursos de ódio teriam legitimidade social reconhecida? Parecem problemas a justificar que excepcionalmente, em casos de manifesto e puro discurso de ódio, se proíbam publicações (ou reedições) das obras respectivas, enquanto tutela inibitória do ilícito, imanente ao direito fundamental à tutela adequada, efetiva e tempestiva (MARINONI, ARENHARDT, MITIDIERO, 2015, p. 168-173).

Nas hipóteses do § 1º do artigo 220, a Constituição autoriza a elaboração da classificação indicativa, por faixa etária, para programas e eventos que a sociedade considera "inadequados" a crianças e adolescentes. Mas como é indicativa, podem os pais ou representantes legais permitir que seus filhos ou representados assistam ao programa ou evento em questão, pelo direito humano e legal dos pais a fornecerem a educação moral que melhor entenderem a filhas e filhos, decidindo o que é adequado ou não que presenciem. Seria totalitarismo moral e estatal entendimento contrário: a liberdade de os pais criarem seus filhos só deve ser relativizada em casos de perigos manifestos à integridade física e de abusos sexuais destes, o que certamente não é o caso de programas e eventos tais. Afinal, "A classificação dos produtos audiovisuais busca esclarecer, informar, indicar aos pais a existência de conteúdo inadequado para as crianças e os adolescentes" (STF, ADI nº 2.404).

O § 4º do artigo 220 impõe limitação à publicidade de tabaco, bebidas alcoólicas, agrotóxicos, medicamentos e terapias, mediante imposição de advertência sobre seus malefícios, resguardando o direito de consumidores à informação completa, adequada e compreensível do produto que adquirem. Isso porque, no passado, não eram divulgados os malefícios à saúde humana de produtos tais, de sorte que consumidores tinham sua saúde lesada por algo que não sabiam que podia lhes causar malefícios. O § 5º proíbe o monopólio ou oligopólio da mídia, de forma direta ou indireta – o que dá legitimidade constitucional a uma lei que vise a democratização da mídia, tal qual a Lei Argentina respectiva, que foi declarada constitucional pela Suprema Corte local. O § 6º, na lógica do princípio da livre iniciativa (art. 170), afirma que publicações em mídias impressas independem de prévia licença de autoridade (estatal) – algo que, por analogia, se aplica às eletrônicas. Obviamente, tais limitações legais devem respeitar o princípio da proporcionalidade (princípio da reserva legal proporcional, que tem a razoabilidade como um de seus critérios), sob pena de inconstitucionalidade.

O artigo 221 estabelece princípios a serem seguidos por emissoras de rádio e televisão, na medida em que estas não são de "propriedade privada" de seus titulares, mas concessões públicas (art. 223); e mesmo que se tratasse de propriedade, teria que atender sua função social (art. 5º, XXXIII). Ampla margem de tolerância deve se dar sob a forma como as emissoras cumprem tais princípios, para não se ter uma censura estatal dissimulada, mas a caracterização de omissão no cumprimento efetivo de tais princípios deve ensejar punição estatal (por medidas como multas e, no limite, cassação da concessão, por decisão judicial, cf. infra).

O artigo 222 e seus parágrafos impõem requisitos de nacionalidade nata ou naturalizada para a titularidade de emissoras de rádio e televisão, aparentemente por presunção de que pessoas de outros países poderiam usá-las contrariamente a interesses nacionais (lógica condizente com a época da Guerra Fria, mas que não parece arbitrária).

Já o artigo 223, enunciando o caráter de concessão pública das mídias de rádio e televisão, impõe o prazo de cada tipo de concessão, permissão ou autorização (§ 5º) e a necessidade de decisão de, no mínimo, 2/5 do Congresso Nacional (votação nominal), para não renovação (§ 2º) – como se trata de decisão de minoria do Congresso, o intuito parece ser o de garantir o pluralismo, para que minorias tenham espaço nas mídias hegemônicas (abertas de forma plural a todas, visto que outras minorias, no futuro, poderão tomar a mesma atitude se tiverem representação parlamentar suficiente). Findo o prazo da concessão, permissão ou autorização, o Executivo deve emitir ato administrativo renovando-a ou não, que deverá ser apreciado pelo Congresso. É inadmissível sua inação, que caracterizará omissão inconstitucional, que deverá ser suprida pelo Judiciário, determinando a emissão do ato administrativo respectivo, sob pena de crime de desobediência – como diz Sarmento (2017, p. 2.066), não deve o Judiciário realizar o juízo técnico-político respectivo, mas determinar que ele seja realizado. Se a inércia persistir, solução conciliatória é a de remeter o caso ao Congresso, para deliberação, presumindo-se que o Executivo não deseja renovar da concessão, permissão ou autorização, pois assim a decisão será transferida aos representantes do povo. Revogação antes do fim do prazo supõe decisão judicial (§ 4º), a denotar a necessidade de justo motivo que isso legitime. O STF tem sido rigoroso no controle de tais hipóteses, como quando declarou inconstitucional a suspensão de programação da emissora por até dois dias, caso divulgasse o nome de adolescente infrator (ADI nº 869-2/DF), ao considerar inconstitucional a proibição ou punição de biografias não autorizadas (ADI nº 4.815) e ao declarar inconstitucional a punição de emissoras que não respeitassem os horários indicados pela União em sua classificação indicativa (ADI nº 2.404). Por outro lado, lembra Sarmento (2015, p. 2067), o STF decidiu que não estão abrangidos pelo artigo 223 para fins de deliberação do Congresso atos acessórios aos de concessão, permissão ou autorização, como consignação de canais de radiofrequência para a prática provisória de transmissão em paralelo à programação, na transição da TV analógica para a digital, afastado o uso de canais complementares ou adicionais, bem como que a consignação de canais adicionais não qualificados cumulativamente pela provisoriedade e eficiência do ato administrativo integram o cerne do ato de outorga ou renovação da concessão, permissão ou autorização, de sorte que exigem a citada deliberação parlamentar (ADI nº 3.944). Então, continua o autor, "os atos acessórios de prestação de serviço de radiodifusão não se enquadram no comando constitucional do artigo 223 somente se não forem essenciais à outorga ou renovação da concessão, permissão ou autorização em si mesmas", donde como atos executivos que nisso atuam "interferem diretamente na conformação da vontade legislativa emanada quando da outorga ou renovação correspondente, dependem, portanto, de pronunciamento do Congresso Nacional para produzirem efeitos legais".

O artigo 224 exige a criação do Conselho de Comunicação Social, enquanto órgão auxiliar do Legislativo, de sorte que sua inexistência gera omissão inconstitucional. Como a Constituição não estabelece as suas competências, a matéria deve ser disciplinada por lei, inclusive pela remissão expressa à "forma da lei", ele foi regulamentado pela Lei nº 8.389/1991. Seus pareceres são meramente opinativos (não vinculantes), já que a decisão de outorga ou renovação de concessões, permissões ou autorizações é política, de responsabilidade parlamentar. Contudo, é constitucionalmente obrigatória sua oitiva, já que o prévio parecer consultivo foi considerado constitucionalmente indispensável para a formação do convencimento parlamentar. Segundo Sarmento (2015, p. 2071-77), constitui vício de Direito Público não se enfrentar os fundamentos do Conselho na decisão parlamentar, afirmando ainda violadora do princípio da separação dos poderes a imposição de oitiva do Conselho para matérias tipicamente executivas, já que se presta apenas à apreciação parlamentar daquelas. Entende que como a colegialidade parece ínsita a qualquer Conselho, é preciso que haja pelo menos três integrantes, e, ante o princípio do pluralismo, que haja pluralidade social em sua composição. Ademais, segundo o autor, a ideia do Anteprojeto Constituinte sobre referido Conselho foi auxiliar o Congresso na renovação ou não de concessões, permissões ou autorizações, para assegurar o pluralismo ideológico na mídia, enquanto órgão independente e com atribuição de formular políticas nacionais de comunicação segundo os princípios da complementaridade dos sistemas público, estatal e privado, com prioridade a finalidades educativas, artísticas, culturais e informativas, promoção da cultura nacional e regionalização da produção e pluralidade e descentralização. Mas, como não houve acordo constituinte sobre tais conteúdos, remeteu-se à lei a definição de suas competências. Finalize-se com a fala do autor, no sentido de que "A presença dos conselhos pode ser vista como uma resposta estatal ao desequilíbrio gerado pela especialização do ambiente privado sobre determinados setores tidos por relevantes para o Estado".

REFERÊNCIAS BIBLIOGRÁFICAS

MENDES, Gilmar Ferreira; BRANCO, Paulo Gustavo Gonet. *Curso de direito constitucional*. 10. ed. São Paulo: Saraiva, 2015.

SARMENTO, Daniel. Comentários aos arts. 220 a 224. In: CANOTILHO, J. J. Gomes; MENDES, Gilmar Ferreira; SARLET, Ingo Wolfgang; STRECK, Lenio Luiz. *Comentários à Constituição do Brasil*. São Paulo: Saraiva, 2017.

TOLLER, Fernando M. *O Formalismo na liberdade de expressão*. São Paulo: Saraiva, 2010.

KATYA R. ISAGUIRRE-TORRES

Advogada, mestre e doutora em Meio Ambiente e Desenvolvimento pela Universidade Federal do Paraná. Professora do Departamento de Direito Público da Universidade Federal do Paraná. Professora dos Programas de Pós-Graduação em Meio Ambiente e Desenvolvimento e Pós-Graduação em Direito, ambos da UFPR. Coordenadora do grupo de pesquisa e extensão EKOA: Direito, Movimentos Sociais e Natureza. Pesquisadora colaboradora da unidade de Socioeconomia, Ambiente e Desenvolvimento (SEED), do Departamento de Gestão e Ciências do Ambiente da Universidade de Liège, Campus Arlon/BE. Integrante do Grupo de Trabalho Direito, Classes e Reconfiguração do Capital, do Conselho Latinoamericano de Ciências Sociais (Clacso).

TÍTULO VIII
DA ORDEM SOCIAL

CAPÍTULO VI
DO MEIO AMBIENTE

ART. 225. TODOS TÊM DIREITO AO MEIO AMBIENTE ECOLOGICAMENTE EQUILIBRADO, BEM DE USO COMUM DO POVO E ESSENCIAL À SADIA QUALIDADE DE VIDA, IMPONDO-SE AO PODER PÚBLICO E À COLETIVIDADE O DEVER DE DEFENDÊ-LO E PRESERVÁ-LO PARA AS PRESENTES E FUTURAS GERAÇÕES.

§ 1º PARA ASSEGURAR A EFETIVIDADE DESSE DIREITO, INCUMBE AO PODER PÚBLICO:

I – PRESERVAR E RESTAURAR OS PROCESSOS ECOLÓGICOS ESSENCIAIS E PROVER O MANEJO ECOLÓGICO DAS ESPÉCIES E ECOSSISTEMAS; *(REGULAMENTO)*

II – PRESERVAR A DIVERSIDADE E A INTEGRIDADE DO PATRIMÔNIO GENÉTICO DO PAÍS E FISCALIZAR AS ENTIDADES DEDICADAS À PESQUISA E MANIPULAÇÃO DE MATERIAL GENÉTICO; *(REGULAMENTO)*

III – DEFINIR, EM TODAS AS UNIDADES DA FEDERAÇÃO, ESPAÇOS TERRITORIAIS E SEUS COMPONENTES A SEREM ESPECIALMENTE PROTEGIDOS, SENDO A ALTERAÇÃO E A SUPRESSÃO PERMITIDAS SOMENTE ATRAVÉS DE LEI, VEDADA QUALQUER UTILIZAÇÃO QUE COMPROMETA A INTEGRIDADE DOS ATRIBUTOS QUE JUSTIFIQUEM SUA PROTEÇÃO; *(REGULAMENTO)*

IV – EXIGIR, NA FORMA DA LEI, PARA INSTALAÇÃO DE OBRA OU ATIVIDADE POTENCIALMENTE CAUSADORA DE SIGNIFICATIVA DEGRADAÇÃO DO MEIO AMBIENTE, ESTUDO PRÉVIO DE IMPACTO AMBIENTAL, A QUE SE DARÁ PUBLICIDADE; *(REGULAMENTO)*

V – CONTROLAR A PRODUÇÃO, A COMERCIALIZAÇÃO E O EMPREGO DE TÉCNICAS, MÉTODOS E SUBSTÂNCIAS QUE COMPORTEM RISCO PARA A VIDA, A QUALIDADE DEVIDA E O MEIO AMBIENTE; *(REGULAMENTO)*

VI – PROMOVER A EDUCAÇÃO AMBIENTAL EM TODOS OS NÍVEIS DE ENSINO E A CONSCIENTIZAÇÃO PÚBLICA PARA A PRESERVAÇÃO DO MEIO AMBIENTE;

VII – PROTEGER A FAUNA E A FLORA, VEDADAS, NA FORMA DA LEI, AS PRÁTICAS QUE COLOQUEM EM RISCO SUA FUNÇÃO ECOLÓGICA, PROVOQUEM A EXTINÇÃO DE ESPÉCIES OU SUBMETAM OS ANIMAIS A CRUELDADE. *(REGULAMENTO)*

§ 2º AQUELE QUE EXPLORAR RECURSOS MINERAIS FICA OBRIGADO A RECUPERAR O MEIO AMBIENTE DEGRADADO, DE ACORDO COM SOLUÇÃO TÉCNICA EXIGIDA PELO ÓRGÃO PÚBLICO COMPETENTE, NA FORMA DA LEI.

§ 3º AS CONDUTAS E ATIVIDADES CONSIDERADAS LESIVAS AO MEIO AMBIENTE SUJEITARÃO OS INFRATORES, PESSOAS FÍSICAS OU JURÍDICAS, A SANÇÕES PENAIS E ADMINISTRATIVAS, INDEPENDENTEMENTE DA OBRIGAÇÃO DE REPARAR OS DANOS CAUSADOS.

§ 4º A FLORESTA AMAZÔNICA BRASILEIRA, A MATA ATLÂNTICA, A SERRA DO MAR, O PANTANAL MATO-GROSSENSE E A ZONA COSTEIRA SÃO PATRIMÔNIO NACIONAL, E SUA UTILIZAÇÃO FAR-SE-Á, NA FORMA DA LEI, DENTRO DE CONDIÇÕES QUE ASSEGUREM A PRESERVAÇÃO DO MEIO AMBIENTE, INCLUSIVE QUANTO AO USO DOS RECURSOS NATURAIS.

§ 5º SÃO INDISPONÍVEIS AS TERRAS DEVOLUTAS OU ARRECADADAS PELOS ESTADOS, POR AÇÕES DISCRIMINATÓRIAS, NECESSÁRIAS À PROTEÇÃO DOS ECOSSISTEMAS NATURAIS.

§ 6º AS USINAS QUE OPEREM COM REATOR NUCLEAR DEVERÃO TER SUA LOCALIZAÇÃO DEFINIDA EM LEI FEDERAL, SEM O QUE NÃO PODERÃO SER INSTALADAS.

§ 7º PARA FINS DO DISPOSTO NA PARTE FINAL DO INCISO VII DO § 1º DESTE ARTIGO, NÃO SE CONSIDERAM CRUÉIS AS PRÁTICAS DESPORTIVAS QUE UTILIZEM ANIMAIS, DESDE QUE SEJAM MANIFESTAÇÕES CULTURAIS, CONFORME O § 1º DO ART. 215 DESTA CONSTITUIÇÃO FEDERAL, REGISTRADAS COMO BEM DE NATUREZA IMATERIAL INTEGRANTE DO PATRIMÔNIO CULTURAL BRASILEIRO, DEVENDO SER REGULAMENTADAS POR LEI ESPECÍFICA QUE ASSEGURE O BEM-ESTAR DOS ANIMAIS ENVOLVIDOS. (INCLUÍDO PELA EMENDA CONSTITUCIONAL Nº 96, DE 2017)

O artigo 225, resultado dos debates realizados pela Subcomissão da Saúde, Seguridade e Meio Ambiente, incorporou grande parte das diretrizes do cenário político internacional[8]. O artigo consagra um direito fundamental de caráter transindividual, difuso, bem de uso comum do povo que impõe aos sujeitos públicos e privados um conjunto de deveres a fim de garantir a sustentabilidade. Porém, no dia 28 de fevereiro desse ano o STF encerrou o julgamento do "novo código florestal" brasileiro[9]. A discussão, que questionava 58 artigos de um total de 84 teve somente quatro pontos modificados (BITTENCOURT, 2018). Somado aos retrocessos do projeto de lei que pede o fim da rotulação dos transgênicos, do desmonte do licenciamento ambiental, da ausência de debate popular das águas e da mineração, dos conflitos para demarcação de terras temos que a interpretação dominante troca a biodiversidade por recursos financeiros para alguns, enquanto acarreta degradação ambiental para todos(as). Quando do julgamento, Carlos Frederico Marés de Souza Filho disse que gostaria de um dia, "vir a essa tribuna dizer que represento a natureza, os animais e as plantas"[10]. A transformação da natureza em objeto do sistema de direitos é resultado de uma construção abstrata da modernidade. Não é preciso separar para proteger, mas sim, repensar o mito do desenvolvimento para levar em conta "a relação metabólica dos seres humanos com a terra" (FOSTER, 2000, p. 216). Falar de Natureza é também reconhecer sua essência coletiva. Coletividade vivida pelos povos indígenas e comunidades tradicionais. A natureza titular de direitos pode evitar a manutenção da interpretação da sustentabilidade enquanto "fórmula mágica" economicista e eurocêntrica, descontextualizada das questões de raça, gênero e da desigualdade de acesso à terra e ao território da realidade nacional.

REFERÊNCIAS BIBLIOGRÁFICAS

BITTENCOURT, Naiara. Encerrado o julgamento do Código Florestal no STF: perda dos direitos socioambientais, quem vence são os ruralistas. *Terra de direitos*, 28 fev. 2018. Disponível em: http://terradedireitos.org.br/noticias/noticias/encerrado-o-julgamento-do-codigo-florestal-no-stf-perda-dos-direitos-socioambientais-quem-vence-sao-os-ruralistas/22751. Acesso em: 25 abr. 2018.

FOSTER. La ecologia de Marx: materialismo y naturaliza. Barcelona: Ediciones de Intervención Cultural/El Viejo Topo, 2000.

SOUZA FILHO, Carlos Frederico Marés de. De como a natureza foi expulsa da modernidade. In: *Revista Crítica de Direito*, São Paulo, v. 66, n. 5, p. 88-104, 2015.

RENAN QUINALHA

Professor de Direito da Unifesp.

TÍTULO VIII

DA ORDEM SOCIAL

CAPÍTULO VII

DA FAMÍLIA, DA CRIANÇA, DO ADOLESCENTE, DO JOVEM E DO IDOSO

(Redação dada Pela Emenda Constitucional nº 65, de 2010)

ART. 226. A FAMÍLIA, BASE DA SOCIEDADE, TEM ESPECIAL PROTEÇÃO DO ESTADO.

§ 1º O CASAMENTO É CIVIL E GRATUITA A CELEBRAÇÃO.

§ 2º O CASAMENTO RELIGIOSO TEM EFEITO CIVIL, NOS TERMOS DA LEI.

---

8 Aqui é possível citar a Conferência das Nações Unidas sobre o Meio Ambiente Humano de 1972, conhecida como Conferência de Estocolmo e, em abril de 1987, a publicação do relatório "Nosso Futuro Comum", elaborado pela Comissão Mundial sobre o Meio Ambiente e Desenvolvimento da ONU.

9 O julgamento decidiu conjuntamente as Ações Diretas de Inconstitucionalidade de números 4901, 4902, 4903, 4937 propostas pela Procuradoria-Geral da União e a Ação Declaratória de Constitucionalidade número 42 movida pelo Partido Socialismo e Liberdade (PSOL) (BITTENCOURT, 2018).

10 Transcrição livre. Disponível em: https://www.youtube.com/watch?v=pkvAjvU-JuQ. Acesso em: 30 abr. 2018.

§ 3º PARA EFEITO DA PROTEÇÃO DO ESTADO, É RECONHECIDA A UNIÃO ESTÁVEL ENTRE O HOMEM E A MULHER COMO ENTIDADE FAMILIAR, DEVENDO A LEI FACILITAR SUA CONVERSÃO EM CASAMENTO.

§ 4º ENTENDE-SE, TAMBÉM, COMO ENTIDADE FAMILIAR A COMUNIDADE FORMADA POR QUALQUER DOS PAIS E SEUS DESCENDENTES.

§ 5º OS DIREITOS E DEVERES REFERENTES À SOCIEDADE CONJUGAL SÃO EXERCIDOS IGUALMENTE PELO HOMEM E PELA MULHER.

§ 6º O CASAMENTO CIVIL PODE SER DISSOLVIDO PELO DIVÓRCIO. (REDAÇÃO DADA PELA EMENDA CONSTITUCIONAL Nº 66, DE 2010)

§ 7º FUNDADO NOS PRINCÍPIOS DA DIGNIDADE DA PESSOA HUMANA E DA PATERNIDADE RESPONSÁVEL, O PLANEJAMENTO FAMILIAR É LIVRE DECISÃO DO CASAL, COMPETINDO AO ESTADO PROPICIAR RECURSOS EDUCACIONAIS E CIENTÍFICOS PARA O EXERCÍCIO DESSE DIREITO, VEDADA QUALQUER FORMA COERCITIVA POR PARTE DE INSTITUIÇÕES OFICIAIS OU PRIVADAS.

§ 8º O ESTADO ASSEGURARÁ A ASSISTÊNCIA À FAMÍLIA NA PESSOA DE CADA UM DOS QUE A INTEGRAM, CRIANDO MECANISMOS PARA COIBIR A VIOLÊNCIA NO ÂMBITO DE SUAS RELAÇÕES.

Abrindo o "Capítulo VII – Da Família, da Criança, do Adolescente, do Jovem e do Idoso" do "Título VIII - Da Ordem Social", o *caput* desse artigo expressa o modo como a instituição da "família" é central no ordenamento jurídico brasileiro.

Considerada "base da sociedade", a família pode ser considerada a primeira instância de formação, educação e socialização do indivíduo no mundo. Baseada em relações definidas a partir de sangue, afeto e afinidades, o que se considera por "família" variou historicamente a depender de cada cultura.

Diversas instituições foram estruturadas para dar conta da regulação das trocas afetivas e sexuais, bem como as configurações familiares aí implicadas. De modo geral, normas jurídicas e morais se conjugaram com o objetivo de dividir, classificar e hierarquizar os comportamentos entre aqueles considerados desejáveis, outros apenas toleráveis e aqueles tidos como inaceitáveis e que deviam ser banidos ou proibidos expressamente.

Assim, as escolhas sobre como organizar os arranjos familiares, o parentesco e as formas de expressão do desejo não são dados da natureza, mas constituem pontos de observação privilegiados do funcionamento político e da dinâmica de uma sociedade. Discursos religiosos, morais, médicos, jurídicos e de diversas outras ordens mesclaram-se de modo a produzir uma normalização, construída sempre em contextos socioculturais específicos.

Isso significa afirmar que nem sempre coube ao direito e ao Estado o dever de organizar a vida íntima e familiar, impondo requisitos e consequências legais para regular a relação entre cônjuges, pais e filhos.

Mas, em nossa sociedade atualmente, há uma intensa regulação nesse campo de cruzamento entre sexo, reprodução e poder. Diversos tipos de família sempre existiram na realidade, mas, se fossem diferentes da família matrimonial e hierarquizada, não gozavam de pleno reconhecimento jurídico.

A Constituição de 1988 tem sido interpretada de modo a ampliar esse reconhecimento das diferentes entidades familiares, que antes só compreendia a união entre um homem e uma mulher com o objetivo estrito da reprodução. Pais ou mães solteiras, casais do mesmo sexo, viúvas e viúvos, enfim, diversos arranjos que escapam ao padrão heteronormativo e binário vem sendo progressivamente reconhecidos e protegidos.

A família, assim, passou a ser compreendida como o núcleo doméstico, formal ou informal. Conforme reconhecido no julgamento da ADI nº 4.277 e da ADPF nº 132, de relatoria do min. Ayres Britto, em 2011, "a Constituição de 1988, ao utilizar-se da expressão 'família', não limita sua formação a casais heteroafetivos nem a formalidade cartorária, celebração civil ou liturgia religiosa".

Segundo essa perspectiva adotada pelo STF, a família aparece como o elemento nuclear e fundante da sociedade, devendo ser protegida como bem jurídico por ser "a mais natural das coletividades" e "o apogeu da integração comunitária". Mas, aos olhos da moral e ainda do direito, não qualquer família: somente aquelas que apresentam publicamente e continuamente os atributos análogos aos do modelo de matrimônio heterossexual. Há, assim, uma ambiguidade nesse reconhecimento que legitima algumas uniões, incluindo para excluir, pois condena outras tantas ao não reconhecimento. Por que, por exemplo, as famílias simultâneas ou mesmo poligâmicas ainda não contam com reconhecimento legal? As aparentes vitórias em termos de integração social e extensão de direitos de cidadania significam, ao mesmo tempo, um risco de cooptação dos afetos e das sexualidades dissidentes e de neutralização de seu potencial subversivo.

Pode-se dizer, de algum modo, que a consagração de direitos não se faz apesar da exclusão, mas justamente por conta desta. Uma não existe sem a outra, e esse é o principal dilema que se espraia tanto nas reflexões teóricas quanto nos projetos políticos do campo da sexualidade. Daí a afirmação de Gayle Rubin de que a legislação referente a sexo é o mais implacável instrumento de estratificação social e de perseguição erótica.

O desejo de constituição de famílias por parte de uniões outrora excluídas tem toda a sua razão e legitimidade em nossa sociedade que valoriza esses modos de vida em detrimento de outros. Também a reinvindicação republicana por igualdade de direitos deve ser apoiada. Inclusive porque têm potencial de transformar as relações sexuais hegemônicas ou normalizadas. No entanto, é preciso certo discernimento para não operar com a lógica da hierarquização e da exclusão quando se luta pelo reconhecimento de um novo direito, sob pena de reafirmar-se um sistema sexual estratificado e excludente (QUINALHA, 2017).

REFERÊNCIAS BIBLIOGRÁFICAS

QUINALHA, Renan. Do armário para o altar: entre reconhecimento e normalização no julgamento da ADPF 132 pelo STF. In: FERRAZ, Carolina Valença, et al. *Diferentes, mas iguais:* estudos sobre a decisão do STF sobre a união homoafetiva. Rio de Janeiro: Lumen Juris, 2017.

RUBIN, Gayle. Pensando o sexo: notas para uma teoria radical da política da sexualidade. In: *Políticas do sexo*. São Paulo: Ubu Editora, 2017.

ART. 227. É DEVER DA FAMÍLIA, DA SOCIEDADE E DO ESTADO ASSEGURAR À CRIANÇA, AO ADOLESCENTE E AO JOVEM, COM ABSOLUTA PRIORIDADE, O DIREITO À VIDA, À SAÚDE, À ALIMENTAÇÃO, À EDUCAÇÃO, AO LAZER, À PROFISSIONALIZAÇÃO, À CULTURA, À DIGNIDADE, AO RESPEITO, À LIBERDADE E À CONVIVÊNCIA FAMILIAR E COMUNITÁRIA, ALÉM DE COLOCÁ-LOS A SALVO DE TODA FORMA DE NEGLIGÊNCIA, DISCRIMINAÇÃO, EXPLORAÇÃO, VIOLÊNCIA, CRUELDADE E OPRESSÃO. (REDAÇÃO DADA PELA EMENDA CONSTITUCIONAL Nº 65, DE 2010)

§ 1º O ESTADO PROMOVERÁ PROGRAMAS DE ASSISTÊNCIA INTEGRAL À SAÚDE DA CRIANÇA, DO ADOLESCENTE E DO JOVEM, ADMITIDA A PARTICIPAÇÃO DE ENTIDADES NÃO GOVERNAMENTAIS, MEDIANTE POLÍTICAS ESPECÍFICAS E OBEDECENDO AOS SEGUINTES PRECEITOS: (REDAÇÃO DADA PELA EMENDA CONSTITUCIONAL Nº 65, DE 2010)

I – APLICAÇÃO DE PERCENTUAL DOS RECURSOS PÚBLICOS DESTINADOS À SAÚDE NA ASSISTÊNCIA MATERNO-INFANTIL;

II – CRIAÇÃO DE PROGRAMAS DE PREVENÇÃO E ATENDIMENTO ESPECIALIZADO PARA AS PESSOAS PORTADORAS DE DEFICIÊNCIA FÍSICA, SENSORIAL OU MENTAL, BEM COMO DE INTEGRAÇÃO SOCIAL DO ADOLESCENTE E DO JOVEM PORTADOR DE DEFICIÊNCIA, MEDIANTE O TREINAMENTO PARA O TRABALHO E A CONVIVÊNCIA, E A FACILITAÇÃO DO ACESSO AOS BENS E SERVIÇOS COLETIVOS, COM A ELIMINAÇÃO DE OBSTÁCULOS ARQUITETÔNICOS E DE TODAS AS FORMAS DE DISCRIMINAÇÃO. (REDAÇÃO DADA PELA EMENDA CONSTITUCIONAL Nº 65, DE 2010)

§ 2º A LEI DISPORÁ SOBRE NORMAS DE CONSTRUÇÃO DOS LOGRADOUROS E DOS EDIFÍCIOS DE USO PÚBLICO E DE FABRICAÇÃO DE VEÍCULOS DE TRANSPORTE COLETIVO, A FIM DE GARANTIR ACESSO ADEQUADO ÀS PESSOAS PORTADORAS DE DEFICIÊNCIA.

§ 3º O DIREITO A PROTEÇÃO ESPECIAL ABRANGERÁ OS SEGUINTES ASPECTOS:

I – IDADE MÍNIMA DE QUATORZE ANOS PARA ADMISSÃO AO TRABALHO, OBSERVADO O DISPOSTO NO ART. 7º, XXXIII;

II – GARANTIA DE DIREITOS PREVIDENCIÁRIOS E TRABALHISTAS;

III – GARANTIA DE ACESSO DO TRABALHADOR ADOLESCENTE E JOVEM À ESCOLA; (REDAÇÃO DADA PELA EMENDA CONSTITUCIONAL Nº 65, DE 2010)

IV – GARANTIA DE PLENO E FORMAL CONHECIMENTO DA ATRIBUIÇÃO DE ATO INFRACIONAL, IGUALDADE NA RELAÇÃO PROCESSUAL E DEFESA TÉCNICA POR PROFISSIONAL HABILITADO, SEGUNDO DISPUSER A LEGISLAÇÃO TUTELAR ESPECÍFICA;

V – OBEDIÊNCIA AOS PRINCÍPIOS DE BREVIDADE, EXCEPCIONALIDADE E RESPEITO À CONDIÇÃO PECULIAR DE PESSOA EM DESENVOLVIMENTO, QUANDO DA APLICAÇÃO DE QUALQUER MEDIDA PRIVATIVA DA LIBERDADE;

VI – ESTÍMULO DO PODER PÚBLICO, ATRAVÉS DE ASSISTÊNCIA JURÍDICA, INCENTIVOS FISCAIS E SUBSÍDIOS, NOS TERMOS DA LEI, AO ACOLHIMENTO, SOB A FORMA DE GUARDA, DE CRIANÇA OU ADOLESCENTE ÓRFÃO OU ABANDONADO;

VII – PROGRAMAS DE PREVENÇÃO E ATENDIMENTO ESPECIALIZADO À CRIANÇA, AO ADOLESCENTE E AO JOVEM DEPENDENTE DE ENTORPECENTES E DROGAS AFINS. (REDAÇÃO DADA PELA EMENDA CONSTITUCIONAL Nº 65, DE 2010)

§ 4º A LEI PUNIRÁ SEVERAMENTE O ABUSO, A VIOLÊNCIA E A EXPLORAÇÃO SEXUAL DA CRIANÇA E DO ADOLESCENTE.

§ 5º A ADOÇÃO SERÁ ASSISTIDA PELO PODER PÚBLICO, NA FORMA DA LEI, QUE ESTABELECERÁ CASOS E CONDIÇÕES DE SUA EFETIVAÇÃO POR PARTE DE ESTRANGEIROS.

§ 6º OS FILHOS, HAVIDOS OU NÃO DA RELAÇÃO DO CASAMENTO, OU POR ADOÇÃO, TERÃO OS MESMOS DIREITOS E QUALIFICAÇÕES, PROIBIDAS QUAISQUER DESIGNAÇÕES DISCRIMINATÓRIAS RELATIVAS À FILIAÇÃO.

§ 7º NO ATENDIMENTO DOS DIREITOS DA CRIANÇA E DO ADOLESCENTE LEVAR-SE-Á EM CONSIDERAÇÃO O DISPOSTO NO ART. 204.

§ 8º A LEI ESTABELECERÁ: (INCLUÍDO PELA EMENDA CONSTITUCIONAL Nº 65, DE 2010)

I – O ESTATUTO DA JUVENTUDE, DESTINADO A REGULAR OS DIREITOS DOS JOVENS; (INCLUÍDO PELA EMENDA CONSTITUCIONAL Nº 65, DE 2010)

II – O PLANO NACIONAL DE JUVENTUDE, DE DURAÇÃO DECENAL, VISANDO À ARTICULAÇÃO DAS VÁRIAS ESFERAS DO PODER PÚBLICO PARA A EXECUÇÃO DE POLÍTICAS PÚBLICAS. (INCLUÍDO PELA EMENDA CONSTITUCIONAL Nº 65, DE 2010)

Esse artigo consagra a proteção integral às crianças e adolescentes, um dos mais expressivos direitos sociais, que consistem não apenas em liberdades negativas, mas, sobretudo, em prestações positivas para sua concretização. Os sujeitos passivos dessas prestações são família, sociedade e Estado, em uma relação tricotômica com o objetivo de dar maior efetividade aos direitos fundamentais desse grupo vulnerável.

O fato de a família ser citada em primeiro lugar não quer dizer que o texto constitucional acolha uma perspectiva "familista", privatizando o dever do cuidado em uma chave neoliberal de desresponsabilização do Estado e da sociedade, fazendo com que todos os ônus e cobranças recaiam sobre as famílias e nos indivíduos (MIOTO; CAMPOS; CARLOTO, 2015).

Ao contrário disso, a lógica deste dispositivo é implicar igualmente os três vértices desse triângulo protetivo. É preciso ressaltar que o Estado, portanto, deve garantir condições mínimas para que o rol de direitos do artigo 227 seja assegurado.

De um lado, trata-se de tornar concretos os direitos "à vida, à saúde, à alimentação, à educação, ao lazer, à profissionalização, à cultura, à dignidade, ao respeito, à liberdade e à convivência familiar e comunitária". De outro, exige-se também o engajamento para impedir que se consume "toda forma de negligência, discriminação, exploração, violência, crueldade e opressão".

Para garantir esse mandamento constitucional e a Convenção sobre os Direitos da Criança da ONU (1989), o Brasil formulou uma legislação sobre a infância mundialmente elogiada, materializada sobretudo no Estatuto da Criança e do Adolescente – ECA (Lei nº 8.069, de 13 de julho de 1990).

No entanto, se a distância entre lei e realidade é marcante no Brasil, no que se refere aos direitos das crianças e adolescentes, essa constatação é potencializada. Ainda são impressionantes as cifras de trabalho infantil, desnutrição infantil, crianças e adolescentes em situação de rua, falta de acesso à educação e à cultura, além de outras violências como a exploração sexual infantil.

O STF está longe de colaborar para erradicar essas mazelas. Ao julgar um caso recente, a Ação Direta de Inconstitucionalidade (ADI) nº 2.404, nossa Suprema Corte decidiu pela inconstitucionalidade da regulação horária de conteúdos, prevista no artigo 254 do ECA, o que configurou um claro retrocesso e violou a garantia de absoluta prioridade dos direitos de crianças e adolescentes.

REFERÊNCIA BIBLIOGRÁFICA

MIOTO, Regina Célia; CAMPOS, M. CARLOTO, C. (orgs.) *Familismo, direitos e cidadania:* contradições da política social. São Paulo: Cortez, 2015.

MAÍRA CARDOSO ZAPATER

Professora de Direito da Universidade Federal de São Paulo (Unifesp). Doutora em Direitos Humanos pela Faculdade de Direito da USP, com pesquisa de pós-doutorado no Núcleo de Estudos sobre o Crime e a Pena da FGV-Direito.

TÍTULO VIII
DA ORDEM SOCIAL

CAPÍTULO VII
DA FAMÍLIA, DA CRIANÇA, DO ADOLESCENTE, DO JOVEM E DO IDOSO

...

ART. 228. SÃO PENALMENTE INIMPUTÁVEIS OS MENORES DE DEZOITO ANOS, SUJEITOS ÀS NORMAS DA LEGISLAÇÃO ESPECIAL.

O artigo 228 da Constituição Federal estabelece a idade de 18 anos como o limite etário para responsabilização penal e constitui uma dimensão dos direitos individuais fundamentais de crianças e adolescentes.

A Constituição de 1988 é a primeira a conter dispositivos referentes aos direitos de crianças e adolescentes, reconhecendo essa parcela da população como pessoas e, portanto, como sujeitos de Direito. É também a primeira vez que o tema da imputabilidade penal é alçado ao status de norma constitucional.

As outras seis constituições brasileiras não contemplaram em seus textos qualquer previsão que reconhecesse crianças e adolescentes como sujeitos de Direito, estabelecendo, quando muito, regras de tutela e controle. As legislações anteriores[11], embora já estipulassem o limite etário para responsabilidade penal aos 18 anos[12], não foram formuladas a partir de critérios constitucionais, e concebiam os "menores" como seres a quem os adultos deveriam tutelar quando aqueles se encontrassem em situação de abandono ou delinquência[13], ou em "situação irregular"[14], perpetuando-se, assim, por décadas, a divisão jurídica das crianças e adolescentes brasileiros em duas infâncias distintas por um critério que se materializava nas diferenças econômicas e sociais: uma "regular", e outra, "irregular".

Somente na Assembleia Nacional Constituinte (1986- 1988) ocorreram os debates sobre o reconhecimento constitucional dos direitos e da proteção da criança e do adolescente. Deve ser destacada a relevância da participação nos debates de movimentos sociais como o Movimento Nacional de Meninos e Meninas de Rua e a Campanha Criança e Constituinte (PINHEIRO, p. 344, 2004). Pela primeira vez, não só a previsão da idade penal é posta em um texto constitucional, mas também se institui legislação infraconstitucional de acordo: o Estatuto da Criança e do Adolescente fixa a imputabilidade penal aos 18 em seu artigo 104. O critério eleito pelo legislador para definir alguém como criança, adolescente ou adulto é objetivo e absoluto, não sendo passível de qualquer questionamento em casos concretos.

---

11 O Código de Menores de 1927 (ou Código Mello Matos) e o Código de Menores de 1979.

12 Assim como já o faz o artigo 27 do Código Penal desde 1940.

13 Artigo 1º do Código de Menores de 1927.

14 Artigo 1º do Código de Menores de 1979.

O disposto no artigo 228 da Constituição Federal é corolário do princípio da isonomia, que assegura a dimensão material do direito à igualdade: o direito deve tratar igualmente os iguais e desigualmente os desiguais, na medida de suas desigualdades. Adultos não são iguais a crianças e adolescentes e, por isso, a isonomia entre pessoas de faixa etária diferente somente ser realizada no campo penal por formas diferentes de responsabilização.

Propostas de alteração da idade para imputabilidade penal, a exemplo da PEC nº 171/93[15], são flagrantemente inconstitucionais: a vedação à redução da idade penal decorre da inafastável interpretação de que o artigo 228 corresponde a um desdobramento do direito à igualdade, conferindo-lhe natureza de cláusula pétrea. O argumento de que a posição topográfica do artigo 228 impediria considerá-lo como direito fundamental não supera a interpretação sistemática do texto constitucional: além de sujeitos de Direito, a criança e o adolescente são seres em fase de formação e desenvolvimento e, por isso, diferentes dos adultos. A fixação da imputabilidade penal aos 18 anos configura direito fundamental por refletir a isonomia que informa o direito à igualdade, o que significa tratar igualmente os iguais, e desigualmente os desiguais, na medida de suas desigualdades. Sendo crianças e adolescentes pessoas diferentes dos adultos, deve-se determinar consequências jurídicas diferentes para uns e outros.

O crime e o ato infracional devem ter consequências jurídicas distintas, pois é nisso que se reflete o tratamento desigual exigido pela isonomia. Vale lembrar que a responsabilização diferenciada ocorre a partir dos 12 anos: à criança e ao adolescente que pratiquem ato infracional aplicam-se as medidas pertinentes a cada faixa etária, cujo fundamento decorre do dever de proteção integral, após o devido processo legal, tudo conforme as previsões constantes do Estatuto da Criança e do Adolescente.

REFERÊNCIAS BIBLIOGRÁFICAS

FERRAZ, Hamilton. Você conhece a história da idade penal no Brasil? *Justificando*, 21 mar. 2015. Disponível em: hhttp://www.justificando.com/2015/03/21/voce-conhece-a-historia-da-idade-penal-no-brasil/. Acesso em: 19 nov.2018.

PINHEIRO, Ângela de Alencar Araripe. A criança e o adolescente, representações sociais e processo constituinte. *Psicol. estud.*, Maringá, v. 9, n. 3, p. 343-355, 2004. Disponível em: http://www.scielo.br/scielo.php?script=sci_arttext&pid=S1413737220040003000 03&lng= e n&nrm=iso. Acesso em: 13 abr. 2018.

ZAPATER, Maíra Cardoso. Novamente (ou ainda?) redução da idade penal como solução: qual problema se pretende resolver? *Boletim IBCCRIM*, v. 259, p. 9-10, 2014.

________. Por que você quer a redução da idade penal? *Justificando*, 3 abr. 2015. Disponível em: http://www.justificando.com/2015/04/03/por-que-voce-quer-a-reducao-da-idade-penal/. Acesso em: 19 nov. 2018.

________. As duas infâncias do Código de Menores de 1979. *Justificando*, 16 fev. 2018. Disponível em: https://www.justificando.com/2018/02/16/as-duas-infancias-do-codigo-de-menores-de-1979/. Acesso em: 19 nov. 2018.

CARLA CARVALHO

Doutora, mestre e bacharel em Direito pela UFMG, com período de pesquisas na Université Libre de Bruxelles.
Professora, pesquisadora e advogada.

TÍTULO VIII

DA ORDEM SOCIAL

CAPÍTULO VII

DA FAMÍLIA, DA CRIANÇA, DO ADOLESCENTE, DO JOVEM E DO IDOSO

...

15 O texto, aprovado na Câmara em 2015, reduz a idade penal para 16 anos em casos de crimes hediondos, homicídio doloso e lesão corporal seguida de morte. A proposta seguiu para deliberação e votação no Senado sob o nº 115/2015. Disponível em: <https://www25.senado.leg.br/web/atividade/materias/-/materia/122817>. Acesso em: 5 ma. 2018.

ART. 229. OS PAIS TÊM O DEVER DE ASSISTIR, CRIAR E EDUCAR OS FILHOS MENORES, E OS FILHOS MAIORES TÊM O DEVER DE AJUDAR E AMPARAR OS PAIS NA VELHICE, CARÊNCIA OU ENFERMIDADE.

Crianças, adolescentes e idosos apresentam uma especial vulnerabilidade que, reconhecida em sede constitucional, fazem deles sujeitos de proteção especial, "que busca empoderá-los na relação com os demais, de maneira a assegurar uma autonomia mais efetiva. Nesse sentido, são ditos novos sujeitos de direito, ou sujeitos merecedores de um tratamento jurídico diferenciado" (KONDER; TEIXEIRA, 2016, p. 73).

O artigo 229 da Constituição faz referência às relações familiares, em especial as parentais, trazendo por efeito jurídico o estabelecimento de direitos e deveres recíprocos entre os envolvidos, de caráter moral e patrimonial, em consagração do princípio da solidariedade. Os deveres de assistir e criar, dos pais em relação aos filhos menores, correspondem aos deveres de ajudar e amparar, dos filhos em relação aos pais idosos, enfermos ou carentes, caracterizando um dever geral de cuidado para com os familiares vulneráveis. Em relação às crianças e adolescentes, estabelece-se expressamente, ainda, o dever de educar, em face da especial condição de pessoa em desenvolvimento.

A falta de amparo, seja dos pais em relação aos filhos, seja dos filhos em relação aos pais, pode suscitar responsabilidade do familiar omisso em suas obrigações, tanto pelos danos materiais quanto pelos danos morais ocasionados. No que tange ao aspecto patrimonial, reconhece-se o direito a alimentos com reciprocidade entre pais e filhos. A doutrina e jurisprudência superior controvertem acerca do cabimento de indenização por abandono afetivo e, de forma correlata, abandono afetivo inverso, como forma de responsabilizar o pai ou filho por danos morais causados em razão da omissão no dever de cuidado (BODIN DE MORAES, 2005; STJ: Resp nº 757.411/MG, rel. min. Fernando Gonçalves, DJ 27/3/2006; Resp nº 1.159.242/SP, rel. min. Nancy Andrighi, DJe 10/5/2012; Resp nº 1.557.978/DF, rel. min. Moura Ribeiro, DJe 17/11/2015; Resp nº 1.579.021/RS, rel. min. Maria Isabel Gallotti, DJe 29/11/2017).

ART. 230. A FAMÍLIA, A SOCIEDADE E O ESTADO TÊM O DEVER DE AMPARAR AS PESSOAS IDOSAS, ASSEGURANDO SUA PARTICIPAÇÃO NA COMUNIDADE, DEFENDENDO SUA DIGNIDADE E BEM-ESTAR E GARANTINDO-LHES O DIREITO À VIDA.

§ 1º OS PROGRAMAS DE AMPARO AOS IDOSOS SERÃO EXECUTADOS PREFERENCIALMENTE EM SEUS LARES.

§ 2º AOS MAIORES DE SESSENTA E CINCO ANOS É GARANTIDA A GRATUIDADE DOS TRANSPORTES COLETIVOS URBANOS

Os direitos especiais das pessoas idosas são reconhecidos e consagrados a partir da constatação de que tais populações apresentam em geral certa vulnerabilidade ou declínio de suas aptidões e faculdades, carecendo de proteção normativa especial. A categoria dos idosos é definida com frequência por sua peculiaridade em relação aos não idosos: "Idosos: São indivíduos assim denominados em um dado contexto sociocultural, em virtude das diferenças que exibem em aparência, força, funcionalidade, produtividade e desempenho de papéis sociais primários em comparação a adultos não idosos" (NERI, 2013, p. 18-19).

A partir da constatação de sua vulnerabilidade, a Constituição estabelece um dever de amparo que vai além do Estado, vinculando a família e a sociedade como um todo. Tais sujeitos devem defender o idoso em sua condição de pessoa digna, com a afirmação do direito à vida, à participação na comunidade e ao bem-estar.

A defesa de sua dignidade em face da especial vulnerabilidade não implica, contudo, um reconhecimento de incapacidade como característica inerente à senilidade, o que já se afirmava no esboço de Teixeira de Freitas, em lição ainda atual: "Art. 80. A velhice por si não é prova de alienação mental, [...] devendo-se em todos os casos presumir o estado normal das faculdades intelectuais de cada um, enquanto não houver prova do contrário" (FREITAS, s.d.). Ao contrário, o preceito constitucional afirma a autonomia do idoso com a garantia de participação na comunidade.

Tal participação é inibida por uma série de obstáculos decorrentes da estrutura social, caracterizando deficiências. Contudo, a adoção contemporânea de um modelo social permite afirmar que a deficiência se encontra de fato na sociedade, em receber o sujeito e ajustar-se à diversidade da população, especialmente em relação àqueles que não correspondam ao padrão social de integridade e funcionalidade, como os idosos. Por isso, a Constituição estende os deveres de proteção à família e à sociedade, que devem se adaptar às necessidades do idoso, numa perspectiva verdadeiramente inclusiva.

De forma específica, a Constituição prevê que os programas de amparo sejam executados preferencialmente nos lares dos idosos, como forma de garantir-lhes o conforto e bem-estar, com redução de esforço e maior efetividade das iniciativas. Ainda, reforça o dever dos familiares, que devem cuidar dos idosos em seus próprios lares, reduzindo o recurso à institucionalização. A previsão do parágrafo primeiro do artigo 230 deve ser compatibilizada com a do parágrafo seguinte, em prol da garantia de mobilidade, para que não se crie verdadeiro isolamento, com restrição do espaço social do idoso ao domicílio, em detrimento de sua saúde como estado de completo bem-estar físico, psíquico e também social.

Assim é que a gratuidade dos transportes coletivos urbanos, norma constitucional de eficácia plena e aplicabilidade imediata, representa uma forma de viabilizar a locomoção e o exercício de outros direitos: "sem o pleno direito de ir e vir com autonomia e independência, as pessoas idosas não conseguem sequer chegar aos hospitais, ao trabalho ou aos locais de lazer, dificultando o funcionamento para uma vida digna e com cidadania" (PIRES, 2009, p. 63).

Nesse aspecto, a norma constitucional é reproduzida no art. 39 do Estatuto do Idoso – Lei nº 10.741, de 1º de outubro de 2003 –, cuja constitucionalidade fora confirmada na ADI nº 3.768 (rel. min. Carmem Lúcia, DJ 26/10/2007), garantindo a gratuidade no transporte urbano e semiurbano. O artigo 40 estabelece, complementarmente, requisitos para a gratuidade no transporte interestadual, em dispositivo confirmado no julgamento da Suspensão de Segurança nº 3.052 (decisão monocrática do min. Gilmar Mendes, DJ 1/2/2007).

Apesar do estatuto "regular os direitos assegurados às pessoas com idade igual ou superior a 60 (sessenta) anos", garante a gratuidade dos transportes coletivos públicos urbanos e semiurbanos, de maneira incondicionada, apenas aos maiores de 65 anos, recebendo críticas neste aspecto. Estabelece que a extensão da gratuidade aos idosos entre 60 e 65 anos deve obedecer a requisitos estabelecidos na legislação local (art. 39, § 3º). Diversos municípios estabeleceram a ampliação do direito ao transporte gratuito aos que contassem com 60 anos, em normas que acabaram tendo a sua legalidade e constitucionalidade confirmada nos tribunais superiores, em face da competência do município para legislar sobre assuntos de interesse local, bem como para organizar os serviços públicos de interesse local, incluindo o de transporte coletivo (STF: RE nº 492.140/MT, rel. min. Cármen Lúcia, Dje 12/2/2010; AI nº 791.915/MG-AgR, rel. min. Carmen Lúcia, DJe 24/9/2010; RE nº 388.606/SP-AgR, rel. min. Ellen Gracie, DJ de 3/2/2006; RE nº 625.526-AgR, rel. min. Dias Toffoli, DJe 22/6/2012).

No que concerne a garantia de bem-estar e do próprio direito à vida, a legislação estabelece uma série de direitos especiais aos idosos, reafirmados nos tribunais, como (i) a solidariedade passiva da obrigação alimentar em relação ao idoso (art. 12, Estatuto do Idoso, confirmado pelo STJ no REsp nº 775.565, rel. min. Nancy Andrighi, DJ 26/6/2006); (ii) a prioridade no atendimento à saúde (art. 3º do Estatuto); (iii) a "superpreferência" na cobrança de verbas alimentícias (EC nº 62/2009, confirmada pelo STF na ADI nº 4425, rel. min. Ayres Britto, DJe 19.12.2013); (iv) o desconto de 50% na contratação de serviço diretamente vinculado ao lazer (art. 23, Estatuo do Idoso, confirmado pelo STJ no REsp nº 1.512.087/PR, rel. Min. Herman Benjamin, DJe 24/10/2016); entre outros.

REFERÊNCIAS BIBLIOGRÁFICAS

BODIN DE MORAES, Maria Celina. Danos morais em família? Conjugalidade, parentalidade e responsabilidade civil. In: CUNHA PEREIRA, Rodrigo da; SILVA PEREIRA, Tania da (coord.). *A ética da convivência familiar:* sua efetividade no cotidiano dos tribunais. Rio de Janeiro: Forense, 2005.

FREITAS, Teixeira de. *Esboço de Código Civil – das pessoas em geral*. [s. l.]: [s. e], [s. a.].

KONDER, Carlos Nelson de Paula; TEIXEIRA, Ana Carolina Brochado. Crianças e adolescentes na condição de pacientes médicos: desafios da ponderação entre autonomia e vulnerabilidade. *Pensar: Revista de Ciências Jurídicas*, Fortaleza, v. 21, n. 1, p. 73, jan./abr. 2016.

LENZA, Pedro. *Direito Constitucional Esquematizado*. São Paulo: Saraiva, 2018.

NERI, Anita Liberalesso. Conceitos e teorias sobre o envelhecimento. MALLOY-DINIZ, Leandro Fernandes; FUENTES, Daniel; COSENZA, Ramon Moreira. *Neuropsicologia do envelhecimento:* uma abordagem multidimensional. São Paulo: Artmed, 2013.

PIRES. Fátima Lauria. *O direito à mobilidade na cidade:* mulheres, crianças, idosos e deficientes. Dissertação (Mestrado em Política Social) – Universidade de Brasília, Brasília, 2009.

FERNANDO ANTONIO DE CARVALHO DANTAS

Professor titular da Faculdade de Direito da Universidade Federal de Goiás. Coordenador do Programa de Pós-Graduação em Direito Agrário e do Projeto Sujeitos, Territorialidades, Pluralismo Jurídico e o Novo Constitucionalismo Latino-Americano.

ADENEVALDO TELES JUNIOR

Mestre em Direito Agrário do Programa de Pós-graduação em Direito Agrário. Pesquisador do Projeto Sujeitos, Territorialidades, Pluralismo Jurídico e o Novo Constitucionalismo Latino-Americano.

JULIANA ADONO DA SILVA

Mestra em Direito Agrário do Programa de Pós-graduação em Direito Agrário. Pesquisadora do Projeto Sujeitos, Territorialidades, Pluralismo Jurídico e o Novo Constitucionalismo Latino-Americano.

ROBERTA CAIADO DE CASTRO OLIVEIRA

Mestra em Direito Agrário do Programa de Pós-Graduação em Direito Agrário. Pesquisadora do Projeto Sujeitos, Territorialidades, Pluralismo Jurídico e o Novo Constitucionalismo Latino-Americano.

TÍTULO VIII

DA ORDEM SOCIAL

CAPÍTULO VIII

DOS ÍNDIOS

ART. 231. SÃO RECONHECIDOS AOS ÍNDIOS SUA ORGANIZAÇÃO SOCIAL, COSTUMES, LÍNGUAS, CRENÇAS E TRADIÇÕES, E OS DIREITOS ORIGINÁRIOS SOBRE AS TERRAS QUE TRADICIONALMENTE OCUPAM, COMPETINDO À UNIÃO DEMARCÁ-LAS, PROTEGER E FAZER RESPEITAR TODOS OS SEUS BENS.

§ 1º SÃO TERRAS TRADICIONALMENTE OCUPADAS PELOS ÍNDIOS AS POR ELES HABITADAS EM CARÁTER PERMANENTE, AS UTILIZADAS PARA SUAS ATIVIDADES PRODUTIVAS, AS IMPRESCINDÍVEIS À PRESERVAÇÃO DOS RECURSOS AMBIENTAIS NECESSÁRIOS A SEU BEM-ESTAR E AS NECESSÁRIAS A SUA REPRODUÇÃO FÍSICA E CULTURAL, SEGUNDO SEUS USOS, COSTUMES E TRADIÇÕES.

§ 2º AS TERRAS TRADICIONALMENTE OCUPADAS PELOS ÍNDIOS DESTINAM-SE A SUA POSSE PERMANENTE, CABENDO-LHES O USUFRUTO EXCLUSIVO DAS RIQUEZAS DO SOLO, DOS RIOS E DOS LAGOS NELAS EXISTENTES.

§ 3º O APROVEITAMENTO DOS RECURSOS HÍDRICOS, INCLUÍDOS OS POTENCIAIS ENERGÉTICOS, A PESQUISA E A LAVRA DAS RIQUEZAS MINERAIS EM TERRAS INDÍGENAS SÓ PODEM SER EFETIVADOS COM AUTORIZAÇÃO DO CONGRESSO NACIONAL, OUVIDAS AS COMUNIDADES AFETADAS, FICANDO-LHES ASSEGURADA PARTICIPAÇÃO NOS RESULTADOS DA LAVRA, NA FORMA DA LEI.

§ 4º AS TERRAS DE QUE TRATA ESTE ARTIGO SÃO INALIENÁVEIS E INDISPONÍVEIS, E OS DIREITOS SOBRE ELAS, IMPRESCRITÍVEIS.

§ 5º É VEDADA A REMOÇÃO DOS GRUPOS INDÍGENAS DE SUAS TERRAS, SALVO, "AD REFERENDUM" DO CONGRESSO NACIONAL, EM CASO DE CATÁSTROFE OU EPIDEMIA QUE PONHA EM RISCO SUA POPULAÇÃO, OU NO INTERESSE DA SOBERANIA DO PAÍS, APÓS DELIBERAÇÃO DO CONGRESSO NACIONAL, GARANTIDO, EM QUALQUER HIPÓTESE, O RETORNO IMEDIATO LOGO QUE CESSE O RISCO.

§ 6º SÃO NULOS E EXTINTOS, NÃO PRODUZINDO EFEITOS JURÍDICOS, OS ATOS QUE TENHAM POR OBJETO A OCUPAÇÃO, O DOMÍNIO E A POSSE DAS TERRAS A QUE SE REFERE ESTE ARTIGO, OU A EXPLORAÇÃO DAS RIQUEZAS NATURAIS DO SOLO, DOS RIOS E DOS LAGOS NELAS EXISTENTES, RESSALVADO RELEVANTE INTERESSE PÚBLICO DA UNIÃO, SEGUNDO O QUE DISPUSER LEI COMPLEMENTAR, NÃO GERANDO A NULIDADE E A EXTINÇÃO DIREITO A INDENIZAÇÃO OU A AÇÕES CONTRA A UNIÃO, SALVO, NA FORMA DA LEI, QUANTO ÀS BENFEITORIAS DERIVADAS DA OCUPAÇÃO DE BOA FÉ.

§ 7º NÃO SE APLICA ÀS TERRAS INDÍGENAS O DISPOSTO NO ART. 174, § 3º E § 4º.

ART. 232. OS ÍNDIOS, SUAS COMUNIDADES E ORGANIZAÇÕES SÃO PARTES LEGÍTIMAS PARA INGRESSAR EM JUÍZO EM DEFESA DE SEUS DIREITOS E INTERESSES, INTERVINDO O MINISTÉRIO PÚBLICO EM TODOS OS ATOS DO PROCESSO.

Os direitos indígenas reconhecidos nesta CRFB, significam avanço paradigmático no atual constitucionalismo Latino-Americano, inaugurado pelo Brasil, porque rompem com a ideologia da negação, invisibilidade e desconsideração dos povos indígenas (MARÉS, 1998) que configuram o mosaico humano, cultural e étnico do país. Compreender os sentidos, avanços e limites da inscrição em sede constitucional, interpretação e efetivação desses direitos é o objetivo deste comentário, especialmente, na escala do Supremo Tribunal Federal (STF). São observadas cinco dimensões dos chamados direitos poliétnicos (KYMLICKA, 1995) relativos à identidade, cultura, território, autodeterminação e participação. Até o advento desta Constituição vigeu, nos âmbitos social, administrativo e jurídico, a ideologia da negação (CORREAS, 2007) expressada no ocultamento e invisibilização real e simbólica desses povos fundada na incapacidade relativa do sistema privado antigo (art. 4º do Código Civil de 1916) que justificou a tutela estatal e uma imprópria política indigenista oficial baseada na representação. Essa prática sedimentou o projeto colonial e forjou a pessoa indígena em transição para supostas emancipação e cidadania plena por meio da integração à comunhão nacional. No plano prático significava genocídios, etnocídios e epistemicídos com a perda da vida, da identidade, da cultura, do território, de saberes e da existência como pessoas e povos. O texto constitucional de 1988 é preciso na conceituação de categorias fundantes (MEDICI, 2016) do novo paradigma para os direitos indígenas diferenciados como organização social, no sentido mais amplo, que engloba a noção de pessoa, identidade, relações sociais, cultura, economia, sistemas de poder, de direito e espiritualidade específicos de cada povo. Conceitua o direito originário à terra, que por seu caráter indissociável da vida configura territórios, bem como direitos de autodeterminação e participação, esses últimos ampliados com subscrição e adoção da Convenção 169 da Organização Internacional do Trabalho (1989) e Declaração das Nações Unidas sobre os Direitos dos Povos Indígenas (2017). Apesar de relativa efetivação, passados trinta anos, esses direitos não gozam de plena eficácia jurisdicional. É assim que se identifica nesse plano a permanência da cultura da negação manifestada na utilização de termos e categorias superadas no campo científico e pode-se afirmar não adequados à Constituição. Termos como "silvícola" para tratar da pessoa, individualismo metodológico para tratar da cultura, "reserva", "área" e terra para tratar do território, "tutela" e incapacidade para referir-se a autodeterminação, autonomia e participação, coexistindo, ressalve-se, com uma tradição jurisprudencial de amparo aos direitos indígenas. Para explicitação, elege-se três julgados recentes, como o Recurso Extraordinário (STF-RE nº 933.223 SC-2017) que concentra termos como silvícola, tutela, tribo, propriedade privada e perspectiva individualista, para análise de questões complexas referentes à demarcação de terras indígenas; a Petição (STF-PET nº 7.522 BA-2018), e a reiterada utilização do termo reserva nega o sentido constitucional do direito originário à terra o que significa retomar a ideia de concessão de terras para a ocupação provisória dos índios até sua integração; e, por último, a Petição (STF-PET nº 3.388/RR-2009), que em seu rol de condicionantes, chamadas de "salvaguardas institucionais", promovem uma verdadeira desconstitucionalização dos direitos indígenas. No entendimento do Ministério Público Federal (NT-02/2018-6CCR) referidas condicionantes violam os direitos indígenas inscritos na Constituição ao subjugá-los ao interesse público; a dupla afetação de terras indígenas e unidades de conservação; ao opor limite ao usufruto exclusivo dos índios sobre suas terras e frutos, e porque são incompatíveis com o regime direitos originários. As mais recentes análises e estudos dos direitos indígenas e dos fenômenos constitucionais na América Latina (SANTOS, 2010) apontam categorias contra-hegemônicas para o campo do direito e de sua teoria como plurinacionalidade, pluralismo jurídico, personalização da natureza, territorialidades específicas e assimétricas, democracia comunitária, cosmovisões biocêntricas e sujeitos complexos e diferenciados. São ignoradas.

REFERÊNCIAS BIBLIOGRÁFICAS

BALDI, Cesar Augusto (org.). *Aprender desde o sul:* novas institucionalidades, pluralismo jurídico e plurinacionalidade – aprendendo desde o sul. Belo Horizonte: Fórum, 2015.

BRANDÃO, Pedro. *O novo constitucionalismo pluralista latino-americano.* Rio de Janeiro: Lumen Juris, 2015.

CLAVERO, Bartolome. *Hay Genocidios Cotidianos? Y Otras Perplejidades sobre America Indígena.* Copenhangue: Grupo Internacional de Trabajo sobre Assuntos Indígenas, 2011.

CORREAS, Oscar (coord.). *Derecho indígena mexicano I.* México: UNAM-Ed. Coyoacán, 2007.

DÍAZ-POLANCO, Héctor. *El jardín de las identidades:* la comunidad y el poder. México: Orfila, 2015.

JIMÉNEZ, Agustin Grijalva; SANTOS, Boaventura. *Justícias indígena, plurinacionalidad e interculturalidad en Ecuador.* Quito: Abya Yala, 2013.

KOPENAWA, Davi; ALBERT, Bruce. *A queda do céu:* palavras de um xamã yanomami. São Paulo: Companhia das Letras, 2010.

KYMLICKA, Will. *Multicultural Citizenship.* A Liberal Theory of Minority Rights. Oxford: Oxford University Press, 1995.

LACERDA, Rosane Freire. *"Volveré, y Seré Millones":* Contribuições Descoloniais dos Movimentos Indígenas Latino Americanos para a Superação do Mito do Estado-Nação. Dissertação (Doutorado em Direito) – UnB, Brasília, 2014.

MEDICI, Alejandro. *Otros nomos:* teoria del nuevo constitucionalismo latino-americano. San Luis de Potosi; Aguascalientes: UASLP/CENEJUS, 2016.

PISARELLO, Gerardo. *Un largo termidor: la ofensiva del constitucionalismo antidemocrático.* Barcelona: Trotta, 2011.

RAMOS, Alcida Rita (org.). *Constituições nacionais e povos indígenas.* Belo Horizonte: Editora UFMG, 2012.

SANTAMARÍA, Ramiro Ávila. *El neoconstitucionalismo andino.* Quito: UASB, 2016.

SANTOS, Boaventura de Sousa. *Refundación del Estado en América Latina:* perspectivas desde una epistemologia del Sur. Lima: IIDS, 2010.

SOUZA FILHO, Carlos Frederico Marés de. *O renascer dos povos indígenas para o direito.* Curitiba: Juruá Editora, 1998.

STRECK, Lenio Luiz. *Verdade e consenso:* Constituição, hermenêutica e teorias discursivas: da possibilidade à necessidade de respostas corretas em direito. Rio de Janeiro: Lumen Juris, 2007.

TUKANO, Álvaro. *O mundo Tukano antes dos brancos.* Brasília: Ayó, 2017.

WOLKMER, Antonio Carlos et al. *Direito à diferença e constitucionalismo latino-americano.* Rio de Janeiro: Lumen Juris, 2017.

TÍTULO IX
DAS DISPOSIÇÕES CONSTITUCIONAIS GERAIS

SARA DA NOVA QUADROS CÔRTES

Possui graduação em Direito, mestrado e doutorado em Ciências Sociais e é professora adjunta II da Universidade Federal da Bahia. Foi diretora da Associação de Advogados de Trabalhadores Rurais. Tem experiência na área de Direito, com ênfase em Sociologia do Direito e Metodologia, atuando principalmente nos seguintes temas: conflitos por terra, Poder Judiciário, movimentos sociais, acesso à terra, democracia, cidadania, direitos fundamentais e função social da propriedade. Atualmente pesquisa a atuação do Poder Judiciário em conflitos por terra na Bahia.

CLOVES DOS SANTOS ARAÚJO

Possui graduação em Direito pelas Faculdades Metropolitanas Unidas (1996) e mestrado em Direito pela Universidade de Brasília (2005). É professor-assistente B do Curso de Direito da UNEB. Tem experiência na área de Direitos Humanos, com ênfase em conflitos coletivos pela posse da terra. Membro do Grupo de Pesquisa GeografAR (UFBA); membro do Grupo de Pesquisa O Direito Achado na Rua (UNB) e do grupo de pesquisa Territórios, Hegemonias, Periferias e Ausências (UNEB). Ex-bolsista da Fundação Ford/ Carlos Chagas.

TÍTULO IX
DAS DISPOSIÇÕES CONSTITUCIONAIS GERAIS

ART. 243. AS PROPRIEDADES RURAIS E URBANAS DE QUALQUER REGIÃO DO PAÍS ONDE FOREM LOCALIZADAS CULTURAS ILEGAIS DE PLANTAS PSICOTRÓPICAS OU A EXPLORAÇÃO DE TRABALHO ESCRAVO NA FORMA DA LEI SERÃO EXPROPRIADAS E DESTINADAS À REFORMA AGRÁRIA E A PROGRAMAS DE HABITAÇÃO POPULAR, SEM QUALQUER INDENIZAÇÃO AO PROPRIETÁRIO E SEM PREJUÍZO DE OUTRAS SANÇÕES PREVISTAS EM LEI, OBSERVADO, NO QUE COUBER, O DISPOSTO NO ART. 5º. (REDAÇÃO DADA PELA EMENDA CONSTITUCIONAL Nº 81, DE 2014)

PARÁGRAFO ÚNICO. TODO E QUALQUER BEM DE VALOR ECONÔMICO APREENDIDO EM DECORRÊNCIA DO TRÁFICO ILÍCITO DE ENTORPECENTES E DROGAS AFINS E DA EXPLORAÇÃO DE TRABALHO ESCRAVO SERÁ CONFISCADO E REVERTERÁ A FUNDO ESPECIAL COM DESTINAÇÃO ESPECÍFICA, NA FORMA DA LEI. (REDAÇÃO DADA PELA EMENDA CONSTITUCIONAL Nº 81, DE 2014)

O dispositivo constitucional em epígrafe aborda dois temas de grande relevância respeitantes ao exercício do direito de propriedade de uma porção do território: o cultivo ilegal de plantas psicotrópicas e a exploração do trabalho escravo. No primeiro caso, há uma possibilidade de imunidade ao proprietário pela construção judicial de uma condição subjetiva ao proprietário diante de casos em que a Constituição não exige, o que implica dificuldades na matéria probatória e revela a concepção absoluta do direito de propriedade.

Na ação de "desapropriação" nº 2000.33.00.000052-7 consta sentença de 28 de setembro de 2007, do juiz Federal da Vara Agrária da Bahia (7ª Vara Federal). A ação foi movida pela União Federal contra os proprietários pessoas físicas "objetivando a expropriação do imóvel [...] onde havia cultivo de plantas psicotrópicas". A União assevera que foi encontrada uma plantação da espécie vegetal cannabis sativa (maconha) com 94.800 pés, distribuídos em 23.700 covas com altura média de 1,50m, numa área de aproximadamente 47.400 m². Nesse caso, o pedido de imissão de posse do imóvel foi deferido. O INCRA requereu a sua admissão no feito na qualidade de "assistente da autora", "a ré foi citada [...] embora tenha deixado transcorrer o prazo *in albis* sem apresentar contestação. A revelia foi decretada". O corréu citado por edital "não contestou a ação, motivo pelo qual lhe foi nomeado curador especial que apresentou contestação". No mérito "sustentou que nenhuma das testemunhas ouvidas na Divisão da Polícia Federal confirmou a participação do acionado no cultivo ilegal da planta psicotrópica. Ademais, alega-se que em virtude do fato dele morar longe das terras, passou a ser vítima dos malfeitores que se utilizaram disso para plantação ilegal". Na fundamentação, o juiz aduz que "observe-se que a espécie de desapropriação acima descrita consiste em verdade, em modalidade de confisco, excepcionando, portanto, o direito fundamental de propriedade. Desse modo, embora a referida norma confira ao Estado prerrogativa de expropriar as glebas em que forem encontradas plantações da erva proibida, tal proceder atende ao princípio constitucional do devido processo legal". Conclui o magistrado que "Dentro deste contexto, verifica-se que o pedido de expropriação não merece acolhimento, na medida que não restou demonstrado no decorrer do processo que a Ré concorreu de alguma forma para o plantio ilegal" assim, afirma que "o fato de serem proprietários da fazenda não gera presunção de culpa no plantio da erva ilícita".

O dispositivo afirma que serão expropriadas as propriedades "onde forem localizadas culturas ilegais" sendo uma criação judicial a condicionante subjetiva de participação no ato do plantio. A culpabilidade é elemento para apuração na esfera penal e não agrária. A ação expropriatória independe de qualquer procedimento criminal contra o proprietário ou o detentor a qualquer título, por força da chamada independência das jurisdições cível e penal, estabelecida pelo artigo 64 do Código de Processo Penal e artigo 1.525 do Código Civil.

Inicialmente cabe fixar que o Estado indeniza, com o denominado "preço justo", os proprietários que têm praticado um uso nocivo das terras, por exemplo, ao degradarem o meio ambiente ou manterem trabalhadores em regime de escravidão. Está em jogo o próprio conceito de propriedade, pois, como apontado por Carlos Frederico Marés, "[...] no Brasil pós 1988, a propriedade que não cumpre sua função social não está protegida, ou, simplesmente, propriedade não é" (MARÉS, 2003, p. 116). Há também autores que defendem a expropriação efetiva sem indenização com o entendimento de que os imóveis rurais que não cumprem sua função social recebam o mesmo tratamento das propriedades produtoras de substâncias psicoativas (art. 243, CF/1988). Esses usos da propriedade são ilegais e deveriam ser tratados de maneira semelhante, ou seja, serem expropriados e não desapropriados (CASTILHO, 1988).

Quanto ao dispositivo relativo à exploração de trabalho escravo, em tese garantiria que o problema do trabalho escravo fosse enfrentado não como problema trabalhista ou penal, mas de um ponto de vista de garantia de uma ordem capitalista dentro dos princípios da ordem econômica e social. O uso da expropriação, que seria a perda do direito de propriedade sem qualquer indenização ao proprietário, seria um eficaz meio destinado a abolir todo e qualquer tipo de trabalho análogo ao de escravo rural, fato que decorre de dois motivos: poderia significar um relevante mecanismo de inserção da reforma agrária e, *a posteriori*, porque a desapropriação agrária, impingida àqueles que se enquadrem no tipo penal, constitui uma pena ao titular do imóvel rural que, descumprindo a função social, explora o trabalho análogo ao de escravo:

O STF[1], pelo tribunal pleno, traz uma definição do que é trabalho escravo para evitar a restrição dos modos de aplicação como quando se refere à esfera penal.

> PENAL. REDUÇÃO A CONDIÇÃO ANÁLOGA À DE ESCRAVO. ESCRAVIDÃO MODERNA. DESNECESSIDADE DE COAÇÃO DIRETA CONTRA A LIBERDADE DE IR E VIR. DENÚNCIA RECEBIDA. *Para configuração do crime do art. 149 do Código Penal não é necessário que se prove a coação física da liberdade de ir e vir ou mesmo o cerceamento da liberdade de locomoção, bastando a submissão da vítima a trabalhos forçados ou a jornada exaustiva ou a condições degradantes de trabalho, condutas alternativas previstas no tipo penal. A "escravidão moderna" é mais sutil do que a do século XIX e o cerceamento da liberdade pode decorrer de diversos constrangimentos econômicos e não necessariamente físicos. Priva-se alguém de sua liberdade e de sua dignidade tratando-o como coisa e não como pessoa humana, o que pode ser feito não só mediante coação, mas também pela violação intensa e persistente de seus direitos básicos, inclusive do direito ao trabalho digno. A violação do direito ao trabalho digno impacta a capacidade da vítima de realizar escolhas segundo a sua livre determinação. Isso também significa "reduzir alguém a condição análoga à de escravo". Não é qualquer violação dos direitos trabalhistas que configura trabalho escravo. Se a violação aos direitos do trabalho é intensa e persistente, se atinge níveis gritantes e se os trabalhadores são submetidos a trabalhos forçados, jornadas exaustivas ou a condições degradantes de trabalho, é possível, em tese, o enquadramento no crime do art. 149 do Código Penal, pois os trabalhadores estão recebendo o tratamento análogo ao de escravos, sendo privados de sua liberdade e de sua dignidade. Denúncia recebida pela presença dos requisitos legais.*

1 STF, Tribunal Pleno, IP nº 3.412, relator: min. Marco Aurélio Mello. Julgamento: 29/3/2012. Publicação: Acórdão eletrônico DJE-222 Divulg. 9/11/2012 Public. 12/11/2012 (atualmente é a Ação Penal nº 886, de 20/10/2014, em tramitação).

Ainda no STF uma decisão relativa ao tema pois em dezembro de 2014, o presidente do Supremo Tribunal Federal, o ministro Ricardo Lewandowski, deferiu liminar determinando a suspensão da publicação do cadastro de empregadores flagrados com trabalho escravo, conhecida como "lista suja" do trabalho escravo. Em razão da decisão, ficaram suspensas até o julgamento definitivo da Ação Direta de Inconstitucionalidade 5.209 a Portaria Interministerial MTE/SDH nº 2, de 12 de maio de 2011 e a portaria MTE nº 540, de 19 de outubro de 2004. A referida ADIN foi impetrada pela Associação Brasileira de Incorporadoras Imobiliárias (Abrainc), que reúne 26 construtoras. Cabe destacar pronunciamento da AGU, contrário ao Ministro relator nesta ação:

Acentua que o ato normativo impugnado "viabiliza(ria) a adequada execução de normas legais (artigos 626, *caput*, e 913, *caput*, da Consolidação das Leis do Trabalho), bem como de disposições contidas em convenções internacionais (Convenção nº 29 da Organização Internacional do Trabalho – OIT, Convenção nº 105 da Organização Internacional do Trabalho, Convenção sobre Escravatura de 1926, Convenção Suplementar sobre a Abolição da Escravatura de 1956 e Convenção Americana sobre Direitos Humanos), além da Declaração Universal dos Direitos Humanos.

Nesse caso do artigo 243, já no debate da PEC nº 81/2014, as ameaças se configuram em torno da definição do que realmente é trabalho escravo. Mesmo após aprovada e promulgada como Emenda Constitucional, ainda há muito debate acerca do tema e muita luta entre os que pretendem a modificação do conceito de trabalho escravo e os que defendem a permanência da atual definição do crime. A PEC definia como trabalho escravo, entre outros comportamentos, a submissão ao trabalho forçado, exigido sob a ameaça de punição, com uso de coação e a retenção do trabalhador no local de trabalho, seja por meio de dívidas forçadas, impedimento de acesso aos meios de locomoção ou vigilância ostensiva. O texto ressalva que o mero descumprimento da legislação trabalhista não se enquadra nas definições de trabalho escravo.

De fato, o que há, mesmo com a ação do MPT e do grupo móvel de fiscalização, é o empregador que, mesmo reconhecendo sua prática delituosa, reincide, ou seja, mantem as condições sociais e materiais de reprodução social da escravidão por manter a liberdade, autonomia para negociar e principalmente a propriedade da terra. Cabe destacar que a escravidão rural contemporânea no Brasil e no Mundo guarda uma relação estreita com os arranjos espaciais típicos de um acentuado desenvolvimento tecnológico (fruticultura e silvicultura de precisão), que se utiliza, ainda que de forma periférica, do trabalho forçado de populações caracterizadas por uma acentuada vulnerabilidade social e econômica, que potencializam seu recrutamento, de tal forma a coisificar os trabalhadores em uma flagrante violação de direitos humanos.

A Portaria nº 540/2004 do Ministério do Trabalho e Emprego (MTE) apresenta o cadastro dos empregadores que submeteram trabalhadores a condições análogas à de escravo, sendo uma forte ferramenta no combate a tal prática, já que a divulgação desse rol, conhecido como "Lista Suja", pode provocar o cancelamento de financiamentos por banco públicos, dentre outros, gerando uma série de consequências de cunho patrimonial que evitam a reincidência. Sua atualização é feita semestralmente e consiste na inclusão de empregadores cujos autos de infração lavrados pelos auditores fiscais do trabalho foram considerados definitivamente procedentes, não mais sujeitos a recursos. Por outro lado, são excluídos aqueles que, ao longo de dois anos, contados de sua inclusão no cadastro, tenham corrigido irregularidades identificadas durante inspeção do trabalho e não reincidiram no crime (BRASIL, 2014, p. 7). No recesso forense do final do ano de 2014 e início de 2015, o presidente do STF, min. Ricardo Lewandowisk, concedeu limitar para proibir a divulgação da "lista suja", cuja decisão deverá ser submetida ao Plenário da Suprema Corte. No referido cadastro, havia 609 infratores, entre pessoas físicas e jurídicas com atuação no meio rural e urbano. A pecuária constitui a atividade econômica desenvolvida pela maioria dos empregadores (40%), seguida da produção florestal (25%), agricultura (16%) e indústria da construção (7%), segundo o governo na página eletrônica do Ministério do Trabalho. A decisão foi tomada na Ação Direta de Inconstitucionalidade nº 5.209, Distrito Federal, proposta pela Associação Brasileira de Incorporadas Imobiliárias. A partir de dezembro de 2002, com a publicação da Lei nº 10.608/2002, o trabalhador resgatado da condição análoga à de escravo conquistou o direito de receber três parcelas do "Seguro Desemprego Especial para Resgatado", no valor de um salário mínimo cada. Os auditores fiscais do trabalho efetuam, no momento do resgate dos trabalhadores, os procedimentos formais requeridos para a concessão do seguro-desemprego. O benefício é posteriormente sacado pelo próprio trabalhador na rede bancária (BRASIL, 2014, p. 7).

Por conta da publicação da Portaria nº 1.129/2017, o partido político brasileiro Rede Sustentabilidade ajuizou Arguição de Descumprimento de Preceito Fundamental (ADPF nº 489) com pedido liminar pela suspensão da eficácia da aludida portaria. Ao conceder a liminar suspendendo os efeitos da referida portaria, o STF considerou que as políticas públicas de combate ao trabalho escravo seriam afetadas negativamente em algumas dimensões distintas, tais como: a repressiva (refletindo no ato fiscalizador do Ministério do Trabalho e Emprego) e a pedagógico-preventiva (quando trata da publicação da já referida "lista suja"). Ainda está pendente o julgamento do mérito. Houve requerimento já deferido da admissão no feito, na qualidade de *amicus curiae*: o Instituto de Advocacia Racial e Ambiental IARA e a Confederação Nacional da Indústria (CNI). Em ambos os casos defere pois, o pedido, facultadas, a apresentação de informações e de memoriais, bem como a sustentação oral de ambos por ocasião do julgamento definitivo do mérito da presente ADPF.

O sistema de justiça tem criado novas imunidades ao latifúndio improdutivo ou produtivo mas que não cumpre a função social da terra. Há mesmo um bloqueio judicial contra as formas estatais de implantação da reforma agrária com decisões que restringem a ação do INCRA.

REFERÊNCIAS BIBLIOGRÁFICAS

CASTILHO, Manoel Lauro Wolkmer de. O justo preço. In: SILVEIRA, Domingos Sávio Dresh (org.). *O Direito Agrário em debate*. Porto Alegre: Livraria do Advogado, 1988.

MARÉS, Carlos Frederico. *A função social da terra*. São Paulo: Sérgio Antônio Fabris, 2003.

ALVES, Leonice Aparecida de Fatima. *O trabalho escravo e a ocorrência da escravidão rural contemporânea no Rio Grande do Sul*. Dissertação (Mestrado em Geografia) – UFSM-RS, Santa Maria, 2015.

CARNEIRO, Hamilton Gomes. *Emenda Constitucional nº 81/2014 e a expropriação da propriedade agrária pela constatação de trabalho análogo ao de escravo*. Dissertação (Mestrado em Direito) – UFG, Goiânia, 2015.

FAUZI HASSAN CHOUKR

Pós-doutor pela Universidade de Coimbra (2013).
Doutor (1999) e mestre (1994) em Processo Penal
pela Faculdade de Direito da Universidade de São Paulo.
Especializado em Direitos Humanos pela Universidade
de Oxford – New College (1996). Especializado em Direito
Processual Penal pela Universidade Castilla La Mancha –
Espanha (2007). Promotor de Justiça no Estado de São Paulo.

...

ART. 245. A LEI DISPORÁ SOBRE AS HIPÓTESES E CONDIÇÕES EM QUE O PODER PÚBLICO DARÁ ASSISTÊNCIA AOS HERDEIROS E DEPENDENTES CARENTES DE PESSOAS VITIMADAS POR CRIME DOLOSO, SEM PREJUÍZO DA RESPONSABILIDADE CIVIL DO AUTOR DO ILÍCITO.

A redação do artigo 245 da CR determina que "A lei disporá sobre as hipóteses e condições em que o Poder Público dará assistência aos herdeiros e dependentes carentes de pessoas vitimadas por crime doloso, sem prejuízo da responsabilidade civil do autor do ilícito".

Texto inexistente nos trabalhos da denominada "Comissão Afonso Arinos"[2] igualmente não se apresentou no primeiro anteprojeto do que viria a ser o texto constitucional elaborado pelo presidente da Comissão, Afonso Arinos, e pelo relator, sen. Bernardo Cabral, em 26 de junho de 1987.

Será no segundo substitutivo do relator, em setembro de 1987, que surgirá uma menção à prestação de assistência social aos menores

---

2 Comissão convocada pelo Presidente José Sarney por meio do Decreto nº 91.450, de 18 de julho de 1985, e concluiu seus trabalhos em 18 de setembro de 1986. Seus trabalhos, contudo, não foram enviados à apreciação da Assembleia Nacional Constituinte instalada em 1º de fevereiro de 1987.

infratores e às vítimas de seus atos[3] e, de forma mais ampla, em várias ementas e em trabalhos de comissões de sistematização, a previsão de indenização para vítimas de tortura[4].

Contudo, especificamente quanto à redação em comento, ausente do anteprojeto e mesmo do projeto sistematizado, terá seu surgimento nos debates em plenário[5] com a redação vigente desde então.

Ao largo das décadas de exigibilidade da CR quase nada houve de concretização de políticas públicas em relação às vítimas de crime doloso, conforme apregoa o texto constitucional e, menos ainda, de crimes culposos.

A Lei nº 9.099/1995, defendida como um momento de resgate do papel da vítima no processo penal não demorou a demonstrar seus resultados concretos em sentido diametralmente oposto (IBCCRIM, 2010), particularmente no que dizia respeito à violência de gênero no âmbito familiar (CAMPOS, 2003) com claro esgotamento teórico e operacional.

Posteriormente, a reforma de tópicos esparsos do processo penal, a mudança do artigo 387, IV, com a redação dada pela Lei nº 11.719, de 2008, que viria a ser uma tentativa de maior eficiência na satisfação pecuniária das vítimas, caiu no vazio prático diante da sua fragilização normativa, deixando os intervenientes processuais paralisados em discussões sobre a correta forma de interpretar e atuar a norma (CHOUKR, 2017, p. 100-107).

No marco dessa inoperância histórica e que se vê, hoje, frontalmente contrária, inclusive, ao marco convencional do processo penal (particularmente no que toca à indenização pelas violências do Estado, a ver em GALDÁMEZ ZELADA, 2007), o PLS nº 65/2016 constitui a mais completa tentativa de tratamento protetivo à vítima para além, inclusive, dos aspectos pecuniários e ressarcimento, para dar-lhe atenção metaprocessual numa perspectiva ampla de política social, providência tardia, mas absolutamente necessária no marco do Estado de Direito.

REFERÊNCIAS BIBLIOGRÁFICAS

CAMPOS, Carmen Hein de. Juizados Especiais Criminais e seu déficit teórico. *Rev.Estud.Fem.* [online], v. 11, n. 1, p. 155-170, 2003.Disponível em: http://www.scielo.br/scielo.php?script=sci_arttext&pid=S0104-026X2003000100009&lng=en&nrm=iso. Acesso em: 19 nov. 2018.

CHOUKR, Fauzi Hassan. *Iniciação ao Processo Penal.* Florianópolis: Empório do Direito, 2017.

GALDÁMEZ ZELADA, Liliana. Protección de la víctima, cuatro criterios de la Corte Interamericana de Derechos Humanos: interpretación evolutiva, ampliación del concepto de víctima, daño al proyecto de vida y reparaciones. *Revista chilena de derecho*, v. 34, n. 3, p. 439-455, 2007.

IBCCRIM. Instituto Brasileiro de Ciências Criminais. *O papel da vítima no processo penal*. Série Pensando o Direito, Brasília, n. 24, p. 9-90, 2010. Disponível em: http://201.23.85.222/biblioteca/index.asp?codigo_sophia=106910. Acesso em: 29 abr. 2018.

3 Art. 231 - A assistência social será prestada independentemente de contribuição à seguridade social, e voltada para: [...] II - amparo às crianças e adolescentes carentes e autores de infração penal e a suas vítimas;

4 Disponível em: <http://www6g.senado.gov.br/apem/data/AVULSO/vol-74.pdf>. Acesso em: 15 abr. 2018.

5 Disponível em: <http://www6g.senado.gov.br/apem/search?keyword=v%C3%ADtima;f1-fase=T;f3-art=T;f4-comissao=9%20:%20Comiss%C3%A3o%20 de%20Sistematiza%C3%A7%C3%A3o>. Acesso em: 15 abr. 2018.

LUCAS CATIB DE LAURENTIIS

Professor-pesquisador da Faculdade de Direito da Pontifícia Universidade Católica de Campinas (PUC-Campinas), membro fundador do Núcleo de Altos Estudos Constitucionais dessa universidade.

Os comentários ao ADCT foram feitos de forma articulada e em bloco, considerando a própria natureza de regulamentação de situações provisórias desses dispositivos. Inicialmente, serão analisados os artigos que dizem respeito à forma de governo e à revisão constitucional (artigos 2º e 3º). Na sequência, serão analisados artigos relacionados aos direitos territoriais dos povos indígenas e quilombolas (artigos 67 e 68). Por fim, serão analisados artigos de transição referentes ao sistema tributário nacional.

ART. 2º NO DIA 7 DE SETEMBRO DE 1993 O ELEITORADO DEFINIRÁ, ATRAVÉS DE PLEBISCITO, A FORMA (REPÚBLICA OU MONARQUIA CONSTITUCIONAL) E O SISTEMA DE GOVERNO (PARLAMENTARISMO OU PRESIDENCIALISMO) QUE DEVEM VIGORAR NO PAÍS. (VIDE EMENDA CONSTITUCIONAL Nº 2, DE 1992)

§ 1º SERÁ ASSEGURADA GRATUIDADE NA LIVRE DIVULGAÇÃO DESSAS FORMAS E SISTEMAS, ATRAVÉS DOS MEIOS DE COMUNICAÇÃO DE MASSA CESSIONÁRIOS DE SERVIÇO PÚBLICO.

§ 2º O TRIBUNAL SUPERIOR ELEITORAL, PROMULGADA A CONSTITUIÇÃO, EXPEDIRÁ AS NORMAS REGULAMENTADORAS DESTE ARTIGO

Presidencialismo ou parlamentarismo? República ou monarquia? A questão foi colocada em votação menos de cinco anos após a aprovação da Constituição Federal de 1988. De autoria do deputado federal Cunha Bueno, um monarquista, a proposta de convocação do plebiscito foi encampada por defensores do regime parlamentarista, que se viam pressionados pelo "Centrão" e pelo Governo José Sarney durante os debates da assembleia constituinte de 1987. A situação enfrentada pelos deputados constituintes, que levou à aprovação dessa consulta popular, foi a seguinte: o projeto da comissão de sistematização, denominado "Cabral 2" por ser a segunda versão elaborada pelo deputado Bernardo Cabal, foi enviado ao plenário da constituinte para deliberação e aprovação. De acordo com o regimento da constituinte, lá esse projeto poderia ser submetido a modificações pontuais, que deveriam contar com o apoio da maioria absoluta dos membros da constituinte – 280 deputados. Para o "Centrão" e o Governo essas restrições representavam a tirania da comissão de sistematização, que havia aprovado um texto progressista que previa a diminuição do tempo de mandato presidencial e a implantação do sistema parlamentarista de governo. Isso levou à aprovação da Resolução nº 3, de janeiro de 1988, que autorizou a apresentação direta ao plenário de "substitutivos" que contassem com o apoio da maioria dos membros do plenário. Era a morte decretada do projeto da comissão de sistematização. Nessas condições, a única saída dos apoiadores da implantação do parlamentarismo e defensores do projeto original da comissão de sistematização foi "entrar de carona" no projeto do deputado Cunha Bueno e colocar em votação a opção pelo sistema de governo a ser implantado no Brasil pós 1988. Vale lembrar, enfim, que a Emenda Constitucional de nº 2, de 1992, antecipou a data da realização da consulta, sem que o texto do artigo 2º do ADCT tenha sido alterado. Como resultado, o plebiscito ocorreu no dia 21 de abril de 1993, com mais de 44 milhões de votos registrados a favor da manutenção do regime republicano e mais de 37 milhões de votos a favor da preservação do sistema presidencialista de governo.

ART. 3º A REVISÃO CONSTITUCIONAL SERÁ REALIZADA APÓS CINCO ANOS, CONTADOS DA PROMULGAÇÃO DA CONSTITUIÇÃO, PELO VOTO DA MAIORIA ABSOLUTA DOS MEMBROS DO CONGRESSO NACIONAL, EM SESSÃO UNICAMERAL.

Espécie do gênero reforma constitucional, a revisão foi prevista em duas oportunidades na história constitucional brasileira. Na primeira delas, a Constituição de 1934 previu que as reformas constitucionais que alterem dispositivos relacionados à estrutura política do Estado e à organização dos poderes serão submetidas ao procedimento de revisão constitucional (art. 178). Nesse sentido, a revisão constitucional era simplesmente um procedimento de emenda mais dificultoso, com exigências adicionais para que o processo fosse instaurado e também para a sua aprovação. Exemplo disso se encontra no fato de que, ao contrário dos projetos de emenda, que podia ser concluído em dois anos consecutivos, a proposta de revisão constitucional deveria aguardar o prazo de uma legislatura para ser colocada em votação, sendo que sua aprovação dependia de três votações consecutivas em cada casa do Congresso nacional. Já no regime constitucional de 1988, o termo revisão constitucional indica o procedimento temporário e não repetível que se encontra regulado no artigo 3º do ADCT. Contemporânea aos debates a respeito da modificação ou manutenção do regime e sistema de governo (art. 2º, ADCT), a revisão constitucional foi por muitos considerada como um apêndice dessa consulta popular: ela, a revisão constitucional, ocorreria única e exclusivamente se ocorresse a modificação seja do sistema ou do regime de governo. Caso contrário, ela deveria ser cancelada. Contra essa interpretação, que ficou conhecida como minimalista, houve aqueles que afirmaram que a revisão ocorreria independentemente do resultado do plebiscito e, fora isso, ela não devia respeito às cláusulas pétreas previstas no corpo permanente da Constituição Federal. Essa corrente ficou conhecida como maximalista. Por sua vez, o Supremo Tribunal Federal solucionou esse embate adotando uma corrente eclética, segundo a qual a revisão ocorreria independentemente do resultado do plebiscito de 1993, mas as emendas de revisão deveriam respeitar as cláusulas pétreas contidas no texto constitucional (ADI nº 981). Enfim, o procedimento de revisão foi regulamentado pela resolução nº 1/93, do Congresso nacional e foi finalizada no dia 14 de março de 1994, sem que as emendas de revisão tenham promovido grandes mudanças no texto constitucional.

PEDRO PULZATTO PERUZZO
Professor-pesquisador da Faculdade de Direito da Pontifícia Universidade Católica de Campinas (PUC-Campinas), membro fundador do Núcleo de Altos Estudos Constitucionais dessa universidade.

ART. 67. A UNIÃO CONCLUIRÁ A DEMARCAÇÃO DAS TERRAS INDÍGENAS NO PRAZO DE CINCO ANOS A PARTIR DA PROMULGAÇÃO DA CONSTITUIÇÃO.

O artigo 67 do Ato das Disposições Constitucionais Transitórias da Constituição Federal de 1988 diz que União concluirá a demarcação das terras indígenas no prazo de cinco anos a partir da promulgação da Constitui ção (5 de outubro de 1993). O processo de demarcação das terras indígenas é de competência da União, pois as terras indígenas são de propriedade da União, conforme artigo 20, inciso XI, da Constituição Federal. Os índios têm apenas a posse permanente sobre as terras que ocupam, ou seja, podem usar essas terras para sua sobrevivência física e cultural, mas não podem vender essas terras. Foi comum na história do Brasil a doação de terras públicas a particulares. O primeiro e mais conhecido ato de concessão de terras foram as capitanias hereditárias. Posteriormente, num processo que ficou conhecido como Marcha para o Oeste, alguns colonos ganharam terras do Estado brasileiro com a proposta de colonizar o oeste do país. O problema desses processos de colonização, mediante a concessão gratuita de terras a particulares, é que muitas dessas terras eram ocupadas por povos indígenas. No relatório final da Comissão Nacional da Verdade existe um texto específico sobre violações aos direitos dos povos indígenas que descreve com riqueza de detalhes esse processo de concessão de terras indígenas a particulares, inclusive com declarações falsas emitidas pelo Serviço de Proteção ao Índio, posteriormente transformado na FUNAI. Por isso, existe ainda hoje muito conflito agrário envolvendo comunidades indígenas e a proposta do artigo 67 do ADCT da Constituição Federal foi exatamente tentar minimizar as consequências desses conflitos concluindo de uma vez por todas a demarcação das terras indígenas. Ocorre que, por diversas razões, esse processo de demarcação ainda está longe do fim. Uma das razões é a complexidade do processo, que exige a demonstração de ocupação tradicional da terra, a delimitação dos marcos demarcatórios, a análise de títulos de propriedade (e sua veracidade, considerando tudo o que consta no relatório final da Comissão Nacional da Verdade) e outros procedimentos formais que demandam tempo, recurso e interesse político. Considerando a omissão do Estado Brasileiro em relação ao prazo previsto no ADCT, em 2004 o Brasil assumiu um compromisso com o Comitê para Eliminação da Discriminação Racial da ONU (CERD/C/64/CO/2, de 28 de abril de 2004) no sentido de concluir as demarcações até o ano de 2007. No entanto, esse compromisso também foi descumprido e, para piorar, o Supremo Tribunal Federal, em 2008, criou a tese do marco temporal, contrariando o texto do artigo 231 da Constituição e virando as costas para o histórico de omissão do Estado Brasileiro em relação aos compromissos decorrentes do artigo 67 do ADCT e do acordo com o Comitê para a eliminação da discriminação racial da ONU. Essas omissões somadas à tese do marco temporal têm sido responsáveis pela continuidade do genocídio dos povos indígenas no Brasil, com destaque especial aos conflitos permanentes no Mato Grosso do Sul e no Sul da Bahia.

ART. 68. AOS REMANESCENTES DAS COMUNIDADES DOS QUILOMBOS QUE ESTEJAM OCUPANDO SUAS TERRAS É RECONHECIDA A PROPRIEDADE DEFINITIVA, DEVENDO O ESTADO EMITIR-LHES OS TÍTULOS RESPECTIVOS.

Diferentemente das terras indígenas, aos quilombolas foi prevista a concessão da propriedade definitiva da área. Questão importante é que no julgamento da ADI nº 3.239 o Supremo Tribunal Federal afastou, em 2018, a tese do marco temporal para as terras quilombolas. Grande avanço num momento em que as bancadas ruralistas empreendem no Congresso Nacional e no Executivo um movimento de desvirtuamento da Constituição para suprimir direitos fundamentais de comunidades tradicionais e outras minorias.

LEITURA SISTÊMICA A PARTIR DO SISTEMA TRIBUTÁRIO

VINÍCIUS CASALINO
Professor-pesquisador da Faculdade de Direito da Pontifícia Universidade Católica de Campinas (PUC-Campinas), membro fundador do Núcleo de Altos Estudos Constitucionais dessa universidade. Pós-doutor pela Faculdade de Economia, Administração e Contabilidade da Universidade de São Paulo (FEA-USP).Pós-doutorado em andamento pela Faculdade de Filosofia, Letras e Ciências Humanas da Universidade de São Paulo (FFLCH-USP).Doutor e mestre pela Faculdade de Direito da Universidade de São Paulo (Largo São Francisco-USP). Advogado especializado em Direito Tributário.

ART. 34. O SISTEMA TRIBUTÁRIO NACIONAL ENTRARÁ EM VIGOR A PARTIR DO PRIMEIRO DIA DO QUINTO MÊS SEGUINTE AO DA PROMULGAÇÃO DA CONSTITUIÇÃO, MANTIDO, ATÉ ENTÃO, O DA CONSTITUIÇÃO DE 1967, COM A REDAÇÃO DADA PELA EMENDA Nº 1, DE 1969, E PELAS POSTERIORES.

§ 1º ENTRARÃO EM VIGOR COM A PROMULGAÇÃO DA CONSTITUIÇÃO OS ARTS. 148, 149, 150, 154, I, 156, III, E 159, I, "C", REVOGADAS AS DISPOSIÇÕES EM CONTRÁRIO DA CONSTITUIÇÃO DE 1967 E DAS EMENDAS QUE A MODIFICARAM, ESPECIALMENTE DE SEU ART. 25, III.

§ 2º O FUNDO DE PARTICIPAÇÃO DOS ESTADOS E DO DISTRITO FEDERAL E O FUNDO DE PARTICIPAÇÃO DOS MUNICÍPIOS OBEDECERÃO ÀS SEGUINTES DETERMINAÇÕES:

I – A PARTIR DA PROMULGAÇÃO DA CONSTITUIÇÃO, OS PERCENTUAIS SERÃO, RESPECTIVAMENTE, DE DEZOITO POR CENTO E DE VINTE POR CENTO, CALCULADOS SOBRE O PRODUTO DA ARRECADAÇÃO DOS IMPOSTOS REFERIDOS NO ART. 153, III E IV, MANTIDOS OS ATUAIS CRITÉRIOS DE RATEIO ATÉ A ENTRADA EM VIGOR DA LEI COMPLEMENTAR A QUE SE REFERE O ART. 161, II;

II – O PERCENTUAL RELATIVO AO FUNDO DE PARTICIPAÇÃO DOS ESTADOS E DO DISTRITO FEDERAL SERÁ ACRESCIDO DE UM PONTO PERCENTUAL NO EXERCÍCIO FINANCEIRO DE 1989 E, A PARTIR DE 1990, INCLUSIVE, À RAZÃO DE MEIO PONTO POR EXERCÍCIO, ATÉ 1992, INCLUSIVE, ATINGINDO EM 1993 O PERCENTUAL ESTABELECIDO NO ART. 159, I, "A";

III – O PERCENTUAL RELATIVO AO FUNDO DE PARTICIPAÇÃO DOS MUNICÍPIOS, A PARTIR DE 1989, INCLUSIVE, SERÁ ELEVADO À RAZÃO DE MEIO PONTO PERCENTUAL POR EXERCÍCIO FINANCEIRO, ATÉ ATINGIR O ESTABELECIDO NO ART. 159, I, "B".

§ 3º PROMULGADA A CONSTITUIÇÃO, A UNIÃO, OS ESTADOS, O DISTRITO FEDERAL E OS MUNICÍPIOS PODERÃO EDITAR AS LEIS NECESSÁRIAS À APLICAÇÃO DO SISTEMA TRIBUTÁRIO NACIONAL NELA PREVISTO.

§ 4º AS LEIS EDITADAS NOS TERMOS DO PARÁGRAFO ANTERIOR PRODUZIRÃO EFEITOS A PARTIR DA ENTRADA EM VIGOR DO SISTEMA TRIBUTÁRIO NACIONAL PREVISTO NA CONSTITUIÇÃO.

§ 5º VIGENTE O NOVO SISTEMA TRIBUTÁRIO NACIONAL, FICA ASSEGURADA A APLICAÇÃO DA LEGISLAÇÃO ANTERIOR, NO QUE NÃO SEJA INCOMPATÍVEL COM ELE E COM A LEGISLAÇÃO REFERIDA NOS §3º E § 4º.

§ 6º ATÉ 31 DE DEZEMBRO DE 1989, O DISPOSTO NO ART. 150, III, "B", NÃO SE APLICA AOS IMPOSTOS DE QUE TRATAM OS ARTS. 155, I, "A" E "B", E 156, II E III, QUE PODEM SER COBRADOS TRINTA DIAS APÓS A PUBLICAÇÃO DA LEI QUE OS TENHA INSTITUÍDO OU AUMENTADO.

§ 7º ATÉ QUE SEJAM FIXADAS EM LEI COMPLEMENTAR, AS ALÍQUOTAS MÁXIMAS DO IMPOSTO MUNICIPAL SOBRE VENDAS A VAREJO DE COMBUSTÍVEIS LÍQUIDOS E GASOSOS NÃO EXCEDERÃO A TRÊS POR CENTO.

§ 8º SE, NO PRAZO DE SESSENTA DIAS CONTADOS DA PROMULGAÇÃO DA CONSTITUIÇÃO, NÃO FOR EDITADA A LEI COMPLEMENTAR NECESSÁRIA À INSTITUIÇÃO DO IMPOSTO DE QUE TRATA O ART. 155, I, "B", OS ESTADOS E O DISTRITO FEDERAL, MEDIANTE CONVÊNIO CELEBRADO NOS TERMOS DA *LEI COMPLEMENTAR Nº 24, DE 7 DE JANEIRO DE 1975*, FIXARÃO NORMAS PARA REGULAR PROVISORIAMENTE A MATÉRIA.

§ 9º ATÉ QUE LEI COMPLEMENTAR DISPONHA SOBRE A MATÉRIA, AS EMPRESAS DISTRIBUIDORAS DE ENERGIA ELÉTRICA, NA CONDIÇÃO DE CONTRIBUINTES OU DE SUBSTITUTOS TRIBUTÁRIOS, SERÃO AS RESPONSÁVEIS, POR OCASIÃO DA SAÍDA DO PRODUTO DE SEUS ESTABELECIMENTOS, AINDA QUE DESTINADO A OUTRA UNIDADE DA FEDERAÇÃO, PELO PAGAMENTO DO IMPOSTO SOBRE OPERAÇÕES RELATIVAS À CIRCULAÇÃO DE MERCADORIAS INCIDENTE SOBRE ENERGIA ELÉTRICA, DESDE A PRODUÇÃO OU IMPORTAÇÃO ATÉ A ÚLTIMA OPERAÇÃO, CALCULADO O IMPOSTO SOBRE O PREÇO ENTÃO PRATICADO NA OPERAÇÃO FINAL E ASSEGURADO SEU RECOLHIMENTO AO ESTADO OU AO DISTRITO FEDERAL, CONFORME O LOCAL ONDE DEVA OCORRER ESSA OPERAÇÃO.

§ 10. ENQUANTO NÃO ENTRAR EM VIGOR A LEI PREVISTA NO ART. 159, I, "C", CUJA PROMULGAÇÃO SE FARÁ ATÉ 31 DE DEZEMBRO DE 1989, É ASSEGURADA A APLICAÇÃO DOS RECURSOS PREVISTOS NAQUELE DISPOSITIVO DA SEGUINTE MANEIRA:

I – SEIS DÉCIMOS POR CENTO NA REGIÃO NORTE, ATRAVÉS DO BANCO DA AMAZÔNIA S.A.;

II – UM INTEIRO E OITO DÉCIMOS POR CENTO NA REGIÃO NORDESTE, ATRAVÉS DO BANCO DO NORDESTE DO BRASIL S.A.;

III – SEIS DÉCIMOS POR CENTO NA REGIÃO CENTRO-OESTE, ATRAVÉS DO BANCO DO BRASIL S.A.

§ 11. FICA CRIADO, NOS TERMOS DA LEI, O BANCO DE DESENVOLVIMENTO DO CENTRO-OESTE, PARA DAR CUMPRIMENTO, NA REFERIDA REGIÃO, AO QUE DETERMINAM OS ARTS. 159, I, "C", E 192, § 2º, DA CONSTITUIÇÃO.

§ 12. A URGÊNCIA PREVISTA NO ART. 148, II, NÃO PREJUDICA A COBRANÇA DO EMPRÉSTIMO COMPULSÓRIO INSTITUÍDO, EM BENEFÍCIO DAS CENTRAIS ELÉTRICAS BRA-

SILEIRAS S.A. (ELETROBRÁS), PELA LEI Nº 4.156, DE 28 DE NOVEMBRO DE 1962, COM AS ALTERAÇÕES POSTERIORES.

O Sistema Tributário Nacional é o conjunto de normas jurídicas que disciplinam a atividade estatal de tributação, ou seja, a instituição, fiscalização e arrecadação de tributos pelos entes federativos com vistas à obtenção de receitas para o financiamento de despesas públicas. Tais normas estão distribuídas por todos os escalões de direito positivo, desde a Constituição Federal até as leis complementares e ordinárias, federais, estaduais, distritais e municipais, passando por resoluções, decretos etc. Assim, o perfil normativo do tributo, quer dizer, o conteúdo desse conjunto de regras, tais como os sujeitos chamados contribuir e os eventos econômicos potencialmente tributáveis, dá mostras muito claras do caráter mais ou menos *democrático* da política tributária existente em um determinado Estado, num momento histórico específico. Nesse sentido, de acordo com o art. 34, *caput*, do ADCT, o Sistema Tributário Nacional não entrou em vigor juntamente com a Constituição de 1988, tendo o início de sua vigência sido prorrogado para o primeiro dia do quinto mês subsequente à promulgação do texto constitucional. Nesse ínterim, vigorou o complexo normativo previsto na Constituição de 1967, com redação dada pela Emenda nº 01/1969 e seguintes. Sintomático, ainda, perceber que o Sistema Tributário Nacional positivado pelo texto de 1988 reproduz, em linhas gerais, as vigas-mestras da política tributária vigente sob as Cartas constitucionais adotadas pela ditadura civil-militar. De fato, a Emenda Constitucional nº 18, de 1965, acrescida à Constituição de 1946 após a edição do Ato Institucional nº 02, introduziu no ordenamento jurídico brasileiro os parâmetros normativos básicos da atividade de tributação que vêm disciplinando a instituição, fiscalização e arrecadação de tributos até os dias de hoje. Em outras palavras, o modelo tributário autoritário adotado pelo regime de exceção foi sendo recebido consecutivamente pelos textos constitucionais brasileiros sem modificações substanciais, inclusive pela Constituição "democrática" de 1988. Isso significa que as principais escolhas sobre que segmentos sociais devem ser chamados a contribuir, os eventos econômicos passíveis de exação e o *quantum* de riqueza a ser transferida ao Estado, são essencialmente as mesmas adotadas pelo regime despótico de 1964. Do que se deduz que as forças econômicas e políticas que ascenderam e se tornaram hegemônicas com o movimento civil-militar eram basicamente as mesmas que se fizeram representar decisivamente em 1988.

Essa hipótese pode ser confirmada à luz do § 5º deste art. 34, cujo enunciado determina que, vigente o "novo" Sistema Tributário Nacional, fica assegurada a aplicação da legislação anterior no que não fosse incompatível com ele e com a legislação referida nos parágrafos 3º e 4º, isto é, as leis que deveriam ser editadas pela União, estados, Distrito Federal e municípios com vistas à aplicação da "nova" sistemática tributária. O § 1º, a seu turno, estabelece exceções à regra geral do *caput*, de modo que tiveram vigência imediata, com a publicação do texto constitucional, os dispositivos relativos ao empréstimo compulsório (art. 148); contribuições especiais (art. 149); princípios constitucionais tributários (art. 150); impostos residuais da União (art. 154, I); imposto sobre a venda a varejo de combustíveis líquidos e gasosos (art. 156, III, extinto pela EC nº 03/1993); e a regra de repartição de receitas tributárias provenientes dos impostos sobre a renda e proventos de qualquer natureza e sobre produtos industrializados (art. 159, III, "c"). O § 2º trata dos Fundos de Participação dos estados, DF e municípios que, à época, deveriam contar também com aportes provenientes dos dois últimos impostos acima mencionados. O § 6º fez uma ressalva ao chamado princípio da anterioridade comum (regra pela qual o tributo instituído ou aumentado apenas pode ser exigido no ano seguinte ao da publicação da lei de instituição ou majoração). De acordo com o dispositivo, isto é, o § 6º, a regra não se aplicava aos impostos sobre a transmissão *causa mortis* e doação (art. 155, I, "a"); circulação de mercadorias e serviços (art. 155, I, "b"); transmissão onerosa de bens imóveis (art. 156, II) e vendas a varejo de combustíveis líquidos e gasosos (art. 156, III, antes da EC nº 03/1993, que extinguiu o tributo). Os dois primeiros, de competência dos estados e Distrito Federal, e os dois últimos, de competência dos municípios e Distrito Federal, poderiam ser cobrados trinta dias após a publicação das leis que os houvessem criado ou aumentado. A propósito, o imposto sobre a venda a varejo de combustíveis deveria contar com alíquotas máximas de até 3% (três por cento) enquanto não sobreviesse lei complementar (§ 7º). No que concerne ao imposto sobre a circulação de mercadorias e serviços (ICMS), se até sessenta dias após a promulgação da Constituição não fosse publicada lei complementar dispondo sobre a matéria, os Estados e o Distrito Federal deveriam celebrar convênio regulando provisoriamente a instituição e cobrança do tributo.

ART. 40. É MANTIDA A ZONA FRANCA DE MANAUS, COM SUAS CARACTERÍSTICAS DE ÁREA LIVRE DE COMÉRCIO, DE EXPORTAÇÃO E IMPORTAÇÃO, E DE INCENTIVOS FISCAIS, PELO PRAZO DE VINTE E CINCO ANOS, A PARTIR DA PROMULGAÇÃO DA CONSTITUIÇÃO.

PARÁGRAFO ÚNICO. SOMENTE POR LEI FEDERAL PODEM SER MODIFICADOS OS CRITÉRIOS QUE DISCIPLINARAM OU VENHAM A DISCIPLINAR A APROVAÇÃO DOS PROJETOS NA ZONA FRANCA DE MANAUS.

ART. 92. SÃO ACRESCIDOS DEZ ANOS AO PRAZO FIXADO NO ART. 40 DESTE ATO DAS DISPOSIÇÕES CONSTITUCIONAIS TRANSITÓRIAS. (INCLUÍDO PELA EMENDA CONSTITUCIONAL Nº 42, DE 19.12.2003)

ART. 92-A. SÃO ACRESCIDOS 50 (CINQUENTA) ANOS AO PRAZO FIXADO PELO ART. 92 DESTE ATO DAS DISPOSIÇÕES CONSTITUCIONAIS TRANSITÓRIAS. (INCLUÍDO PELA EMENDA CONSTITUCIONAL Nº 83, DE 2014)

Com fundamento no artigo 9º, § 2º, do Ato Institucional nº 04, de dezembro de 1966, o militar que então ocupava a presidência da república adotou o Decreto-Lei nº 288, de fevereiro de 1967, estabelecendo a chamada "Zona Franca de Manaus", "área de livre comércio de importação e exportação e de incentivos fiscais especiais estabelecida com a finalidade de criar no interior da Amazônia um centro industrial, comercial e agropecuário dotado de condições econômicas que permitam seu desenvolvimento, em face dos fatores locais e da grande distância, a que se encontram, os centros consumidores de seus produtos" (art. 1º, *caput*). Nem a Constituição de 1967, nem a Emenda Constitucional nº 01, de 1969, acolheram em seus textos esta norma excepcional de tributação, o que sugere que os próprios militares não consideravam o assunto como sendo de natureza constitucional. Pode-se argumentar, é certo, que a previsão no art. 40 deste ADCT justifica-se em razão do disposto no art. 151, I, da Constituição de 1988, que determina: "É vedado à União [...] instituir tributo que não seja uniforme em todo o território nacional ou que implique distinção ou preferência em relação a Estado, ao Distrito Federal ou a Município, em detrimento de outro, admitida a concessão de incentivos fiscais destinados a promover o equilíbrio do desenvolvimento socioeconômico entre as diferentes regiões do País." O "princípio da uniformidade tributária ou geográfica" poderia vedar a criação de uma zona especial de tributação na Amazônia. Duas razões, no entanto, apontam em sentido contrário. Em primeiro lugar, o artigo 21, I, da Constituição de 1967, estabelecia regra muito semelhante, reproduzida, por sua vez, no artigo 20, I, da EC nº 01/1969. Em segundo lugar, a parte final do artigo 151, I, da Constituição de 1988, autoriza tratamento tributário diferenciado entre regiões com vistas à promoção do equilíbrio do desenvolvimento socioeconômico, entre elas, cláusula que abriga justamente a situação da Zona Franca de Manaus. Nesse sentido, não parece exagero afirmar que o legislador constituinte de 1988 foi "mais realista do que o rei", pois as razões jurídicas o moveram a constitucionalizar esta regra especial de tributação já existiam sob domínio dos militares e estes julgaram oportuno não o fazer. Além do mais, de acordo com a doutrina, embora tenha surgido como Decreto-Lei, após a EC nº 01/1969 a norma passou a ter eficácia de lei complementar, pois a carta ditatorial submeteu as matérias ali tratadas a tal reserva. O mesmo se pode dizer no que concerne ao texto de 1988, de modo que, atualmente, o Decreto-Lei nº 288/1967 tem o mesmo status daquele ato normativo. Há que se ressaltar, no entanto, a existência de doutrinadores mais saudosos, dos tempos em que as liberdades civis foram destruídas e que sustentam, de modo absolutamente desarrazoado, a constitucionalização do próprio Decreto, isto é, de todos os seus dispositivos, o que configura evidente absurdo. O que se constitucionalizou foi a determinação para a existência de uma área especial de tributação na Amazônia, e não a disciplina jurídica desta área, cuja competência foi atribuída ao legislador infraconstitucional. De toda forma, as razões econômicas e políticas que justificaram a criação da "Zona Franca de Manaus", em 1967, vale dizer, a exigência de indução estatal para a fixação de um polo econômico em lugar distante dos grandes centros de consumo – e quem sabe alguma "obsessão" com a ideia de que forças estrangeiras pudessem cobiçar o território longínquo –, se faziam algum sentido na década de sessenta do século passado, certamente não eram mais plausíveis em 1988; menos ainda em 2003; sendo *nonsense* em 2014. Teorias econômicas dos mais variados matizes ideológicos indicam que a criação de incentivos fiscais artificiais é contraproducente, pois enseja ambiente concorrencial artificial, ocasionando diminuição geral da produtividade e, no longo prazo, perda de interesse por parte dos agentes econômicos. Do ponto de vista jurídico, há sérios problemas no que concerne à isonomia tributária, pois o grau de calibração dos incentivos tributários precisa ser ótimo, isto é, absolutamente razoável e proporcional, sob pena de injustificáveis privilégios fiscais. Assim, o que explica a constitucionalização da Zona Franca de Manaus em 1988; sua prorrogação em 2003 e; sobretudo, seu prolongamento absurdo por mais cinquenta anos a partir de 2014? Apenas razões de índole política. As forças hegemônicas em 1967 fizeram-se presentes na constituinte de 1988 com redobrada potência e não viram sua influência diminuir nas décadas subsequentes. É evidente que não são mais razoáveis, e talvez sejam até mesmo desnecessários os incentivos fiscais concedidos às empresas ali instaladas, o que não significa que devam ser extintos inopinadamente. A desconstitucionalização dos dispositivos já seria um primeiro passo para um regime de transição em que, paulatinamente, as diferenças tributárias fossem sendo eliminadas, mantidas apenas as estritamente necessárias à equalização das condições de produção e comercialização quando comparadas às demais regiões do país, pois não se pode olvidar, por outro lado, o disposto no artigo 3º, inciso III, do texto constitucional de 1988.

ART. 41. OS PODERES EXECUTIVOS DA UNIÃO, DOS ESTADOS, DO DISTRITO FEDERAL E DOS MUNICÍPIOS REAVALIARÃO TODOS OS INCENTIVOS FISCAIS DE NATUREZA SETORIAL ORA EM VIGOR, PROPONDO AOS PODERES LEGISLATIVOS RESPECTIVOS AS MEDIDAS CABÍVEIS.

§ 1º CONSIDERAR-SE-ÃO REVOGADOS APÓS DOIS ANOS, A PARTIR DA DATA DA PROMULGAÇÃO DA CONSTITUIÇÃO, OS INCENTIVOS QUE NÃO FOREM CONFIRMADOS POR LEI.

§ 2º A REVOGAÇÃO NÃO PREJUDICARÁ OS DIREITOS QUE JÁ TIVEREM SIDO ADQUIRIDOS, ÀQUELA DATA, EM RELAÇÃO A INCENTIVOS CONCEDIDOS SOB CONDIÇÃO E COM PRAZO CERTO.

§ 3º OS INCENTIVOS CONCEDIDOS POR CONVÊNIO ENTRE ESTADOS, CELEBRADOS NOS TERMOS DO ART. 23, § 6º, DA CONSTITUIÇÃO DE 1967, COM A REDAÇÃO DA EMENDA CONSTITUCIONAL Nº 1, DE 17 DE OUTUBRO DE 1969, TAMBÉM DEVERÃO SER REAVALIADOS E RECONFIRMADOS NOS PRAZOS DESTE ARTIGO.

Em certos dispositivos do ADCT verifica-se nítida preocupação do legislador constituinte no sentido de demarcar os limites do regime democrático com relação ao regime de exceção que vigorou até a promulgação da Constituição de 1988. Esse artigo 41 é exemplo típico, na medida em que determinava aos Poderes Executivos dos quatro entes federativos a reavaliação dos incentivos fiscais setoriais, isto é, benefícios concedidos a setores econômicos específicos, que violentavam, em certa medida, o princípio da isonomia tributária. A determinação para que se propusesse aos Poderes Legislativos as "medidas cabíveis" significava que os incentivos poderiam prosseguir, desde que submetidos ao crivo do Congresso Nacional, Assembleias Legislativas, Câmara Legislativa e Câmaras Municipais e que fossem confirmados pelas respectivas leis. Na ausência de tal confirmação, seriam considerados tacitamente revogados após transcorrido o período de dois anos a partir da promulgação do texto constitucional. Ficavam ressalvados, entretanto, os "direitos adquiridos" no que concerne aos incentivos condicionados, reconhecidos sob prazo determinado. Nesse caso, entende-se que há certa onerosidade no que tange ao cumprimento das condições, razão pela qual se deve garantir àqueles que gozam do benefício o exaurimento do prazo fixado em lei para que não tenham de arcar com eventuais prejuízos econômicos. Vale lembrar, contudo, que não há que se cogitar de "direito adquirido" contra o poder constituinte originário, razão pela qual esta ressalva demonstra apenas a força dos poderes econômicos e políticos estabelecidos à época do regime de exceção e que conseguiram fazer valer seus interesses mesmo com o advento da ordem democrática. Os chamados "créditos-prêmios" do imposto sobre produtos industrializados (IPI) na exportação são exemplo interessante de abrangência da norma sob comento. De fato, o Decreto-Lei nº 491, de 5 de março de 1969, adotado com fundamento no Ato Institucional nº 05, de dezembro de 1968, assegurava às "empresas fabricantes e exportadoras de produtos manufaturados", "a título de estímulo fiscal, créditos tributários sobre suas vendas para o exterior, como ressarcimento de tributos pagos internamente" (art. 1º, *caput*). Com o advento da Constituição, discutiu-se por muito tempo, sobretudo no STF, a permanência deste benefício. O movimento por sua reafirmação foi intenso, o que redundou na adoção, pelo Senado Federal, da Resolução nº 71, de 2005. Nela, a pretexto de se suspenderem a execução de diversos dispositivos de decretos que tratavam da matéria, restou "preservada a vigência do que remanesce do art. 1º do Decreto-Lei nº 491, de 5 de março de 1969" (art. 1º, *in fine*). Quer dizer, na medida em que foram revogados certos artigos e mantidos outros, tentou-se, por vias oblíquas, assegurar a manutenção do benefício setorial, o que permite concluir que os interesses econômicos e políticos que deram ensejo aos "créditos-prêmios" em 1969 encontravam-se em plena potênciaem 2005. No entanto, o STF resolveu definitivamente a questão em 2009. No julgamento do RE nº 577.348/RS, o Pleno assentou: "O crédito-prêmio de IPI constitui um incentivo fiscal de natureza setorial de que trata o do art. 41, *caput*, do Ato das Disposições Transitórias da Constituição. Como o crédito-prêmio de IPI não foi confirmado por lei superveniente no prazo de dois anos, após a publicação da Constituição Federal de 1988, segundo dispõe o § 1º do art. 41 do ADCT, deixou ele de existir. O incentivo fiscal instituído pelo artigo 1º do Decreto-Lei nº 491, de 5 de março de 1969, deixou de vigorar em 5 de outubro de 1990, por força do disposto no § 1º do art. 41 do Ato de Disposições Constitucionais Transitórias da Constituição Federal de 1988, tendo em vista sua natureza setorial".

ART. 74. A UNIÃO PODERÁ INSTITUIR CONTRIBUIÇÃO PROVISÓRIA SOBRE MOVIMENTAÇÃO OU TRANSMISSÃO DE VALORES E DE CRÉDITOS E DIREITOS DE NATUREZA FINANCEIRA. (INCLUÍDO PELA EMENDA CONSTITUCIONAL Nº 12, DE 1996)

§ 1º A ALÍQUOTA DA CONTRIBUIÇÃO DE QUE TRATA ESTE ARTIGO NÃO EXCEDERÁ A VINTE E CINCO CENTÉSIMOS POR CENTO, FACULTADO AO PODER EXECUTIVO REDUZI-LA OU RESTABELECÊ-LA, TOTAL OU PARCIALMENTE, NAS CONDIÇÕES E LIMITES FIXADOS EM LEI. (INCLUÍDO PELA EMENDA CONSTITUCIONAL Nº 12, DE 1996)

§ 2º A CONTRIBUIÇÃO DE QUE TRATA ESTE ARTIGO NÃO SE APLICA O DISPOSTO NOS ARTS. 153, § 5º, E 154, I, DA CONSTITUIÇÃO. (INCLUÍDO PELA EMENDA CONSTITUCIONAL Nº 12, DE 1996)

§ 3º O PRODUTO DA ARRECADAÇÃO DA CONTRIBUIÇÃO DE QUE TRATA ESTE ARTIGO SERÁ DESTINADO INTEGRALMENTE AO FUNDO NACIONAL DE SAÚDE, PARA FINANCIAMENTO DAS AÇÕES E SERVIÇOS DE SAÚDE. (INCLUÍDO PELA EMENDA CONSTITUCIONAL Nº 12, DE 1996)

§ 4º A CONTRIBUIÇÃO DE QUE TRATA ESTE ARTIGO TERÁ SUA EXIGIBILIDADE SUBORDINADA AO DISPOSTO NO ART. 195, § 6º DA CONSTITUIÇÃO, E NÃO PODERÁ SER COBRADA POR PRAZO SUPERIOR A DOIS ANOS. (INCLUÍDO PELA EMENDA CONSTITUCIONAL Nº 12, DE 1996)

ART. 75. É PRORROGADA, POR TRINTA E SEIS MESES, A COBRANÇA DA CONTRIBUIÇÃO PROVISÓRIA SOBRE MOVIMENTAÇÃO OU TRANSMISSÃO DE VALORES E DE CRÉDITOS E DIREITOS DE NATUREZA FINANCEIRA DE QUE TRATA O ART. 74, INSTITUÍDA PELA *LEI Nº 9.311, DE 24 DE OUTUBRO DE 1996*, MODIFICADA PELA *LEI Nº 9.539, DE 12 DE DEZEMBRO DE 1997*, CUJA VIGÊNCIA É TAMBÉM PRORROGADA POR IDÊNTICO PRAZO. (INCLUÍDO PELA EMENDA CONSTITUCIONAL Nº 21, DE 1999)

§ 1º OBSERVADO O DISPOSTO NO § 6º DO ART. 195 DA CONSTITUIÇÃO FEDERAL, A ALÍQUOTA DA CONTRIBUIÇÃO SERÁ DE TRINTA E OITO CENTÉSIMOS POR CENTO, NOS PRIMEIROS DOZE MESES, E DE TRINTA CENTÉSIMOS, NOS MESES SUBSEQUENTES, FACULTADO AO PODER EXECUTIVO

REDUZI-LA TOTAL OU PARCIALMENTE, NOS LIMITES AQUI DEFINIDOS. (INCLUÍDO PELA EMENDA CONSTITUCIONAL Nº 21, DE 1999)

§ 2º O RESULTADO DO AUMENTO DA ARRECADAÇÃO, DECORRENTE DA ALTERAÇÃO DA ALÍQUOTA, NOS EXERCÍCIOS FINANCEIROS DE 1999, 2000 E 2001, SERÁ DESTINADO AO CUSTEIO DA PREVIDÊNCIA SOCIAL. (INCLUÍDO PELA EMENDA CONSTITUCIONAL Nº 21, DE 1999)

§ 3º É A UNIÃO AUTORIZADA A EMITIR TÍTULOS DA DÍVIDA PÚBLICA INTERNA, CUJOS RECURSOS SERÃO DESTINADOS AO CUSTEIO DA SAÚDE E DA PREVIDÊNCIA SOCIAL, EM MONTANTE EQUIVALENTE AO PRODUTO DA ARRECADAÇÃO DA CONTRIBUIÇÃO, PREVISTA E NÃO REALIZADA EM 1999. (INCLUÍDO PELA EMENDA CONSTITUCIONAL Nº 21, DE 1999) (VIDE ADIN Nº 2.031-5)

ART. 76. SÃO DESVINCULADOS DE ÓRGÃO, FUNDO OU DESPESA, ATÉ 31 DE DEZEMBRO DE 2023, 30% (TRINTA POR CENTO) DA ARRECADAÇÃO DA UNIÃO RELATIVA ÀS CONTRIBUIÇÕES SOCIAIS, SEM PREJUÍZO DO PAGAMENTO DAS DESPESAS DO REGIME GERAL DA PREVIDÊNCIA SOCIAL, ÀS CONTRIBUIÇÕES DE INTERVENÇÃO NO DOMÍNIO ECONÔMICO E ÀS TAXAS, JÁ INSTITUÍDAS OU QUE VIEREM A SER CRIADAS ATÉ A REFERIDA DATA. (REDAÇÃO DADA PELA EMENDA CONSTITUCIONAL Nº 93)

§ 1º (REVOGADO). *(REDAÇÃO DADA PELA EMENDA CONSTITUCIONAL Nº 93) PRODUÇÃO DE EFEITOS*

§ 2º EXCETUA-SE DA DESVINCULAÇÃO DE QUE TRATA O CAPUT A ARRECADAÇÃO DA CONTRIBUIÇÃO SOCIAL DO SALÁRIO-EDUCAÇÃO A QUE SE REFERE O § 5º DO ART. 212 DA CONSTITUIÇÃO FEDERAL. (REDAÇÃO DADA PELA EMENDA CONSTITUCIONAL Nº 68, DE 2011).

§ 3º (REVOGADO). *(REDAÇÃO DADA PELA EMENDA CONSTITUCIONAL Nº 93) PRODUÇÃO DE EFEITOS*

A chamada "desvinculação de receitas da União" (DRU) é certamente um dos artifícios mais maliciosos já aprovados pelo poder constituinte de reforma, com a aquiescência do Supremo Tribunal Federal. Trata-se de mecanismo pelo qual se subverte ainda mais o já pouco prestigiado Sistema Tributário Nacional e todo o sistema de finanças públicas destinadas ao financiamento das ações relativas à seguridade social. A DRU teve início no ano 2000, com a Emenda Constitucional nº 27, e foi consecutivamente prorrogada e ampliada com as Emendas nº 42, de 2003; 56, de 2007; 68, de 2011; até seu perfil atual, introduzido pela Emenda nº 93, de 2016. O objeto da DRU são as contribuições sociais, as contribuições de intervenção no domínio econômico e as taxas, que consistem em tributos cuja natureza jurídica é marcada justamente pela *vinculação* de receitas ou fatos geradores. A emenda, uma vez que autoriza a *desvinculação*, neutraliza a estrutura normativa de tais exações, transformando-as em simples mecanismos de coleta de dinheiro. A hipótese é facilmente comprovada. A natureza jurídica das contribuições é determinada pela *finalidade* que cumprem, isto é, não a simples arrecadação de recursos financeiros (caso em que seriam caracterizadas como impostos), mas a função que desempenham ao viabilizar a *atuação* da União nas três áreas apontadas pelo artigo 149 da Constituição, a saber: domínio econômico; área social; e área de interesse de categorias profissionais ou econômicas. Assim, ao contrário do que ocorre com os impostos, a constitucionalidade das contribuições depende não apenas do modo como a lei instituidora projeta a relação jurídica perante os particulares-contribuintes, determinando a maneira pela qual parcela de suas riquezas e, portanto, de suas propriedades privadas, serão transferidas compulsoriamente ao cofres públicos, mas, sobretudo, do entrelaçamento da regra-matriz de incidência com as normas de direito orçamentário e financeiro, isto é, de restar absolutamente assegurada a aplicação dos recursos captados com o setor privado nas ações designadas pelo texto constitucional. Em outras palavras, a natureza jurídica das contribuições é *bidimensional*, ou seja, depende, de um lado, de como a hipótese de incidência confronta a propriedade privada do sujeito passivo tributário (tal como se dá com os impostos) e, de outro, simultaneamente, do modo como os recursos arrecadados serão aplicados pelo Estado (aspecto que particulariza as contribuições). Nesse sentido, pode-se afirmar que as pessoas naturais e jurídicas, no Brasil, têm o direito fundamental de apenas serem tributadas por intermédio de contribuições se ambos os aspectos que determinam sua natureza jurídica forem observados. Qualquer desvio nos parâmetros da regra-matriz, isto é, de sua projeção ao contribuinte ou seu entrelaçamento com normas de direito orçamentário e financeiro, significa a violação de direitos e garantias individuais e, portanto, ofensa a cláusula pétrea (CF/1988, art. 60, § 4º, IV). O que a DRU faz é justamente isso: ao determinar a desvinculação de receitas das contribuições sociais, o poder constituinte de reforma neutraliza sua natureza jurídica, anulando-a como contribuição e transformando-a em imposto. Ocorre, porém, que o cidadão-contribuinte brasileiro tem o direito subjetivo constitucional de apenas ser tributado por intermédio de contribuições se ambas as faces de sua hipótese de incidência forem observadas, isto é, a projeção normativa sobre sua propriedade privada, e, ao mesmo tempo, a vinculação de suas receitas à área específica determinada pela Constituição. Fora desse esquadro, a instituição é inconstitucional. O mesmo ocorre com a Emenda que estabeleceu a DRU, por ofensa explícita ao artigo 60, § 4º, IV, do texto constitucional. Nada obstante, o STF permaneceu coerente com a tradição de negar força normativa à Constituição e submeter-se aos imperativos imediatistas determinados pelas vicissitudes políticas de ocasião. Nas oportunidades em que lhe coube analisar as emendas que introduziram a DRU, não logrou vislumbrar qualquer ofensa ao texto constitucional: "Tributo. Contribuição social. Art. 76 do ADCT. Emenda Constitucional nº 27/2000. Desvinculação de 20% do produto da arrecadação. Admissibilidade. Inexistência de ofensa a cláusula pétrea. Negado seguimento ao recurso. Não é inconstitucional a desvinculação de parte da arrecadação de contribuição social, levada a efeito por emenda constitucional" (STF, RE nº 537.610/ RS, Primeira Turma, 2009). Em suma, parece absoluto *nonsense* falar-se em "déficit da Previdência" quando parte substancial de suas receitas é retirada através de mecanismo flagrantemente inconstitucional.

ART. 76-A. SÃO DESVINCULADOS DE ÓRGÃO, FUNDO OU DESPESA, ATÉ 31 DE DEZEMBRO DE 2023, 30% (TRINTA POR CENTO) DAS RECEITAS DOS ESTADOS E DO DISTRITO FEDERAL RELATIVAS A IMPOSTOS, TAXAS E MULTAS, JÁ INSTITUÍDOS OU QUE VIEREM A SER CRIADOS ATÉ A REFERIDA DATA, SEUS ADICIONAIS E RESPECTIVOS ACRÉSCIMOS LEGAIS, E OUTRAS RECEITAS CORRENTES. (INCLUÍDO DADA PELA EMENDA CONSTITUCIONAL Nº 93) PRODUÇÃO DE EFEITOS

PARÁGRAFO ÚNICO. EXCETUAM-SE DA DESVINCULAÇÃO DE QUE TRATA O *CAPUT*: (INCLUÍDO DADA PELA EMENDA CONSTITUCIONAL Nº 93) PRODUÇÃO DE EFEITOS

- RECURSOS DESTINADOS AO FINANCIAMENTO DAS AÇÕES E SERVIÇOS PÚBLICOS DE SAÚDE E À MANUTENÇÃO E DESENVOLVIMENTO DO ENSINO DE QUE TRATAM, RESPECTIVAMENTE, OS INCISOS II E III DO § 2º DO ART. 198 E O ART. 212 DA CONSTITUIÇÃO FEDERAL; (INCLUÍDO DADA PELA EMENDA CONSTITUCIONAL Nº 93) PRODUÇÃO DE EFEITOS
- RECEITAS QUE PERTENCEM AOS MUNICÍPIOS DECORRENTES DE TRANSFERÊNCIAS PREVISTAS NA CONSTITUIÇÃO FEDERAL; (INCLUÍDO DADA PELA EMENDA CONSTITUCIONAL Nº 93) PRODUÇÃO DE EFEITOS
- RECEITAS DE CONTRIBUIÇÕES PREVIDENCIÁRIAS E DE ASSISTÊNCIA À SAÚDE DOS SERVIDORES; (INCLUÍDO DADA PELA EMENDA CONSTITUCIONAL Nº 93) PRODUÇÃO DE EFEITOS
- DEMAIS TRANSFERÊNCIAS OBRIGATÓRIAS E VOLUNTÁRIAS ENTRE ENTES DA FEDERAÇÃO COM DESTINAÇÃO ESPECIFICADA EM LEI; (INCLUÍDO DADA PELA EMENDA CONSTITUCIONAL Nº 93) PRODUÇÃO DE EFEITOS
- FUNDOS INSTITUÍDOS PELO PODER JUDICIÁRIO, PELOS TRIBUNAIS DE CONTAS, PELO MINISTÉRIO PÚBLICO, PELAS DEFENSORIAS PÚBLICAS E PELAS PROCURADORIAS-GERAIS DOS ESTADOS E DO DISTRITO FEDERAL. (INCLUÍDO DADA PELA EMENDA CONSTITUCIONAL Nº 93) PRODUÇÃO DE EFEITOS

ART. 76-B. SÃO DESVINCULADOS DE ÓRGÃO, FUNDO OU DESPESA, ATÉ 31 DE DEZEMBRO DE 2023, 30% (TRINTA POR CENTO) DAS RECEITAS DOS MUNICÍPIOS RELATIVAS A IMPOSTOS, TAXAS E MULTAS, JÁ INSTITUÍDOS OU QUE VIEREM A SER CRIADOS ATÉ A REFERIDA DATA, SEUS ADICIONAIS E RESPECTIVOS ACRÉSCIMOS LEGAIS, E OUTRAS RECEITAS CORRENTES. (INCLUÍDO DADA PELA EMENDA CONSTITUCIONAL Nº 93) PRODUÇÃO DE EFEITOS

PARÁGRAFO ÚNICO. EXCETUAM-SE DA DESVINCULAÇÃO DE QUE TRATA O CAPUT:(INCLUÍDO DADA PELA EMENDA CONSTITUCIONAL Nº 93) PRODUÇÃO DE EFEITOS

I – RECURSOS DESTINADOS AO FINANCIAMENTO DAS AÇÕES E SERVIÇOS PÚBLICOS DE SAÚDE E À MANUTENÇÃO E DESENVOLVIMENTO DO ENSINO DE QUE TRATAM, RESPECTIVAMENTE, OS INCISOS II E III DO § 2º DO ART. 198 E O ART. 212 DA CONSTITUIÇÃO FEDERAL; (INCLUÍDO DADA PELA EMENDA CONSTITUCIONAL Nº 93) PRODUÇÃO DE EFEITOS

II – RECEITAS DE CONTRIBUIÇÕES PREVIDENCIÁRIAS E DE ASSISTÊNCIA À SAÚDE DOS SERVIDORES; (INCLUÍDO DADA PELA EMENDA CONSTITUCIONAL Nº 93) PRODUÇÃO DE EFEITOS

III – TRANSFERÊNCIAS OBRIGATÓRIAS E VOLUNTÁRIAS ENTRE ENTES DA FEDERAÇÃO COM DESTINAÇÃO ESPECIFICADA EM LEI; (INCLUÍDO DADA PELA EMENDA CONSTITUCIONAL Nº 93) PRODUÇÃO DE EFEITOS

IV – FUNDOS INSTITUÍDOS PELO TRIBUNAL DE CONTAS DO MUNICÍPIO. (INCLUÍDO DADA PELA EMENDA CONSTITUCIONAL Nº 93) PRODUÇÃO DE EFEITOS

A Emenda Constitucional nº 93, de 2016, estendeu aos Estados, Distrito Federal (DRE) e Municípios (DRM) a desvinculação das receitas tributárias relativas a impostos, taxas e multas. Aparentemente, as chamadas DRE e DRM seriam menos perversas do que a DRU porque, afinal de contas, não lidam com contribuições sociais para a seguridade social. Ledo engano, pois o artigo 167, IV, da Constituição, embora estabeleça como regra a desvinculação de receita de impostos a órgão, fundo ou despesa, prevê exceções, ou seja, situações em que tais receitas devem permanecer vinculadas. Pois bem, a DRE e a DRM afetam justamente estas, embora se deva observar a "proteção" aos serviços de saúde e educação, tal como constam de seus parágrafos. Além do mais, as taxas, por serem tributos com fatos geradores vinculados à prestação de serviços públicos específicos e divisíveis ou exercício de poder de polícia, possuem sua dimensão quantitativa atrelada ao financiamento dessas despesas. Em outros termos, a fixação de quanto deve ser cobrado a título de taxa depende dos gastos estatais com a manutenção do serviço ou execução da atividade de fiscalização, de modo que a desvinculação de suas receitas neutraliza esta relação de proporcionalidade, colocando em risco a constitucionalidade do tributo. Finalmente, no que concerne às multas, modifica sua natureza jurídica, que deixa de ser prestação pecuniária qualificada como sanção, cuja finalidade liga-se à reprovação de certas condutas, para se qualificar como simples mecanismo de coleta de dinheiro. Em suma, a DRE e a DRM apresentam as mesmas desvantagens que a DRU e nenhuma vantagem, a não ser no que concerne à predominância de interesses políticos de ocasião e que desprestigiam a força normativa da Constituição.

...

ART. 84. A CONTRIBUIÇÃO PROVISÓRIA SOBRE MOVIMENTAÇÃO OU TRANSMISSÃO DE VALORES E DE CRÉDITOS E DIREITOS DE NATUREZA FINANCEIRA, PREVISTA NOS ARTS. 74, 75 E 80, I, DESTE ATO DAS DISPOSIÇÕES CONSTITUCIONAIS TRANSITÓRIAS, SERÁ COBRADA ATÉ 31 DE DEZEMBRO DE 2004. (INCLUÍDO PELA EMENDA CONSTITUCIONAL Nº 37, DE 2002)

§ 1º FICA PRORROGADA, ATÉ A DATA REFERIDA NO CAPUT DESTE ARTIGO, A VIGÊNCIA DA *LEI Nº 9.311, DE 24 DE OUTUBRO DE 1996*, E SUAS ALTERAÇÕES. (INCLUÍDO PELA EMENDA CONSTITUCIONAL Nº 37, DE 2002)

§ 2º DO PRODUTO DA ARRECADAÇÃO DA CONTRIBUIÇÃO SOCIAL DE QUE TRATA ESTE ARTIGO SERÁ DESTINADA A PARCELA CORRESPONDENTE À ALÍQUOTA DE: (INCLUÍDO PELA EMENDA CONSTITUCIONAL Nº 37, DE 2002)

I – VINTE CENTÉSIMOS POR CENTO AO FUNDO NACIONAL DE SAÚDE, PARA FINANCIAMENTO DAS AÇÕES E SERVIÇOS DE SAÚDE; (INCLUÍDO PELA EMENDA CONSTITUCIONAL Nº 37, DE 2002)

II – DEZ CENTÉSIMOS POR CENTO AO CUSTEIO DA PREVIDÊNCIA SOCIAL; (INCLUÍDO PELA EMENDA CONSTITUCIONAL Nº 37, DE 2002)

III – OITO CENTÉSIMOS POR CENTO AO FUNDO DE COMBATE E ERRADICAÇÃO DA POBREZA, DE QUE TRATAM OS ARTS. 80 E 81 DESTE ATO DAS DISPOSIÇÕES CONSTITUCIONAIS TRANSITÓRIAS. (INCLUÍDO PELA EMENDA CONSTITUCIONAL Nº 37, DE 2002)

§ 3º A ALÍQUOTA DA CONTRIBUIÇÃO DE QUE TRATA ESTE ARTIGO SERÁ DE: (INCLUÍDO PELA EMENDA CONSTITUCIONAL Nº 37, DE 2002)

I – TRINTA E OITO CENTÉSIMOS POR CENTO, NOS EXERCÍCIOS FINANCEIROS DE 2002 E 2003; (INCLUÍDO PELA EMENDA CONSTITUCIONAL Nº 37, DE 2002)

II - *(REVOGADO PELA EMENDA CONSTITUCIONAL Nº 42, DE 19.12.2003)*

ART. 85. A CONTRIBUIÇÃO A QUE SE REFERE O ART. 84 DESTE ATO DAS DISPOSIÇÕES CONSTITUCIONAIS TRANSITÓRIAS NÃO INCIDIRÁ, A PARTIR DO TRIGÉSIMO DIA DA DATA DE PUBLICAÇÃO DESTA EMENDA CONSTITUCIONAL, NOS LANÇAMENTOS: (INCLUÍDO PELA EMENDA CONSTITUCIONAL Nº 37, DE 2002)

I – EM CONTAS CORRENTES DE DEPÓSITO ESPECIALMENTE ABERTAS E EXCLUSIVAMENTE UTILIZADAS PARA OPERAÇÕES DE: (INCLUÍDO PELA EMENDA CONSTITUCIONAL Nº 37, DE 2002) (VIDE LEI Nº 10.982, DE 2004)

A) CÂMARAS E PRESTADORAS DE SERVIÇOS DE COMPENSAÇÃO E DE LIQUIDAÇÃO DE QUE TRATA O PARÁGRAFO ÚNICO DO ART. 2º DA LEI Nº 10.214, DE 27 DE MARÇO DE 2001; (INCLUÍDO PELA EMENDA CONSTITUCIONAL Nº 37, DE 2002)

B) COMPANHIAS SECURITIZADORAS DE QUE TRATA A LEI Nº 9.514, DE 20 DE NOVEMBRO DE 1997; (INCLUÍDO PELA EMENDA CONSTITUCIONAL Nº 37, DE 2002)

C) SOCIEDADES ANÔNIMAS QUE TENHAM POR OBJETO EXCLUSIVO A AQUISIÇÃO DE CRÉDITOS ORIUNDOS DE OPERAÇÕES PRATICADAS NO MERCADO FINANCEIRO; (INCLUÍDO PELA EMENDA CONSTITUCIONAL Nº 37, DE 2002)

II – EM CONTAS CORRENTES DE DEPÓSITO, RELATIVOS A: (INCLUÍDO PELA EMENDA CONSTITUCIONAL Nº 37, DE 2002)

A) OPERAÇÕES DE COMPRA E VENDA DE AÇÕES, REALIZADAS EM RECINTOS OU SISTEMAS DE NEGOCIAÇÃO DE BOLSAS DE VALORES E NO MERCADO DE BALCÃO ORGANIZADO; (INCLUÍDO PELA EMENDA CONSTITUCIONAL Nº 37, DE 2002)

B) CONTRATOS REFERENCIADOS EM AÇÕES OU ÍNDICES DE AÇÕES, EM SUAS DIVERSAS MODALIDADES, NEGOCIADOS EM BOLSAS DE VALORES, DE MERCADORIAS E DE FUTUROS; (INCLUÍDO PELA EMENDA CONSTITUCIONAL Nº 37, DE 2002)

III – EM CONTAS DE INVESTIDORES ESTRANGEIROS, RELATIVOS A ENTRADAS NO PAÍS E A REMESSAS PARA O EXTERIOR DE RECURSOS FINANCEIROS EMPREGADOS, EXCLUSIVAMENTE, EM OPERAÇÕES E CONTRATOS REFERIDOS NO INCISO II DESTE ARTIGO. (INCLUÍDO PELA EMENDA CONSTITUCIONAL Nº 37, DE 2002)

§ 1º O PODER EXECUTIVO DISCIPLINARÁ O DISPOSTO NESTE ARTIGO NO PRAZO DE TRINTA DIAS DA DATA DE PUBLICAÇÃO DESTA EMENDA CONSTITUCIONAL. (INCLUÍDO PELA EMENDA CONSTITUCIONAL Nº 37, DE 2002)

§ 2º O DISPOSTO NO INCISO I DESTE ARTIGO APLICA-SE SOMENTE ÀS OPERAÇÕES RELACIONADAS EM ATO DO PODER EXECUTIVO, DENTRE AQUELAS QUE CONSTITUAM O OBJETO SOCIAL DAS REFERIDAS ENTIDADES. (INCLUÍDO PELA EMENDA CONSTITUCIONAL Nº 37, DE 2002)

§ 3º O DISPOSTO NO INCISO II DESTE ARTIGO APLICA-SE SOMENTE A OPERAÇÕES E CONTRATOS EFETUADOS POR INTERMÉDIO DE INSTITUIÇÕES FINANCEIRAS, SOCIEDADES CORRETORAS DE TÍTULOS E VALORES MOBILIÁRIOS, SOCIEDADES DISTRIBUIDORAS DE TÍTULOS E VALORES MOBILIÁRIOS E SOCIEDADES CORRETORAS DE MERCADORIAS. (INCLUÍDO PELA EMENDA CONSTITUCIONAL Nº 37, DE 2002)

...

ART. 90. O PRAZO PREVISTO NO CAPUT DO ART. 84 DESTE ATO DAS DISPOSIÇÕES CONSTITUCIONAIS TRANSITÓRIAS FICA PRORROGADO ATÉ 31 DE DEZEMBRO DE 2007. (INCLUÍDO PELA EMENDA CONSTITUCIONAL Nº 42, DE 19.12.2003)

§ 1º FICA PRORROGADA, ATÉ A DATA REFERIDA NO *CAPUT* DESTE ARTIGO, A VIGÊNCIA DA *LEI Nº 9.311, DE 24 DE OUTUBRO DE 1996*, E SUAS ALTERAÇÕES. (INCLUÍDO PELA EMENDA CONSTITUCIONAL Nº 42, DE 19.12.2003)

§ 2º ATÉ A DATA REFERIDA NO CAPUT DESTE ARTIGO, A ALÍQUOTA DA CONTRIBUIÇÃO DE QUE TRATA O ART. 84 DESTE ATO DAS DISPOSIÇÕES CONSTITUCIONAIS TRANSITÓRIAS SERÁ DE TRINTA E OITO CENTÉSIMOS POR CENTO.

A contribuição provisória sobre movimentação ou transmissão de valores e de créditos e direitos de natureza financeira (CPMF) teve sua instituição autorizada pela Emenda Constitucional nº 12, de 1996, e foi criada pela Lei nº 9.311, de 1996. A competência para a sua instituição foi introduzida no ADCT com o propósito de viabilizar a substituição do imposto provisório sobre a movimentação ou a transmissão de valores e de créditos e direitos de natureza financeira (IPMF), instituído pela Lei Complementar nº 77, de 1993, com fundamento em norma de competência prevista na Emenda Constitucional nº 03, de 1993. O IPMF foi julgado parcialmente inconstitucional pelo STF, entre outros motivos, porque certos dispositivos da EC nº 03/1993 e da LC nº 77/1993 violavam os princípios constitucionais tributários da anterioridade e imunidade recíproca, considerados cláusulas pétreas pela corte constitucional (ADIN nº 939/DF, 1993). Não obstante, os artigos considerados constitucionais vigeram pelo período estabelecido nas normas acima mencionadas, sendo certo que, ao final, não houve prorrogação do tributo. A CPMF ostentava natureza jurídica de contribuição especial, na modalidade contribuição social para a seguridade social, porque o § 3º deste art. 74 determinava que o produto de sua arrecadação deveria ser destinado integralmente ao Fundo Nacional de Saúde para financiamento das ações e serviços de saúde. Esta natureza restou confirmada pelas emendas posteriores que ensejaram suas prorrogações consecutivas, tal como dispôs o § 2º do artigo 75 (EC nº 37/2002), que impôs a destinação de parte dos recursos à previdência social, e o § 2º do artigo 84 (EC nº 37/2002), que vinculou parte das receitas ao Fundo Nacional de Combate e Erradicação da Pobreza. Como se sabe, o que determina a natureza jurídica da contribuição é a sua finalidade, vale dizer, a função que cumpre de viabilizar a atuação da União numa área determinada constitucionalmente. Nesse sentido, as emendas que trataram da CPMF vincularam o produto de sua arrecadação às áreas previstas no artigo 194 da Constituição, outorgando-lhe, com isso, a natureza de contribuição social para a seguridade social. Como consequência, a instituição e cobrança do tributo submeteram-se a certas regras constitucionais específicas destas contribuições, como, por exemplo, a chamada anterioridade mitigada ou nonagesimal. De fato, nos termos do art. 195, § 6º, da CF/1988, tais contribuições podem "ser exigidas após decorridos noventa dias da data da publicação da lei que as houver instituído ou modificado, não se lhes aplicando o disposto no artigo 150, III, 'b'", ou seja, afastando-se o princípio da anterioridade comum, segundo o qual a cobrança do tributo apenas pode ocorrer no exercício financeiro seguinte ao da sua instituição ou majoração. Não por outra razão, o § 4º do artigo 74 do ADCT dispôs: "A contribuição de que trata este artigo terá sua exigibilidade subordinada ao disposto no artigo 195, § 6º, da Constituição, e não poderá ser cobrada por prazo superior a dois anos". A determinação foi seguida pelo § 1º, do artigo 75, introduzido pela Emenda Constitucional nº 21, de 1999, que pela primeira vez prorrogou a cobrança do tributo. No entanto, registre-se que o STF sempre se posicionou favoravelmente à prorrogação sem a necessária observância da regra de anterioridade nonagesimal, em nítida violação ao que determina o texto constitucional: "Ocorrência de mera prorrogação da Lei nº 9.311/1996, modificada pela Lei nº 9.539/1997, não tendo aplicação ao caso o disposto no artigo 195, § 6º, da Constituição Federal. O princípio da anterioridade nonagesimal aplica-se apenas aos casos de instituição ou modificação da contribuição social, e não ao caso de simples prorrogação da lei que a houver instituído ou modificado" (STF, ADIN nº 2.666/DF). A propósito, as sucessivas prorrogações de competência para a instituição e cobrança do tributo sempre provocaram acesos debates, pois colocavam em xeque o caráter "provisório" do tributo. De fato, a letra do § 4º, *in fine*, do artigo 74, segundo a qual a contribuição não poderia "ser cobrada por prazo superior a dois anos" foi completamente ignorada, pois o tributo foi exigido até o dia 31 de dezembro de 2007, nos termos do artigo 90, *caput*, deste ADCT, incluído pela Emenda Constitucional nº 43, de 2002. Assim, a década de vigência da CPMF transformou o "provisório" em "definitivo", violentando uma série de regras constitucionais, sempre com a aquiescência do STF. Nesse sentido, o § 2º do artigo 74, segundo o qual a contribuição não deveria se submeter ao disposto nos artigos 153, § 5º, e 154, I, da Constituição, implicava evidente violação ao princípio federativo, já que o exercício da competência prevista neste último (art. 154, I) deve observar o disposto no artigo 157, II, ou seja, vinte por cento do produto da arrecadação do imposto residual da União deve ser repartido com os estados e o Distrito Federal. Ora, se a instituição da CPMF deixou de ser "provisória", haja vista as respectivas prorrogações, então é evidente que a União deveria ter utilizado a competência prevista no artigo 154, I, da Constituição, ou, o que era bem mais adequado do ponto de vista normativo, a prevista no artigo 195, § 4º, que trata das chamadas contribuições sociais residuais para a seguridade social, posta ali pelo constituinte originário justamente para o fim de assegurar a manutenção ou expansão da seguridade social. Do ponto de vista "sociológico", quando se recorda que a criação da CPMF deu-se no governo Fernando Henrique Cardoso e no auge da implantação do projeto neoliberal no Brasil, que seguiu à risca as orientações do famoso "Consenso de Washington", percebe-se claramente que o objetivo do tributo nunca foi o aporte de recursos à saúde, mas simplesmente a arrecadação com vistas ao financiamento da dívida pública que, a partir de então, passou a funcionar como mecanismo de remuneração do capital financeiro. Essa hipótese não parece absurda quando se observa o disposto no artigo 85 e seus parágrafos, introduzidos pela Emenda Constitucional nº 37, de 2002, que asseguravam a não incidência do tributo em operações tipicamente financeiras, como a compra e venda de ações, atividades de securitização, investimentos estrangeiros e remessas para o exterior, entre outros. Em suma, observando-se atentamente os aportes de recursos às políticas públicas destinadas à saúde, previdência e assistência social, percebe-se claramente que as justificativas para a instituição da CPMF não passaram de pretexto à tributação regressiva de largas camadas de contribuintes com modesta capacidade contributiva, com vistas à obtenção de recursos destinados à remuneração dos chamados "investimentos" levados a cabo pelo capital financeiro, função do capital que passou à posição dominante desde a década de setenta do século passado.

NOTAS EXPLICATIVAS

I – Importa aqui uma consideração importante. Constituição é um instrumento jurídico que, em resumo, legitima o poder Estatal e, deste modo, é um objeto de estudo da teoria do direito. De outro modo, Constitucionalismo é um conjunto de fundamentos teóricos voltados à análise do poder e sua natureza ou fundamentação, sua legitimação e, também, seus limites, fazendo parte, desta forma, de objeto de estudo da teoria política. Afirmo, assim, que Teoria Constitucional (ou Constitucionalismo) é diferente de Teoria da Constituição.

II – Cf. PLATÃO. *A República*. Livros VIII e IX (Diálogos: Glaucon, Polemarco e Adimento). Disponível em: http:www.dominiopublico.gov.br/pesquisaObraForm.do?select_action&co_autor=173. Acesso em: 2 set. 2018.

III – Cf. ARISTÓTELES. *A Política*. São Paulo: Martins Fontes, 2001.

IV – Cf. SKINNER, Quentin. *As fundações do pensamento político moderno*. São Paulo: Companhia das Letras. Capítulo 5, p. 393 a 461.

V – Cf. NUNES, Silvio G. Serrano. *As origens do Constitucionalismo Calvinista e o Direito da Resistência:* a legalidade da bíblica do profeta John Knox e o contratualismo secular de Théodore de Bezé. Tese (Doutorado em Direito) – USP, São Paulo, 2016.

VI – Ressalta-se que o poder é uno. Ocorre que há, na teoria constitucionalista, a descentralização deste poder em três funções. Conforme expõe José Afonso da Silva (2014, p. 109): "Disso decorrem as três características fundamentais do poder político: unidade, indivisibilidade e indelegabilidade, de onde parecer impróprio falar-se em divisão e delegação de poderes".

VII – "[...] Eis, assim, a constituição fundamental do governo de que falamos. O corpo legislativo, sendo composto de duas partes, uma paralisará a outra por mútua faculdade de impedir. Todas as duas serão paralisadas pelo poder executivo, que o será, por sua vez, pelo poder legislativo. Esses três poderes deveriam formar uma pausa ou uma inação. Mas como, pelo movimento necessário das coisas, eles são obrigados a caminhar, serão forçados a caminhar de acordo" (MONTESQUIEU, 1995, p. 123).

VIII – "[...] Embora se defenda a inexistência de uma separação absoluta de funções, dizendo-se simplesmente que a uma função corresponde um titular principal, sempre se coloca o problema de saber se haverá um núcleo essencial caracterizador do princípio da separação de poderes e absolutamente protegido pela Constituição. Em geral, afirma-se que a nenhum órgão podem ser atribuídas funções das quais resulte o esvaziamento das funções materiais especialmente atribuídas a outro. Quer dizer: o princípio da separação exige, a título principal, a correspondência entre órgão e função e só admite excepções quando não for sacrificado o seu núcleo essencial. O alcance do princípio é visível quando ele se quer traduzir a proibição do 'monismo de poder' como o que resultaria, por ex., da concentração de 'plenos poderes' no Presidente da República, da concentração de poderes legislativos no executivo ou da transformação do legislativo do órgão soberano executivo e legiferante" (CANOTILHO, 2001, p. 545).

IX – "A independência dos poderes significa: (a) que a investidura e a permanência das pessoas num dos órgãos do governo não dependem da confiança nem da vontade dos outros; (b) que, no exercício das atribuições que lhes sejam próprias, não precisam os titulares consultar os outros nem necessitam de sua autorização; (c) que, na organização dos respectivos serviços, cada um é livre, observadas apenas as disposições constitucionais e legais." Ademais, expõe o autor que "A harmonia entre os poderes verifica-se primeiramente pelas normas de cortesia no trato recíproco e no respeito às prerrogativas e faculdades a que mutuamente todos têm direito. De outro lado, cabe assinalar que nem a divisão de funções entre os órgãos do poder em sua independência são absolutas. Há interferências que visam "ao estabelecimento de um sistema de freios e contrapesos, à busca do equilíbrio necessário à realização do bem da coletividade e indispensáveis para evitar o arbítrio e o desmando de um em detrimento do outro e especialmente dos governados (SILVA, 2014, p. 112).

X – HIRSCH, Joachim. *Teoria Materialista do Estado*. Rio de Janeiro: Revan, 2010.

XI – MASCARO, Alysson Leandro Barbate. *Estado e forma política*. São Paulo: Boitempo, 2013.

XII – CALDAS, Camilo Onoda. *A teoria da derivação do Estado e do direito*. São Paulo: Outras Expressões, 2015.

REFERÊNCIAS BIBLIOGRÁFICAS

BONAVIDES, Paulo. *Ciência política*. São Paulo: Malheiros, 2005.

CALDAS, Camilo Onoda. *A teoria da derivação do Estado e do direito*. São Paulo: Outras Expressões, 2015.

CANOTILHO, J. J. Gomes. *Direito constitucional e teoria da constituição*. 4. ed. Coimbra: Almedina, 2001.

HIRSCH, Joachim. *Teoria materialista do Estado*. Rio de Janeiro: Revan, 2010.

MASCARO, Alysson Leandro Barbate. *Estado e forma política*. São Paulo: Boitempo, 2015.

MONTESQUIEU. *O espírito das leis*. Tradução Fernando Henrique Cardoso e Leôncio Martins Rodrigues. Brasília: UnB, 1995.

SILVA, José Afonso da. *Curso de direito constitucional positivo*. São Paulo: Malheiros, 2014.

Direção editorial
Lizandra Magon de Almeida

Organização
Brenno Tardelli
Gabriela Barretto de Sá
Maíra Zapater
Salah H. Khaled Jr.
Silvio Luiz de Almeida

Coordenação editorial
Luana Balthazar

Produção editorial
Mariana Oliveira

Revisão
Fábio Meneses
Penélope Martins
Lindsay Viola

Cotejo
Verônica Paranhos
Pólen Editorial

Capa
Andreia Villar

Adaptação do projeto gráfico e diagramação
Verônica Paranhos

C732 Comentários críticos à Constituição da República Federativa do Brasil / organização [de] Brenno Tardelli , Gabriela Barretto de Sá , Maíra Zapater , Salah H. Khaled Jr. , Silvio Luiz de Almeida. – São Paulo : Jandaíra, 2021.
360 p.

ISBN 978-65-87113-43-2

1. Brasil. Constituição (1988) - interpretação. 2. Direito constitucional – legislação – Brasil. 3. Direito constitucional – jurisprudência - Brasil. I. Tardelli, Brenno, org. II. Sá, Gabriela Barretto de, org. III. Zapater, Maíra, org. IV. Khaled Jr, Salah H., org. V. Almeida, Silvio Luiz de, org. VI. Título.

CDD 341.2481

Maria Helena Ferreira Xavier da Silva/ Bibliotecária – CRB-7/5688

jandaíra

www.editorajandaira.com.br
atendimento@editorajandaira.com.br
(11) 3062-7909

Este livro foi composto em fonte Merriweather
e impresso em papel off-set 75g
pela Gráfica Loyola em abril de 2021